第十届

国际吴方言

学术研讨会　论文集

吴语研究

WUYU

YANJIU

陈忠敏 徐 越 主编

上海教育出版社

第十辑

图书在版编目（CIP）数据

吴语研究. 第十辑 / 陈忠敏，徐越主编.— 上海：上海教育
出版社，2020.11
ISBN 978-7-5720-0342-4

Ⅰ.①吴… Ⅱ.①陈…②徐… Ⅲ.①吴语－方言研究－国际
学术会议－文集 Ⅳ.①H173-53

中国版本图书馆CIP数据核字(2020)第200865号

责任编辑　毛　浩
封面设计　陆　弦

吴语研究　第十辑
陈忠敏　徐　越　主编

出版发行　上海教育出版社有限公司
官　　网　www.seph.com.cn
地　　址　上海市永福路123号
邮　　编　200031
印　　刷　上海叶大印务发展有限公司
开　　本　787×1092　1/16　印张24　插页1
字　　数　584 千字
版　　次　2020年11月第1版
印　　次　2020年11月第1次印刷
书　　号　ISBN 978-7-5720-0342-4/H·0015
定　　价　99.00 元

本次会议由复旦大学中文系和杭州师范大学人文学院联合主办，
杭州师范大学人文学院承办

目　录

语　音

语　法

词汇、文字、方言使用等

语音

南通金沙方言单字调中的入声 *

大西博子

一 前 言

1.1 金沙方言的归属

金沙（旧为金沙镇，2015 年以后划归为金新街道）隶属南通市通州区，位于南通市中部。据 2016 年的统计，总面积 101.8 平方千米，人口为 12.39 万人。①

金沙所在的通州地区，方言非常复杂，境内共有 5 种地方话（《南通县志》1996）：金沙话、启海话、通东话、南通话和如东话。其中启海话是典型的吴语，属于太湖片上海小片；南通话和如东话属于江淮官话泰如片。至于金沙话和通东话，《中国语言地图集（第二版）》都列入了吴语太湖片毗陵小片。但学界对金沙话的归属有不同的看法：许宝华、汤珍珠、游汝杰（1984），颜逸明、敖小平（1984），傅国通等（1986），汪平（2005、2010），周戬剑（2009）等学者都认为金沙话属于吴语毗陵小片；徐铁生（2003），陶国良（2003）等学者认为金沙话属于吴语，但不应归入毗陵小片，而应新开设一个小片"金吕小片"；顾黔等（2006）认为金沙话虽有吴语特征，但大多属性同江淮官话，不应归入吴语。

1.2 研究目的

金沙话分布于通东话和南通话之间，在通州地区方言中，分布范围最小，使用人口也不多。但金沙是通州区政府所在地，作为通州方言的代表点，金沙话历来受到很多学者的关注。近几年来，南通地区，尤其是通州地区方言研究，成为吴语研究的一大热点。但其研究大多着眼于金沙话的归属问题，对其过渡性的语言现象却不够重视。金沙话正处于吴语向官话的演变阶段，从今天的金沙话中，能观察到语言演变的过渡现象，如浊声母的清化（瞿晗华 2013、朱瑛 2017），入声音节舒化等（汪平 2010、朱瑛 2017）。本文研究的目的并不在于解决金沙话的归属问题，而是着眼于语言演变的过渡现象，对入声舒化问题加以深入讨论。

以往的金沙话研究，主要采用传统的"口耳相传"的调查方法，运用实验语音学的系统研究却不多。本文采用声学实验的分析方法，验证前人的调查记录，并通过不同发音人之间的比较分析，来考察入声音节在单字调中的舒化程度。

二 前人调查记录

2.1 单字调的调查记录

金沙话有 7 个声调，平上去入各分阴阳，没有阳上，次浊上声归阴上，全浊上声归阳

---

* 本文受到日本学术振兴会科研费项目（18K00596）的资助。

① 参照《通州年鉴 2017》中的数据，http://sz.tongzhou.gov.cn/nj2017/main.html。查阅日期：2018-10-08。

去。这是通州地区方言共同的声调格局（见表1①）。与周边方言相比，稍有特色的是，阴平调值读为上升调（汪平 2010：205），南通读为低降调，二甲读为高平调。关于金沙话的单字调，还有如下资料可供参考（见表2）。

表1　通州地区方言的声调格局

方言点	平		上			去		入		声调数
	清	浊	清	次浊	全浊	清	浊	清	浊	
金沙	34	224	55		=浊去	52	21	<u>43</u>	<u>34</u>	7
南通	21	35	55		=浊去	42	213	<u>42</u>	5	7
二甲	44	13	52		=浊去	323	21	<u>323</u>	24	7

表2　金沙话单字调的调查记录

调类 / 出处	阴平	阳平	上声	阴去	阳去	阴入	阳入
南通县志 1996	24	213	44	52	31	<u>32</u>	<u>24</u>
江苏省志 1998	24	213	44	52	31	<u>32</u>	<u>24</u>
鲍明炜、王钧 2002	24	213	44	52	31	<u>32</u>	<u>24</u>
顾黔 2006	24	213	55	52	31	<u>42</u>	<u>35</u>
汪平 2010	34	224	55	52	21	<u>43</u>	<u>34</u>
蔡华祥、万久富 2010	34	224	55	52	21	<u>43</u>	<u>34</u>
张璐 2011	24	213	44	52	31	<u>32</u>	<u>24</u>
瞿晗晔 2013	35	213	44	53	21	<u>42</u>	<u>34</u>
万久富 2016	34	224	55	52	21	5	3
朱瑛 2017	34	324	45	53	32	<u>54</u>	<u>34</u>

2.2　入声的调值和调形

表2中，入声调值下面基本上都加上了横线，这说明这些入声读为"短调"。一般所谓的入声短调被看作短促调，即音段上具有喉塞尾，时长是短时的。金沙话的入声调，是否是吴语典型的短促调，只凭表2中的记录，无法了解到。前人记录中，有多种多样的入声调值：阴入有5种［<u>32</u>］［<u>42</u>］［<u>43</u>］［<u>54</u>］［5］，阳入有4种［<u>24</u>］［<u>35</u>］［<u>34</u>］［3］。但"阴入高于阳入"这一原则基本一致。调形也很相合，阴入均为下降短调，阳入均为上升短调。就入声调与舒声调的调值关系而言，阴入与阴去相近，阳入与阴平相似。如表2中，朱瑛（2017）把阴入记作［<u>54</u>］，阴去记作［53］，张璐（2011）把阳入和阴平分别记作［<u>24</u>］和［24］。从表面上来看，阳入和阴平的接近程度比阴入和阴去两组更高。表2中，有7种资料把阳入调值描写得与阴平同形。

---

① 二甲话语料根据笔者所做的实验分析（大西博子 2018），其余方言语料参照了前人已发表的论著：金沙（汪平 2010）；南通（鲍明炜、王钧 2002）。

关于入声的时长和喉塞尾，所涉及的资料较为少见："入声韵母的喉塞音很弱，阳入比阴入更弱，音长上也不太短，跟舒声调相差不大"（汪平 2010：205）；"阳入［3］比阴入［5］时长稍长，近于［34］短"（万久富 2016：198，200）；"女 1 的阴入喉塞尾保存完好，而女 2 部分喉塞脱落"（朱瑛 2017：57）。根据这些书面描述，入声的时长和喉塞尾有如下特征：阳入时长比阴入长，阴入喉塞音比阳入强。总之，入声的声学研究还不是很充分。不仅是时长，对喉塞尾也没作过具体的分析，至于入声舒化问题，还没有进行深入地讨论。

三　调查对象与实验方法

3.1　发音合作人

本文根据 6 位发音合作人的录音材料进行实验分析。发音人都是土生土长的本地人，兼顾男女并含不同的年龄层次，共选取了三男三女（见表 3）。其中两位发音人曾在外地生活过：一位现今住在南京，但 60 岁以前都在金沙生活，金沙话比较纯正；另一位曾在山西大同生活了 9 年，但上大学之前没离开过金沙，对母语（金沙话）影响并不大。本文把 6 位发音人分别叫作：S1、S2、S3、S4、S5 和 S6。录音地点主要是在发音人家中，录音时间是 2018 年 8 月 14 日至 8 月 15 日。①

表 3　发音合作人信息表

编号	性别	年龄层次	调查时年龄	职　业	学历	备　　注
S1	男	老年	65	退休工人	初中	南京生活过三四年
S2	女	老年	64	退休工人	高中	未曾住过外地城市
S3	男	中年	59	职员	高中	未曾住过外地城市
S4	女	中年	58	农民	小学	未曾住过外地城市
S5	男	青年	37	初中教师	大学	山西大同生活九年
S6	女	青年	40	家庭主妇	初中	未曾住过外地城市

3.2　调查字

调查字共有 16 个字。选字的条件：（1）声母是不送气［t］系或［p］系；（2）韵母是单元音的开口韵母；（3）韵母同音。根据这三个条件，按中古声母的清浊区别把声调分成八类，从每个调类中各选两字（表 4）。入声调的调查字，因为找不到符合上述条件的，所以从［p］系声母字中选定了四字。表中音标是预估的语音形式，并不是实际音值。

表 4　调查字

阴平	阳平	阴上	阳上	阴去	阳去	阴入	阳入
包［pʌ］	跑［bʌ］	宝［pʌ］	抱［bʌ］	报［pʌ］	暴［bʌ］	八［paʔ］	拔［baʔ］
刀［tʌ］	桃［dʌ］	岛［tʌ］	稻［dʌ］	到［tʌ］	盗［dʌ］	百［poʔ］	白［boʔ］

　　①　本次调查承蒙南通大学万久富老师的大力支持和帮助，谨在此表示感谢。神户市外国语大学博士生季钧菲同学，作为调查助手，始终热情地参与调查工作，也对此表示衷心的谢意。

3.3　实验方法

将调查字排列在一张纸上，让每位发音人念 5 遍。正式录音前，先让发音人将这些字看一遍，要求每字之间稍作停顿，对于生僻的字，不用发声。通过如此的录音方法，让每位发音人将 16 个字各读 5 遍，即每位发音人都能生成 80 个录音材料（16 字 ×5 遍）。

实验分析利用 praat（Boersma and Weenink 1992—2018）软件，采用 Xu，Yi（2005—2018）的 ProsodyPro.praatscript 进行测量。录音机为 Marantz—PMD561，录音话筒为 AKG—C520。录音结束后，对每位发音人的 80 个录音材料进行标注。标注时，去掉声带振动不稳定的开头部分和结尾部分，以减少数据的误差。测量结束后，提取录音材料中 10 个观测点的基频数值（F0），把数据导入 Excel 表格后，通过绘制基频曲线图来检查整个数据的测量结果。如果发现曲线显现不完全，或者呈现完全不同的曲线，就将此数据去除，以减少数据误差。即使数据间没有较大差距，也要从各调查字的 5 个数据中去除一个，以确保数据间的均质性（即每字均取 4 个数据）。经过如此的检查过程，从所得录音材料中挑选出适于分析的发声数据，把它们作为实验数据进行分析。

3.4　实验数据

调查字是按中古声母的清浊区别来选定的，但至于阳去的调查字，因为"暴"字声母已清化，所以所有发音人都把"暴"读成"报"。对于"盗"字，有人读成"稻"，有人读成"到"，甚至同一个人，有时读成"稻"，有时读成"到"。表 5 显示了 6 位发音人对"暴、盗"两字的读音情况，表中字后的数字代表录音的序号，即"暴 1"指第一遍录音的"暴"字数据。由于阳去的调查字出现了如此的问题，本文排除了"暴、盗"两字的录音材料，以"抱"和"稻"的录音材料作为阳去的实验数据进行分析。

表 5　"暴"和"盗"的读音情况

发音人	暴 1	暴 2	暴 3	暴 4	暴 5	盗 1	盗 2	盗 3	盗 4	盗 5
S1			=报					=稻		
S2			=报			=稻	=到	=到	=稻	=到
S3			=报					=稻		
S4			=报			=到	=稻	=到	=到	=到
S5			=报					=到		
S6			=报			=到	=稻	=到	=到	=稻

四　时长分析

4.1　入声的时长均值

典型的吴语入声是短促调，即时长很短，带有喉塞尾。本文首先对入声音节的时长进行分析。表 6 汇总了 6 位发音人在单字调中的绝对时长均值和标准差，单位是毫秒。从各调类的总平均值来看，阴入均值为 112 ms，在 7 个调类中最短，而阳入均值为 185 ms，已超过阴去均值（167 ms）。入声短调一般被看作舒声调的三分之一长（33%），如果超过了舒声调的三分之二长（67%），则为中长调（朱晓农等 2008）。金沙话的阴入时长（112 ms）已超过舒声均值（232 ms）的三分之一长（77 ms），根据这个标准来说，已超越短调范围，但还没达成中长调。而阳入时长（185 ms）超过了舒声均值的三分之二长（155 ms），实际上已达到了舒声均值的80%，已不是短调，而是中长调。

表6　单字调的绝对时长均值（单位：ms）

	阴平	阳平	上声	阴去	阳去	阴入	阳入	舒声均值
S1	243	244	204	117	111	70	139	184
S2	214	273	192	108	156	68	182	189
S3	264	221	256	208	211	96	137	232
S4	311	330	251	214	283	153	287	278
S5	344	441	371	246	264	206	207	333
S6	214	256	204	106	97	76	157	175
总平均值	265	294	246	167	187	112	185	232
标准偏差	53	81	67	63	78	56	57	63

4.2　入声的时长动向

从时长均值的人际差异来看，有人念得偏长，有人念得偏短。就阴入而言，其最大均值为206 ms（S5），比最短均值68 ms（S2）长3倍以上。甚至同一个人，其差距也较大，如S5"百2"（157 ms）和"百5"（233 ms），两者之间竟有76 ms的差距。但从与舒声均值的比较可知，每个人的阴入时长都超过了舒声均值的三分之一，已有所长化。

从调类之间的时长序列（表7）上来看，6位发音人的阴入虽有长化倾向，但仍然居于单字调中最短的地位。值得注意的是阳入的时长序列。表7中，S3和S5的阳入处于阴入之前，而S1、S2和S6的阳入却紧接在上声之后，S4的阳入竟达到了阴平之后，位列第三。从其时长序列的动向中，可以看到阳入音节逐渐接近舒声时长的趋势。

表7　单字调的时长序列

	最长	>	>	>	>	>	最短
S1	阳平	阴平	上声	阳入	阴去	阳去	阴入
S2	阳平	阴平	上声	阳入	阳去	阴去	阴入
S3	阴平	上声	阳平	阳去	阴去	阳入	阴入
S4	阳平	阴平	阳入	阳去	上声	阴去	阴入
S5	阳平	上声	阴平	阳去	阳去	阳入	阴入
S6	阳平	阴平	上声	阳入	阴去	阳去	阴入

五　基频曲线分析

5.1　画图方法

下面从基频曲线图的分析来讨论入声的调值和调形特征。画图方法经过了两个步骤。首先，把10个观测点上的基频值换成T值（石锋1986、2009）后，计算出各调类的T值均值。T值公式为 $T = (\log X - \log Min)/(\log Max - \log Min) \times 5$（X＝观测点的基频值）。表8是把6位发音人的T值均值归并起来的结果。其后，把10个观测点上的实际时间均值计算出来（表9），根据表8和表9的结果，绘制出单字调的基频曲线（图1）。横轴为实际时间（单位 s），纵轴为 T 值。

表 8　单字调的 T 值均值

调类	点 1	点 2	点 3	点 4	点 5	点 6	点 7	点 8	点 9	点 10
阴平	2.50	2.43	2.37	2.37	2.45	2.61	2.86	3.16	3.49	3.65
阳平	1.23	1.08	0.85	0.71	0.70	0.82	1.05	1.48	2.01	2.38
上声	3.48	3.48	3.52	3.60	3.71	3.81	3.90	3.95	3.97	3.96
阴去	4.29	4.25	4.19	4.10	3.95	3.74	3.46	3.15	2.89	2.66
阳去	2.26	2.24	2.18	2.06	1.87	1.63	1.36	1.12	0.91	0.74
阴入	4.16	4.11	4.02	3.91	3.77	3.61	3.49	3.37	3.20	3.08
阳入	1.80	1.77	1.78	1.85	1.98	2.19	2.50	2.85	3.14	3.28

表 9　单字调的实时间均值（单位：s）

调类	点 1	点 2	点 3	点 4	点 5	点 6	点 7	点 8	点 9	点 10
阴平	0.00	0.03	0.05	0.08	0.11	0.13	0.16	0.19	0.21	0.24
阳平	0.00	0.03	0.06	0.09	0.12	0.15	0.18	0.21	0.24	0.26
上声	0.00	0.02	0.05	0.07	0.10	0.12	0.15	0.17	0.20	0.22
阴去	0.00	0.02	0.03	0.05	0.07	0.08	0.10	0.12	0.13	0.15
阳去	0.00	0.02	0.04	0.06	0.07	0.09	0.11	0.13	0.15	0.17
阴入	0.00	0.01	0.02	0.03	0.04	0.06	0.07	0.08	0.09	0.10
阳入	0.00	0.02	0.04	0.06	0.07	0.09	0.11	0.13	0.15	0.17

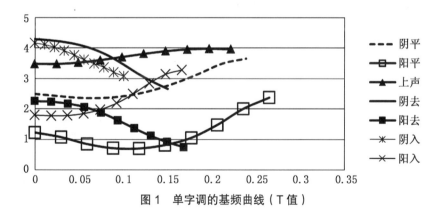

图 1　单字调的基频曲线（T 值）

5.2　单字调的调值

调值和 T 值的对应见表 10。根据这张对应表，算出调值（表 11）。关于上声，因为实际调值是微升调，所以加上补助记号［＋］来表示上升。

表 10　调值和 T 值的对应

调值	1	2	3	4	5
T 值	0—1.0	1.1—2.0	2.1—3.0	3.1—4.0	4.1—5.0

表 11　单字调的调值

调类	阴平	阳平	上声	阴去	阳去	阴入	阳入
调值	34	213	44⁺	53	31	<u>53</u>	<u>24</u>

5.3　入声调的调值

实验调值（表 11）和前人调查记录（表 2）相比较，各调类的调形基本一致，而调值的描写有些出入。传统的调查方法所算出的调值（传统调值）显示，阴入音高明显低于阴去：阴入〔<u>32</u>〕或〔<u>43</u>〕；阴去〔<u>52</u>〕或〔<u>53</u>〕。但从图 1 的基频曲线中可以看到，阴入起点显然与阴去一样高，只是下降时间不同，从而引起阴入终点高于阴去。其实阴入调值可以写作〔<u>54</u>〕，但其终点位置明显低于阳入终点。因此本文把阴入调值定为〔<u>53</u>〕，进一步接近阴去。实验调值虽然与传统调值不相合，但与前人的实验结果（朱瑛 2017）却相符合（见表 2）。

就阳入而言，实验调值与传统调值相一致。但从基频曲线的比较可知，阳入的音高显然低于阴平。前人调查记录中，阳入调值大多描写得与阴平同形，即阳入和阴平，表面上音高一致。但实际上，阳入起点明显低于阴平，时长也短于阴平。因此，本文把阳入调值定为〔<u>24</u>〕，阴平为〔34〕，把两者的区别明确下来。阳入调值下面加上了横线，就是为了要表明阳入调和阴平调之间存在时长差异，并不是表示阳入读为短促调。

5.4　与舒声调的调值关系

下面通过发音人之间的对比，更加仔细地分析入声和舒声之间的调值关系。图 2 显示了 6 位发音人的 4 个调类的基频曲线：阴去（–）、阴入（＊）、阴平（‥）、阳入（×）。横轴为实时间（单位 s），最大值 0.4 s，纵轴为 T 值，最大值 5。

先看阴入和阴去的调值关系。除了 S1 的阴入起点明显低于阴去以外，其余发音人，两条曲线所呈现的结果都非常相似，即阴入起点与阴去一样高。两者区别只在横轴上，即阴入短于阴去。其差距有人际差异，用实际时间均值的终点值相比，阴入和阴去之间，S3

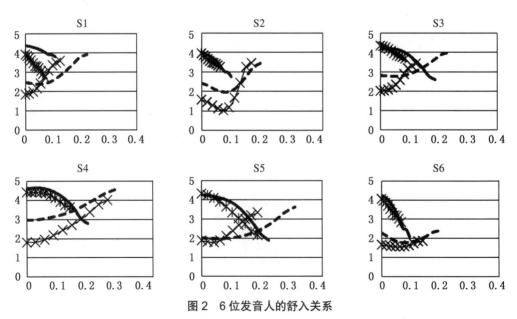

图 2　6 位发音人的舒入关系

有 0.1 s，而 S5 仅有 0.03 s 的时间差异。可知，阴入调值明显趋向阴去。

从阳入和阴平的两条曲线中，可以看到年龄差异。S1 至 S4 的曲线图上，两者所呈现的音高起点相差较大，阳入明显低于阴平。但 S5 和 S6 的曲线图上，两者的音高起点差距有所缩小。特别是 S6，阳入曲线也变得很平，进一步接近阴平曲线，看得出阳入调值接近阴平的趋势。

六　喉塞尾分析

6.1　分析方法

入声韵母带喉塞尾［-ʔ］是吴语和江淮官话共有的特点。本文主要从声波图的形式来分析喉塞尾的保存状态。图 3 和图 4 分别表示 S6 的"八 1"和"拔 1"声波图，前者认为有喉塞尾，后者认为没有喉塞尾。

图 3 的声波结尾处，可以看到两条隆起的波形，这是声带收紧的表现，即有喉塞尾。严格地说，这种发声态并不是喉塞音，而是嘎裂声（creaky voice）。但本文只涉及喉塞音段的有无，并不考察其发声性质，喉塞音和嘎裂声都要收紧声带，因此本文把嘎裂声也笼统地称为喉塞尾。图 4 的声波结尾处，看不到图 3 那样的表现，声带显得较为松弛，也就是驰声（slack voice），即没有喉塞尾。本文根据此判断方法，以"八、拔、百、白"四字的有效数据为对象，对 6 位发音人的喉塞尾保存状态进行分析，见表 12。

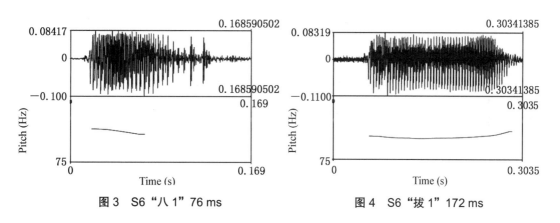

图 3　S6 "八 1" 76 ms　　　　　图 4　S6 "拔 1" 172 ms

表 12　6 位发音人的喉塞尾保存状态

发音人	阴　　入			阳　　入		
	有	无	数据数	有	无	数据数
S1	10	0	10	8	2	10
S2	9	0	9	8	2	10
S3	10	0	10	8	0	8
S4	10	0	10	10	0	10
S5	10	0	10	6	4	10
S6	8	1	9	0	10	10
共	57	1	58	40	18	58
比率（%）	98.3	1.7		69.0	31.0	

6.2　喉塞尾的保存状态

从表 12 可知，金沙话的入声音节仍然保留喉塞尾，但阴入保存得比阳入好，阴入保存率为 98.3%，而阳入为 69.0%。阴入在听感上也很明显地听得出有喉塞尾，而阳入大部分都已听不出有喉塞尾。如果从听感上来分析阳入喉塞尾的有无，其保存率就会更加降低。可知，实验结果与听感分析并不一致。但与前人调查结果并不矛盾，阴入喉塞尾保存完好（朱瑛 2017），阳入喉塞尾比阴入更弱（汪平 2010）。

6.3　喉塞尾和时长的关系

在喉塞尾的比较分析过程中还发现，有的入声字，虽然时长很长，但仍有明显的喉塞尾。如 S5 "八 4" 有 244 ms 的时长，而在声波结尾处，可以看到喉塞引起的表现（图 5），与 "拔 4" 的声波图（图 6）相比，有明显区别。又如 S1 "拔 1"（图 7），其时长（147 ms）达到了 S1 舒声均值（184 ms）的 80%，但声波图上，明显看得到基频线突然升高，有嘎裂（creaky）的表现。可见，金沙话有部分入声字，虽然时长有所增长，但仍有明显的喉塞尾。

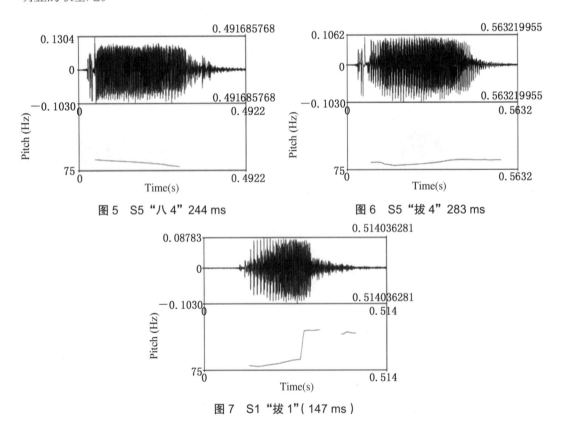

图 5　S5 "八 4" 244 ms　　　　　图 6　S5 "拔 4" 283 ms

图 7　S1 "拔 1"（147 ms）

6.4　喉塞尾的弱化

关于吴语喉塞音的问题，前人已作过不少研究。一般而言，入声音节的演变，先从喉塞音的弱化开始，经过音节长化和调值接近等过程之后，最终与舒声调类完全合并（朱晓农等 2008，宋益丹 2009，徐越、朱晓农 2011）。可见，喉塞音的弱化被看作入声舒化的开端，也是推动入声音节变长的重要因素。

但实际上，有的方言里，喉塞音已弱化，而入声音节还没长化（朱晓农、焦磊 2011）；有的方言里，喉塞音还没弱化，而入声音节已长化（袁丹 2013）。可见，喉塞尾的弱化不一定能促使入声音节长化。金沙话的入声，与上述后者的湖阳方言相似，又如图 5、图 7 所呈现的那样，入声音节有所长化，但其喉塞音还没弱化。

本文认为，喉塞音的弱化并不是入声舒化的开端，不能以喉塞尾的弱化来判断入声音节舒化与否。"吴语典型入声韵的区别特征是短时，喉塞音只是一个伴随特征"（袁丹 2018:175）；"入声时长增长到舒声调的 80% 以上的长度，到此阶段的入声已经算是准舒化，喉塞尾的存在与否与调形相关，如果此时把调形看成微升调，那么这个微弱喉塞尾可以看成是个伴随特征，如果调形发生变化，变为平调或降调，伴随的喉塞尾就会自然消失"（徐越、朱晓农 2011：271）。可见，喉塞尾是入声音节的伴随因素，入声与否的区别，主要以音节长短（音长）来判断。喉塞尾的弱化不仅与音节长化有关联，还与调形演化也有密切关系。因此，本文认为，入声音节的演变，先从音节长化开始，经过调值接近和时长接近等过程之后，最终与舒声调类完全合并。金沙话的入声，正处于音节长化至调值接近的过渡阶段。但阴入、阳入的演化进度有所不同，从音节长化的进度来看，阳入舒化领先于阴入舒化，而从调值接近程度来看，阴入舒化领先于阳入舒化。

七 总 结

7.1 入声调的声学特征

金沙话的入声调，在时长、调值和喉塞尾等三个方面，可以归纳为如下特征：

（1）阴入平均时长为 118 ms，其音节有长化倾向，但仍然居于单字调中最短的地位；阳入平均时长为 185 ms，其音节达到了舒声调时长均值的 80%，正处于进一步长化的阶段。

（2）阴入调值［53］接近阴去［53］，只是时长短于阴去；阳入调值［24］靠近阴平［34］，而音高起点低于阴平，时长也短于阴平。

（3）喉塞尾的保存率，阴入为 98.3%，听感上很明显；阳入为 69.0%，听感上较微弱。

7.2 入声调的舒化程度

金沙话与邻接的通东话之间，既有各自的特点，又有不少共同点，两者可以归为一个方言片：即通东片（鲍明炜、王钧 2002）。笔者曾对属于通东话的二甲话进行过调查，发现单字调中有入声舒化现象，但其演化程度与金沙话有所不同（大西博子、季钧菲 2016）。

二甲话中，阴入平均时长为 250 ms，阳入平均时长为 192 ms。听感上很明显听得出阴入比阳入更长。阴入音节有进一步长化的趋势，而阳入仍然停留在单字调中最短的地位。这点正好与金沙话完全相反。就调值而言，二甲话只有阴入接近阴去，至于阳入，还没有向舒声调值接近的动向。

入声音节的舒化过程是经过如下途径的（大西博子 2018）：（1）入声音节（时长）长化；（2）向舒声调值接近；（3）向舒声时长接近；（4）向舒声调类合并。二甲话的阴入平均时长为 250 ms，调值接近阴去，时长也接近阴去。可见，二甲话的阴入字，正处于上述舒化过程中第 2 阶段至第 3 阶段的过渡状态。甚至在青年层里，还能看到第 3 阶段至第 4 阶段的过渡趋势。但是，金沙话的阴入字，仍然处于第 1 阶段至第 2 阶段的过渡状态。在青年层里，还能看到第 2 阶段至第 3 阶段的过渡趋势，但与二甲话相比，舒化进度较为缓慢。

曹志耘（2002：445）指出了南部吴语入声调的演变过程首先是"延伸"，原来的短促调值变长之后，如果原声调系统中有相同相近的调值，就会合并，如果没有，就保留单独的调类。金沙话的入声调，完全符合吴语入声调的演变过程，即首先音节变长，然后调值接近。但与邻接的二甲话相比，舒化进度较为缓慢，在不同年龄层里，主要能看到音节长化到调值接近的舒化过程，入声调和舒声调之间，仍有一定的时长差异。如果在不久的将来，时长进一步长化了，或许入声的舒化进度就会加快。

参考文献

鲍明炜（主编）. 江苏省志·方言志［M］.南京：南京大学出版社，1998.

鲍明炜，王钧（主编）. 南通地区方言研究［M］.南京：江苏教育出版社，2002.

Boersma，Paul and David Weenink. Praat: doing phonetics by computer［Computer program］Version 5.2.03（19 November 2010）［CP/OL］. http://www.praat.org/，1992-2018.

蔡华祥，万久富. 江苏南通金沙方言同音字汇［J］.现代语文，2010（11）.

曹志耘. 吴徽语入声演变的方式［J］.中国语文，2002（5）.

大西博子，季钧菲. 江苏二甲方言音系初探［J］.近畿大学教養·外国語教育センター紀要（外国語編），2016（2）.

大西博子. 二甲方言の单字调における音響音声学的分析［J］.近畿大学教養·外国語教育センター紀要（外国語編），2018（1）.

傅国通，蔡勇飞，鲍士杰，方松熹，傅佐之，郑张尚芳. 吴语的分区（稿）［J］.方言，1986（1）.

瞿晗晔. 金沙方言语音研究［D］.南京：南京大学，2013.

Richard Van Ness Simmons，石汝杰，顾黔. 江淮官话与吴语边界的方言地理学研究［M］.上海：上海教育出版社，2006.

石 锋. 天津方言双字组声调分析［J］.语言研究，1986（1）.

石 锋. 实验音系学探索［M］.北京：北京大学出版社，2009.

宋益丹. 南京方言中的入声喉塞尾实验研究［J］.南京师范大学文学院学报，2009（2）.

陶国良. 通州方言概况和金沙话［C］//吴语研究：第二届国际吴方言学术研讨会论文集. 上海：上海教育出版社，2003.

通州市地方志编纂委员会. 南通县志［M］.南京：江苏人民出版社，1996.

万久富. 第五章 通州［M］//江苏语言资源资料汇编：第六册南通卷. 南京：凤凰出版社，2016.

汪 平. 北部吴语三小片的重新画分［J］.方言，2005（2）.

汪 平. 江苏通州方言音系探讨［J］.方言，2010（3）.

许宝华，汤珍珠，游汝杰. 北片吴语的异同［J］.方言，1984（4）.

徐铁生. 通东方言与金沙方言归属刍议——兼论两种方言的形成及其与南通方言的关系［C］//吴语研究：第二届国际吴方言学术研讨会论文集. 上海：上海教育出版社，2003.

Xu，Yi. Prosody Pro.praat. Praatscript. Version 4.3（15 August 2012）［CP/OL］. http://www.homepages.ucl.ac.uk/~uclyyix/ProsodyPro/，2005—2018.

徐 越，朱晓农. 喉塞尾入声是怎么舒化的——孝丰个案研究［J］.中国语文，2011（3）.

颜逸明，敖小平. 吴语的边界和分区（二）——南通金沙方言的归类［J］.方言，1984（2）.

袁　丹. 基于实验分析的吴语语音变异研究［D］.上海：复旦大学，2013.

袁　丹. 从感知线索看吴语典型入声韵［vʔ］中喉塞尾的性质［C］//吴语研究：第九届国际吴方言学术研讨会论文集. 上海：上海教育出版社，2018.

张　璐. 南通话音韵研究［D］.苏州：苏州大学，2011.

周戬剑. 金沙方言的归类［J］.消费导刊，2009（3）.

中国社会科学院语言研究所. 中国语言地图集（第二版）汉语方言卷［M］.北京：商务印书馆，2012.

朱晓农，焦　磊，严至诚，洪　英. 入声演化三途［J］.中国语文，2008（4）.

朱晓农，焦　磊. 短调无塞音——报告一例特殊的入声类型［J］.语言研究集刊（第八辑）. 上海：上海辞书出版社，2011.

朱　瑛. 江苏境内江淮官话声调实验研究［D］.南京：南京师范大学，2017.

（大西博子　日本近畿大学经济学院　honishi@kindai.ac.jp）

南戏声腔与明代吴语

邓岩欣

南戏在南宋初年起源于温州，由元入明，南戏逐渐推进到江南整个吴语地区。南戏文本又称戏文，多为坊间文人所作，文不甚雅，不叶宫调，演唱方式可因地制宜，故而形成一些颇具地方特色的声腔。不同声腔的出现有利于南戏的传播，而且形成各自的势力范围。徐渭《南词叙录》（1559）载：

> 今唱家称弋阳腔，则出于江西，两京、湖南、闽、广用之；称余姚腔者，出于会稽，常、润、池、太、扬、徐用之；称海盐腔者，嘉、湖、温、台用之；惟昆山腔止行于吴中，流丽悠远，出乎三腔之上，听之最足荡人。

这里提到的海盐腔、余姚腔、昆山腔、弋阳腔后来统称为南戏四大声腔。可以看出四大声腔除弋阳腔外，基本不出吴语范围。除著名的四大声腔外，还涌现出不少地方性的声腔。这些声腔一般认为仅仅是演唱形式和口法技巧的不同，演唱用通语还是方言，很少见典籍介绍。王骥德《曲律》（1610）载：

> 数十年来，又有弋阳、义乌、青阳、徽州、乐平诸腔之出。今则石台、太平梨园，几遍天下，苏州不能与角什之二三。

南戏声腔由吴语腹地向外扩展，最后势必要越过吴语边界而进入别的方言区，这时语言就给演唱效果打了折扣，可能的做法不外两种：一是变吴音为当地乡音；一是运用通语，也就是当时的官话。汤显祖（1550—1616）《宜黄县戏神清源师庙记》中写到江西宜黄人喜欢海盐腔：

> 此道有南北。南则昆山之次为海盐，吴浙音也，其体局静好，以拍为之节。江以西弋阳，其节以鼓，其调喧。至嘉靖而弋阳之调绝，变为乐平，为徽青阳。我宜黄谭大司马纶闻而恶之。自喜得治兵于浙，以浙人归教其乡子弟，能为海盐声。

看来声腔的流播必然要考虑语言问题，如果这些好听的声腔能够使人听得懂，它就能在当地站住脚。顾起元《客座赘语》（1617）记录了当时南京的演剧情况：

> 大会则用南戏。其始止二腔，一为弋阳，一为海盐。弋阳则错用乡语，四方士客喜阅之；海盐多用官语，两京人用之。后则又有四平，乃稍变弋阳，而令人可通者。

毋庸置疑，南戏声腔除唱法技巧不同外，应当还有方言不同所致。弋阳腔"错用乡语"，应当不排除学语言的可能性。海盐腔也许正是"多用官语"，所以能向北方发展。

《金瓶梅》多次写到"海盐子弟"唱"海盐戏"。请客用海盐戏子在当地是很高的规格，西门庆所请的都是一些贵客。第七十二回写安郎中派人来特意跟西门庆说："戏子用海盐的，不要这里的。"说明清河县也有唱南戏的当地戏子。当然，唱海盐腔的其实不一定是海盐人，小说中写到的海盐子弟籍贯就是苏州，这足以说明当时海盐腔已经在苏州立足。《金瓶梅》也有多次写到唱南曲，第七十四回写海盐子弟同场先后演唱南曲和海盐腔，有人认为这南曲就是昆山腔。书中写到能唱南曲的除海盐子弟外只有三人：一是李桂姐，当地人；其他两人都是南方人，书童是苏州府常熟县人，春鸿是扬州人。无论是海盐腔还是南曲，在演唱时都没有出现观众听不懂的情况，说明其声腔所用语言能为当地人接受。

尽管如此，还是会有人不喜欢，第四十九回写江西南昌人宋御史"为人浮躁"，只"听了一折戏文，就起来"走了，除了公务在身不方便外，主观原因还是欣赏不了。第六十四回写太监薛内相不喜欢听海盐戏，认为"那蛮声哈剌，谁晓的他唱的是甚么"，以致西门庆说他"内相家不晓的南戏滋味"，应伯爵说他"捣喇小子山歌野调，那里晓的大关目悲欢离合"。说明并非是海盐腔用"蛮声"而让宋御史听不懂，而是他理解不了内容。清人陈森《品花宝鉴》也写到有人"不爱听昆腔"，因为"实在不懂，不晓得唱些什么"。

明传奇《鸾鎞记》有一处写到"昆山腔"和"弋阳腔"的不同唱法。

〔杂〕黄字号生员领题。〔丑应介末〕你的题是"爱妾换马"。〔丑〕生员有了，只是异乎三子者之撰。〔末〕却怎么。〔丑〕他们都是"昆山腔"板，觉道冷静。生员将"驻云飞"带些"滚调"在内，带做带唱何如？〔末〕你且念来看。〔丑唱"弋阳腔"带做介〕【前腔（驻云飞）】懊恨儿天。〔末〕怎么儿天？〔丑〕天者夫也。辜负我多情。〔重唱〕鲍四弦。孔圣人书云："伤人乎？"不问马。那朱文公解得好，说是"贵人贱畜"。如今我的官人将妾换马，却是"贵畜贱人"了！他把《论语》来翻变，畜贵到将人贱。嗏！怪得你好心偏。记得古人有言："槽边生口枕边妻，昼夜轮流一样骑。"若把这妈换那马，怕君暗里折便宜。为甚么舍着婵娟，换着金鞯。要骑到三边，扫尽胡膻。标写在燕然，图画在凌烟。全不念一马一鞍，一马一鞍，曾发下深深愿。如今把马牵到我家来，把我抬到他家去呵，教我满面羞惭怎向前？唪！且抱琵琶过别船。〔末笑介〕好一篇弋阳，文字虽欠大雅，到也闹热可喜。左右开门，放举子出去。〔众应介〕

这里并未说到方言的因素，昆山腔与弋阳腔的不同只是后者曲辞加滚罢了。早期的南戏剧本在用韵方面可以看出明代以前吴语的一些特点，从现存《张协状元》《宦门子弟错立身》和《小孙屠》的用韵来看，深摄、臻摄、曾梗摄三套韵尾的混淆的确已经很明显，以下看一组例句：

例1.〔七言句〕古庙相逢结契姻（真），才登甲第没前程（庚）。梓州重合鸾凤偶，一段姻缘冠古今（侵）。（《张协状元》第五十三出下场诗）

例2.【荷叶铺水面】才郎到此处时，奴家正生怜念心（侵）。雪若晴（庚），君家定着出庙门（元）。谁知先世，已曾结定（径）。恁困穷，何时免得日系萦（庚）。（《张协状元》第十八出）

例3.【紫苏丸】伶仃门户曾经历，早不觉鬓发霜侵（侵）。孩儿一个干家门（元），算来总是前生定（径）。（《宦门子弟错立身》第四出）

例4.【一封书】哥哥听拜禀（寝）：他是伶仃一妇人（真），何须恁用心（侵），谩终朝愁闷倾（庚）。若要和他同共枕（寝），恐怕你爹行生嗔（真）。那时节，悔无因（真），玷辱家门豪富人（真）。（《宦门子弟错立身》第二出）

例5.【破阵子】自怜生来薄命（敬），一身误落风尘（真）。多想前缘悭福分（问），今世夫妻少至诚（庚），何时得称心（侵）？（《小孙屠》第三出）

例6.【梁州第七】蓊蓊地古道西风峻岭（梗），过了夕阳流水孤村（元），如今尘随马足何年尽（轸）！常就劳落，不必艰辛（真）。几番回首，几度忘魂（元）。只为家中年老慈亲（真），朝夕侍奉无人（真）。明知孝悌人之大本（阮），想着受煦劳育我全身（真），不能勾落业安平（庚）。自俺甫临行（庚），曾把哥哥禀（寝），常侍奉莫因循（真）。只怕

哥哥把话不准（轸），迷恋着红裙（文）。（《小孙屠》第七出）

遇摄字混入止蟹摄，这现象早在《吴越春秋》时代就有了。成书于东汉时代的《吴越春秋》收入了一首《采葛妇歌》，一般认为这是古越国的诗歌，诗中"除""书""舒"三个今遇摄字就押入今止蟹摄。这一特点，在《张协状元》《宦门子弟错立身》和《小孙屠》中大量存在：

例7.【犯樱桃花】早请去离（支），又要寻宿处（御）。腌臜打脊（陌），罔两当直（职）！着得随它去（御），路上偷饭吃（物）。这梦得说破，查裏与琴书（鱼），雨具牢收记（寘）。但愿此去（御），名标金榜，折取月中桂（霁）。（《张协状元》第五出）

例8.【凉草虫】姓张名协（叶），是川里居（鱼）。本是读书辈（队），应着科举（语）。有些路途费（未），我日逐要支（支）。望怜念心全取（麌），饶张协（叶），裹足一路来去（御）。（《张协状元》第九出）

例9.【桂枝香】适蒙台旨（纸），教咱来至（寘）。如今到得他家，相公安排筵席（陌）。勾栏罢却（药），勾栏罢却（药）。休得收拾（缉），疾忙前去（御），莫迟疑（支）。你莫胡言语（语），我和你也辣赤（陌）。（《宦门子弟错立身》第四出）

例10.【六么序】一意随它去（御），情愿为路岐（支）。管甚么抹土搽灰（灰），折莫擂鼓吹笛（锡），点拨收拾（缉）。更温习几本杂剧（陌），问甚么妆孤扮末诸般会（泰），更那堪会跳索扑旗（支）。只得同欢共乐同鸳被（寘），冲州撞府（麌），求衣觅食（职）。（《宦门子弟错立身》第五出）

例11.【孝顺歌】你却说得是（纸），教人泪暗滴（锡）。我当初娶它归（微），将谓好行止（纸）。谁知甚的（锡）？事到头来，全无区处（语）。受尽凌迟（支），如今悔之无及（缉）。（《小孙屠》第十五出）

例12.【忆多娇】心痛悲（支），珠泪暗滴（锡）。不知我娘为下鬼（纸），儿在囚牢谁看觑（御）？祸不单行，苦也娘亲怎知（支）？（《小孙屠》第十五出）

在例7—12中，有入声字混入止蟹摄/遇摄，而吴语的入声一直是独立的，这应当不符合吴语的事实。这说明《张协状元》《宦门子弟错立身》和《小孙屠》的用韵以吴语为基本方言，但同时受到北方语音的影响。但是，不可能因为这就认定剧本的作者是北方人，可能的解释是他的用韵有仿效北曲（杂剧）的趋势，宋元时温州一带应当有不少北方来此避乱的民众，曲辞中这种现象反映了南戏受众的多方言化。

四大声腔形成之后，各自的特点除演出形式有所不同外，语言无疑也是区别特征之一。南戏四大声腔中，弋阳腔是保留自己演出剧本最多的。现存的弋阳腔折子剧本散见于明代万历年间刊刻的《善本戏曲丛刊》选本当中。完整的存本《古城记》是弋阳腔的传统剧目，考察其用韵情况，可以看出它延续了《张协状元》《宦门子弟错立身》和《小孙屠》的语言特点：

例13.【顺水调头】往事如梦幻，富贵等浮云（文）。前朝后汉，兴废总关心（侵）。多少英雄豪杰，用尽龙韬豹略，四海乱纵横（庚）。何当太平日，相共赏花辰（真）。逢三昧，集二难，兼四美，移宫换羽，歌白雪阳春（真）。惟愿朝廷有道，偃武修文（文）。更跻羲皇世，万国乐升平（庚）。（《古城记》第一出）

例14.【浆水令】是谁家王孙士女（语），打秋千半天耍戏（寘）。高挑一架闹竿儿（支）。高歌畅饮，万花丛里（纸）。天将暮（遇），日坠西（齐），无情杜宇催春去（御）。

咱和你（纸），咱和你（纸），双双醉归（微）。明日里（纸），明日里（纸），再排佳会（泰）。（《古城记》第二出）

入声字混入止蟹摄/遇摄的情况，《古城记》是没有的，这表明明代北曲（杂剧）不再对南曲（南戏）产生影响，《古城记》中有大量吴语的特点，甚至有咸山摄与江摄混用的情况，反映了弋阳腔在"错用乡语"方面是不遗余力的：

例15.〔七言句〕桃园生死意难忘（阳），徐州失散倍情伤（阳）。顺时假意归曹操，才离虎穴与龙潭（覃）。（《古城记》第十一出）

例16.【端正好】杀得我兄弟惊慌（阳），徐州失散好悲伤（阳）。我偷曹瞒营帐（漾），怎知杀败老张（阳）。走一步回头望（漾），不知俺大哥落在何方（阳）。往后看（翰），只见旌旗闪闪（俭）。往前看（翰），又没个旅店招商（阳）。凭着俺单人独骑，此行全靠这一根枪（阳）。俺大哥他生得有汤肩禹背，俺二哥英勇无双（江），咱张飞也是个英雄好汉（翰）。苍天不负桃园义，三人重会，恢复旧边疆（阳）。（《古城记》第八出）

例17.【端正好】俺本是轰轰烈烈人，又不是蠢蠢痴痴汉（翰）。一双眼常观阵，两只脚不离鞍（寒）。杀人心常挂英雄胆（感），两只手将丈八神枪随身伴（翰）。不怕行路难（寒），只奔前程赶（旱）。又不知他投北投南（覃），望云气直寻到芒砀山间（删）。心儿里不闲（删），马蹀躞不懒（旱）。这几日不见大哥哥，委实凄惨（感）。想当初结义，一似棋盘（寒），俊麟儿多疑难（寒）。战场中无有月光明，埋没杀英雄好汉（翰）。一肩挑着英雄担（勘），暂时落魄何足叹（翰）。兀的不是气杀人也么哥，恼杀人也么哥，犹如那云端内叫声哀离群雁（谏）。问庄农知也不知，就如是问流水，他全然不管（旱）。〔滚〕问山山不应，问水水潺潺（删）。瞻前顾后没主张（阳）。又没个商量（阳），怎生去提防（阳）。兀的不是埋没杀英雄好汉（翰）。忽听得摇旗呐喊（豏），想只是曹兵追赶（旱）。只须把我这环眼儿睁，长枪用几番（元），直教那厮们吓破了胆（感）。（《古城记》第十二出）

例15—16是咸山摄混入江摄，例17是江摄混入咸山摄，这一方言特点主要出现在江淮官话，例如安徽当涂县城关话就是"谈＝弹＝唐"。当涂县在明代是太平府治，属南直隶，跟南京离得很近，原本是说吴语的，后来由于受北方官话的侵蚀，方言的语音部分变异很大，现在除城关以及沿江一带说江淮官话，县内其他地方都是说吴语宣州话。

明代的剧作家大多是素质修养很高的文人，所以剧本在用韵方面比较讲究。自魏良辅改造昆山腔形成"水磨腔"后，剧本写作更加雅化，唱曲要求用中州韵，剧本无法在曲辞中夹带方言，顶多在念白上搞点"噱头"以增强喜剧性，而且也仅限于"丑"等次要角色。明代戏曲演出如何使用方言，在文学本中无法看出。明传奇《鸣凤记》第四出曾写到慈溪乡语，也只不过用了几个方言词语。

〔丑〕牛大叔。昨日小礼到了么。……〔副末〕这个有了。只是少些。〔丑背云〕这个戏丫麻。一百两银子还嫌少哩。〔副末〕你怎么骂我。〔丑〕岂敢骂大叔。我慈溪乡语。但是敬重那人。就叫他是戏丫麻了。〔副末〕如此多叫我几声。折了银子罢。〔丑〕这个就叫戏丫麻。戏丫麻。嵯娘戏丫麻。〔副末〕怎么有个娘字在里面。〔丑〕娘者是好也。〔副末〕罢罢。我不计较了。

这出戏中慈溪人赵文华用"慈溪乡语"骂人，"戏丫麻"和"嵯娘"都是外地人不熟悉的方言。但演出本就不同了，从现存的折子戏剧本里可以找到许多方言的念白。乾隆年间刊刻的《缀白裘》是明代流传下来的折子戏的演出本，其中的念白就保存有大量的明代吴语的资料。这些折子戏中的丑角基本上是说方言的，有时连净角也口吐方言。如果把同一剧目的文学本与演出本比较一下，就能发现演出本对文学本的改动之大。

《寻亲记·惩恶》（载《六十种曲》）

〔净〕你不认得我张老爷。本府知府范仲淹。也让我一马头。〔外〕范仲淹。你也认得。〔净〕前日在京中与我求玉带。我就送两三条与他。他只是这一两日到任。我着人去接他去了。你若无礼。取个帖子。送到府裏。摆布你。〔外〕怎么摆布我。〔丑〕你不晓我家火牢也有。水牢也有。张千惯会使计。那宋清惯会杀人。你若无礼。我就杀了你。〔外〕清天白日。难道杀人。〔丑〕希罕杀你一个。我也曾杀几个人过。我怕那个。拿他家去。（第三十三出）

《寻亲记·茶坊》（载《缀白裘》初集四卷）

（净）既是京里下来个，且弗要打。我问唔，唔拉京里下来，阿认得新太守范仲淹个？（外）范仲淹不认得，犯重法到认得的。（净）犯重法！这厮巧言！张千，捉俚水牢里去！（外）你家有水牢么？（净）非但有水牢，更兼还有炙床。你若弗好，拿唔上下衣衫剥去，放在炙床上，炙得脆剥剥，我员外好渗酒。再若放肆，我就杀唔个狗头！（外）人也杀得的？（净）杀千杀万，独杀唔个把了！我家张千会施计，宋清会杀人。（外）有这等事？

从文学本到演出本，念白作了很大的改动，除了内容增加外，主要是方言成分加重，应当是考虑演出地的观众，因为方言念白会将演员与观众的距离拉得更近。可以想见，这些折子戏的演出如果超出吴语区范围，观众是难以接受的。

也许因为演出地在苏州，故而演出本方言用苏州话比较多。如《水浒记·活捉》（载《兆琪曲谱》）中的张三郎讲的就是苏州话。

〔净〕吓，奴家，奴家！一定是位女客。我张三官人桃花星进仔命哉，半夜三更还有啥个女客来寻我介。吁，让我问清爽子勒开哩进来。喂，倈是啥人家个奴家介？〔小旦〕我与你别来不久，难道声音都听不出了么？〔净〕是吓，骨个声音熟得势，时常勒耳朵管里括进括出，一时头上叫学生落里想得着介。〔小旦〕你且猜一猜。〔净〕喔哟，个格女客直头鲜格格拉虱！哪说叫我猜。横竖困勿着，就拨一猜俚试试。喂，奴家，夜露下哉，勒料檐头立介一立，让我猜仔勒开吓进来。吓，是啥人家个奴家介？吁，拉里哉——

哪怕剧中人并非吴语区的，如《虎囊弹·山亭》（载《缀白裘》三集四卷）中的酒保是山西人，可是演出本还是让他讲苏州话。

（净上）卖酒的，你好么？（丑）好个耶。师父好？（净）你好，你好？（笑介）哈哈哈！歇歇去。（丑）挑上山来吃力得势，歇歇再走。（净）卖酒的，你这两桶是好酒？（丑）好个耶。（净）挑往那里去卖？（丑）挑拉山上去卖个。（净）敢是卖与那些和尚们吃的？（丑）弗是哟，卖拉个星做工个人吃个。（净）就卖些与和尚们吃了何妨？（丑）动也动弗得！师父，唔弗晓得，我渠领老和尚个本钱，住老和尚房子；若卖个酒拉和尚吃子，晓得子，立刻追本钱，赶出屋，还要顶香罚跪虱来！（净）嗄！老和尚这等利害？（丑）利害！利害！（净笑介）啥好笑？唔虱出家人是戒酒除荤个哟。（净）哈哈哈！（丑）师父，笑啥个？（净）卖酒的。（丑）那哼？

在《侯玉山曲谱》里，这段丑角念白就成了京白。昆曲剧本也有说别的地方方言的，如《蝴蝶梦·说亲》中的苍头说的是常熟话，《红梨记·醉皂》中的皂隶说的是扬州话，《一文钱·罗梦》中的罗和说的是句容话。这些方言念白约定俗成，估计是从最初的演出时传下来的。设想一下，如果台下观众不熟悉演员所说的方言的话，这演出的效果就会大打折扣。明代演出本中方言往往很难看懂，更不要说听了。例如《白罗衫·贺喜》（载《缀白裘》初集二卷）：

　　（净）两位贤弟到此何干？（付）通文嘘。（丑嗽介）老风臀。（付）吙！僧个老风臀？（丑）那儿子中子举没，哩阿是老风臀了？（付）老封君吓，僧个老风臀！弗会个来。（丑）是，谷谷谷谷。（付）呸！通文没通文哉，僧个谷谷谷！阿是哺鸡生蛋了！（丑）嗳！毽养个，起子个头没自然来个，介样性急！（付）盖没唔通唔通！（丑）唔个妮子一跌一子个夜叉小，我里两个做子个绒骷罗，特来飞来横。（付）吙！唔虱嚼个多哈僧个？（丑）跌一没，中；夜叉小没，鬼；绒骷罗没，头；飞来横没，贺。哩个妮子中子鬼没，我里两个做子头来贺哩哉那。（付）叫唔通文，僧个打起歇后语来？（丑）那了？差子僧个了？（付）让我来。（丑）吙，看唔。（付）大阿哥，再弗道是唔虱儿子亦是介一出。（丑）僧个亦是介一出！（付）中哉那。（丑）中没中哉，僧个亦是介一出！（付）我里弟兄两个，为子唔虱爷儿子个件事务，报死能介奔。（丑）走没走哉，僧个报死能介奔！（付）讲人命能介讲，每人出介三钱一个奠金拉里替唔贺喜。本来要邀到舍浪个——（丑）亦弗净个衣裳，僧个舍浪舍浪！（付）屋里没叫子舍浪哉那。（丑）吓！是介了。（付）大阿哥是晓得我里舍浪是乌居个了。（丑）僧个乌居？（付）狭窄没叫子乌居哉那。（丑）蛙居吓，僧个乌居！笑死子万把人哉！

大量的方言再加上歇后语，令人不知所云。再如《人兽关·演官》（载《缀白裘》五集三卷）：

　　（净）献茶抹椅多仪敬。那没僧个哉？（付）扳谈。（净）噢。请教。（付）请问寅翁几时命下的？（净）前故而子。（付）两个卵子？（净）唔个人官话听弗出个，直话说道"前个日子"，打官话没，说道"前故而子"哉耶。（付）阿要笑话虱？官话没只有前日大前日，僧个"前故而子"？"前故而子"弗是个官话，直头是个乌话哉！（净）唔倒是个乱话！（付）姐夫，弗是搂，唔个官话直头要学学虱来。我说出来看唔阿听得出。"亚你娘麻以雏雏，细娘麻付付托迷。"（净）唔拉虱说个哆哈僧个？我直头一句也听弗出。（付）弗是，做子官要学个两句满洲说话，好答应上司。（净）番青我亦会个，我说出来唔答应。（付）噢。（净）"亚你娘麻哈喙麻，阿哇没利以雏哈。"（付）着，着！（净）唔拉虱答应个多哈僧个？（付）那了？（净）我是拉里骂唔。（付）那说骂我？（净）头一句是唔个兔子吓，第二句是说道死乌龟坯耶。唔倒拉"着着"个答应！官话通文各配腔。（付）习官体，非草莽。真个是威仪济济，相貌堂堂！

有趣的是操着方言说"官话"，结果是说方言的人听不懂，说官话的人也听不懂。更有趣的是学说"满洲话"，当时人管它叫"番青"，估计大多数人是听不懂的，因此它才能够引起观众发笑，被骂了还乐呵呵的。正因为方言能吸引观众，所以有的演出本就不强求演员照着剧本说。例如《四节记·嫖院》（载《缀白裘》十二集二卷）开头就直接注明：

"是出游戏打浑，原无定准，不拘丑副，听其所长。说白小曲，亦可随口改易。"在结尾处还特意加上一句："此出乃苏郡名公口授，纯用吴音土语，借用白字甚多。恐不顺口，故每句另加点断。"

从现代昆曲的方言设定也许可以认为，之所以用不同的方言，是跟当时此剧的演出范围相适应的。因为要照顾到当地的观众，所以才有相应的设定。现代昆曲使用的方言较少非吴语，其实透露了民间昆曲戏班的演出范围很难超出吴语区，甚至到达不了南部吴语区。清末全福班走江湖的线路，大致印证了"昆山腔止行于吴中"的这样一个事实。

游汝杰认为，戏曲的流行区域大致和方言区交叠，造成这种交叠关系的前提是有一定的可懂度。南戏的不同声腔流行于不同区域，不无方言方面的原因。"昆山腔止行于吴中"说明方言对戏曲向外扩张的制约，要想突破区域限制，就必须或变吴音为当地乡音，或运用通语，也就是当时的官话。显然昆曲走的是后一条路，实行官语化，是戏曲实现超方言区跨越和传播必不可少的前提。所以从明代中叶以来，有识之士一直呼吁昆曲咬字要去掉"苏音"，改用"中州韵"（即明代官话）。魏良辅在《南词引正》中就具体地指出了吴语方言乡音在发音方面存在的问题，诸如"苏人惯多唇音""松人病齿音"，且"又多撮口字"，并指出："此土音一时不能除去，须平日气清时渐改之。"昆曲真正做到官语化是在魏良辅"新声"形成半个世纪以后的事。潘之恒《鸾啸小品》称：

> 长洲、昆山、太仓，中原音也。名曰昆腔，以长洲、太仓皆昆所分而旁出者也。
>
> 无锡媚而繁，吴江柔而清，上海劲而疏：三方者犹或鄙之。

出于让昆曲走向全国的考虑，官语化无疑是对的。不过任何事情都有其两面性，戏曲的魅力其实正在于它的方言性，去掉了方言成分，懂是懂了，其味儿就不足了。海盐腔当初能够走出吴语区是因为它使用的是官语，不过唱海盐腔的还是南方吴语区的人来得正宗，《金瓶梅》中的"海盐戏子"受欢迎正是如此，汤显祖提到的江西官员"以浙人归教其乡子弟"，也是因为那一点"海盐声"。昆曲其实也不例外。《红楼梦》中大观园建成以后，组建昆曲家班的戏子就是到苏州去买的。昆曲旦角演员张继青受到各地曲友的喜爱，很大程度上缘于她演唱时的"苏音"好听。如果不坚持特色，昆曲是无法生存的；而坚持特色，也会被视为违背传统。当下有人把昆曲看作一种地方戏，其实也不无道理。南戏从最初的"温州杂剧"，到后来的"四大声腔"，再到昆曲"水磨腔"，当初都是因特色而兴盛，最终也是因特色而衰微以至消亡。在"四大声腔"和"水磨腔"曾经兴盛过的地方，除了影响全国的越剧，取而代之的是各种地方小戏：江苏有苏剧、锡剧、扬剧；上海有沪剧；浙江有湖剧、绍剧、甬剧、睦剧、瓯剧、婺剧。

虽然同是吴语，但是语言内部的差异注定了戏曲语言的排他性。一种声腔能传播多远多久，最终的选择不一定是艺术上的优劣，而是能否通过语言与自己的情感相共鸣。研究南戏"四大声腔"的流播，对了解明代吴语的内部差异是有帮助的。比如明代曾出现过的"太平腔"。明代太平府即今安徽当涂、芜湖、繁昌一带，其方言今属吴语宣州话，跟官话区的人交流比较容易，跟吴语区的人交流则较多隔阂。今天如果要让当涂人的戏班子深入吴语区去唱戏，这简直是不可想象的，但在明代则就是另一回事了。范濂《云间据目钞》（1593）记载：

> 戏子在嘉隆交会时。有弋阳人入郡为戏。一时翕然崇尚，弋阳遂有家于松（江）者。其后渐觉丑恶，弋阳人复学为太平腔、海盐腔以求佳，而听者愈觉恶俗。故万历

四五年来，遂屏迹。仍尚土戏。近年上海潘方伯，从吴门购戏子，颇雅丽。而华亭顾正心、陈大廷继之。松人又争尚苏州戏，故苏人鬻身学戏者甚众。

可以想见，明代的当涂话与吴语腹地方言差异不会很大，否则怎能曾后来居上，盛行于吴语腹地。明代以后当涂方言与吴语渐行渐远，这既是方言本身的衍变所致，更多的也许是官话的侵蚀所造成，明末的动乱以及清代太平天国战争之后的移民对今天的吴语宣州话的影响不无关系。

参考文献

陆萼庭.昆剧演出史稿［M］.上海：上海教育出版社，2006.

周振鹤，游汝杰.方言与中国文化［M］.上海：上海人民出版社，1986.

流　沙.明代南戏声腔源流考辨［M］.台北：财团法人施合郑民俗文化基金会，1999.

（邓岩欣　上海新语英华博雅教育　slang36@163.com）

苏州胜浦方言次浊阴调例外现象和解释

顾国林

引　言

古代等韵学家的次浊通常指"明、微、泥、娘、日、疑、来、喻"八母，喻母暂不讨论，七母在今胜浦①方言中白读对应 m、n、ȵ、ŋ、l 等 5 个声母，即鼻音、边音声母。在胜浦方言中，它们的规则音是与阳调相拼，和全浊保持一致，比如"年（次浊平）、田（全浊平）""老（次浊上）、稻（全浊上）""面（次浊去）、电（全浊去）""额（次浊入）、白（全浊入）"的声调相同。但是，有一部分字词不符合这个规则，讲的是阴调，和全清保持一致。这些例外字可分为两类：

（1）很书面色彩的字，常用的有 10—20 个，集中于上声中。

（2）地道的口语字词，共发现 54 个，发生在所有声调中。

这些例外字，要么是特别文的书面字，要么是特别土的口语字词（很多无本字可写），两者各有规则，界限清晰，下面分别介绍。

一　书面字词的次浊阴调现象

书面字的次浊阴调现象，集中在上声（其他声调中也有零星分布，但数量很少），是一种文读现象。这种现象在苏州地区的评弹、戏曲、旧文教中基本一致。比如"马［mɔ¹］虎、老［læ¹］兄、李［li¹］逵"，说书先生要念成阴平调，虽然生活口语中"马、老、李"单字都是阳上调。一些很书面的字，通常只存阴调，不见阳调，比如：美［mai³］、雅［iɔ³］、努［nau³］、敏［miŋ³］等。这些字词承载的内容大多是清末、民国以来的新事物、新概念，可推测这类次浊阴调现象是晚起的，它们扎根还浅，很容易从用词的新旧分辨出来，用农民的话讲："是说书先生个闲话!"，常用字见表 1。

表 1　胜浦方言次浊上声字的声调文白读现象

字	音韵地位	白读音		文读音	
马	明母上声	mɔ⁴：一只～	阳上	mɔ¹：～虎、～上	阴平
母	明母上声	m⁴：娘舅～、丈～	阳上	mɔ¹：～亲、小郎～（小老婆）	阴平
敏	明母上声			miŋ³：灵～、人名	阴上
猛	明母上声			məŋ³：～士、～马象	阴上

① 胜浦镇位于苏州古城东南 20 千米处，与昆山交界，这里记录的是胜浦农村方言，注音说明如下：（1）8 个声调，阴平 1、阳平 2、阴上 3、阳上 4、阴去 5、阳去 6、阴入 7、阳入 8；（2）鼻韵尾无辨义功能，都使用 ŋ 表示；（3）胜浦方言的 ɔ 对应一般吴语的 a 或 ɑ（"拜"的韵母），æ 对应一般吴语的 ɔ（"宝"的韵母），au 对应一般吴语的 u（"路"的韵母），ai 是侯韵的韵母（如"楼"）和灰韵的韵母（如"雷"）；（4）音系分平翘舌音、分尖团、无撮口呼。

続表

字	音韵地位	白读音		文读音	
晚	微母上声	me⁴：~娘、~爷	阳上	ue³：~报、~婚~育	阴上
老	来母上声	læ⁴：~电影、~太婆	阳上	læ¹：~师、~兄、~弟	阴平
鲁	来母上声	lau⁴：姓	阳上	lau¹：~迅、~智深（评弹用语）	阴平
努	泥母上声			nau³：~力	阴上
耳	日母上声	ŋi⁴：~朵、木~、挖~	阳上	æ¹：~机、~塞	阴平
你	娘母上声			ŋi¹：评弹中打官腔用语	阴平
我	疑母上声	ŋau⁴：城镇用词，胜浦说奴上声	阳上	ŋau¹：评弹中打官腔用语	阴平
雅	疑母上声			io³：文~、人名	阴上
五	疑母上声	ŋ⁴：数字	阳上	u¹：~官科、~台山	阴平
伍	疑母上声	ŋ⁴：五的大写	阳上	u¹：队~、~子胥	阴平
午	疑母上声	ŋ⁴：端~	阳上	u¹：~睡、上~、下~	阴平

上表显示，这些字白读阳上，文读阴平或阴上（阴平和阴上的分类界限不是很明显）。考虑到这些字限于文读、限于上声两个特点，显然是由一种文教系统（某种官话）影响的结果，可以推测这个系统的次浊上声归清，次浊平、去归浊。

二　口语字词的次浊阴调现象

除了上声书面字，次浊阴调现象主要存在于地道的口语字词中，而且数量较大。这些字词，扎根于百姓口语的底层，乡土气息浓厚，很多无字可写，它们是方言的核心成分，在胜浦方言中共收集到 54 个。在语音规则上，口语字词的次浊阴调现象一般不改变平、上、去、入调类，比如按规则是阳平，今为阴调，调类也在阳平。

（一）口语层的次浊阴调字词

以下"【　】"内是习惯用字或记音字，并非一定为本字，也不追求与韵书释义的严格对应，真实字音以音标为准。"□"指找不到合适的记音字，带"~"是方言例词或例句，未加引号。

【妈＝①】mɔ¹：动词背、驮，例如：~俚转去（背他回去）。

【妈＝②】mɔ¹：身体缓慢挪动，例如：屁股~过点（屁股坐着小幅度移动）。

【蛮】me¹：程度词，相当于普通话的"很、挺"，例如：~坏、~亮、~好吃。

【姆】me¹：称呼女性长辈，例如：~~（称呼父之姐、父之嫂，为阴平式词调）。

【咩】me¹：模拟羊叫声。

【呣】m̩¹：~姆（称呼母亲），阴平式词调，最老派称呼母亲是"阿姆"。

【唔＝】n̩¹：~朝（今天），也可以说"今朝"。

【孎/寐/寐】mi¹：小睡（睡眠浅、时间短），例如：~忒歇（小睡一会儿）。

【洇/咪】mi¹：小口喝少量酒，例如：~口老酒（抿嘴小喝一口酒）。

【未】mi¹：尚早、尚需时间，例如：~辣吼（还久着呢）。

【眯】mi¹：眼睛微张成缝，例如：~眼睛。

· 23 ·

【咪】mi¹：~~（呼猫声，或儿语称猫）。

【抿】miŋ³：①紧闭嘴唇，例如：~紧嘴；②吮嘴唇，例如：勥~嘴唇；③闭唇吃鱼剔骨的动作，例如：鱼骨头~出来。以上都是阴调，阳调则表示（家具、榫头等）紧密无缝，例如：只台子做得~个。

【磨】mo¹：在表示消磨时时往往用阴调（阳调也可以），例如：~洋功（干活慢吞吞、怠工）；在表示磨砺、摩擦时用阳调。

【鞔】mø¹：蒙住、封住器口，例如：拿甏口~紧。

【襫/裮】mø¹：过膝的棉袄、夹袄、袍子，与材质关系不大，强调过膝、接近脚背。

【喵】miæ¹：模拟猫叫声。

【瞄】miæ³：眼珠一转、视线一扫，例如：眼乌珠一~、~法~法。表示"瞄准"义则用阳平调。

【虻】mã¹：黄~（牛虻），~~（蜜蜂的土叫法），这两种飞虫有相似之处，应是同一个语素。

【□】mã¹：占着不走，例如：勥~拉滩不走。

【闷】məŋ¹：紧闭不通气、心里不畅快，例如：汽车里~，心里~。

【焖】məŋ¹：封住热气让食物熟，例如：~肉，~得烂点。与"闷"同源。

【挪】nɔ¹：折腾、来回搬弄，例如：勥~（别折腾啦）。

【那＝】nɔ¹：递人物品时用于提示：~！拿得去！

【奶】nɔ¹：~~（限于儿语，指喝的奶、母亲的乳房）。

【拿】no¹：限于儿语，正常说阳平。

【哝】noŋ¹：将就、凑合，例如：老手机~~罢！

【儾】nɔ⁵：（跳板、扁担、棕绷床椅等）软而下陷，例如：跳板~得走不牢，扁担~勒~。

【囡】nø¹：小孩，例如：~~（亲切地称呼小孩）、小~（小孩儿）。表"女儿"义则用阳去调。

【捻】ŋir³：①（指头、脚底等）搓、揉，例如：~~节头数票子、拿脚~~香烟屁股、手节头~眼睛；②拧、旋（螺丝），例如：螺丝~下来，~勺（螺丝刀）。

【原】ŋiø¹：~是（还是）、~归（仍然），不能用阳调。

【钮/纽】ŋiø³：襻、扣，例如：搭~（过去大门锁门的搭襻）。钮做"纽扣"义、动作"扣"时语音是阳调ŋai⁴，介音和声调都不同，较特殊。

【扭】ŋiø³：来回摇动，例如：~绷（反复推拉橹绷绳以协助摇橹），~~屁股。

【娘】ŋiã¹：娘正常用阳调，阴平只用于亲属称谓，例如：~~（父之妹）、~姨（母之姐妹）。

【蹡】ŋiã³：瘸腿貌，例如：走路有点~。又说cʰiã³，又说"一搭一搭"，普通话有"踉跄"一说可对应。

【□】ŋioŋ¹：无论如何，后面一般跟"匣"（意思是也），例如：~匣弗去（无论如何也不去）。

【□】ŋio⁷：浪花拍打（河岸），例如：浪头~坍圩岸（浪把圩岸打塌了），阳调则表示用手掌跟搓揉衣物。

【拉】lɔ¹：牵引，例如：~ 黄包车。这是新词，土话叫"挺"tʰiŋ³、"背"pai⁵，"拉"本字入声。

【捌】lɔ³：用指甲抓、挠（使皮破），是攻击别人的行为，例如：面孔侪 ~ 碎（脸全抓破）。阳调则表示碎物紧紧粘附在衣服上、皮肤上，例如：旧砻糠 ~ 牢新衣裳。

【□】lɔ¹：~~（儿语，脏、龌龊）。

【猡①】lɔ¹：~~（呼狗来就食，非儿语）。

【猡②】lɔ³：~~（儿语称狗）。如换成阳平，则是大人称呼猪。

【乱】lø¹：~ 丑 ~ 甩（乱扔），只限于该词，一般只用阳调。

【俚】li¹：（人过世之前）苟延残喘貌。

【连】lil¹：捏住腰带位置提起（裤子、裙子），例如：裤子 ~ 起点。

【撩】liæ¹：拨开（蚊帐、裙子等），例如：~ 开帐子。阳平则表示在河面上捞浮物。

【捞】læ³：①用手指刮（油、鼻涕等），例如：~ 鼻涕；②引申为涂抹，例如：油 ~ 勒面孔浪；③引申为取得好处、贪污，例如：当官侪靠 ~。

【溜】lø¹：~ 尿头（遗尿）。"溜"表示遗尿便是一种形象说法，"遗尿便"胜浦另有专词：蛮 me²。

【□】lai¹：（用刀）割，例如：拿条绳一刀 ~ 断。

【撸】lau¹：①用手掌的一侧抹，例如：台子浪香瓜子壳 ~ 干净；②引申为清除，例如：恩怨侪 ~ 忒。

【啰】lau¹：~ 嗦（琐碎之言）。

【落】lɔʔ⁷：~ 底（垫底）、~ 脚（残余不好的）。"落"其他一般都是阳调。

【拎①】liŋ¹：用手提着，例如：~ 只篮去买菜。

【拎②】liŋ¹：识务、领会，例如：~ 不清（不识务）。

（二）辖字特点

（1）阴平调占主导，54 个字词中阴平占 42 个，非阴平只有 12 个（阴上 9 个、阴去 1 个、阴入 2 个），很不平衡，反映这些字音并不是从中古音平行、规则演化而来。

（2）m 声母最多，有 22 个，其次是 l（17 个）、ȵ（7 个）、n（8 个），ŋ 没有，发音部位越靠前越多，越靠后越少，和这 5 个声母辖字的数量也不成比例，这也是不平衡的。

（3）从词的内容看，表亲昵、小微、轻动作的词很多，亲属称谓、儿语、轻微动词占了绝大部分。

（三）成因分析

盛益民（2018）观察绍兴地区的方言，提出吴语中鼻音、边音的阴调现象具有表亲昵的效果。胜浦方言与之吻合，大部分字词具有亲昵化效果。从统计来看，胜浦方言的次浊阴调对语义是有选择性的，主要集中在亲昵、小微、轻动作这三类字词中，它不是以语音为条件的规则音变，而是和语义紧密联系的语言现象。可以看到，"m 声母 + 阴平"占据绝大多数，该发音正好与表亲昵、小微、轻动作的心理需求吻合。

（1）表亲昵

比如对亲属的称呼"姆姆（母亲）、姆姆（大姑妈和伯母）、娘娘（小姑妈）、娘姨（姨）、囡囡（小孩儿、小宝贝）"，它们全部用阴平式连读调，其中"娘娘、娘姨"本字清楚，"娘（母亲的他称）"在单说时是阳调，唯独这两个亲属称谓里变成阴调。在大人对婴儿讲的儿语里，也很常见，比如"奶奶（喝的奶）"、"拿（取）"说阴平调，而大人正常说话都是阳调。在呼叫小动物的拟声词里，也更常见，比如呼狗来叫"猡猡"，呼猫来叫"眯眯"，模仿羊角叫是"咩（me¹）"，都用阴平调。

（2）表小微

比如，小睡一会儿、小喝一口酒，吴语区很多地方都叫"咪"，阴平调，常写作"瀴 / 寐 / 寱 / 泺"等，阴调在这里具有表小微的效果。如果追求简洁，这两个词不妨看成"微"的白读。

（3）表轻动作

在次浊阴调的动词中，绝大部分表力道小、动作轻，比如"眯、捻、捩（用指甲抓、挠）、撩（轻轻拨开）、扭、拎、撸（用手掌刮）、捞（刮）"，极少有大力气、动作重的动词。动作的这个特点，和表小微、亲昵是相似的，其心理、语法机理是一致的。

以上表亲昵、小微、轻动作是次浊阴调字词的主要部分，约占 7 成。还有 3 成有其他来源，其中一个较明显的成因是动词别义，即同源词阳调表示一种意义，阴调表示另一种意义，使用时不混。比如"抿"：阳上调表示"（家具、榫头等）紧密无缝"，作形容词；阴上调表示"抿着嘴唇吃"，作动词。又如"瞒"：阳平调表示"隐瞒"义，阴平调表示"蒙住物口"（可写为鞔）。又如"捩"：阳上调表示"紧抓、黏附在表面"，阴上调表示"用指甲抓、挠"。再如"瞄"，阳平是"瞄准、对准"义，阴上是用"扫视、瞥见"义。由于鼻音、边音的阴调是个空位，为词的派生、转移、避让提供了空间。

三　总　结

胜浦方言次浊阴调是一种后起的语音现象，至少可以看到主体部分是后起的。书面字来自文教领域的影响，且可以推测这种外部语言是次浊上声归清、次浊平去两声归浊型。口语字词阴调主要与表亲昵、小微、轻动作有关，尤其集中在"m 声母 + 阴平"的音节上。虽说语音和语义是无关的，但这些字词显示，在小范围内，语音和语义也是紧密相连的，人们倾向于用最贴切的发音去模拟词的含义和情感色彩。这种语义型音变会让整齐的语音系统产生参差，也是不规则音变的一个来源，在研究历史语音的例外变化时，也值得考虑进去。

参考文献

盛益民 . 吴语的阴调类鼻音、边音字及其来源［R］. 语言的变异与演变会议（上海大学），2018.

蔡　俊 . 19 世纪末的苏州话［C］// 第五届国际吴方言学术研讨会论文集 . 上海：上海教育出版社，2008.

石汝杰，等 . 明清吴语词典［M］. 上海：上海辞书出版社，2005.

徐　越 . 浙北杭嘉湖方言语音研究［M］. 北京：中国社会科学出版社，2007.

王莉宁 . 汉语方言上声的全次浊分调现象［J］. 语言科学，2012（1）.

（顾国林　苏州乡音会　2845088627@qq.com）

吴语浊辅音音位变体交替的统一生理解释

凌　锋

0　缘　起

吴语的全浊声母一直是学界关注的问题。因为这些声母并不是严格语音学意义的浊塞音，而是所谓的"清音浊流"（赵元任，1928）。比如 VOT 测量的结果表明，在前字或者单念位置上海话的清不送气塞音和浊塞音没有显著性差异。清音其实就是指闭塞段没有声带振动。而所谓的浊流，其实就是叠加在后面元音上的气声（Cao & Maddieson，1992；Ren，1992）。那么是否意味着这些浊塞音从闭塞到除阻，声门姿态发生了很大变化？而且，更有意思的是，这些"浊"辅音，一旦位于后字位置，就马上会变成了真正的浊辅音（如赵元任，1928）。也就是说，从音位角度来说，这些全浊声母在不同的位置实现为清浊完全不同的变体，就是个音位的条件变体问题。但是我们需要追问，是什么机制造成两种语音性质截然对立的声音可能成为同一音位的变体。一种可能是纯粹抽象的音系规则起作用，这就对发音人记忆负担要求比较高。还有一种可能是两者之间存在某种发音上的一致性，只要满足特点发音条件就会实现为表面的变体，这样对发音人记忆负担就非常小。

无论清浊还是气声都是所谓的发声态问题。过去国内汉语学界对发声态的语言学功能不够重视，对发声态的研究主要集中在民族语中。近年来随着实验手段的进步，以及部分学者的大力推动（如朱晓农 2005，2009 等），越来越多的汉语方言学研究者开始重视起汉语方言发声态来。

但是可能是由于有关发声态的一些经典著作（如 Laver 1980，1992），虽然把发声态细分成单纯发声态和复合发声态，但是对复合发声态与单纯发声态到底是什么关系，复合发声态又是怎么形成的论述还不够充分。所以，目前国内有些研究对一些发声态基本概念和相关参数的关系认识存在误区，也出现了一些术语概念使用上混淆的现象。事实上声门姿态、声学结果和发声态是不能简单画等号的。如果单纯要讨论发声态本身，至少需要同时考虑声门姿态、空气动力条件和传播条件的三个因素。因此本文试图在梳理前人对发声态的分类基础上，以吴语全浊声母为例，进一步说明这些发声态的产生机制。

1　影响发声态的几个因素

1.1　横向声门姿态与发声态

我们先讨论声门姿态。声门可以分成两部分：一部分是声带主体之间的"韧带声门"，或者称为"音声门"；另一部分为后端勺状软骨之间的"软骨声门"，或者称为"气声门"。根据 Laver（1980：109）对控制声门肌肉群运作机制的简化，可以归结纵向紧张（LT）、中央紧张（MC）和内收紧张（AT）。从声门活动来说，这三种肌肉紧张或者松弛导致的结果就是声带绷紧松弛、韧带声门开合和软骨声门的开合。

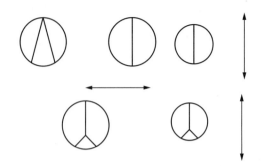

图 1　常见的基本声门姿态

这三种声门动作包含了纵横两个方向，其中韧带声门开合和软骨声门开合都是横向动作，共同控制整个声门的开合。单单韧带声门的开合，本身是一个连续过程，但从语言学意义上来说，大致可以形成"开""闭"和"紧闭"三种声门状态。软骨声门的开合是半独立的，当韧带声门打开时，它也必然打开；而当韧带声门关闭的时候它则开合两可。因此韧带和软骨两个横向声门控制机制配合起来，可以形成五种有语言学意义的声门姿态，分别是："（音声门）开—（气声门）开""闭—开""闭—闭""紧闭—闭""紧闭—开"。

入门的语音学著作一般只区分两种发声态：一种是声带不振动的清声（voicelessness，反映在声波上是无周期波，包括无声和噪音）；另一种是声带振动的浊声（voicing，反映在声波上是周期波）。但是声门姿态已经有这么多种，所以实际发声态也不只是两种。根据 Laver（1980，1992），清浊实际是两个大类。每一个大类都可以进一步分出很多不同的小类。其中属于清声类的单纯发声态有无声、呼气声和耳语声；属于浊声类的有常态浊声、嘎裂声和假声。如果不考虑各种空气动力条件，前述的声门姿态和这几种单纯发声态有很好的对应关系。

当声门姿态为"开—开"，而肺部气流不断通过声门。由于气流与声带的摩擦，就会产生一定程度的紊流，从而出现摩擦噪音。在正常呼吸的时候，声门就是调节成这种状态，所以这种状态可以称为"呼气声"（breath）。在呼气声的时候，通过声门的气流比较强烈。

当声门姿态为"闭—开"或者"紧闭—开"时，肺部压缩后，气流就可以从软骨声门这个孔隙中流出。一般在说悄悄话的时候声带会处于这样的状态，所以这种状态被称为"耳语声"（whisper）。耳语声与呼气声共同的特点都是声门没有关闭，区别在于耳语声的韧带声门是关闭的，而呼气声则是从声带到勺状软骨的整个声门都打开。在发耳语声的时候为了维持声带闭合，我们可以感觉到声带横向比较紧张；在发呼气声的时候，声带横向则是比较放松的。不过需要指出的是，由于声门打开程度是一个连续统，所以这两种声带状态虽然理论上可以分成两类，实际发声的时候区别不见得非常明显（Laver 1992：190）。

当声门姿态为"闭—闭"时，引发的单纯发声态为"常态浊声"（modal voice）。常态浊声是最常见的发声态，所以多数情况下使用"浊"这个术语就是指的常态浊声。常态浊声的发声过程大致如下：声门一开始闭合，当声门下气压积聚到一定程度，气流就会挤开声带，从声门逸出；在气流通过声门的过程中，由于伯努利效应和声带本身的弹性力，声门就会再次闭合，直到声门下压再次超过发声阈压。如此反复，就形成了周期性的振动。

当声门姿态为"紧闭—闭"时，引发的单纯发声态为"嘎裂声"（creak）。嘎裂声的初始声门姿态也是闭合的，但是其闭合的紧密程度远远高于常态浊声。在这种情况下，肺部气流只能非常艰难地挤过声门的顶部。因此嘎裂声的振动频率往往比较低，在一个振动周期内声门闭合比例大大超过常态浊声。

1.2　发声态的空气动力条件

发声态的空气动力条件主要是由肺部压缩来控制。肺部可以由不作压缩到强力压缩等不同方式来控制肺部呼出气流的强弱。在空气动力上，气流强弱差别并不仅仅是量变差异，而是存在几种截然不同的状态。当肺部不作压缩的时候，气流为零，自然也不可能出现任何声音。当肺部压缩，而声门没有关闭的时候，气流就可以从肺部呼出声道，根据气流的紊乱程度，存在层流和紊流（或者叫湍流）两种状态。层流状态气流很安静，而紊流状态则会产生噪音。在语音学上，不考虑空气粘滞因素，则主要是气流量的大小和声道的最小截面积两个因素共同影响气流的状态。气流量越大或者截面积越小，气流就越容易变成紊流。在空气动力学上有一个雷诺数可以用来量化气流的紊乱程度。根据 Catford（1977），雷诺数有个阈值，大致上当雷诺数小于 1700 时，肺部气流以层流方式呼出；大于这个数值后，就以紊流形式呼出。

另外对于声带来说还存在一个"发声阈压"（phonation threshold pressure，PTP。也可称之为"最小声门上下气压差"。Titze，1988）。在特定的声门姿态下，声带并不是必然振动或者不振动，而是取决于当前声门上下压差是否超过当前状态下的"发声阈压"。只有超过了这个阈值，声带才会振动。前述的两种清声的单纯发声态，只要气流条件超过发声阈压，都可以变成浊声。比如呼气声就变成"呼气浊声"（breathy voice），耳语声就变成"耳语浊声"（whispery voice）。由于它们都是一种清声态同时又有浊声，所以都属于复合发声态。

以上介绍的这些发声态都与声门横向活动有关，声带的纵向控制也会引起不同的发生态。声带的纵向控制是调节声带纵向的松紧，可以分成"纵向普通拉紧"和"纵向极度拉紧"两种基本纵向状态。由于声带的纵向状态控制是独立于声门横向控制的，因此这 2 种状态与 5 种横向开合状态可以分别搭配，理论上可以有 10 种声门姿态。前述的单纯发声态默认对应的纵向状态都是纵向普通拉紧。而在与"纵向极度拉紧"相配 5 种横向状态中，如果是"闭—闭"，则对应了一种特殊的单纯发声态："假声"（falsetto）。假声实际比较常见的声门闭合程度介于常态浊声和气声之间，不同之处在于发假声时声带在纵向被极度拉长拉紧，振动过程就不是整个声带参与振动，而只有声带边缘振动，其振动频率远远高于常态，音色也与常态浊音有显著差异。

另外单纯发声态还包括"无声态"（nil phonation），这种状态就是声门没有发出声音，它其实是空气动力条件而非声门姿态调节造成的一种发声态。严格来说它都不能算是发声态了，但是无声在语言学上也是有价值的，因此还是算作一种发声态。从声门姿态来说，无声态并没有自身独特的声门姿态。无论声门全开还是闭合，或者前面提到的其他任意状态。只要肺部没有压缩，或者肺压缩了但气流没有突破声门，又或者气流以层流形式通过声门，最后表现出来的都会是无声。只不过不同的声门姿态，会在相邻音段上产生不同的影响。由于无声态对应了多种声门姿态，为了区分，有些学者会把声门打开的无声态称为"喉开态"，声门关闭的称为"喉闭态"，声门紧闭的称为"喉堵态"（如朱晓农 2005）。

1.3 不同发声态的内在联系

通过以上分析，我们可以清楚地看到发声态不是单纯地只涉及声带，要实现特定的嗓音状态，不但需要声带自身调节，同时还需要空气动力条件的配合。如果把相关因素都整合在一起，我们可以得到表 1 这样的关系。

表 1　发声态与声门姿态、空气动力的关系

空气动力条件		声门开合与松紧					音高
肺部控制	声门上下气压差	软骨声门	韧带声门开合（横向）			韧带声门（纵向）	
			开	闭	紧闭		
未压缩肺部	0	闭合	—	无声态	无声态	松|紧	低|高
压缩肺部	低于阈值		—	无声态	无声态		
	高于阈值		—	常态浊声	嘎裂声		
			—	假声	嘎裂假声	极度紧	很高
未压缩肺部	0	开启	无声态	无声态	无声态	松|紧	低|高
压缩肺部	低于阈值		呼气声	耳语声	耳语声		
	高于阈值		呼气浊声	耳语浊声	耳语嘎裂声		
			耳语假声	耳语嘎裂假声		极度紧	很高

表 1 中所谓的阈值是指上文提到的"发声阈值"。需要强调的是，不同声门姿态下，这个发声阈值实际是不断变化的，并不是一个恒定值。大致来说声带纵向太紧或者太松，这个阈值就会提高；声带横向开合太大或者过紧，这个阈值同样会提高。只有在纵向和横向紧张程度都趋于中性的时候，声带才最容易振动。这一点，我们在唱歌的时候中也会有类似经验。

从上表我们可以看到，在单纯发声态中，不同的清声态是不能同时出现的；而多数浊声态彼此之间以及浊声态与非无声的清声态并不冲突，可以两种乃至多种状态共存。所以复合发声态都属于浊声范畴。但是也不是所有浊声态都可以共现，比如常态浊声和假声就不能共现。从表格我们也看出，凡是不能共现的单纯发声态都是同一参数的不同取值。比如常态浊声和假声横向都是"闭—闭"，差别是两者的纵向取值不同，因此无法并存。而嘎裂声一般是低调，假声都是高调，看似无法共现。但嘎裂声是横向紧闭，而假声是纵向极端拉紧，两者是不同参数的取值，彼此并不矛盾，所以能够出现嘎裂假声这样的复合发声态。此外，表 1 在呼气假声位置留了一个空格。一个原因是这个音理论上是可以存在的，但我们还没在文献上见到相关报道。另一个原因是虽然我们把假声和常态浊声列在一列，但实际上假声与呼气声之间关系也很密切。因为假声纵向太紧，以至于不但只有声带边缘参与振动，而且由于声带边缘变得非常薄，在这种情况下，声门无法形成真正完全的闭合。

虽然表中列出很多复合发声态，但常见的复合类型是"耳语浊声""呼气浊声"和"嘎裂浊声"（creaky voice）。如前所述，作为单纯发声态的呼气声和耳语声之间其实没有截然的界限，所以它们与浊声的复合状态之间也一样没有截然的差别。因此在国际音标中没有区分耳语浊声和呼气浊声这两种复合状态，而是笼统地称为"气浊声"，用下加两点的附加符号来表示。在中文术语中，我们建议不妨用"气声"作为"耳语浊声"和"呼气浊声"的合称。

Ladeforged 等（1996：49）指出在声门打开程度上，部分发声态可以组成连续统，"喉开态 / 呼气声""呼气浊声""弛声""常态浊声""僵声""嘎裂浊声""喉塞音"这样的连续统。这个连续统实际上是指声门整体的开合程度。其中呼气声和呼气浊声的声门姿态都是"开—开"。在理想状况下，无需调整打开程度，只要调整肺部压缩程度，两者发声态是可以任意转换的。但是由于不同开合程度发声阈值的差异，实际呼气声声门打开的程度往往大于呼气浊声（Ladeforged 等，1996：50）。弛声的声门姿态理论上应该是"闭—开"，如前所述耳语浊声和开合程度很小的呼气浊声是无法清晰区分的，可能正是这个原因，他们换用了弛声这样一个术语。常态浊声的声门姿势是"闭—闭"。僵声、嘎裂浊声和喉塞音的声门姿态是"紧闭—闭"，差别在于紧闭程度。在 Catford（1977）、Laver（1980）的体系中区分了嘎裂浊声和嘎裂声。但这两者间没有明显界限。所以 Laver（1992：195）指出，这两个术语往往是可以混用的。再加上国际音标也没有区分这两个类别。所以本文把两个类型统一归为"嘎裂声"。而上文的僵声相当于本文常态浊声和嘎裂声的一个中间状态。或者按照 Laver 的分析，僵声和嘎裂浊声可能大致相当于他的嘎裂浊声和嘎裂声。喉塞音是声门闭合最紧密的一种，可能可以把声门姿态描写成"紧闭—紧闭"，在这种状态下，肺部气流完全无法冲破声门。如果关闭的稍微不那么紧一点，喉塞就很容易变成嘎裂。不过喉塞的问题比较复杂，严格说它的特征是声带突然停止振动，事实上包括横向紧闭等多种方式实现。这里先不赘述。

从表 1 也可以看出除了假声以外，不同发声态与音高关系不是直接对应的。虽然一般来讲，嘎裂声、气声更容易音高偏低，但由于音高控制的主要机制来自声带的纵向控制，所以嘎裂声和气声同样也可能音高比较高。即便是常态浊声和假声之间，虽然是纵向控制的差别，但是由于假声与常态浊声的声带振动方式完全不同，本身都可以进一步进行松紧的调节，所以假声音高的下限实际是低于常态浊声上限的，两种发声态的音高范围有重复区间，也不是必然假声就高于常态浊声。另一方面，纵向调节本身也会反过来影响发声态。最显著的现象就是低调引发嘎裂声。这就是因为当声带纵向调节过松的时候，发声阈值就变得很高，为了维持声带振动，发音人可能会采取把声门横向挤紧的办法。而如果没有横向挤紧，就可能变成气声乃至纯粹的呼气声。

1.4 发声态与传播条件

由于空气动力条件的差异，相同声门姿态可能实现为不同发声态。比如同样是声门打开，可以出现无声态、呼气声和气浊声三种类型。与之类似也可能出现表面相同的声学结果，背后却有不同的发声态的情况。这就涉及影响发声态声学结果传播的方式。这里主要跟声音高低频的传播能力有关。频率越低，声波传播能力比较强，既可以直接通过空气传播，也可以透过固体液体传导。而高频信号则很容易被吸收。

在语音中，乐音一般低频能量远大于高频，而噪音的能量往往更多集中在中高频。声道如果完全闭合或者阻碍程度很大，声门产生的声音往往只有低频能够传播出去，高频的声音则都被吸收掉。换而言之，即便发声态包含了有丰富高频信号的噪音，也无法有效地被听话人接收到，而浊声的低频部分则不会受太大影响。

从传播条件的限制来说，我们很容易得到这样的推论，即便声门处形成前述任意一种发声态，在塞音闭塞段或者擦音的主体部分由于声道闭合过紧，只有声门的低频信号可以有效传播出去，最后结果是只能区分出清浊出两个大类，而很难区分出具体的小类来。塞音或者擦音更细微的发声态差异，只能体现在相邻的元音音段。

2 吴语全浊音的声门姿态和声学结果

从以上分析中我们可以发现，完全有可能一些表面的音位变体，实际有相同的声门控制机制；反过来，相同的声学表现，背后的声门控制机制可能完全不同。

根据 Iwata 等（1991）和 Ren（1992）的研究，其实从闭塞到除阻，无论是在单念、前字还是后字位置，吴语全浊音的声门都不是完全关闭的状态。所以其声母的声门姿态应该大致如下图。

图 2 吴语全浊声母的声门姿态示意图

稍微熟悉一点发声态的人看到这样的声门姿态示意图，往往会判定此时的发声态是耳语声。但事实上这种声门姿态并不一定就实现为耳语声，至少还可能是无声、耳语浊声和单纯的浊声。因为如果声门摆成这个姿势，但是肺部没有同时压缩，这样就不会有气流通过声门，声门也就不会产生任何声音；或者即使肺部压缩了，只要压缩力度不够，只有微弱气流通过声门，同样也不会产生任何声音。而如果肺部压缩力度足够，则有可能气流既通过勺状软骨小孔也同时从韧带声门挤过，这样不但有摩擦噪音，还会同时有周期振动。另一方面，空气动力条件与声门姿态两者可以共同决定声门处发声的状态，但是声音传播到外界会是什么情况还取决于传播的介质。比如声门同时产生了摩擦噪音和周期振动，如果口腔是打开的，这两种声音都可以顺利传播到外界空气中，这样自会感知为耳语浊声。而如果整个声道阻塞程度大到气流很难甚至无法流出的话，声门产生的声音就只能透过人体的软组织再传播出去。由于不同频率的声波传播能力不同，通常中高频的频率成分都会被吸收掉，只有低频的声波能传导出去。因此即便声门产生的是摩擦噪音混合周期振动的声音，传导到外界却只有低频的周期振动，给听者的感觉只会是普通的浊声。

所以这就很好理解为什么吴语全浊塞音在爆发前后声学结果差异那么大了。在闭塞的时候，由于声门以上的声道空间有限，声门又没关闭，声门上下压差必然比较小，只要发音人的肺部压缩的程度不足，非但无法引发声带振动，甚至气流都无法形成紊流；而即便形成了紊流噪音，也被声道软组织完全吸收，因此这一段在最后的声学表现上必然为无声的清音。而当闭塞打开，声门上下压差一下子变得很大，于是在同样的声门姿态下，同时满足了产生紊流和声带振动的空气动力条件，声学上也就自然体现出了气声的特征。浊擦音的情况也可以用同样理由来解释。

而前字位置和后字位置全浊声母的清浊表现，仍然可以用相同声门姿态而空气动力和传播条件的差异来解释。前字位置闭塞时不振动是由于发音人肺部压缩程度不足，而在后字位置时，由于辅音两边都是声带必须振动的元音，所以从发声控制来说，元音—辅音—元音的交替过程，肺部压缩就需要从充分转变成不充分，然后再次转变成充分。对于肺部这么大的器官来说，状态转化是需要相对长一点的时间的。即便肺部状态转变了，体现到气流上又会有滞后。因此我们可以观察到，无论清浊塞音，在后字位置时，紧邻前面元音的闭塞段起首处总是会有一段继续振动的部分，这一段时长往往可以达到十多毫秒乃至更长。但是对于清浊塞音来说，本身的闭塞时长并不一样。清塞音的闭塞段比浊塞音要长得多（如沈中伟等，1995）。因此清塞音除了闭塞前端有振动外，闭塞段后半部分都是属于"清"的无声段。而全浊塞音的闭塞段本来就很短，声门又不会像清塞音那样需要完全打开，所以很自然闭塞段就都是振动段了。只是我们很难判断这种振动到底是有意的控制，还是前面元音的"余振"。总而言之，由于空气动力条件的差异，全浊塞音无需前字和后字分别调节成不同的声门姿态就可以实现为不同的清浊变体。全浊擦音的情况也基本类似，因为浊擦音也同样远比清擦音短。

3 小 结

本文梳理了有关发声态的一些基本概念，并就一些最基本的，大家基本形成共识性的问题作了进一步澄清。我们认为，区分清楚声门姿态、空气动力条件和声学传播条件三个因素，有利于深入了解发声态的产生机制和实际语音表现。吴语全浊声母在单念和前字位置时自身主体部分和后继元音上有不同声学表现，在前字后字不同位置有表面的清浊交替，这些不同声学表现其实都是相同声门姿态在不同空气动力以及声学传播条件下的声学结果，是纯粹语音层面的变化，而并不是抽象音系规则影响下发音人主动进行的清浊调节。

参考文献

Cao，J.，& Maddieson，I. An exploration of phonation types in Wu dialects of Chinese［J］. Journal of Phonetics，1992，20（1）：77—92.

Catford，J. C. Fundamental problems in phonetics［M］. Indiana University Press，1977.

Iwata，R.，Hirose，H.，Niini，S. & Horiguchi，S. Physiological properties of "breathy" phonation in a Chinese dialect—A fiberopic and electromygraphic study on Suzhou dialect，Proceedings of the 12th International Congress of Phonetic Sciences，1991（3）：162—165.

Ladefoged，P.，& Maddieson，I. The sounds of the world's languages［M］. Oxford: Blackwell，1996.

Laver，J. The phonetic description of voice quality［M］. Cambridge University Press，1980.

Laver，J. Principles of Phonetics［M］. Cambridge University Press，1994.

Ren，N. Phonation types and stop consonant distinctions: Shanghai Chinese［D］. University of Connecticut，1992；中文版：上海话发声类型和塞辅音的区别特征［M］.上海：上海辞书出版社，2006.

Titze，I.R. The physics of small amplitude oscillation of the vocal folds［J］. The Journal of the Acoustical Society of America，1988，83:1536—1552.

沈钟伟，王士元 . 吴语浊塞音的研究——统计上的分析和理论上的考虑［C］// 吴语研究 . 香港：香港中文大学出版社，1995：219—238.

赵元任 . 现代吴语的研究［M］. 北京：清华学校研究院，1928.（科学出版社 1956 年重印）

朱晓农 . 实验语音学和汉语语音研究［J］. 南开语言学刊，2005（1）：1—17.

朱晓农 . 发声态的语言学功能［J］. 语言研究，2009（3）：1—19.

（凌锋　上海大学　lingfengsh@shu.edu.cn）

在方言比较中考本字

潘悟云

方言考本字的目的是为了寻找方言之间的历史联系，从这个目的出发，方言本字更应该通过方言之间的比较来确定。此外，由于在历史上发生过特殊的音变，或者同一个方言中有几个历史层次的叠加，都会给本字的考定造成麻烦。在这种情况下，如果光是靠与古代音类的历史比较往往会考错字。本文提出这么一条原则，在充分小的地理范围内，同一个方言区（片）的基本词汇往往是相同的，邻近方言中方言词的语素如果是确定的，就可以通过方言间的比较考定本字。下面就是温州方言中几个常用词的例子。

1 何　　样

温州"什么"说 $\text{fia}^{31\text{-}21}\text{ȵi}^{31}$，$\text{ga}^{31\text{-}21}\text{ȵi}^{31}$。北京大学中文系《汉语方言词汇》（下简称《词汇》）写作"何呢"，游汝杰、杨乾明《温州话词典》（下简称作《词典》）写作"何乜"（后一字记作 $\text{ȵi}^{31\text{-}13}$，变调误记）。温州"泥""娘"的读音相同，但是后字 ȵi^{31} 在温州的郊县瑞安读同"娘" ȵie^{31}，与"泥" ȵi^{31} 的读音不同。所以，按语音对应关系后字应该是一个阳韵字。这个字的本字是什么，一直得不到确证。郑张尚芳（1983）认为这个词是"何物样"。他把 ga^{31} 考证为"何"非常正确，证据很有说服力，但是其中的 ȵi^{31} 是不是"物样"二字的合音，则需进一步商讨。"别的"温州话中说 $\text{bi}^8\text{ȵi}^0$，后字显然也是同一个语素，如果把它解释作"别样"自然比"别物样"好，同样的道理，$\text{fia}^{31\text{-}21}\text{ȵi}^{31}$ 更可能是"何样"。这两个词中 ȵi 的韵母都与阳韵对应，但是声母读鼻音不好解释，所以郑张尚芳才用"物样"合音来解释鼻音声母的来源。不过如果与周边方言比较，"样"的鼻音声母的来源是很容易得到解释的。

在浙南地区曾经发生过一个很特殊的音变，有些带高元音 i 的字其零声母会变成 ȵ，这是由于浙南地区这种零声母的舌面与上腭贴得很紧，实际上是 j，j 的舌位提升得很高。我们知道舌腭肌有两个功能，它收缩的时候能把舌面提升，也能使软腭下降，舌腭肌提升舌位的同时，很容易产生使软腭下降的协同动作，所以很容易使 j 变成了 ȵ。

下面是苍南蛮话中的这种读音：

蔫傻 ȵĩ^1，衣 ȵi^1（$\sim$裳 $\text{ȵi}^1\text{ȵiõ}^1$），雨 ȵy^4（$\sim$伞 $\text{ȵy}^4\text{sẽ}^3$），圆 ȵỹ^2（$\sim$瓦盆 $\text{ȵy}^2\text{ŋo}^4\text{bẽ}^2$ 砚台），蜒 ȵĩ^2（墙$\sim$ $\text{ziã}^2\text{ȵĩ}^2$ 蜗牛），爷 ȵi^2（亲爷 $\text{tɕʰiŋ}^1\text{ȵi}^2$ 义父），姨 ȵi^2（$\sim$娘 $\text{ȵi}^2\text{ȵiõ}^2$ 亲），样 ȵiã^6（细心样 $\text{sai}^5\text{ɕiŋ}^1\text{ȵiã}^6$ 小心），样 ȵi^6（别样 $\text{bəʔ}^8\text{ȵi}^6$ 别的），样 ȵiõ^6（就这样 $\text{zieu}^6\text{tɕieʔ}^3\text{ȵiõ}^6$ 这么（程度），什样 $\text{zieʔ}^8\text{ȵiõ}^6$ 怎么）

泰顺蛮讲也有类似的音变：

烟 ȵiẽ^1（$\sim$酒筒 $\text{ȵiẽ}^1\text{tɕiou}^3\text{təŋ}^2$），衣 ȵi^1（$\sim$裳 $\text{ȵi}^1\text{ɕiõ}^2$），样 ȵiõ^5（$\sim$型 这样 $\text{ȵiõ}^5\text{siŋ}^2$）

对照蛮话中的"别样""细心样""就这样"，可以推定温州 $\text{fia}^{31\text{-}21}\text{ȵi}^{31}$ 和 $\text{bi}^8\text{ȵi}^0$ 就是"何样"和"别样"。温州话中除了"样"发生音变 j>ȵ 以外，还有以下的例子：

"像"在温州读 ji^4，但是在"不像三不像四 不三不四 $\text{fu}^3\text{ȵi}^0\text{sa}^1\text{fu}^3\text{ȵi}^0\text{sʅ}^5$"中读 ȵi。

草木干枯说 jau^3，又说 ȵau^3。

痕迹说 jaŋ⁶，又说 n̩aŋ⁶。

慢慢地移动说 ji¹，又说 n̩i¹。

最后，我们还需要解释"何样"中"样"的调值来源。"何样"的连调值 21-31，属于中性调加上一个阳平调。这个词中的"何"也可省略，单说 n̩i³¹，读阳平调，这与温州"样"的阳去调相左。但是"何样"还有另一个异读，连调值为 31-21，为阳平加上一个中性调。对照"别样" bi⁸n̩i⁰ 中"样"也读中性调，说明"何样"中"样"读中性调应该是本来的读法。在近代温州话的二字组连调出现前字中性化的倾向，如"统统"在 Montgomery（1893）的记录中是 tʰuŋˋtʰuŋˋ，读一般连调，但是在现代温州话中读 tʰoŋ²¹tʰoŋ³⁵，前字读中性调，后字读本调。"电车"按一般连调的格式应读 di²²⁻⁴²tsʰo³³，温州郊区永强还这么读，但是在市区已经读作 di²²⁻²¹tsʰo³³，前字读中性调。所以，"何样"的 31-21 应是较早的连调值，后来前字中性化作 21，后字就要读非中性化调。后字本来的中性调形式 21 与阳平调 31 很接近，前字读作中性调以后，后字就读成比较接近的阳平调了。

2 细

"小"义的词温州说 sai³。从声韵推测，它可能对应于中古蟹、止摄的合口，但是从这些音类中很难找到一个合适的"小"义的本字。郑张尚芳认为它是"𤨏"字，《词汇》和《词典》都采其说。温州的戈韵有一个较早的历史层次 ai，如胮 lai²，唾 tʰai⁵。这是郑张尚芳把它的本字考为"𤨏"的主要语音根据。但是在温州的周边方言中找不到以"𤨏"为小义的证据。

"小"义的语素在吴语地区主要有两种，一种是"小"，大部分的吴语都用这个语素。另一种是"细"，温州周边地区的方言泰顺、云和、龙泉、蛮话、蛮讲，"小"和"细"义都用同一个语素"细"：

蛮话	蛮讲	龙泉	庆元	云和	景宁
sai⁵	sei⁵	ɕi⁵	ɕie⁵	sɿ⁵	ɕi⁵

北方的"小"字不断地对南部吴语产生影响，所以就是在这些方言中，"小"和"细"也会分别出现于不同的词语，举龙泉话为例，"小"出现于以下的词：

小麦、小白菜、小指、小刀、小贩、小气鬼、小叔、小肚、小腿、小肠气、小姊_{小旦}、小生、小丑。

以下的词中用"细"：

细毛_{松针}、细毛卵_{松球}、细襟儿_{小襟}、细儿侬_{小孩}、细婆_妾、细姑娘_{小姑}、细妹_{小儿子}、细只手_{左手}、细爿_{左边}。

用"小"的词语大部分是文化词、外来的蔬菜名、解剖学性质的身体部位名称，它们是从外边传入。"细"才是龙泉话自身的方言词。"小"和"细"在语义上有较大的不同，以上的方言中"细"同时用来表小义和细义，有时会造成词义的不清，这个时候北方来的"小"字正可取代小义的"细"。在松阳话中大小的小用"小"，粗细的细用"细"，但是"没大没小"的"小"却说"细"，正是松阳在古代曾经用"细"表小义的遗留。

小义的"细"在各地方言中还有文读和白读的不同形式。齐韵在蛮话、蛮讲中文读 i（ɿ），白读蛮话 ai，蛮讲 ei，这两个地方的"细"都作白读。景宁的齐韵也是文读 i，白读 ai，白读只有极少数字，如"梯"tʰai¹，"细"字取文读。龙泉话中齐韵文读 i，白读 e，读同一等哈泰韵，只有少数字有白读音，如"梯"tʰe¹。元音 e 从 ai 变化过来，可对照景宁的"梯"tʰai¹，龙泉齐韵的白读原来可能也是读 ai>e。龙泉"细"çi⁵ 文读，但是在"细毛"_{松针}一词中取白读 se⁵m̩¹。

从上面几个方言的情况分析推导，浙南吴语可能也像闽东话一样小义和细义的词都用"细"来表达，读 sai 或 sei。后来齐韵的文读音逐渐取代了白读，读成 si 或 çi。北部方言的"小"有更大的取代能力，逐渐取代了南方的"细"字。于是在浙南地区表小义的语素就有"小"、文读"细"、白读"细"三种形式交混出现。

根据以上的分析，温州小义的 sai 一定也是"细"字，齐韵在温州话中几乎都读成文读 ei，在 Montgomery（1893）的记录中为 i。但是也有极个别残留白读 ai 的例子，如温州转身曰"lai⁶"，可能就是"捩"字。"捩"《广韵》有齐、屑两读，《玉篇》："捩，拗捩也"，俞正燮《癸巳存稿》："两手按，徐捩身"，用法与温州同。此字不见于《说文》，应为后起字，本字当即"戾"字，《说文》："戾者，身曲戾也"。宋玉《大言赋》："壮士愤兮绝天维，北斗戾兮太山夷"，此处的"戾"即"转"义，当为"捩"之本字。粗细的"细"读 sei¹，Montgomery（1893）记作 si，为齐韵的文读音；小义的"细"有两读，一为 sai⁵，为白读的齐韵读韵，还有一个读 sai³，声调变作阴上，可能受"小"字声调的类推作用。

3　侬

温州"人"说 naŋ²，郑张尚芳（1964）、《词典》《词汇》都记作"人"。如果把声母和韵母分开来，说它是"人"的白读也未尝不可，因为日母的白读有作 n 的，如"日子"读 ne⁸tsŋ³；真韵温州读 aŋ。但是把声韵合在一起考虑，读 naŋ 的音节只出现于泥母登韵。宋戴侗的《六书故》就已记载，温州的"人"读作"能"。如果把它与丽衢片的这个词联系起来比较，我们不难找出它的本字来。

"人"义词在丽水地区有些方言读作通摄：

	龙泉	松阳	开化	遂昌	广丰	龙游_{湖镇}	衢县_{太真}	衢县_{长柱}
人	nəŋ²	neŋ²	noŋ²	nəŋ²	nəŋ²	noŋ²	nəŋ²	noŋ²
农	nəŋ²	neŋ²	noŋ²	nəŋ²	nəŋ²	noŋ²	nəŋ²	noŋ²

但是也有许多地方读作登韵：

	青田	丽水	缙云	云和	泰顺	龙游	龙游_{县城}	浦江
人	neŋ²	nəŋ²	nain²	ne²	nɛ²	nəŋ²	nəŋ²	naŋ²
农	noŋ²	noŋ²	nɔm²	nom²	noŋ²	noŋ²	noŋ²	noŋ²
能	neŋ²	nəŋ²	nain²	ne²	nɛ²	nəŋ²	nəŋ²	naŋ²

在古代的吴地"人"说"侬"，这有大量的文献证据。可见，丽衢片的"人"义字就是与"农"同音的"侬"字，在某些丽衢方言中通摄字的主元音发生过非圆唇化的音变：

oŋ > əŋ > eŋ > ɛŋ > aŋ

这个音变的区域很广，如厦门话的通摄读 aŋ，说明闽南话也发生过这个音变。

温州方言的"人"说"能"，正与青田相同，说明它也应该是"侬"字。温州话中还有其他几个字可以说明温州话中的通摄有一个读作曾摄的历史层次。"综合"的"综"温州读 tsoŋ¹，织机上的"综"则读 tsaŋ⁵，《广韵》："织缕，子宋切"，这是冬韵读入登韵（郑张尚芳提供例子）。"凶"字，温州文读 ɕyɔ¹，在口语中则读作 ɕaŋ¹，显然是从锺韵读入蒸韵。

我们还有其他一些证据说明温州曾经发生过音变：eŋ > ɛŋ > aŋ。温州除了登韵读 aŋ 以外，真韵和谆韵也读 aŋ。"轮"在温州读 laŋ²，但是"轮到"的"轮"读 leŋ²，"侧手翻"说"打火轮"，其中的"轮"也说 leŋ²。这说明"轮"原来曾经读 leŋ²，后来变作 laŋ²，但是在这两个词中"轮"作为滞后形式，仍然保持较古老的形式 leŋ²。

按此推论，"侬" naŋ² 也曾经有过 neŋ² 的阶段，这个假设可以解释温州的"人"义词还有 nie² 的读音，老派读作 nɛ²。"戏子"温州说"做戏 nie² 儿"，"泥人儿"说"泥 nie² 儿"，《词典》也把它记作"人"。实际上它就是"侬"字，"侬"从 neŋ² 发展为 naŋ²，中间要经过 neŋ² 的阶段，这是温州泥母耕韵的早期读音，温州的耕韵都从早期的 eŋ 变为现代的 ɛ。

4 居

温州的近指代词有 ki⁷、ke⁷、kai⁷ 几种读音。郑张尚芳（1964）曾把它的本字考为"厥"，后来他自己否定了。游汝杰（1982）认为它是量词"个"，温州方言也像侗台语一样量词可作指代词用。他在《词典》"个"条说：

【个】kai²¹³ 代词。这：～学生｜～人｜～苹果｜～花瓶‖直接用在可以与量词"个"搭配的名词前。凡量词都可以变读入声用作近指代词，直接修饰名词：～把［po³⁵］刀｜～条［die³¹］手巾｜～本[paŋ³⁵]书｜～头［dɤu³¹］狗

他在"个个"条说：

【个个】kai²¹³⁻¹kai⁴²⁻¹³ ⇒〖该个〗ki²¹³⁻¹kai⁴²（笔者按，应为 ki²¹³⁻¹kai⁴²⁻¹³）

可见他认为温州的近指代词 ki²¹³ 是从 kai²¹³ 变化过来。

《词汇》的"这个"条：

①口个 ki²¹³⁻⁴kai²¹³⁻³²（笔者按，应为 ki²¹³⁻¹kai⁴²⁻¹³）②口个 kai²¹³⁻⁴kai²¹³⁻³²（笔者按，应为 kai²¹³⁻¹kai⁴²⁻¹³）③个 kai²¹³

此书把量词前的 kai/ki 与作量词用的"个"区分开来是很正确的。

潘悟云、陶寰（1999）指出，温州话与许多吴语一样，量词可以作指代词用，它只是一种省略形式，指量结构中的近指代词省略以后把近指和定指意义留给了量词，同时量词在语音上保持指量结构中的连调值，即读入声。试比较：

居支笔忒贵 ke²¹tsei³²³pi³²³tʰyu²¹tɕy⁴²
支笔忒贵 tsei³²³pi³²³tʰyu²¹tɕy⁴²

因为量词能直接修饰名词，所以起指代作用的量词也能直接修饰名词。但是近指词 ki⁷ 和远指词 hi³ 是不能修饰名词的，如下面的话不合法：

*ki⁷ 好吃，hi³ 不好吃（这好吃，那不好吃）

这句话的合法说法是：

ki⁷ 个好吃，hi³ 个不好吃（这好吃，那不好吃）

或者说成：

kai⁷ 好吃，hi³ 个不好吃（这好吃，那不好吃）

其中的 kai⁷ 实际上是量词"个"，前头的 ki⁷ 省略。

所以从语法功能看，温州的近指词 ki⁷/ke⁷/kai⁷ 绝不是量词"个"变来的。

最重要的证据是，蒲门的温州话近指词说 kɯ⁷，"个"说 kai⁴。如果说温州市区的"个"经过以下的音变 kai>ke>ki 变作近指词 ki⁷/ke⁷，在语音上还能说得过去，蒲门的 kai 变作 kɯ 是无法作语音解释的。

蒲门舌根音后的鱼韵读 ɯ：

	许远指词	渠第三人称	去赵向动词	近指词
蒲门	hɯ	gɯ	kʰɯ	kɯ
温州	hi	gi	kʰi	ki

温州的近指词 ki⁷/ke⁷/kai⁷ 与远指词 hi³/he³/hai³ 在语音上完全平行，因为温州的远指词 hi³ 已经确定为"许"，所以温州的近指词也一定是一个见母鱼韵字。蒲门鱼韵的 ɯ 还保留比较古老的形式，潘悟云（1999）指出鱼韵在南中国的古代方言都曾经是 ɯ。ɯ 是不圆唇的后元音，不圆唇的后元音不稳定，它往往会发生以下的音变，或者是圆唇化作元音 u，或者是舌位前移：ɯ>ʉ>i>i，试比较闽语：

	锯	鱼	去	箸	汝	煮
福鼎	ki	ŋi	kʰie	ti	ni	tsi
厦门	ku	hi	kʰi	ti	li	tsu
泉州	kɯ	hɯ	kʰɯ	tɯ	lɯ	tsɯ
永春	kɯ	hɯ	kʰɯ	tɯ	lɯ	tsɯ
漳州	ki	hi	kʰi	ti	li	tsi
龙岩	ki	hi	kʰi	ti	li	tsi
大田	ki	hi	kʰi	tui	li	tsi

下面是丽水和青田方言的比较：

	渠第三人称	锯	鱼	去趋向动词
丽水	gᵊɯ²	kᵊɯ⁵	ŋᵊɯ²	kʰᵊɯ⁰
青田	gi²	ke⁵	ŋe²	kʰi⁰

吴语中的 ɯ 变作 i 以后，舌齿音在有些方言中变作舌尖元音：i>ʅ，舌根音变作 e。梅祖麟（1995）很详细地论证过鱼韵在北部吴语中有白读层次 -e：

	虚	锯	许许诺	许那	居拥有	鱼
上海	hɛ¹	kɛ⁵	hɛ³	hɛ³	kɛ¹	
崇明	hei¹	kei⁵	hei³		kei¹	ɦŋei²
常熟	hɛ¹	kɛ⁵				ŋɛ²
苏州甲	hɛ¹	kɛ⁵	hɛ³	hɛ³	kɛ¹	
苏州乙	çy¹	tçy⁵	çy³		tçy¹	ɦy

但是舌齿音的白读仍是 i（ʅ）：

	煮	著体助词	苧	徐
苏州	tsʅ³	tsʅ⁵	zʅ⁶	zi²
上海	tsʅ³	tsʅ⁵	zʅ⁶	zɿ⁶

温州方言的鱼韵白读层舌齿音为 ei，但是在 Montgomery（1893）的记录中还是 i：

徐	鼠	苧	煮	猪	薯	梳	锄	贮	蛆
zi^2	ts^hi^3	dzi^4	tsi^3	tsi^1	zi^2	$s\eta^1$	$z\eta^2$	tsi^5	ts^hi^1

舌根音"去、渠、许"等读 i，但是已经有又读 e，与北部吴语相同，个别词语变作 ei，如远指词"许"有些人读作 hei^3，"去"又读 k^hei^5。进一步的音变是从 ei 变作 ai。远指词有异读 hai^3，近指词也有 ki^7、ke^7、kei^7、kai^7 读法，反映这个词的音变过程：

$$ku^7 > ki^7 > ke^7 > kei^7 > kai^7$$

那么，这个鱼韵见母的近指词是什么字呢？郑张尚芳认为是"居"字，潘悟云（2001）支持其说，并提出以下的文献证据：

噫！亦要存亡吉凶，则居可知矣（《易·系辞传》）。"居"是指别词，"则居可知矣"就是"则其可知矣"。

择有车马，以居徂向（《诗·十月之交》）。孔颖达疏说："择民之富有车马者，以往居于向"，王引之批评他："先言往而后言居，未免倒置经文"，批评得很对。但是这里的"以居徂向"也不简单地是"以徂向"，而是"从那里到向这个地方去"的意思，"居"为指别词。

其得始升，上帝居歆（《诗·生民》）。孔笺说："上帝则安而歆飨之。"王引之批评"於义未安"，甚是。但是他把"居"解释为"亦语助"，"上帝居歆，上帝歆也"，也是大错。"居"为指别词，复指上帝作宾语，"上帝居歆"就是"上帝其歆"，或"上帝是歆"。

这个"居"*$k\breve{a}$ 后来在南方方言中有不同的发展方向，一种是随着三等鱼韵一道变化，在南方许多方言中普遍变作 ku。另一种变化是变入一等韵：$k\breve{a} > ka > k\alpha$，成为歌韵，即古代诗词中经常出现的近指代词"个"。刘知几《史通》卷十七指出"个"在唐江左已经通行。"个"作为近指代词见于许多唐宋文献：

香车宝马共喧阗，个里多情侠少年。（王维《同比部杨员外十五夜游有怀静者季杂言》）

汝太奇，岂可为钱诳个人？（封演《封氏闻见记》）

个小儿视瞻异常，勿令宿卫。（《旧唐书·李密传》）

但是温州地区的近指词来自 ku，而不是 $k\alpha$，它与远指词"许"的语音完全平行，"许"正来自 hu^3。

对温州的指别词作了以上的讨论以后，我们还可以解释另外两个指示代词的来源。

"那里"温州说 hau^3，又说 $hau^3du\alpha^0$，第二个语素是"宕"字，它是"许屋宕"的合音词，地方义的词在温州说"屋宕"[$vu^7du\alpha^4$]，"许屋宕"在温州经历过如下的变化过程：

$$hi^3vu^7du\alpha^4 > he^3vu^7du\alpha^4 > heu^3du\alpha^0 > hau^3du\alpha^0 > hau^3$$

"这里"温州说 kau^7，又说 $kau^7du\alpha^4$，是"居屋宕"的合音词，在温州经历过如下的变化过程：

$$ki^7vu^7du\alpha^4 > ke^7vu^7du\alpha^4 > keu^7du\alpha^4 > kau^7du\alpha^4 > kau^7$$

参考文献

梅祖麟.方言本字研究的两种方法［M］//吴语和闽语的比较研究.上海：上海教育出版社，1995.

潘悟云.浙南吴语与闽语中鱼韵的历史层次［C］.第 6 届闽语方言国际研讨会论文，1999.

潘悟云.上古指代词的强调式和弱化式［M］//语言问题再认识.上海：上海教育出版社，2001.

潘悟云，陶　寰.吴语的指代词［M］//中国东南部方言比较研究丛书(第4辑).广州：暨南大学出版
　　社，1999.

游汝杰.论台语量词在汉语南方方言中的底层遗存［J］.民族语文，1982（2）.

郑张尚芳.温州音系［J］.中国语文，1964（1）.

郑张尚芳.温州方言歌韵的分化和历史层次［J］.语言研究，1983（2）.

Montgomery，P.H.S. Introduction to the Wênchow dialect［M］. Shanghai: Kelly & Walsh，1893.

（潘悟云　上海师范大学语言研究所、复旦大学图书馆）

《宁波方音和国音比较的札记》里民初镇海音的特征

徐春伟　傅纳俊

1 引　言

1913 年 2 月，读音统一会上，鄞县代表马裕藻提议以其师章太炎的记音字母为基础，制定汉字拼写工具"注音字母"。1918 年，北洋政府教育部正式发布注音字母（后改称注音符号）。受其影响，宁波教育界也兴起了注音符号热。1918 年，旧宁波府属七邑教育联合会审定了宁波话注音符号，并先后在《定海县志》（1924）和《鄞县通志》（1933 年创修，1951 年发行）上使用。宁波民间亦有人士在教育部的基础上创制注音符号，镇海县教育家李琯卿（1891—1945）便是其中之一。

宁波人寒涛，以李琯卿注音符号方案为工具，在《中华教育界》1922 年第 11 卷第 2 期上发表《宁波方音和国音比较的札记》，比较了宁波音和老国音的差别。我们可以通过此文对宁波音的表述，将其与教育部方案、旧宁波府属七邑教育联合会方案（以下分别简称"国音方案"和"官方方案"）相比较，来了解当年的宁波（镇海）话音系。

2 《宁波方音和国音比较的札记》反映的音系

2.1 声母

文中里共列举了声母符号 35 个，下表为实际上的声母表（国际音标为拟音，下同）。

ㄅ	p	ㄆ	pʰ	ㄅˊ	b	ㄇ	m	ㄇˋ	ʔm	ㄈ	f	万	v
ㄉ	t	ㄊ	tʰ	ㄉˊ	d	ㄋ	n	ㄋˋ	ʔn	ㄌ	l	ㄌˊ	ʔl
ㄍ	k	ㄎ	kʰ	ㄍˊ	g	兀	ŋ	兀ˋ	ʔŋ	ㄏ	h	ㄏˊ	ɦ
ㄐ	tɕ	ㄑ	tɕʰ	ㄐˊ	dʑ	ㄣˊ	ȵ	ㄣˋ	ʔȵ	ㄒ	ɕ/z		
ㄗ	ts/tʃ	ㄘ	tsʰ/tʃʰ	ㄗˊ	dz/dʒ	ㄙ	s/ʃ	ㄙˊ	z/ʒ	不标	ˈ		
一	ɦi	ㄨ	ɦu	ㄩ	ɦy								

注：粗体表示国音方案无。斜体表示和官方方案不一致。最后一行官方方案无。

为了更好地描述宁波话的实际音貌，李琯卿对国音注音符号进行了筛选，有所增减。一是删除了 ㄓ [tʂ]、ㄔ [tʂʰ]、ㄕ [ʂ]、ㄖ [ʐ] 这组舌尖后音。二是增加了 10 个浊音符号，分别为 ㄅˊ [b]、ㄉˊ [d]、ㄍˊ [g]、ㄐˊ [dʑ]、ㄗˊ [dz]、ㄙˊ [z]、ㄏˊ [ɦ]、一 [ɦi]、ㄨ [ɦu]、ㄩ [ɦy]。一、ㄨ、ㄩ是韵母一 [i]、ㄨ [u]、ㄩ [y] 在配声母ㄏ的读音组合，因此实际上是 7 个浊音声母。三是增加了 5 个阴次浊，分别为 ㄇˋ [ʔm]、ㄋˋ [ʔn]、ㄌˊ [ʔl]、兀ˋ [ʔŋ]、ㄣˋ [ʔȵ]。四是作者提到了一组舌叶音。作者提到，宁波音"知痴世除如"和国音翘舌音符号 ㄓ [tʂ]、ㄔ [tʂʰ]、ㄕ [ʂ]、ㄖ [ʐ] 很接近，要与撮口ㄩ [ɥ] 拼合，但是作者用了ㄗ组符号来表示，没有使用国音的ㄓ组符号。五是用ㄒ同时表示了 2 个声母。官方方案里只用ㄒ表示 [ɕ]，对应的浊音用ㄒˊ表示，而此文却用ㄒ表示浊音的

"徐"字，这可能是作者的笔误。六是零声母没有使用注音符号。这点和国音方案、官方方案一致。综上，《札记》里反映的宁波音系总共有 39 个声母。

历史上，镇海县虽一直属宁波府管辖，但口音略有小差异。民国《鄞县通志》里的老派宁波城厢话有 34 个声母，比《札记》里的宁波音少了一组舌叶音。声母的这个区别，跟 20 世纪 80 年代宁波城厢话和镇海老派话的区别一致。我们可以认定，这套方案应是李琯卿依据当年镇海音所设计，《札记》作者寒涛也极有可能是镇海人。此外，《鄞县通志》的宁波音系和 1932 年前的老国音是分尖团的，而李氏方案不分，说明李氏口音属于当时的新派。

2.2 韵母

文中共列举了韵母符号 25 个。由于作者没有像《鄞县通志》那样对韵母按开、齐、合、撮归类整理，本文只能整理韵母符号，而不能完整地整理韵母表。

一	i	ㄨ	u	ㄩ	y	ㄚ	a	ナ	o	木	əu	ㄝ	e
ㄞ	ε	ㄟ	ei	ㄠ	ɔ	内	œy	ʌ	ʮ				
ㄢ	ε̃	彡	eĩ	ㄔ	yŋ	宀	ĩ	ㄣ	əŋ	ㄤ	ã	⊥	õ
ㄥ	oŋ												
一.	iʔ	ㄨ	oʔ	ㄩ	yʔ	ㄚ.	aʔ						
ㄦ	l	ㄇ	m	3	n	兀	ŋ						

注：粗体表示国音方案无。斜体表示和官方方案不一致。

韵母部分跟声母部分一样，编者同样进行了筛选和增减。一是采用了 13 个国音韵符：一［i］、ㄨ［u］、ㄩ［y］、ㄚ［a］、ㄝ［e］、ㄞ［ε］、ㄟ［ei］、ㄠ［ɔ］、ㄢ［ε̃］、ㄣ［əŋ］、ㄤ［ã］、ㄥ［oŋ］、ㄦ［l］。二是通过改造国音注音符号，增加了 4 个入声韵符：一.［iʔ］、ㄩ［yʔ］、ㄚ.［aʔ］、ㄨ［oʔ］。三是自己创造了 8 个韵符：ナ［o］、木［əu］、内［œy］、彡［eĩ］、ㄔ［yŋ］、宀［ĩ］、⊥［õ］、ʌ［ʮ］。四是存在 4 个自成音节的鼻边音。除了ㄦ［l］外，作者提到了"ㄇ读如姆（宁波土音）、3读如芋艿的芋（宁波说话土音），兀读如鱼肉的鱼（宁波说话土音）"。

下面具体描述下几个特殊韵符的情况：

（1）作者指出李氏方案中的ナ与国音方案的ㄛ相似，但"舌根不必用力"，可能指的是国音有把［o］读成合口［uo］的现象；

（2）木与国音方案的ㄡ［ou］相似，读音在国音ㄠ［au］与ㄨ［u］之间，即比［au］靠后的［əu］；

（3）内与国音方案的ㄟ［ei］相似，不过不是收声于一［i］，而是收声于ㄩ［y］，即［œy］；

（4）彡是ㄟ的阳音，"读ㄟ为直喉音，再放一半从鼻孔出来"，这说明彡是ㄟ的鼻化韵母，即［eĩ］；

（5）ʌ是一个特别的韵母，"读的时候，要略撮嘴唇，再把舌尖抵在牙根上，使声气从舌尖摩擦而出"，"知痴除世如"等字宁波音就读这个韵母，即［ʮ］。

2.3 声调

在五度标调法发明之前，此文和《鄞县通志》一样，没有标出镇海话（宁波话）声调，也没有谈及声调。

3　李氏方案与官方方案的主要差异

从上表可见，李氏方案里，部分符号的用法与国音方案、官方方案里是有一定差异，主要有以下几个区别：

（1）国音方案、官方方案里［o］用的是ㄛ，李氏方案设计了一个ㄊ；

（2）［ʮ］李氏方案用ʌ表示，由于［ʮ］与［y］听感相似，官方方案里没有分辨，都用ㄩ表示了；

（3）［əu］李氏方案用木，官方方案用禾；

（4）［œy］李氏方案用内，官方方案用ħ；

（5）ㄣ在国音里是前鼻音［ən］，由于镇海话（宁波话）不分n、ŋ韵尾，李氏直接用ㄣ来表示［əŋ］；

（6）李氏方案用ㄥ［əŋ］来表示［oŋ］；官方方案还是用ㄥ来表示［əŋ］，用自创廾的表示［oŋ］；国音方案里，ㄥ同时表示［əŋ］和［uŋ］，如"亨"拼写成ㄏㄥ，"东"拼写成ㄉㄨㄥ；

（7）［yŋ］李氏方案用チ表示，官方方案用ㄩㄣ表示；

（8）在入声韵里，官方方案分ㄩ.［yɪʔ］和ㄩㄛ.［yoʔ］，李氏方案不分，原因可能是本人口音不分；

还有些区别是，官方方案有干［ø̃］韵，这个高频韵母，可能是寒涛写的时候遗漏了。

4　音系部分特点

4.1　声母部分特点

（1）保留全浊音。根据上文声母表，每一个清音都有对应的浊音，总共有10个浊音声母，说明保留了中古的全浊音；

（2）不分尖团。如"姐"字，国音读ㄗㄧㄝ［ʦie］，作者读ㄐㄧㄚ［ʨia］，《鄞县通志》读ㄐㄧㄚ［ʦia］。《鄞县通志》里的齿音（精组）仍旧可以与齐齿呼、撮口呼相拼合，如"齐、细、习、主、处、除"等字都放入齿音。《通志》说明老派宁波话仍保持着尖团对立。作者和李氏不分，当属本人口音问题；

（3）存在一组舌叶音。宁波音"知、痴、除、世、如"等字，和国音ㄓ［ʈʂ］、ㄔ［ʈʂʰ］、ㄕ［ʂ］三母，与ㄓㄕ的浊音很相近的，即存在一组"ʧ、ʧʰ、ʤ、ʃ、ʒ"舌叶音声母。

4.2　韵母部分特点

由于作者在文中没有整理出完整的韵母表，且只出现了几十个例字，只能归纳出韵母部分特点：

（1）止摄合口三等字主元音为复韵母［ei］。如"贵"读ㄍㄨㄟ［kuei］；

（2）臻摄三等字存在圆唇韵母。文中，作者还提到了真、珍比较难拼写，有点类似［ʮ］加上ㄣ［əŋ］的韵母，如何解决是一个疑问，但是并没设计一个注音符号进行解决，这个韵母实际上就是［øŋ］；

（3）覃韵和谈寒韵钝音字主元音为复韵母［ei］，并有鼻音；

（4）不分n、ŋ韵尾。文中提到宁波音读"阴"与"影"同，"心"与"星"也同；

（5）入声不分 [yɪʔ][yoʔ]。

5 结 论

通过《宁波方音和国音比较的札记》一文章的分析，可以得知文章作者寒涛和该注音符号方案设计者李珀卿都是镇海口音。主要依据是存在一组完整的舌叶音声母；《鄞县通志》记载的 20 世纪 30 年代宁波城厢老派音已无舌叶音。不过，本文音系与《鄞县通志》音系相比，部分口音面貌特征较新，如不分尖团；而入声不分 [yɪʔ][yoʔ] 的特征更是比《镇海县志》音系还新。

参考文献

张传保，陈训正，马瀛.鄞县通志 [M].宁波：鄞县通志馆，1951.

镇海县志编纂委员会.镇海县志 [M].北京：中国大百科全书出版社，1994.

附录：宁波方音和国音比较的札记（一）①

寒 涛

顾亭林说："五方之音，虽各不同；然使友天下之士，而操一乡之音，亦君子之所不取也。"时至今日，研究国音的日多，我也毋庸再申说顾氏的言语，再讨论国音的重要了。从吴稚晖先生提倡随地拼音之法，他说："三十年内之通俗教育，非此莫救。"又说："随地拼音，决无纤毫妨碍国音，止有帮助国音。"又说："更有一至大之事，则非随地拼音，不能奏功：即既行国音，久而久之，必且消灭各地之方音；考求古音，尚有《广韵》等之存在，若十八省之方音中，含无数重要考古之料者，竟听消灭，岂不可惜！即发音学家，将考求全中国发音之种数，如日本音学家，能将各地方音，引成曲线，得其变迁之迹，皆有重要价值。倘及此时，各处存有方音书报若干种，则省却以后设局调查，为甚困难甚繁重之征集。"于是各省的人，注意方音的，也渐渐的多了。《中华教育界》将出第二期的《国语研究号》，陆衣言先生因我是宁波人，叫我做一篇宁波音和国音的比较。我因为没有空，就把平日关于此种的札记，抄录数则，为局部的发表，以就正于衣言先生，并读者诸君。梁任公论清代学者的札记说："札记精粗之程度不同：有纯属原料性质者；有渐成为粗制品者；有已成精制品者；而原料与粗制品，皆足为后人精制所取资。"我现在这种札记，实在连原料和粗制品，也算不来；未足为精制的所取资，只供覆瓿罢哩。

宁波音的音标，曾由镇海李珀卿先生拟定一种。他所拟定的，如下面的表：

声母②

ㄅ	ㄆ	ㄅ	ㄇ	ㄇ	ㄈ	万
ㄉ	ㄊ	ㄉ	ㄋ	ㄋ	ㄌ	ㄌ

---

① 本文原载于《中华教育界》第十一卷第二期（1921 年）。

② 原文为竖排，无表格边框。另外，原文"一、一、一."三母因横排改为竖写。

ㄍ	ㄎ	ㄍ˙	兀	˙兀	ㄏ	ㄏ˙
ㄐ	ㄑ	ㄐ˙	广	˙广	ㄒ	
ㄗ	ㄘ	ㄗ˙	ㄙ	ㄙ˙		
ㄧ	ㄨ	ㄩ				

韵母

ㄧ	ㄨ	ㄩ				
ㄚ	ㄤ	ㄨㄤ	ㄝ			
ㄞ	ㄟ	ㄠ	内			
ㄢ	ㄕ	ㄔ	ㄍ	ㄣ	ㄤ	ㄥ
ㄥ	ㄦ	∧				
ㄧ˙	ㄨ˙	ㄩ˙	ㄚ˙			

声母共三十五个，比国音多十一个。国音中ㄓ、ㄔ、ㄕ、ㄖ四个声母，是宁波音所没有的；宁波音中，ㄅ、ㄉ、ㄍ、ㄏ、ㄐ、ㄗ、ㄙ、ㄧ、ㄨ、ㄩ等十个浊声母，和ㄇ、ㄋ、�380①、兀、广等五个反浊声母，是国音所没有的。韵母共二十五个，比国音多十个。国音中ㄜ、ㄡ二韵母，是宁波音所没有的；（当李先生拟定这种字母时，国音还没有添ㄛ②母。）宁波音中ㄤ、ㄨㄤ、内、ㄕ、ㄔ、ㄍ、ㄤ、∧等八韵母，和ㄧ˙、ㄨ˙、ㄩ˙、ㄚ˙等四个入声韵母，是国音所没有的。

宁波音读ㄇ、ㄋ、兀等三母，不照国音字母的读法；收声于一个韵母；ㄇ读如姆（宁波土音），ㄋ读如芋芴的芋（宁波说话土音），兀读如鱼肉的鱼（宁波说话土音）；因为他注姆、芋、鱼等字，就要单用这三个声母的。

宁波韵母中ㄤ母的音，和国音韵母中ㄜ母的音相似，不过读ㄤ的时候，舌根不必用力，读如哑（宁波土音，下仿此）。

宁波韵母中ㄨㄤ母的音，和国音韵母中的ㄡ母的音相似，是在ㄠㄨ之间。读如阿。

宁波韵母中内母的音，和国音韵母中ㄟ母的音相似。不过不是收声于ㄧ，是收声于ㄩ的。读如欧。

宁波韵母中的ㄕ，就是国音韵母ㄟ的阳音。读ㄟ为直喉音，再放一半从鼻孔出来就是。读如安。

宁波韵母中的ㄔ，就是国音韵母中ㄩ的阳音。读如怨的尾音。

宁波韵母中的ㄍ，就是国音韵母中ㄧ的阳音。读如烟的尾音。

宁波韵母中的ㄤ，就是国音韵母中ㄠ的阳音。读如盎。

宁波韵母中的∧，是一个特别韵母。读的时候，要略撮嘴唇；再把舌尖抵在牙根上，使声气从舌尖摩擦而出，读如如的反浊音。知、痴、除、世、如等字，国音读ㄓ、ㄔ、ㄠ

---

① 原文如此，应使作者笔误或印刷错误。当为"ㄉ"。

② 1920年，在注音字母ㄛ上加点而新增一个字母ㄛ，后印刷书写均改为ㄜ形。

ㄨ①、ㄕ、ㄖㄨ等意②；宁波音就读这个韵母和ㄗ、ㄘ、ㄙ、ㄙˋ等五个声母拼合的音。

以上都是关于音标一方面的比较。

国音韵母中的ㄦ，是将就北方的方音而制（见《国语学讲义》）；宁波音并没有的。所以在宁波韵母中，这个韵母似乎应该去掉的。宁波音注耳、而等字，可以照注姆用ㄇ、注芋用ㄋ、注鱼用ㄩ的例，将ㄌˋ母注耳，ㄌ母注而。我看见《沪语注音字母表》中，在耳下注"ㄌ下无韵母而单用者，即读此音"；而下注"ㄌ下无韵母而单用者，即读此音"；并注"如此，土音不用ㄦ亦好"。想是和我所说，一个意思的。

国音阴读ㄧㄣ，影读ㄧㄥ；心读ㄙㄧㄣ，星读ㄙㄧㄥ。宁波音读阴和影同；读心和星也同。不过用ㄧㄣ、ㄧㄥ注阴、影的音都不合，用ㄙㄧㄣ、ㄙㄧㄥ注心、星的音也都不合。一定要在ㄣ、ㄥ之外，再制一个韵母，读如阴、影的尾音；用这个韵母，和ㄧ相拼，注阴、影等字；和ㄙㄧ相拼，注心、星等字，而将ㄣ母专拼文、分等音；ㄥ母专拼东、动等音才合。

宁波音读如知、痴、世与除、如等字，和国音ㄓ、ㄔ、ㄕ三母与ㄓ、ㄕ二母的浊音，很相近的。现在所定的字母，不用ㄓ、ㄔ、ㄕ三母，与ㄓ、ㄕ的浊音母；另制一个ㄡ母，以与ㄗ、ㄘ、ㄙ、ㄕ、ㄙ五母相拼，来注知、痴、世、除、如等字，可说辨得精细极了！不过遇到注真、珍等字，要发生一种困难。因为国音用ㄓㄣ注的，现在倘若把ㄓ母改ㄕㄡ二母，下而仍加一个ㄣ母，那岂不是两个韵母相重了吗！若用ㄕㄩㄣ注，又变为撮口音，和宁波读真、珍的音，不甚相合。此外类于真、珍等音的还很多。这是一个疑问。

宁波音注真、珍等字，照国音用ㄣ的韵母，也不甚合；似乎宜另制一母，注唇、辰、春、荀等字，都用这个另制的韵母。

宁波音读微，似乎就是非的浊音。非用ㄈ和ㄧ相拼注之；微似可用ㄈ和ㄧ相拼注之；不必用国音字母的万和ㄧ相拼注之。所以宁波字母对于国音字母的万母，似乎可以省去；只要添一个ㄈ的浊音字母ㄈ，就可以了。

宁波音读徐，和齐字不同，所以不能用ㄐㄧ去注他的音；和国音读ㄙㄩ的浊音也不同，所以又不能用ㄙㄩ去注他的音；一定要用ㄒㄧ去注他的音，才得正确。所以宁波浊音声母中，还要添一个ㄒˋ母。

国音韵母中新添的ㄛ母，宁波音并没有的。国音用ㄛ母拼的音，宁波音都可以用ㄚ的入声韵母ㄚ去拼。

以上是宁波音标和国音音标比较后，对于宁波音标的管见。

我听见两个同乡谈话，甲问乙："ㄍㄨㄟ（贵）ㄒㄧㄥ（姓）?"（因不得相当之母，而所用之母不甚正确的，加＿为记。下仿此。）乙答"ㄐㄧㄣ（秦）。"乙还问甲，甲答"ㄐㄧㄤ（蒋）。"后来我把姓、秦、蒋三个字的国音一查，知道宁波人读姓为ㄒㄧㄥ，读秦为ㄐㄧㄣ，读蒋为ㄐㄧㄤ，是和国音读姓为ㄙㄧㄥ，读秦为ㄘㄧㄣ，读蒋为ㄗㄧㄤ，完全不同的。他的不同，尤在声母的一部分；国音全是舌齿阻的声母，宁波音全是舌前阻的声母。我因此假定：

"国音中属于舌齿阻声母的齐齿音，宁波音都和舌前阻声母的齐齿音，没有分别。"

---

① 原文如此，应是作者笔误或印刷错误。当为"ㄔㄨ"。

② 原文如此，应是作者笔误或印刷错误。当为"音"。

就是：

"国音属于舌齿阻声母的齐齿音，宁波音都读做舌前阻声母的齐齿音。"

后来，我再把国音中属于舌齿阻声母的齐齿音，完全和宁波音一比较，列一个表如下①：

（国音）	（宁波音）	（例）	（国音）	（宁波音）	（例）
ㄗㄧ	ㄐㄧ.	祭	ㄘㄧㄝ	ㄑㄧㄚ	且
ㄗㄧ	ㄐㄧ.	即	ㄘㄧㄝ	ㄑㄧ.	切
ㄘㄧ	ㄑㄧ	妻	ㄘㄧㄠ	ㄑㄧㄚ	峭
ㄘㄧ	ㄑㄧ.	七	ㄘㄧㄡ	ㄑㄧㄡ	秋
ㄙㄧ	ㄒㄧ	西	ㄘㄧㄢ	ㄑㄧㄥ	千
ㄙㄧ	ㄒㄧ.	息	ㄘㄧㄣ	ㄑㄧㄣ	亲
ㄗㄧㄛ	ㄐㄧ.	爵	ㄘㄧㄤ	ㄑㄧㄤ	枪
ㄗㄧㄝ	ㄐㄧㄚ	姐	ㄘㄧㄥ	ㄑㄧㄥ	清
ㄗㄧㄝ	ㄐㄧ.	节	ㄙㄧㄛ	ㄒㄧ.	削
ㄗㄧㄠ	ㄐㄧㄚ	焦	ㄙㄧㄝ	ㄒㄧㄚ	写
ㄗㄧㄡ	ㄐㄧㄡ	酒	ㄙㄧㄝ	ㄒㄧ.	屑
ㄗㄧㄢ	ㄐㄧㄥ	尖	ㄙㄧㄠ	ㄒㄧㄚ	小
ㄗㄧㄣ	ㄐㄧㄣ	浸	ㄙㄧㄡ	ㄒㄧㄡ	修
ㄗㄧㄣ	ㄓㄣ	晋	ㄙㄧㄢ	ㄒㄧㄥ	先
ㄗㄧㄤ	ㄐㄧㄤ	浆	ㄙㄧㄣ	ㄒㄧㄣ	心
ㄗㄧㄥ	ㄐㄧㄥ	晶	ㄙㄧㄤ	ㄒㄧㄤ	箱
ㄘㄧㄛ	ㄑㄧ.	鹊	ㄙㄧㄥ	ㄒㄧㄥ	星

看上面所列的表，除国音ㄗㄧㄣ下的晋字，宁波音并不读ㄐㄧㄣ，却是读如ㄓㄣ的外，其余国音舌齿阻声母的齐齿音，宁波音没有一个不读做舌前阻声母的齐齿音；我先前假设的一个例，经过这一番证验，或者可以算为定例了。

以上是关于音一方面比较的一则。

（徐春伟　宁波市镇海口海防历史纪念馆　28547253@qq.com

傅纳俊　上海大学外国语学院　joynese95@163.com）

---

① 原文为竖排，故表格在左侧。表格经重新排版处理。

浙江慈溪（逍林）方言同音字汇

余聪颖

一　慈溪概况

慈溪地处浙江省东北部，隶属宁波市，北接杭州湾，南邻余姚市和宁波市江北区、镇海区。2019 年末慈溪下辖 14 个镇、5 个街道、294 个行政村、27 个居委会、65 个社区，人口约 106 万人。

慈溪市全境通行吴语，划归吴语太湖片临绍小片和甬江小片。桥头镇及以西属临绍小片，观海卫镇及以东属甬江小片。其中观海卫镇内有一方言岛，居民操闽东话，当地俗称燕话。

本文以逍林方言为考察对象，逍林镇位于慈溪中部，属临绍小片。

二　逍林方言音系

2.1　声母

逍林方言有 28 个声母，包括零声母在内。

p 班比布	pʰ 怕普匹	b 盘防别	m 门米蜜	f 分番飞	v 冯扶烦
t 刀短跌	tʰ 太讨通	d 同道夺	n 难怒农		l 兰吕连
ts 遭追祖	tsʰ 草吹穿	ȡ 治厨赵		s 僧三少	z 搔柴罪
tɕ 精经节	tɕʰ 秋抢气	dʑ 旗桥全	ȵ 泥女严	ɕ 休戏雪	
k 高古关	kʰ 开困刻	ɡ 共狂葵	ŋ 硬饿瓦	h 火花黑	ɦ 红猴划
∅ 爱衣奥					

说明：

① 有一套浊声母系统，其中塞音、塞擦音都有完整的清音声母对应浊声母，擦音中的 ɕ 没有浊声母 ʑ。这套浊声母在单念时实际上是清音浊流，成阻时声带不颤动，除阻时带有一个浊气流。

② 浊塞音的爆破感较弱。

③ 阴调字零声母前有一个喉头塞音 ʔ，如"矮"[ˬʔa]，"椅"[ˬʔi]，"蛙"[ˬʔuo]。阳调字零声母前有喉头声带摩擦成分 ɦ，与开口呼配合时摩擦明显，如"鞋"[□ ɦa]，和齐齿呼、开口呼配合时摩擦减弱为半元音 j、w，如"爷"[ˌɦia] → [ˌjɦia]、"胃"[ˌɦue] → [ˌwɦue]。为了简化，下文中一律标为 ɦ。

2.2　韵母

逍林方言有 42 个韵母，包括自成音节的 m̩、n̩、ŋ̍ 在内。

ɿ 资师是厨	i 闭飞趣女	u 铺补布雾
a 拉街蟹摆	ia 斜写借谢	ua 怪快拐坏
ɛ 谈胆蓝班	iɛ 点店甜念	uɛ 玩惯弯关

e 杯配男汗　　　　ie 险盐厌贬　　　　ue 灰汇桂慧

ø 暖团走凑　　　　iø 怨软流秋　　　　uø 换欢碗灌

ɔ 毛宝报老　　　　iɔ 表苗小焦

o 怕把我骂　　　　　　　　　　　uo 瓜花话化

ou 错多饿玻

ã 猛打冷朋　　　　iã 娘两向抢　　　　uã 横梗

ɑ̃ 帮党浪装　　　　　　　　　　　uɑ̃ 光狂况王

en 品林深跟　　　　in 心浸辛进　　　　uen 昆滚困稳

oŋ 红空公龙　　　　ioŋ 穷兄荣永

aʔ 答插鸭隔　　　　iaʔ 贴叠药捏　　　　uaʔ 刮挖滑划

eʔ 粒汁湿割　　　　ieʔ 砌接习业　　　　ueʔ 括豁骨阔

oʔ 八各博勺　　　　ioʔ 吃曲轴育

əɹ <u>儿而耳尔</u>

m̩ <u>无母</u>　　　　　　　n̩ 芋尔　　　　　　　ŋ̍ <u>五鱼吴儿</u>

说明：

① u 的唇形偏展，舌位偏前，实际音值介于 u 和 ɯ 之间。

② a 无论是在阴声韵、鼻化韵还是入声韵中，若无介音，则为央元音 A；若介音为 i，则为舌位偏前的 a；若介音为 u，则为舌位偏后的 ɑ。此外，在入声韵中，舌位还偏高。

③ ɛ 在介音 u 后面舌位偏后。

④ ɔ 舌位偏前偏下。

⑤ ø 舌位偏低偏展。

2.3　声调

逍林方言共 5 个声调。

调类名称	符号	调值	例字
阴平	˪□	324	高开走粉
阴去	□ˈ	33	盖怕菜送
阳平	ˌ□	213	穷寒老饭
阴入	□˧	<u>54</u>	一发尺黑
阳入	□˨	<u>33</u>	六白药读

说明：

① 古清平、清上合为今阴平。

② 古浊平、浊上、浊去合为今阳平。

③ 阴去实际调值比 33 略高。

三　同音字汇

ɿ

ts　［324］著拄租祖组猪褚阻诸煮诛蛛株
朱_姓朱_{~砂}珠主注_{~射}、_{~意}紫知蜘支枝肢
栀纸只_{~有}资姿咨脂旨指滋子之滓芝
止趾址［33］驻殊注_{批~}、_{~册}蛀铸滞制
智致稚至志_{~气}志_{~杂}痣置

tsʰ　［324］粗初楚础处_{相~}杵鼠雌疵此侈
取娶痴耻嗤齿吹［33］醋处_{~所}刺赐
翅豉次伺厕

dʑ　［213］除储锄助厨柱住池驰瓷糍迟雉
慈磁辞词祠持治

s　［324］苏酥梳疏书舒暑黍髭筛数_{动词}枢
输_{~赢}斯施私死师狮尸司丝思史诗水
使驶始［33］素嗦诉蔬庶恕数_{名词}输_{运~}
世势斯四肆试漱

z　［213］署薯如汝竖树儒乳誓匙是氏自
示视似巳字寺嗣饲痔士仕柿事时市恃
侍逝

i

p　［324］鄙比彼［33］蔽毙陛闭秘泌庇

pʰ　［324］批披囗_{削皮}［33］譬屁

b　［213］痹币敝弊鼙皮疲脾婢被_{~子}被_{~打}
避琵枇蓖肥_{~皂}

m　［213］迷米谜糜弥靡尾_{~巴}未味_{~道}

f　［324］非飞妃匪翡［33］废肺痱费吠

v　［213］维惟唯微肥_{~胖}尾未味_{~精}

t　［324］低堤底抵［33］帝

tʰ　［324］梯体［33］替涕剃屉

d　［213］题提蹄啼弟第递地

l　［213］驴吕旅虑滤缕屡厉励犁黎礼丽
隶离篱璃荔梨履利痢厘狸李里_{~~路}里
_{~面}理鲤吏泪_{~又}例

tɕ　［324］居车_{~马炮}举拘驹矩挤鸡姊饥
肌几_{~茶}几_{~乎}几_{~个}基机已讥嘴龟鬼
［33］贵锯句祭际济剂稽计继系_{~鞋带}
髻寄冀纪记忌既季

tɕʰ　［324］趋蛆区驱妻溪启企欺起杞取娶
岂［33］去趣砌器弃气汽契

dʑ　［213］巨渠距拒据聚具惧脐奇骑岐技
妓祁鳍其棋期旗祈跽柜妗俱瞿畦

ȵ　［213］女御_{防~}御_{~赐}语疑泥倪蚁谊义
议尼腻二贰耳拟凝易毅

ɕ　［324］靴墟需序叙绪虚嘘许须_{必~}、_胡
_~西栖犀奚兮系_{~连}玺徙牺嬉熙喜希稀
尿死［33］絮细婿系_{中文}戏

ɦ　［213］移徐鱼渔余_姓余_{~多}与誉预豫愚
虞娱遇寓于_{~等}盂榆逾愉雨宇禹羽愈
芋喻裕齐荠艺宜仪易自夷姨已经以异
遗围_{~巾}迁沂携肆囗_又

Ø　［324］于_{~此}淤吁椅医衣依［33］伊
意忆亿餧

u

p　［324］补捕［33］布_{~匹}布_{~发}

pʰ　［324］铺_{~设}蒲脯_{果~}、_{胸~}谱普浦［33］
铺_{店~}

b　［213］婆_又菩部簿怖步埠瓠孵稗_又缚_又
囗_埋

f　［324］呼俯腑甫虎浒夫肤敷俘麸府斧
［33］赴讣戽付赋富副

v　［213］路露乎梧午吴误悟胡湖狐壶葫
户沪互护符扶芙无抚父釜腐辅武舞侮
鹕傅附务雾戊妇阜

t　［324］都_{城~}都_{~是}堵赌肚_{鱼~}［33］妒

tʰ　［324］土吐_{~痰}［33］吐_{呕~}兔

d ［213］徒屠途涂图杜肚~角度渡镀

n ［213］奴努怒

l ［213］卢炉芦鸬鲁橹虏卤鹭庐

k ［324］姑孤箍古估牯股鼓 ［33］故固雇顾

kʰ ［324］枯苦 ［33］库裤

h ［324］呼

∅ ［324］乌巫诬鸪 ［33］污恶可 □铺、贴: ~瓷砖

a

p ［324］巴~西 芭~蕾 爸摆 ［33］拜

pʰ ［33］破派

b ［213］排牌名~败罢

m ［213］埋买卖迈妈

t ［33］戴带

tʰ ［324］拖~东西 ［33］态太~泰

d ［213］大~学

n ［213］乃奶

l ［324］拉 ［213］赖癞痢

ts ［324］斋 ［33］债寨

tsʰ ［324］叉~车差~出 ［33］蔡

s ［324］洒耍筛撒~手 ［33］厦偏~晒帅

z ［213］泻惹柴豺

k ［324］锯~木头 阶街解讲~、~开 解了~ ［33］界尬戒介芥疥

kʰ ［324］揩楷

g ［213］茄番~

ŋ ［213］伢儿~:婴儿 外

h ［324］蟹蛤~蟆 解又、姓

ɦ ［213］何也鞋解姓

∅ ［324］矮埃挨~近

ia

t ［324］爹

tɕ ［324］家加嘉贾姓~家 具姐皆佳解~放 解了~ 稼 ［33］驾借借~故 介芥疥届价阶界戒□~手；左手

tɕʰ ［324］笡

dʑ ［213］茄~糊

ɕ ［324］霞用于名字中 写 ［33］卸

ɦ ［213］雅霞瑕邪斜谢耶爷野夜谐械崖涯

∅ ［324］丫~头 鸦 ［33］亚

ua

k ［324］寡拐 ［33］怪

kʰ ［324］夸垮 ［33］跨~海大桥 快

ɦ ［213］怀坏槐淮

∅ ［324］歪

ε

p ［324］班斑颁扳板版般 ［33］扮绊

pʰ ［324］攀 ［33］盼襻□绢~：手绢

b ［213］瓣办半

m ［213］蛮慢漫晚

f ［324］藩反翻番 ［33］泛贩

v ［213］凡帆范姓~范模~ 犯烦矾繁晚饭万

t ［324］耽担~任胆丹单掸旦 ［33］担挑~

tʰ ［324］坦毯滩摊坦 ［33］探炭叹

d ［213］潭谭谈痰淡檀坛弹~琴诞但弹子~蛋

n ［213］难

l ［213］蓝篮览揽榄滥缆拦兰栏懒烂 □~吐：唾沫

ts ［324］斩瞻盏□搬 ［33］蘸赞

tsʰ ［324］搀餐铲产 ［33］灿

dz ［213］惭暂

s ［324］三杉衫散鞋带~了山伞删珊 ［33］散分~

z ［213］赚站车~残绽栈缠

k [324] 减碱监 ~视监太 间中央 ~拣奸

kʰ [324] 砍铅凯 [33] 嵌

h [324] 喊 [33] 苋

ɦ [213] 咸 ~淡咸阳 陷馅闲限

Ø [33] 晏 晚也

iɛ

t [324] 掂点典颠 [33] 店

tʰ [324] 添舔 [33] 掭

d [213] 甜簟奠垫

tɕ [324] 间 空~、中~

dʑ [213] 茄 ~子

ȵ [213] 岩鲇念眼颜谚言□ ~些

ɦ [213] 炎延演焰

uɛ

k [324] 关 [33] 惯

kʰ [33] 筷

g [213] 掼环 带~

h [324] 偐

ɦ [213] 玩顽还 归~ 环六~

Ø [324] 弯湾挽

ɔ

p [324] 褒保堡宝包胞饱 [33] 报豹□戴

pʰ [324] 抛 [33] 泡泡 ~在水里 炮

b [213] 袍抱暴跑刨 ~地刨 ~花鲍爆雹曝

m [213] 毛冒帽茅猫锚卯貌矛贸

t [324] 刀叨祷岛倒 颠~ [33] 到倒 ~水

tʰ [324] 滔掏涛讨 [33] 套

d [213] 桃逃淘陶萄道稻盗导

n [213] 脑恼挠闹

l [324] 捞唠 [213] 劳涝牢老□ ~dz; 馋

ts [324] 遭糟早枣蚤澡爪找朝 ~今昭招沼 [33] 灶罩照诏

tsʰ [324] 操草抄钞炒吵超焯 又 [33] 糙躁

dz [213] 曹巢潮赵□ ↓ɔ~: 馋

s [324] 筲 ~箕: 用木、竹做成用来撮垃圾、粮食等的器具 骚臊扫嫂梢捎稍烧少 多~ [33] 少 ~年

z [213] 槽皂造朝 ~代兆召韶绍邵扰绕

k [324] 高膏篙羔糕稿交胶教 ~书绞铰搞 又 [33] 告搅觉 睡~ 叫 ~花子

kʰ [324] 考烤 作动词用敲缲 [33] 烤 作形容词用: ~菜靠犒

g [213] 搞

ŋ [213] 熬傲咬□ 夸

h [324] 好 ~玩郝蒿薅 [33] 好 喜~ 耗孝 ~堂

ɦ [213] 豪壕毫浩号

Ø [324] 袄 [33] 奥懊坳

iɔ

p [324] 膘标表表（錶）彪

pʰ [324] 飘漂 [33] 票漂 ~亮

b [213] 瓢嫖

m [213] 苗描渺秒庙妙谬

t [324] 刁貂雕鸟 [33] 钓吊

tʰ [324] 挑 [33] 跳粜

d [213] 条调 ~和调 ~动掉

l [213] 燎疗聊辽撩寥了 ~结瞭料廖姓

tɕ [324] 交郊胶狡搅焦蕉椒剿骄娇矫浇 缴侥饺 [33] 教 ~育校 ~对较窖叫

tɕʰ [324] 敲巧锹悄跷 [33] 俏窍鞘

dʑ [213] 樵瞧乔侨桥荞轿

ȵ [213] 饶绕鸟尿尧

ɕ [324] 消宵霄硝销小嚣萧箫晓 [33] 酵孝笑

ɦ [213] 看效校 学~ 校上 ~摇谣窑姚肴耀 鹞杳□ 往上骰

Ø [324] 妖邀腰要 ~求么 ~二三吆 [33] 要 想~

e

p [324] 杯碑卑悲 [33] 贝辈背

pʰ [324] 胚坯 [33] 沛配

b [213] 陪培赔裴倍佩背~诵焙备□穗

m [213] 梅枚媒煤每妹昧眉楣霉美媚寐

t [324] 呆堆 [33] 对兑

tʰ [324] 胎推腿贪 [33] 退褪

d [213] 台天~,~州台苔抬待怠戴贷代袋队潭又,水汪□酒窝

n [213] 耐奈内南男

l [213] 雷儡累极困累~积累连~垒类蕊泪

ts [324] 者灾栽宰载年~斋~饭嘴追锥簪展毡转~眼转~圆圈专砖 [33] 再载~重载~满~最缀赘醉坠占战颤

tsʰ [324] 猜彩采睬催崔揣吹炊参惨川穿喘 [33] 菜脆翠粹串

dz [213] 在

s [324] 鳃腮髓虽闩栓衰陕闪 [33] 赛碎岁税扇膳

z [213] 才材财裁罪随垂睡瑞槌锤谁隧锐遂蚕禅~宗善鳝然燃撰传橼船錾芮姓□拾,捡

k [324] 该改感甘柑泔敢橄干天~,地~干~湿肝竿杆赶掼尴 [33] 锯~子概溉盖丐干~部,~活

kʰ [324] 开堪凯又坎看~守刊 [33] 去慨勘看~见

g [213] 佢第三人称代词隑

h [324] 海蚶鼾酣 [33] 汉

ɦ [213] 孩亥害含函寒韩旱汗焊挨~打憾崖

ø [324] 哀蔼庵安鞍 [33] 艾暗爱按案

ie

p [324] 贬鞭编边蝙扁匾 [33] 变遍

pʰ [324] 篇偏 [33] 骗片

b [213] 便~宜便~方辨辩辫汴

m [213] 棉绵免勉娩缅面眠

tʰ [324] 天

d [213] 田填电殿

l [213] 廉镰帘敛殓脸连联怜莲练炼楝恋□tso~:知了

tɕ [324] 尖歼占~便宜检俭兼搛艰简柬奸煎剪肩坚茧趼 [33] 鉴舰剑间~断,~或谏箭建荐见

tɕʰ [324] 签~名签~竹谦迁浅遣千牵 [33] 欠歉

dʑ [213] 潜渐钳钱践乾虔件贱前键健腱全泉羡

ȵ [33] 沾粘 [213] 呆~板硐磨,研艾~青隉站,立染阎严黏碾年验捻撵研砚碍呆很~崖

ɕ [324] 险杴仙鲜新~鲜少~癣轩掀先显宣选 [33] 线宪献

ɦ [213] 衔盐艳檐腌嫌闲限涎焉贱前汗流~贤现旋沿含嘴含□第三人称代词

ø [324] 烟鸢厣淹阉掩安~放 [33] 厌雁堰燕京~燕~子咽宴暗

ue

k [324] 圭闺规诡龟轨癸归鬼 [33] 会~计刽桧鳜桂贵

kʰ [324] 盔亏窥 [33] 溃块愧

g [213] 魁傀奎跪逵葵柜

h [324] 恢灰悔毁挥辉徽贿 [33] 晦

ɦ [213] 讳桅回茴汇会~不,~开~绘惠慧卫危伪为作~为~什么位违围伟苇纬胃谓猬汇魏秽

ø [324] 煨委威萎畏慰

ø

p [324] 搬 [33] 半

pʰ [324] 潘 [33] 判

b [213] 盘伴拌叛绊又□躲

m [213] 瞒馒满亩牡母姆茂贸谋

f [324] 否

v [213] 浮负

t [324] 端短兜斗名词、量词抖陡[33]锻断决~斗动词逗

d [213] 团断~绝段缎头投豆

n [213] 暖

l [324] □挖[213] 卵乱鸾楼漏陋耧娄搂

ts [324] 钻动词走肘邹周舟州洲帚[33]奏纣昼皱咒宙绉钻木工工具

tsʰ [324] 余篡抽丑子~寅卯丑美~[33]窜凑臭香~

dz [213] 缠绸稠筹

s [324] 酸叟搜飕馊收手首守[33]算蒜嗽瘦兽

z [213] 愁骤仇酬受寿授售柔□傻

k [324] 勾钩沟狗苟[33]够构购

kʰ [324] 口[33]扣寇抠小气

h [324] 虾鲨吼

ɦ [213] 侯喉猴后前后皇厚候

∅ [324] 欧殴瓯呕~吐怄

iø

t [324] 丢

l [324] 溜[213] 流刘留榴琉硫柳馏

tɕ [324] 卷~起捐眷酒鸠阄纠~缠九久韭灸咎究纠~正[33]卷试绢救

tɕʰ [324] 圈犬秋丘[33]劝券

dʑ [213] 拳权倦颧囚就求球仇姓臼舅旧枢

ɲ [213] 软原源阮愿援又元又藕纽扭牛

ɕ [324] 楦喧修羞休朽□怂恿[33]秀绣宿星~锈嗅

ɦ [213] 圆员缘院月~份元援袁辕园远县眩玄悬袖尤邮由油游犹有友酉莠诱右佑柚鼬

∅ [324] 冤渊优忧悠幽[33]怨幼又

uø

k [324] 官棺观参~冠衣~管馆[33]贯灌罐观寺~冠~军

kʰ [324] 宽款

h [324] 欢[33]唤焕

ɦ [213] 幻桓完丸缓皖患换活做生~

∅ [324] 豌碗宛剜腕

o

p [324] 巴~掌芭~蕉疤把[33]霸坝堤~坝平川

pʰ [33] 怕

b [213] 爬琶杷钯耙

m [213] 麻麻蟆马码骂妈

t [324] 朵□搅动~蛋：搅拌蛋液

ts [324] 楂渣遮[33]诈榨炸~弹蔗□ₗlie：知了

tsʰ [324] 叉权钗差~不多车马~[33]岔三~路

dz [213] 茶麝

s [324] 蓑梭唆啰~莎~草沙纱赊舍~得所[33]赦舍草舍

z [213] 茶又搽查蛇佘社

k [324] 家加假真~[33]假放架嫁价

kʰ [33] 搭

g [213] 跨

ŋ [213] 我牙芽衙研瓦

ɦ [213] 下~降夏~天厦~门

∅ [324] 阿~弥陀佛哑丫~罐桠

uo

k [324] 瓜剐[33]挂卦

h [324] 花[33]化

ɦ [213] 华中~华~山画话

∅ [324] 蛙洼划~船□~地：翻土

ou

p [324] 波菠玻簸

pʰ [324] 坡泼₋辣 [33] 破剖

b [213] 婆䃋缚薄~荷

m [213] 魔磨~刀磨石~摩~按馍模~子模~范摹暮慕墓募膜幕某

t [324] 多

tʰ [324] 拖~地椭

d [213] 驼驮~拿舵大惰肚又:~皮

n [213] 糯

l [213] 罗箩骡螺脶啰~唆裸□揉

ts [33] 左做

tsʰ [324] 搓 [33] 锉措错

s [324] 锁琐

z [213] 坐座

k [324] 歌哥锅~高压果裹裸 [33] 个~人, ~过

kʰ [324] 可科窠棵颗 [33] 课

ŋ [213] 蛾鹅俄饿卧误悟娱

h [324] 火伙 [33] 货

ɦ [213] 河何贺~姓荷荷~薄和~气, ~尚禾祸

Ø [33] 倭窝恶~屎

ã

p [33] 崩□撑

b [213] 蚌朋彭膨棚

m [213] 猛孟

t [324] 打

d [213] □那

l [213] 冷

ts [324] 张长~生 [33] 涨帐账胀

tsʰ [324] 厂撑 [33] 畅掌

dʑ [213] 长~短肠场碾丈仗杖□钻

s [324] 生牲甥省~长省节

k [324] 更~换,五~庚羹埂耕豇哽

kʰ [324] 坑

g [213] □又:那

ŋ [213] 硬

h [324] 亨

ɦ [213] 行~为杏

Ø [324] 樱

iã

l [213] 良凉量~长短粮梁梁两~个两几~谅亮辆量~数

tɕ [324] 将~来浆蒋奖桨疆僵姜~生礓缰姜~姓江 [33] 酱将大~隆雀麻~

tɕʰ [324] 枪抢羌腔

dʑ [213] 祥详强强~勉

ȵ [213] 鲇又娘酿让央又

ɕ [324] 相~互箱厢湘襄镶想鲞饷香乡响享 [33] 相~貌向

ɦ [213] 墙匠象像橡仰羊洋烊杨阳扬疡养痒样

Ø [324] 秧殃央

uã

k [324] 梗

ɦ [213] 横

ɑ̃

p [324] 帮榜谤邦绑 [33] 浜

pʰ [33] 胖膀

b [213] 滂旁螃傍防庞棒

m [213] 莽蟒忙芒茫芒~麦网忘望~希盲虻妄

f [324] 方芳纺肪~脂妨访仿~效 [33] 放

v [213] 房防亡访

t [324] 当~时党挡 [33] 当上~当~作

tʰ [324] 汤躺 [33] 烫趟

d [213] 堂棠蟶唐糖塘荡□用水冲一下

n [213] 囊

l [213] 郎廊狼螂朗浪

ts [324] 赃庄装章樟掌桩 [33] 葬壮障瘴

tsʰ [324] 仓苍疮闯昌窗菖 [33] 创唱倡

s [324] 桑丧婚~磉嗓搡丧失~孀霜爽商伤赏双□春年糕

z [213] 藏西~脏内~床状常尝裳偿上山上~面尚壤攘嚷让撞

k [324] 冈刚纲钢缸江讲港扛 [33] 岗杠降

kʰ [324] 康糠慷 [33] 园抗炕

h [324] 夯

ɦ [213] 昂行银~航杭降投~项巷

Ø [324] 肮

uã

k [324] 光广

kʰ [324] 匡筐眶 [33] 旷况矿

g [213] 逛狂

h [324] 荒慌谎

ɦ [213] 黄皇蝗王往旺□水洼晃

Ø [324] 簧枉黄蛋~ [33] 汪~水

en

p [324] 禀彬宾槟奔锛本冰兵丙秉饼崩 [33] 奔（迸）柄殡鬓迸并合~

pʰ [324] 品喷~水烹姘拼 [33] 喷~香聘

b [213] 贫频盆笨凭平坪评病并~且瓶屏萍

m [213] 蜢蚊眠闽民敏抿门闷问萌名铭鸣明盟命

f [324] 分粉芬纷 [33] 粪奋

v [213] 焚坟愤忿份文纹蚊问闻

t [324] 敦墩扽蹲登灯等丁钉~子疔顶鼎 [33] 凳镫澄水浑，~～瞪钉~住顿订戥

tʰ [324] 吞厅艇汀挺 [33] 听~话听~任

d [213] 屯豚饨臀囤沌盾钝遁腾藤邓亭停廷庭蜓锭定

n [213] 嫩能

l [213] 林淋临檩赁邻鳞磷吝仑论伦沦轮楞陵凌菱领岭令灵零铃伶翎另

ts [324] 针斟枕珍榛真诊疹尊遵肫准批~准标~曾姓增憎征蒸拯争筝睁贞侦正~月征整 [33] 镇振震赠证症正政

tsʰ [324] 村椿春称呼~撑蛏逞蠢 [33] 趁衬寸蹭乘车~称相~秤

dʑ [213] 沉岑陈尘阵存纯又~醇又~唇又~澄清~惩橙承丞郑成城诚

s [324] 森参深沈审婶身申伸娠孙损僧升生性笙声 [33] 渗肾慎胜~败圣舜

z [213] 盛满~盛兴~甚壬任姓~任责~纫神辰晨臣人民~仁忍刃认韧顺纯醇唇润曾经~层乘法~绳塍剩呈程

k [324] 跟根耿 [33] 更~加

kʰ [324] 恳垦啃肯

ɦ [213] 痕恨恒衡

Ø [324] 恩

in

tɕ [324] 今金襟锦津巾紧仅斤筋谨均钧君军茎京荆惊境景警精晶睛井颈经 [33] 浸进晋俊鲫敬镜径靖竟

tɕʰ [324] 侵钦亲清请轻青蜻 [33] 寝卿庆倾顷

dʑ [213] 琴禽擒禁秦尽劲勤芹近群裙擎鲸竞情晴静净

ȵ [213] 任姓~人仁杏~认韧银宁

ɕ [324] 心辛新薪欣笋勋省反~星腥醒馨 [33] 信讯逊迅训兴旺~兴高~杏性姓衅殉

ɦ ［213］寻吟淫寅引旬循巡闰匀允尹云韵运晕蝇孕行品 幸迎盈赢形型刑萤营颖荥□洗

Ø ［324］音阴饮～酒饮米汤荫因姻殷隐应～当鹰莺鹦樱英影婴缨蜓 ［33］洇印熨应～对映

uen

k ［324］滚 ［33］棍

kʰ ［324］昆～曲昆～仑坤捆 ［33］困

h ［324］昏婚

ɦ ［213］魂馄浑混

Ø ［324］温瘟稳

oŋ

pʰ ［324］捧

b ［213］蓬篷

m ［213］忘看：～电视梦蒙

f ［324］风枫疯讽丰封峰蜂锋

v ［213］冯凤逢缝～补奉俸缝一条～

t ［324］东董懂冬 ［33］冻栋

tʰ ［324］通桶统 ［33］痛

d ［213］同铜桐筒童瞳桶又动洞

n ［213］弄农脓侬

l ［213］锣聋笼拢隆龙垄

ts ［324］棕鬃总宗综中～当忠终踪钟铜～钟姓钟钟～爱盅种～类肿 ［33］粽种～树中射～众纵

tsʰ ［324］聪匆葱囱充宠冲春

dʑ ［213］丛仲崇从重～复重轻～

s ［324］松松～树嵩 ［33］送宋诵颂讼

z ［213］虫茸绒

k ［324］公蚣功工攻弓躬宫恭巩拱 ［33］贡供

kʰ ［324］孔恐 ［33］空～虚空～缺控

g ［213］共

h ［324］轰掏烘哄～骗 ［33］□脏

ɦ ［213］虹弘宏红洪鸿鬨

Ø ［324］翁 ［33］瓮

ioŋ

tɕ ［324］均又钧又 ［33］君又军又

tɕʰ ［33］菌

dʑ ［213］琼穷群又裙又

ȵ ［213］戎绒浓茸

ɕ ［324］熏薰勋又兄胸凶吉凶～恶 ［33］嗅吻，闻

ɦ ［213］荣泳熊雄融容蓉镕用

Ø ［324］永咏雍拥甬勇涌庸 ［33］壅

aʔ

p ［54］百柏伯

pʰ ［54］泊梁山迫拍魄泼□撕

b ［33］白拔

m ［33］抹袜拍打陌麦脉没～有

f ［54］法方～发头～发～芽

v ［33］乏伐筏罚

t ［54］答搭搨得德

tʰ ［54］塌榻塌獭忒～好

d ［33］踏达沓

n ［33］纳捺

l ［33］腊蜡镴辣肋勒

ts ［54］着～衣摘责眨贬则织职只扎包～□给

tsʰ ［54］插擦彻撤拆破策册侧测赤斥尺察

dz ［33］泽择选～掷扎直值

s ［54］萨涮塞色啬识式适释杀眨贬□浸泡

z ［33］杂闸炸油～铡宅贼食蚀殖植石

k ［54］里格隔个又，用于数量名结构夹～衣

kʰ ［54］胛客□掐

g ［33］夹轧被车～，～棉花□挤

ŋ ［33］额

h [54] 贺祝~ 骇喝喝~彩 瞎赫吓恐~黑

ɦ [33] 合十合一升 合盒狭匣核审~窄

Ø [54] 阿~哥,~胶 鸭鸦押压

ia?

tʰ [54] 帖贴

d [33] 叠碟牒蝶谍

l [33] 猎略掠

tɕ [54] 甲挟~菜脚爵

tɕʰ [54] 且恰洽怯却雀鹊

ȵ [33] 虐捏

ɕ [54] 辖削

ɦ [33] 协嚼药钥跃峡

Ø [54] 约

ua?

k [54] 刮

g [33] 乍

ɦ [33] 划滑猾还~有

Ø [54] 挖

e?

p [54] 臂鳖憋笔毕必逼碧璧壁

pʰ [54] 匹辟劈撇僻

b [33] 鼻别区~别离~弼

m [33] 灭篾密蜜没沉~觅

f [54] 勿佛仿~

v [33] 佛物

t [54] 跌掇两手~起的目~滴嫡

tʰ [54] 铁脱踢剔

d [33] 夺突特笛敌狄爹

l [33] 沥例立笠粒列烈裂捋劣栗律率速~力历~史历日~累za?,~:极困

ts [54] 折褶蛰执汁哲蜇折骨~浙质卒

dz [33] 秩侄□扯,一把揪住

tsʰ [54] 撮出

s [54] 摄涉涩湿设刷说瑟虱失室蟀率~领饰

z [33] 十什拾收~入舌折~本实日术算~述

k [54] 蛤鸽割葛革

kʰ [54] 咳叩磕刻克渴

Ø [54] 一用于数量结构中

ie?

tɕ [54] 接劫急级揭节结洁厥决诀吉橘即极积迹脊绩击激菊

tɕʰ [54] 妾泣切七漆鹊戚缉乞

dz [33] 袭捷集辑习及杰绝疾剧~烈剧戏~籍藉席主~截夕寂

ȵ [33] 聂业热孽月月~日逆

ɕ [54] 吸薛泄歇蝎屑雪血穴悉膝戌恤息熄媳惜昔锡析

ɦ [33] 叶页曳越席凉~亦译液腋疫役逸翼

Ø [54] 噎一乙益抑□秕子

ue?

k [54] 骨

kʰ [54] 括阔扩~又

h [54] 忽豁

ɦ [33] 活~动核~桃

Ø [54] □溺

o?

p [54] 八钵拨博剥驳北

pʰ [54] 扑瀑朴~素

b [33] 勃薄泊~车帛卜仆

m [54] 摸默[33]摩~托暮又慕~墓又募又末沫莫寞墨木目穆牧

f [54] 福幅蝠复~制腹覆

v 〔33〕服伏复 ~原

t 〔54〕陡啄笃督□使分开、使破碎。~糊: 弄碎

tʰ 〔54〕托手承物托嘱 ~秃

d 〔33〕独读牍毒

n 〔33〕诺

l 〔33〕赂落烙骆洛络乐鹿禄六陆绿录

ts 〔54〕佐作 ~坊酌桌卓琢啄涿捉竹筑祝粥足烛嘱

tsʰ 〔54〕猝绰焯戳畜 ~生促触

s 〔54〕秝索朔塑速肃宿缩叔粟束

z 〔33〕射术 ~手凿昨着睡 ~,附勺弱浊镯族逐熟淑俗续赎属若辱

k 〔54〕各阁搁 ~放觉知 ~角郭国谷山 ~谷五~

kʰ 〔54〕确壳哭廓窟扩酷

g 〔33〕搁 ~浅

ŋ 〔33〕鹤岳五 ~岳姓

h 〔54〕霍藿

ɦ 〔33〕下楼 ~夏立 ~镬学域或惑获

ø 〔54〕恶善 ~握屋

io?

tɕ 〔54〕觉知~

tɕʰ 〔54〕缺确吃曲屈

dʑ 〔33〕局轴倔掘

ɕ 〔54〕蓄

ɳ 〔33〕肉玉狱欲浴□ ~面: 揉面、和面

ɦ 〔33〕悦阅岳乐音 ~育粤穴又

ø 〔54〕郁姓

əl

ø 〔213〕儿尔二贰而耳饵

m̩

ø 〔213〕无母

n̩

ø 〔213〕芊尔

ŋ̍

ø 〔213〕吴五伍鱼渔儿

（余聪颖　北京大学中文系　13717751092@163.com）

吴语杭州方言阻塞音的清浊对立

岳　旸　胡　方

壹　引　言

塞音、塞擦音声母三分是吴语最重要的分区标准，典型的吴语方言保留了中古汉语的浊音。关于吴语的浊音的性质问题，学界讨论已久。赵元任最早提出清音浊流概念，刘复则最早用实验证明了吴语中的浊声母是以不带音声母起始的通常跟着带音送气的滑音结尾，是一个 ɦ，近些年的语音学研究发现，北部吴语的浊塞音确实如赵元任等所说的是清音，但并没有"浊流"，人们听觉上的浊感可归功于其后元音（尤其在元音开始部分）的气声化以及与浊辅音音节相连的低声调。并且，这种现象在单念、词首、词中环境的表现不一，尽管词中环境中它们有时是带音的，但通常是不带音的，且还在持阻时长等声学参数上存在与不带音塞音的显著差异。

简而言之，前人关于浊音的性质的探讨，一般只着重于语音问题，着重于塞音，而没有对吴语浊音的语音实现，以及所引发的音系问题进行系统的讨论。例如浊塞音、浊塞擦音、浊擦音的情况是否一致，还是不同音类存在差异，叠加在元音上的发声态属于元音还是属于辅音声母，相关证据如何获得等。

与浊音相关的参数有以下若干。首先是 VOT，也即浊音起始时间，指的是塞音除阻到声带振动的时间段，也即波形图上从冲直条开始到周期性震动的启动结束的区间。Lisker 和 Abramson(1964) 用其来对世界语言的塞音进行分类。有的塞音在除阻前已经有声带的起振，也即 VOT 的数值小于零，这种音被称为浊塞音（voiced stop），相对的，除阻后才有声带振动的，也即 VOT 数值大于或等于零，这种音被称为清塞音（voiceless stop）。

然后是持阻时长，指的是塞音成阻到除阻的时间段。Lisker 在研究中提出并用以研究英语词中位置的塞音分类。他的实验结果支持持阻时长差异在清浊塞音区分上扮演了主要的角色，清塞音可能有更长的持阻时长。

发声态上，典型的气声化元音在其谱上对比非气声化元音会有更多的能量衰减现象，Fant 曾提出声带松紧跟第一谐波能量的关系：当声带较紧时振动，第一谐波（H1）相对于次高谐波，如第二谐波（H2）的能量较小，当声带处于较松状态振动，如气声方式发声，第一谐波 H1 的能量就相对大些。因此有更大的 H1-H2、H1-F1、H1-F3 等值。

如前文所述，前人相关研究对擦音的清浊关注较少。与塞音一样，吴语的塞擦音也是有三重对立（清不送气 / 清送气 / 浊）的。吴语擦音则是清浊对立的。浊塞擦音与浊擦音的语音性质应该与吴语浊擦音一样。然而，浊擦音产出的气动要求与浊塞音很不一样。浊塞音产出的困难主要在于在完全堵塞口腔气流的情况下维持喉下气压。浊擦音的产出主要涉及一个矛盾的气动要求，由于擦音需要足够强的气流去形成一个可听到的湍流，然而浊音却需要控制气流去使声带振动。凌锋 (2017) 曾经在研究中提出，影响全浊擦音变异的因素很多，目前还没有找到非常清晰的模式。大致来说，最主要的因素是声母类型，其中属于强擦音类型的咝擦音 /z/ 以清擦音变体为主，而属于弱擦音的非咝擦音 [v] 和 [ɦ] 则浊擦音、半清半浊以及清擦音变体同时存在。换句话说，强的清摩擦控制了咝擦音的产出，浊音仅仅是部分维持弱非咝擦音的产出。这通常也可以解释浊擦音在类型学上一般比浊塞音在汉语方言中更常见的原因。例如 [v] 与 [ʐ] 通常在汉语官话中被发现。

另外，一个相关的问题涉及浊喉擦音 [ɦ]，因为吴语中通常有 [h] 与 [ɦ] 的区分，李荣 (1986) 曾在温岭话研究中使用倒放的方法得出结论，吴语的 /ɦ/ 是始终伴随着 [ɛ] 的。但问题是如何伴随？依照前人的语音学研究，[ɦ] 可能没有可见的音段，[ɦ] 可以通过后接元音的气化表现出来。如果是这样，一个随之而来的问题是，气化是否是辅音、元音，甚至声调或音节的特征？

表 1　杭州话辅音声母库藏

	塞 / 塞擦音			擦音		鼻音	近音
唇音	p	pʰ	b	f	v	m	
齿、龈	ts	tsʰ	dz	s	z		
	t	tʰ	d			n	l
龈腭	tɕ	tɕʰ	dʑ	ɕ			
软腭	k	kʰ	g			ŋ	
喉				h	ɦ		

贰　方　法

12 位杭州发音人参与了本节部分的研究，但其中两位男性与两位女性发音人因录制问题导致底噪、削波情况存在，故仅取录制正常的 8 位发音人数据，其中 4 位男性、4 位女性。字表由三部分构成，第一部分为单念字表，第二部分为载体句字表，第三部分为两字组后字字表。其中第一部分和第二部分字表目标字一致，包括杭州话所有声母辅音与高低元音 /i/、/u/、/a/ 组成有意义的音节，每个目标音节由 120 个数据样本组成（3 个例字 *5 遍重复 *8 个发音人），清声母辅音优先选用中平调（阴平 33），浊声母辅音优先选用中平调（阳平 23）。第三部分则主要考察音节间的浊阻塞音的特性，由于选字难度具体字表如下：

语音数据通过 DMX 6 Fire USB 声卡、SHURE SM86 动圈话筒连接 Windows 7 系统笔记本电脑进行录制。发音人被指导用自然方式和普通节奏读出测试词。采样率为 22050Hz，每个测试词录制 5 遍。

语音数据使用 PRAAT 6.0.19、VoiceSauce 进行标注和分析。本节主要通过对目标词的 VOT、闭塞段时长、音段时长等参数来对杭州话的阻塞音进行描写，另外，把音节十等分后测量各等分点的第一谐波与第二谐波、第一谐波与第一共振峰中最强的谐波、第一谐波与第三共振峰中最强的谐波的差值，观察杭州话阻塞音后元音是否存在气化现象，及气化的程度。以及，针对杭州话传统描写中提及的 ɦ- 声母，测量对立目标词的音节音长，并且同样把音节十等分后测量诸气声参数。

叁 结 果

3.1 塞音、塞擦音的 VOT

杭州方言的 9 个声母辅音 [p pʰ b]、[t tʰ d]、[k kʰ g] 在发音部位及清浊中对立。图 1 为浊塞音 [b] 的语图示例。

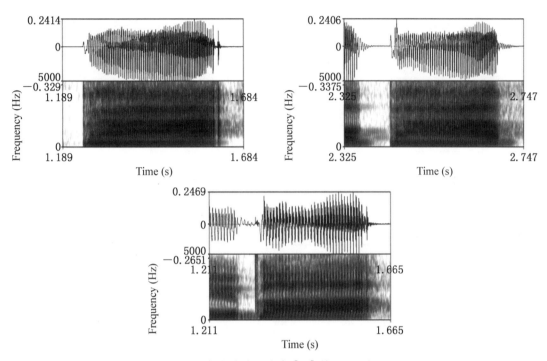

图 1　杭州方言浊塞音 [b] 的语图示例

通过观察可知：第一，目标塞音在两字词后字位置保留了清浊的三重对立；第二，持阻时长仅仅可以在载体句环境被测量而不能单念环境中被测量。VOT 在单念环境与载体句环境中没有显著差异。因此，后文所及的相关讨论主要集中于载体句环境的数据。

图 2 展示了各塞音的 VOT 的平均值，单位为秒，表 2 展示了双因素方差分析的结果，如前文所述，发音部位及清浊是两个因素。由于没有男女之间的显著差异，所以所有 8 位发音人的数据都被一起测量。也就是说，这是一个 3*3 的设计。表 2 展示了发音部位、清浊及交互作用的显著性。第一，图基事后检验确认了双唇塞音与齿龈塞音（[p pʰ b] < [t tʰ d]）的显著差异（p < 0.0001）及双唇塞音与软腭塞音（[p pʰ b] < [k kʰ g]）的显著差异（p < 0.0001）。第二，清不送气与清送气塞音（[p t k] < [pʰ tʰ kʰ]）之间有显著差异（p < 0.0001），浊塞音与清送气塞音（[b d g] < [pʰ tʰ kʰ]）也有显著差异。第三，齿龈塞音与软腭塞音之间没有显著差异（p = 0.1898），清不送气塞音与浊塞音之间显著性居于临界（p = 0.0445）。简要来说，VOT 可以把送气塞音从其他类中区分开来，但不能把清不送气塞音和浊塞音区分开。

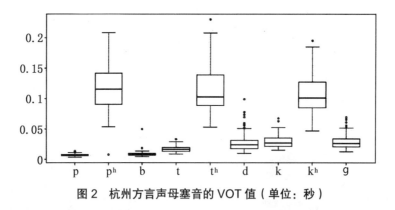

图2　杭州方言声母塞音的 VOT 值（单位：秒）

表2　载体句环境下的杭州方言声母塞音 VOT 的双因素方差分析与事后检验

因　素	均　方	F 值	P 值
发音部位	0.01818	7.420	0.00656**
清浊	0.003108	1.268	0.26031
部位：清浊	0.000145	0.059	0.80792

成　对	差　异	最小值	最大值	P 值
双唇—软腭	−0.0108	−0.0146	−0.007	< 0.0001 ***
齿龈—软腭	−0.0028	−0.0066	0.001	0.1898
齿龈—双唇	0.008	0.0041	0.0118	< 0.0001 ***
浊—清送气	−0.0917	−0.0954	−8.78e-02	< 0.0001 ***
清不送气—清送气	−0.095	−0.0993	−9.17e-02	< 0.0001 ***
清不送气—浊	−0.0039	−0.0077	−7.45e-05	0.0444

　　图3展示了载体句环境下杭州方言塞擦音［ts tsʰ dz］和［tɕ tɕʰ dʑ］的 VOT 值，单位为秒。表3则显示了双因素方差分析的结果。由表可知，发音部位（［ts tsʰ dz］< ［tɕ tɕʰ dʑ］）与清浊都存在显著效应，但没有显著的交互作用。同样的，图基事后检验的结果确

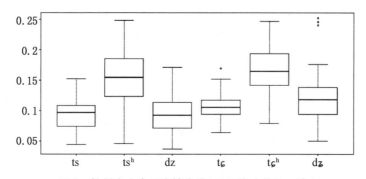

图3　杭州方言声母塞擦音的 VOT 值（单位：秒）

认了清送气塞擦音与其他两类（［ tsʰ tɕʰ ］>［ ts dz tɕ dʑ ］）的显著差异（ p < 0.0001 ）。但在清不送气塞擦音与浊塞擦音之间没有显著差异（ p = 0.1502 ）。

表3　载体句环境下的杭州方言声母塞擦音 VOT 的双因素方差分析与事后检验

因　素	均　方	F 值	P 值
发音部位	0.04755	47.170	< 0.0001 ***
清浊	0.25976	257.701	< 0.0001 ***
部位：清浊	0.00237	2.352	0.0959

成　对	差　异	最小值	最大值	P 值
齿龈—龈腭	−0.0163	−0.021	−0.0116	< 0.0001 ***
浊—清送气	−0.0541	−0.0609	−0.0473	< 0.0001 ***
清不送气—清送气	−0.0595	−0.0663	−0.0527	< 0.0001 ***
清不送气—浊	−0.0054	−0.0122	0.0014	0.1502

3.2　塞音、塞擦音的持阻时长

到目前为止已经证明了塞音和塞擦音无法用 VOT 来区分。也就是说，清浊阻塞音除阻后的差异没有表现出来。然而持阻时长可以作为一个区分清浊塞音、塞擦音的指示，因为持阻时长反映了塞音和塞擦音产出在除阻前的发音力度。

图4和图5显示了载体句中塞音［ p pʰ b t tʰ d k kʰ g ］与塞擦音［ ts tsʰ dz tɕ tɕʰ dʑ ］的平均持阻时长，单位为秒。表4与表5则分别摘要了塞音与塞擦音的双因素方差分析的结果。

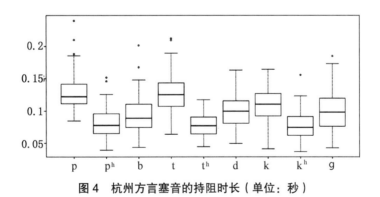

图4　杭州方言塞音的持阻时长（单位：秒）

表4　载体句环境下的杭州方言声母塞音持阻时长的双因素方差分析与事后检验

因　素	均　方	F 值	P 值
发音部位	0.00408	6.723	0.00125 **
清浊	0.16033	264.443	< 0.0001 ***
部位：清浊	0.00584	9.629	< 0.0001 ***

成　对	差　异	最小值	最大值	P 值
双唇—软腭	0.0054	0.0011	0.0097	0.0095**
齿龈—软腭	0.0062	0.0019	0.0105	0.0022**
齿龈—双唇	0.0008	−0.0035	0.0051	0.9016
浊—清送气	0.0184	0.0141	0.0227	< 0.0001***
清不送气—清送气	0.0421	0.0378	0.0464	< 0.0001***
清不送气—浊	0.0237	0.0194	0.028	< 0.0001***

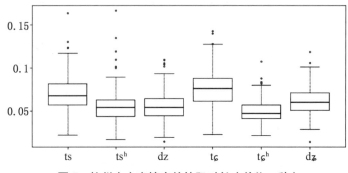

图 5　杭州方言塞擦音的持阻时长（单位：秒）

表 5　载体句环境下的杭州方言声母塞擦音持阻时长的双因素方差分析与事后检验

因　素	均　方	F 值	P 值
发音部位	0.001275	3.086	0.0794
清浊	0.028584	69.170	< 0.0001***
部位：清浊	0.003036	7.348	< 0.001***

成　对	差　异	最小值	最大值	P 值
齿龈—龈腭	−0.0027	−0.0056	0.0003	0.0794
浊—清送气	0.0056	0.0012	0.0099	0.0076**
清不送气—清送气	0.0211	0.0167	0.0254	< 0.0001***
清不送气—浊	0.0155	0.0111	0.0198	< 0.0001***

　　表 4 展示了塞音的发音部位、清浊及交互作用的显著效应。由表 5 则可发现塞擦音的发音部位并没有显著效应，但清浊及交互作用有显著效应。图基事后检验可以确认以下几点：（1）持阻时长在软腭塞音与其他塞音中是存在显著差异的（p < 0.01），但在齿龈塞音与双唇塞音中是没有显著差异的（p = 0.9016）：［k kʰ g］>［p pʰ b］=［t tʰ d］；（2）清不送气的、清送气的、浊的塞音、塞擦音的持阻时长有显著差异（清送气与浊塞擦音的p < 0.01，其他对子的 p < 0.0001）：［p t k］>［b d g］>［pʰ tʰ kʰ］，［ts tɕ］>［dz dʑ］>［tsʰ tɕʰ］。

　　本文的主要观点是，持阻时长可以在杭州方言的塞音、塞擦音中区分清浊。数据分析的结果确认了清不送气塞音、塞擦音相比他们的浊音对子显著需要更长的持阻时长去形成一个更强的发音力度。然而，这种发音力度可能没有声学上的结果，因为它没有在 VOT 值中显示出来。

3.3 擦音

杭州方言有三对清浊对立的擦音：[f v]、[s z] 和 [h ɦ]（ɦ 并不是严格意义上的擦音，基于音系对立暂且归于此类），[ɕ] 并没有对应浊音的对子，所以 [ɕ] 不被包括在讨论中。

由于浊音和擦音产出的气动要求相互矛盾，擦音需要足够强的气流去形成一个可听到的湍流，而浊音却需要控制气流去使声带振动，因此浊擦音的清化在杭州方言中会较为常见。数据显示，杭州方言的浊擦音清化是渐变的，图 6 展示了不同清化程度的浊擦音语图（[zɔ²¹³]）。也就是说，浊擦音很大程度保留了浊音。为了量化清化的程度，针对浊擦音 [v z] 计算全部浊、部分浊、全部清的出现频率。该结果显示在表 6。

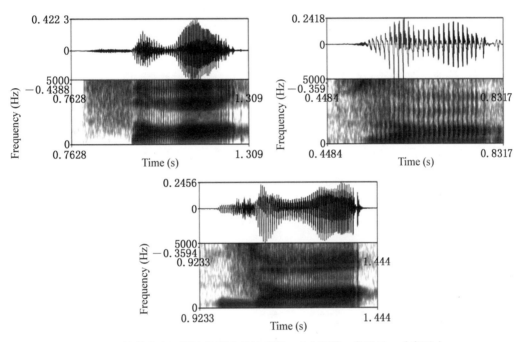

图 6　杭州方言不同清化程度的浊擦音 z（全部清、部分浊、全部浊）

表 6　杭州方言浊擦音的实现

浊　度	v		z	
	频数	频率	频数	频率
全部浊	102	85	63	52.5
部分浊	10	8.3	12	10
全部清	8	6.7	45	37.5

表 7　各发音人浊擦音实现的百分比（每个发音人 30 个样本）

发音人	全部浊	部分浊	全部清
F1	73.4	23.3	3.3
F2	56.7	6.6	36.7

发音人	全部浊	部分浊	全部清
F3	80	0	20
F4	87.8	3.3	9.9
M1	60	16.7	23.3
M2	93.4	0	6.6
M3	26.7	16.7	56.6
M4	73.4	6.6	20

表6表明了［v］与［z］清化程度的明显差异。［v］有85%也即102个样本保留了全部浊的实现，而/v/则只保留了52.5%也即63个样本的全部浊的实现。该结果证实了前人的研究，也就是弱浊擦音［v］相较于强浊擦音［z］保留更多浊音。然而如表7的结果所示，清化程度还存在一定的人际变异。一般来说，大多数杭州方言发音人都还保留着较高比例的全部浊，但有一个发音人（M3）有更多的（56%）全部清的浊擦音实现而更少的（26.7%）全部浊的浊擦音实现。整体而言，杭州方言浊擦音的清化在非后字位置存在清浊两种变体，但在两字词后字环境中则仅仅只实现为浊，这与上海话基本一致。

数据显示，［ɦ］无法在后接元音的声学信号中被切分出音段。问题是，［ɦ］到底是否存在？是否还有［ɦ］的发音？除了将在下一部分讨论的后接元音可能出现的气化现象之外，［ɦ］的音节是否会比没有它的相应音节有更长的音节时长？如前文所述，杭州方言有［h］与［ɦ］的对立，如果零声母音节也被考虑的话，实际上也是一个三重对立。一般来说，吴语中"零声母—［h］—［ɦ］"的清浊三重对立是常见的。

表8 ［i］和［ɦi］在载体句环境和两字词后字环境下时长的单因素方差分析

载体句	均值	标准差	P 值
/i/	0.22	0.002	< 0.0001***
/ɦi/	0.28	0.006	
两字词后字	均值	标准差	P 值
/i/	0.28	0.006	0.1
/ɦi/	0.31	0.007	

因此，准最小对立对［i］（衣）和［ɦi］（移）在样本数据中被选择用以探究［i］和［ɦi］是否存在时长的差异。每类音基于40个数据点（5遍*8位发音人）。表8从［i］和［ɦi］在载体句环境与两字词后字环境（准最小对立）的单因素方差分析中摘要出了平均时长、标准差与P值。从中可以发现，在载体句环境中［ɦi］比［i］的时长均值要长60毫秒，在两字词后字环境中则［ɦi］比［i］长30毫秒。在载体句环境中这种差异是显著的，但在两字词后字环境中这种差异不显著。概括来说，一方面，［ɦ］趋向于对音节的时长产出产生影响，另一方面，这种时长差异在连续语流的非重音位置趋向于消失。

3.4 谱特征

数据显示，杭州方言的浊阻塞音可能有不同的声学语音学表现。浊音通常在浊擦音［v z］中保留，但没有在塞音的 VOT 中观察到。并且，喉浊擦音无法在声学上被切分出音段。它们是否会通过气嗓对后接元音产生相似的影响？图 7 显示了目标开音节的 11 个等距数据点上的谱参数（H1-H2，H1-F1 和 H1-F3）的 dB 平均值。篇幅所限，本文集中讨论［p-b］、［ts-dz］、［s-z］和［0-fi］对，它们是典型的可以分别代表塞音、塞擦音、擦音和零声母—喉擦声母发音。表 9 摘要了［p-b］、［ts-dz］、［s-z］和［0-fi］对的起点（10%）、中点（50%）与末点（90%）的载体句中目标音节的数据点的单因素方差分析的 P 值。星号代表显著级别，如果没有显著性则给出具体的 P 值。

表 9 载体句中［p-b］、［ts-dz］、［s-z］和［0-fi］的音节起点、中点、末点的谱测量的单因素方差分析

		H1-H2	H1-F1	H1-F3
［p-b］	起点	***	***	***
	中点	***	***	***
	末点	***	***	***
［ts-dz］	起点	*	**	***
	中点	*	0.06	**
	末点	0.96	0.84	0.18
［s-z］	起点	0.1	0.12	*
	中点	0.06	0.13	*
	末点	*	**	0.5
［0-fi］	起点	**	***	***
	中点	0.23	***	***
	末点	**	0.41	0.7

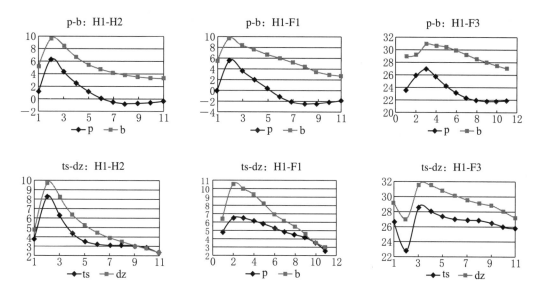

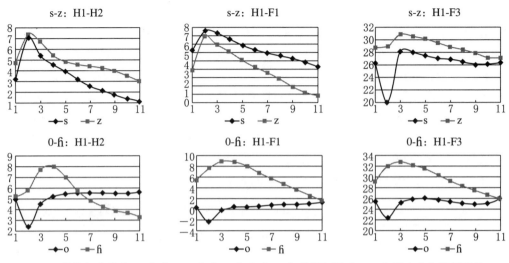

图 7　载体句中的［p-b］、［ts-dz］、［s-z］和［0-ɦ］的谱测量（120 个样本点）的平均值

从图 7 中可以看出，浊阻塞音的后接元音一般比其在清阻塞音或零声母的对子的后接元音有更高的 H1-H2、H1-F1 和 H1-F3 值。结果证实，浊阻塞音的后接元音比相对应的清阻塞音或零声母音节更加气声化。同时也存在不同音类间的差异。如表 9 与图 7 所示，对塞音对［p-b］音节，整个音节的气声化程度差异都非常显著。塞擦音对［ts-dz］的音节前半段显示出气声化程度的显著差异。擦音对［s-z］的音节似乎是例外的：除了末点外，H1-H2、H1-F1 没有显著差异，并且在起点和中点的 H1-F3 上有着微弱的显著差异。这可能要归因于浊擦音部分保持浊音的事实。最后，零声母与［ɦ］对的起点与中点的 H1-F1、H1-F3 在气声化程度上显示出显著差异，但 H1-H2 的显著差异仅仅在起点被发现（末点数据甚至显示出了相反的显著差异）。

肆　结　论

本章对吴语杭州方言的阻塞音对立进行了声学语音学描写。结果显示，VOT 值不能把浊阻塞音从其他对应的清阻塞音中区分开，但持阻时长可能可以。气声化在浊塞音后的元音段中贯穿始终。综上所述，尽管 VOT 没有表现出来，但杭州方言的清不送气、清送气、浊塞音是有清浊对立的。塞擦音也体现出清浊的三重对立，浊塞擦音的气声化在音节前半段持续。零声母、［h］和［ɦ］对依然构成了清浊的三重对立。

浊擦音［v z］一般保持了清浊对立但有一些发音人间的变异。弱擦音［v］相比强擦音［z］更多保留了浊音的产出。

参考文献

赵元任 . 现代吴语的研究［M］. 北京：清华学校研究院，1928.

赵元任 . 中国方言当中爆发音的种类［J］."中研院"历史语言研究所集刊 . 1935，4：515—520.

Chao，Y. -R. Contrastive Aspects of the Wu Dialects［J］. Language，1967，43：92—101.

曹剑芬 . 常阴沙话古全浊声母的发音特点——吴语清浊辨析之一［J］. 中国语文，1982，167：273—287.

曹剑芬 . 论清浊与带音不带音的关系［J］. 中国语文，1987，197:101—109.

石　锋 . 苏州话浊塞音的声学特征［J］. 语言研究，1983，4:49—83.

Ren，N. Phonation types and stop consonant distinctions—Shanghai［D］. Michigan: The University of
　　Connecticut，1992.

Cao，J. and Maddieson，I. An exploration of phonation types in Wu dialects of Chinese［J］. Journal of
　　Phonetics，1992，20: 77—92.

Shen，Z.，Wooters，C. and Wang，S.-Y. Closure Duration in the Classification of Stops: A statistical analysis
　　［J］. OSU Working Papers in Linguistics. 1987，35:197—209.

Ladefoged，P. A Course in Phonetics［M］. Boston: Wadsworth，2011.

Lisker，L. and Abramson，A. S. A cross-language study of voicing in initial stops: Acoustical measurements
　　［J］. Word，1964，20:384—422.

L. Lisker，Closure duration and the intervocalic voiced-voiceless distinction in English［J］. Language，
　　1957，33: 42—49.

G. Fant，Preliminaries to analysis of the human voice source［R］. Quarterly Progress Report，1982，4:1—27.

凌　锋 . 新派上海话全浊擦音中的清声成分分析［J］. 中国语文，2017，381:733—768.

李　荣 . 温岭话"鹹淡"倒过来听还是"鹹淡"[J]. 方言，1986（2）:106.

P. Boersma and D. Weenink，Praat: doing phonetics by computer［Computer program］. 2016，Version
　　6.0.19.

Shue，Y.-L. The voice source in speech production: Data，analysis and models［D］. Los Angeles: UCLA，
　　2010.

（岳旸　中国社会科学院研究生院语言学系　kk24325535@qq.com
　　　胡方　中国社会科学院语言研究所　hufang@cass.org.cn）

江阴方言同音字汇 *

张志凌

壹 概 说

江阴位于苏南沿江，东连常熟、张家港，南与无锡接壤，西接常州，北与靖江相望，总面积987.5平方千米，人口124.1万。江阴历史悠久，地处江尾海头，长江咽喉，自古为江防要塞、兵家必争之地。江阴方言属北部吴语，北邻长江，与其隔江相望的是一大片以官话为主的江淮官话区，东、南、西三面被吴方言区环绕，分别是张家港方言、常熟方言、无锡方言、常州方言。江阴方言处于江淮官话与吴语边界的最前沿。

本文描写的是江阴市区（澄江镇）方言。发音人出生在20世纪40年代，调查材料依据江阴本地人实际语言使用情况，在《方言调查字表》的基础上进行了增减。

贰 江阴方言声韵调系统

2.1 声母30个，包括零声母。

p 八布波笔	pʰ 怕派破劈	b 爬婆病白	m 买门命木	f 飞风方发	v 妇肥饭佛
t 多低东答	tʰ 天拖桶铁	d 图甜桃毒	n 难农囊捺	l 老里蓝路	
ts 纸抓早接	tsʰ 草齿寸清	dz 池钱茶直	s 丝三细酸	z 字尝坐十	
tɕ 鸡煮军菊	tɕʰ 区鼠春吃	dʑ 除茄舅桥	ȵ 泥二年牛	ɕ 书戏香吸	ʑ 竖树如顺
k 江高姑角	kʰ 苦开口敲	g 环厚共搅	ŋ 我藕牙眼		
h 好灰虎蟹	ɦ 胡吴盐药	ɦʰ 夏含河咸			
∅ 安衣雨有					

说明：

① ɦ代表和后接元音同部位的浊擦音。[ɦi]相当于[j]，如"夜"[ɦiɑ] = [jɑ]。[ɦu]相当于[w]，如"淮"[ɦuæ] = [wæ]。

② ɦʰ是一个送气的喉浊擦音。江阴方言的"画话"与"下夏"两组在语音上是对立的，前者是不送气的喉浊擦音[ɦoʌ]，后者是送气的喉浊擦音[ɦʰoʌ]。

③ 零声母开头往往带有喉塞音ʔ。

④ v浊音性质很不明显，读音近乎f。

2.2 韵母43个，包括自成音节的[m̩ ŋ̍]。

ɿ 资迟师事	i 米披非驴	u 玻布富古	y 猪女水鱼
ɪ 边甜浅呕(又)	iɪ 肩盐演燕		
ei 培周头嘴		uei 块挥位回	

* 本文系国家社科基金青年项目"长江两岸吴语边界地区语音共时变异及历时演变研究"（项目编号16CYY013）的阶段性成果。

ø 半短岸汗	iø 卷劝园远	uø 官宽欢碗
o 花马拿话	io 靴	
əɯ 多奴哥箩	iəɯ 酒九休友	
ər 儿耳而尔		
æ 班谈台慢		uæ 怪快歪晚
ɑ 拉打蛇家	iɑ 爹写也夜	uɑ 垮哇娃洼
ɒ 包猫刀烤	iɒ 标庙小巧	
oŋ 公梦同红	ioŋ 均穷云永	
ən 盆分豚论	in 兵平青音	uən 滚昆婚温
aŋ 朋冷张硬	iaŋ 枪良羊让	uaŋ 光~火横
ɑŋ 帮胖床讲	iɑŋ 旺火~	uɑŋ 光筐慌黄
m̩ 嗨呒姆	ŋ̍ 五	
ɿʔ 笔力七一	iɪʔ 吃热叶噎	
oʔ 北秃粥恶	ioʔ 曲肉月入	
əʔ 泼突直黑		uəʔ 骨阔活忽
ɑʔ 八拔杂鸭	iɑʔ 削略脚药	uɑʔ 刮划滑挖

说明：

① 与北京话相比，江阴方言 i 摩擦十分明显，舌面几乎接近上腭。

② io 的主元音实际上介于 o 与 ɔ 之间。

③ 韵母 ɿ 和 iɪ。

江阴方言 [ɿ] 和 [iɪ] 基本是互补的，它们几乎不出现在相同的语音环境而形成对立。当声母是 [p、pʰ、b、m、t、tʰ、d、l、ts、tsʰ、dz、s、z、k、kʰ、g、ŋ、h] 时，韵母实际读音是 [ɿ]，如"边、片、棉、田、天、电"；当声母是 [tɕ、tɕʰ、dʑ、ȵ、ɕ、ɦ] 时，韵母实际读音为 [iɪ]，如"间、牵、件、险、盐"。

只有当声母是 [ø] 时，[ɿ] 和 [iɪ] 存在对立情况，但涉及的例字很少。调查到的有：

[øɿ˥] 呕 (又), 只单说, 表示呕吐；[øiɪ˥] 演

[øɿↄ] 怄又□ (又), ~下来: 面朝下弯腰；[øiɪↄ] 厌堰燕~子咽宴雁

声调是阴平时，[ɿ] 和 [iɪ] 不存在对立，读音只有 [øiɪ˥] 一种，如："淹腌烟胭蔫

花~咯格哩: 花枯萎了"。

另外，一个有意思的现象是：读音为 [øɿ] 的字全部存在又音。"呕、怄、□~下来: 面朝下弯腰"也可读成"呕 [øei˥]、怄□~下来: 面朝下弯腰 [øeiↄ]"。而读音为 [øiɪ] 的字，不存在又音情况。

④ 韵母 ɿʔ 和 iɪʔ。

《江阴市志·卷四十三方言》和《江苏省志·方言志》有韵母 [iəʔ]。前者对该韵母没有具体说明，后者在说明部分提到"[iəʔ] 韵母与 [tɕ] 组声母拼为 [iəʔ]，与其他声母拼为 [iɪʔ]"。实际上，两部著作中归在 [iəʔ] 韵母的例字具体读音分为三种：[ɿʔ][iɪʔ][iəʔ]。当声母为 [tɕ、tɕʰ、dʑ、ȵ、ɕ、ɦ] 时，韵母读作 [iɪʔ] 或 [iəʔ]。在江阴方言里

［iɪʔ］和［iəʔ］是自由变体。当声母是［p、pʰ、b、m、t、tʰ、d、l、ts、tsʰ、dz、s、z］时，韵母只能是［ɪʔ］。［ɪʔ］与［iɪʔ、iəʔ］是互补的条件变体。然而，当声母是［Ø］时，［ɪʔ］和［iɪʔ］/［iəʔ］有对立现象，涉及的例字也不多。调查到音读是［Øɪʔ］的有："揖、乙、一、逸、益"，音读是［Øiɪʔ］/［Øiəʔ］的有："噎、抑、翼"。

⑤ ɑŋ略微圆唇，实际音值近似［ɒŋ］，但该特点显得越来越不明显，且ɑŋ组已有向aŋ组靠拢的趋势。

⑥ ɒ、iɒ两韵的［ɒ］实际上更接近［ɔ］且唇不甚圆，考虑到与以往江阴音系尽量保持一致，本文仍写作ɒ。

⑦ ən、uən舌尖不接触上齿龈，舌位略微靠后，实际上稍带有一些鼻化的成分。

2.3　声调7个。

今江阴方言平声、去声、入声各依据声母清浊分成阴阳两个调类，上声只有一个调类，清母、次浊声母读作上声（阴上），全浊归入阳去。因此，江阴方言声调共有7个：

1 阴平［ˈ］53　　　　3 上声［ˈ］45　　　　5 阴去［ˈ］423　　　　7 阴入［ˈ］<u>55</u>

2 阳平［ˈ］13　　　　　　　　　　　　　6 阳去［ˈ］213　　　　8 阳入［ˈ］<u>24</u>

说明：

阳去［ˈ］213十分不稳定，正在失去独立性，逐渐向阳平［ˈ］13靠拢。如中青年人认为"弟"和"题"同音，"泪"和"离"同音，都读作阳平［ˈ］13。江阴方言声调的数目正处于从7个向6个转变的过程中。

叁　江阴方言同音字汇

1. 同音字汇的排列顺序是：先按照韵母分布，同韵母字按照声母为序，同声母内再以声调为序。

2. 本同音字汇旨在收录江阴方言的常用字。

3. 字下加单线"——"为白读音，下加双线"＝"为文读音。

4. 存在又音的字均以小字"又"标注。

5. 方框"□"为难定的本字。

6. 凡属于解释性文字均以小字加注，"～"代表本字。

ɿ

ts　1 知蜘支枝肢栀资姿咨脂滋辎之芝　3 紫纸只姊指子制止趾址　5 翅至志痣智置

tsʰ　1 雌疵眵眼～痄牛～痴嗤吹（又）～牛皮　3 此齿耻　5 刺次厕

dz　2 池驰匙迟持　6 滞稚痔治

s　1 斯厮撕施私师狮蛳尸矢司思丝诗　3 死屎使史驶　5 世势赐四肆试

z　2 瓷糍（瓷）兹慈磁词辞祠时鲥茡　6 誓逝是氏自示视字伺似寺嗣饲巳祀士仕柿俟事市恃

i

p　1 屄鄙　3 彼比　5 蔽闭泌秘庇滗～米汤

pʰ　1 批披纰□用刀横着割开　3 痞　5 屁

b　2 脾疲皮琵肥6敝弊币毙陛鐾～刀被婢避痹备

m　1 眯2迷谜糜弥靡眉　3 米　6 味～道

f　1 非飞妃　3 匪　5 费翡废肺吥

v　2 维惟唯肥微　6 未味<u>～子素：味精</u>

t　1 低　3 底抵　5 帝蒂

tʰ　1 梯涕鼻～屉　3 体　5 剃替

d 2 堤题提蹄啼　6 弟第递隶地

l 1 □动词,拎　2 驴犁黎离篱璃梨厘狸　3 吕旅缕屡又礼李里理鲤　6 滤虑例厉励丽履利痢吏泪

ts 1 薝腌:青菜、雪菜剁碎后清炒的一种小菜芥荠~　3 挤　5 祭际济剂醉又左~手

tsʰ 1 蛆趋妻凄栖　3 取娶　5 趣砌

dz 2 齐又脐肚~眼

s 1 絮须胡~,必~需西犀婿髓　3 洗玺徙　5 细

z 2 徐齐又　6 序叙绪聚又

tɕ 1 鸡稽饥肌几茶~,皮~麂基几~乎机讥箕奇~数　3 几老~　5 计继冀记纪寄既季

tɕʰ 1 溪欺岂　3 启起企　5 契器弃气汽

dʑ 2 奇骑岐歧祁鳍其棋期旗麒祈　3 绮　6 妓技忌

ȵ 2 泥霓倪宜尼呢~子大衣疑拟沂临~　3 你　6 艺谊腻二

ɕ 1 溪又牺熙希稀嬉　3 喜　5 系~统戏

ɦ 2 携畦移夷姨遗仪　6 系~鞋带,联~,关~蚁义议易肆异亿忆刈磨~:啰嘈:磨损了

ø 1 医衣依　3 以已矣　5 意

u

p 1 波菠簸播玻　3 补　5 布怖

pʰ 1 颇景~坡铺~床　3 谱圃普浦脯　5 破铺店~

b 2 婆蒲菩脯葡□~一~:轻轻摸一摸孵　6 部簿步捕埠□~下来:蹲下来

f 1 夫肤敷麸　3 府腑俯甫斧釜辅武舞侮鹉　5 付赋附赴讣富副

v 2 符扶芙无巫浮抚安~　6 傅父腐附驸务雾妇负戊腐

k 1 姑孤箍鸪辜　3 古估牯股鼓　5 故固锢雇顾

kʰ 1 枯　3 苦　5 库裤

h 1 呼　3 虎浒

ɦ 2 吴蜈梧胡狐湖壶葫糊蝴乎□动词,用筷子将食物往嘴里拨:一抹~　6 误悟户沪互护

ø 1 乌污坞诬　3 伍午

y

tɕ 1 诸居车~马炮诛蛛株朱珠殊拘驹矩猪褚　3 煮举拄主　5 据锯驻注蛀铸句鲔

tɕʰ 1 枢区驱吹　3 处相处~鼠　5 处到处去除去

dʑ 2 渠聚又橱厨瞿除储　6 巨拒距柱住俱惧具苣

ȵ 3 女

ɕ 1 书舒嘘虚输~赢戍输运~　3 暑庶汝许水　5 恕署荽芫~:香菜

ʑ 2 如儒　6 竖树乳

ɦ 2 鱼渔于余愚虞娱迁盂榆逾愉　6 御与豫预誉遇寓芋愈喻裕喂~妈妈:喂奶

ø 1 淤　3 语雨宇禹羽

i

p 1 蓖~麻篦~儿:梳头用的篦子鞭编边蝙　3 贬扁匾　5 变

pʰ 1 篇偏　5 骗遍片

b 2 便~宜　6 辨辩汴便~辫

m 2 棉绵眠　3 免勉娩　6 面缅

t 1 掂颠癫　3 点典　5 店

tʰ 1 添天　3 舔　5 掭~毛笔

d 2 甜田填　6 电殿奠垫淀靛

l 2 廉镰帘连联鲢怜莲　3 殓脸　6 敛练炼楝恋

ts 1 尖煎　3 酒剪　5 箭荐

tsʰ 1 秋又鳅歼签纤千迁　3 浅

dz 2 潜钱全泉　6 渐践贱又饯

s 1 修又羞仙鲜先宣喧　3 癣选　5 秀又绣又锈又线

z 2 囚又泅前旋　6 袖又贱又羡□~毛:拔毛

k 1 沟勾~当,~销钩垢　3 狗又苟又　5 够构购

75

kʰ 1抠 3口又 5扣又寇又

g   6厚

ŋ   3藕偶配~,~然

h   1□发~:太咸、太甜 3□大口喘气 5鲎彩虹

∅   3呕(又),当表示呕吐时,江阴只单说呕,不说呕吐 5□(又),~下来:面朝下弯腰 伛又

ii

tɕ 1兼搛~菜间中~,~隔艰奸涧肩坚鉴 3检简柬茧研足底硬皮 5剑谏锏杀手~建见

tɕʰ 1谦牵 3遣□指歪的,不正 5芡欠舰歉

dʑ 2钳乾虔捐 6俭件犍键健

ȵ 1拈 2粘严鲇年研岩 3碾捻撵染 6验俨念砚

ɕ 1轩掀 3险显蚬 5宪献

ɦ 2炎盐檐阎嫌涎延筵衍言贤弦舷沿咸~阳陷衔颜 6艳焰谚现

∅ 1淹腌烟胭蔫花~,略格格哩:花枯萎了 3演 5厌堰燕~子咽宴雁

ei

p 1贝杯背~书包(动词)□~一把:用力拽一下碑卑悲 5辈背后~(名词)臂手~

pʰ 1胚坯剖 5配

b 2培陪赔裴 6倍佩背~诵(动词)焙琲

m 2眉梅枚玫媒煤莓霉谋 3每美某 6妹昧媚寐谜猜~~子:猜谜语茂贸

f 3否

v 2浮形容词,浮躁:~尸(指办事不稳重的人)

t 1堆兜丢动词,扔:~脱略(扔掉) 3抖陡 5对屉抽~斗争~

tʰ 1□~pæ53:表差别推偷 3腿 5退颓蜕透

d 2头投 6队兑豆逗痘

n 6内芮

l 1溜又 2流又刘又留又榴又硫又琉又雷擂楼~白相:假吵架,闹着玩 3屡又柳又偻垒搂 6馏又类漏~脱(不小心遗失了,弄丢了)陋

ts 1追锥盅邹周舟州洲 3嘴走 5缀赘醉又奏皱绉~巴咒帚最

tsʰ 1催崔吹炊抽 3丑 5脆翠凑臭

dz 2垂槌锤谁绸稠筹仇酬柔 6罪睡瑞遂隧穗坠纣宙胄骤

s 1虽屎搜飕馊收 3手首守 5碎岁税锐嗖粹嗽瘦漱兽

z 2随愁 6受寿授售

k 1沟勾~销钩 3狗又苟又 5够构购

kʰ 1抠 3口又 5去扣又寇又

g 6厚

ŋ 3藕偶配~,~然

ɦ 2侯喉猴瘊 6后候

∅ 1欧鸥殴 3呕(又),当表示呕吐时,江阴只单说呕,不说呕吐 5□(又),~下来:面朝下弯腰伛又

uei

k 1圭闺规龟归 3诡轨鬼 5会~计刽桂贵

kʰ 1盔魁傀奎亏 5块

g 2癸逵葵又 6溃跪柜

h 1恢灰麾挥辉徽 3悔毁 5晦

ɦ 2桅回茴危为~行,违围 6汇会绘卫彗惠慧为~人民服务位魏讳伟纬胃谓猬

∅ 1煨萎葵又向日~威畏 3委 5慰

ø

p 1搬 5半

pʰ 1潘 5判

b 2盘 6伴拌叛

m 2瞒馒 3满 6漫幔

t 1端 3短 5断决~锻

tʰ 1贪 5探

d 2潭谭坛团 6段缎断砍~

n 2男南 3暖

l 2鸾銮 3卵 6乱

ts 1瞻占沾毡钻~研专砖撰 3展辗转~眼 5战颤钻电~转~圆圈

tsʰ 1 参餐飡烫—下食物　窜篡川穿　3 惨喘　5 串

dz 2 缠传椽　6 篡传水浒~

s 1 膻扇~风 酸涮　3 陕闪　5 扇电风~ 算 蒜

z 2 蚕蟾蝉禅~宗然燃船　6 染冉善鳝单 姓膳禅~让

k 1 甘柑泔干肝　3 感敢橄杆竿秆擀 赶　5 干骨~

kʰ 1 看~守刊　3 砍　5 看小~

ŋ 6 岸

h 1 憨酣鼾　3 罕　5 汉

ɦ 2 含函寒韩　6 撼憾旱汗焊翰

ø 1 庵鹌安鞍　3 揞　5 暗按案□动词, 放: ~勒该 (放在那儿)

iø

tɕ 1 捐鹃　3 卷~起来　5 眷绢卷试~

tɕʰ 1 圈圆~　3 犬　5 劝券

ɲ 3 软

ɕ 5 楦鞋~

ɦ 2 圆员缘元原源袁辕园援猿玄悬眩 渊　6 院阮愿县

ø 1 冤鸳　3 远　5 怨

uø

k 1 官棺观参~ 冠~军, 衣~　3 管馆　5 贯灌 罐观寺~

kʰ 1 宽　3 款

h 1 欢　5 焕唤

ɦ 2 完玩丸桓　6 换皖

ø 1 豌腕　3 缓碗恍腕宛婉

o

p 1 巴芭疤笆　3 把量词　5 霸坝

pʰ 5 怕

b 2 爬琶琵~　6 耙

m 2 麻　3 马码　6 骂

n 2 拿挪

l 1 □形容词, 脏: ~~ (小儿语)

ts 1 楂渣　5 诈榨~油炸爆~柞

tsʰ 1 钗叉杈车

dz 2 茶搽查

s 1 莎沙纱　3 所

k 1 瓜　3 寡　5 嫁价挂卦

kʰ 1 夸　3 可　5 跨胯

g 2 □卡住

ŋ 2 牙芽衙瓦　3 瓦砖~

h 1 虾花　5 化□形容词, 指食物烧得烂

ɦ 2 华铧划~船　6 画话

ɦ 6 厦下夏

ø 1 鸦丫~头: 女孩子 桠~杈: 枝桠 蛙洼　3 哑　5 沤又 较长时间地浸在水中

io

ɕ 1 靴

əme

m 2 魔磨~刀摩模　3 亩母拇　6 磨石~暮 慕墓募幕

t 1 多都　3 朵躲堵赌肚猪~, 鱼　5 妒

tʰ 1 拖　3 妥椭唾土吐　5 兔□掉, ~毛 (掉毛)

d 2 驼驮徒屠途涂图　6 舵大~姐堕惰 肚~脐眼, ~皮杜度渡镀

n 2 奴捼动词, 揉身体的某个部位　3 努　6 糯 懦怒

l 1 啰　2 罗锣箩萝菠~ 骡螺腡卢炉芦 鸬　3 鲁橹虏卤楼篓　6 路露鹭

ts 1 租　3 左佐祖组阻　5 做

tsʰ 1 搓粗初　3 楚础　5 锉醋措错

dz 6 助

s 1 蓑梭唆苏酥梳疏蔬　3 锁琐数~钱 (动 词)　5 素诉塑数~目 (名词)

z 2 锄　6 坐座

k 1 哥歌锅戈　3 个又果裹　5 过

kʰ 1 科窠棵蝌颗　5 课

ŋ 2 蛾鹅俄 3 我 6 饿卧

h 1 □(又音) ~格一口：喝一口汤、茶、粥等流质食物 3 火伙 5 货

ɦ 2 河何荷和~禾 6 贺祸和~泥

ø 1 倭涡莴蜗屙~，~肚：腹泻。~屎：大便。

iəu

l 1 溜ㄨ 2 流ㄨ刘留ㄨ榴ㄨ硫琉ㄨ 3 柳ㄨ 6 馏ㄨ

ts 3 酒 5 醉ㄨ

tsh 1 秋ㄨ鳅ㄨ

dz 6 就

s 1 修ㄨ羞ㄨ 5 秀绣锈

z 2 囚泅 6 袖ㄨ

tɕ 1 揪鬏鸠阄纠究 3 九久韭灸 5 救

tɕh 1 丘蚯 3 □~死头：不讲理，脾气不好的人

dʑ 2 求球仇 6 臼舅旧柩

ȵ 2 牛 3 纽扭钮

ɕ 1 休 3 朽 5 嗅

ɦ 2 尤邮由油游犹 6 又右佑酉柚釉

ø 1 优忧悠幽 3 有友莠诱 5 幼

ər

ɦ 2 儿而

ø 3 尔耳饵尾~巴 □动词，理睬：勿~他（别理他）

æ

p 1 般瓣班斑颁扳瘢掰 3 摆板版 5 拜扮绊

ph 1 攀 5 派盼襻扣住纽扣的套

b 2 排牌箄爿 6 罢稗败办

m 2 埋蛮 3 买 6 漫卖迈慢蔓曼

f 1 泛藩翻番 3 反返 5 贩

v 2 凡帆烦繁矾 6 范犯饭万

t 1 呆书~子耽担承~丹单旦 3 胆掸鸡毛~子疸黄~ 5 带戴担~子

th 1 胎坍滩摊瘫 3 毯坦 5 态太泰炭叹

d 2 台苔抬谈痰檀坛弹~琴 6 贷待怠殆代袋逮大淡但弹子~

n 2 难困 3 乃奶 5 耐奈难遭~

l 2 来蓝篮兰拦栏 3 览揽榄懒 6 赖滥缆烂

ts 1 簪灾栽斋錾 3 宰载年~ 崽斩盏 5 再载重~债寨淬~火蘸赞潲溅水上衣

tsh 1 猜搀 3 彩采睬铲产 5 灿菜蔡忏

dz 2 残才材财裁□~尿sei53：小便。豺惭 6 溅在暂站赚绽栈

s 1 珊腮鳃筛哀三杉衫山删疝闩拴栓栅 3 散松~伞撒~手洒 5 散解~赛晒帅率~领

z 2 柴佘谗馋

k 1 家~来，~里该阶尴街监间房~胛肩~ 3 改解减碱裥裙褶拣 5 概溉盖丐界芥疥戒痂结~

kh 1 铅开楷揩动词，抹：~台子（抹桌子），~台布（抹布）3 凯 5 慨嵌

g 6 □~头~脑：笨头笨脑 □吃饱后院打嗝 □~勒冈：靠在那儿 胛手~子：手腕关节 □形容词，特指稀饭不黏稠

ŋ 2 呆癌岩街颜 3 眼 5 雁 6 碍艾外

h 1 □动词，用力打：~他一记（用力打他一下子）□胛 3 海蟹 5 喊苋~菜和：我~你一同去

ɦh 2 孩鞋衔~嘴叻咸~菜闲 6 亥害骇馅限

ø 1 淹哀埃挨 3 矮 5 爱

uæ

k 1 鳏乖关 3 拐 5 怪惯

kh 5 筷快

g 2 环 6 掼用力扔

h 1 歪ㄨ 5 甩

ɦ 2 怀槐淮顽还 6 外坏幻患宦

ø 1 弯湾歪ㄨ 3 晚挽

ɑ

p 1 巴中~车 3 把动词，给

b 6 吧

t 3 打

tʰ 1 他它她

d 2 □延迟 6 大~学

l 1 拉

ts 1 遮蔗抓 3 者□~货:讲话没分寸的人(特指女性)

tsʰ 1 差~不多 3 扯

dz 2 □~吧,一一~吧:马马虎虎凑合一下

s 3 傻耍 5 舍赦

z 2 蛇 6 射麝社惹

k 1 加嘉家~去傢~具□自~ 3 假 5 架

kʰ 1 揩~油卡 5 搭~喉咙

h 1 哈

ia

t 1 爹 3 嗲

ts 3 姐 5 借~铜钱,~□

s 3 写 5 卸泻

z 2 邪斜 6 谢苆~菜

tɕ 1 皆全民~兵阶佳家国~加嘉傢~具稼 3 解~放,了~假真~贾 5 介界芥届戒假放~架驾价

tɕʰ 1 □~头:歪头

ɦ 2 涯崖霞遐爷 6 械夜

ø 1 鸦椰 3 雅也野 5 亚

ua

kʰ 3 垮

ø 1 哇洼娃

ɒ

p 1 包胞苞 3 保堡宝饱 5 报豹

pʰ 1 抛脬尿~ 5 泡炮

b 2 袍跑刨~地 6 抱暴爆鲍

m 1 □~子:视力不好的人 2 茅猫锚毛矛 3 卯牡 6 冒帽貌

t 1 刀叨萄葡~ 3 祷岛倒~塌捣 5 到倒~挂

tʰ 1 滔掏~出来 3 讨 5 套

d 2 桃逃淘陶 6 道稻盗导悼

n 3 脑恼 6 闹

l 1 捞唠 2 萝卜~劳牢痨 3 老□形容词,狂、傲气(多指小孩):~嘎嘎 6 涝

ts 1 遭糟朝明~昭招 3 早枣蚤澡藻爪找 5 灶罩照

tsʰ 1 操抄超 3 草钞炒吵 5 躁

dz 2 嘲朝~代潮 6 赵兆

s 1 骚臊搔梢捎筲~箕:淘米用的竹器鞘烧 3 扫~地嫂少多 5 扫~帚燥少老

z 2 曹槽巢肇韶 6 皂造召绍邵绕围~

k 1 高膏篙羔糕交胶教~书茭白 3 稿绞搞□不讲理,胡搅蛮缠 5 告教~训校~对觉窖

kʰ 1 敲 3 考烤拷 5 靠犒

g 6 搅

ŋ 2 熬 3 咬 6 傲

h 1 蒿薅□油脂类食物变质 3 好 5 耗孝戴~

ɦ 2 豪壕毫号~叫 6 浩号~码

ø 1 凹 3 袄 5 奥懊坳

iɒ

p 1 膘标彪 3 表

ph 1 飘漂~浮 3 漂~白 5 票漂~亮

b 2 瓢嫖 6 鳔

m 2 苗描 3 渺秒妙乂 6 庙妙乂谬

f 3 勠

t 1 刁貂雕 5 钓吊

tʰ 1 挑 5 跳

d 2 条调协~ 6 掉调~查

l 2 燎疗聊辽撩僚嘹 6 瞭料廖镣

ts 1 焦蕉椒醮指再嫁 3 剿

tsʰ 1 锹缲边~悄 5 俏□~衣裳

dz 2 瞧

s 1 消宵硝销逍鞘萧箫 3 小 5 笑

z 2 缲 6 □动词,搅

tɕ 1 交郊胶教~书骄娇浇 3 绞狡铰搅饺 5 教~训校~对较叫

tɕʰ 1 <u>锹</u> 3 巧 5 翘窍

dʑ 2 乔侨桥荞□形容词，指木头变形 6 轿

ɲ 2 饶 3 鸟 6 绕~圈尿~素

ɕ 1 嚣 3 晓 5 酵孝

ɦ 2 肴淆摇谣窑姚遥尧 6 效校学~耀鹞

∅ 1 妖邀腰要~求吆 3 杳 5 要~想~

oŋ

p 5 蹦

pʰ 3 捧

b 2 蓬篷

m 2 蒙 3 猛懵蟒 6 梦

f 1 风枫疯丰封峰蜂锋 3 讽

v 2 冯逢缝动词，~衣裳 6 凤奉俸缝名词，一条~

t 1 东冬 3 董懂 5 冻栋

tʰ 1 通 3 桶又捅筒统 5 桶又痛

d 2 同铜桐童瞳 6 动洞

n 2 农脓浓 6 弄动词

l 2 笼聋胧隆窿龙 3 拢陇垄 6 弄~堂

ts 1 棕鬃宗综中~当~忠衷终踪纵钟盅 3 总种品~肿 5 粽中打~种~地众

tsʰ 1 聪匆葱囱冲充从~容春 3 宠 5 铳□太~（形容词，指丢人）□出~（打麻将术语）

dz 2 丛虫崇从跟~重~来 6 仲诵又颂又重轻

s 1 松嵩耸讼 5 送宋

z 6 诵又颂又

k 1 公蚣工功攻弓躬宫恭 3 龚拱巩 5 贡汞供上~

kʰ 1 空天~ 3 孔恐 5 控空有~

g 6 共

h 1 轰掏~出去烘 3 哄~骗 5 哄起~

ɦʰ 2 弘宏红洪鸿虹霓~灯

∅ 1 翁瓮 5 汹（又）~烂□形容词，指人没出息的：~头~脑

ioŋ

tɕ 1 均钧菌君军 3 准窘迥

tɕʰ 1 椿春 3 蠢

dʑ 2 群裙琼穷

ɲ 2 绒茸戎

ɕ 1 熏勋兄胸匈凶 5 驯训

z 6 顺润闰

ɦ 2 匀云耘赢荣茸戎熊雄融容蓉镕溶榕熔庸 6 熨韵运晕孕用

∅ 1 佣 3 允永泳咏勇涌惥踊 5 酝

ən

p 1 奔锛齐~崩 3 本

pʰ 1 喷烹

b 2 盆 6 畚动词：~田（用钉耙在水田里翻土），~地（用钉耙在旱地上翻土）笨

m 1 闷 2 门蚊闻萌明~朝（明天）盟 6 问

f 1 分吩芬纷 3 粉 5 粪奋愤忿~气

v 2 焚坟文纹蚊闻 6 份分~本刎问

t 1 □~鸡（阉割的鸡）敦墩蹲登灯 3 等戥 5 □形容词，指路面不平，颠簸顿凳瞪

tʰ 1 吞炖动词，加热食物

d 2 豚饨臀囤腾誊藤 6 沌盾钝遁邓

n 2 能 6 嫩

l 2 论~语仑伦轮楞~角 6 论讨~

ts 1 砧针斟珍真尊遵肫鸭~，鸡~曾姓增憎罾扳~（一种渔网）征蒸争战~筝睁贞侦正~月征 3 枕诊疹拯整 5 镇振震证症甄饭~（蒸饭用的木质筒状炊具）正政

tsʰ 1 村蹭称 5 趁寸秤乘动词，~汽车

dz 2 沉岑陈尘臣澄惩橙乘加减~除承丞仍呈又程成城诚 6 阵剩逞又郑

s 1 参人～深身申伸孙僧升生性笙声~音 3 沈审婶损笋榫 5 渗舜胜圣

z 2 壬神辰晨人~民仁唇纯醇鹑曾层绳呈又盛~饭 6 甚任责娠肾慎忍韧又润闰赠逞又盛旺~

k 1 跟根更~换庚耕 3 哽耿 5 更~好

kʰ 1 坑 3 恳垦啃肯 5 □身上的污垢

g 6 □形容词，偏强的：~头，（指固执、倔强的人）

h 1 □动词，撕：~书 亨哼 3 □~鼻涕 狠

ɦʰ 2 痕恒衡 6 恨

Ø 1 恩

in

p 1 宾槟殡鬓冰兵 3 禀丙秉饼 5 □动词，指不能放松，坚持：~住，~气 柄并合~

pʰ 1 拼乒 3 品 5 聘娉

b 2 贫频凭平坪评苹瓶屏萍 6 病并~且

m 2 民悯敏明聪~名铭 3 闽鸣皿冥螟 6 命

t 1 丁钉名词疔蜓 3 顶鼎 5 澄动词，让液体里的杂质沉淀，使之清澈：~水 钉动词订

tʰ 1 厅汀 3 艇挺铤 5 □动词，指剩下来：~下来 听

d 2 亭停廷庭 6 □动词，缝：~被头（缝被子）锭定

l 1 拎 2 林淋临邻鳞燐~火磷陵凌菱绫岭灵零铃伶翎龄 3 领 6 赁吝令另

ts 1 津晶精睛 3 井 5 浸进晋浚

tsʰ 1 侵亲清青 3 请 5 亲~家母

dz 2 秦情晴 6 尽静靖净

s 1 心辛新薪迅蜻星腥猩 3 省反~醒 5 信讯殉性姓

z 2 寻荀旬循巡

tɕ 1 今金禁~不住襟巾斤筋茎京荆惊经径 3 锦紧谨景警颈 5 禁~止劲境敬竟镜

tɕʰ 1 钦卿轻倾 3 顷 5 揿~压庆

dʑ 2 □~~（一层台阶）；~头（台阶）琴禽擒仅勤芹擎鲸 6 近竞

ɲ 2 任姓~人~个凝迎宁安~ 6 认韧又宁~可佞

ɕ 1 欣兴时~ 5 衅兴高~□茂盛，兴旺

ɦ 2 吟淫银寅行盈形型刑莹营茔萤 6 幸

Ø 1 音阴荫因姻殷应~当鹰蝇莺鹦樱英婴缨 3 引蚓隐影颖 5 印应答~映□形容词，凉

uən

k 3 滚 5 棍

kʰ 1 昆坤 3 捆 5 困

h 1 昏婚荤

ɦ 2 魂馄浑 6 混

Ø 1 温瘟 3 稳

aŋ

p 1 浜 pʰ1 乓 5 □用手拍桌面

b 2 朋鹏膨棚 6 蚌碰

m 3 □密 6 孟

l 3 冷

ts 1 张章瘴争 3 长动词涨掌 5 帐账胀仗障

tsʰ 1 昌菖撑 3 厂敞 5 畅唱倡厂

dz 2 长肠场常 6 丈杖

s 1 商伤生先~（老师）甥声喊他一~ 3 赏省

z 2 尝裳偿 6 上尚

k 1 更打~庚耕 3 哽埂梗耿 5 粳

kʰ 1 坑茅~ 3 □动词，特指喉咙里卡了东西

ŋ 6 硬

h 1 亨 5 夯

ɦ 2 行~头桁~条 6 杏

iaŋ

l 2 良凉量动词，测~粮梁梁 3 两~个，斤~辆 6 亮谅量数~

ts 1 将~军浆 3 蒋奖桨 5 酱将大~

tsʰ 1 枪 3 抢 5 呛

dz 2 详祥翔又 6 象又橡

s 1 相~互箱厢湘镶 3 想 5 相~貌

z 2 墙翔又 6 匠象又像

tɕ 1 疆僵姜缰

tɕʰ 1 羌腔

dʑ 2 强

ɲ 1 娘好~（伯母）2 娘 3 仰 6 酿壤攘嚷让

ɕ 1 香乡 3 饷享响 5 向

ɦ 2 羊洋烊杨阳扬疡　6 恙样

∅ 1 央秧殃鸯　3 养痒

uaŋ

ɦ 2 横~竖

∅ 1 横~对(蛮横)

aŋ

p 1 帮邦　3 榜绑　5 谤

pʰ 1 髈　5 胖

b 2 滂旁螃膀防庞　6 傍棒

m 2 忙芒茫亡盲虻氓　3 莽蟒网辋　6 忘望~看(望一望)

f 1 方芳　3 仿妨纺访　5 肪坊放

v 2 房　6 忘妄望希~

t 1 当应~铛裆　3 党挡当上~档

tʰ 1 汤　3 倘躺　5 烫趟

d 2 堂棠螳唐糖塘　6 荡宕

n 2 囊瓤

l 2 郎廊狼螂榔　3 朗　6 浪

ts 1 赃脏庄装妆樟桩睁　5 葬壮

tsʰ 1 仓苍舱疮窗　3 闯　5 □碰擦创~造

dz 2 藏隐~　6 藏宝~脏五~状~撞

s 1 桑丧婚~霜孀双　3 嗓搡推~爽　5 丧~失

z 2 床状又

k 1 刚纲钢缸江豇扛肛　3 讲港　5 冈岗杠□名词,旱地

kʰ 1 康糠慷　5 囥起来:藏起来抗

g 2 □动词,推　6 戆形容词,笨(多指男性):~里~气(笨头笨脑的),~头(傻小子),~婆(智力轻微有点缺陷的女性)

ŋ 2 昂

ɦʰ 2 行航杭降投~　6 项巷

∅ 5 □浪费

iaŋ

ɦ 6 旺形容词,特指火旺

uaŋ

k 1 光胱　3 广

kʰ 1 匡筐眶框　5 旷矿

g 2 狂　6 逛

h 1 荒慌　3 谎恍幌　5 □划痕晃摇~况

ɦ 2 黄簧皇蝗凰隍蟥蚂~王　6 枉旺

∅ 1 汪　3 往

ɿʔ

p 7 鳌瘪憋笔必碧璧逼秕~谷

pʰ 7 撇匹僻辟劈霹

b 8 箅炉~子枇~把鼻别

m 8 篦(箅)竹~灭密蜜觅

t 7 跌的目~滴嫡

tʰ 7 贴帖字~,请~,妥~铁切窃膝踢剔惕

d 8 叠碟蝶谍笛敌狄涤获

l 8 荔力立笠粒列烈裂劣栗律率历捩动词,拧:~一记(拧一下)

ts 7 接节疖鲫积迹脊绩即

tsʰ 7 妾缉辑七漆戚

dz 8 捷集习袭又截绝疾籍藉寂

s 7 薛泄屑楔雪悉蟋息熄媳惜昔锡析戌

z 8 袭又席拾夕

∅ 7 揖乙一逸益

iiʔ

tɕ 7 髻劫揭结洁秸戟击激急级给吉

tɕʰ 7 乞讫吃泣

dʑ 8 杰竭及极

ȵ 8 聂镊蹑业孽逆溺热日~脚(日子)

ɕ 7 胁歇蝎吸

ɦ 8 叶页协挟亦译易交~液腋

∅ 7 噎抑翼

oʔ

p 7 博剥驳北卜占~

pʰ 7 朴扑仆~倒

b 8 杷枇~薄卜萝~帛仆~人瀑

m 8 莫膜寞摸漠木目牧睦

f 7 复福幅蝠复腹辐覆

v 8 缚服伏

t	7	□_{尖嘴的家禽或鸟啄东西}笃督
tʰ	7	托秃
d	8	铎踱独读牍犊毒
n	8	诺匿
l	8	落烙骆酪洛络乐鹿禄六陆绿录
ts	7	拙卒作~业,~坊卓桌琢啄捉竹筑祝粥足烛嘱
tsʰ	7	撮猝出戳龊畜~生促触
dz	8	浊镯逐轴
s	7	说宿索朔硕速肃缩叔淑粟束
z	8	述凿族熟孰塾俗续属赎蜀辱褥
k	7	各阁搁胳郭廓角国谷
kʰ	7	窟扩壳哭酷
ŋ	8	腭鄂鹤岳
h	7	豁□_{动词,短促轻微的触碰}郝霍藿
ɦ	8	学_{~堂}或
∅	7	恶握龌屋沃

io?

tɕ	7	决诀厥蕨镢菊鞠
tɕʰ	7	缺黢_{黑~~}屈麹_{酒~}曲
dʑ	8	术掘倔局
ȵ	8	肉
ɕ	7	血恤畜_{~牧业}蓄旭
ʑ	8	入
ɦ	8	月越曰悦阅穴域疫役育玉狱浴欲
∅	7	粤哕□_{动词,用火烘烤金属、竹子,使之变形}阅郁

ə?

p	7	拨钵
pʰ	7	泼迫
b	8	鼻（又音）~头;指鼻子□~交:指摔跤勃饽
m	8	末沫抹没物_{~事（指东西）}墨默
f	7	弗不
v	8	佛物_{~理,事~}
t	7	得德
tʰ	7	脱
d	8	夺突特

l	8	捋~胡子肋勒~紧,~索垃~圾
ts	7	折褶哲蛰浙帻执汁质则织职责
tsʰ	7	彻撤侧测拆赤乂斥
dz	8	涉蛰侄秩直值殖植泽择掷~色子
s	7	撒~种摄设涩湿瑟虱失室塞~给,堵~色啬识式饰适释圾垃~
z	8	日舌折~本十什拾实贼食蚀
k	7	合~用用（指合用,公用）,~勒一堆（指合伙）鸽割葛个乂革疙
kʰ	7	叩~头磕瞌渴刻克
g	8	搿两手合抱
ŋ	8	□_{形容词,物体摆放的不平稳}额_名~
h	7	喝黑
ɦ	8	合核
∅	7	扼

uə?

k	7	骨
kʰ	7	阔
h	7	□_{量词,从入睡到睡醒为一~:一~觉,两三~}忽
ɦ	8	活获惑
∅	7	崴_{指脚扭一下}

a?

p	7	八百柏伯
pʰ	7	帕泊拍魄
b	8	拔雹白
m	8	抹_{动词,用手按着向一个方向移动}袜陌麦脉
f	7	法发
v	8	乏伐筏罚阀
t	7	沓~~纸答搭瘩
tʰ	7	揭~本塔榻塌溻湿~,~遢邋獭水~
d	8	踏达
n	8	纳捺
l	7	邋~遢 8 猎瘌~痢头:专指头上长有秃疮的人镴锡~纸辣蜡
ts	7	砸扎札酢灼摘只

tsʰ 7 擦插察绰~号焯动词,用水稍烫 策册赤又
尺

dz 8 杂着~凉宅

s 7 萨眨霎杀刹煞~费苦心刷

z 8 □鸡~子,鸭~子:鸡肫,鸭肫闸炸油~铡若弱
石

k 7 夹格隔甲马~

kʰ 7 掐掐指算客□动词,压

g 8 轧拥挤

ŋ 8 □~口:指缸、碗等的缺口额~骨头(指额头)

h 7 吓~一跳□(又音)~格一口:喝一口汤、茶、粥等流
质食物瞎吓辖

ɦʰ 8 盒狭匣

ø 7 阿~胶,~哥鸭押压轭

ia?

l 8 略掠

tsʰ 7 且雀鹊

s 7 削

z 8 嚼噍动作重复频率高且用力较轻地嚼

tɕ 7 甲~乙丙丁脚觉

tɕʰ 7 怯恰洽却确

dʑ 8 剧

n̠ʑ 8 捏虐疟

ɕ 7 辖

ɦ 8 峡侠挟药钥跃乐音~学~校

ø 7 约

ua?

k 7 刮括

g 8 □动词,划:~勒一记(划一道)

h 7 豁~搭:豁口

ɦ 8 划计~滑猾

ø 7 挖

m̩

ø 1 姆~妈 2 呒~不(指没有) 3 姆阿~(指舅妈)

ŋ̍

3 五

参考文献

赵元任.现代吴语的研究[M].北京:商务印书馆,1928(2011年版).

江阴市地方志编纂委员会.江阴市志[M].上海:上海人民出版社,1992.

江苏省地方志编纂委员会.江苏省志·方言志[M].南京:南京大学出版社,1998.

（张志凌　东南大学海外教育学院　zhiling17@163.com）

吴语诸暨璜山方言音系

钟文悦

本文主要描写了吴语诸暨璜山话的音系，指出璜山话的音韵特点，之后列出了中派的同音字汇。本文主要依据的是发音人钟纪焕（男，1965 年生，高中文化，村支部书记）和张宏良（男，1965 年生，高中文化，银行职工）的发音，同时参考了其他发音人的语音。

一 璜山话的音系

（1）声母 28 个，包括零声母在内：

p 杯本布北	pʰ 怕派胖泼	b 步盘跑白	m 妈门问木	f 飞反放发	ʋ 弯王位坟
t 当懂到德	tʰ 拖铁太踢	d 大同道夺	n 难脑乃捺		l 吕流冷辣
ts 招纸照汁	tsʰ 昌厂醋出	dz 虫潮赵杂		s 松少扇缩	z 若然忍十
tɕ 精九叫脚	tɕʰ 秋巧气吃	dʑ 桥巢旧杰	ȵ 年元认白捏	ɕ 书虚香雪	ʑ 旋树齐白
k 根广盖各	kʰ 开考去刻	g 葵厚共夹		h 花好化瞎	
ø 阴矮暗约					ɦ 我云硬药

说明：

① 有一整套完整的浊辅音声母［b d g dz dʑ z ʑ］，实际发音为清音浊流。

② 近音 ʋ 在介音 i、u 之前更像是唇齿擦音［v］，ʋ 与 u 相拼时实际音值为双唇擦音［β］。

③ 晓喻匣母今合口呼非 u 韵的许多字声母常常是［ʋ］和零声母共读，单字读音是零声母，连读时声母是［ʋ］，如：" 回 " 单字时读作［ue²⁴］，连读构成词语时读作［ʋe²⁴］，温［uɛ⁵⁵³/ʋɛ⁵⁵³］，伟［ue²⁴/ʋe²⁴］。

（2）韵母 43 个，包括自成音节的韵母在内：

ɿ 支刺试字	i 地姐以耳白	u 故赌粗路	y 贵白靴书如
ʋ 爬蛇花马	iʋ 亚佳白		ɣ 流牛九口
e 倍妹岁海	ie 连检全变	ue 块葵桂鬼文	
ɛ 三胆淡减	iɛ 颜馅衔白闲白	uɛ 关惯筷	
a 拉鞋破帅	ia 写爷谢借	ua 怪拐快	
ɔ 饱桃烧抄	iɔ 条表桥小		
ɤ 短酸竿含	iɤ 圆软捐玄	uɤ 官宽冠款	
ɤɯ 河走斗过			
ã 庚硬长撑	iã 娘香墙将	uã 梗	
ɛ̃ 奔盆昏嫩		uɛ̃ 滚昆困	
ɔ̃ 党桑刚浪		uɔ̃ 光筐矿狂	

iŋ 根林心静

oŋ 东梦中重　　　　　　　　　　　　　　　　　　　yoŋ 云群胸勇

aʔ 辣百夹掐　　　　iaʔ 约药脚削　　　　uaʔ 刮括

əʔ 直色尺夺　　　　ieʔ 铁滴吃接　　　　uoʔ 出绿国缩　　　yoʔ 月欲缺血

m̩ 姆　　　　　　　n̩ 你　　　　　　　ŋ̍ 鱼五冯翁　　　　ɚ 而尔耳 _文

说明：

① [i] 和 [y] 舌位靠前，实际为舌叶元音；[i] 与声母 [p pʰ b f ʋ ɦ] 相拼时，韵母摩擦非常强烈。

② [ɤ] 舌位略靠前。

③ 声化韵 [ŋ̍] 可以与声母 [h] 相拼，构成音节 [hŋ̍]，这个音节只存在于"烘"字的白读 [hŋ̍⁵⁵³]，听感上像是一个清鼻音。

（3）单字调8个。

阴平 [553] 高猪专尊低天　　　　阳平 [24] 穷才平寒徐扶

阴上 [342] 口丑楚草好女　　　　阳上 [231] 近淡抱厚似父

阴去 [33] 盖醉抗唱送放　　　　阳去 [22] 共大病害饭帽

阴入 [5] 急竹七桌拍发　　　　阳入 [2̲3̲] 月六食白蛇服

二　璜山话的音韵特征

2.1　声母特点

（1）古全浊声母基本上仍读浊音。但是也有少部分字读为清声母，大多受到普通话影响，如：剂_从tɕi³³、洽_匣tɕʰiaʔ⁵。

（2）诸暨璜山话不分尖团，如：精_精=经_见tɕiŋ⁵⁵³、囚_邪dʑɤ²⁴=求_群dʑɤ²⁴。

（3）非组母大部分字读 [f ʋ]，非、敷母个别例外字读 [pʰ]，如：脯_果~pʰu³⁴²、讣~_告pʰu³³，捧 pʰoŋ³⁴²；微母还有不少字读 [m]，例如：尾_{~巴}mi²³¹、晚_{~米}mẽ²³¹、蚊 mẽ²⁴、问_{~他}mẽ²²、忘_白moŋ²²。晓组拼合口呼读入非组 [f ʋ]，例如：虎 fu³⁴²、欢 fɤ⁵⁵³、昏 fẽ⁵⁵³。

（4）部分泥母阳声韵字读 l-，例如：嫩 lẽ²²、能 lẽ²⁴、囊 lɔ̃²⁴、酿 liã²²、农 loŋ²⁴、脓 loŋ²⁴。

（5）精组、知组、庄组、章组合流，在今洪音前分别读 [ts tsʰ dz s z]，在今细音前分别读 [tɕ tɕʰ dʑ ɕ ʑ]。

（6）日母字白读为 [n̠]，如：惹 n̠ia²³¹、绕 n̠io²²、热 n̠ieʔ²³、软 n̠iɤ²³¹；文读为 [z dʑ] 等，与遇合三鱼虞韵、臻合三、通合三东钟韵相拼时，日母读 [ɦ]，例如：如 ɦɤ²⁴、乳 ɦɤ²³¹、闰 ɦɤoŋ²²、绒 ɦɤoŋ²⁴。

（7）疑母与洪音相拼时，鼻音声母脱落读 [ɦ]，与细音相拼时，部分字读舌面音 [n̠]。前者是街亭的重要特点，与诸暨其他地方多不同，例如：牙 ɦʋ²⁴。

（8）匣母今读音大多读 [ɦ]，也有一部分读 [g]，例如：厚 gɤ²³¹、衔_{鸟~树枝}gɛ²⁴、滑_白guaʔ²³；部分 ie 韵母的字读 [n̠]，例如：馅 n̠ie²²、衔_头~n̠ie²⁴、闲_空~n̠ie²⁴。

2.2　韵母特点

（1）果摄与流开一侯韵（见系除外）、流开三尤韵非组、知系字合流，读 [ɤɯ] 韵，例如：多 = 兜 tɤɯ⁵⁵³、左 = 走 tsɤɯ³⁴²。

（2）假摄二等麻韵不分开口，一律读［ʊ］韵，如：虾 = 花 hʊ⁵⁵³、家 = 瓜 kʊ⁵⁵³。

（3）鱼韵主体层读［yu］，也有白读［oɿi］，例如：女、徐 dʑi²⁴、絮 ɕi³³、猪 tsɿ⁵⁵³、苎 dzɿ²³¹、锄 zɿ²⁴。

（4）蟹摄一等咍韵、灰韵只在见系有别，例如：胎 = 推 tʰe⁵⁵³、开 kʰe⁵⁵³ ≠ 亏 kʰue⁵⁵³。

（5）流开一侯韵见系字和流开三尤韵端系、见系字合流，读［ɤ］韵，如：狗 kɤ³⁴²、藕 ŋɤ²³¹、后 ɦɤ²³¹、欧_白 ɤ⁵⁵³。

（6）诸暨璜山话阳声韵的语音面貌整体表现为四类：一是咸摄和山摄鼻韵尾脱落，读口元音［ɛ ie ue ɤ iɤ uɤ］；二是深摄、臻摄、曾摄、梗摄一部分字保留鼻韵尾［ŋ］，一部分字已弱化为鼻化韵［ɛ̃］；三是宕摄、江摄基本上读鼻化韵；四是通摄字全部保留鼻韵尾［ŋ］。

（7）诸暨璜山话保留喉塞韵尾［ʔ］，最大的特色是：咸开一合韵一部分字，咸开三叶韵章组字，山开一曷韵见母字，山开三薛韵知庄章组大部分字，山合一末韵字，山合三薛韵章组字，臻合一没韵见系大部分字，臻合三物韵帮组字，宕开一铎韵字，宕开三药韵知系大部分字，宕合一铎韵字，江开二觉韵字，曾开一德韵帮组、从母字，通合一屋沃韵字，通合三屋烛韵除见系以外的字合流，读［uoʔ］韵。

2.3 声调特点

诸暨璜山方言平声、上声、去声、入声各分阴阳，保持中古的四声八调系统。

三 诸暨璜山话同音字汇

本字汇按照韵母表的顺序依次排列各韵的单字，同一个韵的字也按上节所列声母、声调的排序。写不出本字的音节用方框"□"表示，"□"后加注音标，只表明实际调值。释义、举例在单字后用括号标注，例子里用"~"代替被释字。文白异读、又读等一字多音的现象在该字的右下角注上数字，"1"表示口语中最常用的读音，"2"表示比较常见的读音，以此类推。

ɿ

ts ［1］猪知蜘支枝肢栀资姿咨脂之芝淄
［3］紫纸只₂_有旨指子梓止趾址嘴₁_巴
［5］滞_停制致智翅_鱼豉_豆稚_幼至置志

tsʰ ［1］差_参雌疵痴眵嗤_笑吹₁_起来
［3］此侈_奢耻齿［5］刺赐翅次厕痓

dz ［2］池驰持迟［4］苎痔［6］治箸_筷子筷桶坠

s ［1］腮鳃筛斯厮施私师狮尸司丝思诗
［3］死矢使史驶始水₁_开［5］世势赐四肆伺试簓_呼啸~细竹丝

z ［2］锄誓逝匙瓷_器糍_麻~餈_麻~:一种糯米食品

兹滋慈磁鹚辞词祠时［4］墅_别~₂_的
氏巳士仕柿市恃［6］自示视嗜字寺嗣饲事侍

i

p ［1］屄匕_首［3］彼鄙比彼［5］臂蔽闭庇_包秘泌庇痹

pʰ ［1］批砒披丕［5］譬_喻屁剗_削痞

b ［2］琵_琶皮疲脾婢痹肥₁_皂［4］币被₁_子［6］敝弊毙被₂_迫避鼙_火柴:摩擦

m ［1］咪眯浘_小口喝［2］迷谜糜靡弥猕眉₁_毛［4］米尾₁_巴［6］味₁_道

f ［1］非飞霏菲沸狒妃□_油炸［3］匪榧_香~［5］废肺费翡痱_子

υ [2] 维惟唯肥 ₂~料 微薇 [4] 尾 ₂末~ [6] 未味 ₂~精

t [1] 低啼 [3] 底抵邸 [5] 帝蒂渧 向下滴水

tʰ [1] 梯 ₂~电 撕 [3] 体 [5] 替涕 鼻~ 剃屉 抽~ 嚏輖 细腻

d [2] 堤题提蹄啼 [4] 弟 [6] 地第递隶 ₂奴~隶

l [2] 犁黎离 ~别 篱璃 玻~ 梨狸 [4] 吕旅礼履李里理鲤浬娌 [6] 虑例厉励莉荔离 ~开 利痢丽俪隶 ₁属吏泪劙 划破:~得口漤 过滤

tɕ [1] 济 经~ 鸡稽秸暨羁饥肌基几 ₂~乎 机讥饥叽箕 [3] 鳜 ~花鱼 姐挤姊几 ₁茶~、~个 纪 [5] 祭际济 ~公剂 ~药 计继系 ₂~鞋带 髻寄冀记既季

tɕʰ [1] 妻溪欺 [3] 启企起杞岂 [5] 砌契 ~约 器弃气汽

dʑ [2] 徐口：他 齐 ₂~国 畸奇骑岐祁鳍其棋期 ~末 旗麒 [4] 技妓 [6] 忌及 ₁来不~

ɲ [2] 泥倪儿 ₁~子 宜仪尼疑凝 [4] 蚁你 ₂~好 耳 ₂~朵 [6] 艺谊义议腻二 ₁：数字 贰毅

ç [1] 西犀栖 米~:碎米粒 玺奚兮嬉熙希稀口 尿 [3] 洗徙系 ₁中文 喜髓 骨~ [5] 絮细婿 女~ 戏

ʐ [2] 齐 ₁人到~了 脐 [4] 荠 [6] 自

ɦ [2] 移夷姨胰彝怡遗 [4] 已 [6] 易 ₂~经 异翼 ₃勘 磨损

Ø [1] 伊医衣依翳 [3] 倚椅以 [5] 意臆裔羿忆亿易 ₁~又 虵 ₁又

u

p [3] 补 [5] 布怖

pʰ [1] 铺 ~设 潽 沸腾溢出 [3] 谱普浦脯 肉~ [5] 铺 店~

b [2] 蒲菩 ~萨 脯 胸~ [4] 部簿 籍 竹筐 [6] 步捕匏 ~芦:葫芦 瓠子 鲋 木卵土:一种鱼 孵 ~小鸡 伏孵:~小鸡 口 晒太阳取暖

f [1] 呼夫肤敷俘 ~房 ~蚁:蚂蚁 [3] 虎浒 水~ 府腑俯甫斧釜 [5] 付赋傅赴富副戽 洗

t [1] 都 ~城、~是 [3] 堵赌睹肚 猪~

tʰ [3] 土吐 [5] 兔吐 呕~

d [2] 徒屠途涂图 [4] 杜肚 ~子 [6] 度渡镀妒

n [2] 奴 [4] 努 [6] 怒

l [1] 撸 [2] 卢庐炉芦鸬鲈驴 [4] 鲁橹虏卤沪 [6] 路露璐潞鹭

ts [1] 租 [3] 祖组阻

tsʰ [1] 粗初 [3] 楚础 [5] 醋措 ~失

dz [6] 助

s [1] 苏酥稣疏 ~远 蔬 [5] 素诉塑 ~料 数 ₂ 名词:~字

k [1] 姑孤箍菇鸪蛄 [3] 古估 ~计 股鼓蛊 [5] 故固锢雇顾

kʰ [1] 枯 [3] 苦 [5] 库裤

υ [2] 吴蜈 ~蚣 吾梧 ~桐 胡湖蝴狐弧壶娱 ₂~乐 符扶芙 ~蓉 无巫诬浮 ₁~起来 [4] 伍 队~ 午户斛父釜腐武舞侮鹉 ~鹉 妇 [6] 附务雾误悟互戊辅

Ø [1] 乌鸣 熄灭 坞邬污 [5] 炕 使变热:~番薯

y

l [6] 虑滤

tɕ [1] 诸居车 ~马炮 龟 诛蛛株朱珠茱殊拘驹 [3] 举挂 ~拐杖 主矩 ~规 鬼 ₁~怪 [5] 著 名~ 据锯 ₂~子 注蛀铸句贵 ₁东西 疰 ~夏:中暑

tɕʰ [1] 枢区 ~城 驱 [3] 处 相~、~所 鼠取娶 [5] 去 ₂~皮 趣

dʑ [2] 除渠储 ~蓄 厨俱瞿衢 [4] 巨拒距聚柱跪 ₁~下 [6] 驻住具惧署 专~ 柜 ₁大衣~

ɲ [2] 愚虞 [4] 汝女 ₂男~ 语 [6] 遇寓

ç [1] 靴梳 ~头 书舒墟 废~ 虚嘘 吹~ 须需输吁 口~牙,即小孩换牙 [3] 暑许 [5] 庶恕数 ₁ 动词:~星星 戌输 运~

ʐ [4] 竖口 ~下去:推下去 [6] 树

ɦ [2] 鱼 ₂美人~ 渔如余儒虞娱 ₁~乐 榆逾愉 围 ₂~巾 [4] 序叙绪乳愈 瘉 与我、~你 雨宇禹羽 [6] 誉 荣~ 预豫芋喻裕薯 ~番 御

Ø [1] 于淤迂盂

υ

p [1] 巴₁~掌 疤 [3] 把门~手 靶 [5] 霸₁恶 坝

pʰ [5] 怕帕

b [2] 爬琶琵 杷枇 [6] 耙~地

m [2] 麻蟆蛤 [4] 马码~子 [6] 骂

d [4] □这里

n [2] 拿₁~手戏 [4] 女₁~婿

ts [1] 渣遮抓₂~头发 诈₁~骗 榨~菜 炸~弹油~食品 蔗

tsʰ [1] 搓~麻将 叉权~枝 钗差~不多 车₁~马 [5] 岔三~路

dʑ [2] 茶搽查

s [1] 沙₁~泥 纱赊 [5] 晒

z [2] 蛇 [6] 射₁~箭 麝~香

k [1] 家₁一~人 加₁~法 嘉₁~兴 瓜 [3] 假₁真 贾姓 驾₂地名 嫁₁~人 价₂~钿 寡 [5] 挂卦

kʰ [5] 跨搿捕，捉，拿住：~鱼

ɦ [2] 牙芽衔 [4] 下₁底 厦门~ 瓦 [6] 夏~天华中~山画话

Ø [1] 鸦₂老~ 丫₂~头 蛙₁青~ [3] 哑₁~巴 [5] 砑压平~平 揠强行给予

h [1] 花 [5] 化

iυ

tɕ [1] 佳₂人名

tɕʰ [3] □~事体：挑拨

Ø [1] 霞₂姓名 [5] 亚₂姓名

Y

t [1] 丢

l [1] 溜 [2] 流刘留榴馏硫琉 [4] 柳抑圆形状搅拌 [6] 漏

tɕ [1] 鸠阄抓~纠~缠正 [3] 酒九久韭灸针~ [5] 救究

tɕʰ [1] 秋~天，~千丘

dʑ [2] 求球裘仇₂姓 囚 [4] 臼脱 舅咎~由自取 [6] 就旧枢袖₂领~

ȵ [2] 牛 [4] 藕偶配~纽扭 [6] 偶₁~然

ɕ [1] 修羞休 [3] 朽 [5] 秀绣锈嗅₂~觉

---

k [1] 勾₁~了一~脚 沟 [3] 狗苟 [5] 够构购勾₂~当

kʰ [3] 口叩 [5] 扣寇

g [4] 厚 [6] 趄蜷缩

ɦ [2] 侯喉猴尤犹鱿邮由油游 [4] 后有右友酉诱 [6] 候袖₁指衣服的袖子：衫~

Ø [1] 欧₁~洲优忧悠幽 [5] 又₂佑幼

e

p [1] 杯碑卑悲□比较是否值得 [5] 辈背贝

pʰ [1] 胚~胎 坯毛~坏 [5] 沛配

b [2] 培陪赔陪裴枚 [4] 倍 [6] 佩~服~戴背~诵备

m [2] 梅枚玫媒煤眉₂画 楣倒~霉 [4] 每美 [6] 妹昧媚寐煨暗火闷烧

f [1] 盔₁头 恢灰挥辉晖徽 [3] 贿悔毁 [5] 晦

ʋ [2] 回蛔茴~香为₁作 违围~巾 [1] 威委煨 [4] 汇伟炜伪苇 [6] 惠慧卫为₂什么位魏会开~，~不 绘畏慰纬胃谓汇

t [1] 堆 [5] 戴₂~爱 对 [3] 拽扯、拉：~直；~布：买布

tʰ [1] 胎苔~舌 推 [3] 腿梯₁~子 [5] 态退蜕蛇~皮裉

d [2] 台~州~湾 抬 [4] 待怠殆 [6] 贷代袋黛队兑焐加热水给动物裉毛

n [6] 耐内芮姓~

l [2] 来莱雷蕾 [4] 儡傀 累₁~积 磊 [6] 累₂连~类擂跺滚动

ts [1] 灾栽追 [3] 者宰嘴₂巴 载₂年~ [5] 再载₁重，满~ 最赘醉

tsʰ [1] 猜催崔姓 摧炊吹₂~捧 [3] 采彩踩啐压惊的语气词 [5] 菜脆翠

dʑ [2] 才材~料 财裁₂判 垂锤锥随 [4] 在 [6] 锐睡₁午 瑞遂隧穗坠

s [1] 虽 [3] 水₂平 [5] 舍₂宿~ 赛碎岁税睡₂觉粹纯蜷栖上~；禽类归宿：鸡~；鸡屋

z [4] 社罪材₂棺 [6] 射₂发 [2] 裁₁缝谁

ɦ [2] 孩 [3] 亥 [6] 害

Ø [1] 哀

h 〔3〕海

ie

p 〔1〕鞭编边蝙〔3〕贬扁匾〔5〕变遍

pʰ 〔1〕篇偏〔5〕骗片

b 〔2〕便2~宜〔4〕辨辩辫口双脚互蹭（搓泥或拖鞋）〔6〕便1方~

m 〔2〕绵棉眠〔4〕免勉娩冕缅〔6〕面麵

t 〔1〕掂踮颠癫~佬：疯子巅〔3〕点典碘〔5〕店惦

tʰ 〔1〕添天掭~火〔3〕舔

d 〔2〕甜恬田填钿〔6〕电殿奠佃垫淀甸

l 〔2〕廉帘镰连鲢联怜莲〔4〕敛脸〔6〕殓练炼链楝苦~树恋1留

tɕ 〔1〕尖兼艰间2空煎肩坚〔3〕检简柬剪茧〔5〕剑间~断箭鉴溅建荐见饯

tɕʰ 〔1〕签谦迁牵笺纤千姈女子轻佻〔3〕且浅遣〔5〕欠歉

dʑ 〔2〕潜钳钱前2~进乾~坤前全泉旋2螺~〔4〕羡渐俭践键件〔6〕健键

ȵ 〔1〕黏粘研〔2〕呆严染1~色年口很，非常〔4〕俨碾捏手指捻搓〔6〕碘验念甘

ɕ 〔1〕仙鲜新~轩掀~开先宣喧鹹~鸡：阉鸡〔3〕癣险显选〔5〕线宪献笊~帚

ʑ 〔2〕前1~后旋1~转〔6〕贱

k 〔1〕该应~〔3〕改〔5〕概溉盖丐乞~锯1

kʰ 〔1〕开〔3〕凯恺慨慷~〔5〕去1可以~了

g 〔4〕徛站

ɦ 〔2〕谐炎盐1食用~阎涎延蜒言贤弦沿〔4〕演〔6〕陷2~阱焰艳盐2动词，腌制腌现

ø 〔1〕淹阉焉心不在~烟胭〔3〕魇厣鳞甲：鱼~、螺蛳~、结〔5〕厌雁堰都江~燕咽宴臙比较：~大小

ue

k 〔1〕乖2：小孩听话瑰圭闺规窥龟2归官2当~棺观2参~冠〔3〕轨癸管2~理馆博物~〔5〕会2~计桂鬼~崇贵2~重观~音冠~军

kʰ 〔1〕盔~甲奎亏宽2~敞〔3〕傀~儡款2贷

g 〔2〕逵葵〔4〕跪2~下〔6〕愧柜2~员溃崩~

ɛ

p 〔1〕班斑颁扳般〔3〕板版〔5〕扮

pʰ 〔1〕攀〔5〕盼襻系结衣服的带子：~带

b 〔2〕爿——地〔6〕瓣办

m 〔2〕埋蛮〔4〕晚1~米，娘〔6〕慢漫

f 〔1〕翻番〔3〕反返〔5〕贩畈田~蔓

ʋ 〔2〕凡帆顽还~有，~原环烦繁玩~具，古~〔4〕范犯幻晚2~上〔6〕泛患饭万〔1〕弯湾〔3〕挽

t 〔1〕耽担2~任丹单1~独〔3〕胆掸鸡毛~子疸〔5〕担1~子旦

tʰ 〔1〕滩摊瘫〔3〕毯坦〔5〕炭碳叹

d 〔2〕谭谈痰檀弹1~琴〔4〕淡诞氮〔6〕但弹2~子蛋

n 〔2〕难1~易〔6〕难2患~之交

l 〔2〕蓝篮兰拦栏澜斓岚〔4〕览揽榄橄~懒〔6〕滥缆烂恋2~爱襕围身布~：围裙

ts 〔3〕斩崭盏〔5〕盏蘸赞栈

tsʰ 〔1〕餐掺〔3〕产〔5〕灿

dz 〔2〕惭残〔6〕暂站~立，车~绽

s 〔1〕三杉衫珊山珊姗删〔3〕散1鞋带~了伞〔5〕散2分~注意力

z 〔2〕馋馋〔4〕赚〔6〕口撞，跌口切，刹

k 〔1〕尴~尬监~视间1~，房~奸〔3〕橄~榄减碱拣裥打~：有褶皱〔5〕监2国子~

kʰ 〔1〕刊舰铅口~~：恰恰〔5〕嵌口~板：肯定

g 〔2〕衔1鸟~着树枝

ɦ 〔2〕咸闲1~事，~话口~板：肯定，又〔4〕限〔6〕害陷1~下去

ø 〔5〕艾爱

h 〔3〕喊苋

iɛ

ȵ 〔2〕衔2头~闲2空~颜岩癌〔4〕眼〔6〕馅

uɛ

k 〔1〕关〔5〕贯惯

kʰ 〔5〕筷

g 〔6〕掼摔：~东西摜篮子的提把

a

p 〔1〕巴2大~芭爸叭〔3〕摆〔5〕霸2~道拜

90

pʰ [5] 破$_1$屋 派

b [2] 排牌 [4] 罢 [6] 败

m [1] 妈马$_{\sim\sim虎虎}$ [4] 买 [6] 卖

t [5] 戴$_1$帽子带遏

tʰ [1] 拖$_2$他 [5] 太汏泰

d [6] 大$_2$家、~黄，药名 绐(棕绷)变松弛而下垂 [4] 籆筪箜汏漂洗

n [2] 拿$_2$走 [6] 奈娜$_{人名南}$~无 [4] 乃奶芳

l [1] 拉啦$_{\sim\sim队}$ [5] 赖癞喇獭~肉(主动) [4] 獭被划一道口子

ts [1] 斋抓$_1$ [3] 爪 [5] 诈$_2$骗债抓$_1$起来

tsʰ [1] 差 出~参~ [5] 蔡

dʑ [6] □泻肚说肚皮~，小便说~尿

s [1] 筛~酒奢衰摔沙$_2$姓 [3] 洒傻耍 [5] 帅

z [2] 豺柴 [6] 寨

k [3] 街解$_1$~说，~款：汇款 [5] 介$_1$~绍界芥尬~戒庎 橱：碗橱

kʰ [1] 揩 [3] 楷卡

g [6] 懈

ɦ [2] 鞋 [4] □$_{我们}$ [6] 外

Ø [1] 埃$_尘$挨~着 [3] 矮

h [1] 哈 [3] 蟹

ia

t [1] 爹

tɕ [1] 家$_2$~庭加$_2$~法嘉$_2$~奖佳$_1$~节 [5] 假$_2$放架驾嫁$_2$~娶稼阶价$_1$~格借届介$_2$~意~绍 幍筶篮：针线篮 [3] 解$_2$~放军

tɕʰ [5] 笡 斜低下去~从腋下抱住扶起

dʑ [2] 茄~子

ɲ [4] 惹

ɕ [3] 写 [5] 泻卸

z [2] 霞$_2$晚~下$_2$~降斜 [6] 谢

ɦ [2] 邪耶爷涯$_{天}$~崖$_{山}$ [4] 也~是野 [6] 夜械

Ø [1] 鸦$_1$鸟~丫$_1$脚~ [3] 雅哑$_2$~巴 [5] 亚$_1$~洲

ua

k [1] 乖$_1$精~：指人精明，贬义□~脊：痒 [3] 拐 [5] 怪

kʰ [1] 夸 [3] 垮 [5] 快

ɦ [2] 怀槐淮 [6] 桦~树坏

Ø [1] 娲娃歪蛙$_2$牛~ [5] 慧能干

ɔ

p [1] 褒包胞 [3] 保堡宝饱 [5] 苞报豹

pʰ [1] 泡抛脬 [5] 炮泡□~香

b [2] 袍跑刨 [4] 抱鲍 [6] 暴曝

m [2] 毛茅猫矛 [4] 卯 [6] 冒帽貌贸$_2$~易□次，回：上~

t [1] 刀叨 [3] 岛倒$_2$颠~ [5] 到倒$_1$~水

tʰ [1] 滔掏涛 [3] 讨 [5] 套

d [2] 桃逃淘陶萄 [4] 祷道稻 [6] 盗导

n [4] 脑恼 [5] 闹□~踩，踏

l [1] 捞唠涝 [2] 劳牢 [4] 老佬

ts [1] 遭糟朝$_1$今~昭招找~对象：谈恋爱钊 [3] 早枣蚤澡藻沼 [5] 灶罩照

tsʰ [1] 操抄钞超 [3] 草炒吵 [5] 躁糙

dʑ [2] 曹巢$_2$鸟~朝$_2$~代潮 [4] 赵兆 [6] 召诏

s [1] 骚臊~气稍捎捎烧 [3] 扫$_1$地，一~下嫂少$_1$多~ [5] 扫$_2$帚少$_2$~年俊 豪~：快点

z [2] 槽韶 [4] 皂造兆绍扰 [6] 邵瘥$_饿$

k [1] 高膏$_2$~药篙羔糕胶$_2$~水交$_1$~代教$_1$~书茭跤 [3] 稿绞搅$_1$~拌机搞 [5] 告膏$_1$雪花~

kʰ [1] 敲$_1$~门 [3] 考烤 [5] 靠犒薧$_薧$

g [4] 撬~门

ɦ [2] 熬豪壕毫号$_2$~叫 [4] 咬 [6] 傲号$_1$~码壕 称斤两浩昊

Ø [1] 凹 [3] 袄懊$_2$~恼坳$_2$山~拗$_折断$ [5] 奥澳懊$_1$~悔

h [1] 蒿蓬~ [3] 好$_1$~坏 [5] 好$_2$爱~耗

ɔi

p [1] 膘标飙彪 [3] 表婊裱

pʰ [1] 飘 [3] 漂$_2$~白 [5] 票漂$_1$~亮

b [2] 瓢嫖朴$_2$姓~ □~养：调养(身体) [6] 藻浮萍

m [2] 苗描 [4] 藐渺秒 [6] 庙妙

f [1] 勡

t [1] 刁叼貂雕 [3] 鸟1单说：一只~ 屌八~：男阴 [5] 钓吊

t^h [1] 挑 [5] 跳粜~刺

d [2] 条鲦白~ 调~音量 [6] 掉调~动~换□来回晃动

l [1] 撩捞 [2] 燎2~原聊辽疗寥 [4] 燎1火烧火~ 了2~结瞭潦 [6] 料廖姓~ □试着够东西 □tsʊ5~：知了

tɕ [1] 交2上~郊胶2橡~骄娇浇焦蕉椒 [3] 狡搅2打~矫缴饺 [5] 教2~育校2~对上~较窖觉叫

$tɕ^h$ [1] 敲2~锣打鼓跷 [3] 巧窍悄 [5] 俏翘

dʑ [2] 乔侨桥荞巢1鸟~ [4] 剿 [6] 轿

ȵ [2] 挠饶尧 [4] 绕2围~ 鸟2小~~窠侥~幸 [6] 绕1线~起来尿~素

ɕ [1] 消宵霄硝销嚣萧箫潇撬揭开 [3] 小晓 [5] 酵笑哮鞘刀~ □勡~得：不知道

ɦ [2] 肴淆摇谣遥瑶窑姚 [6] 效校1学~耀

ø [1] 夭妖邀腰要2~求 [3] 舀~水杳 [5] 要1想~，重~

ɤ

p [1] 搬 [5] 半

p^h [1] 潘 [5] 判叛

b [2] 盘蟠磐 [4] 伴拌 [6] 绊迷偷~：偷偷地

m [2] 瞒馒鳗蒳~裆裤 [4] 满

f [1] 欢 [5] 唤焕

ʋ [2] 完缓皖 [4] 碗 [6] 换 [1] 丸豌~豆 [5] 腕手~

t [1] 端 [3] 短 [5] 断2判~ 锻~炼

t^h [1] 贪 [5] 探

d [2] 团潭 [4] 断1~绝 [6] 段缎

n [2] 南~方楠男 [4] 暖2~气

l [2] 鸾銮峦 [4] 卵1男阴 [6] 乱

ts [1] 簪瞻占2~卜簪钻1动词：~洞专砖 [3] 撰展转2~送 [5] 占1~领钻2名词：电~ 转1~圆圈战颤

ts^h [1] 参1~加氽烹调方法，把食物放在开水里稍微一煮：菜~一下川钏穿 [3] 惨篡喘 [5] 窜串

dz [2] 传1~达椽缠 [4] 僎捡拾 [6] 传2~记

s [1] 酸闩栓搧~扇子 [3] 陕闪糁饭米~：饭粒 [5] 算蒜扇

z [2] 船蝉禅然燃蚕 [4] 染2污~善鳝膳錾~子：一种长形尖头的凿子单2姓~

k [1] 甘柑泔淘米~水干天~地支，~菜，能~肝竿疳~积：消化不良 [3] 感敢擀~面赶杆

k^h [1] 堪龛看2~出所磡埂~：河磡 [5] 勘~察看1~见

ɦ [2] 含函涵寒韩 [4] 撼旱□叹词，表答应 [6] 憾岸汗焊捍翰瀚

ø [1] 庵安 [5] 暗2~算按案

h [1] 鼾熯煮饭时附带蒸 [3] 罕 [6] 汉

iɤ

tɕ [1] 捐 [341] 卷1~起来 [5] 眷卷—~绢

$tɕ^h$ [1] 圈 [3] 犬 [5] 劝券

dʑ [2] 拳权颧~骨 [6] 倦

ȵ [2] 元原源 [4] 软阮 [6] 愿

ɕ [5] □~人：打人

ɦ [2] 圆员缘袁辕园援~救玄悬 [4] 远 [6] 院县眩

ø [1] 怨渊 [5] 怨

uɤ

k [1] 官1做~ 观1参~ [3] 剖管1~理馆1博物~ [5] 灌罐盥

k^h [1] 宽1~敞 [3] 款1~式

ɤɯ

p [1] 波菠玻~璃播

p^h [1] 颇坡 [3] 剖 [6] 破2~坏

b [2] 婆 [6] 薄2~荷

m [2] 魔磨1~刀蘑模1~子，~范摹临~某亩牡母1~亲拇~指谋膜 [6] 磨2石~暮慕墓募茂贸1~易幕

f [4] 否

ʋ [2] 浮2~肿 [4] 负

t [1] 多兜 [3] 朵躲斗抖蚪陡

t^h [1] 拖1~把偷 [3] 妥椭~圆 [5] 透□跳 □—~屋：一幢房子

d [2] 驼驮<拿>陀鸵砣头投骰 [6] 大<1~小豆>痘窦 [4] 惰

n [6] 糯<~米>

l [2] 罗锣萝箩逻楼 [4] 缕<丝>~篓搂<抱卵2受精~> [3] 口用于将东西抹去<捼皮肤揉一下, 头发揉一下> [6] 屡陋

ts [1] 邹周舟州洲 [3] 左走肘帚 [5] 佐做奏昼皱咒

tsʰ [1] 搓<2~衣裳>抽 [3] 丑 [5] 凑臭错<~误, ~综复杂>

dʑ [2] 绸稠筹愁<2~眉苦脸>仇<1~人>酬柔揉 [6] 宙骤<步~>售

s [1] 唆<啰~>搜馊收 [3] 锁琐所手首守 [5] 嗽<咳~>瘦兽

z [2] 愁<1~煞人> [4] 坐座受 [6] 寿授

k [1] 歌哥过锅戈 [3] 果裹餜剐 [5] 个<2~别>

kʰ [1] 柯轲科蝌窠棵颗 [3] 可 [5] 课髁<脚~头: 膝盖>

ɦ [2] 蛾鹅俄娥何河荷<1~花>和<~气>禾 [4] 我祸 [6] 饿贺

ø [1] 蜗欧<2~洲> [5] 恶: 大便

h [3] 火 [5] 荷<2薄~>货

iŋ

p [1] 彬宾槟<椰~>滨缤斌冰兵 [3] 丙炳秉饼 [5] 殡鬓柄并<2合~>

pʰ [1] 乒姘拼 [3] 品 [5] 聘

b [2] 贫频凭平坪评瓶屏萍并<1~排走> [6] 病並

m [2] 闵闽民鸣明<1光~>名茗铭冥瞑 [4] 悯敏抿皿 [6] 命

t [1] 丁钉<名词, ~子>疔叮盯 [3] 顶<1屋~>鼎潊<沉淀> [5] 钉<动词, ~钉子>订<1~书机>

tʰ [1] 听<2~话>厅汀 [3] 艇挺 [5] 听<1~其自然>

d [2] 亭停廷庭蜓 [6] 订<2~婚定>

l [1] 拎 [2] 林淋临邻鳞麟磷燐陵凌菱灵零鳢<乌~鱼>铃伶 [4] 领岭 [6] 赁<租~>吝<~啬>令另

tɕ [1] 今金禁<2~不住>襟津巾斤筋茎京荆惊精晶睛经<2半~>腈<~猪肉: 瘦肉> [3] 锦紧谨境景警井颈 [5] 浸禁<1~止>进晋俊鲫敬竟镜劲径经<1~纬>

tɕʰ [1] 侵钦亲<1动词>卿清轻青蜻 [3] 寝请顷 [5] 揿<用手按下去: ~下去>亲<2~家>庆

dʑ [2] 琴禽擒吟秦勤芹旬循巡擎鲸情饧<糖: 流质麦芽糖> [4] 尽近静靖 [6] 仅劲殉兢

ɲ [2] 壬任<姓>人银迎宁<1安~> [4] 龈 [6] 认<2~得宁2~可>

ɕ [1] 心辛新薪欣兴<1~旺>星腥馨 [3] 省<2反>醒笋 [5] 信讯迅兴<2~高>性姓擤<~鼻涕>

ʑ [2] 寻晴 [4] 蕈<蘑菇> [6] 净<1~含量>

k [1] 跟根更<1~新耕2~地> [3] 垦耿 [5] 更<3~加>

kʰ [3] 恳肯

ɦ [2] 淫寅行<2人~道, ~为>盈蝇赢形型刑营 [4] 引幸颖 [6] 行<2品~净2~干>

ø [1] 音阴因姻殷应<1~用>鹰莺鹦樱英婴缨萤 [3] 饮隐影 [5] 荫印熨应<2对映1~山红>

oŋ

pʰ [3] 捧碰<麻将术语>

b [2] 篷蓬 [4] 捧<~尘: 灰尘>

m [2] 蒙檬 [4] 懵网<1动词: ~住> [6] 梦忘朦<1~记天~~亮: 天色微明>

f [1] 风枫疯丰封峰蜂锋烽<不用蕻~起、~头(嫩头, 也用于香椿树)> [3] 讽

ʋ [2] 逢 [4] 奉

t [1] 东冬 [3] 董懂 [5] 冻栋

tʰ [1] 通 [3] 捅 [5] 痛统

d [2] 同铜桐童瞳彤佟 [3] 动筒桶 [6] 洞

n [2] 依

l [2] 龙笼聋胧隆农脓浓<2隆> [4] 拢弄<6~糠>

ts [1] 宗踪棕鬃综中<1当~钟盅 [3] 总种<1~类肿> [5] 粽中<2射~众种2~树>

tsʰ [1] 聪匆葱囪充冲熜<火~: 取暖的手炉> [3] 闯<2~祸宠 [5] 口<走路跌跌撞撞>

dʑ [2] 从虫崇重<2~复> [3] 重<1~轻> [6] 仲

纵放~诵颂

s [1] 松嵩淞 [3] 耸悚 [5] 送宋讼

k [1] 公蚣工功攻弓躬宫恭供1~不起 [3] 汞拱巩 [5] 贡供2上~

kʰ [1] 空2~虚 [3] 孔恐 [5] 控空1~缺

g [6] 共

h [1] 轰烘2~干机 [3] 吼

ioŋ

tɕ [1] 均钧君军 [3] 窘迥 [5] 郡

tɕʰ [3] 菌

dʑ [2] 群裙琼穷

ɕ [1] 熏勋薰兄胸凶匈 [5] 嗅1用鼻~ 训

ɦ [2] 匀云荣戎绒熊雄融浓1茸容蓉镕庸 [4] 允冗 [6] 闰韵运晕孕用佣

ø [1] 雍 [3] 永拥甬勇 [5] 泳咏

ɛ̃

p [1] 奔畚崩 [3] 本

pʰ [1] 喷1~水 [5] 喷2~香

b [2] 盆朋盟 [4] 笨

m [2] 门蚊明2~早 [6] 闷焖问1动词

f [1] 昏婚分芬纷荤 [3] 粉 [5] 粪奋

ʋ [2] 魂馄~饨浑~浊焚坟文纹雯闻 [4] 混愤吻刎紊 [6] 份一式两~问2~题 [1] 温瘟蕰~草:水草,可以喂猪 [3] 稳

t [1] 敦~厚墩蹲登灯顶2楼~瘥食:吃了不消化燉用沸水煮~鸡子 [3] 等 [5] 顿凳瞪~眼

tʰ [1] 吞 [3] 汆水流动

d [2] 屯豚饨臀腾藤疼澄~清橙2甜 [4] 沌混~盾矛~ [6] 钝遁邓澄水很混~

l [2] 暖1冷~论2~语仑伦沦轮能棱楞 [6] 嫩论1议~

ts [1] 针砧斟珍榛臻真尊遵朘鸡2姓~增憎征蒸争1~光筝贞侦正2~月甑拗:一种较大的捕鱼工具甑笼:用来蒸饭、蒸年糕粉等的桶 [3] 枕名词,~头诊疹准整 [5] 镇振震慎2用赠证症正1~方形政圳

tsʰ [1] 参3~差村椿~树春偁称1~呼 [3] 蠢逞~能 [5] 趁衬寸称2~取秤蛏~子

dʑ [2] 沉陈尘辰晨臣存曾1~经层橙1~汁

乘1~法承丞仍扔成城诚盛2~满 [4] 拯~救 [6] 阵剩郑盛1茂~掷

s [1] 森参2~人深身申伸娠孙僧升胜2~任生2~命笙声 [3] 葚桑~沈审婶损 [5] 渗~水透舜胜1~败圣

z [2] 神人2~民仁唇纯醇绳塍田~ [4] 肾 [6] 任1责~纫缝~慎1小心谨~刃认1~识顺润塍田~:田埂

ɦ [2] 痕恒衡 [6] 恨

ø [1] 恩 [5] 暗1天~下来了

h [1] 亨 [3] 很

uẽ

k [3] 滚 [5] 棍

kʰ [1] 昆坤 [3] 捆 [5] 困

g [2] □~倒:蹲倒

ã

p [1] 浜 [5] 迸裂开

pʰ [1] 乓□~脚~手:形容手脚张开的样子

b [2] 彭膨~胀棚鹏 [4] 蚌 [6] 碰甏米~聱聋~:聋子

m [2] 虻牛~ [4] 猛 [6] 孟蜢吃~:蚱蜢 [1] □指蒙上眼睛摸东西:摸~

ʋ [2] 横1~竖 [1] 横2~蛮

t [3] 打□~半头头:只从一半

tʰ [5] □~锣:一种击打乐器

d [6] □形容人不正经或人傻~头□扔重物,砸:用石头~起趄闲逛

l [4] 冷

ts [1] 张章2文~争2~气 [3] 长1~生~涨仗掌 [5] 帐账胀障瘴掌静手~髁头:肘

tsʰ [1] 昌菖撑睁 [3] 厂敞 [5] 畅唱倡

dʑ [2] 长1~短肠场常 [4] 丈杖 [6] 仗炮~

s [1] 生1花~牲甥商1~量 [3] 省1~长,节~

z [4] 壤嚷绱缝鞋帮和鞋底 [6] 上尚让2~我们齐声唱

k [1] 更2五~粳庚羹耕2~田遱钻:~进~出 [3] 哽骨~在喉埂田~梗2心肌~塞

kʰ [1] 坑

g [4] □皮肤条状肿起 [6] □指端着饭碗离开饭桌吃的

行为：~饭碗

ɦ [2]□语气词，表示惊讶和质疑 [4]杏 [6]硬
桁檩

h [1]夯

iã

l [2]良凉量1~长短粮梁梁 [4]两2几~几钱
[6]酿亮谅辆量2数~

tɕ [1]将1~来浆僵缰姜 [3]疆蒋奖桨
[5]酱将2大~降1~下

tɕh [1]枪羌腔 [3]抢强2勉~□跑□~人家
串门儿 [5]䱛~蟹

dʑ [2]详祥强1~壮 [4]象像2毛主席~橡蟓谷
[6]□指将就，凑合 琼设陷阱：~老鼠

ȵ [1]孃姑母，姨母 [2]娘 [4]两1~个仰
[6]二2：数字 让1~步

ɕ [1]相2互箱厢湘襄镶香乡 [3]想鲞
晌~午享响 [5]相1~貌向

ʑ [2]墙像1两个人很~ [6]匠1~人

ɦ [2]羊洋烊炀熔化杨阳1阳光扬疡溃~鸯
[4]养痒氧 [6]匠2木~样巷

Ø [1]央秧殃泱阳2~沟：地面上挖的小排水沟 [5]
映2电影前放其他片子来热场的人：放~员

uã

k [3]梗1菜~

ã

p [1]帮邦 [3]榜绑 [5]谤

ph [1]□~天：吹牛胖2~头鱼 [5]胖膀2~子：猪蹄

b [2]旁螃防庞 [4]棒 [6]傍

m [2]忙芒茫盲 [4]莽蟒网2上~

f [1]荒慌方肪芳妨 [3]谎晃仿纺仿
[5]放访况

ʋ [2]黄簧弹~皇蝗房亡王 [1]汪枉往
[6]潢忘2难~妄望旺

t [1]当1~应档2~案 [3]党挡档 [5]当2典~

th [1]汤□洋~~：态度不端正 [3]倘~使躺 [5]
烫汤趟

d [2]堂棠螳唐糖塘 [4]荡澹用水~碗：用水
晃动着清洗 [6]宕

l [2]囊郎廊狼螂 [4]朗 [6]浪眼~：晾衣服

ts [1]脏1东西~了庄装妆章1姓樟~树蟑桩
[3]掌巴~ [5]壮葬2火~场

tsh [1]仓苍沧舱疮窗 [3]闯1~红灯 [5]创

dʑ [2]藏1东西~起来 [6]藏2西~脏2五~六肺撞

s [1]桑丧1~事霜遗孀商2~店，~铺伤双1~~
揉捶打~麻糍 [3]嗓爽赏 [5]丧2~失双2~生

z [2]昨1~天床尝裳衣偿 [6]状葬1动词

k [1]冈岗刚纲钢缸江豇 [3]讲港
[5]杠单~

kh [1]康糠 [3]慷~慨 [5]抗炕园~藏

g [6]戆~头

ɦ [2]昂行1~列，银~航杭降2投~行3银~
[4]项

uɔ̃

k [1]光 [3]广

kh [1]匡筐眶 [3]矿 [5]旷

g [2]狂 [6]逛

aʔ

p [7]八百柏伯袹布~：格褙，用浆糊糊

ph [7]拍魄1~力派分开、折断

b [8]拔白

m [8]陌~生麦脉掐轻打

f [7]法方~，~国□用力抽打

ʋ [8]乏滑2~稽猾狡~划~船 [7]挖

t [7]答2回~，~案搭塔2指比田高，用来种花生的地方：
地~；用于地名 褡背~：背心 忒太

th [7]塔1铁~榻塌獭水~式汰打滑~：打滑

d [8]踏漯湿~~达

n [8]捺纳

l [8]腊蜡镴~罐头辣

ts [7]酌摘

tsh [7]插擦察拆策册坼开~：开裂（脚后跟、土地）

dʑ [8]着2~火宅□象声词，眼皮~~跳

s [7]撒萨杀栅

z [8]闸石2~~二十斗煠清水煮麺突然出现：事体~出来

k [7]眨夹1~东西挟~合2三~板格隔

kh [7]掐客□扼住喉咙

g [8]夹2~子轧~棉花

ɦ [8]盒~子窄额核~武器，审~ 齾小的器物上的缺口

ø [7] 阿 ~胶 蔼和 ~ 扼轭犁~

h [7] 吓 ~一跳 喝瞎黑呷喝

ia?

l [8] 猎略掠虐

tɕ [7] 脚

tɕʰ [7] 恰洽雀鹊 喜~ 却

dʑ [8] □ 指用力泼水的动作：水~掉

ȵ [8] □ 形容人很抠门：~细头

ɕ [7] 削辖

ʑ [8] 嚼

ɦ [8] 狭峡协药钥跃

ø [7] 约

ua?

k [7] 括 包~ 刮

g [8] 滑 1 地很~

uo?

p [7] 钵拨不博剥驳北

pʰ [7] 泼朴 1 ~素 迫扑魄 2 ~落

b [8] 勃 □ 量词：一~土、一~饭 薄泊缚雹卜仆瀑

m [8] 末沫抹没 2 ~沉 莫寞墨默木目穆牧模 2 ~一~样 殁 没入水中 [7] 摸

f [7] 复 ~兴 忽佛 2 ~仿 勿霍藿 ~香 福幅蝠辐 复腹覆窟 小睡

ʋ [8] 服伏袱

t [7] 答 1 回~、~案 掇 两手一起 笃督啄 1

tʰ [7] 脱 2 摆 托秃

d [8] 沓 ~纸 独读犊毒

n [8] 诺

l [7] 赂落烙骆酪洛络乐 1 快~ 鹿禄六陆绿

ts [7] 哲折 1 ~断 浙作绰 ~~有余 桌卓琢啄 2 涿 捉竹筑祝粥足烛嘱晰 ~柴：砍柴 □ 给

tsʰ [7] 撮 ~~毛 出戳畜 1 ~生 促触蚰 蟮 蚯蚓

dʑ [8] 续杂涉拙昨 2 ~天 浊窟 𡀾 泋 淋雨头：淋雨 族俗泋 ~雨淋头

s [7] 刷舍 1 割~ 宿 星~、~舍 漱 □ 摄设说索速 肃缩叔淑粟束嗍 吮吸

z [8] 舌折 2 ~本 勺芍若弱镯 1 ~手 贼蚀熟赎 蜀属辱褥

k [7] 割葛 2 ~根 骨各阁搁胳郭觉 2 ~得 角国谷

kʰ [7] 阔廓扩确 1 ~定 壳哭酷

g [8] 硌 凸起的硬东西跟身体接触，使身体感到难受或受到损伤

ɦ [8] 佛 1 ~教 合 1 ~作 活 棚 水果的核：~桃 鄂鳄鹤 镬锅学 2 ~生 或惑获物

ø [7] 恶握屋沃罯 覆盖：~草药

h [7] 豁 ~然开朗

yo?

tɕ [7] 厥决诀橘觉 1 ~知 菊鞠

tɕʰ [7] 缺屈 委~ 曲确 2 ~认

dʑ [8] 掘倔 ~强 爵局镯 2 ~手 逐轴

ȵ [8] 月肉玉朒 揉 ~面粉

ɕ [7] 血恤畜 2 ~牧 嚯 ~头

ɦ [8] 悦阅越曰粤穴岳乐 2 ~音 学 1 ~习 域疫 役育狱欲浴翼 1 ~膀

ø [7] 郁

ə?

m [8] 没 1 ~有

t [7] 得德

tʰ [7] 脱 1 ~衣服、~线

d [8] 夺突特

l [8] 粒 1 ~子 劣勒

ts [7] 蜇 惊~ 执汁质卒则侧 2 ~头 ~了织职泽 2 人名 责只 1 ~~ 鸟炙

tsʰ [7] 彻撤侧 1 ~面 测赤斥尺

dʑ [8] 秩着 1 ~穿 直伛值殖植泽 1 ~光 择掷 ~骰子

s [7] 涩湿瑟虱失室率 2 ~领 塞色嗇 吝~ 识式 饰适释

z [8] 十什拾入实是 1 我~老师 日 2 ~记 术 白~、算~ 述食石 1 ~头

k [7] 个 1 ~人

ie?

p [7] 陛 ~下 鳖憋笔滗 按住渣滓滤出汤汁 毕必逼 碧璧壁

pʰ [7] 撇匹僻辟劈滗 挡住固体，把液体倒出 肶 女阴

b [8] 枇 ~把 别区 ~、离~ 趋 追赶

m [7] 搣 手指头捻 [8] 灭篾 用竹子编的席子：~席 密 蜜觅

t 〔7〕跌的₂目~滴嫡

tʰ 〔7〕帖贴铁踢剔

d 〔8〕叠碟牒蝶谍笛敌狄籴买米：~米

l 〔8〕立笠粒₂微~列烈裂郦栗律率₁速~
肋力历

tɕ 〔7〕皆~大欢喜接急级节结洁鎝镰刀：~子刀吉
即戟积迹脊绩击激羯阉鸡：~鸡

tɕʰ 〔7〕劫缉通~辑编泣切七漆乞戚吃刺~鞋
底：纳鞋底

dʑ 〔8〕捷集习袭及₂涉~杰截疾极剧籍藉
席₂主~夕寂绝撷双手环抱

ȵ 〔8〕聂姓~镊~子蹑~手~脚业热闹，冷~病孽
日₁~子疟~疾匿逆溺

ɕ 〔7〕些胁吸薛泄屑雪悉膝戌息熄媳惜
昔锡析疲差

ʑ 〔8〕席₁草~踅~转：转身

k 〔7〕蛤花~鸽葛₁姓~，诸~亮革圪~蚕

kʰ 〔7〕磕渴刻克

ɦ 〔8〕叶页逸亦译液腋翼₂~膀

ø 〔7〕谥厴酒~拽噎乙一益稯~瘪谷：秕谷

m̩

ɦ 〔4〕母₂亲家~

n̩

ø 〔4〕尔第二人称，你

ŋ̍

h 〔1〕烘₁暖~~

ɦ 〔2〕鱼₁小~弘宏红洪鸿虹冯缝₁~衣服
〔4〕五哄耳₁~朵 〔6〕虹凤缝₂一条~〔1〕翁

ɚ

ɦ 〔2〕儿₂~科而〔4〕尔₂~虞我诈耳₃木~〔6〕饵

（钟文悦　华东师范大学中文系　282131661@qq.com）

· 97 ·

语法

苏州方言助词"个"与通语助词"的"比较研究

——以苏州弹词文献为例

蔡晓臻

"个"是苏州方言中较为典型的助词，相当于普通话助词"的"。苏州方言目前比较可靠的语料可以追溯到清末的苏州弹词文献，弹词文献结构助词中，"的"为通语助词，"个"为苏州方言助词。

曹广顺（《近代汉语助词》）、张谊生（《助词与相关格式》）等先生对助词"个"进行了较全面的考察。曹广顺《近代汉语助词》提到，最初"个"专以记竹，后为量词，助词"个"的众多用法都是从量词"个"发展而来，量词"个"可以虚指而放在形容词后面，如"好个声音好羽毛（郑谷：飞鸟）"，表示事物具有某种性质。再进一步发展可以放到名词、动词后面，如"后面个僧祇对看（景德传灯录，卷8）"，后语法化为结构助词。①

弹词文献中，"个"的用法比较复杂，也较为活跃，可以用作结构助词，是弹词语言中最常用的几个结构助词之一，跟在名词、代词、动词、形容词后面构成定语加中心语的偏正结构和"个"字结构，在句中充当主语、宾语等成分，相当于"的"。"个"还可以用作语气助词，用在陈述句、感叹句或疑问句句末，表达肯定语气、疑问语气、命令语气、停顿语气等语气，基本当于普通话语气助词"的"。

"个"在弹词文献中的使用很广泛，例如，"奶奶，个宗做官个才是痴个约！"这句话用了三个"个"，"个宗"的"个"是指"这"，"做官个"的"个"是结构助词，构成"个"字结构，"痴个约"的"个"是语气词，用在句末表示感叹。当代苏州方言"个"基本沿袭了弹词文献中"个"的语法功能和意义。

弹词文献中"个""的"混用的现象较为普遍，"的"更多地倾向于书面语，是通语成分，"个"更多地用于口语，是苏州方言成分。在整理的过程中，我们发现两者有很多相近之处，助词"个"主要用作语气助词和结构助词，在很多情况下，都可以跟"的"对应。两者的使用频率都较高，用法有重叠，在句子中都能够互换。什么时候用"的"和"个"，视言语的场合环境而定。

一 "个""的"比较

两者的对应关系可以体现在很多方面：都可以表达较为丰富的语气；具有较强的结合能力，与其他很多语气词组合成语气短语表达更为丰富的情感态度；都可以构成偏正结构和省略中心语的结构；都可以表示领属性、修饰性、限制性等关系等。

首先，"个""的"都可以大量用作情态语气助词，表达的意义、功能和用途基本相同。位于句末，可以表达肯定、猜测、判断等情态语气，"个"的意义相当于"的"。为简洁起见，本文在每一种比较中各选1—2例进行说明。

---

① 蒋绍愚，曹广顺.近代汉语语法史研究综述［M］.北京：商务印书馆，2005.

表 1

情态语气助词 "个"	情态语气助词 "的"
表肯定语气	表肯定语气
表猜测、打算或判断语气	表猜测或判断语气
表命令语气或粗口	
表反问	

1.1 表肯定语气

"个""的"都可以表示客观事实或是明确的主观看法，句中常有相关表肯定的词，如例（1）的"是"，例（2）的"真正"。

（1）阿育！瞒子我来朵里木尽说开心话开心，我是勿依个。（阿育！瞒了我在里边说开心话呢，我可不依。《绣像描金凤》卷四，第十四回，访友托许）

（2）阿，陈荣，那个姓金之人可见？哈哈，见的。可似我么？若是他的病好了，精神伏旧了末，与大爷真正一般无二的。（啊，陈荣，那个姓金的人可曾见到？哈哈，见到了。是不是像我？如果他的病好了，精神恢复了，跟大爷您真的是非常像？《绣像描金凤》卷四，第十四回，访友托许）

1.2 表猜测判断语气

猜测或判断都是说话人的主观推断，句中往往有"倘或""必定"等表示推断的词，所说的事情与客观事实未必相符，如例（2）中对于徐惠兰刺杀王云显的推断，与马寿刺杀王云显的事实不符。

（1）大家净点，勿要神王鬼叫，倘或不来，官府晓得子，那怕你铁篇担也要拗断个。（大家安静一点，不要吵嚷，倘若不来，被官府知道了，哪怕你铁扁担也要折断了把你抓起来的。《绣像描金凤》卷六，第二十回，探主访兰）

（2）必定徐惠兰心生妒忌，刺死了王云显的。（必定是徐惠兰心生妒忌，刺死了王云显的。《绣像描金凤》卷五，第十八回，贿忠诬钏）

其次，"个""的"都可以与"捏""嘘""呢"等其他语气助词连用，表达相对丰富的情态语气。

表 2

"个"的语气助词连用	"的"的语气助词连用
个捏	的捏
个嘘	的嘘
个吓	的吓
个哉	的了
个哉嘘	
个介	
朵个	
朵个嘘	

"个"的语气助词连用	"的"的语气助词连用
	的阿
	的呢
	的么

2.1 个吓 / 的吓

"个吓 / 的吓"都相当于"的呀","个、的"表示肯定或陈述事实,"吓"表示解释原因之后的轻微感叹,"个吓"属于方言内部的语气词连用,"的吓"属于中介语,是通语语气词"的"与方言语气词"吓"的连用。

(1)只庄命案为了马小姐起个吓。(这桩命案是为了马小姐而起的啊!《绣像描金凤》卷十,第三十七回,殡婢调钱)

(2)阿姐姐,我是原不敢来的吓。(阿姐姐,我原是不敢来的啊!《绣像描金凤》卷六,第二十回,探主访兰)

2.2 个哉 / 的了

"个哉"相当于"的了",表示不太强烈的感叹语气,有时还带有一些无可奈何。"个哉"是方言内部的语气词连用,"的了"是通语内部的语气词连用,两者所处的语境中,方言和通语并存。

(1)我就赶到河南,女婿大爷也是一刀两段个哉!(我就是现在赶去河南,女婿也已经是被砍成两段的了!《绣像描金凤》卷八,第二十九回,祈雨授职)

(2)母亲讲起来是见过的了。(这么讲起来母亲是见过的了。《绘图孝义真迹珠塔缘》卷之四,第二十回,见母心欢泪更多)

再次,"个""的"都可以用作结构助词,构成偏正短语、"个"字或"的"字结构,表示相应的语法意义。

3.1 偏正短语

"个"字偏正短语与"的"字偏正短语的功能和意义基本相同,前者的适用范围稍宽,弹词文献中,它们的使用频率都较高,由于它们的中心语都是名词,因此这两类短语都是名词性质的,在句中多作主语和宾语。

表3

"个"字偏正短语	"的"字偏正短语
名词 / 人称代词 + 个 + 名词	名词 + 的 + 名词
名词 / 人称代词 + 里 + 个 + 名词	代词 + 的 + 名词
形容词 + 个 + 名词	形容词 + 的 + 名词
数词 + 量词 + 个 + 名词	数词 + 量词 + 的 + 名词
动宾短语 + 个 + 名词	动宾短语 + 的 + 名词
动词 + 个 + 名词(短语)	
动补 + 个 + 名词	

3.1.1 名词（人称代词）+ 个 + 名词 / 名词 + 的 + 名词

这一结构在句中多用作主语或宾语，"的 / 个"前的定语主要用来修饰中心语，修饰语的语法意义在于限制或描写中心语，从主流的语义关系来看，"的"前的成分可以表示领属性、修饰性、限制性等关系。这一结构在弹词文献中被大量使用，且用法较为灵活，这里所举的例子都是最基本的结构，在修饰语和中心的位置上，扩展能力都很强，可以变化出较长较复杂的句子来，这里就不一一举例了。

（1）杂白：今日个犯人，杂唱：勿杀拉四门桥法场上，到杀拉罗里？（杂白：今天的犯人，杂唱：不在四门桥法场上行刑，倒在哪里行刑呀？《绘图孝义真跡珠塔缘》卷之三，第十三回，九松亭苦命投河）

（2）王定道：这使不得，昨夜打坏他的门，今日又不受他礼物，是怕了他？（王定道：这使不得，昨夜打坏他的门，今日又不受他的礼物，是怕了他？《玉蜻蜓》卷二，打巷）

3.1.2 动宾短语 + 的 / 个 + 名词

这一结构指称的内容较为具体，作中心语的名词多数指人，也有指物的，中心语指人时，"的 / 个"前面的动宾短语多是表明后面中心语指称的人所做的事情，中心语指物时，"的 / 个"前面的动宾短语多是对中心语指称的物所进行的分类。

（1）阿是杀个南门外头掘坟个柳皮条？（是不是杀了个南门外头掘坟的柳皮条？《绘图孝义真跡珠塔缘》卷之三，第十三回，九松亭苦命投河）

（2）老旦白：采苹，你不晓得，寄假书的王本来过了，他已和盘托出，叫我不要对你说。（老旦白：采萍，你不知道，寄假信的王本来过了，他已全部跟我说了，叫我不要对你说。《绘图孝义真跡珠塔缘》卷之四，第十五回，庵堂真巧合）

3.2 "个"字结构和"的"字结构

"个"字结构和"的"字结构一样，"的 / 个"可以附在词和词组后，合起来成为具有名词功能的结构。由于前面大多都是实词，如表4所列，有名词 / 人称代词、形容词、动词、动宾短语，所以在结构形式上相当于一个名词性偏正短语省略了中心语。后面成分省略的原因可以分为三种情况：一是指称的人是说话者自己，无需补出中心语；二是指称的人或事在前面已经提到了，所以省略；三是指称某一类人，是习惯性的分类，如"跑堂的"，用现在的话来讲是指饭店的服务员，"管门的"是指看门人或者保安，"开店的"是指私营业主一类的人。

表 4

"个"字结构	"的"字结构
名词 / 人称代词 + 个	名词 + 的
形容词 + 个	形容词 + 的
动词 + 个	动词 / 主谓短语 + 的
动宾短语 + 个	动宾短语 + 的
	代词 + 的
	用在两个同类的词或词组之后
	前后成分是相同的动词或动宾短语

3.2.1　形容词+的/个

"形容词+的"总是指称具备形容词所表示的性质的事物，[1]这些事物有的在前面的句子成分中提到，有的在后面的句子成分中提到，所以省略。性质形容词、状态形容词、非谓形容词都能够进入这一结构。如例（1）中的"假"是性质形容词，指称的银子在前面主语中已经提到了。"形容词+个"亦是如此，但出现频率较之"形容词+的"要低得多。

（1）这艮子都是假的。（这银子都是假的。《玉蜻蜓》卷三，问卜）

（2）若是我娜零零碎碎个折卖呢，算我不好！（如果是我拿零零碎碎的东西折卖呢，算我不好！《绣像描金凤》卷二，第五回，留京醉奸）

3.2.2　动宾短语+的/个

这一结构指称的人或事物具有较大的概括性，往往指具有某种特性的一类人或一类事物，具有明显的分类作用。[2]这里"的/个"短语所指称的类别可以是具体的，也可以是泛指的。如例（1）"买路个"指的是钱，是泛指，例（2）"灌铅的"指的是具体的银子，在前面的主语中提到的。

（1）正在说话，只见十支渔舡涌面驶来，舡内一般大汉头顶录巾，手拿月斧，大叫道：留下买路个来！（正在说话时，只见十只渔船涌面驶来，船内的一班大汉头顶绿巾，手里拿着月斧，大叫道：留下买路的钱来！《玉蜻蜓》卷三，问卜）

（2）这艮子都是假的，取夹剪来，夹开看定定是灌铅的。（这些银子都是假的，取夹剪来，夹开一看锭锭都是灌铅的。《玉蜻蜓》卷三，问卜）

二　"个""的"的语法作用

1. "个""的"决定句子结构的扩展

"个"作为结构助词，对于弹词文献中的句子表达有着一定的影响。在一些短语结构中，加入结构助词"个"就可以得到扩展，并且扩展性较强，例如"我女儿"可以扩展成"我个女儿"，又可以继续扩展成"我个女儿个房子"等。"的"亦是如此。

（1）瓦笤总朕入醉乡，买命个东西勿肯放。（瓦笤纵然进入醉乡，买命的东西不肯放。《绣像描金凤》卷二，第七回，聘翠设计）

（2）打开拜匣解开艮包，看了又看满心大悦，我个买命个阿买命个，如若钱先生无得倍个件好物事末，唱：竟有点难把年来过。（打开匣子解开银包，看了又看满心欢喜，我的买命的阿买命的，如果钱先生没有你的这件好东西末，唱：竟有点难把年来过。《绣像描金凤》卷二，第七回，聘翠设计）

例（1）和例（2）中"个"字结构"买命个"可以扩展成"个"字偏正短语"买命个东西"、"我个买命个"，还可以扩展成"买命个阿买命个"这样的重复结构，诸如此类，由一个"个"字结构扩展出了"个"字偏正短语、重复结构等多种结构，意义随之变化。

---

① 陆俭明. 现代汉语虚词散论[M]. 长春：东北师范大学出版社，2001.

② 张时阳. "的"字短语的语义特点[J]. 湘南学院学报，2011.

（3）就是总管王定，乃是他家四代的老家人。（就是总管王定，乃是他们家四代的老家人。《新刻玉蜻蜓》卷一，完婚）

（4）你拿那花花线线的送我使得否？（你拿那些花花线线的东西送我有意思吗？《新刻钹锣当全卷》，彭刘将三闯康贼）

例（3）和例（4）中"他家四代的老家人""花花线线的"都可以进行不同范围扩展，可以在"的"后边进行简单扩展，如"他家四代的忠心耿耿的老家人""花花线线的东西"，也可以进行更为复杂的拓展，"的"丰富了句子的延展性。

2."个"决定语法作用的扩展

不论是清代还是当代，"个"的语法作用和功能都在不断地发展演变。

（1）做爷个勿怕，强一强末拿个爿隆兴当才要弄脱里。（做爷的不怕，强一强么把那家隆兴当铺搞掉他。《绣像描金凤》卷二，第七回，聘翠设计）

（2）特成到府拜节，表兄舍场化去？做阿哥个一则拜倍个节，勿敢勿敢，二则有事商量，阿是汪先个事体？（特地到府上拜会，表兄什么地方去？做哥哥的一来要拜访一下，不敢不敢，二来有事情商量，是不是汪先个事体？《绣像描金凤》卷三，第九回，赚贿写状）

（3）阿翠来罗里介？来了爹爹，做什么？坐，来朵倍我做爷个吃一中。（阿翠在哪里呀？来了爹爹，有什么事吗？坐，来这里陪我爹吃一盅。《绣像描金凤》卷二，第七回，聘翠设计）

（4）若讲钱虱笃总只做差子事体，然而是我个表兄，有所说是亲必顾。（若说钱虱笃只不过做错了事情，然而你是我的表兄，有所说的是亲眷必定照顾的。《绣像描金凤》卷三，第九回，赚贿写状）

先看"个"字结构"做爷个"和"做阿哥个"，在例（1）和例（2）中都作主语，例（3）中用作动宾短语的宾语补语，例（4）中用作介宾短语的宾语。从句子主语到动宾短语的宾语、介宾短语的宾语、独立成句，苏州方言结构助词"个"到了清代，其语法作用已日益完善。

当代苏州方言中，"个"的用法日趋活跃，在清末弹词语言中，"个"字结构用作整个句子宾语的情况极为少见，而在当代苏州方言中，却有较多"个"字结构作宾语的情况，例如"介件衣裳是我个。""个"字结构"我个"即作宾语，当代苏州方言，类似的用例较多。

（5）这是正宫娘娘的，怎么送得你？（这是正宫娘娘的宝贝，怎么能送给你呢？《新刻张小姐卖花记》卷之五）

（6）我国舅爱的是美色佳眷。（我这个国舅喜欢的人是美色佳眷。《新刻钹锣当全卷》，门子后文武候驾）

（7）我李君奇当过十三营的教手，在这江南城中也算浮有名人。（我李君奇当过十三营的教手，在这江南城中也算个有名的人。《新刻钹锣当全卷》，土地爷大变乌鸦）

例（5）"正宫娘娘的"作宾语，例（6）"国舅爱的"作主语，例（7）"十三营的教手"中"的"前面部分作定语。这是弹词文献中"的"主要的用法，延至当代，"的"用法亦是如此，未见明显对于语法作用的扩展性。

3. "个"可以改变语义

在弹词文献中，有的短语加上"个"或去掉"个"结构不会改变，如"就是王相公个妹子"去掉"个"是"王相公妹子"语义没有变化。

别的一些短语中则不同，如"今日杀个强盗"，如果去掉"个"，就是"今日杀强盗"，指的是杀强盗这件事，重在表示行为动作；加"个"则指强盗这个人，语义发生变化，侧重于表达行为动作牵涉的对象。去掉"个"以后，"今日杀强盗是啥场化人？"这句话就不能够成立，只能改为"今日杀强盗，这个强盗是啥场化人？"

"动词＋个＋名词"结构如"写个状子"去掉"个"就是"写状子"，语义发生了细微变化；在"动宾短语＋个＋名词"结构中，"如若打官司个辰光"去掉"个"变成"如若打官司辰光"语义未发生变化；在"主谓短语＋个＋名词""数词＋量词＋个＋名词""动补＋个＋名词"等"个"字偏正短语中，去掉"个"语义也基本不发生变化。

因此"个"是否改变偏正短语的语义要视具体语境而定。

再说"个"字结构，大部分情况下，去掉"个"语义会变化。在"名词＋个"中，例句"唉！男个男个，舍舍舍冷天冷气勿要若厌惹骚哉！"如果去掉"个"则句义无法成立。在"动词＋个"中，例句"一面孔肯个"去掉"个"则句子无从着落。在"动宾短语＋个"中，例句"来，做爷个买碗黄汤来吃吃。"去掉"个"语义出现变化。

去掉"个"句义变化，与"个"本身的意义有关，如"个"字结构，其中的"个"泛指人或物，加在其他词或短语后面使整个结构成为名词性结构，去掉"个"将使整个结构的作用和意义发生变化。又如动宾结构的"个"字偏正短语，"个"代表的是限制、修饰和被限制、被修饰的关系，去掉"个"，则意义也会随之发生变化。

三 "个""的"的差别

1. 语法功能有细微差别。"的"还可以用作询问语气助词，"个"没有这一用法。弹词文献中"的"多用于书面语，且多为有身份的人、正面人物使用，"个"多用于口语，多为地位低下的底层百姓或反面人物使用。

2. 语气轻重不同。弹词文献中有"的""个"混用的现象，也就是说，在同一个语法位置表同样的语法意义的时候，可以用"的"，也可以用"个"。比较了一下，我们发现使用上的区别在于"的""个"在意义上的细微差别，即"的"的语气要轻些，"个"的语气要重写。因此在同一个语法位置上，语气重些的用"个"，语气轻些的用"的"。

3. "的"虽属通语成分，但很多时候与苏州方言一起构成语气助词连用，用法更加接近于苏州方言。"个"系语气助词连用则多为方言语气助词内部的连用。

参考文献

曹广顺．近代汉语助词［M］．北京：语文出版社，1995.

汪　平．苏州方言研究［M］．北京：中华书局，2011.

石汝杰．吴语文献资料研究［M］．东京：好文出版社，2009.

汪　平．蘇州大學圖書館藏彈詞《珍珠塔》［M］．日本：金沢大学人間社会研究域，2011.

汪　平．蘇州大學圖書館藏彈詞《玉蜻蜓》［M］．日本：金沢大学人間社会研究域，2011.

张时阳 . "的" 字短语的语义特点 ［J］. 湘南学院学报，2011.

刘公望 . 名助词 "的" 与 "的" 字短语 ［J］. 北京师范学院学报（社会科学版），1990(4).

赵日新 . 说 "个"［J］. 语言教学与研究，1999(2).

蒋绍愚，曹广顺 . 近代汉语语法史研究综述 ［M］. 北京：商务印书馆，2005.

陆俭明 . 现代汉语虚词散论 ［M］. 长春：东北师范大学出版社，2001.

（蔡晓臻　苏州大学海外教育学院　sudacxz@163.com）

温州话对比话题标记 -ŋ̩i 的初步考察

陈煌煌　金大卫

一　引　言

话题（topic）是现代语言学中的一个重要概念，国内外有许多关于话题的著述和讨论。20世纪50年代，新布拉格学派兴起，在语言信息结构（information structure）的分析问题上提出了按"话题—焦点"进行切分的主张，认为句子成分可以按照信息状态切分为话题和焦点两部分，其中受语境约束的（contextually bounded）是话题，不受语境约束的（contextually free）则为焦点。Lambrecht（1994）认为在某一语境中，如果命题是关于某个所指的，即命题所表达的内容能够增加听话人对于该所指的了解，则该所指为此命题的话题①。"话题关系就是某个命题在话语中的关系。用作话题的课题应存在于话语时间之中，必须能为听话者指认，而且必须在话语中起一定程度的积极作用"②。许多学者都尝试给话题及相关概念下定义，但有部分学者则认为这是一种无用功。如 Daniel Büring（2014）认为从不同语言来看，没有一致的方法去界定话题，因此有关话题的特征也存在大量不一致的论述。不同语言的话题标记存在大量差异，因此不可能去谈论一个普遍的有关"话题"的特性。Satoshi Tomioka（2016）也认为学界至今仍然不知道怎样确切地定义话题，尽管理论家们根据不同的标准做出了大量的努力，"话题"仍然是一个不可靠的概念。

虽然对"话题"没有一个明确一致的定义，但这并不影响学者使用这一概念进行广泛的研究。如 Balazs　Suranyi（2015）就在话题和焦点的基础上讨论话语构形（discourse-configurationality）的相关问题，提出话语构形是语言的参数性特征，信息结构概念"话题"和"焦点"与特定的短语结构配置相关联，阐述了话语构形语言和非构形语言的关系，前者还可以分为话题构形（topic-configurational）语言、焦点构形（focus-configurational）语言以及兼具两者的双重话语构形语言。

而有关对比话题（contrastive topic）的概念，目前学界主要有两派理解：一是理解为"对比的话题"，话题中的一种，依赖于上位词"话题"的概念；二是理解为一种有着自身基本信息结构的类别，独立于所有"话题"的概念。本文支持后者的理解，因此下面所提及的有关对比话题的研究也是基于这种理解之上。

Büring（2014）提出对比话题解读规则（CT-Interpretation Rule，即 CIR），包括相关性（pertinence）、独立性（independence）以及可辨认性（identifiability）。进而主要讨论了对比话题的三种结构：CT+F、single CT、F+CT，认为对比话题"不需要有一个实际上的开放问题，只需要是一个不能被单独解决的问题"。

Satoshi Tomioka（2006）通过对日语中对比话题标记词 -wa 的探讨重新审视"对比话

---

① 转引自周士宏（2009）。

② 引自徐烈炯，刘丹青（2007）。

题”概念，认为话题和对比性的结合会创造一个“特定的语义 / 语用效应”，通常被定性为不完整性（incompleteness）、非终结性（non-finality）和不确定性（uncertainty），并总结出日语对比话题的特点：表示不完整性和非终结性；对比话题可以是句中唯一聚焦的成分；可以出现在所有言行行为的句子中；同样的标记词既标记对比话题（CT），也标记主题话题（TT）。

对本文影响最大的是 Noah Constant 2014 年的博士论文《对比话题：意义和实现》（*Contrastive Topic: Meaning and Realizations*）。该论文提出了对比话题理论并着重讨论了英语和汉语普通话中的对比话题标记。在“对比话题具有独立于话题的概念，话题的定义与对比话题理论是不相关的”认识下，Constant 给出了对比话题的定义："Contrastive Topics: The phrase denoting what the question being addressed is about. Implies other questions about different topics." 他认为对比话题是复杂事项中的一部分，表明了语篇中复杂问题的存在。对比话题标记是语言中既有的句法成分，但会以不同的形式在表层出现，如在英语中是一个明显的语调升降过程，普通话中是语素 -ne，日语中是语素 -wa。普通话的 -ne 在话题评论结构中标记话题为对比话题，在陈述句和疑问句句末是要么是对比话题存在的标志，要么是一个表示“持续”的体标记。

除了以上文献，国内有关话题或对比话题的著述有《话题的结构与功能》《话题与焦点新论》等，涉及汉语话题及话题标记的研究有《北京话句中语气词的功能研究》《从信息角度看语气词“呢”的焦点与话题功能》《宁波话与普通话话题和次话题的句法位置》《晋语的提顿词与话题结构》等。值得说明的是，目前笔者没有发现有关温州话话题、对比话题以及话题标记相关的文献，因此希望本文能对温州话的研究做出一定的贡献。

本文采用国际音标来转写温州话语料，但由于不是语音学的文章，所以不追求转写的精确完整，声调全部忽略。没有特别标注普通话的例句都是温州话。温州话的解释视具体情况灵活掌握，不一定处处逐字翻译成普通话。对于“-n̠i”的本字是什么尚无法确定，故全文以读音“-n̠i”指代。与之相对应，普通话的对比话题标记也全部使用“-ne”指代。普通话翻译中以 CT 表示温州话对比话题标记 -n̠i。所有例句中的对比话题成分用粗体表示，句子或成分前的 * 表示该句或该成分不合法，？表示可接受度一般。

二 温州话 -n̠i 是一个对比话题标记

Constant（2014）提出以下对比话题标记的特点，本文据此考察温州话 -n̠i 是否为对比话题标记。

  a. 拒绝彻底焦点。

  b. 拒绝非对比性话题。

  c. 拒绝极大值成分。

  d. 标记条件从句，拒绝原因从句。

2.1 拒绝彻底焦点

（1）A：你单位里谁最好讲话？

  B：lə yo（*n̠i）tsei hə kuo çy wu.
    老王 CT 最 好 说 话。

（2）A：这话是谁说的？

B：lə si（*ɳi）kuo gi。

老师　CT　讲　的。

（1B）（2B）中 -ɳi 的不合法是因为句中的"老王""老师"对于问句而言都是一个完全的、没有余地的回答，说明 -ɳi 拒绝彻底焦点。

2.2　拒绝标记非对比话题

（3）a. ʔa ma　mai ɳi o kʰø tsə çi。ʔa ba ɳi tsai tsai tʰau yi tɕʰoŋ。

妈妈　每天　都睡早很。爸爸　CT，常常　熬夜。

b. koŋ kuo tsʰø ʑai di tɕyo təŋ。ʔa ba（*ɳi）tsai tsai tʰau yi tɕʰoŋ。

公交车　十点钟　停。　爸爸　CT，常常　熬夜。

（3a）中的话题"爸爸"允许 -ɳi 标记是因为其与前文出现的话题"妈妈"形成了对比。相反，在（3b）中，同样的句子 -ɳi 却不被允准，正是因为"爸爸"和前文的"公交车"并没有形成相关的对比关系。跟"普通话的话题有许多解读，但被 -ne 标记的话题就只能被理解为对比话题"相似，温州话 -ɳi 也只能标记对比话题。更多有关 -ɳi 标记非对比话题的测试见第四小节。

2.3　拒绝极大值

（4）a. 大部分的事情 -ne，都很难办。　　　　　　　　　　　　　（普通话）

b. 所有的事情（*-ne）都很难办。

（5）a. dou bu vaŋ　zi gy　ɳi，　wu ɳa ba　çi　ɳa ba。　　　（温州话）

大部分　　事情　CT，　都 难办 很　难办。

b. su yao　zi gy ɳi, wu ɳa ba çi　ɳa ba。

所有　　事情 CT，都 难办 很 难办。

c. ʔa ɳi　zi gy（*ɳi），wu ɳa ba çi ɳa ba。

什么　事情　CT，　都 难办 很 难办。

普通话里的"所有"和英语里的"all"表示一个不可再分的整体概念，普通话里的"每个"和英语里的"each、every"表示一个集合中的任一子项。对比话题拒绝的极大值语素是指像"所有""all"这种表达不可再分的语素，因为违背了"对比话题是整体中一部分"这一核心概念。这就是为什么（4a）中的 -ne 可以接受，而只是将"大部分"换成"所有"的（4b）就成为了一个不合法的句子。

这里，温州话与普通话看似有所不同，话题为"所有"的（5b）在温州话里也是合法的，似乎不符合"拒绝极大值"的标准。但实际上，温州话里的"所有"与普通话"所有"的内涵有所不同，强调的是每个个体，而不是一个整体概念，更接近的应该是普通话的"每个"和英文的"each、every"。而对应于普通话"所有"和英语"all"的是一个疑问代词作全称量化词"ʔa ɳi"。我们可以再通过下面两个例句来看一下温州话中"su yao"（所有）和"ʔa ɳi"（什么）的不同。

（6）a. su yao　di yaŋ　ɳi, ŋ o fu çi tsi。

所有　电影　CT, 我都不想看。

b. ʔa ɳi　di yaŋ（*ɳi），ŋ　o　fu　çi tsi。

什么　电影　CT，我　都 不　想看。

所以，"ʔa ȵi"才是温州话里的极大值语素，而其不允准 -ȵi 的出现，符合对比话题排斥极大值语素的标准。

2.4 标记条件从句，拒绝原因状语从句

Constant 提出条件从句（if-clause）可以分为三类：

a. 假设性条件（hypothetical conditional）

b. 相关性条件（relevance conditional）

c. 事实性条件（factual conditional）

其中，只有假设性条件能表示对比话题，非假设性条件不表示对比话题，因此这三种条件从句对于普通话话题标记 -ne 的准允情况有所不同。笔者通过对 Constant 提出的例句进行再次测试，发现他认为 -ne 不能标记非假设性条件从句还有待商榷。而对温州话话题标记 -ȵi 出现在上述三种条件从句中的考察，同样反驳了对比话题标记只能标记假设性条件从句的说法。下面是三种条件从句的普通话例句和温州话例句。

（7）a. 如果你饿了 -ne，你就不会赢这场比赛。 （普通话）

　　b. ȵi　tɕa　ȵai ɦuo ȵi, ȵi you fu vai yaŋ kai pei sei。 （温州话）

　　　 你　要是　饿　了 CT, 你　就　不会　赢　这　比赛。

（8）a. 如果你饿了 -ne，冰箱里有饼干。 （普通话）

　　b. ȵi tɕa　ŋai ɦuo ȵi, beŋ ɕie　dei yao beŋ kø。 （温州话）

　　　 你　要是 饿 了 CT, 冰箱　里　有　饼干。

（9）A：他说今天身体不太舒服。 （普通话）

　　B：他要是不舒服 -ne，咱们就改天见面吧。

（10）A：他说今天身体不太舒服。 （温州话）

　　 B: gi　tɕa　fu　si vu　ȵi,　ɦuo ȵi　you　ga ȵi　pog mi　ba。

　　　 他　要　是 不 舒服 CT, 我们　就　改日　碰面　吧。

　　 B′: gi　fu　si vu（? ȵi），　ɦuo ȵi　you　ga ȵi　poŋ mi　ba。

　　　 他　不　舒服 CT, 我们　就　改日　碰面　吧。

（7a）（7b）的表明普通话和温州话都能允许话题标记在假设性条件句中标记对比话题。而在相关性条件句中，Constant 认为条件和结果仅是相关，条件的变化并不决定结果，所以条件并不表示对比话题，不允准 -ne 的标记。但通过普通话母语者对（8a）的再次测试，认为 -ne 的出现是完全可以接受的。同样的，在事实性条件句中，Constant 认为因为条件已成事实，没有进一步解决的余地，所以不允准对比话题标记的出现。但笔者测试的普通话母语者均认为（9B）中出现一呢是完全可以被接受的，但倘若去掉"要是"，或将"要是"替换成"如果"，那么可接受度就有所下降。而温州话 -ȵi 无论是出现在哪一种条件句中，都是可以被接受的。但在事实性条件句中，如果不出现条件连词"tɕa"的话，可接受程度就会下降，如（10B′）在母语者看来就不是那么自然。而母语者对于句子可接受度变化的原因，需要进一步研究普通话中"如果""要是"和不加"如果、要是"之间的区别以及温州话"tɕa"对对比话题的影响。

至于原因从句，Constant 认为与事实性条件句类似，都是已成事实，所以不能作为对比话题被 -ne 标记。在这一点上，温州话跟普通话一致，也完全不能接受 -ȵi 出现在原因从句中。

（11）a. 因为下雨（？-ne），比赛取消了。 （普通话）

    b. yaŋ vu　lou vu（*n̠i），bei sei tsʰi çiə ɦuo ba。 （温州话）
      因为　　下雨　CT，　比赛　取消　Asp

根据对 Constant（2014）中例句的可接受度以及温州话中出现对比话题标记 -n̠i 句子的测试，笔者认为 Constant 提出的对比话题标记"标记条件从句，拒绝原因从句"特点在不具体细分条件从句的类别的情况下，已经符合母语者认知。三种类别下的条件内涵虽然有所不同，但都可以看作存在与提出条件的相反情况，是无数条件构成的整体中的一部分，使用对比话题标记成为对比话题。

通过以上分析，我们可以看到温州话 -n̠i 符合 Constant 提出的对比话题标记的标准和特点，是一个对比话题标记。与普通话对比话题标记 -ne 相同，温州话 -n̠i 具有口语化和高度选择性的特点，除了片段问句句末位置上的 -n̠i 是必须存在的，其他位置上的 -n̠i 均是可选择的。这种高度的可选择性要求我们仔细考察和分析其能够出现的环境和不能出现的环境。下节我们就来考察温州话对比话题标记 -n̠i 的分布情况。

三　温州话对比话题标记 -n̠i 的分布

确认了 -n̠i 在温州话中标记对比话题之后，我们要进一步考察其分布情况，特别要关注与普通话 -ne 分布情况的差别。

Constant 认为普通话对比标记 -ne 出现的位置有两个：话题—评论结构中句首话题之后和句末位置。若将句末位置再细化的话，-ne 则分布在以下四处：

    a. 句首话题后（topic-marking）

    b. 片段问句句末（fragment-question）

    c. 疑问句句末（question-final）

    d. 陈述句句末（declarative-final）

这些位置上的 -ne 都能够标记对比话题，但 c、d 的情况会复杂一些，因为这两个位置上的 -ne 可能会是一个表示"持续体"的体标记，而不是一个对比话题标记。

相较而言，温州话对比话题标记 -n̠i 的分布情况要比普通话 -ne 简单，因为温州话 -n̠i 不出现在陈述句句末的位置上，且不存在体标记 -n̠i。下面就按照上述四个位置——考察温州话 -n̠i 的分布情况。

3.1　句首话题后

普通话中句首话题后的 -ne 在早期的研究中只是被当作用来故意停顿，后来才有人提出是表明一种不同话题之间的对比关系，因而是一个对比话题。温州话句首话题同样是整体中的一部分，同其他子事件构成了对比关系。能够成为句首话题的短语类别多样，可以是 DP、PP、Adv、Clausal 等。

（12）a. ʔi tie n̠i, zi ɦoŋ gi, ʔi tie n̠i, zi ba gi。 （DP topic）
      一条 CT，是　红 的，一条 CT，是　白的。

    b. çyo vu dei　n̠i，ɦia n̠i　zi ku　o fu yo　tsou。 （PP topic）
      在　家里 CT，什么 事情　都 不用　做。

    c. tsi ʑai n̠i, gi a nao tei pi vai çi。 （Adverbial topic）
      其实 CT，他 也 没有 特别　厉害 很。

d. gi tɕa   kʰaŋ kø n̠i, you ha gi si si。   （Clausal topic）

他 要是 肯 干 CT，就 让 他 试试。

3.2 片段问句句末

（13）o kai lei ba gi ya tsau tsø gu bei sei, n̠i n̠i?

下个 礼拜 他 要 去 参加 比赛，你 CT ？

（14）təŋ kuo o kai lei ba yao n̠aŋ   tsø gu bei sei, ʑi n̠i va?

听 讲下个 礼拜 有 人（要）参加 比赛，是 你 Inter ？

与普通话一样，温州话的片段问句引出了一个新话题，与前文提到的内容形成对比，如（13）片段问句中的"你"与前文的"他"形成了对比。需要注意的是，温州话片段问句句末也常出现疑问语气词"-va"，与只是定义提问的对象，不提供隐藏答案的"-n̠i"不同，"-va"暗含了一个详尽的答案。如（13）中受 -n̠i 标记的"你"只表示询问的对象，完整的问句是"你要不要参加比赛"，不暗示答案。而（14）中受 -va 标记的"你"则暗含了"要参加比赛的人是你"的意思。

Aboh（2016）认为话题标记和焦点标记既能在句子左缘结构中出现，也能标记整个从句。在后一种情况下，这些标记可能会在句末与疑问标记同时出现。普通话里，句末的对比话题标记 -ne 是不能与疑问标记"-ma"共现的，虽然在语义上都能被允准，但因为重复音略读的限制，-ne 不能在表层上出现。只有 -ma 被发音。普通话里有两者同时出现的句子，但这时的 -ne 不是对比话题标记，而是一个体标记。而温州话里，对比话题标记 -n̠i 不能与疑问标记"-va"同时出现，这同样可能是出于语音上的限制，而非语义上的排斥。此外，由于温州话中不存在作为体标记的 -n̠i（见 3.4 的讨论），所以 -n̠i 和 -va 形成了完全的互补分布。

句首话题句和片段问句中的 -n̠i 不仅表明该句是在对比话题的语篇中，还直接标明了哪个部分是对比话题。而下面 -n̠i 出现在句末位置上的对比话题短语就不是那么容易判断的了。

3.3 疑问句句末

a. 选择问句（alternative question）
b. 语气词问句（particle question）
c. 正反问句（a not a question）
d. 特殊问句（wh-question）

Constant 将疑问句分为以上四种基本类型，并认为普通话中出现在这四种类型问句句末的 -ne 都是对比话题标记。我们也根据该分类对出现在温州话疑问句句末的 -n̠i 进行考察。

（15）gi ɕi tɕʰiao ɕie yo n̠i va ʑi ɕie lei n̠i ?   （选择问句）

他 想娶 小王 CT 还是 小 李 CT ？

（16）Yao n̠aŋ fu toŋ yi n̠i ?   （语气词问句）

有 人 不 同意 CT ？

（17）n̠i si fu si ɕy tie la tɕiao n̠i ?   （正反问句）

你 喜不喜欢 打   篮球 CT ？

（18）n̠i si ɕy tsi fia n̠i møy ʑi n̠i ?   （特殊问句）

你 喜欢 吃 什么 东西 CT ？

在前两类问句中，温州话 -ȵi 和普通话 -ne 的分布和用法相同，故略去不提，只分析有所不同的后两类问句。

在对温州话的正反问句进行测试时，我们发现不同年龄层的温州话母语者对 -ȵi 的可接受程度有所不同。年龄较大的人（50 岁以上）完全能够接受 -ȵi 出现在正反问句句尾。而年龄较小的人（20 岁左右）则认为表示追问，一定要有个答案的时候，-ȵi 不出现更加自然，并通常使用"də dei（到底）"。而使用 -ȵi 则多了一层不强求答案的意味，表示对听话人的回答没有额外的倾向性期待。而 Constant 指出普通话 -ne "常常标记了一个深究'intense inquiry'的问句。跟没有 -ne 的问句相比，多了一层寻根问底的意思"。这正好与温州话的情况相反。

（19）ȵi kaŋ fu kaŋ tɕʰiao ŋ ȵi？
　　　你　肯　不　肯　娶　我　CT？

（20）ȵi doŋ ba, gi doŋ fu　doŋ　ȵi？
　　　你　懂　Asp, 他　懂　不　懂　CT？

（21）ŋ　də dei　yao ȵau　va yaŋ　ȵi？
　　　我　到底　有　没　有　怀孕　CT？

而在特殊问句中，温州话一般都能允准对比话题标记 -ȵi 的出现，但也发现了一些例外的情况，如：

（22）ȵaŋ ka　gi di tɕyo　ba（*ȵi）？
　　　现在　几点钟　Asp　CT？

（23）ȵi　si ɕy　gi gi lei tɕi tɕiao ba（*ȵi）？
　　　你　喜欢　他　多少　长久　Asp CT？

但（22）、（23）中 -ȵi 的不合法是因为表示完成的体标记"-ba①"的存在。温州话"-ba"必须用于句末，所以对比话题标记 -ȵi 不能再出现在"-ba"后面。将上述两个例句改为将来时或一般现在时，不再出现"-ba"时，"-ȵi"的存在就可以被接受。

（24）maŋ tɕiə　gi di tɕyo　tɕi mi　ȵi？
　　　明天　几点钟　见面　CT？

（25）ȵi　vai　si ɕy　gi　gi lei tɕi tɕiao　ȵi？
　　　你　会　喜欢　他　多少　长久　CT？

3.4　陈述句句末

　　a. Not X, rather Y

　　b. Not only X, also Y

　　c. At least X, and perhaps Y

Constant 根据句义将陈述句分为上面三类，这三类的语义都是可以从对比话题的核心概念申发而来。而根据该分类对温州话陈述句进行考察，发现均不允准 -ȵi 的出现。

（26）ȵi saŋ fu guo ȵaŋ wu（*ȵi）!　　　　　　　　　　　　（Not X, rather Y）
　　　你　才　不　讲　人话　CT！

———————————

① 《温州方言志》释义："用于句末，表已经"。

（27）gi a vai tɕʰi gu （*n̠i）。   （Not only X, also Y）
　　　他 还会 唱歌 CT！

（28）tsei hə fai tsao, n̠i va fu si vu（*n̠i）。   （At least X, and perhaps Y）
　　　最好 不要 去，你 还 不舒服 CT。

所以温州话对比话题标记 -n̠i 不出现在陈述句句末的位置上，或者说不存在陈述句句末位置上的对比话题标记 -n̠i。

　　　　a. ⋯在 verb⋯-ne   （with processes）
　　　　b. ⋯verb 着⋯-ne   （with transitory states）
　　　　c. ⋯述谓词⋯-ne   （with permanent states）

普通话陈述句句末位置上的 -ne，Constant 认为有两种用法，除了标记对比话题，还可能是一个表示"持续"的体标记，且两者在宽泛意义上形成互补分布。但即使在语义上两者都能被允准，也会因为普通话的同音略读原则（haplology），只有一个 -ne 发音。Constant 根据 Chan（1980）将普通话带体标记 -ne 的句子结构主要分为上面 a、b、c 三种，下面据此分别对温州话进行考察。

（29）gi ʑi da tsʰi si（*n̠i）。   （⋯在 verb⋯-ne）
　　　他 在 看书   CT。

（30）gi ho du lə（*n̠i）。   （⋯verb 着⋯-ne）
　　　她 花 拿Asp CT。

（31）gi ʑi wu se（*n̠i）。   （⋯述谓词⋯-ne）
　　　她 是 学生 CT。

综上所述，温州话不仅没有出现在陈述句句末位置上的对比话题标记 -n̠i，而且没有体标记 -n̠i。

四　温州话 -n̠i 是否可以充当非对比性话题标记

一般认为，话题可以分为两类：主题性的（thematic）和对比性的（contrastive），本文采用 Constant 的说法，即非对比性话题和对比性话题。不同语言的话题标记会有不一样的标记功能，Tomioka（2006、2016）认为日语的 -wa 既可以标记非对比性话题，也可以标记对比性话题，而 Constant（2014）认为普通话 -ne 只是一个对比话题标记。

在前文中，我们已经通过大量的例句分析和考察了温州话 -n̠i 作为对比话题标记的特点、用法和分布。下面我们简要说明一下温州话 -n̠i 是否还可以标记非对比性话题。

（32）gi gai di yaŋ（*n̠i），va ʑi kʰuo yi gi。
　　　这个 电影   TT，还是 可以 的。

（33）tɕi lə si（*n̠i），ŋ zø yi saŋ tsʰi tɕa。
　　　张老师   TT，我 昨天 新 看Asp。

（34）gi n̠i a bø n̠i（*n̠i），ŋ lei tsao tsʰi di yaŋ。
　　　今天   下午 TT，我们（要） 去 看电影。

（35）tsʰə tɕiə yie（*n̠i），yao n̠aŋ ʑi da tʰie vu。
　　　操场   上   TT，有人 正在 跳舞。

通过对以上非对比性话题句的测试，发现温州话 -n̠i 在主题性话题之后都不能够被接受。所以温州话 -n̠i 不是一个非对比话题标记或者说温州话 -n̠i 不能标记非对比话题，而只能是一个对比话题标记。

五 结论与余论

通过以上几节的讨论，我们对温州话 -n̠i 进行了较为全面的考察，明确了 -n̠i 只是一个对比话题标记，而不能作为非对比话题标记和体标记。作为对比话题标记主要有四个特点：拒绝彻底焦点；拒绝非对比性话题；拒绝极大值成分；标记条件从句，拒绝原因从句。分布情况为出现在句首话题后、片段问句句末、疑问句句末三个位置上。

而日语、普通话作为话题优先（topic-prominent）的语言，其典型的话题标记 -wa、-ne 都得到了较为充分的讨论和研究。笔者设想将温州话 -n̠i 与普通话 -ne、日语 -wa 或者其他东亚语言的话题标记进行比较，从而构建出东亚语言中话题标记的系统。但由于时间和能力有限，目前只将日语 -wa、普通话 -ne 和温州话 -n̠i 进行了一个初步比较，更多异同的比较还有待日后的学习和研究①。

表1

标记功能	日语 -wa	普通话 -ne	温州话 -n̠i
标记对比话题	+	+	+
标记非对比话题	+	-	-
作为体标记	-	+	-

由于本文是基于 Constant（2014）对普通话 -ne 的理论进行考察，所以对温州话 -n̠i 与普通话 -ne 之间的异同有着比较详细的考察。除去一些比较细微的差异，温州话 -n̠i 主要有以下三点明显不同：一是能够标记所有含义的条件从句；二是不出现在陈述句句末的位置上；三是不存在与对比话题标记成互补分布的体标记 -n̠i。

另外，一般的理论认为普通话 -ne 有三个义项：对比话题标记 -ne、句末位置（sentence-final）-ne、体标记 -ne。但 Constant（2014）认为普通话里句末位置上的 -ne 除了标记体之外都表示对比话题的含义，所以普通话 -ne 的义项合并成只有两个，即对比话题标记和体标记。而根据前面的讨论，我们知道温州话的 -n̠i 是一个对比话题标记，但不能出现在陈述句句末的位置上。所以考虑到对汉语各个方言进行比较考察的一致性和方便性，包含陈述句句末的"句末位置"上的普通话 -ne 不应该被并入第一个义项对比话题标记中，而仍作为一个独立的义项，从分不从合。所以对汉语中标记词的义项分类应是三个，不同方言的义项分布不同。普通话的 -ne 具备三个义项，而温州话 -n̠i 只有两个义项。

本文对温州话 -n̠i 的考察既是对 Constant 相关理论的延伸和补充，也是对温州话有关话题的问题进行研究。但限于能力和时间，本文还存在着许多不足和需要改进之处。如文献探讨不够充分，句法分析较为稚嫩。只考察了温州话中一个对比话题标记 -n̠i，未能明确是否还存在其他能够标记对比话题的词。若有的话，其分布情况如何，与 -n̠i 之间是否存在一定的关系？除了温州话和普通话，汉语其他方言中的对比话题又有何特点，是否能

---

① 日语 -wa 的研究参考 Tomioka（2006、2016），普通话 -ne 的研究参考 Constant（2014）。

够构建出汉语对比话题的共同特性和运行机制？只考虑到形式句法上的 -ni 用法和限制，没有考察韵律层面上如停顿、声调语调是否也影响了 -ni 的使用。以上问题的解决还有待进一步地学习和研究。

参考文献

徐烈炯，刘丹青.话题的结构与功能（增订本）[M].上海：上海教育出版社，2007.

徐烈炯，刘丹青.话题与焦点新论 [M].上海：上海教育出版社，2003.

郑张尚芳.温州方言志 [M].北京：中华书局，2008.

黄健平.《信息结构：理论、类型及实证的视角》评述 [J].外语教学与研究（外国语文双月刊），2014，46（4）.

李阿衡.从信息角度看语气词"呢"的焦点与话题功能 [J].现代语文，2016（7）.

周士宏.信息结构中的对比焦点和对比话题——兼论话题焦点的性质 [J].解放军外国语学院学报，2009（4）.

Constant Noah. Contrastive Topic: Meanings and Realizations [D]. Amherst: University of Massachusetts，2014.

Enoch O.Aboh. Information Structure: A Cartographic Perspective [M] //The Oxford Handbook of Information Structure. Oxford: Oxford University Press，2016:147-164.

Daniel Büring.（Contrastive）Topic [M] //The Oxford Handbook of Information Structure. Oxford: Oxford University Press，2014:64-85.

Balazs Suranyi. Discourse-Configurationally [M] //The Oxford Handbook of Information Structure. Oxford: Oxford University Press，2015:422-440.

Satoshi Tomioka. Information structure in Japanese [M] //The Oxford Handbook of Information Structure. Oxford: Oxford University Press，2016:753-773.

（陈煌煌　上海交通大学人文学院　398270645@qq.com

金大卫　上海交通大学人文学院　daweijin@sjtu.edu.cn）

江西上饶县田墩话的代词 *

吴艳芬　胡松柏

0　引　言

上饶县位于江西省东北部，县境内主要通行方言属于吴语处衢片，其代表方言为通行于上饶市城区和上饶县城的"上饶话"。田墩镇位于上饶县境东南部，北距上饶市城区和上饶县城旭日 20 千米，东临广丰县。田墩镇境内方言非常复杂，主要通行的方言称"田墩话"，另外还有属于闽方言、赣方言、客家方言等多种方言岛分布。田墩话属于吴方言，与相邻广丰县的"广丰话"接近，是介于上饶话与广丰话之间的过渡性或混合性方言。

本文侧重研究吴语上饶田墩话代词，从三方面进行讨论：1.人称代词，单、复数称谓变化，其中包括语音变调表单复数。2.指示代词，远指与近指。3.疑问代词，分属问人、问事物、问处所、问时间、问程度、问方式、问性状、问原因、问数量。试对田墩吴语代词的基本面貌、整体特色进行较全面的描写，并对其形成原因、特点提出见解。

下面介绍一下田墩话的单字调，田墩话的声调共八个（不包括轻声调）。

阴平［44］高伤根边关心新　　阳平［341］题陈娘灵船围圆

阴上［51］讲口古短主走比　　　阳上［35］件道远市老坐厚

阴去［43］架送对怕故唱放　　　阳去［31］第让岸示洞用阵

阴入［5］国色百笔各北七　　　阳入［34］白读直合麦木六

说明：

① 古四声基本上按古声清浊各分阴阳。

② 部分全浊、次浊上声字读阳去，如：距 dʑy³¹，舞 u³¹，每 mui³¹。

1　人称代词

1.1　三身人称代词的基本形式

人称＼范畴	单　数	复　数	
		排除式	包括式
第一身	阿 A³⁵，阿人 A³⁵nɿn⁰	阿侪 A²¹le³⁵，阿大家 A³⁵dA³¹kA⁰	阿 ŋA⁵¹，阿侪 ŋA⁵¹le⁰，阿大家 ŋA⁵¹dA³¹kA⁰
第二身	尔 ŋ³⁵，尔人 ŋ³⁵nɿn⁰	尔侪 ŋ²¹le³⁵，尔大家 ŋ³⁵dA³¹kA⁰	
第三身	渠 ɛ³⁵，渠人 ɛ³⁵nɿn⁰	渠侪 ɛ²¹le³⁵，渠大家 ɛ³⁵dA³¹kA⁰	

---

* 本论文于首届吴语语法研究研讨会（2014 年 5 月 10—11 日，杭州）宣读。

* 本论文于首届吴语语法研究研讨会（2014 年 5 月 10—11 日，杭州）宣读。

1.2 三身人称代词的意义和用法特点

1.2.1 格范畴问题

第一、第二以及第三人称的单、复数都有两种形式，其中单、复数都没有严格的格分工。（复数中除排除式和包括式外）

（1）阿人洋昏边哐［tir?⁵］坏［pu⁰］鸡子。（我傍晚吃了鸡蛋。）　　　　　　　　　　［主语］

（2）阿嘴干得很。（我口很渴。）　　　　　　　　　　　　　　　　　　　　　　　　　　　［主语］

（3）等阿/阿人睏下再来话。（等我睡一下再来说。）　　　　　　　　　　　　　　　　　　［宾语］

（4）尔天光几点爬起？（你早上几点起床？）　　　　　　　　　　　　　　　　　　　　　　［主语］

（5）尔人要［sau³⁵］跟弟郎一起去学堂唄？（你要和弟弟一起去学校吗？）　　　　　　　　［主语］

（6）借把伞尔人/尔使下。（借一把伞给你用一下。）　　　　　　　　　　　　　　　　　　［宾语］

（7）渠明日要去赶墟［xə⁴⁴］。（他明天要去赶集。）　　　　　　　　　　　　　　　　　　［主语］

（8）渠人在处里跟囡妹嬉。（他和妹妹在家里玩。）　　　　　　　　　　　　　　　　　　　［主语］

（9）爹对渠人/渠愀［tɕʰiu⁵¹］得很。（爸爸对他很凶。）　　　　　　　　　　　　　　　　　［宾语］

从以上的例句可以看出，第一、第二以及第三人称代词单音节、双音节形式都能充当主格和宾格，虽然如此，主格还是偏向双音节形式，宾格也偏向双音节形式，如果在较急切的语境下，主语则用单音节形式。

在及物动词谓语句中，人称代词间接宾语与直接宾语紧挨在一起，直接宾语在人称代词前，如例（6）借把伞尔人（尔）使下。这类句型是：给予义的动词＋直接宾语＋间接宾语，中间不插入其他任何成分。

（10）送本书尔人。（送给你一本书。）　　　　　　　　　　　　　　　　　　　　　　　　　［宾语］

（11）还五斤米渠。（还给他五斤米。）　　　　　　　　　　　　　　　　　　　　　　　　　［宾语］

领格是指三身人称代词在家属、亲戚、集体等名词前作领属性定语，一般用结构助词"箇"来体现领属关系。单数人称代词限定亲属称谓名词时，可以不用结构助词，表亲密关系，例如，在表示"这是我的爸爸"时，可说"乙是阿爹""乙是阿箇爹"。但复数人称代词后必须用结构助词。如果中心语是处所时，结构助词可以省略，有强调定语和中心语之间的领属关系的作用。

（12）阿处里箇厅下有水池。（我家的厅堂有水池。）

（13）渠台盘上有本书。（他的桌子上有一本书。）

如上所述，人称代词用在限定普通名词和切身相关的处所、亲属名词之间是有差别的。除了省略结构助词，还可以通过增加音节以示领属关系。其中用于表示"具有某种家族关系的亲属或具有某种社会关系的人或单位"（李小凡 1998：56）的词语前作修饰语时，单、复数同形，偏向用复数形式表示。例如："我的家"表示为"阿俣处里"，"我的舅舅"表示为"阿俣舅爹"，此时结构助词"箇"常省去。"过去的中国社会，家族的重要过于个人，因此凡是跟家族有关的事物，都不说我的，你的，而说我们的，你们的（的字通常省去）……"（吕叔湘，江蓝生 1985：72）受这一用法的影响，"阿""渠"通过保留复数形式来表达单数概念，同时以示强调，并增亲密之感，多见于女性和小孩。

1.2.2 复数形式的几个问题

1.2.2.1 "咱们"和"我们"

第一人称复数分排除式和包括式，这相当于普通话中的"我们"和"咱们"。包括式可分单音节和双音节。与单数形式不同的是，双音节形式偏向于做宾语，比如可以说"渠俫要打阿俫［ŋA⁵¹le⁰］"却很少说"渠俫要打阿［ŋA⁵¹］"。另外，除了加后缀外，从"阿［A³⁵］、阿［ŋA⁵¹］"中可以看出，田墩话也利用韵母以及声调的同时变化这一内部屈折的语法手段来形成人称代词单、复数对立。

田墩话中的"咱"或"咱们"在语音上表示为："阿［ŋA⁵¹］、阿俫［ŋA⁵¹le⁰］、阿大家［ŋA⁵¹dA³¹kA⁰］"，"我们"在语音上表示为："阿俫［A²¹le³⁵］、阿大家［A³⁵dA³¹kA⁰］"。一般情况下，"我们"表示第一人称的复数形式，与第二人称相对，为排除式；"咱们"表示第一人称的复数形式，与第三人称相对，为包括式。但在不同语境中也有微妙变化，在反映说话者特定意义或意向时，两者的用法是有变化的。例如：

表示谦恭、诙谐、自嘲时用"我们：阿俫［A²¹le³⁵］"。

（14）阿俫没读咋个书，认弗到几个字。（我们没读什么书，不认识多少字）

另外在推卸责任的情况下也用"阿俫［A²¹le³⁵］"。

（15）伊弗关阿俫［A²¹le³⁵］箇事，阿俫［A²¹le³⁵］弗做。（这不关我们的事，我们不做）

田墩话中"阿俫［A²¹le³⁵］"这一第一人称复数也可在需要比较含糊地表达"我"或者是以"我"来借代一方时作单数用。所以例（15）伊弗关阿俫［A²¹le³⁵］箇事，阿俫［A²¹le³⁵］弗做，又可译为：这不关我的事，我不做。

为了增进情感、拉近距离时用"咱们：阿［ŋA⁵¹］、阿俫［ŋA⁵¹le⁰］"，以示亲切、自然，这种用法一般用在上对下的情况。

（16）乙件事阿［ŋA⁵¹］好好谈，莫格紧张。（这件事我们好好谈，不要紧张）

［领导找同志谈话］

另外，与此对应的下对上时也同样用"咱们：阿［ŋA⁵¹］、阿俫［ŋA⁵¹le⁰］"，这样用的主要目的是拉近和对话方的距离，表示诚意，也有亲近之意。

（17）乙是阿［ŋA⁵¹］自家种箇菜，更好咥。（这是咱自己种的菜，更好吃）

［菜农向顾客推销菜］

1.2.2.2 复数、集体

田墩话虽有复数代词，其实不是真正的复数，而与集体义关系密切。表人称代词复数形式是在单数后加"俫"，三身人称代词复数分别是"阿俫［A²¹le³⁵］、阿俫［ŋA⁵¹le⁰］、尔俫［n̩²¹le³⁵］、渠俫［ɛ²¹le³⁵］"。而其他和人有关的表称谓、职位等名词都没有复数形式。比较明显的表集体义的情况是，事物的复数形式，通过词尾"多"来实现。如"乙多、么多"表示"这些、那些"，和普通话一样，虽然是表事物的复数形式，却不能在具体事物、动物等名词后加"多"，只能在指别词后加。可以说田墩话的代词是用集体形式兼表复数。

1.3 自指、他指、通指

除了三身人称代词外，田墩话中表人称的代词还有自指、他指、通指三类，基本形式分别是：

自指：自家［ʥeʔ²¹kA³⁵］

他指：别侬［bieʔ²¹nuŋ⁴¹］

通指：大家［dA³¹kA³⁵］

其中"自家"之前可以复指三身人称代词单、复数形式中的任何一个，构成"阿自家、尔自家、渠自家、阿俫自家、尔俫自家、渠俫自家"，形成三身代词中的反身代词。

"大家"和"自家"一样，也可在其前带上三身人称代词单、复数形式。以上的人称代词都能在句子中充当主语、宾语和定语，充当定语时一般要带助词"箇"。

（18）自家无咥饭都晓弗得。（自己没吃饭都不知道。）　　　　　　　［主语］

（19）大家都帮怀阿人好多忙。（大家都帮了我好多忙。）　　　　　　［主语］

（20）渠俫自家要用。（他们自己要用。）　　　　　　　　　　　　　［主语］

（21）阿自家会跟事做好。（我自己会把事情做好。）　　　　　　　　［主语］

（22）花是留得渠自家箇。（花是留给他自己的。）　　　　　　　　　［宾语］

（23）你会害怀尔自家。（你会害了你自己。）　　　　　　　　　　　［宾语］

（24）别侬请大家咥酒。（别人请大家喝酒。）　　　　　　　［主语］［宾语］

（25）自家箇事莫喊别侬做。（自己的事情别叫别人做。）　　　　　　［定语］

（26）阿俫大家箇田水紧得很。（大家的田缺水。）　　　　　　　　　［定语］

他指的"别侬"在特定的语境下也用于自指，含有撒娇、羞涩的意味。如"样无有良心，别侬担心尔人都晓弗得。"（这么没良心，人家担心你都不知道。）

田墩话中第二人称代词没有单独表示敬称的，不过可以通过在第二人称单数后加"老侬家"成为"尔老侬家"这种格式，以示尊敬。

2　指示代词

2.1　指示代词的基本形式

	近　指	远　指
人/事物	乙 i?⁵/乙个 i?⁵kə⁰ 乙个俫 i?⁵kuɛ⁰/乙多 i?⁵to⁰（复数）	么 mu?⁵/么个 mu?⁵kə⁰ 么个俫 mu?⁵kuɛ⁰/么多 mu?⁵to⁰（复数）
处所	乙里 i?⁵li⁰/乙搭 i?⁵te?⁰ 乙块 i?⁵kʰuai⁰/乙路 i?⁵lo⁰	么里 mu?⁵li⁰/么搭 mu?⁵te?⁰ 么块 mu?⁵kʰuai⁰/么路 mu?⁵lo⁰
时间	乙下 i?⁵xo⁰/乙样间 iãn⁵¹tɕiɛn⁰ 乙样时间 iãn⁵¹ɕi²¹kãn⁴⁴	么下 mu?⁵xo⁰/么样间 mãn⁵¹tɕiɛn⁰ 么样时间 mãn⁵¹ɕi²¹kãn⁴⁴
程度/性状	乙样 iãn⁵¹	么样 mãn⁵¹
方式	乙样痕 iãn⁵¹xãn⁰	么样痕 mãn⁵¹xãn⁰
指别兼替代	乙 i?⁵	么 mu?⁵

2.2　指示代词的意义和用法特点

2.2.1　指示代词的二分

田墩话中的指示代词分近指和远指两类，从发音方式上看，田墩话遵循了语音像似原则，表近指的词根都为细音、入声的零声母，如"乙［i?⁵］""乙样［iãn⁵¹］"，表远指的词根都为双唇音"［m］"，如"么［mu?⁵］""么样［mãn⁵¹］"。"［mãn⁵¹］"是"么"和"样"连读，么读入声［mu?⁵］。指示代词分单纯指示代词和合成指示代词，合成指示代词也主要由单纯指示代词作词根构成。

2.2.2　指代人、事物的指示代词

指代人、事物的指示代词为两分的，分别是：近指，"乙、乙个、乙个俫［i?⁵kuɛ⁰］、乙多"；远指，"么、么个、么个俫［mu?⁵kuɛ⁰］、么多"。"乙、乙个、乙个俫［i?⁵kuɛ⁰］"

相当于普通话的"这、这个","么、么个、么个俫［mu?⁵kue⁰］"相当于普通话的"那、那个"。"乙多、么多"是复数形式，相当于普通话的"这些、那些"。

（27）乙个是阿箇囡妹。（这个是我的妹妹。）　　　　　　　　　　　　　［主语］

（28）么个是一皮鱼。（那个是一条鱼。）　　　　　　　　　　　　　　［主语］

（29）用筷子攃么个。（用筷子夹那个。）　　　　　　　　　　　　　　［宾语］

（30）么个大水揾死唔多得很箇侬。（那个大水淹死了很多人。）　　　　　［定语］

另外，单纯指示代词在田墩话既有指别功能，又有替代功能。在句中直接充当主语、定语，但不能充当宾语。

（31）乙是花，么是草。（这是花，那是草。）　　　　　　　　　　　　［主语］

（32）乙酒好咭，阿抿唔好久（这酒好喝，我抿了很久。）　　　　　　　［定语］

（33）么台盘是渠人箇，记得还。（那桌子是他的，记得还。）　　　　　［定语］

2.2.3　指称处所的指示代词

指称处所的指示代词最常用的是：近指，"乙里"，相当于普通话的"这里"。远指，"么里"，相当于普通话的"那里"。而"乙搭、乙块、乙路"，"么搭、么块、么路"，这些词指称的范围不同。

"乙搭、么搭"指称的范围较小。

（34）乙搭有朵花。（这里有一朵花。）

（35）阿尽包在乙搭嬉。（我总是在这里玩。）

（36）么搭箇路弗好走。（那里的路不好走。）

"乙块、么块"指称的范围较大些。

（37）乙块地方箇水清简得很。（这块地方的水很干净。）

（38）要［sau³⁵］去么块觑觑。（要去那块看看。）

（39）么块箇鱼尖得很。（那块的鱼小得很。）

"乙路、么路"指称的范围更大。相当于普通话中的"这带、那带"，泛指某处及附近地方。

（40）么路有大片箇清明花。（那带有大片的杜鹃花。）

（41）去么路寻寻有咋个事做。（去那带找找有什么事做。）

（42）乙路人怵［tɕʰiu⁵¹］得很。（这带人凶得很。）

田墩中还有表示特指的处所的指示代词"许来［xue⁴⁴］""许来［xui⁵¹lue⁰］"，只用于近指，特指说话人所在地。如：等下到许来来。（等下到这里来。）

"乙里、乙搭、乙块、么里、么搭、么块、许落"这类指称处所的指示代词虚化为表示"体"的意义，仅限于进行体。如：尔在乙搭睏，莫格吵。（他在睡觉，不要吵。）

2.2.4　指称时间的指示代词

指称时间的指示代词有：近指，"乙下、乙样间、乙样时间"，相当于普通话的"这时"。远指，"么下、么样间、么样时间"，相当于普通话的"那时"。这些词指称的时间久暂不同。

"乙下，么下"指称的时间最短，"下"有"一下子"的意思。"乙下"表示现在时，"么下"表示过去时。在句子中一般作状语。

（43）乙下是你话事啵［po⁰］。（这会儿是你说话了。）

（44）等到么下再去。（等到那会儿再去。）

（45）么下箇雷公吓侬得很。（那会儿的雷声很吓人。）

（46）乙下粥还没煤［ie⁵¹］好。（这会儿粥还没熬好。）

"乙样间、么样间"指称的时间稍长些，"乙样间"表示现在时，"么样间"表示过去时。

（47）乙样间是准备刮［kuaʔ⁵］谷箇时间。（现在是准备收割稻子的时候。） ［主语］

（48）等到乙样间才来咥饭。（等到现在才吃饭。） ［宾语］

（49）乙样间箇桃弗好咥。（现在的桃子不好吃。） ［定语］

（50）乙样间阿无有时间。（现在我没时间。） ［状语］

"乙样时间、么样时间"指称的时间更长。相当于普通话的"这段时间、那段时间"，很多时候可以和"乙样间、么样间"混用。

（51）乙样时间是大家忙到刮谷箇时间。（这段时间是大家忙着收割稻子的时候。） ［主语］

（52）等到乙样时间，咋个事都弗要尔做啵。（等到这个时候，什么事都不用你做了。） ［宾语］

（53）好久无落雨，乙样时间箇溪都有未儿干啵。（好久没下雨，这段时间的小溪都有点干了。） ［定语］

（54）么样时间阿无在处里，在外底做事。（那段时间我不在家里，在外面做事。） ［状语］

2.2.5 指称程度、性状的指示代词

指称程度、性状的指示代词是相同的，包括：近指，"乙样"；远指，"么样"。其中表程度的指示代词"乙样"相当于普通话的"这么、这样"，"么样"相当于普通话的"那么、那样"。这些词在句中可以充当谓语、定语、状语和补语，作状语时可以修饰形容词和心理动词。

（55）尔都么样吥，咋样办？（你都那样了，怎么办？） ［谓语］

（56）么样箇东西，阿邀弗要［sau³⁵］。（那样的东西，我才不要。） ［定语］

（57）乙样好箇东西都撇［iaʔ⁵］尔弄坏啵。（这么好的东西都让你弄坏了。） ［状语］

（58）么样喜欢乙个东西，就买个侎。（那么喜欢这个东西，就买一个。） ［状语］

（59）渠都哭得么样啵，就莫骂啵。（她都哭得那样了，就不要骂了。） ［补语］

2.2.6 指称方式的指示代词

指称方式的指示代词有：近指，"乙样痕"；远指，"么样痕"。分别相当于普通话的"这样、那样"。

（60）乙样痕也可以箇。（这样也可以。） ［主语］

（61）老子都乙样，儿子也是乙样。（父亲都这样，儿子也这样。） ［谓语］

（62）渠都做成厷样痕啵，还有咋什使？（他都做成那样了，还有什么用？）

[宾语]

（63）尔就是乙样痕对阿箇。（你就是这样对我的。） [状语]

2.2.7　其他指示代词

其他指示代词主要有"每个、其他、别个、别处"。这些词的用法基本上和普通话的相同，其中"每个"有通指义，"其他、别个"有他指义，"别个"有"另外一个"的意思，两者常常可以混用，"别处"只指代处所。

（64）每个侬都要［sau³⁵］跟自家箇事做好。（每个人都要把自己的事做好。）

（65）跟自家箇事做好，别箇事等回再讲。（把自己的事做好，其他事以后再讲。）

（66）乙里无有，到别处寻寻。（这里没有，到别处找找。）

（67）尔箇东西无在乙个袋，去别个袋寻。（你的东西没在这个袋，到别个袋找。）

从上述人称代词、指示代词中可以看出，田墩话中的语素在代词的各个形态中保持着严整的对应性。人称代词的单、复数形式对应整齐。指示代词的近指、远指形式规整。这些都体现了田墩话系统内部的平衡性。

3　疑问代词

3.1　疑问代词的基本形式

疑问范畴		单　数	复　数	可为任指代词
基本		咋什 tsə?⁵ɕi⁰，咋个 tsə?⁵kə⁰		咋什／咋个
人		策个傈 tsʰə?⁵kuɛ⁰，策侬 tsʰə?⁵nuŋ⁴¹	策多 tsʰə?⁵ to⁰	策个傈
事物		策个傈 tsʰə?⁵kuɛ⁰，策个 tsʰə?⁵kə⁰	策多 tsʰə?⁵to⁰	
处所		策里 tsʰə?⁵li⁰，策块 tsʰə?⁵kʰuai⁴³，策搭 tsʰə?⁵te?⁰，策路 tsʰə?⁵lo³¹		策里
时间		咋时间 tsə?⁵ɕi²¹kãn⁴⁴，咋下 tsə?⁵xo⁰，几间 kuɛ⁵¹tɕiɛn³⁵，几久 kuɛ⁵¹ke⁵¹		
距离		几远 kuɛ⁵¹yɛn³⁵		
程度	疑问语气	几 kuɛ⁵¹		
	赞叹语气	乙样 iãn⁵¹／厷样 mãn⁵¹		
方式／性状		咋样 tsə?⁵iãn³¹		
原因		为咋什 ui²¹tsə?⁵ɕi⁰／为咋个 ui²¹tsə?⁵kə⁰		
数量	基本	几多 kuɛ⁵¹to⁰		
	十以内	几个 kuɛ⁵¹kə⁰		

3.2　疑问代词的意义和用法特点

3.2.1　基本疑问代词

"咋什"是田墩话中基本的疑问代词。相当于普通话中的"什么"，它也可作任指代词。

（68）尔话咋什？（你说什么？） [宾语]

（69）咋什∖咋个都晓弗得。（什么都不知道。）〈任指〉 ［主语］

此外"咋什∖咋个"还有其他用法。

① 如果用在形容词、动词后，则表示否定。如："老咋什∖咋个，还年轻。"这句话说明人不老，"打咋什∖咋个，好好话。"一般是劝人不要打了。

② 用在句前，表示惊讶，出人意料。如"咋什∖咋个，11 点还弗爬起。（什么，都 11 点了，还不起床）"。

3.2.2　问人的疑问代词

田墩话中没有表示"谁"的单音节词语，都为双音节或多音节词。问人的疑问代词分为单数和复数两类：单数，"策个俫 [tsʰəʔ⁵kuɛ⁰]、策侬 [tsʰəʔ⁵nuŋ⁴¹]"；复数，"策多 [tsʰəʔ⁵to⁰]"。其中"策侬 [tsʰəʔ⁵nuŋ⁴¹]"是"策个俫侬 [tsʰəʔ⁵kuɛ⁰nuŋ⁴¹]"的省略形式。"策个俫 [tsʰəʔ⁵kuɛ⁰]"可以直接用来指代人，"策多 [tsʰəʔ⁵to⁰]"指代人时需要在其后加"侬"，构成"策多侬"的格式。"策"相当于普通话中的"哪"。

（70）策个俫在间里？（谁在房间里？） ［主语］

（71）策多侬晓得？（谁知道？） ［主语］

（72）有策个俫做过乙件事？（有谁做过这件事？） ［宾语］

（73）策个俫箇东西？（谁的东西？） ［定语］

3.2.3　问事物的疑问代词

问事物的疑问代词也分单数和复数两类：单数，"策个俫 [tsʰəʔ⁵kuɛ⁰]、策个 [tsʰəʔ⁵kə⁰]"；复数，"策多 [tsʰəʔ⁵to⁰]"。结合问人的疑问代词，可以看出，"策个俫 [tsʰəʔ⁵kuɛ⁰]"既可以用来问人，又可以用来问物。

（74）策多是尔箇？（哪些是你的？） ［主语］

（75）洋昏要咥策个？（晚上要吃什么？） ［宾语］

（76）乙两样东西尔要策个俫？（这两棵树你要哪个？） ［宾语］

（77）渠饲坏条策个狗？（他养了条什么狗？） ［定语］

需要注意的是"策个俫"用在问人或问事时，都可作为任指代词。

（78）策个俫都晓得乙件事。（谁都知道这件事。）

（79）策个俫都弗想要 [sau³⁵]。（哪个都不想要。）

3.2.4　问处所的疑问代词

问处所的疑问代词一般用"策里"，相当于普通话中的"哪里"。也可作为任指代词。

（80）策里箇侬最勤办？（哪里的人最勤快？） ［定语］

（81）尔想去策里嬉？（你想去哪里玩？） ［宾语］

（82）渠策里都弗想去？（他哪里都不想去？）〈任指〉 ［主语］

问处所的疑问代词除了"策里"，还有："策块、策搭、策路"。这三个疑问代词各自有其特殊的表达功能，具体区别已经在"指称处所的指示代词"部分论及，这里不再赘述。不过，这三个疑问代词有一个共同特点，在疑问句中，都不能表达"否定"的意义，也就是不能充当反问句的疑问代词。如果要表达这一意义，只能用"策里"。

（83）阿策里晓得渠箇东西园得策里？（我哪知道他的东西藏在哪里？）

（84）阿策里有钱？（我哪里有钱？）

（85）渠无有吧？——策里！渠弗想拿出来。（他没有吧？——哪里！他不想拿出来。）

3.2.5　问时间的疑问代词

问时间的疑问代词有：咋时间、几间、几久。它们可以分成两类：

① 问事件、动作行为发生的时间点，一般用“咋时间、几间”。相当于普通话中的“什么时候”。

（86）咋时间 / 几间咥昼日？（什么时候吃午饭？）

（87）从几间开始？（从什么时候开始？）

（88）乙是咋时间 / 几间箇事？（这是什么时候的事？）

（89）尔是几间来箇？（你是什么时候来的？）

除了笼统地用“咋时间、几间”之外，还可以根据时间长短用“咋下”。在“指称时间的指示代词”部分也有论及。

② 问事件、动作行为经历的时段，一般用“几久”，这和普通话是一样的。

（90）尔等吥阿几久啵？（你等了我多久了？）

（91）乙是几久箇酒？（这是多久的酒？）

（92）几久无来啵？（多久没来了？）

3.2.6　问距离的疑问代词

问距离的疑问代词是“几远［kuɛ^{51}yẽn^{35}］”语法也和普通话相似。

（93）乙条路有几远？（这条路有多远 ？）

问距离时还可以用“几多 + 长度单位”格式。如“几多里”。

3.2.7　问程度的疑问代词

问程度的疑问代词是“几”，需要和表赞叹的“乙样”区别开来。在句中充当状语，修饰动词或形容词。

（94）渠到底有几好？（他到底有多好？）　［饰形］

（95）渠有几解读书？（他有多会读书？）　［饰动］

3.2.8　问方式、性状的疑问代词

问方式、性状的疑问代词是一样的，是：咋样。相当于普通话中的“怎么样、怎样”。

（96）咋样才可以？（怎么样才可以？）　［主语］

（97）渠箇眼睛咋样不？（他的眼睛怎样了？）　［谓语］

（98）尔想咋样？（你想怎样？）　［宾语］

（99）乙个东西咋样使法？（这个东西怎么用？）　［状语］

（100）尔箇字写得咋样？（你的字写得怎样？）　［状语］

此外，“咋样”还可以用做委婉语，表否定，来代替不直接说出来的话。

（101）乙样做事，咋样要得？（这样做事，怎么可以？）

3.2.9　问原因的疑问代词

问原因的疑问代词有：为咋什、为咋个，相当于普通话中的“为什么”，用法和普通话相似。

（102）尔为咋什弗好好读书？（你为什么不好好读书？）

3.2.10　问数量的疑问代词

问数量的疑问代词基本形式是：几多，相当于普通话中的“多少”。一般用在疑问句中，在否定句中不表疑问，而表陈述，如“无有几多东西吥”。

用单音节"几"问数量时，需要进入"几+数量单位"的格式。

（103）有几多侬无来上课?（有多少人没来上课?）

（104）几稍雨?（几阵雨?）

（105）几皮鱼?（几条鱼?）

（106）几向屋?（几幢房子?）

（107）挨呔几踢尖?（挨了几脚?）

此外，当"几"进入"晓弗得+几+vp"格式时，其中的"vp"表示形容词或表示人的精神、心理、生理状态的动词。这种格式用来表示程度，极言程度深。

（108）渠晓弗得几清简。（她很漂亮。）

（109）渠晓弗得几喜欢花。（她很喜欢花。）

（110）阿晓弗得几怕高。（我很怕高。）

（111）渠晓弗得几瘦。（他很瘦。）

4 结 语

江西吴语田墩话代词复杂，但特点鲜明，规律整齐。

第一，人称代词系统的一大特点是单、复数声韵调的"内部屈折"，且主要集中于第一人称。如第一人称单数"阿 A^{35}"，复数"阿 ηA^{51}"。复数用"阿佚 $A^{21}le^{35}$、阿佚 $\eta A^{51}le^{0}$"来区分排除式和包括式。

第二，指示代词二分，既有指示作用，也有替代作用。近指与远指在几乎形式上一一对应，非常规整。

第三，疑问代词除起疑问作用，另有非疑问作用，其中包括任指、虚指、反问和否定等非疑问用法。如咋什、咋个、策个佚、策里等词。

参考文献

李如龙，张双庆.代词［M］.广州：暨南大学出版社，1999.

胡松柏.赣东北方言调查研究［M］.南昌：江西人民出版社，2009.

刘丹青.汉语方言语法研究的新视角［M］.上海：上海教育出版社，2013.

李小凡.苏州方言研究［M］.北京：北京大学出版社，1998:56.

吕叔湘，江蓝生.近代汉语指代词［M］.上海：学林出版社，1985:72.

（吴艳芬　暨南大学文学院/汉语方言研究中心

胡松柏　南昌大学客赣方言与语言应用研究中心　jbhsb@163.com）

余姚方言常用语气词考察

黄梦娜

引　言

余姚市位于浙江省东部，是历史文化名城，自元明清开始一直隶属于绍兴府，语法上深受绍兴话影响，而 1949 年以后余姚被划入宁波地区，经过 60 多年，宁波话的词汇被余姚话采用，而余姚话又保留了自己独特的发音和语气词。全境方言处于吴语太湖片之临绍小片与甬江小片交汇地。丈亭、陆埠两区 1954 年由慈溪划入，方言属甬江小片。余姚方言内部可分为核心区、西南区、东南区、北区。其中核心区分为上、中、下三小区，本文所用的材料属核心区方言。

语气词研究是方言语法研究中的重要内容，对认识一种方言的全貌有重要意义。语气词对句义表达具有十分重要的作用，方言中的语气词数量繁多，不同方言相差较大。方言语气词的分类标准很多，有语音特点、句法位置、语气意义等，但它们各有优势和局限。黄伯荣、廖序东主编的《现代汉语》第五版书中将语气词按语气意义划分成四类：陈述语气词、疑问语气词、祈使语气词、感叹语气。在现代汉民族共同语中，语气词虽然不充当语法成分，但在语用方面却发挥着重要作用。余姚方言有自己独特的韵味，语气词在其中起到了不可小觑的作用。我们把余姚方言中的语气词按照它们在句子中的位置分成句中和句末两类，然后依据表达的语气意义再进行分类，出现在句中的分为表虚拟和表提顿；出现在句末的分为陈述、疑问、祈使、感叹四类。

壹　语气词的分类

一、句中语气词

这类词用于句子各个句法成分中间或小句之后，主要功能是虚拟和提顿。

（一）虚拟语气词

余姚方言中表达虚拟的语气词主要是"末"。"末"前面的内容是一个前提，只有当该前提成立了，说话人才会实现后半句的行为。"末"作为虚拟语气词一般是在陈述句中，辅助表示一种虚拟的态度和口气，表达的句义与复句"如果……就……"表达的语义相当。例如：

（1）侬是话不去**末**，我一个人去。（你如果不去，我就一个人去。）

（2）作业早点做做好**末**好去玩去。（作业早点做完的话就可以去玩了。）

"末"具有分开话题和述题的作用，如例（1），"末"用于话题"侬是话不去**末**"之后，引出述题"我一个人去"。

（二）提顿语气词

提顿有舒缓语气的作用，一般要有语义上的停顿，句子的焦点是语气词之后的成分。余姚方言中表示提顿的有"是""的""来"。

1. 是。延长语气，表示无奈、指责，语气较强。例如：

（3）这件事情**是**犯关咯哉。（这件事情比较麻烦。）

（4）侬个人**是**话勿好个哉。（你这人说不好的了。）

2. 的。表达十分强烈的肯定语气。例如：

（5）味道**的**好好浪。（味道很好。）

（6）倸〔ge¹³〕_{第三人称，他}个人话手**的**好咯。（他很能说会道。）

3. 来。

"来"的性质，学者们多有讨论，胡竹安（1958）等认为是语气词；俞光中（1985）则认为助词"来"负有多种职能，或表示语气，或表示其他重要的语法意义；曹广顺（2014：120）认为是事态助词。即便是持语气词看法的各家，对其起源，在具体句子中如何判定，也没有提出具体的看法。本文认为"来"是语气词。

"来"作为语气词由来已久，早在先秦文献中即有其例，秦汉时亦相沿为用。例如：

（7）子其有以语我**来**！（《庄子·人间世》）

（8）盍归乎**来**！吾闻西伯善养老者。（《孟子·离娄上》）

中古时期，从附于句末或动词后变为附于"去"后。例如：

（9）归去**来**兮！田园将芜，胡不归？（陶渊明《归去来兮辞》）

（10）咄嗟荣辱事，去**来**味道真，道真信可遇，清洁存精神。（阮籍《咏怀诗》）

元杂剧中"来"在句中作语气词开始出在动词和补语之间表停顿。例如：

（11）（正末唱）打的**来**满身是血迸，教我呵怎生扎挣？（《陈州粜米》）

（12）（正末唱）苦也啰，苦也啰！可怎生烧的**来**剩不下些跟椽片瓦。（《合汗衫》）

余姚方言中"来"在句中用来延长语气强调程度之深。例如：

（13）天家_{天气}热得**来**要晕开。（天气热得人要晕倒。）

（14）走路碰了头痛得**来**吭告话头。（走路时撞了一下痛得不得了。）

二、句末语气词

句末语气词是用在句尾表示语气的词，黄伯荣、廖序东主编的《现代汉语》第六版书中将语气词按语气意义划分成四类：陈述语气词、疑问语气词、祈使语气词、感叹语气。我们把余姚方言中的句末语气词按它们出现在不同的句式之后分为四类。

（一）陈述句语气词

陈述句的主要功能是叙述事实，有肯定句和否定句两种。陈述句语气词是用在陈述句末辅助表达叙述口吻的词，带有说话者的主观感受。余姚方言中陈述句语气词有单音节和双音节两种类型。单音节语气词主要有 7 个：哉、介〔tɕia⁴⁴〕、嘛、葛、曼〔man⁴⁴〕、嗌、浪。双音节语气词：浪哉、浪嗌。

1. 哉。

a. 动词补语后加"哉"，表示动作完成，相当于普通话中的句末语气词"了"。例如：

（15）夜饭吃过**哉**。（晚饭吃过了。）

（16）作业写好**哉**。（作业好了。）

"哉"用在"好"的后面，根据不同语境通常有两种情况。如例（16）一是作业已经完成，是"作业写好浪哉"的省略说法。二是正在写作业，即将完成。余姚方言中表示已然完成状态常用的是"浪哉"，表示动作的完成或过去，大致相当于"哉"。不同的是"浪哉"不能表示将然事态。如上述例（16）改成"作业写好浪哉。"在任何时候都只能表示作业已经写完了，不能表示作业即将写完。

b. 表示马上要如此，即将如此。例如：

（17）我要去**哉**。（我要走了。）

（18）跑快，天要落雨**哉**。（快跑，天要下雨了。）

c. 形容词后面与"煞"连用，表示程度之深。例如：

（19）冻煞**哉**。（冻死了。）

（20）高兴煞**哉**。（高兴死了。）

d. 表示提醒。例如：

（21）挖起**哉**。（起床。）

（22）吃饭**哉**。（吃饭了。）

e. 表示事态出现了变化，或将要出现变化，相当于普通话中的"了"。例如：

（23）落雪**哉**。（下雪了。）

（24）天要亮快**哉**。（天快亮了。）

f. 表示事件动作正在进行。例如：

（25）倮勒［le¹³］_在来**哉**。（他正在来。）

（26）我勒上班**哉**。（我在上班了。）

2. 介［tɕia⁴⁴］。强调事实，表示反驳、指责的口吻。例如：

（27）倮格错**介**［tɕia⁴⁴］。（他的错。）

（28）我闲早_{以前}没碰着过**介**。（我以前没碰到过。）

上述二例在具体语境中还可表示推卸、逃避责任。

3. 嘛。

a. 表示一种不耐烦的口吻。例如：

（29）我勒做作业**嘛**。（我在做作业嘛。）

（30）昨天夜里我勒看电影**嘛**。（昨晚我在看电影嘛。）

b. 表示惊喜，夸赞、出乎意料。例如：

（31）哟，噎_{近指代词"这"}件衣裳样子好好浪**嘛**。（哟，这件衣服样子挺好的。）

（32）侬个生活好**嘛**。（你的本事很好。）

4. 咯。

a. 肯定语气，表示情况本来就如此。例如：

（33）我不会忘记**咯**。（我不会忘记的。）

（34）好**咯**，好**咯**。（好的，好的。）

b. 表示承诺。例如：

（35）噎［iəʔ⁵］场唱歌比赛我肯定会赢**咯**。（这场唱歌比赛我肯定会赢的。）

（36）我明早凡板_{一定，肯定}会来**咯**。（我明天肯定会来的。）

5. 曼［man⁴⁴］，表示猜测、犹豫的语气，对事实或即将发生的事情持不确定态度。例如：

（37）办公室门没开**曼**。（办公室的门没开。）

（38）天要落雨浪**曼**。（天好像要下雨。）

6. 嘸。

a. "嘸"字用于否定句末尾表示事情还没发生变化、还没有完成或还没开始做。常出现在应答句中。例如：

（39）A：电影《夜访吸血鬼》看过哦？（看过电影《夜访吸血鬼》吗？）

B：没看过**嘸**。（没看过。）

（40）A：小王勒来咪？（小王来了吗？）

B：没来**嘸**。（还没来。）

b. 用于肯定句末表示动作正在进行。例如：

（41）夜饭勒烧**嘸**。（晚饭还在烧。）

（42）雨还勒落**嘸**。（雨还在下。）

c. 语气略夸张，表示将要做某事或发生某种变化。例如：

（43）阿拉明朝爬山去**嘸**。（我们明天要去爬山。）

（44）明朝天家要老老热**嘸**。（明天天气会很热。）

7. 浪。表示确认或描述。例如：

（45）天家要落雨**浪**。（天要下雨。）

（46）味道好好**浪**。（味道还可以。）

8. 浪哉。是"哉"与助词"浪"连用后融合成的一个新的双音节语气词，用在句末相当于"了"。是完成体的标记，强调现在动作已经完成。

（47）作业写好**浪哉**。（作业写好了。）

（48）老张下班**浪哉**。（老张下班了。）

9. 浪嘸。表示肯定，强调已然或既定的事实。例如：

（49）我记得**浪嘸**。（我还记得。）

（50）噎株树活**浪嘸**。（这棵树还活着。）

（51）车站没造好**浪嘸**。（车站还没造好。）

（52）小王没落班_{下班}**浪嘸**。（小王还没下班。）

（二）疑问句语气词

疑问句语气词是黏附在表现疑惑意义的句子后面负载疑问信息的词，使疑问目的更明确。黄伯荣、廖序东本《现代汉语》第六版中将疑问句分为了是非、特指、正反、选择四种。本小节我们来探讨出现在四种问句后的语气词。疑问句语气词主要有：咪、噢、啊、勿、宁［niə13］、啦、叫［tçio44］。

A. 是非问句。

是非问句是指可以用点头或者摇头来回答的问句。

1. 勿。用于句末，表示一般的询问、征询意见，相当于普通话中的"吗"。主要用于是非问句。"勿"的本字应是"不"，余姚方言"不"音同"勿"。由"VP不"中的否定词"不"衍生而来。"不"的虚化问题，前人已作了不少研究，本文不作赘述。例如：

（53）玩得高兴**勿**？（玩得高兴吗？）

（54）噎个人侬认得**勿**？（这个人你认识吗？）

2. 哦［va24］。

《阿拉宁波话》：表示疑问，相当于"吗"；

《宁波方言词典》：是反复问句的否定词，用在位于（V/A）后，相当于"……不……""……了没有"。一般认为是否定词"勿"和语气词"啦"的合音。

"哦"用法与"勿"同，是"勿"与"啦"经常连用后的合音。与"勿"不同的是，"哦"的疑问语气更强，并且主观上希望得到对方的肯定回答。例如：

（55）橘子甜勿 / **哦**？（橘子甜吗？）

（56）玩得高兴**勿啦 / 哦**？（玩得高兴吗？）

（57）嗄个人侬认得**勿啦 / 哦**？（这个人你认识吗？）

（58）嘎几_{这样}对**哦**？（这样对吗？）

"勿"和"哦"还常用于表示请求的问句中，整个句子重音在语气词上。"哦"的请求语气更强。例如：

（59）带仔我去好**勿**？（带我去好不？）

（60）带仔我去好**哦**？（带我走好不啦？）

（61）橡皮借我用仔记好**勿**？（橡皮借我用一下好不？）

（62）橡皮借我用仔记好**哦**？（橡皮借我用一下好不啦？）

3. 咪、浪咪。表示一般的询问。例如：

（63）侬闲早去过**咪**？（你以前去过吗？）

（64）作业写好**咪**？（作业写好没？）

（65）电影结束**咪**？（电影结束没？）

"浪咪"和"咪"一样，用在一个表示陈述的短语后面，构成疑问句。例如：

（66）作业写好**浪咪**？（作业写好了吗？）

（67）电影结束**浪咪**？（电影结束了吗？）

两者的区别在于，用"咪"时，说话者知道事件或动作正在进行，发出询问是为了催促提醒对方，且希望对方作出回答。用"浪咪"时，说话者并不知道事件或动作是否已经完成。从语义上看，可分为两种情况：一是纯粹表示疑问；二是用于日常打招呼，一般不需要对方做正面回答。最常见的当属见面询问对方是否用饭。例如：

（68）夜饭吃**浪咪**？（晚饭吃了吗？）

4. 啊。

a. 置于陈述句末构成疑问句，疑问语气较弱。多用于日常打招呼。如在菜场碰到某个熟人。例如：

（69）侬勒买下饭啊？（你在买菜啊？）（单独成行）

在饭店看到一个人在吃饭：

（70）侬勒吃饭啊？（你在吃饭啊？）

b. 用于否定疑问句中，表示询问对方以确认自己的判断或猜测。例如：

（71）侬明朝勿来**啊**？（你明天不去啊？）

（72）今天上班勿去**啊**？（今天不去上班啊？）

c. 用在语气词"咪"的后面，增强疑问语气。例如：

（73）衣裳汏好**咪**？（衣服洗好没？）

（74）衣裳汏好**咪啊**？（衣服洗好了吗？）

（75）天夜哉，**去咪**？（天色晚了，可以走了吗？）

（76）天夜哉，去**咪啊**？（天色晚了，可以走了吗？）

例（74）和例（76）加上"啊"，感情色彩更重些，表示催促对方，不耐烦的语气。

d. "啊"在相当于"的"的助词"个"后面，经常使用后变成"嘎"。例如：

（77）花瓶依敲破浪**嘎**？（花瓶是你敲破的啊？）

（78）本书侬**嘎**？（这本书是你的啊？）

5. 嚎。是非问句中相当于普通话中的语气词"吧"，即说话人已经知道是怎么回事，只是还不能确定，提问是为了让对方证实。例如：

（79）噎本书侬葛**嚎**？（这本书是你的吧？）

（80）噎道题目我做浪对葛**嚎**？（这道题目我这样做是对的吧？）

B. 特指问句。特质问句指句中含有疑问代词，要求听话者对未知内容作出回答的问句。在特指问句中使用的语气词有浪、啦、啊、浪哉、浪啦、宁。

1. 啦。在特指问句中起舒缓语气的作用。去掉"啦"字，整个句子的语气会变得生硬、严厉。例如：

（81）期末考试考了几分**啦**？（期末考试考了几分？）

（82）啥人讴侬噶做个**啦**？（谁让你这么做的啦？）

2. 浪、浪哉。

a. 表示一般的询问地点、时间等，有完句作用，去掉这个词，句子则不能成立。例如：

（83）图书馆啊里_{哪里}**浪**？（图书馆在哪里？）

（84）几点钟**浪哉**？（几点钟了？）

（85）倷人啊登_{哪里}**浪**？（你们在哪里？）

b. 表示询问建筑物或东西地点的句子中只能用"浪"；询问时间的句中只能用"浪哉"。询问人物所在地点的句子既可以用"浪"，也可以用"浪哉"。例如：

（86）倷人啊登**浪哉**？（你们到哪里了？）

与例（85）不同的是例（86）说话者知道对方正在来或去的路上，例（85）只是单纯询问对方所在之处。

3. 宁。相当于普通话中的"呢"。有时也可以用于反问句或设问句。相当于普通话中的"呢"。

a. 通常只表示单纯地询问，不存在其他语气。例如：

（87）倷人**宁**？（你们人呢？）

（88）偶要到屋里去哉，侬**宁**？（我要回家了，你呢？）

b. 表示一种好奇的询问，表达思索、沉吟的语气。例如：

（89）礼拜日弄点啥〔sə⁴⁴⁵〕西_{什么}去**宁**？（星期天去做点什么呢？）

（90）明天几点钟去**宁**？（明天几点钟去呢？）

4. 叫。用在特指问句中加强语气，重音在"叫"上时，表达不耐烦的语气，引起对方的注意。例如：

（91）噎顷里_{现在}几点钟**叫**？（现在几点钟呀？）

（92）隔壁噶闹热勒弄啥西**叫**？（隔壁那么热闹，在做什么呢？）

C. 选择问句。选择问句是指提出两个或两个以上的选项进行询问，构成 A 还是 B。

常用语气词有宁。

宁。一般用于选择问句的前一选项后面。例如：

（93）噶西多西瓜，送则人家**宁**，还是自家吃？（这么多西瓜，送给别人呢还是自己吃掉？）

（94）侬对**宁**，还是我对？（你对呢还是我对？）

D. 正反问句。正反疑问句是用肯定和否定叠合的方式提问。余姚方言中"啦""宁""叫"经常用在正反问句末尾。例如：

1. 啦。用在句末表示强调。例如：

（95）对勿对**啦**？（对不对啦？）

（96）侬到底来勿**啦**？（你到底来不来啦？）

（97）明天逛街去勿去**啦**？（明天逛街去吗？）

2. 宁［niə¹³］。用在句末表示强调，提醒对方反思行为是否得当。例如：

（98）上课玩手机对勿**宁**？（上课玩手机对不对呢？）

（99）没烧滚个水好吃勿**宁**？（没有烧开的水能不能喝呢？）

3. 叫。常用于反问句，说话者对答案已知，是故意无疑而问，并不一定要求得到回答。它所表达的语气几乎是恶意的，主要传达说话人的那种鄙夷、责难、不耐烦、无奈情绪。为表示语气的强烈，也可以加上程度副词"到底"。相当于普通话中的"啊"。例如：

（100）侬饭（到底）吃好浪咪**叫**？（你饭吃完了没啊？）

（101）你衣裳（到底）汏好浪咪**叫**？（你衣服洗完了没啊？）

上述例句都带有埋怨和不信任的意味，表现的往往是说话者对听话者的数落和质疑。

（三）感叹句语气词

感叹句是表达说话人喜爱、赞美、感慨、惊叹、愤怒、悲哀、讽刺、鄙视、斥责等情感意义的句子，余姚方言中的感叹句语气词数量很少，常用的有"哉""啦""啊"，而且都可以用于其他句式中，但用法比较灵活。我们认为句子的情态意义是由句子的语气和语气词相互作用的结果。

1. 啦。表示肯定，惊叹等语气，夸大自己的内心感受。例如：

（102）［uaŋ⁴⁴］里这里葛风景咋葛好**啦**！（这里的风景多好哇！）

（103）今末天家咋个冷**啦**！（今天天气好冷啊！）

2. 哉。表示感叹、叹惜、惊叹等语气。例如：

（104）冻煞**哉**，冻煞**哉**！（冻死，冻死了！）

（105）又一年过去**哉**！（又一年过去了！）

（106）算**哉**，算**哉**！（算了，算了！）

（107）实在太没用场**哉**！（实在太没用了！）

表示对某人或已然的某事的惋惜。有时根据语境的不同，还可以表达责备、反驳、重申、警告、指明、怀疑等情态。但不管哪种情态，都是"啦"强调感叹对象后衍生出来的。

3. 咯。表示感慨、赞叹，加强赞赏，与"啦"同。例如：

（108）天咋葛蓝**咯**！（天多蓝啊！）

（109）噎朵花咋个香**咯**！（这多花多么香啊！）

（四）祈使句语气词

祈使句的作用是要求、请求或命令、劝告、叮嘱、建议别人做或不做一件事。祈使句语气词有嘛、噢、哉、仔、呐。

1. 嘛。表示提出要求、命令、商量、催促等语气。例如：

（110）雨来落嗜，再停仔顷嘛！

（111）等我顷嘛！（等我一会儿。）

（112）师傅忙则我帮仔记嘛。（师傅给我帮帮忙。）

（113）快点嘛！（快点。）

2. 噢。表达召唤、指示、鼓动提醒的口吻，且态度坚决。例如：

（114）早点来噢。（早点来。）

（115）侬噶弄不来的噢！（你不能这样弄的。）

（116）下次再来噢！（下次再来。）

3. 哉。表达警告或提醒。用于否定句，表示要中止或终止某一行为。例如：

（117）快点哉！（快点了。）

（118）侬夔话哉！（你别说了！）

（119）勿葛话哉！（不要说了！）

4. 仔。表示请求、商量、提议等语气，相当于普通话中的"吧"。例如：

（120）噎本书送则我仔。（这本书送给我。）

（121）噎只苹果侬吃仔。（这个苹果给你吃。）

5. 呐。表达挑衅、威胁的语气。

（122）侬有本事来呐！（你有胆量就过来吧！）

以上是对余姚方言中的常用语气词的扼要描写，在实际运用中，会因语用的需要而有所变化。

贰　语气词的连用

语气词连用与多音节语气词是不同的，后者是一个有完整的语气意义的语气词，而连用的语气词仅仅是语气词在句中按顺序依次出现，它们的意义是独立的。

黄伯荣、廖序东主编的《现代汉语》（增订第六版）按使用频率，概括出 6 个常用的语气词：的、了、吗、啊、呢、吧，并把它们按照距离核心成分的远近分为了三层。第一层是用来表示陈述语气的"的"，主要用来表述陈述语气，表达的语法意义是情况本来如此。如：我们会记住你的好的。第二层是"了"。如：桃子熟了。主要用来传达陈述语气和祈使语气，表示不同情况的出现。第三层的词距离句子核心比较远，主要是呢、吧、吗、啊 4 个词。这些不同层次的语气词可以连用，不同词连用表示不同语气，但句子表达的主要感情色彩由连用中的最后一个词来体现。余姚方言语气词的连用，比普通话语气词的连用丰富得多，也复杂得多，可以两两连用，甚至还有三个连用的情况。朱德熙（1982：208）也指出如果有两个或两个以上语气词接连出现，他们在句子里出现的顺序是固定的。若第一个语气词可表时态，则决定整个句子的时态，而后一个语气词陈述、疑问、祈使以及其他情感；若第一个语气词表达陈述、祈使等语气，则后一个语气词所表达的态度或情感叠加于之前的整个句子之上。多数情况下，只有在句末才连用，句中几乎不连用。

余姚方言语气词的组合数量多且复杂，但在现实语境中，可以连用的语气词并不多。以下我们对常用的语气词连用作举例说明。余姚方言语气词的连用主要是在疑问句中，陈述句中连用较少。

在余姚方言中无论是两个或是三个语气词连用，重点都在最后一个语气词上，本文仅讨论两个语气词的连用。

一、陈述句

浪哉。

这里的"浪哉"与前文例（47）中表示完成时态的双音节语气词"浪哉"不同，此处是"浪"与"哉"的连用，表达的主要意义在"哉"上，用在陈述句后面加强语气效果。例如：

（123）A：天要落雨浪。

B：天要落雨**浪哉**。（天要下雨了。）

B句是通过在A句的基础上添加"哉"的方式组成的连用，在语气意义上为语气词$_1$+语气词$_2$。去掉"哉"语气较弱，但句义不变。而例（47）中的"浪哉"是一个表示完成意义的，具有完整的语气意义的语气词，"哉"不可省略。

二、疑问句

1. 勿啦。"勿"和"啦"都可用在疑问句末尾，"勿"传疑，"啦"非传疑，两者连用后，表示请求，希望对方接受自己的建议和请求。

（124）橡皮借我用仔记好**勿啦**？（橡皮借我用一下好不好？）

（125）忙帮仔记好**勿啦**？（帮下忙好不好？）

2. 勿哉。通常用在动词后面询问是否还要做某件事。

（126）电话打**勿哉**？（还打电话吗？）

（127）看戏文去**勿哉**？（还去看戏吗？）

3. 勿叫。表示对事实心存疑虑，询问是否可行。

（128）嘎记_{这样}做对**勿叫**？（这样做对吗？）

（129）噶合_窄个桥会翻落**勿叫**？（这么窄的桥会掉下去吗？）

4. 勿宁。表埋怨、指责语气。

（130）上课空话好讲**勿宁**？（上课可以讲空话吗？）

（131）节假日跑出去会勿堵**勿宁**？（节假日出去玩会不堵吗？）

5. 浪啦、咪啦、咪啊。加强疑问效果，有催促的意味。

（132）侬人啊里**浪啦**？（你是哪里人啦？）

（133）侬来**咪啦**？（你来了吗？）

（134）电话打好**咪啊**？（电话打好了没啊？）

三字甚至四字连用的情况所表达的意义与两个字连用的相同，本文不做赘述。

叁　高频语气词考察

余姚方言中最具余姚特色的是"浪""哉"和双音节语气词"浪哉"的大量运用，它们大致与普通话中的"了"相当，但又不完全相同。尤其是"浪哉"，余姚人在日常交际中几乎言必有"浪哉"。

一、"浪"的语法化

语法化通常指语言中意义实在的词转化为无实在意义，表语法功能的成分的一种过程或现象，中国的传统语言学称之为"实词虚化"。但是虚化主要针对词义的变化由实而虚，"语法化"一词则偏重于语法范畴和语法成分的产生和形成。诱发汉语词汇语法化的因素有其自身的特点。一般来说，有"句法位置改变""词义变化""语境影响""重新分析"等方式。此外，伴随着功能、词义变化而产生的读音演变，一个实词语法化之后它在虚词系统中地位的确立及调整，不同语言之间的接触对虚词产生和使用的影响等，也不同程度地在语法化过程中起过作用和影响。

"浪"在余姚人的日常交际中的使用频率不亚于"浪哉"。《汉语大词典》："浪。方言。本义上，用在名词后，表示一定的处所和范围。"钱乃荣（2003：373）认为"浪"是"上"的声母发生流音化，由［z］变为［l］。从历时的角度来看，语法化是"浪"从方位名词发展为语气词的重要原因之一。我们以为余姚方言中的"浪"是由吴语中表示"在上"的固定结构"来……浪"（勒浪）简化而来。例如：

（135）（末白）大老爷在哪里？（花旦白）来楼**浪**。（《珍珠塔》第21回）

（136）老秋介勒朵气头**浪**，听见太太到来。（《三笑》第34回）

在余姚方言中，表示"在"的介词"来（勒）"通常省略不说，"浪"为"来……浪（来浪）"的省略，在一些句子中还带有实义。如：

（137）钥匙（来）桌凳**浪**。/ 钥匙桌凳**浪**。（钥匙在桌子上。）

此处的"浪"即"上"。例如：

（138）钥匙（来）桌高头**浪**。（钥匙在桌子上。）

余姚方言中"高头"即为处所词"上"，"浪"附着在"高头"等处所词后面意义已经虚化成后置介词。例如：

（139）小王（来）屋里**浪**。/ 小王屋里来**浪**。（小王在家里。）

（140）傑（来）外头**浪**。（他在外面。）

以上二例中的介词"来"通常省略不说，"浪"字已经没有"在表面""上"的意思。由于句中已经省略了介词来（在），"浪"就不能再省略，否则句子不完整，此处的"浪"以从处所词虚化为后置介词。

"浪"用在重叠的形容词后进一步虚化为表达陈述语气或强调事实的语气词。

以上都是用在名词后面，还有一种用法是。例如：

（141）西瓜甜甜**浪**。（西瓜很甜。）

（142）味道好好**浪**。（有出乎意料的意味。）

表示程度的"煞"后面也常常跟"浪"字。例如：

（143）傑痛煞死**浪**。（他痛死了。）

（144）高兴煞**浪**。（高兴死了。）

二、浪哉

据《余姚镇志》记载：据传说，在很早以前的秦朝，秦始皇想长生不老，张贴告示于天下，愿出重金，征买长生不老药。有一个名叫卢生的人，心血来潮，要求见秦始皇，说在东海有仙山，仙山名叫蓬莱岛，岛上有灵丹妙药，可使人长生不老，可以派人去采集。秦始皇在此之前，已派出多批人马，在天下名山大川寻访"不死药"，于是答应卢生，并叫其出海采集灵丹。

在东海大洋无边无际，船如一片树叶，漂来漂去，漂呀漂，漂到了今天的杭州湾南岸搁浅了。卢生想，仙山看不见，妙药又找不到，再去漂泊，怕性命难保，还是上岸定居下来，和那儿的人一起生活吧。

一个朝代又一个朝代过去了，卢生和他的后代在这里劳动生息，繁衍子孙，当人们问起祖先世居哪里？他们已无法回答，只说祖先是浪载来的。说得多了，成了习惯，于是"浪载了"成了口语。后来，对浪载的意思变了，成为"啷哉"啦。

"啷哉"的传说，是余姚独有文化，这可能与当前慈溪的"徐福东渡日本"有关，在"啷哉"上可以找到一种答案，也可能是河姆渡先民留下的一种口语信号。（参考《余姚镇志》第524页）

传说毕竟只是传说，缺乏理论依据。"浪哉"通常表示事情已经准备好了或做好了。

（145）先生，通商厨房叫格菜送来**来浪哉**，添格四个荤盆野摆好**来浪哉**。（《商界现形记》第8回）

本文以为"浪哉"是"来浪"与"哉"连用后，词汇化的结果。如：

（146）屠明珠道："黎大人困熟**来浪**，勿要说哉"。（《海上花列传》第19回）

是睡着的状态维持着，后面加"哉，"表示已经睡着，是一种"现在完成的时态"，强调的是睡着的动作已经完成，而不是完成后的结果的延续。

"浪哉"和"哉"都能用于陈述句末尾，表示肯定、确定的语气，相当于普通话中的"了"。但两者在语义上略有区别。"浪哉"可以是完成时态的标志，表示事情已经发生或者完成，含"已经"义，语气较哉略强些。"哉"可以表示当前存在的状态也可以是将会存在的事实。

（147）我饭吃好**哉**。（我饭吃好了。）

（148）我饭吃好**浪哉**。（我饭吃好了。）

（149）明朝_明天_放假**哉**。（明天放假了。）

（150）*明朝放假**浪哉**。（明天放假了。）

例（147）、例（148）都是"我饭吃好了"的意思。例（147）吃的动作快要完成或刚完成，而例（148）吃的动作已经完成。例（149）表示即将要发生的事。"明朝"是将来时，不能与表示完成态的"浪哉"同时使用，例（150）不成立。

三、咪、浪咪

"咪"和"浪咪"是余姚方言中最为常用的传疑语气词。"咪"其实是"未"的白读音。余姚方言中微母字分文白读，文读作［v/fi］，白读作［m］。如味、未［mi^{23}/vi^{13}］。

"未"本为否定副词，用在谓语动词的前面作状语。然而我们发现从西汉开始的文献中有不少"VP-Neg"型疑问句的末尾用"未"字，用来询问句中所指的事情或动作是否已经出现或者完成，相当于现代汉语的"……没有"或"……了吗"。例如：

（151）君除吏已尽未？（《史记·魏其武安侯列传》）

（152）太后独有帝，今哭而不悲，君知其解未？（《汉书·外戚传》）

（153）卿家痴叔死未？（《世说新语·赏誉》）

（154）来日绮窗前，寒梅著花未？（唐王维《杂诗》）

由此可见，余姚方言中例（63）、例（64）、例（65）中"咪"的本字是疑问句语气词

"未"。随着语言的发展，现代汉语中"未"在疑问句末的用法已被另一个否定副词"没"代替。例如：

（155）看见没？

（156）听见没？

四、"哉"的历时考察

王力（1980：458）曾说："总体来说，汉语语气词的发展有一个特色，就是上古的语气词全都没有流传下来，'也''矣''乎''哉''耶'之类，连痕迹都没有了。代替它们的是来自各方面的新语气词……"这一说法虽有些过于绝对，但是却揭示了新旧语气词更替的事实。现代汉语普通话中没有上古遗留的语气词，但有些方言中或多或少还有上古语气词的遗留，尤其是粤语和闽南语中源自古代汉语的语气词保留最多。吴语中也有少量上古遗留的语气词，如"哉"，在苏州、上海、绍兴以及余姚等地都有"哉"的存在。在上古时期，"哉"的用法是多种多样的，可用于感叹、疑问、反诘以及拟议等句子中，表示着多种语气。中古以后，"哉"多用于简短的叹语之后，中古的"哉"多与有反诘意味的语气副词进行搭配使用，例如"岂""宁"等副词。由此我们可以推断出，"哉"字在中古之后的主要功能：首先就是表达反诘语气，其次是由反诘语气引申出的感叹语气，并且"哉"已经很少用在特指问句中了。随着语言的发展，近代汉语中产生了大批新的语气词，导致文言语气词的使用范围大大缩小。

（一）感叹句。表示感叹、惊诧、哀愁、唏嘘等语气。例如：

（157）"大**哉**，乾元！万物资始，乃统天。"（《易·乾》）

（158）"嗟乎，燕雀安知鸿鹄之志**哉**！"（《史记·陈涉世家》）

在余姚方言中，"哉"是最常用的感叹句语气词之一。例如：

（159）天家太热**哉**！（天气太热了！）

（160）算**哉**，甭话**哉**！（算了，别说了！）

（二）疑问句。表示疑问或反诘。例如：

（161）"曷至**哉**？鸡栖于埘。"（《诗·王风·君子于役》）

（162）"此何鸟**哉**？"（《庄子·山木》）

（163）"夫召我者，而岂徒**哉**？"（《论语·阳货》）

（164）"相如虽驽，独畏廉将军**哉**？"《史记·廉颇蔺相如列传》

古代汉语中"哉"可以用于疑问语气，往往用"哉"先提出一个问题，而后作答，引起对方注意，例如：

（165）"矢人岂不仁于函人**哉**？矢人惟恐不伤人，函人惟恐伤人，巫匠亦然。"（《孟子·公孙丑上》）

"哉"还可以用于特指问，问人、问事、问地点等，例如：

（166）"汲黯何如人**哉**？"（《史记·汲黯传》）

疑问句用中"哉"一般与"何""安""胡"等疑问代词或副词同时使用，多数用在无疑而问的反问句末。随着"何""安""胡"等疑问代词或疑问副词使用的减少，"哉"在疑问句中的使用频率也相应减少。而在余姚方言中，"哉"仅偶尔用于反问句中，更多的是用在陈述句中，例如：

（167）侬是个驮仔去**哉**？（你就这样拿着走了？）

（三）祈使句。表示祈使、训诫。

（168）呜呼，敬之**哉**！（《周书·小开解》）

（169）诏太子发曰：汝敬之**哉**！（《周书·文儆解》）

"哉"的以上功能在吴语中得到了传承和发扬，不论是与动词、形容词还是语气词的结合中，"哉"都体现了其丰富的表情达意能力，所表达的语气也比先秦时的"哉"更为多样。在明清吴语小说及苏州评弹中有大量的例子，仅《海上花列传》一书中就有644处。余姚方言中"哉"字用法相较于古汉语和苏州地区要简单。

肆　语气词的功能

语气词是日常口语中加在句中或句末的虚词，一般没有实在的词汇意义，也不作句法结构成分，但是有些语气词却有完句功能，本节我们主要探讨语气词的完句功能。

余姚方言中语气词的完句功能主要是针对出现在句尾的词。通常我们认为语气词不作句法成分，但在一些句子中，具体说不出语气词在句中担任什么成分，可如果去掉语气词，整个句子又不能表达一个完整的意义。余姚方言表达完句功能的多是陈述和疑问语气词。如：

（170）日头_{阳光，太阳}好好**浪**。（阳光很好。）

（171）卖相_{样子}好好**浪**。（样子很不错。）

在这两个句子中，如果去掉句末的"浪"，"日头好好"和"卖相好好"是不能表达一个完整的意思的。

伍　与余姚方言语气词相关的几个问题

一、关于字音的问题

语气词的语音。余姚方言语气词的声调比较复杂，有区别语气意义的作用。在不同的语境中运用不同的语调和重音，同一个语气词可以表达不同的语气或情绪。今慈溪大部分地区讲的是余姚话，如浒山话与余姚城区话几乎相同，仅语调略有不同，浒山话多去声、阳平，余姚话多阴平。如"浪哉"这个词的读法就很有代表性。余姚话念阴平，浒山、周巷等地念去声。

二、关于使用频率的问题

由于普通话的推广普及，以及外来人口的大量涌入，余姚方言中越来越多地夹杂着普通话的成分，语气词在年轻人的使用中呈简化趋势，尤其是在青少年中，部分语气词已经基本不用了。如疑问语气词"宁"，在选择问句中常常省略不说；在特指问句中常用"啦"代替。"浪哉"的使用在青少年中也呈减少趋势。低龄儿童甚至已讲不出余姚话。

三、关于兼类问题

部分语气词具有兼类性质，这类词大都是由其他词性的词虚化而来。如"勿"，既可做否定副词，又能充当疑问语气词。"浪"可做助词，如"园浪"，又常用作语气词。

结　语

本文列举了大量的语言事实对余姚方言语气词的特点、规律加以说明。通过上文所述，我们可以大致描绘出余姚方言语气词的基本面貌：

1.大多数语气词可以表达多种语气。一个语气词可以表达多种语气意义，一种语气意义也可以用不同的语气词来表达。

2.数量多，单音节语气词占绝对优势。

3.句中语气词数量少，句末语气词占绝对优势。其中疑问句语气词数量最多，陈述句语气词次之，感叹句和祈使语气较少。

4.使用频率较高，具有浓厚地方特色的语气词有：浪、哉、浪哉。

语气词数量较少且封闭，最能显示语言特色。它词义空灵，通常不作句法结构成分，较难捉摸和分析，本文的探索还是初步的，所谈观点聊供参考。

参考文献

胡竹安.宋元白话作品中的语气助词［J］.中国语文，1958（6）.

黄伯荣，廖序东.现代汉语（增订第六版）［M］.北京：高等教育出版社，2017.

钱乃荣.北部吴语研究［M］.上海：上海大学出版社，2003.

阮桂君.宁波方言语法研究［M］.武汉：华中师范大学出版社，2009.

邵敬敏.上海方言的话题疑问句与命题疑问句［J］.华东师范大学学报，2007（4）.

邵敬敏主编.现代汉语通论（第三版）［M］.上海：上海教育出版社，2016.

汤珍珠，陈忠敏，吴新贤.宁波方言词典［M］.南京：江苏教育出版社，1997.

魏业群，崔山佳.浙江诸暨方言的"来"［M］//吴语研究（第八届国际吴方言学术研讨会论文集）（第8辑）.上海：上海教育出版社，2016.

肖　萍.余姚方言志［M］.杭州：浙江大学出版社，2011.

肖　萍，郑晓芳.鄞州方言研究［M］.杭州：浙江大学出版社，2014.

邢向东.论现代汉语方言祈使语气词"着"的形成［J］.方言，2004（4）.

余姚市地方志编纂委员会.余姚市志［M］.杭州：浙江人民出版社，1993.

余姚市地方志编纂委员会.余姚市志1988—2010［M］.杭州：浙江人民出版社，2015.

余姚镇志编纂领导小组办公室.余姚镇志［M］.余姚：余姚印刷厂印刷，1989.

俞光中.元明白话里的助词"来"［J］.中国语文，1985（4）.

周志峰，汪维辉.阿拉宁波话（修订版）［M］.宁波：宁波出版社，2016.

朱德熙.语法讲义［M］.北京：商务印书馆，1982.

朱彰年，薛恭穆，汪维辉，周志峰.宁波方言词典［Z］.上海：汉语大词典出版社，1996.

朱彰年，薛恭穆，周志锋，汪维辉.阿拉宁波话［M］.上海：华东师范大学出版社，1991.

（黄梦娜　浙江财经大学人文与传播学院　huang.ellen@outlook.com）

仙居方言形容词重叠式研究

李金燕

仙居方言属于吴语台州片，它的形容词类型和数量极其丰富。重叠被广泛用于许多语言以及各种方言中，是重要的语法方法，形容词的重叠是现代汉语语法研究中的热门话题，王力先生（1985）把形容词重叠式称为"绘景法"，他认为"绘景法是要使所陈述的情景历历如绘"。① 在语法研究中，关于形容词的重叠研究有很多，但对仙居方言形容词重叠式研究还很少，文章以仙居方言形容词为研究对象，通过全面、系统地描写，揭示仙居方言形容词重叠式构成形式、语义特征和句法功能，以期对仙居方言形容词重叠式有一个全面的认识。

一 仙居方言形容词重叠式构成形式

仙居方言形容词重叠式，可以归成两个类别：第一种是完全重叠，意味着所有音节都可以重叠，它的形式比较单一，就像"淡淡个""老老实实"等；第二种是不完全重叠，它的情况就要复杂一些，小部分音节会重叠，"杀角猛杀角"等。

（一）完全重叠式

完全重叠式有三种：AA 式、AABB 式、ABAB 式。

1. 单音节形容词重叠式

（1）AA 式

单音节形容词重叠式有以下三种：AA 完、AA 个、AA 格。每个后缀都可以跟性质形容词搭配使用，其中"AA 完"还可以跟状态形容词搭配使用。

AA 完：

    1）没熟格杨梅酸酸完。（没熟的杨梅很酸。）

    2）天黑黑完，肖＝乱走。（天很黑，不要乱走。）

    3）渠煮勒饭香香完。（他煮得饭很香。）

词缀"完"相当于"非常"，"酸酸完""黑黑完""香香完"意思分别为"非常酸""非常黑""非常香"，重叠后，语义程度有所加深。

AA 个：

    4）午时菜煮勒淡淡个，肖＝咸猛。（中午菜煮得淡一点，不要太咸。）

    5）朗朗个缝几针。（缝得疏一点。）

    6）馒头皮薄薄个。（馒头皮薄的。）

词缀"个"相当于"一点点"，"淡淡个""薄薄个"分别为"淡一点点""薄一点点"，重叠后，弱化了语义程度。

AA 格：

    7）我屋里停车地方宽宽格。（我家里停车地方宽宽的。）

---

① 王力.王力文集（第二卷）[M].济南：山东教育出版社，1995：57.

8）尔格只脚粗粗格。（你这只脚粗粗的。）

"扩""粗"加了词缀"格"，"宽宽格""粗粗格"最主要是起强调作用，其次，语义程度也是有所加深的。

2. 双音节形容词重叠式

除了单音节形容词重叠式之外，仙居方言里的双音节形容词重叠式也很丰富，有下面两大类型：AABB 式、ABAB 式。

AABB 式重叠在普通话双音节形容词中较为常见，在仙居方言中使用频率也很高，主要是有基式 AB 的重叠，即重叠式，双音节重叠式是对基式 AB 所描述事物程度的进一步加强，也就是说 AABB 的程度量高于 AB。

ABAB 式类型在仙居话中也较为常见，主要是前加式，很多学者也称之为构词前缀，鲍厚星明确指出 AB 式状态形容词中 A 是词缀[1]；该结构中 A 意义虚灵，一般没有实际词汇意义，其作用是加深后一形容词语素的程度，比较程度 AB > B。

（1）AABB 式

漂亮：漂漂亮亮　简单：简简单单

平淡：平平淡淡　斯文：斯斯文文

便宜：便便宜宜

总体来说，重叠能力都非常强。

（2）ABAB 式

用来增强表达语义的程度，语音表现：AB 和 AB 语音模式几乎相同，没有变化。

死咸死咸　漆黑漆黑

蜜甜蜜甜　雪清雪清

9）今天煮勒格面，死咸死咸。（今天煮的面，很咸很咸。）

（二）不完全重叠式

不完全重叠是某些音节是重叠的。主要有六种形式：AXX、有 AA、A 猛 A、A 里 AB、AAB 和 AB 猛 AB。其中，A 猛 A，AB 猛 AB 在仙居话中使用较为普遍。

"有 AA"是在基式 A 重叠后加入前缀"有"；"A 猛 A"是在基式 A 重叠后加入中缀"猛"；"AB 猛 AB"是在双音节形容词基式 AB 重叠后加入中缀"猛"；"A 里 AB"式在仙居方言中使用得较为普遍，由双音节形容词"AB"和前面的形容词语素结合，中间再插入词缀"里"。

1. 单音节形容词重叠式

单音节形容词的重叠式有三种：AXX、有 AA 和 A 猛 A。

（1）AXX

10）渠便是长憨憨喔。（他就是高高的。）

11）格条被涨溢溢。（这条被子湿湿的。）

12）频面白刷刷个阿歇都没有。（脸白白的，什么都没有。）

13）渠整日冈沉沉的老真没意思。（他整天冈沉沉的，真的没意思。）

14）渠个频面黑黜黜的。（他的脸黑黑的。）

---

① 鲍厚星，陈晖. 湘语的分区（稿)[J].方言，2005（3）.

15）尔的衣裳都是轻飘飘的。（你的衣服都是很轻飘的。）

此类重叠词缀的语音与语义表达有很大相关性，是比较复杂的。一般来说，X_1 的调值基本没什么变化，但是 X_2 会根据语义有相应的调值变化。具体来看，如果 X_2 是升调，表达出的是"喜爱"等积极义，但是如果 X_2 是降调，表达出的是"讨厌"等消极义，以下列举的都是此类的形容词重叠式：

细出出　木邓邓　红叽叽　黑黜黜　红粉粉　甜醒醒

硬绷绷　白泊泊　白拓拓　长拔拔　淡离离　重答答

辣花花　青雪雪　苦滴滴　白离离　绿依依　甜迷迷

黄港港　红血血　酸注注　涨溢溢

AXX 式在程度的加强作用上稍弱于 AA 完式，但更强于"AA 个、AA 较、AA 盈"等形式。

（2）有 AA

16）渠两个有好好起。（他们两个很好。）

17）格屋里书有多多，想望走格望。（这屋子里有很多书，想看走去看。）

18）格花开勒有香香。（这花开得很香。）

19）有贵贵格电视我弗买。（很贵的电视我不买。）

有 AA 式，A 时值比原调长，在语义表达上，此式与"A 猛 A"式的强调作用比较明显，都表现说话人强烈的主观色彩。

（3）A 猛 A

20）格楼高猛高，弗坐电梯怎走得上？（这楼很高，不坐电梯怎么走得上去？）

21）渠题目做勒对猛对，肯定考上大学。（他题目做得很对，肯定能考上大学。）

22）格把椅大猛大，掇啊掇否动。（这把椅子很大，拿也拿不动。）

此类重叠式作用比 AAX 式更明显，通常在需要强调或夸大某些特性时经常使用。

2. 双音节形容词重叠式

双音节式有三种：A 里 AB、AAB、AB 猛 AB。

（1）A 里 AB

怪里怪气　流里流气

23）尔老是毛里毛躁，怎做事干？（你总是毛里毛躁，怎么做事情？）

（2）AAB

滚滚壮　漆漆黑　雪雪亮　雪雪白

该类型的重叠式，A 时值也比原调稍长。在语义表达方面，重叠后的表达会更加生动活泼。

（3）AB 猛 AB

24）尔吃饭味道猛味道。（你吃饭吃起来很有味道。）

25）渠则陪多娘做生活杀角猛杀角。（渠如果陪姑娘干活很厉害。）

26）换火车，麻烦猛麻烦。（换乘火车，很麻烦。）

二　仙居方言形容词重叠式语义特征

仙居方言形容词的重叠在以下方面表现出系统性特征：程度意义、状态意义、评估意义。

（一）程度意义

1. 量性

每一个词语的重叠都在关注"量"的变化，这种量表示形容词的程度意义，尽管仙居方言形容词重叠式大多集中在程度意义上，但方言中不同重叠式的表达是不一样的，有的程度非常重，有的程度一般重，显示出一定程度的差异。正如李宇明先生所说，这种重叠的主要功能是"调整"且在两个维度上改变形容词。① 依据仙居方言的实际情况来看，语义程度有不同程度的强化或者弱化趋势。

2. 等级性

根据仙居话重叠式语义有不同的程度的强化或者弱化趋势，因此，从等级差异的角度出发，我们可以根据仙居方言的表义程度强弱，将仙居方言中的形容词重叠式排列成等级序列：

（1）AA 个 <A < AXX < AA 完 < A 猛 A

"A 猛 A"的程度意义表达到极至，其次是"AA 完"，再是"AAX"，最后是"A""AA 个"。

27a）没熟格安株酸酸个。（没熟的樱桃有点酸。）

b）没熟格安株酸的。（没熟的樱桃酸的。）

c）没熟格安株酸死死。（没熟的樱桃很酸。）

d）没熟格安株酸酸完。（没熟的樱桃很酸很酸。）

e）没熟格安株酸猛酸。（没熟的樱桃酸到不能再酸了。）

"安株酸的"的"酸"，属于一般描述，"酸酸个"比"酸"程度义浅，"酸死死"比"酸"程度义要深，但未达到"很酸"的程度，"酸酸完"的程度意义更深一级，而"酸猛酸"是酸极了的意思。"A 猛 A"式强调某件事物的本身特点达到了无法描述的程度，它有夸张的意思，体现出了一个极端。

28a）渠煎来格药苦苦个。（他煎起来的药有点苦。）

b）渠煎来格药苦的。（他煎起来的药苦的。）

c）渠煎来格药苦滴滴的。（他煎起来的药苦苦的。）

d）渠煎来格药苦苦完的。（他煎起来的药很苦很苦。）

e）渠煎来格药苦猛苦。（他煎起来的药苦到不能再苦。）

"药苦的"的"苦"，属于一般描述，"苦苦个"比"苦"程度义浅，"苦滴滴"比"苦"程度义要深，但未达到"很苦"的程度，"苦苦完"的程度意义更深，而"苦猛苦"是苦极了的意思。"A 猛 A"的语义程度达到了极点。

（二）状态意义

重叠式不仅可以代表个人的基本属性，还可以代表个人状态或形式，通常描述人的状态，大多数学者都认为是状态形容词。重叠之后，意义会体现出状态意义，在仙居话中每种所表现的状态水平是有辨别的，会呈现出差异性。

---

① 李劲荣. 形容词重叠式的量性特征［J］.学术交流，2006（1）：142.

29a）渠格肤色黄港港。（他的肤色黄的。）

　　b）渠格肤色有黄黄。（他的肤色很黄的。）

"黄港港"表示很黄的程度。但"有黄黄"表示黄到了一定程度的一种状态，比较复杂，程度加深，还表状态义。

1. 直接状态形容词重叠式

（1）AABB

30a）望渠瘦黜黜的。（看他生得有点瘦的。）

　　b）望渠就瘦瘦完。（看他生得瘦的。）

　　c）望渠生勒有瘦。（看他生得有瘦瘦。）

　　d）望渠瘦瘦黜黜的。（看他生得有很瘦很瘦。）

"瘦"是基本的形容词，经过重叠后，"瘦瘦完"比"瘦黜黜"的程度义更明显，说明了瘦状态，"瘦瘦黜黜"状态性更加突出，具体描述了瘦形象。

（2）ABAB

ABAB 式一般表达的程度加深，此类型的重叠加强了状态义，具有很强的描述性，非常形象。

31a）条肚憋胀弗舒服。（肚子胀得不舒服。）

　　b）条肚憋胀憋胀弗舒服。（肚子很胀很胀不舒服。）

32a）格个小后生生勒漆黑。（这个小伙子生得漆黑的。）

　　b）格个小后生生勒漆黑漆黑。（这个小伙子生得很黑很黑。）

"憋胀"表达了不舒服的感觉，"憋胀憋胀"表达更难受更直接，"漆黑"表明很黑，"漆黑漆黑"比"漆黑"更能直接体现出黑的程度。

（3）AAB

33a）渠生勒雪白的。（她生得雪白的。）

　　b）渠生勒雪雪白。（她生得很白很白。）

"雪白"是基式，表示"渠"白净，"雪雪白"是重叠式，语义程度更深，而且对"渠"的描述更直接，"像雪一样白"的形容，加强了状态性。

2. 间接状态形容词重叠式

仙居方言中，表间接状态有 A 里 AB、AA 较、AB 猛 AB 等。当需要突出显示或夸大特殊特征时，通常会使用它。这些重叠状态的使用相对较弱，他们通常不直接描述对象的形状，而是用重叠的形式来唤起人们的某种形式经验。

34）望渠傻里傻气窝，肖~的渠讲。（看他傻里傻气的，不要跟他说了。）

35）尔好好较的渠讲道理。（你好好跟他说道理。）

36）尔的渠讲话麻烦猛麻烦。（你跟他说话很麻烦。）

"傻里傻气""好好较""麻烦猛麻烦"等重叠式，状态性较弱，间接引起说话人某种情感。

37a）落雨时节，格间窝潮。（下雨时候，这间屋子潮的。）

　　b）格间窝潮溢溢。（这间屋子潮湿的。）

"潮"说的是屋子潮这个基本概况，"潮溢溢"表示某个时刻的状态，经过比较可以看到，用基式描述事物显得单一，比如达到什么程度上，它是什么样的状态就不明显了，而重叠式的不仅可以解释基本的情况，还可以表达出程度义和状态义。

（三）评估意义

重叠式通常包括积极，消极等主观情感，即增加了感情色彩，这个就是重叠式另外特征，评估性。

1. 强化性

本身就具主观表达的作用，通常下它能深化基式感情色彩，也就是它可以强化褒义，还可强化贬义。

38a）格女儿白的。（这女儿白的。）

　b）格女儿白泊泊的。（这女儿白白的。）

39a）格支棒冰蜜甜的。（这支棒冰甜的。）

　b）格支棒冰蜜甜蜜甜。（这支棒冰很甜很甜的。）

"白"是形容词基式，属于一般描述，表示白净漂亮，"白泊泊"不仅表现出色感，还表达了说话人对"女儿"赞美之情，"蜜甜蜜甜"则表达出说话者对"棒冰"喜欢，"白"跟"甜"属于客观描述，而重叠式表达带有主观情感。

2. 主观性

不仅会深化基式感情色彩，而且会改变基式的感情色彩。体现在三方面：

（1）中性、贬义转为褒义

40a）小后生长勒有肉的。（小伙子长得有肉的。）

　b）小后生长勒肉嘟嘟的。（小伙子长得肉肉的。）

"肉"是基式，贬义色彩，形容长得很肥胖，"肉嘟嘟"是重叠式，叠音部分是褒义的，表达出喜爱之情。

（2）中性、褒义转为贬义

41a）渠望便弗望，走路眼睛白个。（他看也不看，走路不长眼睛。）

　b）渠望便弗望，走路眼睛白呜呜。（他看也不看，走路不长眼睛。）

"白"是中性词，叠音部分"呜呜"是贬义色彩，"白呜呜"表达出厌恶之情。

（3）主观性，由词的本身决定。

42）杀角猛杀角，阿歇都会。（很厉害，什么都会。）

43）你真是笨猛笨，就弗晓得先休息起？（你真的笨，就不知道先休息一会？）

"杀角"是厉害的意思。用"AB 猛 AB"式加强了好的褒义色彩。"笨"表明不灵活，"笨猛笨"，表达出贬义的色彩更浓厚了。

三　仙居方言形容词重叠式句法功能

重叠以后，其句法功能发生了明显变化，主要表现在所作具体句法成分上，总体来看，与基式相比，重叠式作各种成分更灵活自由，而且，重叠式作定语、补语、状语、谓语能力增强，下面笔者对仙居方言形容词重叠式的句法功能进行分析。仙居方言形容词重叠式句法功能具体见表1：

表 1 仙居方言形容词重叠式句法功能

格式	例词	定语	谓语	状语	补语
AA 完	看看完	+	+	−	+
AA 个	好好个	+	+	+	+
AA 格	多多格	+	+	+	+
AA 较	好好较	−	−	−	+
AA 盈	酸酸盈	+	+	−	+
A 猛 A	高猛高	+	+	+	+
AXX	干哒哒	+	+	−	+
有 AA	有贵贵	+	+	−	+
AABB	活活灵灵	+	+	−	+
AAB	雪雪白	+	+	−	+
A 里 AB	傻里傻气	+	+	−	+

（一）作谓语

与基式相比，仙居方言形容词重叠式充当谓语更自由，不需要标记别的成分，而且一般不带宾语和补语。

AA 完

44）渠屋里格麦油脂油油完。（他家里的麦油脂很油。）

45）橘子甜甜完。（橘子很甜。）

AA 个

46）饼皮薄薄个的。（饼皮薄薄的。）

47）走路慢慢个，肖＝走快么。（走路慢一点，不要走太快。）

A 猛 A

48）渠条肚大猛大。（他肚子很大。）

49）尔笨猛笨。（你很笨。）

AXX

50）我阿姨人生勒细黜黜。（我阿姨长得小小的。）

51）格件衣裳黄港港。（这件衣服黄的。）

有 AA

52）格药有苦苦。（这个药很苦。）

53）我小弟玩具有多多。（我的小弟弟有很多玩具。）

A 里 AB

54）渠有时候怪里怪气。（他有时候的脾气很怪。）

55）我一个同学讲话啰里啰唆。（我的一个同学说话很啰唆。）

"油油完""笨猛笨""薄薄个""大猛大""慢慢个""甜甜完""细出出""黄港港""有苦苦""有多多""怪里怪气""啰里啰唆"，在上述句子中作谓语，相对来说，比基式自由。

（二）作状语

仙居方言形容词重叠后充当状语的能力有所加强。

AA 个

　　＊花朗个种两朵。

　　56）花朗朗个种两朵。（疏疏地种两朵花。）

AA 较

　　＊尔好较走个困。

　　57）尔好好较去困觉。（你好好地去睡觉。）

"朗朗个""好好较"在上述句子中作状语。"朗个""好较"不可以作状语。

（三）作定语

充当定语的形容词重叠式与基式相比，没有明显的差异，而且一般情况下的重叠式都可以作定语。

A 里 AB

　　58）流里流气的人肖＝碰。（流里流气的人不要碰）

　　59）尔做事干糊里糊涂。（你做事情很糊涂。）

AXX

　　60）满噗噗一大碗饭渠吃完。（满满的一大碗饭他吃完了。）

　　61）涨溢溢格被要洗干净。（湿湿的被子要洗干净。）

ABAB

　　62）蜜甜蜜甜格西瓜要少吃点。（甜甜的西瓜要少吃点。）

　　63）漆黑漆黑的工作服弗要了。（黑黑的工作服不要了。）

有 AA

　　64）有贵贵格手机我买弗起。（很贵的手机我买不起。）

　　65）尔有香香。（你很香。）

AAB

　　66）渠每日刷牙便有雪雪白格牙齿。（你每天刷牙就有雪白的牙齿。）

　　67）笔笔直的马路在我屋里边了。（笔直的马路在我家旁边。）

"流里流气""糊里糊涂""满噗噗""涨溢溢""蜜甜蜜甜""漆黑漆黑""有贵贵""香香个""雪雪白""笔笔直"等在句子中作定语。

（四）作补语

就我们本文中所见到的形容词重叠式都可以充当补语，与基式区别也较少。

有 AA

　　68a）茅草棚造得矮。（茅草棚造得矮。）

　　　b）茅草棚造得有矮矮。（茅草棚造得很矮。）

AAB

　　69a）格个小老人晒了漆黑。（这个小伙子晒得很黑。）

　　　b）格个小老人晒了漆漆黑。（这个小伙子晒得很黑很黑。）

A 猛 A

　　70a）尔小的时节读书有好啊。（你小时候读书很好啊。）

b）尔小的时节读书好猛好。（你小时候读书很好很好啊。）

A 里 AB

71a）渠做事做勒糊涂。（他做事做得糊涂。）

b）渠做事做勒糊里糊涂。（他做事做得很糊涂。）

重叠式"有矮矮""漆漆黑""好猛好""糊里糊涂"在上面句子中作补语，基式"矮""漆黑""好""糊涂"也可以，两者都比较自由。

综上所述，一般来说，与基式相比，重叠式作各种句法成分较为自由。作谓语和作状语区别较大，如作谓语，基式前要加别的标记成分。作定语和作补语区别较少。绝大部分仙居方言形容词重叠式可以作定语和补语。

另外，重叠式还可以受"弗"以及"勿要""勿曾"否定副词等修饰，这是仙居方言的一个重要特征。如：

72）尔讲渠长长完，我望弗长长完也。（你说他很高，我看不高。）

73）渠帮别个人做事干弗用力猛用力过。（他帮别人做事情不用力的。）

四 结 语

本文主要从构成形式、语义特征和句法功能三个方面对仙居方言形容词重叠式进行考察。

重叠式包括两种，完全重叠式有三种：AA 式、AABB 式、ABAB 式。不完全重叠是某些音节是重叠的。主要有以下六种：AXX、有 AA、A 猛 A、A 里 AB、AAB 和 AB 猛 AB。

就意义而言，语义特征主要有程度义、状态义、评价义，不同的重叠风格具有不同程度的意义，加强或者弱化。根据状态的强弱，状态意义分直接状态和间接状态两种，评估意义在于强化性和主观性。

就功能角度来看，其主要功能是充当定语和补语，其次是谓语和状语，它普遍用于普通话，也在仙居方言中普遍使用，但两者之间还是有很大的差异，整体而言，仙居方言形容词重叠反映了以下特点：

1. 形式比普通话更加丰富

与普通话形式比较，仙居话重叠式形式更加丰富，比如还有 AA 式，A 猛 A 和 AB 猛 AB 等，这些都是普通话里没有的，比如普通话表示"很多"的意思就可以用"多多完""多猛多"来表示，因此也能看出程度意义不同，"淡"可以用"淡淡个""淡衣衣""淡淡完""淡猛淡"来表示，呈现出一定的等级性变化。

2. 意义比普通话更加丰富

与普通话意义比较，仙居形容词重叠式表达更细致，不仅会描述出基本性质，还可以体现出语义程度的等级性，更重要的是能表达出说话人主观情感，比如用等级性表示"甜"，"甜猛甜"的语义程度达到极至，其次是"甜吉吉"，最后是"甜醒醒"，表示"苦"，"苦苦个"比"苦"程度义浅，"苦滴滴"比"苦"程度义要深，但未达到"很苦"的程度，"苦苦完"的程度意义就更深一层，而"苦猛苦"是苦极了的意思，达到极点。另外表示有主观性的重叠式，"白泊泊"表达出喜爱之情，"白式式"则表达厌恶感觉。

参考文献

鲍厚星，陈　晖.湘语的分区（稿）[J].方言，2005，（3）.

黄伯荣，廖旭东.现代汉语[M].北京：高等教育出版社，2007：39—88.

李劲荣.形容词重叠式的量性特征[J].学术交流，2006，（5）：14—31.

李劲荣.状态形容词的量级等级[J].广播电视大学学报，2006（1）：22—31.

仙居县志编纂委员会.仙居县志[M].浙江：浙江人民出版社，1987：323—342.

王　力.中国现代语法[M].北京：商务印书馆，1985：298—303.

（李金燕　杭州师范大学人文学院　1020667881@qq.com）

温州方言的位移事件表达及特殊位移动词"走"*

林静夏

一　引　言

Talmy（1975，1985，2000）曾提出表达空间位移的动词主要可分为两类，即方式动词（manner-of-motion verbs）和路径动词（path verbs）。前者表达事物位移的方式，如英语中的 *run* 和 *walk*，后者表达事物位移的方向，如英语中的 *enter* 和 *ascend*。Talmy（1975，1985，2000）还进一步提出，根据位移事件的词汇化类型（lexicalization pattern），世界上的语言可分为两大类，即卫星框架语言（Satellite-framed languages）和动词框架语言（Verb-farmed languages）。前者语言中（如英语、俄语、德语），位移路径（path）由动词的卫星表达（如词缀、助词等），而后者语言中（如法语、土耳其语、日语），位移路径由动词表达。

Talmy 的研究引起诸多语言学家的兴趣，一些研究在"卫星框架-动词框架"两分法之外也提出了其他词汇化类型，比如 Ameka & Essegbey（2001），Slobin（2004），Zlatev & Yangklang（2004）等学者指出一些语言中（如泰语、埃维语等），位移的方式和路径信息可由语法地位相同的成分表达，即 Slobin（2004）提出的均衡框架语言（Equipollently-framed languages）。其他学者比如 Beavers et al.（2010），Croft et al.（2010），Goschler & Stefanowitsch（2013）也提出过不同见解，限于篇幅，此文不再详细介绍。

汉语中关于位移事件表达的研究也相当丰富。目前学者普遍认为从古代汉语到普通话，汉语由动词框架为主的语言转变成卫星框架为主的语言（如 Shi & Wu 2014，史文磊 2015，cf. Talmy 2000，Lamarre 2003，Tai 2003，Peyraube 2006，Chen & Guo 2009，马云霞 2008）。而本文以温州方言口语语料为基础，重点讨论该方言中，位移动词所词汇化的信息及位移事件的表达。本文发现，温州方言表现出两个较为明显的特征：（1）强烈排斥动词框架类型；（2）存在强烈的卫星框架类型倾向。本文总结指出，尽管温州方言在语音、词汇、句法等方面保留了一些古代汉语的特征，其位移事件的表达远不同于古汉语，而且其向卫星框架类型发展的速度甚至比普通话更快。

二　本研究的位移事件和温州方言语料

本文所研究的位移事件仅指位移体（Figure）相对参照点（Ground）进行的空间位移，且该位移不由外力致使产生，例如"他走出教室"中，位移体的整体经历了空间变化（从教室内到教室外），且该空间变化不由外力导致，而是由位移体自发产生。反之，位移体由于外力致使而移动（如"拿出一本书"），或只涉及位移体某一部位的空间变化的移动（如"坐下"）不在本文讨论范围内。

---

* 本文的部分内容在第十届国际吴方言学术研讨会（杭州，2018）上报告，有幸得到在场学者的宝贵建议和指导，本文作者尤其感谢盛益民和林素娥两位教授的意见。

本研究的口语语料主要来自"温州方言口语语料库"（Wenzhou Spoken Corpus，以下简称"WSC"，Newman et al. 2017）。[①]本研究所采用的语料共约 15 万词，于 2004—2006 年间收集，从口语类型角度可分为三类：方言电视新闻（约 11.5 万词），亲友电话录音（约 2.1 万词），面对面交谈（约 1.3 万词）。这三类语料同时包含了正式和非正式口语，因此具有一定的代表性。

为了更全面考察 WSC 中的位移语素及位移结构，本研究首先利用人工筛选的办法从语料库的词汇列表中找出可能表达位移的语素，再将这些语素放入语料库中——搜索，以查证并获取所有位移语素及其所属的位移事件结构。

三　温州方言的路径语素

本研究在 WSC 中共找到 13 个路径语素，根据是否能用作独立的动词，这 13 个路径语素可分为三类，如（1）所示。需要指出的是，温州方言中不存在表达"到达"的语素。

（1）a. 只用作动词的卫星：来'来'、出'出'、去'去'、过'过'、底'进'、扰'扰'、上'上'、转'回'、起'起'、开'开'

　　b. 只用作动词：遁'掉'

　　c. 可用作动词或卫星：落'落'、走'走'

3.1　只用作动词卫星的路径语素

（1）中表达路径的语素在温州方言中均不能独立用作动词。（2）和（3）的例子分别是"出"和"来"在普通话和温州方言中的分布：普通话的"出、来"均可在一个句子中独立作动词，而对应的温州方言则不允许。

（2）普通话　　　　　（3）温州方言

　　a. 他出了大门。　　a. *渠出拉大门。

　　b. 他来温州。　　　b. *渠来温州。

此外，作为位移动词的卫星，尽管普通话和温州方言的路径语素都需要出现在位移动词之后，但温州方言中路径语素的动词特征更弱。如（4a—4c）所示，在普通话中，路径语素一般需要带一个地点短语（参照点）作宾语或者带"来/去"作补语（刘月华 1998，Lamarre 2008，Lin 2019）。而温州方言中的路径语素则不允许带宾语或补语；如（5b）所示，位移结构中若出现地点短语，该短语必须直接出现在方式动词之后。此外，如（4d）所示，在普通话中，方式动词与路径语素可组成复合动词，并后缀体标记，而如（5d）所示，温州方言不允许这样的组合，完成体标记"拉"需直接后缀于方式动词。

（4）普通话　　　　　（5）温州方言

　　a. *他跑出了。　　　a. 渠射出伐。'他跑出来了。'

　　b. 他跑出大门了。　b. *渠射出大门伐。/ 渠射大门出伐。

　　c. 他跑出来了。　　c. *渠射出来伐。

　　d. 他跑出了大门。　d. *渠射出拉大门。/ 渠射拉大门出。

以上路径语素的分布特征说明，在普通话中还可作动词的路径语素，其同源词在温州方言中不能作独立的动词。此外，相比较普通话，这些路径语素所保留的动词特征更少。

[①]　温州口语语料库网址：http://ntuprojects.com/wenzhou/ 或 http://www.artsrnualberta.ca/wenzhou/。

这也说明，温州方言中，动词框架的可能性更低。

3.2　只用作动词的路径语素

"遁"是 WSC 中发现的唯一一个只用作动词的路径语素。如（6）所示，该语素表现出动词的典型特征：可作为动词单独出现在一个句子中（6a），可重叠（6b），可带完成体标记（6a），可带其他路径语素（6c），可直接带地点短语（6d）。本文将在第 4 节介绍位移方式语素，"遁"在句法表现上与方式语素有相似之处，比如都直接带地点宾语，也能后带路径语素，但从语义角度看，"遁"只表达位移的路径和方向，并不表达方式，因为本文将其归为路径语素。

（6）a. 人老爻哪牙齿会**遁**爻。'人老了哪牙齿会掉。'（WSC）

　　　b. 宿九楼**遁遁**拉落。'从九楼掉下来。'（WSC）

　　　c. 雕起个佛呢沃**遁落**爻。'雕起来的佛像呢都掉落了。'（WSC）

　　　d. 有个两岁个姆姆**遁井里**爻。'有个两岁的小孩掉井里了。'（WSC）

3.3　可用作动词或卫星的路径语素

本研究在 WSC 中只发现两个可用作动词或卫星的路径语素，即"落"和"走"。其中"走"在温州方言中是一个较为特殊的位移语素，本文将在第五节详细介绍。本小节只重点介绍"落"。

WSC 的位移事件结构中，"落"一共出现 124 次。（7）中分别是"落"作为路径卫星和路径动词的例子。

（7）a. 宿两百几米高个山里**翻落**爻。'[车]从两百多米高的山里翻下来了。'（WSC）

　　　b. 这一场扬雨呢**落**不长。'这一场阵雨呢不会下很久。'（WSC）

需要注意的是，"落"在这 124 个例句中，有 61 例（48.8%）作为动词卫星出现在位移动词后，如"遁""流""走"，且其分布特点与其他只用作卫星的路径语素一样。另外 63 例（51.2%）"落"虽然用作动词，但其使用限制较大：在所有例句中，只出现 3 种位移体，即雨（34 例）、雪（26 例）、潮水（3 例），而像太阳、眼泪、有生体等向下的位移均不能使用"落"来表达（普通话的"落"则无此限制）。

3.4　小结

综上所述，温州方言中，尽管"遁"和"落"可用作表达位移方向的动词，该方言并不存在典型的路径动词。WSC 的发现表明以下几点。第一，温州方言中能表达路径的动词只有少数两三个，而其他语言（包括英语等卫星框架语言）的路径动词数量远多于此；第二，温州方言的路径动词主要表达垂直向下的位移方向，而其他语言（如英语）的路径动词能表达各种方向；第三，即便是表达向下的位移，温州方言的路径动词也只能表达在空中进行的垂直向下位移，而其他语言一般无此限制。例如英语的 *ascend* 和 *descend* 既可表达空中的向下位移，也可表达其他媒介（如液体）中的位移。因此，温州方言呈现动词框架特征的可能性非常低。

四　温州方言的位移方式语素

表 1 显示的是 WSC 中找到的所有表达位移方式的语素及其使用频率，共 35 个语素，699 次使用频率。

表1　温州口语语料库中的位移方式动词

1	开（126）	13	冲（11）	25	澎（4）
2	走（106）	14	荡（10）	26	溢（4）
3	逃（69）	15	koŋ⁴²'钻'（9）	27	旋（2）
4	赶（52）	16	碰（8）	28	撞（2）
5	射（40）	17	跳（7）	29	浮（2）
6	乘（38）	18	游（泳）（7）	30	lø'溜达'（2）
7	飞（32）	19	溜（7）	31	滴（2）
8	suɔ'走'（31）	20	步（7）	32	围（2）
9	爬（26）	21	踩'滚'（6）	33	跑步（1）
10	撞（23）	22	漂（5）	34	飘（1）
11	泅（水儿）（19）	23	推（5）	35	闯（1）
12	流（18）	24	钻（4）		

表 1 的语素可在从句中单独作动词，因此可看作位移动词，如（8）中的"射、飞、跑"。

（8）a. 该个抢包个人呢有**射**几徕远。'这个抢包的人呢没有跑多远。'（WSC）

　　　b. 坦克阿会**飞**啊？'坦克也会飞啊？'（WSC）

　　　c. 伉渠兄弟早早**逃**爻罢。'早就和他弟弟逃了。'（WSC）

需要注意的是，如前文所述，在温州方言中，当位移结构中出现地点短语时，该短语必须直接出现在方式动词之后。（9）是从 WSC 中选取的另外两个例子。

（9）a. 渠早早**逃广东**爻。'他早就逃到广东了。'（WSC）

　　　b. 该头猫头鹰**飞我拉个鸡场里**。'这只猫头鹰飞到我家的养鸡场里。'（WSC）

这两个例句都属于"方式动词＋地点名词短语"结构，尽管没有使用表达"到达"的路径语素，但这两个例句都可理解为位移体以某种方式到达了某个地点，即逃到广东（9a）和飞到养鸡场里（9b）。这里需要思考两个问题：一、该结构的"到达"方向义从何而来？二、该结构属于哪种词汇化类型？

事实上，使用"方式动词＋地点名词短语"结构表达方向性位移事件这样的现象在古代汉语、普通话以及其他语言（如英语、意大利语）中也均有发现。学界对该结构的方向义来源提出过两种主要的分析。第一种分析认为，该结构中的"方式动词"实际上并不仅仅表达方式，而是"方式＋方向"动词，也就是说该结构中的方向义来自方式动词（Zlatev & Yangklang 2004，Özçalışkan & Slobin 2000，Hsiao 2009，Slobin 2004，Fábregas 2007，Folli & Ramchand 2005）。然而，本文认为这一分析无法系统地解释温州方言中的现象。如前文一些例句所示，温州方言中，表达"到达"以外的方向时，路径语素就需要出现。比如（10a）表达从里到外的方向，需使用"出"这一路径语素，而（10b）表达经过的方向，需使用"过"这一路径语素。假设这些结构中的方式动词兼含"到达"义，该方向就会与结构中的路径语素所表达的方向产生语义冲突。

（10）a. 渠**射**拉大门**出**。'他跑出大门。'

　　　b. 有部公共汽车呢**开**旁单**过**。'有一辆公共汽车呢，从那边开过。'（WSC）

此外，语料库数据表明方式动词常与路径语素搭配使用，例如（11）中的两个例子。若方式动词蕴含"到达"义，则这样的搭配使用也同样会造成语义冲突。

（11）a. 四个人呢劲起**逃逃出**。'四个人呢使劲逃了出来。'（WSC）

　　　b. 井生琐，大人**爬**不**落**。'这个井很小，大人爬不下去。'（WSC）

前人的另外一种分析则从语用角度出发，认为"方式动词 + 地点短语"在英语、汉语普通话等语言中表方向性位移时，其方向义来自语境（如 Nikitina 2008，Levin et al. 2009，Rappaport Hovav & Levin 2010，Levin & Rappaport Hovav 2014，Tham 2013）。然而这一分析也不适用于温州方言。源于语境的方向义尽管可以用于解释英语及普通话中偶尔出现的一些具有方向义的"方式动词 + 地点短语"结构，这些语言事实上更常使用方向语素来表达方向。例如，相比较在普通话中使用"飞树上"及在英语中使用 *jump in the bed* 来表达方向，这两个语言更常使用带方向介词的"飞到树上"及 *jump into the bed*（Nikitina 2009，Tham 2013）。而在温州方言中，并不存在类似"到"这样的介词用来表达方向；不管什么样的语境，温州方言表达"以某种方式到达某地"的缺省结构是"方式动词 + 地点短语"。

本文尝试提出新的解释：温州方言的方向性位移事件的基础结构可能为"方式动词 + 地点短语 + 路径卫星"，如"射大门出""开门前过"；由于温州方言不存在表达"到达"的路径语素，该结构用来描述到达事件时，就变成了"方式动词 + 地点短语 + ∅"。另外一个可能的解释是"方式动词 + 地点短语"已经构式化（Constractionalization，Galdberg 1995，Traugott & Trousdale 2013），所以不管动词是蕴含方向义，其所在的整个构成表达向终点的位移。

综上而言，尽管"方式动词 + 地点短语"可表达到达义，本文并不认为该到达义来自方式动词。因此，从词汇化类型角度而言，这一结构以及"方式动词 + 地点短语 + 路径卫星"都属于卫星框架，而不是均衡框架。

五　特殊位移语素"走"

本文发现，"走"作为位移动词，尽管其本意表达位移的方式（即"行走"义），但在当代温州口语中，其句法语义已发展出一些新特点，且这些特点是普通话或其他汉语方言的同源词所不具备的。

我们在 WSC 中共发现 1264 个"走"用作位移动词的例子。其中"走"作为方式动词仅有 106 例（8.4%）。"走"作方式动词时，与其他方式动词表现相同，比如可后接路径语素（12b），可后缀完成体标记，并后带地点名词短语（12c）。从词汇化类型角度来讲，这样的位移结构属于卫星框架。

（12）a. 你着**走**瘘爻呢…… '如果你走累了，……'（WSC）

　　　b. 雄鸡啊**走出** '雄鸡也走出来'（WSC）

　　　c. **走拉门前过** '从门前走过'（WSC）

其次，在语料库中，我们发现 23 例（1.8%）"走"用作路径动词，表达"离开"义，如（13）所示。从词汇化类型角度来讲，这样的位移结构属于动词框架。①

（13）a. 乘车个人哪……赖搭不**走**。‘乘车的人呢……还赖在那里不离开’（WSC）

b. 我俫**走**能界房东呢还在搭伉朱女士商量。‘我们离开的时候，房东呢还在和朱女士商量。’（WSC）

以上两种“走”的语义和功能在普通话或许多其他汉语方言中也都存在。然而，我们的语料统计发现，绝大多数（1135 例，89.8%）的“走”，其方式和路径信息已脱落，因此其语义只能理解为“移动”。在这些例子中，大部分“走”用于不涉及“行走”或“离开”的位移事件。比如（14a）中，如果“走”表达“行走”义，就会与句中的“开车”这一位移方式产生语义冲突；而（14b）中，说话者询问位于加拿大的听话者，是否去美国更容易找工作，由于步行从加拿大去美国的可能性极小，问句中的“走”也很难理解为“行走”义。因此，这两个例子中的“走”最好分析为中性的“移动”义。另外，如（14c）所示，即使是涉及“行走”的位移事件，“行走”的信息也可使用状语“打路”（即步行）表达，这进一步标示“走”在该句子中可能不再具有“行走”义。本文将这样的“走”称为“中性位移动词”（neutral motion verb）。

这样的位移结构中，“走”作为动词既不表达方式也不表达路径。例如（14a）中，位移方式由“开车”表达，而位移路径由路径卫星“过”表达。从词汇化类型角度来讲，由于路径信息通过“过”这个卫星来表达，该结构在形式上还保持卫星框架的特征，可理解为一种较为特别的卫星框架。

（14）a. 阿三开车呢称称恁会走市会展旁面过个。‘阿三开车呢常常会经过市会展那边。’（WSC）

b. 走美国好寻来啊不？‘去美国是不是更好找［工作］?’（WSC）

c. 抢救个人员只好手电筒打起，打路走。‘抢救人员只好打开手电筒，步行去。’（WSC）

六　温州方言的词汇化类型

本文第三至五节分别介绍了温州方言中的路径语素、位移方式语素以及特殊位移动词“走”，本节将综合讨论温州方言的词汇化类型。本研究发现 WSC 中共 1958 例位移事件结构，而以位移动词“走”为核心的结构共 1264 例（64.7%），包括中性位移动词“走”1135 例（58.0%），说明温州方言强烈依赖“走”，尤其是中性“走”，来表达空间位移。表 2 所列的是 WSC 中 1958 例位移事件结构的词汇化类型分布。表 2 说明温州方言在词汇化类型上表现出两个较为显著的特点。第一，温州方言强烈排斥动词框架，该类型仅占 6.3%，包括“走”作为路径动词的 23 例在内，共 124 例。第二，温州方言呈现出强烈的卫星框架类型倾向，该类型占 93.7%，且以中性位移动词“走”为核心的结构最为常见，占了所有位移结构的 58.0%。因此，相比较普通话（Peyraube 2006，Shi & Wu 2014）或其他汉语方言（比如粤方言，Yiu 2013，2014），温州方言在向卫星框架类型演变的道路上走

① 本研究在 WSC 中仅发现 3 例“走”作为动词卫星的例子，且在这些例子中，“走”都用作路径语素，表达“离开”义，如“逃走”。“走”的这一用法很可能来源于路径动词“走”。由于例子较少，本文不再深入讨论。

得更快更远。

表2 温州方言的词汇化类型

词汇化类型	动词框架	卫星框架		总数（%）
		以方式动词为核心	以中性动词"走"为核心	
频率（%）	124（6.3%）	699（35.7%）	1135（58.0%）	1958（100%）

七 总 结

历史上汉语主要为动词框架语言，且一般认为保留诸多古汉语特点的方言更具有动词框架语言的特点（如粤语，Yiu 2013，2014）。然而，本文基于口语语料库发现，现代温州方言强烈排斥动词框架，倾向卫星框架发展，且发展速度比普通话或其他汉语方言更快。从跨语言角度而言，现代温州方言所呈现的词汇化类型特点，是较为特别的类型转换（typological shift）的案例，因此具有一定的研究价值。当然，在将来的研究中，我们还需获得更全面的温州方言历史资料来查看其位移事件结构及位移语素的历时变化，从而更深入了解其变化的具体速度及动因等。

参考文献

刘月华. 趋向补语通释［M］. 北京：北京语言文化大学出版社，1998.

马云霞. 汉语路径动词的演变与位移事件的表达［D］. 北京：中国民族大学，2008.

史文磊. 汉语运动事件词花类型的历史考察［M］. 北京：商务印书馆，2015.

Ameka, Felix K. & Essegbey, J. Serialising languages: satellite-framed, verb-framed or neither. Paper presented at the 32nd Annual Conference on African Linguistics, University of California, Berkeley, 2001.

Beavers, J., Beth L. & Tham, S.W. The typology of motion expressions revisited［J］. Journal of Linguistics, 2010, 46.2: 331—377.

Chen, L. & Guo, J. Motion events in Chinese novels: Evidence for an equipollently-framed language. Journal of Pragmatics, 2009, 41: 1749—1766.

Croft, W., Barðdal, J., Hollmann, W., Sotirova, V. & Taoka, C. Revising Talmy's typological classification of complex event constructions. In Hans Boas (ed.)［C］// Contrastive Studies in Construction Grammar. Amsterdam: John Benjamins, 2010: 201—236.

Fábregas, A. The exhaustive lexicalisation principle［J］. Tromsø University Working Papers on Language & Linguistics, 2007, 34.2: 165—199.

Folli, R. & Ramchand, G. Prepositions and results in Italian and English: An analysis from event decomposition. In Henk J. Verkuyl, Henriette De Swart & Angeliek Van Hout (eds.)［C］// Perspectives on Aspect. Dordrecht: Kluwer Academic Publishers, 2005: 81—105.

Goschler, J. & Stefanowitsch (eds.), A. Variation and Change in the Encoding of Motion Events［M］. Amsterdam/Philadelphia: John Benjamins, 2013.

Hsiao, H. Motion Event Descriptions and Manner-of-motion Verbs in Mandarin［D］. The State University of New York at Buffalo, 2009.

Lamarre, C. Hanyu kongjian weiyi shijian de yuyan biaoda: jian lun shuqushi de jige wenti [How does Chinese encode motion events? And a few issues connected with the so-called "directional complements"][J]. Xiandai Zhongguoyu Yanjiu [Contemporary Research in Modern Chinese], 2003, 5: 1—18.

Lamarre, C. The Linguistic Categorization of Deitic Direction in Chinese-with Reference to Japanese [C] // Space in Languages of China: Cross-Linguistic, Synchronic and Diachronic Perspectives. Springer Berlin Heidelberg, 2008: 69—97.

Levin, B., Beavers, J. & Tham, S.W. Manner of motion roots across languages: Same or different? Paper presented at Roots Workshop, Stuttgart, 2009.

Levin, B. & Hovav, M.R. Manner and result: A view from clean [C] // Language Description Informed by Theory. Amsterdam: John Benjamins, 2014: 337—358.

Lin, J. Encoding Motion Events in Mandarin Chinese: A Cognitive Functional Study [M]. Amsterdam: John Benjamins, 2019.

Newman, J., Lin, J., Butler, T. & Zhang, E. Wenzhou Spoken Corpus. Corpora 2.1, 2007: 97—109.

Nikitina, T. Pragmatic factors and variation in the expression of spatial goals: The case of into vs. in [C] // Syntax and Semantics of Spatial P. Amsterdam: John Benjamins, 2008: 175—209.

Özçaliskan, Ş., and Slobin, D.I. Climb up vs. Ascend Climbing: Lexicalization Choices in Expressing Motion Events with Manner and Path Components [C] // Proceedings of the 24th Annual Boston University Conference on Language Development. Somerville, MA: Cascadilla Press, 2000, 2: 558—570.

Peyraube, A. Motion events in Chinese: A diachronic study of directional complements [C] // Space in Language: Linguistic Systems and Cognitive Categories. Amsterdam & Philadelphia: John Benjamins, 2006: 121—135.

Hovav, M.R. & Levin, B. Reflections on manner/result complementarity [C] // Syntax, Lexical Semantics, and Event Structure. Oxford: Oxford University Press, 2010: 21—38.

Shi, W. & Wu, Y. Which way to move: The evolution of motion expressions in Chinese [J]. Linguistics, 2014, 52.5: 1237—1292.

Slobin, D. I. The many ways to search for a frog: Linguistic typology and the expression of motion events [C] // Relating Events in Narrative: Vol. 2. Typological and contextual perspectives. Mahwah: Lawrence Erlbaum Associates, 2004: 219—257.

Tai, J. H-Y. Cognitive relativism: Resultative construction in Chinese [J]. Language and Linguistics, 2003, 4.2: 301—316.

Talmy, L. Semantics and syntax of motion [C] // Syntax and Semantics. New York: Academic Press, 1975, 4: 181—238.

Talmy, L. Lexicalization Patterns [C] // Language Typology and Syntactic Description. Cambridge: Cambridge University Press, 1985, 3: 57—149.

Talmy, L. Toward a Cognitive Semantics [M]. Cambridge: MIT Press, 2000.

Tham, S.W. When motion and location yield direction: The case of Mandarin [C] // Proceedings of the 37th

Annual Meeting of the Berkeley Linguistics Society，2013：344—358.

Yiu，C. Y. Directional verbs in Cantonese：A typological and historical study［J］. Language and Linguistics，2013，14.3：511—569.

Yiu，C. Y. The Typology of Motion Events［M］. Berlin/Boston：De Gruyter Mouton，2014.

Zlatev，J. & Yangklang，P. A third way to travel：The place of Thai in motionevent typology［C］// Typological and Contextual Perspectives. Mahwah：Lawrence Erlbaum Associates，2004：159—190.

（林静夏　新加坡南洋理工大学人文学院　jingxialin@ntu.edu.sg）

从域外文献看吴语复数标记词源类型*

前　言

　　吴语人称代词复数标记类型及其来源，研究成果颇丰。游汝杰（1993），戴昭铭（2000），潘悟云、陈忠敏（1999），盛益民（2014）等在大规模田野调查基础上，先后从音韵和语义演变角度讨论复数标记的类型及其来源。游汝杰（1993）指出吴语人称代词复数表达法可分为"复数标记"（分别为边音声母后接开尾韵母如 la，和以舌尖塞音声母 t 开头的两类）、"集合量词"（如家、班）、"部分量词"（如"些"等），其中复数标记 l 声母和 t 声母同源，音变过程为 *la > ta > toʔ > tˡe；*la > ta > da。不过，游文并未明确复数标记的来源；戴昭铭（2000）则指出复数标记"拉"（包括"伲、哩"等）来自数量"两个"，如天台话"拉个"，其音变过程为 [liang²¹⁴kou⁵⁵] > [-liangkou] > [-laʔkou] > [-laʔ]；而 t 声母复数标记，如"笃、特、得、搭"等来自"等"。盛益民（2014）指出南北吴语复数标记来源类型不同，并在张惠英（1995）、刘丹青（2003：291）、潘悟云（2010）等基础上，进一步指出北部吴语如，"家""里""笃""搭""拉/辣"等从处所后置词发展为复数标记语义演变过程，而南部吴语则源于数量。前贤的研究大多基于共时语料对吴语复数标记进行历时来源及其演变过程的推测，不过，共时现象通常是历时演变积淀的结果，因此，若能从历时角度理清其层次，对观察或推测共时平面吴语复数标记的类型会有帮助。

　　早期吴语域外文献为我们提供了观察一百多年来吴语复数标记的历时更替和演变过程的绝好材料，将为考察吴语复数标记来源中的相关问题提供更多线索。本文拟利用西人文献考察一百多年来吴语人称代词复数标记的演变，在此基础上讨论吴语复数标记的来源类型。

一　一百多年来吴语复数标记及其演变

　　选取 19 世纪中叶至 20 世纪上半叶吴语六地方言（苏州话、上海话、宁波话、台州话、金华话和温州话）西人文献，主要有《圣经》土白译本和课本，各方言至少选取年代相近的文献两种（如台州话、金华话等），多的达 13 种文献（如上海话），梳理文献中三身人称代词单复数形式。若该方言多种文献用同一复数形式，则只选取其中一种文献及其复数形式列于附录表 1。如宁波话文献《马太传福音》（1853）、《幼童初晓》（1859）、《土话初学》（1868）、《新约》（1868）、《宁波方言遍览》（1910）等文献，所用人称代词单复数形式皆相同，故仅选《幼童初晓》（1859）为代表。苏州话文献也如此，在《路加福音》（1860）、《赞美诗》（1877）、《马太福音》（1879）、《马可福音》（1891）、《天路

*　该研究获得国家社科基金一般项目"域外吴语文献的调查和研究"（项目编号：15BYY042）资助。也感谢审稿人为本文所提出的宝贵意见。不足之处，文责自负。

历程》(1896)、《旧约》(1908)、《新约》(1922)、《苏州方言に就いて》(坂本一郎1937)等中，仅《路加福音》(1860)、《马可福音》(1891)和《苏州方言に就いて》(坂本一郎，1937)三本文献所用三身代词单复数形式不同，列于表1中。此外，我们也将各方言现今复数标记一同列出。这样，整理出一百多年来吴语三身人称代词单复数形式见表1。

由表1可知，一百多年来苏州话、上海话三身人称代词复数标记中第一人称代词与二、三身不同，且第一人称代词复数经历了合音过程；三身代词复数标记的不一致性未见于其他吴方言。宁波话人称代词复数标记发生了音变，但与苏州话、上海话二、三身人称代词复数同源，一百多年来并未发生演变；台州话复数标记虽未发生演变，但词源类型与其他北部吴语不同；而金华话和温州话复数标记词源类型发生了更替现象。下面我们逐一介绍。

1.1　一百多年来苏州话、上海话人称代词复数标记

1.1.1　第一人称代词复数形式的合音化

苏州话第一人称代词复数形式在19世纪域外文献中仍主要用双音节形式，如“[口五]俚”“我俚”“伍伲”等，也开始出现单音节形式“伲”，19世纪末至20世纪上半叶则只用“伲”。如，

(1) a. 众人稀奇，亦称赞上帝，而且吓怕，因说，独，**[口五]俚**今朝看见意外个事体哉。(《路加》1860，P13)

b. 城里个灰尘沾染**我俚**，我对子[口五]笃揩脱。(同上，P26第十章)

c. 今朝**伍伲**要吃要用，照倷恩典赐下共总。(《福音赞美歌》，1877年第一首)

d. 神有啥个法则赐下来，教**伲**显出神个荣耀咾，永远享俚个福气。(《真道要理问答》1895)

从文献来看，译于19世纪中叶的《路加福音》用“[口五]俚”“我俚”表第一人称复数，其中“[口五]俚”出现了50次，如例(1)a句，而“我俚”只出现了9次，如例(1)b句，分布悬殊，说明19世纪中叶“[口五]俚”应为基本形式。

19世纪后半期则依次出现“伍伲”和“伲”，如例(1)c、d句，19世纪末特别是进入20世纪后，“伲”成为唯一形式。如苏州土白《天路历程》一书，共13万多字，第一人称代词复数“伲”使用了415次，未见使用双音节形式。

谢自立(1988：85)、游汝杰(1995)、张惠英(2001：71)等推测“苏州的这个‘伲’很可能就是‘我哩’的合音形式：前字取声，后字取韵。”石汝杰(2015)根据明清吴语文献(主要为本土文献)进一步构拟其演变途径为：我里 > 唔里 > 唔伲 > 伲，即“我”[ŋəu]失落元音变为[ŋ]，成为“唔里”；然后“里”[li]受到鼻辅音[ŋ](唔)的影响变为[ȵi]，成为“唔伲”，然后丢失鼻音音节“唔”，成为单音节的“伲”。陈忠敏、潘悟云(1999)则认为该过程为：ŋ + li > ŋi > ȵi。苏州话域外文献支持石汝杰(2015)的拟测，即音变过程为：ŋəu li > ŋ li > ŋ ȵi > ȵi(石汝杰2015)，且该音变更替的过程主要发生于19世纪下半叶，于19世纪末20世纪初已完成。

该合音化也发生在上海话中。19世纪中叶至末期双音节形式的“我伲”仍是基本形式，如《油拉八国》(1834)、《常用短语集锦》(1862)、《松江话词汇集》(1883)等仅出现“我伲”，未见用“伲”，而19世纪末始，“伲”的使用远远多于“我伲”，如《使徒行传》

（1890）"我伲"2次，"伲"62次；《沪语便商》"我伲"28次，"伲"5次；《土话指南》使用"伲"135次，"自伲"5次；《沪语开路》（1915）"伲"13次，"我伲"5次；《瀛沪双舌》（1914）"伲"5次；《方言问答撮要》（1926）216次"伲"，不用"我伲"。可见，合音式于19世纪末开始取代双音节的形式，与苏州话合音式的取胜时间也相当。这种一致性一方面表明两者复数标记词源一样，来自"我俚"（游汝杰1995），另一方面也说明上海话合音式应受到过苏州话的影响。

1.1.2 苏州话和上海话第二、三人称复数标记及其功能

第二、三人称复数标记，苏州话读塞音声母t，记作"笃"或"哚"（始见于《苏州方言に就いて》，坂田一郎1937），上海话读l，记作"拉"。19世纪至今读音和功能皆较稳定。在早期域外文献中，苏州话"笃"、上海话"拉"可用来标记人称代词和指人名词的复数义，主要表类集义。此外，它们也可表处所。如，

（2）a. 说子就拿手勒脚拔俚笃看，**学生子笃**快活却还弗相信希奇得极。（路加福音1860：56）

　　b. 众人多化声音吵闹，求俚钉耶稣勒十字架上，更加要紧，**百姓笃**搭几个祭司头目个声音赢哉。（路加福音53）

　　c. 百姓立勒个搭看官府搭众人笑耶稣说，俚能得救别人，俚若是基督，拨上帝拣选个，就可以救自家哉。**兵丁笃**亦是杂介说笑俚。（路加福音1860：54）

　　d. 倷真正算得亚伯拉罕个后代，请倷进来，**小干笃**可以一齐进来，大家就进去哉。（天路历程1896：151）

　　e. 敬虔忽然想着之咾说，有一样物事，本来要送拨**女徒笃**个，忘记带来，我要转去拿物事，就跑转去哉，大家立拉个搭等敬虔来，女徒**咾啥**拉路旁边一个树林里。（续天路历程卷四，27）

　　f. 寻着子就快活、拿俚甩拉肩架上子归去、告诉俚个**朋友乡邻笃**说、弗见个羊、已经寻着哉。（路加福音38）

　　g. 女徒就动身朝前去，胆怯转去之，就到一家一家**乡邻笃**去，请几个女人，到俚屋里，听希奇个事体。（天路历程1896：151）

例（2）a—f句"笃"用在指人NP后，表"类集义"，相当于"NP他们"的意思，如a句"学生他们"等，e句"女徒笃"与"女徒咾啥"对应，"咾啥"为并列列举的"咾"加上表虚指的"啥"，表示列举未尽，相当于"女徒等"。可见，"NP笃"与"NP等/辈"表义相当，表关联性复数义。g句接在"乡邻"后表示"乡邻的家"。

"笃"表处所时，最常见的是构成"拉笃"用。"拉笃"功能多样，可充当述宾结构的谓语，也可做存在义动词谓语另带处所宾语，或者在谓词后做补语，甚至虚化为表体意义的标记。如，

（3）a. 学生子擡起起眼睛来，勿看见啥人，不过耶稣一干子**拉笃**。他们举目不见一人，只见耶稣在那里。（马太福音1879，17：8）

　　b. 个个时候，若然有人对吾**篤**說："喏，基督拉里此地，基督**拉笃**归搭，勿要相信。"那时，若有人对你们说"基督在这里"或说"基督在那里"，你们不要信。（马太1879，24：23）

　　c. 吾笃到对过个村庄上去，进去个时候碰着个只小驴子绑**勒笃**个搭。（路加福音1860，46）

d. 就去带七个比自家还恶个鬼来、一淘进去住**拉笃**、个个人后首个样式、比子前头更加勿好。 便去带了七个比自己更恶的鬼来，都进去住在那里。那人末后的景况比先前更不好了（马太福音1879，12：45）

e. 陆顾造子更楼，弗先坐**勒笃**算算银钱，能得完结事体呢弗能？（路加福音38）

f. 正**勒笃**疑惑时候有两个人立勒个搭，衣裳有亮光得势。（路加福音1860，24章）

早期上海话域外文献中"拉"与苏州话"笃"功能一致，在人称代词和指人 NP 后表类集义，表示处所或构成"垃拉"用。如，

（4）a. 侬得着个银子搭俚**邻舍拉**一样多否？我得着得多点。（《功课》1850，30课）

b. 侬担拉个书是我个呢**邻舍拉**个？是邻舍拉个。（《功课》1850，4课）

c. 弥撒前，**教友拉**要念经。

d. **女眷拉**出门，真勿便当。

e. 事体完毕之，担两个车子分拉俚两个人，每人一部，不论客人**拉**有几化银子末，俚侪勿管。（《土话指南》1908：74）

f. 伙计**拉**着急之咾，就打发人来寻我。（《土话指南》1908：53）

（5）a. 伊拉话，明朝五更头起身。因此**俚先伯父拉**几家头，亦困到五更头起来，教车夫预备车子，跟之镴车一淘动身。（《土话指南》1908：75）

b. 啥人垃拉花园里？**朋友拉个小团**。（《功课》1850：22课）

c. **俚邻舍拉个**儿子是去买物事否？脚上有毛病啤勿好去。（《功课》1850：29课）

（6）a. 侬要到啥场化去？到**邻舍拉**去。（《功课》1850：22课）

b. 第个说话侬拉啥场化听着个？拉**邻舍拉**听着个。（《功课》1850：26课）

c. **外婆拉**去。（《松江话》1883）

（7）a. **垃拉**别人场化。（《功课》1850：18课）

b. 俚爷**垃拉**屋里否？勿垃哩。（同上）

c. **垃拉**祝福个辰光，耶稣离仔学生咾升天哉。

d. 伊**垃拉**吃。（1907：第6课）

它们在早期文献中的这些用法仍活跃于今苏州话和上海话（钱乃荣1997，刘丹青2003，盛益民2014）。

1.2 一百多年来宁波话复数标记

19世纪中叶以来宁波话三身代词用同一标记形式表复数，从文献来看，语音形式发生了弱，经历了从 dah 至 lah 的音变。如，

（8）a. Keh ziu-z JING tsao-tsao ing-hyü poh ah-dah tsu-tsong-deo-go. 葛就是神早早应许拨阿搭祖宗头个（《一本书》1851：14）

b. ng-dah ih zing-goh ziu læ wô hiang ngô dao, poh ngô ya hao k'i pa gi. 倻搭一寻过就来话向我道，拨我也好去拜俚。（同上1851：17）

c. Feng-fu gi-dah dza-go hao tso, dza-go m-nao tso. 吩咐佢搭乍个好做，乍个呒恼做。（同上1851：8）

（9）a. 来，阿拉好大家戏戏。Come, Let us play. Lœ, ah-lah hao dô kô si-si.（《便览》1910）

b. 倻拉好等一等。You may wait a little. Ng-lah hao teng-ih-teng.

c. 其拉是阿拉个邻舍家。They are our neighbours. Gyi-lah z ah-lah-go ling-sô-kô.

例（8）皆取自文献《一本书》（1851），该书为英语圣公会传教士禄赐悦理（William Armstrong Russell）编著。禄赐悦理于1848年抵达宁波，与其他传教士将《圣经》译为宁波话，并编著了不少阐释基督教教义教理的书籍，该书即为其中一本。从年代来看，应该也是最早的一本。书中三身人称代词复数皆读做dah，而在随后出版的宁波土白《圣经》译本和宁波话课本中只见到读作-lah的，如例（9）。若禄赐悦理（1851）所记准确的话，那么宁波话复数标记在读音形式上经历了"-dah［taʔ］> -lah［laʔ］"的弱化过程。

从文献来看，"-dah"或"-lah"皆未见用于指人NP之后表类集义和处所，即只用于三身人称代词后表复数。不过，早期宁波话中表存在义动词与处所词构成的"来东"表义和功能与苏州话"拉笃"、上海话"垃拉"接近。林素娥（2015：242—246）根据西人文献指出早期宁波话中"来东"表"在这里"的意思，可做谓语动词、状语，做补语时单用"东"，由状语和补语进一步虚化为进行体和持续体标记。"来东"罗马字记音为læ-dong，其中表处所义的成分"东"与"dah"应同源。所经历的音变过程为：dah［taʔ］> doh［toʔ］> do + ng［toŋ］（儿化）。钱乃荣（2003）指出北部吴语中"来搭"，又作"来笃、来朵、来带、来东、来拉"等，其中演变为"来东"的过程为："来搭 > 来朵（儿化）> 来东"。此说可信。尽管如此，但"东"表处所时在早期宁波话中也不做处所后置词。这大概与早期宁波话中活跃着的专职的处所后置词"圿［ka］"不无关系。早期宁波话中"圿［ka］"常用于指人NP后表处所，甚至也可用于表处所NP后（林素娥2015：190—191）。如，

（10）a. Fu-ts, ah-lah hyiao-teh Ng z <u>dzong</u> Jing-ming <u>ka</u> læ-go sin-sang。夫子，阿拉晓得你是从神明圿来个先生。（拉比，我们知道你是由神那里来作师傅的。）（约翰3：2，1853）

　　b. Ing-we lih-fah z <u>dzong</u> Mo-si <u>ka</u> s-lôh-læ, eng-we teng tsing-dao-li z <u>dzong</u> Yiæ-su Kyi-toh <u>ka</u> læ. 因为律法是从摩西圿赐落来，恩惠等真道理是从耶稣基督圿来。（律法本是藉着摩西传的，恩典和真理都是由耶稣基督来的。）（同上1：17，1853）

　　c. Fong ze-gyi læ-tih c'ü, ng we t'ing-meng gyi sing-hyiang, tsih-z feh hyiao-teh gyi <u>dzong</u> 'ah-li <u>ka</u> læ, tao'ah-li <u>ka</u> ky'I: <u>dzong</u> Sing-Ling <u>ka</u> sang-c'ih-læ-go, yia tu z ka-go. 风随其来的吹，你会听闻其声响，只是弗晓得其从阿里圿来，到阿里圿去。从圣灵圿生出来个，也都是介个。（风随着意思吹，你听见风的响声，却不晓得从哪里来，往哪里去；凡从圣灵生的，也是如此）（同上3：8，1853）

例（10）a、b"圿［ka］"用于指人专名后表处所，而（10）c则处所词后其标记作用，可见，其句法强制性。"圿［ka］"作为处所后置词的常用性和句法强制性应表明：没有必要再有其他来源的处所后置词。因此"东"表处所只存留在"来东"的组合中，而不再单独用于指人NP后表处所。

据钱萌（2007）今宁波话三身人称代词的复数标记"lah"已发展为指人N之后表类集义和表处所的标记了，"搭"也表处所。如，

（11）a. 个件事体侬莫讲拨小李（其）拉听。（这件事情你不要讲给小李他们听。）

　　　 b. 嬷嬷（其）拉还没来啊？（阿姨她们还没来啊？）

　　　 c. 莫去睬其，随便小王（其）拉伐啦！（别去理他，随便小王他们怎样！）

　　　 d. 勿及姐姐（其）拉来盖阿嗦！（不知道姐姐她们在做什么！）（钱萌2007：68—69）

（12）a. 我昨末阿娘拉来盖。（我昨天在奶奶家。）

　　　 b. 我到舅舅拉补课去。（我到舅舅家去补课。）

　　　 c. 阿拉时待到李老师拉去趟。（我们一起去趟李老师家。）

　　　 d. 我小李拉来盖唱歌。（我在小李家唱歌。）（钱萌2007：113）

（13）a. 我待忙勒小汪搭拿物。（我刚才在小汪那里玩。）

　　　 b. 侬眼东西先摆勒我搭好了。（你这点东西先放在我这里好了。）

　　　 c. 阿拉到我阿娘搭去坐晌。（我们到我奶奶那里去坐会儿。）（钱萌2007：113）

例（11）在指人NP之后表类集义，例（12）、（13）则表处所，指某人所在地，或特指某人的家。与苏州话"笃"、上海话"垃"用法更为一致，尽管钱萌认为表类集义是第三人称代词复数"其拉"省略"其"而来。

1.3　一百多年来台州话三身代词复数标记

19世纪晚期台州话域外文献中所用三身代词复数标记为"he"（罗马字拼音）。如，

（14）a. Sang-c'ih tso Yiu-t'a nying-keh Wông-ti Cü-ts ze'ah-yi?ing- yü **ngô-he** ze tong-pin mông-djôh Ge-keh sing, ziu le pa Ge. 生出做犹太人个皇帝主子在阿里，因为我海在东边望着其个星，就来拜其。（《马太福音》1880，2：2）

　　　 b. Ziu ts 'a ge tao Pah-li-'eng k 'e, teh **ge-he** kông, "**Ng-he** ts-si k 'e tang-t 'ing keh Si-lao-keh z-kön; tang-t 'ing-djôh, ziu le t 'ong-pao ngô, peh ngô ah hao k 'e pa Ge." 就差其到伯利恒去，对其海讲，你海仔细去打听该细佬个事干，打听着，就来通报我，拨我也好去拜其。_{就差他们往伯利恒去，说："你们去仔细寻访那小孩子，寻到了，就来报信，我也好去拜他。"}（《马太福音》1880，2：8）

"he（海）"做人称代词复数标记，也仍用于今台州路桥区方言（林晓晓，2011）和玉环、温岭方言（黄晓东2004，阮咏梅2013），尽管黄岩方言复数标记为"推＝$[t^hE^{52}]$"，但它与"海＝$[hE^{52}]$"同源（黄晓东2004）。

从功能来看，"he（海）"在早期域外文献中只做人称代词复数标记，未见用于名词后表复数，与金华话"-liang-keh"、温州话"大家"或"倷"一样。

至于其词源，黄晓东（2004）虽然指出黄岩方言"$[t^hE]$"与温岭、玉环等方言中"海$[hE^{52}]$"同源。盛益民（2013）指出温岭话"he^{55}"来自表不定量的"he^{55}"，而"$[t^hE]$"在椒江方言中也用做不定量词，据此推测台州话复数标记"早期可能来源于'单数＋量词＋人／侬'的省略"。据林晓晓邮件告知，今路桥话中"he"也仍可表不定量。如，

（15）a. □ ka?$^{5-2}$_这he_些好看。

　　　 b. 有 he_些人。

林晓晓（电邮）告知，常构成指量成分，表示"这些、那些"使用。

1.4　近一百多年来金华话三身代词复数标记

19世纪中后期金华话三身代词复数标记用 -da，其中第一人称还可用 -tang。如：

（16）a. **Ng-nong-da** pa z feh-hyiao-teh, **'a-da** pa hyiao-teh-go, ing-teh kyiu-geh dao-li kying-zong Yiu-t'a-nyin-li-go. 你们所拜的，你们不知道；我们所拜的，我们知道，因为救恩是从犹太人出来的。（约翰福音 1866，4：22）

b. Yæ-su ing geo kông, Nyin jioh-z æ-kying'A, geo pih-ding we hyu'A-geh shüa-wor; 'A-geh Yia yia we æ-sih geo, **'A-nong-da** we tao geo næn k'eo, yi we'ông geo da-kwor djü. 耶稣回答说："人若爱我，就必遵守我的道，我父也必爱他，并且我们要到他那里去，与他同住。"（约翰福音 1866，14：23）

c. dor-z yiu ih-geh nyin gæ-teh **ng-da** cong-yiang, ng-da nyin-feh-djoh. 但有一位站在你们中间，是你们不认识的。（约翰福音 1866，1：26）

d. Yæ-su shông-c'ün-deo mong-djoh **geo-da** keng-lih, 'ông **geo-da** kông, **Ng-da** iao da-siæ? **Geo-da**'ông Geo kông, Lah-pi, ng gæ la-lu? 耶稣转过身来，看见他们跟着，就问他们说："你们要什么？"他们说："拉比，在哪里住？"（约翰福音 1866，1：38）

e. Geo-da ing Geo, **'A-tang** z Üor-pah-hen ng-seng, zong-læ mi-zeng tsör nyin nu-boh, Ng sæn kông, Fông-diao **'A-tang**? 他们回答说："我们是亚伯拉罕的后裔，从来没有作过谁的奴仆，你怎么说'你们必得以自由'呢？"（约翰福音 1866，8：33）

而 19 世纪末的文献中则用 -liang-keh 标记复数。如：

（17）a. shin kang **a-liang-keh** ma-mi mong-choh-koa keh-san-keh si-kue. 神说我们从来没有见过这样的事。（马可福音 1898：23）

b. Ia-su kang **a-nong liang-keh** tao liu-kin keh hsiang ts'uen k'e. 耶稣说我们往附近的乡村去。（马可福音 1898：15）

c. **nong-liang-keh** in-tang huei-kai siang-sin Shin-keh tao-li. 你们应当悔改信福音。

d. iu hao-seh nin lai siang-kie **keh**. Ia-su siu kao-hsuin **keh-liang-keh**. 有许多人来见他，耶稣便教训他们。（马可福音 1898：24）

赵元任（1927）将金华话复数标记记作 liang，游汝杰（1994）记作 lang [laŋ]。从域外文献来看，今金华方言复数标记 -lang 的演变过程应为：-liang-keh > -liang > lang。即来自数量组合"两个"省略量词后的音变，而非来自"侬"，与闽语 aʔlAŋ、ʔnoŋlAŋ、gilAŋ（陈忠敏、潘悟云 1999、李如龙 2001）等不同，且"侬"在早期金华话中也不表示复数，只是单数第一、二人称代词的构词语素而已，构成"a-nong""ng-nong"。

近一百年来金华话人称代词复数标记的更替说明，复数标记 -da/-tang 与数量组合来源的复数标记属于不同层次，前者是更早的用法，而后者是新兴的层次。

1.5 近一百多年来温州话人称代词复数标记

19 世纪末 20 世纪初期温州话三身人称代词复数标记只用集合名词"大家"标记复数。如：

（18）a. **我大家**两个人。ng¹-da-ko lœ¹-kai²nang.（同上：32）

b. **你大家**旁搭有顶好个吥有？吥冇好个。nyi¹-da-ko boa-ta yao¹ ting¹ höe¹-ge n-nao¹? n-nao¹ höe¹-ge.（《温州方言导论》1893：34）

c. **其大家**两个人是旧年到该里来个。gi-da-ko lœ¹-kai²nang z¹djao²-nyie¹töe²kih-li li-ge.（导论 1893：66）

d. **我大家**大人出令罢，禁止下转□人赌铜钱，若是犯着禁，必定办罪个。ng¹-da-ko da²-zang ch'üeh ling² ba¹, chang²-tsz¹'o¹-chüe¹-le nang tû¹ dong-die; djah-z¹ va¹-djah chang², pieh-ding² ba² zai¹-ge.（导论 1893：157）

e. **其大家**个阿爷死爻，该日和尚走其搭去念经。gi-da-ko-ge ah-yi sz¹-goa.kih-neh whu-zie tsao¹ gi-ta k'i² nyie² chang.（《导论》1893：161）

f. **你大家**间里有席呒有？我大家间里个床沃有席个。nyi¹-da-ko ka-de yao¹ zih n-nao¹?ng¹-da-ko ka-de-ge joa oh yao¹ zih-ge.（《导论》1893：58）

从例（18）可见，作为人称代词的"大家"，虽仍可自由运用，指一定范围内的所有人，似乎与单数人称代词构成同位组合，结构和语义可以分解，并非单数代词的形态形式，但人称代词后加"大家"，不仅可以用于两个人，如 c 句，也可以用于多数，人称代词本身也不能兼表单数和复数，可见，"大家"是一百年前温州话人称代词复数标记。

人称代词复数标记"大家"也见于赵元任（1928）记录，不过，已基本上被新兴复数标记"俫"替换，成为一种少用的形式了，而至今温州话中只用来源于不定量词的"俫"（游汝杰 1995，2003：183；郑张尚芳 2008 等）做人称代词复数标记了，一百年前"俫"仍只构成指代词的复数形式。如：

（19）a. 我乡下买一个屋宅罢，**我大家**夏天住旁搭去，**该俫**细儿一定快活**甚** Ng¹ shie-'o¹ ma¹ ih-kai² uh-doa¹ ba¹, ng¹-da²-ko'o²-t'ie djï² boa-tak'i², **kih-leh** si-n ih ding² kw'a²-'oh zang¹. I have bought a place in the country, and when we come to live there in the summer the children are sure to be as happy as possible. （《导论》1893：176）

b. 我叫你买**许俫**茶碗，你买来罢未？Ng¹ chiœ² nyi¹ ma¹ **he¹-leh** dzo-üe¹, nyi¹ ma¹-li ba¹ mi². ma¹-li ba¹. Have you bought those tea-cups I told you to buy? （《导论》1893：58）

"俫"构成"该俫""许俫"的指量结构，未见用于人称代词后表复数。

由上可知，就复数标记的功能来看，北部吴语苏州话、上海话、宁波话复数标记的功能较丰富，而南部吴语台州话"he"、金华话"-liang-keh"、温州话"大家""俫"皆只见于人称代词后标记复数，不能用于名词后表复数义或类。

二 从域外文献看吴语人称代词复数标记的来源

域外文献中复数标记的更替和音变现象可为讨论吴语人称代词复数标记的词源类型提供线索，如，金华话复数标记以后起的 -liang-keh 代替 -da，宁波话 dah > lah 的语音弱化过程等。

2.1 早期金华方言复数标记 -da 的词源类型和层次

域外文献中金华方言复数标记"-liang-keh"为新兴的后起形式，而"-da"为更早的复数标记，尽管它在金华市区话中已被完全取代，但金华汤溪方言复数标记"到 tə⁵²"可能音变自"-da"。曹耘（1987）指出金华汤溪话中代词复数记作"到 tə⁵²"，不仅可以表示人称代词复数，还可在指人普通名词、指人专名、亲属称谓语等后，表关联性复数义和普通复数义等。如，

（20）a. 我到 [ɑ¹¹³tə₅₂]我们   尔到 ŋ¹¹³tə₅₂ 你们   佢到 gɯ¹¹³də₂ 他们

b. 哪农到 la¹¹³nao¹¹də₂ 哪些人　　　别农到 bie¹¹³nao¹¹də₂ 另外那些人

c. 小农儿到 sia⁵²nao-aoŋ¹¹də₂ 小孩儿们　　青年到 ts'ei²⁴n.ie¹¹də₂ 青年们

d. 益华到归来未 益华他们回来没有？

e. 姑到归去罢 姑姑她们回去了。（曹耘 1987）

汤溪方言中复数标记"到 tə₂"很可能是传教士所记"-da"的语音弱化形式。从表义来看，可以接在人称代词、亲属称谓语和指人专名后表示关联性复数，也在人称代词和指人普通名词后表普通复数义。表复数的功能与上海话"拉"等相似，并不限于三身人称代词。

此外，据曹志耘（1997：引论 19，51）、方婷（1999：39，41）记录，现代金华方言中"da"仍用来构成处所指代词："格汰 kə?da 这里"、"末汰 mə?da 那里"和"哪汰 la da 哪里"，甚至可以单独指代处所，如"汰 这里 凉些，末汰 那里 热些""匠 咱们 汰 这里 好些"。

虽然早期文献中未能见到"da"标记其他名词的复数或用来表处所，但从汤溪话以及今市区方言中残留的相关用法推测，金华方言"da"在"-liang-keh"之前不仅用做复数标记，也可做处所词。

而"da［ta］"用做复数标记和表处所的成分，是北部吴语中较常见的形式。陈忠敏、潘悟云（1999）指出"搭"是吴语中最常用的处所词，原来的形式可能是 da 或 ta，经语音弱化而促化为入声或声母流音化为 l-。在各地方言中读音有 ta、da、la、ta?、a?、la?，苏州话中后高化为 to?。而结合宁波话文献来看，ta?、to? 和 la? 之间的音变关系也是成立的。

2.2　北部吴语苏州话、上海话、宁波话复数标记的来源再议

张惠英（1995），陈忠敏、潘悟云（1999），刘丹青（2003：291），潘悟云（2010），盛益民（2014）等指出北部吴语复数标记，如"家""里""笃""搭""拉/辣"等来自处所后置词。其中盛益民（2014）的论述最为详尽，下面我们着重讨论。

盛益民（2014）论证北部吴语处所后置词发展为复数标记的语义演变过程为：（方位词/泛用处所词＞）家义处所后置词 >"家"义关联标记 > 泛用关联标记/复数标记。即"家"义处所后置词经转喻演变为专指家中的成员（用容器转指容器中的内容），根据新义 M2 蕴含于源义 M1，那么常常会发生 M1 > M2 的语义演变规律，得出"家"义关联标记 > 泛用关联标记（"一帮人"），而"如果泛用关联标记从指人专有名词扩展到了人称代词之后，那么关联标记也就可以看成是复数标记了"。这种语义演变符合"处所主义"的语言共性。盛益民、毛浩（2018）以浦江（虞宅）人称代词用法再次论证了从处所到泛用关联标记/复数标记的语义演变过程。

不过，该语义演变过程虽然解释了从处所义到泛用关联标记/复数标记的演变过程，但未阐释泛用关联标记和复数标记语法化的具体过程。比如，两者是同时形成还是经历过扩散过程呢？这些需要对复数标记的语法化过程做进一步讨论。

Smith-Stark（1974）、Corbett（2000）指出复数标记的等级序列为：第一人称（说者）> 第二人称（听者）> 第三人称 > 亲属称谓 N > 其他指人 N > 高级动物 N > 低级动物 N > 离散的非生物 N > 非离散的非生物 N。William Croft（2003：130）扩展的生命度等级序列为"第一/二人称 > 第三人称 > 专名 > 指人普通名词 > 非指人有生普通 N > 无生普通 N。若从汉语复数标记的发展来看，也皆先标记三身人称代词，而后沿着生命度等级扩散；或者只限于标记三身人称代词复数。刘丹青（2009）指出，汉语名词和代词的复数范畴，在近代汉语中，随着"们"（及其早期形式"伟、弥、慈"等）的广泛使

用，在人称代词上已逐渐发展为强制性的成分，至于名词，只在指人名词上形成尚不严格的复数义，但数范畴尚未稳定。复数范畴如此，现代汉语方言中正发展出的双数范畴义的"俩"，也是如此。"我俩、你俩、他俩"中"俩"已发展为双数词缀，而在名词后尚未发展至独自表双数的程度。从一百多年前吴语复数标记来看，台州话"he"、金华话"两个"、温州话"大家""侪"做复数标记首先标记的是三身人称代词，而非指人专有名词，由此可知，代词和名词的数范畴首先形成于三身人称代词后，非名词后。这从语法化角度也可以得到合理解释。高频使用是语法化的条件之一，三身代词较之名词，使用频率更高，与代词组合中的表量成分更易于发生语法化；同时，人称代词复数在人类语言中其实也常表关联性复数。如 we 常意味着"说话人和一些其他人"，即使是现代汉语人称代词复数，仍可表真性复数和连类复数两种。吕叔湘（1985：62）指出"我们或是（a）我1+我2+……或是（b）我+别人"。第一种意义只有在多人署名的文件内可以遇见；通常说话的时候，指"我和多少个跟我同在一起的人。你们和他们也有这种分别：对许多人说你们，指点许多人说他们，是（a）义，对一个人说你们，指点一个人说他们，是（b）义"。也正是人称代词复数中所包含着的关联性复数义，使得它能够扩散至专名或亲属称谓语后，表"N等"或"与N相关的人群"，或进一步扩散至其他指人N之后表真性或普通复数义。

北部吴语苏州话、上海话域外文献中"笃""拉"标记复数时，用于第二、三人称代词，指人专名，亲属称谓语以及指人普通名词等后，标记复数的功能与现代汉语"们"相似，主要表关联性复数义即类集义，相当于"N他们/等等"的意思。如例（2）、例（4），其标记功能和表义符合复数标记的等级序列。也就是说，"笃""拉"很可能是从标记人称代词第二、三人称再扩散至名词后。而不是从指人专名扩散至人称代词，才发展为复数标记的。

据此，我们推测从处所词发展为人称代词复数标记的语法化过程可能是：

"人称代词+处所指示词"的同位结构，高频使用，表示"我/你/他这儿/那儿"，在语境中因语义表达可由语境补充而常省略指示语素，形成"人称代词+处所语素"的结构，该结构中"处所语素"表达人称代词所指对象的位置，或特定的某个场所，如"家"，但其空间位置取决于限定它的人称代词，这也使得处所语素义虚化，语义重心也随之左倾，即由以处所为中心的结构发展为以人称为中心，表示所在位置的对象，即"我/你/他以及跟我/你/他同在一起的人"或特指"家人"的意思，获得类集义或关联性复数义。这一转变的机制即为转喻。这样，处所语素发展为语法标记词。在此基础上，该标记词功能沿着生命度等级序列不断扩散。其演变过程可构拟如下：

人称代词+处所指示词 > 人称代词+处所语素（弱化）（重新分析）> 人称代词+复数标记 > NP指人 + 复数标记

若词源为"搭"，那么演变的过程为：

人称代词+辂搭［ta］ ──→ 人称代词+搭［taʔ］ ──→ 人称代词+搭［toʔ］/拉［laʔ］
　　　　　　　　　脱落指示语素　表所在或家义　重新分析　　　　表集群义

　──→ NP指人 + 笃/拉
　扩散　　集群义

据此，从早期文献来看，北部吴语复数标记的语义演变过程为：表所在或特指某人的

家 > 表某人所属群体或家人。

域外苏州话文献可为这一演变过程提供佐证。19 世纪中叶苏州话土白圣经译本中表处所的"个搭"常用于指人 NP 和代词甚至地名后。如，

（21）a. 个时候马里亚已经有喜哉 住勒<u>个搭</u>有喜个日脚满哉。（1860：6）

　　　b. 因为客人<u>个搭</u>吭不空个场化。（1860：6）

　　　c. 管猪个人看见个件事体走到城里乡下众人<u>个搭</u>告诉众人。（1860：22）

　　　d. 差加伯列领子上帝个命到加利利<u>个搭</u>拿撒勒去见童女。（路加 1860：3）

　　　e. 上主个娘到<u>我个搭</u>来我勒打陆里得着个件事呢。（路加 1860：4）

　　　f. 上帝说道、我打发先晓得个人搭差人到<u>俚笃个搭</u>去。（路加 1860：32）

　　　g. 个时候吪笃说道、吪俚勒唔<u>个搭</u>吃物事。（1860：36）

　　　h. 耶稣说、上帝国个兴旺、弗显出来个、人家弗可以说勒俚间罕、勒<u>俚个搭</u>、因为上帝个国、是勒吪笃个当中。（1860：42）

（22）a. 俚个本事搭俚个爷差弗多，倸到<u>俚个搭</u>，就可以脱脱重担，极其爽快。（1896：5）

　　　b. 我觉着极奇怪，从前弗曾揪着个个事体，所以弗得弗立之唔看，看个时候，有三位荣耀个人，贴近<u>我搭</u>。（1896：18）

　　　c. 要末同仔王老爷到<u>俚搭</u>去，让俚哚自家说，耐说阿对？（《海上花列传》34 回）

　　　d. 朱淑人道："我问耐公阳里来跌陆里？耐屋里有几花人？我阿好到<u>耐搭</u>来？"（同上，19 回）

　　　e. 琪官寻思半日，答道："倪两家头团来里，本底子也勿要紧。故歇比勿得先起头，有点间架哉。要末还是耐到<u>倪搭</u>去哝哝罢，不过怠慢点。"素兰道："<u>耐搭</u>去最好哉，耐末再要客气。"（同上，52 回）

　　　f. 素兰道："耐想该搭大观楼，前头后底几花房子，就剩我搭个大姐来里，阴气煞个，怕得来，困也生来困勿着。正要想到<u>耐搭</u>梨花院落来末，倒刚刚耐两家头来喊哉。谢谢耐，陪我一夜天，明朝就勿要紧哉。"（同上，52 回）

19 世纪 60 年代"个搭"用做处所指代词，且高频出现在指人名词或人称代词后表所指位置，也可用于地名后，地名后的"个搭"表义虚化，主要起标记作用。而 19 世纪末20 世纪初，文献中人称代词后表处所大多直接用"搭"，即由"个搭"脱落指示语素"个"而来。而当表处所的"人称代词＋搭"后接其他处所 NP 时，此时"人称代词＋搭"可以从同位结构分析为领属结构，"人称代词＋搭"重新分析为领属语，充当领属语的"人称代词＋搭"可有两解，可解释为处所，也可解读为复数。如例（22）f。尽管复数标记的形成远早于 20 世纪初叶，但其形成的句法环境并未完全消失，所以我们仍能从文献中观察到这一演变过程。

综上所述，依据宁波话文献来看，复数标记"拉"由"搭"音变而来，从金华话文献来看，"搭"与表复数的"两个"属于不同层次，而"搭"来源于表处所的成分。因此从文献来看，我们也认同北部吴语复数标记来自处所后置词"搭"，不过，其语法化的句法环境应该是人称代词而非指人专名和处所词的组合，即在人称代词后首先实现从处所成分重新分析为表类集义的标记成分，再扩散至指人 NP 后表集群义。与北部吴语复数标记相对稳定不同的是，数量成分演变为复数标记并取代原来的形式在南部吴语中更为常见。

结　语

从西人文献来看，近一百多年来北部吴语苏州话、上海话复数标记功能稳定，宁波话复数标记的音变也进一步验证了北部吴语复数标记可能有同一来源，即来自处所词"搭"。其语法化的句法环境是人称代词与处所指示词的组合，随着指示成分的脱落，处所成分的弱化，在转喻机制作用下，重新分析为表集群义的标记成分。

南部吴语如金华话、温州话复数标记在近一百多年中皆发生了更替现象，即用后起的数量来源的标记替代早期形式，未发生替代的台州话本就用的是数量型的标记。与北部吴语复数标记存在来源类型上的差异（盛益民 2014）。

而南北吴语复数标记的变与不变似乎与复数标记本身的功能也有关系，北部吴语来自处所词的复数标记功能活跃，也较丰富，被替代的可能性小，而南部吴语复数标记一般只用于人称代词后，也容易被新兴的复数标记替换。

附录：　　　　　　　　　**表 1　近一百多年来吴语人称代词复数形式**

		第一人称		第二人称		第三人称	
		单数	**复数**	单数	**复数**	单数	**复数**
苏州	1860	我_{常用}/吾_{少用}	吼俚_{常用}/我俚_{较少用}	唔_{常用}/乃	吼篤	俚	俚篤
	1891	ngu	Nyi	næ	ng-toh	li	li-toh
	1937	我	倪	耐	唔笃/耐笃/唔哚	俚/俚倷	俚笃/俚哚
	1999	我 ηəu^{31}	伲 n̠i	耐 nE^{31}	唔笃 n^{24}toΩ^1	俚 li^{44}/唔耐 n^{55}nE^{31}/俚耐 li^{55}nE^1	俚笃 li^{55}toΩ^1/唔笃 n^{55}toΩ^1
上海	1853	我 ngú	我你 ngú ní	侬 nóng	倻 ná	伊 í/是其	伊拉 í lá
	1908	我/自我	伲/自伲	侬/自侬	倻/自倻	伊/自伊	伊拉/自伊拉
	1933	我/阿拉_{下层}	我伲	侬	倻	伊	伊拉
	1997	我	阿拉	侬	倻	伊	伊拉
宁波	1851	ngô	Ah-dah	ng	Ng-dah	gi	gi-dah
	1859	ngô	ah-lah	ng	ng-lah	gyi	gyi-lah
	1927	ngoo 我/ngoonoq 我诺	aqlaq 阿拉	nng 五/noq 诺	zeqna 杂那	dji 其	dji（q）laq 其辣
	1995	ηo	aΩ-laΩ	nau/n nau	n-næΩ	dʑi	dʑiæΩ-læΩ
台州	1880	ngô	ngô-he	ng	ng-he	ge	ge-he
	1928	ngoo 我	ngooté 我推	nn 唔	nnté 唔推	ghé 该	ghété
	地区志	我 ηe42	我搭人 ηe^{42}ta^{0}niη^{22}	尔	尔搭人	渠 ge^{22}	渠搭人
	1995	ηɔ	ηɔ liã kou	η	ηliã kou	ge	Gei liã kou
	2011	ηo^{42}	ηo$^{42\text{-}35}$ ɦe$^{22\text{-}55}$	n^{42}	n$^{22\text{-}35}$ ɦe$^{22\text{-}55}$	kɦie^{31}	kɦie$^{31\text{-}35}$ ɦe^{55}

		第一人称		第二人称		第三人称	
		单数	**复数**	单数	**复数**	单数	**复数**
金华	1866	'a/'a-nong	'a-da/'a-nong-da/'a-tang	ng/ng-nong	ng-da/ng-nong-da	geo	geo-da
	1897	a	a-liang-keh/a-nong-liang-keh	nong	nong-liang-keh	keh	keh-liang-keh
	1927	nga 我	nga liang 我良	noong 儂	noong liang 儂良	ghoq 谷	ghoq liang 谷良
	1995	a, a nong	a lang	nong	Nong lang/n lang	gɛ	gɛʔ lang
温州	1892	ńg	Ńg-dà-ko	nyí	nyí-dà-ko	gi	gi-dà-ko
	1927	nng 五	nng lé 五来 / 五大家（人）	gnii 你	gnii lé 你来 / 你大家	ghi 其	ghi lé 其来 / 其大家
	1995	我 ŋ	我侉 ŋ liɛ	你 n̠i	你侉 n̠i liɛ	渠 gei	渠侉 gei liɛ

参考文献

贝罗贝，李　明.语义演变理论与语义演变和句法演变研究［C］// 当代语言学理论和汉语研究.北京：商务印书馆，2007.

曹　耘.金华汤溪方言的词法特点［J］.语言研究，1987（1）：85—101.

曹志耘.金华方言词典［M］.南京：江苏教育出版社，1998.

陈忠敏，潘悟云.论吴语的人称代词［M］// 代词.李如龙，张双庆.广州：暨南大学出版社，1999.

戴昭铭.天台话的几种语法现象［J］.方言，1999（4）.

戴昭铭.历史音变和吴方言人称代词复数形式的来历［J］.中国语文，2000（3）：247—256.

黄晓东.台州方言的代词［M］// 北京语言大学汉语语言学文萃·方言卷.北京：北京语言大学出版社，2004.

李如龙.东南方言人称代词比较研究［M］// 汉语方言的比较研究.北京：商务印书馆，2001.

李如龙，张双庆.代词［M］.广州：暨南大学出版社，1999.

林晓晓.吴语路桥方言语音研究［D］.福州：福建师范大学，2011.

林素娥.一百多年来吴语句法类型演变研究——基于西儒吴方言文献的考察［M］.北京：中国社会科学出版社，2015.

刘丹青.吴江方言的代词系统及内部差异［M］// 代词.广州：暨南大学出版社，1999.

刘丹青.语序类型学与介词理论［M］.北京：商务印书馆，2003.

刘丹青.苏州话的“勒X”复合词［M］// 吴语研究.上海：上海教育出版社，2003.

刘丹青.语法化理论与汉语方言语法研究［J］.方言，2009（2）：106—116.

吕叔湘.近代汉语指代词［M］.上海：学林出版社，1985.

钱乃荣.当代吴语研究［M］.上海：上海教育出版社，1992.

钱乃荣.上海话语法［M］.上海：上海人民出版社，1997.

钱　萌.宁波方言的语法［D］.上海：上海大学，2007.

潘悟云，陶　寰.吴语的指代词［M］// 代词.广州：暨南大学出版社，1999.

潘悟云.汉语复数词尾考源［M］// 量与复数的研究.北京：商务印书馆，2010.

阮咏梅. 温岭方言研究 [M]. 北京：中国社会科学出版社，2013.

石汝杰. 苏州方言的代词系统 [M] // 代词. 广州：暨南大学出版社，1999.

石汝杰. 明清时代北部吴语人称代词及相关问题 [J]. 中国方言学报，2015.

盛益民. 吴语人称代词复数标记来源的类型学考察 [M] // 语言学论丛第 48 辑. 北京：商务印书馆，
2014：204—226.

盛益民，毛　浩. 南部吴語人稱代詞複數標記來源類型新探——從浦江（虞宅）方言的人稱代詞談起
[M] // 漢語史學報第十九輯. 上海：上海教育出版社，2018：125—136.

沈家煊. 转指和转喻 [J]. 当代语言学，1999（1）.

汤珍珠，陈忠敏，吴新贤. 宁波方言词典 [M]. 南京：江苏教育出版社，1997.

谢自立. 苏州方言的代词 [M] // 吴语论丛. 上海：上海教育出版社，1988.

游汝杰. 吴语的人称代词 [M] // 中国东南方言比较研究丛刊第一辑. 上海：上海教育出版社，1993：
32—49.

游汝杰. 吴语与粤语人称代词的比较研究 [M] // 吴语研究第三辑. 上海：上海教育出版社，2005.

游汝杰. 游汝杰自选集 [M]. 合肥：安徽教育出版社，2003.

张惠英. 复数人称代词词尾 "家" "们" "俚" [M] // 中国语言学报第五期. 北京：商务印书馆，1995.

赵元任. 现代吴语的研究 [M]. 北京：科学出版社，1928/1956.

郑张尚芳. 温州方言志 [M]. 北京：中华书局，2008.

Corbett. Number [M]. Cambridge University Press，2000.

Smith-Stark，Thomas Cedric. The Plurality Split [J]. Chicago Linguistic Society，1974，10：657—661.

William Croft. 语言类型学与语言共性（第二版）[M]. 龚群虎，等译. 上海：复旦大学出版社，2009.

域外文献

苏州话：1860《路加传福音书全》、1877《赞美诗》、1879《马太传福音书》、1891《马可福音》、1896
《天路历程》、1908《旧约》、1922《新约》、1937《苏州方言に就いて》（坂本一郎著）

上海话：1850《上海话功课》、1855《上海土白初学》、1853《约翰传福音书》、1853/1868《上海方言口
语语法》、1879《中西译语》、1892《沪语便商》、1907《上海话课本》、1908《土话指南》、1917
《阿里排排逢盗记》、1919《实用上海语》、1935《详注上海语》、1942《袖珍上海语》

宁波话：1853《马太传福音书》、1859《幼童初晓》、1868《宁波土话初学》、1868《新约》、1910《宁波
方言遍览》

台州话：《创世纪》、1880《马太传福音书》、1879《新约》

金华话：1866《约翰传福音书》、1897《马可传福音书》

温州话：1893《温州方言入门》、1892《马太传福音书》、1902《马可传福音书》

（林素娥　上海大学中文系　linsu101@163.com）

从吴徽语人称代词看虚词的特殊音变模式 *

盛益民

0 引 言

汉语语音从上古至今一直在发生演变，演变有其自身的规律，是为语音的规则演变；同时，由于汉语方言接触频繁，尤其是共同语历代都对方言产生持续影响，形成了历史层次，期间也有规律可循。而其他不合语音规律的现象，我们称之为"特殊音变"。

李荣（1965）很早就已经关注到特殊音变导致的语音例外现象。潘悟云（2002）基于吴语否定词的考源，专门讨论了虚词（或称"封闭类词"）的特殊音变问题，不仅提出了虚词语音变化的主要方向是弱化，还提出两条虚词考本字的优选原则。

对于虚词的特殊音变，需要总结其演变模式。我们认为考察汉语虚词的特殊音变，可以从以下三个层面着手：①

第一，有一些虚词（比如人称代词）可以单独使用，其自身各个音段成分会发生各种特殊演变。

第二，虚词往往是多音节的，不少单音节虚词也可作为附着词（clitics）依附于其他成分，因而不同音节之间会发生相互影响。这是组合关系中产生的特殊音变。

第三，虚词是封闭性词类，同一聚合之内的成员相互间也会产生影响，这势必会使某些虚词产生特殊的演变。这是聚合关系中产生的特殊音变。

人称代词由于是封闭性词类，又高频使用，因此经常会发生特殊演变的现象。本文打算以吴、徽语的人称代词为例（同时补充其他方言的相关例证作为补充）②，来讨论虚词的特殊音变模式。陈忠敏、潘悟云（1999），陈忠敏（2015），陶寰、史濛辉（2015）在吴语人称代词考源时比较重视特殊音变问题，戴昭铭（2000）在考察吴语人称代词复数时关注到语流音变现象，本文打算做更全面的探讨。

下面就是从三个不同层面入手，归纳出不同的类，来具体阐述汉语方言代词语音特殊音变的模式，以此来探究特殊音变背后的规则。③

---

* 本文为国家社科青年项目"吴语人称代词的共时类型与历史演变研究"（17CYY009）的阶段性成果。相关问题承蒙朱晓农、秋谷裕幸、凌锋等先生的指教，特申谢忱。文责自负。

① 赵日新（2017）区分了三种语音弱化的类型：历时演变过程中的弱化、语流中特定位置的弱化、伴随语法化的语音弱化。其中第一种并非特殊音变现象，后两种则是从不同的角度对弱化的考察。

② 文章所引材料一律注明出处，未注明者为笔者调查所得。所引材料一仍其旧，送气符号一律用 ʰ，用 1—8 代表中古八个调类，两个及以上数值表示实际调值，0 表示轻声。

③ 需要注意的是，有些语音是离散式音变的残留，所以虽然看似不合主体层，不能算特殊演变。比如祁门话（沈同 1983）的"我"音 aˊ⁵³，是唯一没有 ŋ- 声母的实词。再如南昌方言除了单数人称代词后缀"侬"，已经没有 n 声母了（张燕娣：200），这是 n > l 离散式音变的残留。当然，特殊音变与语音滞留有时候也殊难判断。比如普通话的人称代词"我、你"，平山久雄（1987、1993）认为是特殊音变，而郑张尚芳（2002）则认为是语音滞古："你" ni 是"尔"的汉魏音，"我" wo 是歌韵近代音（为保留 o 不变 e 故复化为 uo）。

1 单音节代词的特殊音变

单音节代词的特殊音变主要就是弱化，下面分别从声母、韵母、声调三个方面讨论。

1.1 声母弱化

人称代词中，辅音声母的弱化现象（lenition/weakening）非常常见。潘悟云（2002）认为可以从发音和发声两个方面考察声母的弱化：在发音方面，呈现"塞音①-擦音-鼻音-流音-半元音-零辅音"的递减，1.1.1节的擦音化和1.1.2节的脱落属于这种情况；在发声方面，呈现"清 > 浊、紧音 > 松音"的递减。由于人称代词如"我、尔、汝、渠"等都是古浊声母字，因此浊化的现象比较少发生（3.1节会有提及）。此外，朱晓农（私人交流）认为，弱化还包括时长缩短等，塞擦音（如ts）和爆发音（如t）同属塞音类，区别在于爆发音是快除阻（时长短），塞擦音是慢除阻（时长较长），因此塞擦音发展为爆发音也是一种弱化。本文1.1.3节讨论这种情况。

1.1.1 爆发音、塞擦音的擦音化

塞音、塞擦音的擦音化在吴徽语中并不是很普遍。

一类是塞擦音的擦音化。比较典型的例证是浦江方言的第三人称单数 zi^{213}。李荣（1980），梅祖麟（1995），陈忠敏、潘悟云（1999），汪维辉、秋谷裕幸（2017）等认为，多数吴语的第三人称代词本字是"渠"，来自中古遇合三鱼韵群母。浦江群母字主要都读 ʥ- 声母，"渠"读 ʑ- 声母在浦江方言中是特例，盛益民、毛浩（2018）认为是 *ʥ- 发生声母擦音化的结果。根据傅国通、郑张尚芳总编（2015：1107）中1950年代的调查材料，浦江乡下仍有地方读 $ʥi^2$，保留了擦音化之前的形式。当然，"渠"的擦音化在吴语中并不多见，在浦江之外的吴语尚未发现。

另一类是送气爆发音的擦音化。郑张尚芳（1998）指出，宣州片吴语的第三人称"渠"常常擦音化，如青阳_{沙济}的 $xəʔ^{7/8}$、泾县_{厚岸}的 $xei^{4/6}$。吴徽语外，黄孝片广济方言的第三人称"渠"音 xe^2，汪维辉、秋谷裕幸（2017）认为是 *kʰ 的弱化形式。第三人称代词在河北平山晋语中音 xa^1（陈章太、李行健主编 1996：4346）、湖南浏阳赣语音 xa^1（夏剑钦 1998：220）、广西永福_{塘堡}平话说 ha^1（肖万萍 2005：183），汪维辉、秋谷裕幸（2017）认为都是"他"的弱化形式，即：*tʰa > ha/xa。类似的现象也见于湖南醴陵客家话读 ha^1（李如龙、张双庆主编：420），这个方言点透母字仍然读 tʰ，所以也是代词擦音化的结果。

1.1.2 声母脱落

声母脱落可以看成是弱化的一种极端情况。（Crowley 1997：39）相关的例证也比较多。

首先来看第一人称"我"的声母脱落。浙江磐安方言的"我"有 $ŋuɤ^{434}$、$uɤ^{434}$ 的异读（曹志耘，秋谷裕幸主编 2016：592），江苏高淳_{淳溪}话"我"音 $ŋo^1$ 或 o^1（郑张尚芳 1998），这两个方言点疑母洪音字读 ŋ-，可见 $uɤ^{434}$、o^1、ue^{42} 为声母脱落的形式。再比如老派上海话的"我"音 $ŋu^{113}$，钱乃荣（1992）记录的南汇_{周浦}方言中就已经读脱落鼻音的 $ɦu^{113}$，而

---

① 原文用的术语为"塞音"，本文按照朱晓农（2010），用"塞音"翻译塞擦音（affricate）和爆发音（plosive）的上位概念 stop。音系学讨论响度原则，往往认为塞擦音比爆发音响度高，但是我们在汉语中很少发现爆发音到塞擦音的现象。

现今上海城区的年轻人也是以读 ɦiu¹¹³ 为主。

奉化、於潜、昌化、浦江、宣平、分水、宁海、三门、上饶、广丰各地，疑母字都仍然读 ŋ- 声母，"我"读零声母，都来源于鼻音声母脱落的特殊音变。

其次来看第三人称"渠"的声母脱落。吴语方言"渠"读零声母 ɦi 的现象非常普遍，崇明、上海、绍兴等地皆如此，潘悟云、陈忠敏（1995）、陈忠敏、潘悟云（1999）认为其乃脱落声母的弱化，发生了如下音变：gi > dʑi > zi > ɦi。不过有两点理由认为"渠"是直接在爆发音、塞擦音阶段发生声母脱落的，并未经过擦音的阶段：第一，存在共时异读，比如浙江余姚三七市方言的第三人称"渠"有 dʑi²²、ɦi²² 两种读音，江苏海门方言（王洪钟 2011）的"渠"也有 gi²⁴、ɦi²⁴ 两种读音，分别是由 dʑi²²、gi²⁴ 直接脱落 dʑ-、g- 声母；① 第二，上文已经指出，吴语中"渠"发生擦音化的现象非常少见。此外，江西都昌方言的"渠"有 ɛ⁶、gɛ⁶ 两读（李如龙、张双庆主编 1992：420），ɛ⁶ 由 gɛ⁶ 脱落声母而来；上饶田墩方言"渠"音 ɛ³⁵（胡、吴 2020）、湖南平江方言和江西弋阳读 ɛ⁶（李如龙、张双庆主编 1992：420），我们认为也来自于 *gɛ 或者 *kɛ 脱落声母。

第三人称"他"也有声母脱落的例证。贵州习水方言和江西修水赣语第三人称说"阿"，汪维辉、秋谷（2017）认为是弱化后再脱落的结果。

最后来看第二人称的声母脱落。嘉定方言中，第二人称可以说 zɛ̃⁶ 或 ɦiɛ̃⁶（陈夏青 2011），其中 zɛ̃⁶ 为"是尔"的合音，而 ɦiɛ̃⁶ 来自 zɛ̃⁶ 的声母脱落。

1.1.3 塞擦音演变为爆发音

塞擦音变为爆发音属于时长缩短的一种弱化现象。

安徽歙县方言的第三人称音 ti⁴⁴（平田主编 1996），我们认为本字就是"渠"，经历了 *tɕi⁴⁴ > ti⁴⁴ 的爆发音化。

再比如施俊（2015）指出，浙江义乌部分地区的第一人称代词来源于"是我"的合音，之后发生了如下的音变：

$$
\begin{array}{l}
dzi^4 + ɑ^5 \longrightarrow dziɑ^4（义亭）\longrightarrow tsiɑ^5（赤岸周边）\longrightarrow tsiɛ^5（杭畴一带）\\
\qquad\qquad\qquad\searrow\\
\qquad\qquad dziɛ^4（葛仙、陇头朱等地）\longrightarrow diɛ^4（下演乡）
\end{array}
$$

其中 dziɛ⁴ > diɛ⁴ 就是一种爆发音化。

吴语之外，陕西岐山方言的第一人称包括式代词"咱"音 tʰa²（孙立新 2002）比较周边方言可知，这是塞擦音声母 tsʰ 爆发音化的结果。

1.2 韵母脱落与成音节化

潘悟云（2002）指出，韵母的弱化主要是主元音的央化，极端的情况就是韵母的失落。元音的央化往往伴随着声调的促化，本节主要讨论韵母失落导致鼻音单独成音节化的现象。

沈钟伟（Shen 2007），陶寰、史濛辉（2015），盛益民（2017）等对鼻辅音的成音节化有过讨论，认为可以概括为：锐音韵母在锐音声母后脱落，钝音韵母在钝音声母后脱落。即：ŋu/ŋɯ > ŋ̍、mu > m̩、ni > n̩。

---

① 潘悟云（1995）指出，在 Edkins（1853）记录的上海话中，第三人称单数为"伊" i［ɦi］或"其" ki［dʑi］，两者可以互读，但城里读"伊"居多。

如果一个方言中，人称代词是唯一读成音节鼻音的非拟声词，那么基本上可以断定，这种成音节化属于特殊音变。

海门方言"我"音 ŋ̍^{4}（王洪钟 2011：132），是本方言唯一读 ŋ̍ 的非拟声词。海门方言另有一个成音节鼻音 n̩，辖字包括：n̩^{1} 呒 ~处：不能 母 ~娘：伯母 | n̩^{2} 儿 ~子吴姓 呒 "无"的口语音 | n̩^{4} 五你母 ₜ。对比其他方言可知，疑母模韵的"吴、五"早期当读 *ŋ̍，之后并入 n̩；"我"发生 ŋu > ŋ̍ 的特殊音变当晚于"吴、五"读 n̩。此外，江苏盐城方言"我"音 ŋ̍^{3}（蔡华祥 2011）、涟水方言"我"音 ŋ̍（胡士云 2011：143）、泰州的 ŋ̍^{3}（张建民主编 1991：58），均为本方言唯一读成音节鼻音的词，都是经由特殊音变而来的。

江苏高淳方言的第二人称代词"尔"有 n̩^{55}、ni^{55} 两读（《高淳县志》），其他读 ni 的字均不变，可见为特殊音变。再如根据陈章太、李行健主编（1996），"你"在山西离石①、河南林县、河南信阳、湖北红安都音 n̩^{3}，而四地均无其他非拟声词读成音节鼻音，都可以看成是发生了脱落韵母的特殊音变。

1.3 声调促化

潘悟云（2002）指出，声调的弱化主要有促化和零化两种表现。零化指的是失去原来声调而读依附调的变化，人称代词由于附缀化而发生声调零化的现象在汉语方言中非常常见，往往是整个代词系统共同是行为，容笔者专文讨论。本文只涉及声调促化。

声调促化在南北吴语中均能看到，例如：

表 1　吴语代词的声调促化

	一单	二单	三单
安吉	我 ŋoʔ^2	尔 n̩ʔ^2~nəʔ^2	
孝丰	我 ŋoʔ^2	尔 nəʔ^2	
昌化			渠 gəʔ^2
兰溪诸葛	我 ŋaʔ^{34}	尔 nieʔ^{34}	渠 gəʔ^{34}
松阳			渠 gɛʔ^2
上饶	我 aʔ^2	尔 n̩ʔ^2	

"我、尔、渠"均为中古舒声字，读入声是特殊音变的结果。金华地区"渠"的促化，潘悟云（1995）等早已提及。

由于成音节鼻音读入声 n̩ʔ^2 的搭配关系比较特殊，所以安吉同时还可以读 nəʔ^2；孝丰方言的 nəʔ^2 应该也是从早期的 * n̩ 促化而来的。

1.4 小结

人称代词的特殊音变以弱化为主，但是确实也发现了反向的强化（fortition）。老派浙江新昌话第一人称"我"音 ŋɯ^4，而在新派中普遍读成 gɯ^4，新昌方言并无其他疑母读 g- 声母的例子，发生了鼻音声母塞化这种反向的强化。

虚词的强化的确也有一些例证，如盛益民（2018）提到虚词的增生鼻音现象等。这个问题值得进一步探讨。

---

① 李荣（1997）则认为山西方言第二人称代词读是保留了"尔"的古音。

2 组合关系中产生的特殊音变

代词在组合关系中发生的特殊音变有两大类：一类是音段的同化（assimilation）和异化（dissimlation），一类是音节的弱化。① 异化比较少见，本节只讨论同化。

2.1 同化

根据同化的方向，又可以分为逆同化与顺同化两种。

2.1.1 逆同化

从不同的音段层面考虑，可以分为声母同化、韵母同化和音节同化三种。

第一，声母同化。

上海松江方言的第一人称单数"我侬"有 $ŋ^{22-22}nu^{31-35}$、$ṇ^{22-22}nu^{31-35}$ 两读，"我"在北部吴语读 ŋ 很常见，受 nu 的声母逆同化成了 ṇ。

第二，韵母同化。

曹志耘（1999）指出，浙江淳安方言"我"音 vu^{55}、复数"我拉"音 $ua^{224-241}la^{224-55}$，第三人称"渠"音 $k^hɯ^{445}$、复数"渠拉"有 $k^hɯ^{445-31}la^{224}$ 和 $k^ha^{445-31}la^{224}$ 两读，复数中都发生了韵母的逆同化现象。再如，平田主编（1998：270）指出，绩溪方言第一人称复数"我人"有 $ɔ^{213}iã^0$ 和 $a^{213}iã^0$ 两读，"我"单字音 $ɔ^{213}$ 后一种读音是韵母逆同化所致。

第三，音节同化。

以上讨论的逆同化都是音段成分的变化，还有一种特殊的逆同化是导致整个音节变化，就是整个音节被逆同化为后一个音节的声母。这种特殊的逆同化多发生在响音声母中。

最广为人知的例子就是北京话"我们"可以读 $ṃ^{214}mə^0$，"我"音 ṃ 就来源于 uo^{214} 整个音节被 $mə^0$ 的声母同化了。再一个例子来自苏州话。苏州话的第三人称单数的后缀式"俚侬"除了音 li^1nE^{31}，还能音 $ṇ^1nE^{31}$，陈忠敏（2015）指出，《海上花列传》中只有"俚"和"俚侬"，n^1nE^{31} 的产生时间不会早于 20 世纪，经历了 $li^1nE^{31} > ṇ^1nE^{31}$ 的特殊逆同化。

除了鼻音，音节同化也见于流音。在萧山方言中，第三人称复数"渠拉"除了音 $ɦi^{13}la^{53}$，也有部分人说 $ḷ^{13}la^{53}$，② 后者就来源于这种特殊的逆同化。

2.1.2 顺同化

先来看声母的顺同化。请看宝山罗店的例子，其代词系统如下所示：

表2　宝山罗店方言的人称代词系统

	第一人称	第二人称	第三人称
单数	我 $ŋ^{213}$	侬 $noŋ^{213}$	渠 i^{52}
复数	我里 $ŋ^{22}ṇi^{52}$	尔搭 $ṇ^{22}tʌʔ^4 \sim nʌʔ^4$，侬搭 $noŋ^{22}tʌʔ^4$	渠搭 $i^{55}tʌʔ^3$

从表中可知，宝山的第二、第三人称复数标记为"搭"，第二人称中有 nʌʔ 的异读，是受 ṇ 顺同化所致；用"我里"表第一人称复数在苏沪地区很常见，宝山方言中"里"被 ŋ 同化

---

① 此外，弱化还会导致合音、音节省缩等相关音变现象，限于篇幅，本文不涉及这两类。

② 萧山方言的材料由王佳亮先生提供。

为同部位的鼻音 n-，类似的现象也见于嘉定。再比如，北部吴语的复数标记"拉"多读鼻音，如吴江的 ŋ²²nɔ²¹²、萧山的 n̩⁵⁵na³¹、鄞州的 n̩¹¹naʔ⁵⁵ 等，都是顺同化的结果。

再来看韵母的顺同化。龙游方言的第一人称复数可以说 nu na 和 nu nua（《龙游县志》），由于第二人称、第三人称的复数标记为 na、la，所以可以认为 nua 是 na 受 nu 韵母顺同化影响的结果。再请看浙江建德方言的人称代词系统（曹志耘 1999）：

表 3　建德方言的人称代词系统

	第一人称	第二人称	第三人称
单数	卬 aŋ²¹³ 阴上、党 =taŋ²¹³	尔 n̩²¹³	渠 ki³³⁴ 阳平
复数	卬带 =aŋ²¹³taŋ⁰、党 = 带 =taŋ²¹³taŋ⁰	尔带 =n̩²¹³taⁿ⁰	渠带 =ki⁵⁵taⁿ⁰

盛益民（2013）指出，浙北地区的复数标记"拉"等的早期形式为 *ta，建德方言的 taⁿ⁰ 是存古形式。建德方言早期三个人称后缀都是 taⁿ⁰，第一人称因为受"卬、党 ="主元音 aŋ 的顺同化，读成了 taŋ⁰。

2.2　组合层面的弱化

与第 1 节讨论的弱化不同，本节的弱化指的是在组合层面发生的弱化。其中，单独使用未发生弱化，而只在组合层面才发生弱化的词，尤其需要注意。

2.2.1　声母弱化

根据秋谷裕幸等（2002），兰溪诸葛方言的第一人称单数为"我 用于宾语 ŋaʔ³⁴"和"我侬 ŋa¹¹noŋ¹⁴"，第一人称复数的排除式为"我拉"，包括式为"我滴 =（ŋ）a¹¹ti⁴⁵"。"我"多数还是 ŋ- 声母，只有在包括式"我滴 ="中有 ŋ- 声母和零声母两读，零声母是 ŋ- 脱落的特殊音变。

再比如黄岩方言第一人称排除式是"我推"ŋo²¹tʰɛ⁵²，温岭是"我海"ŋo⁵²hɛ⁵²，其中复数标记"推 ="就来源于这些方言的不定量词"推 ="。温岭的 hɛ 正是由 tʰɛ 擦音化而来的。（黄晓东 2004）

2.2.2　韵母弱化

这方面最广为认知的例子来自北京话。北京话的"我们、咱们、你们、他们"分别可以音 uo²¹³m̩⁰、tsan³⁵m̩⁰、ni²¹³m̩⁰、tʰa⁵⁵m̩⁰，m̩ 来源于"们"的韵母弱化脱落。再比如湖南辰溪方言人称代词复数后缀音 mu³¹，在口语中弱化为 m̩³¹。（谢伯瑞 2000：283）

根据邓永红、吴贤英（2009），湖南桂阳方言的人称代词的非合音形式有两套读音：我俚［ŋo⁴²liæ⁴²~ŋo⁴²læ⁴²］、你俚［ni⁴²liæ⁴²~ni⁴²læ⁴²］、渠俚［kɤ⁴²liæ⁴²~kɤ⁴²læ⁴²］。后者的单元音形式，是脱落介音的韵母弱化形式。

2.2.3　声调促化

复数标记等的促化比较常见，本节主要讨论人称代词单用不弱化而只在组合中弱化的现象。

吴语的第二人称多为成音节鼻音，不容易发生促化，代词的促化主要见于第一、第三人称。胡明扬（1996：27）已经指出海盐存在这种现象；此外，也见于桐乡、宁波等地。请见下表：

表4 吴语人称双音节代词促化表

	一单	一复	三单	三复
海盐	我 ɦu²³², 我侬 ɦiɔʔ²nu	我拉 ɦiɔʔ²la	渠 i⁵³, 渠侬 ɦii²ʔne	渠拉 ɦii²ʔla
桐乡	我 u⁵³, 我俫 ɦuɔʔ²nəɯ¹¹³	我拉 ɦuɔʔ²la¹¹³	渠 i⁵³, 渠俫 ɦiiɔʔ²nəɯ⁴²	渠拉 ɦiiɔʔ²la¹¹³
於潜 太阳	我 ɦia¹¹³	我拉 ɦiaʔ²¹¹la¹³	渠 gɯ¹¹³	渠拉 gʌʔ²¹¹la¹³
宁波	我 ŋo²¹³	我辣 ɐʔ²⁴ɐʔ⁵	渠 dʑi²¹³	渠辣 dʑiiʔ²ʔɐʔ²⁴
广丰 永丰	我 a²⁴	我□ ɐʔ²lɐi³⁴¹	渠 ŋɤ²⁴	渠□ ɤʔ²lɐi³⁴¹

从表中可见,"我、渠"单用都不弱化,在复合词中才促化。

类似的现象也见于其他方言。比如根据北大(1995),合肥方言的第三人称单数为"他"tʰa²¹²,而复数"他们"则有 tʰɐʔ²¹məŋ⁰ 和 tʰa²¹²məŋ⁰ 两读,读 tʰɐʔ²¹ 是促化的结果。

3 聚合关系中产生的特殊异常音变

李荣(1965)指出,语法上属于同一小类的用法相近的字(如人称代词系统),有时在读音上互相吸引,会引起字音的改变,文章称之为"感染作用"。项梦冰(1997:147)认为这种现象与生物界的趋同现象(convergency)具有相似性,故而称之为"趋同现象"或"形式趋同现象"。这其实是"类推"的一种,具体请参 Campbell(2001)的讨论。

感染作用/趋同作用包括声调感染/趋同、声母感染/趋同、韵母感染/趋同,下面分别讨论。

3.1 声调趋同

声调的趋同在人称代词中表现得最为普遍、有代表性。

在部分汉语方言中第一、第二人称代词的多用上声的"我""尔/你",而第三人称"他、渠、伊"则都来自古平声。感染的主要方向是第三人称受到第一、第二人称影响而读上声,李荣(1965)已经举过郑州、菏泽、深县、广州等多地的例子。这种现象在吴语中也非常常见,绍兴、富阳、上虞、诸暨、宁波、龙游、开化、宣平、浦城、庆元等地"渠"都读成阳上或阳去,是受到第一、第二人称感染所致。项梦冰(1997:152)、邓享璋(2017)也提到汀州客家话和内陆闽语的相关现象。

当然,也有第一、第二人称受第三人称影响而声调发生了改变的现象。平田主编(1998:270)提到,安徽休宁方言的"我、尔、渠"都读浊平的调值55,"我、尔"是受到"渠"的影响。再如汀州片客家话的人称代词也多发生类似的现象,"渠"读阴平,"我、尔"受其影响也读阴平,如(项梦冰 1997:151):

表5 汀州片客家话的声调趋同现象

方言点	连城 塘洲	连城 宅塘	连城 峰莲	连城 雾阁	清流 江坊	长汀 汀州	长汀 涂坊
我	ŋo¹	ŋɔ¹	ŋa¹	ŋa¹	a¹	ŋai¹	ŋa¹
尔	n̠i¹	n̠i¹	n̠i¹	ŋ¹	ŋ¹	n̠i¹	hn¹
佢	tʂʅ¹	tʂʅ¹	kue¹	kɯ¹	kɯ¹	ke¹	ku¹

宁波北仑_{柴桥}方言的情况更有意思，其三身单数代词分别为：［我侬］ŋau³¹，尔 ŋ³¹、［尔侬］nau³¹，渠 dʑi³¹。有意思的是，北仑_{柴桥}方言的单字调系统没有 31，阳平为 22，阳上去为 113。而其连读变调中有 31，所以我们认为是 31 调来源于"我侬""尔侬"的合音，之后又感染了"尔、渠"，从而导致整个代词系统都是特殊声调。

由于吴语是连读变调发达的方言，除了单字调的声调趋同，还需要考虑变调的趋同现象。比如根据秋谷裕幸等（2002：44），东阳方言的复数人称代词变调一律为 11-324，如：我□ ŋʊ³⁵⁻¹¹la³²⁴、□□ ɦuan⁻¹¹la³²⁴、尔□ ȵ³⁵⁻¹¹la³²⁴、渠□ gɔɯ³¹²⁻¹¹la³²⁴。

有一种特殊的情况，声调趋同同时导致了声母变化。常州方言、无锡方言的第三人称"他"都读 d- 声母，以下是两个点的三个人称代词：

表6　吴语"他"的声调浊化

	第一人称	第二人称	第三人称	出处
常州	我 ŋɤɯ⁴⁵	你 ȵi⁴⁵	他 da²⁴	周、屠主编 2011
无锡	我 ŋəɯ¹³	你 ȵi¹³	他 dəɯ¹³	曹晓燕 2003：56

汪维辉、秋谷（2017）认为，"他"读浊音声母是受了原生的第三人称代词"渠"的声母和调类或者第一、第二人称代词"我、尔"的调类感染而形成的读音。我们认为受"我、尔"声调感染而导致声母浊化的可能性更大。无锡的"他"读阳上，与"我、你"的声调相同；常州次浊上归阴上，"他"读阳上去，读的也是与"我、你"对应的声调。而邻近的金坛"他"音 tʰa³¹（阳上）、溧阳音 tʰo²⁴（阳上），都是声调受了影响，而声母还没有变化，是声调趋同后声母浊化的重要支持。

3.2　声母趋同

李荣（1980）较早提到声母的趋同现象，文章提出四川南溪李庄方言的第三人称"他"音 na⁵⁵，声母不读而读 n-，是受到"我"［ŋo⁴²］、"你"［ȵi⁴²］两个鼻音声母字的感染。"他"的鼻音或边音，在西南地区较为普遍，皆是声母趋同所致。

吴语常山、江山、广丰、玉山等地第三人称代词"渠"音 ŋ-，是受到第一、第二人称代词声母鼻特征的影响，请看下表（材料取自曹志耘 2002：59-60）：

表7　吴语"渠"的声母趋同

	第一人称	第二人称	第三人称
常山	我 ŋa⁴	尔 n⁴	渠 ŋə¹
江山	我 ŋo⁴	你 ȵi⁴	渠 ŋə¹
广丰	我 a⁴~ŋo⁴	你 ȵi⁴~ 尔 n⁴	渠 ŋɤ⁴
玉山	我 ŋa⁴	你 ȵi⁴	渠 ŋə¹

不过常山、江山、玉山三地"渠"读阴平的现象，曹志耘等（2000：147）认为还有待解释。

类似的现象也见于内部闽语的永安和三元。永安三个人称代词分别为"我 ŋuɒ¹ 尔 ȵi¹ 渠 ŋy¹"，三元为"我 ŋu¹ 尔 ȵi¹ 渠 ŋy¹"，周边方言的"渠"多为 k- 声母，所以邓享璋（2017）认为读 ŋ 是受到了"我、你"声母的影响。

3.3 韵母趋同

人称代词的韵母趋同现象比较少见。①

根据张耕（2019），四川洪雅方言存在一套人称代词的领格形式，可列表如下：

表 8 洪雅方言的领格形式

	第一人称	第二人称	第三人称
单数	我 o⁴²	你 n̠i⁴²	他 na⁴⁴
领格	□ au²²³	□ n̠iau²²³ 多 ~n̠iəu²²³	□ nau²²³

文章指出，这套领格代词本质上是表达"家"义的，可以与亲属关系名词、社会关系名词、结构名词等组合表达人称领属。

笔者认为，这套代词就是人称代词单数与"屋［u³⁵］"合音的结果：我 o + 屋 u → au、你 n̠i + 家 u → n̠iəu、他 na + 屋 u → nau。洪雅方言音系中没有 ou、iu 的韵母组合，所以读成音近的 au、n̠iəu。而第二人称的领格形式由于受到内部趋同的影响，韵母同时也被同化为 n̠iau。

4 总 结

本文从独立使用、组合关系、聚合关系三个方面，总结了人称代词可能发生的特殊音变模式。

特殊音变模式的总结，对于虚词的考源具有重要的意义。比如江苏吴江方言第一人称代词音 ŋ⁴，吕叔湘（1985）根据声调阳上，排除了其为"吾"的可能性，而认定本字为"我"；不过刘丹青（1999）提出，吴江方言的疑母歌韵字都不读 ŋ，只有疑母模韵字才读 ŋ。由于"我"因为特殊音变而读 ŋ 的现象在北部吴语中很常见，因此认为其本字是"我"在各方面都比较具有解释力。

此外，也有的学者把弱化后的形式当作一个层次。如果从特殊音变的角度考虑，那么可以大大避免一些不必要的麻烦。

当然，是否为特殊音变也需要全面的考虑，不能将规则音变归因于特殊音变。比如绍兴话人称代词有个后缀读 lo?⁸，本字为"侬"，在清末的绍兴话文献《越谚》卷中"人类"中就已经指出这一点："'僚'，犹'侬'，吴人曰'侬'，越人曰'僚'。""侬"是泥母冬韵字，发生了促化，而声母读 l-，陈忠敏、潘悟云（1999）认为是语音弱化的结果，并为其构拟了语音演变路径：*noŋ > no > lo > lo?。不过盛益民、陶寰（2017）已经指出，"侬"读 l- 声母也不能排除是规则音变。当泥母拼开口呼鼻尾韵时，在浙北地区普遍存在读如来母的现象，即：*nVN > lVN，这是一种时间错配导致的鼻音异化现象。在绍兴柯桥部分老派中，"农"仍音 loŋ²，"侬"与其有相同音韵地位，可见读 l- 声母也许就是其规则的读法。

总之，我们提倡在研究虚词的演变过程中，在全面谨慎地研究基础上，规则音变的归

---

① 相对来说，指示代词更多些。北京话的情况请参李荣（1965）的详细讨论；四川隆昌方言"这"音 tʂɛ，"那"音 lɛ，"那"受"这"韵母趋同；再如根据孔祥卿（私人交流），河北辛集话的近指代词"这"音 tʂʅ，远指代词"那"受"这"韵母的影响变为 m̩。

规则音变，特殊音变的归特殊音变。

参考文献

鲍明炜.高淳县志·方言［M］.南京：江苏古籍出版社，1988.

鲍士杰.安吉县志·方言［M］.杭州：浙江人民出版社，1994.

北大中国语言文学系教研室.汉语方言词汇［M］.北京：语文出版社，1995.

蔡华祥.盐城方言研究［M］.北京：中华书局，2011.

曹晓燕.无锡方言研究［D］.苏州：苏州大学，2003.

曹志耘.严州方言代词系统［M］//代词.广州：暨南大学出版社，1999.

曹志耘.南部吴语语音研究［M］.北京：商务印书馆，2002.

曹志耘，秋谷裕幸主编.吴语婺州方言研究［M］.北京：商务印书馆，2016.

陈夏青.嘉定北片第二人称"㑚"［M］//吴语研究——第六届国际吴方言学术研讨会论文集.上海：上
  海教育出版社，2011：290—294.

陈忠敏.吴语人称代词的范式、层次及音变［M］//汉语史学报第16期.上海：上海教育出版社，
  2016.

陈忠敏，潘悟云.论吴语的人称代词［M］//代词.广州：暨南大学出版社，1999：1—24.

陈章太，李行健.普通话基础方言基本词汇集［M］.上海：语文出版社，1996.

戴昭铭.历史音变和吴方言人称代词复数形式的来历［J］.中国语文，2000（3）.

邓享璋.内陆闽语的语音变例［J］.方言.2017：324—335.

邓永红，吴贤英.桂阳方言的代词［M］//湖南方言的代词.长沙：湖南师范大学出版社，2009.

傅国通.武义话的代词［M］//方言丛稿.北京：中华书局，2010.

傅国通，郑张尚芳总编.浙江省语言志［M］.杭州：浙江人民出版社，2015.

胡明扬.海盐方言志［M］.北京：语文出版社，1996.

胡士云.涟水方言研究［M］.北京：中华书局，2011.

黄晓东.台州方言的代词［M］//北京语言大学汉语语言学文萃·方言卷.北京：北京语言大学出版社，
  2004.

黄晓东.婺州方言的人称代词［M］//汉语史学报第16期.上海：上海教育出版社，2015.

李　荣.语音演变规则的例外［J］.中国语文，1965（2）：116—126.

李　荣.吴语本字举例［J］.方言，1980（2）.

李　荣.汉语方言里当"你"讲的"尔"（中）.方言，1997（3）.

李如龙.东南方言人称代词比较研究［M］//汉语方言的比较研究.北京：商务印书馆，2003.

李如龙，张双庆主编.客赣方言调查报告［M］.厦门：厦门大学出版社，1992.

刘丹青.吴江方言的代词系统及内部差异［M］//代词.广州：暨南大学出版社，1999.

林立芳.梅县方言的代词［M］//代词.广州：暨南大学出版社，1999.

卢小群，鲍厚星.湖南东安花桥土话的代词［J］.湖南师范大学社会科学学报，2003（4）.

吕叔湘.近代汉语指代词［M］.江蓝生补.上海：学林出版社，1985.

方平权.岳阳方言的代词［J］.云梦学刊,2001,22（1）.

潘悟云.汉语否定词考源——兼论虚词考本字的基本方法［J］.中国语文，2002（4）.

平山久雄.论"我"字例外音变的原因［J］.中国语文，1987：409—412.

平山久雄.中古汉语鱼韵的音值——兼论人称代词"你"的来源［J］.中国语文，1995（5）.

平田昌司主编.徽州方言研究［M］.日本：好文出版，1998.

钱乃荣.当代吴语研究［M］.上海：上海教育出版社，1992.

秋谷裕幸，赵日新，太田斋，王正刚.吴语兰溪东阳方言调查报告［R］.日本学术振兴会平成13—15
年度基盘研究（B）"历史文献データと野外調査データの综合を目指した汉语方言史研究"研究
报告.

盛益民.吴语人称代词复数标记来源的类型学考察［M］//语言学论丛48.北京：商务印书馆，2013：
204—226.

盛益民.鼻音的成音节化与去成音节化——以吴语绍兴方言为例［J］.语言研究，2017（3）.

盛益民.从特殊音变看宁波话传教士文献多功能虚词"等"的来源——兼论苏沪吴语和宁波吴语多功能
虚词"搭"的非同一性［J］.语文研究，2018（4）.

盛益民，毛　浩.南部吴语人称代词复数标记来源类型新探——从浦江（虞宅）方言的人称代词谈起
［M］//汉语史学报第19辑.上海：上海教育出版社，2018.

盛益民，陶　寰.吴语绍兴方言人称代词的历史演变——兼论北部吴语第二人称的来源类型［M］//汉
语史研究集刊23.成都：四川大学出版社，2017：131—145.

施　俊.论婺州片吴语的第一人称代词——以义乌方言为例［J］.中国语文，2013（2）.

孙立新.关中方言代词概要［J］.方言，2002（3）.

陶　寰，史濛辉.吴语人称代词考源的原则——兼论吴语的"侬"［M］//汉语史学报第16辑.上海：
上海教育出版社，2016.

汪维辉，秋谷裕幸.汉语第三人称代词的现状和历史［M］//汉语史学报第17辑.上海：上海教育出版
社，2017.

王洪钟.海门方言研究［M］.北京：中华书局，2011.

夏剑钦.浏阳方言研究［M］.长沙：湖南教育出版社，1998.

项梦冰.连城客家话语法研究［M］.北京：语文出版社，1997.

肖万萍.永福塘堡平话研究［M］.南宁：广西民族出版社，2005.

游汝杰.吴语里的人称代词［M］//吴语和闽语比较研究.上海：上海教育出版社，1993.

张　耕.四川洪雅方言人称代词定语领属结构［J］.方言，2019：306—311.

张建民.泰县方言志［M］.上海：华东师范大学出版社，1991.

赵日新.汉语方言语音弱化及其后果［M］//汉语方言学报第7期.北京：商务印书馆，2017.

郑张尚芳.吴越文化志·吴语［M］.上海：上海人民出版社，1998.

郑张尚芳.汉语方言异常音读的分层及滞古层次分析［M］//南北是非：汉语方言的差异与变化.台北：
"中研院"语言研究所（筹备处），2002.

周　源，屠国瑞.常州方言词典［M］.南京：江苏教育出版社，2011.

朱晓农.语音学［M］.北京：商务印书馆，2010.

Campbell，Lyle. Historical Linguistics：An Introduction，3nd ed.［M］. The MIT Press，2013.

Crowley，Terry. An Introduction to Historical Linguistics，3nd ed.［M］. Oxford University Press，1997.

Shen，Zhongwei（沈钟伟）. Syllabic nasals in Chinese Dialects［M］//中国语言学集刊第1期.北京：
中华书局，2007.

（盛益民　复旦大学中文系　nkshengym@163.com）

义乌话的被动句标记及其类型学研究

王晓凌

一 绪 论

1.1 义乌的方言地理概况

义乌位于浙江省中部，行政上隶属于金华地区，所使用的方言一般认为属于吴方言婺州片，但义乌话的声韵、语法都与吴方言的其他方言片存在较大差异，"本片内部差异较大，有些县互相不能通话"（傅国通 1986）。义乌行政区域内部各处方言点之间语法和语音差别也甚大，本文要谈的是义乌话中被动句的句法形式差别问题。

本文使用"被动句"一词而不是"被字句"来表示义乌话中的被动表达形式，一方面由于被动意义的表达不一定通过被动标记形式，很多情况下都是无标记的；另一方面"被"只是普通话的标记形式，义乌话中的"被"[pei]一字与被动意义毫无关系，被动意义是通过其他标记形式来表达的。

1.2 吴方言中被动句的标记形式

被动句的标记在吴方言中的情况十分复杂，根据《汉语方言地图集》（语法卷）①的描述，普通话中的"被"字句在吴方言中的标记情况如下：

（1）整个浙江境内使用了共 16 个被动句标记形式，地域分布极不均衡。"苏沪嘉""甬江"小片等，一致以"拨"作为"被"动句的语法标记。而以南地区使用情况复杂，除了"拨"以外的 15 个标记都分布在浙江"苏沪嘉"小片以外的地区。

（2）义乌在《地图集》中被动句的标记被记为"央"[ia] / [iɔ]②，这个标记在整个中国方言地图上只找到这一处使用情况，十分独特。而据曹志耘（2016：605），金华汤溪也可以用"约"[iɔ]来表达被动。

（3）根据《义乌方言》（孟自黄等 2014）一书的描述，义乌方言的被动句标记有"央""让""分""乞""腾"5 个，而不仅仅限于"央"。但该书未对这 5 个标记的地域分布作详细描述，对 5 个标记各自的使用状况、语法化程度等问题均未作进一步说明。

鉴于上述情况，本文作者将在此文中对义乌话的被动句标记进行必要的描写与解释。

二 义乌话被动句的表达特征

为了调查清楚"央""乞"等 5 个标记的地域分布，笔者基于义乌的行政区划③，选取了 10 个方言点进行了一个小规模的调查，重点调查了以下 7 个句子的说法④。

---

① 本文所引用的除了义乌以外的方言点的标记使用情况，除非另作说明，否则均来自曹志耘主编《汉语方言地图集》（语法卷）（2008），下文均简称《地图集》，并不再另作说明。

② 据曹志耘（2008），发音人来源为苏溪胡宅。

③ 从北至南分别是（镇级单位名称）：1. 大陈；2. 苏溪；3. 稠城（廿三里）；4. 稠城（江东）；5. 义亭；6. 上溪；7. 佛堂；8. 赤岸（朱店）；9. 赤岸（东朱）；10. 上溪（沈宅）。

④ 这些例句均来自刘丹青《方言语法调查手册》（网络版）（2016）。

（1）小鸡被邻居家的狗给叼走了。

（2）老张被风吹走了草帽。

（3）窗户都被震碎了。

（4）我的书昨天被同学拿走了，我今天没书用了。

（5）她的钱包在地铁上被偷了。

（6）她被选为下一任村主任了。

（7）我们已经被录取了。

这10个方言调查点绝大数居于义乌市边缘，由于义乌中部地区的几个街道均属稠城镇城区（市政府所在地）管辖，贸易活跃，与外界的经济文化交流活动十分频繁，外来人口比例非常高，语言情况复杂，因此，我们选择了其中两个街道作为城区代表，其中廿三里街道远离中心城区，方言使用较之中心城区较为频繁。城区以外，下属乡镇中每个乡镇选取了一到两个方言点。

2.1 句法特点

调查显示，义乌话的有标记被动句都是长被动句，而非短被动句。所谓长被动句即"N1 + X + N2 + VP"的形式，N1表示被动句主语，通常为受事；X为被动标记；N2通常为施事；VP为谓词短语。如调查例句1与4，在义乌话中为：

（1a）小鸡儿X隔壁格狗揹走了 / 揹去了（小鸡X邻居的狗叼走了①）

（4a）吾格书昨日X同学借走了，吾今日呒没书用了（我的书昨天被同学拈走了，我今天没书用了）

这两个调查句中N1、N2均符合典型被动句的句法与语义期待，因此在义乌话中相应的被动句的句法形式也与通语相同，表现为长被动句的形式。

短被动句则指省略了N2的"N1 + X + VP"的被动句格式。在普通话中也是比较常见的，如调查句的例3"窗户都被震碎了"、例5"她的钱包在地铁上被偷了"，其中的N2由于各种原因不出现。

义乌话要表达这两个句子，要么不用被动标记，句法形式为"N1 + VP"，省略了典型被动句中的"X + N2"部分，说成：

（3a）卡门都震破了（窗户都震破了）

（5a）佢格皮夹落地铁里偷走了（他的皮夹在地铁里偷走了）

如果要加上被动标记X，就一定要补出N2。表达成长被动句形式：

（3b）卡门都X（地震）震破了（窗户都被地震震破了）

（5b）佢格皮夹落地铁里X（做贼）/（别个）/（别人）偷去了（他的皮夹在地铁里被小偷 / 别人 / 别人偷去了）

上述两个句子的画线部分都是被调查者自己加上去的，他们表示不加括号里的成分这个句子就不能这么说，就得换成不用被动标记的a组说法。也就是说，如果被动句标记出现，那么N2也必须出现；如果N2不出现，则被动句标记也不能出现。

调查结果表明，义乌话中有标记的被动句中，只有"长被动句"形式，没有"短被动

---

① 由于各处被动标记不同，而此处不打算细说标记的差别，故暂以X代替。

句"形式。这个特点与绝大多数的南方方言被动句特征一致。

2.2 语义特点

在调查过程中我们发现,对调查例句中的 7 个句子,关于是否使用被动标记的问题,大致可以分为三类:一类是需要用被动标记的,如例句 1、2、4;一类是可用可不用的,如例句 3、5;一类是倾向于不用的,如例句 6、7。我们发现这跟例句所表达的事件语义性质有关。

第一类例句在前文介绍过,句法形式上是典型的被动句格式"N1 + X + N2 + VP",所有必要的句法成分都出现在句子中。并且语义上 N1 拥有受事的典型特征,N2 则拥有作为施事的典型特征,如"小鸡"被"狗""叼走";"我的书"被"同学""拿走";"老张"与"草帽"存在领属关系,因此其中的受事其实是"老张的草帽",只是受事成分被分别置于不同的句法位置,在义乌话调查中,发现大部分的被调查者将句子语序做了改变,表达成"老张格凉帽 X 风吹走了",说明领属结构分裂在义乌话被动句中不很普遍。

第二类例句如例 3、5,普通话的句法形式为"N1 + X + VP",在义乌话中表现为可用可不用被动形式。语义上 N1 也为受事,如"窗户"被"震碎";"钱包"被"偷走"。但由于施事者不明("哪个人"偷了钱包?),或者施事为非有生事物(如"地震"等自然现象或者其他原因),义乌话中采用了两种策略来表达:一种是省略"X + N2"部分的受事主语句形式,如"卡门都震破了""皮夹都偷走了";另一种是人为补出 N2 的长被动句形式,如"卡门都 X 地震震破了""皮夹都 X 做贼偷走了"。

第三类例句在普通话中句法形式也表现为短被动句格式"N1 + X + VP",N1 也为受事,如例 6、7,"她"被选为村主任,"我们"被"录取"。但对这两个例句的调查发现义乌话中倾向于不使用被动形式来表达,如例 6"她被选为下一任村长",能表达成下面一些形式,也是所有调查例句中表达形式里面最为丰富的:

(6a)佢下一任村长<u>选起来</u>了。

(6b)佢<u>选起来</u>做下一任村主任了。

(6c)佢<u>选作</u>下一任村主任了。

(6d)佢喏、换一任村主任都<u>选起来</u>了。

而例 7"我们已经被录取了"则表达成下面这些形式:

(7a)自倷(已经)<u>录起来</u>了。

(7b)自倷(已经)<u>录上</u>了。

(7c)自倷(已经)<u>录取</u>了。

(7d)自倷(已经)<u>录取</u>去。

第三类例句与第二类例句在普通话的句法形式上完全相同,是什么导致它们在义乌话中的表达差异?我们认为是事件的性质造成的。可以看到第三类例句(例 6、7)在语义上不存在受损义,如"她"被"选为村主任","我们"被"录取",于 N1 来说都是"受益"之事,而非"受损"。很多被调查者都用了"V.起来""V.上"这样可以隐喻"积极性转变"的动补结构来表达这些于主语有益的事件。绝大部分的被调查者都认为,这两个调查句不能用有标记的被动句来表达①。

而第二类例句存在"受事受损"的事件意义。因此这一类例句在是否使用被动标记的问题上能自由选择，选择不用被动标记的原因也不是语义的限制，而是由于施事不明或者没有必要说明。第一类例句也不例外表达了"受事受损"的意义。

这说明，义乌话中典型的被动句应该是表达"受事受损"意义的，这在笔者另一篇论文中已有讨论②。而没有受事受损意义的事件，义乌话就不倾向用被动句标记表达的。被动标记的功能一是强调造成受损的施事或者原因，二是用来表达说话者强烈的主观情绪。

2.3　被动标记的地域分布

调查中确实发现义乌话被动句使用了"让""乞""分""腾""央"这5个被动标记，并且各自分布在特定区域内，分布情况如下：

表一　标记使用情况

序号	调查点	地理环境特点	被动句标记③
1	大陈楂林朝塘	义乌东北端/山地/临诸暨、东阳	分［fən］，央［io］
2	苏溪镇	义乌东北端/山地/临诸暨、东阳	分［fən］，央［io］
3	廿三里派塘	义乌东部偏北/山地/近东阳	分［fən］，央［ia］
4	稠城江东下付	义乌中部，城区/临江	分［fən］
5	义亭石塔	义乌西南部/平原	乞［tsʰia］，腾［tʰəŋ］
6	上溪镇	义乌西部/平原/近金华	分［fən］，乞［tsʰia］
7	佛堂镇	义乌南部/平原/临江	乞［tsʰia］
8	赤岸东朱	义乌南端/山地/与永康、武义隔山相望	让［nio］
9	赤岸朱店	义乌南端/山地/与永康、武义隔山相望	乞［tsʰia］，腾［tʰəŋ］
10	上溪沈宅	义乌西部/平原/紧邻金华	让［niaŋ］，分［fən］

从表格中可以看到，义乌话中的被动标记X根据使用范围的多寡，依次是"分"（6处）、"乞"（4处）、"央"（3处）、"腾"（2处）、"让"（2处）5个。它们的详细分布情况如下：

"分"：音［fən］。这是义乌话中使用最为广泛的被动句标记。在大陈（1）、苏溪（2）、稠城廿三里（3）、稠城江东（4）、上溪（6）、上溪沈宅（10）等6处都发现了它的使用情

---

① 但笔者也听过添加被动标记的说法，只是使用场合非常少，并带有"难事实现"（杉村博文1998）的意味，如例6"佢村主任X佢选起来了"其中的"佢"不表示"选举"的投票者，而指被选上的受事本人，"X＋佢"不表达施事意义，更像是表达说话者赞赏感情的"难事实现"语法化标记。为什么认为是语法化标记呢，原因之一在于"X＋佢"已经固化，只能是"被动标记＋第三人称"的格式，不能变成其他人称代词或者实体名词。原因之二是受事主语通常也应该是第三人称，否则"X＋佢"就不能表达说话者的赞赏功能，如例7的主语"我们"，就不能添加赞赏义的"X＋佢"，如果一定要加施事，就得表达成"自侬已经X北京大学录去了"，但调查中发现这种说法极少，通常会用两个小句，分别表达施事的信息和"被录取"的信息。

② 王晓凌，《义乌话被动句中的补语"去"》，待发表。

③ 标记的发音未标调值，因各发音点调值可能存在差别。

况，分布可以说遍布义乌全境。

"乞"：发音为［tsʰia］。分布在义亭（5）、上溪（6）、佛堂（7）、赤岸（9）等4地，这一片位于义乌的西部（义亭、上溪）和南部（佛堂、赤岸）。

"央"：分布在大陈（1）、苏溪（2）、廿三里（3），大陈、苏溪发音为［io23］，廿三里发音为［ia²³］。这三个镇都位于义乌市的北部，相互之间紧邻，廿三里虽然行政上属于稠城镇，但离城区中心较远，而与苏溪、大陈较近，与东部的东阳市接壤。

"腾"：发音为［tʰəŋ²²］。在义亭（5）、赤岸（9）两地发现了这一用法。

"让"：音为［n̠io⁵¹］，在赤岸东朱村（8）的调查发现了这一用法。另外，与金华接壤的上溪沈宅（10）附近也听到了这一用法，音为［n̠iaŋ⁵¹］，上溪沈宅与金华市接壤，"让"的发音与金华城区的"让"字发音基本一样。

除了4（稠城）、7（佛堂）、8（赤岸东朱）以外，另外的7处发音点都同时使用两个被动标记表达。在这7处的调查中，没有发现不同被动标记在语义上的不同，但在使用"分"与另一标记的6个发音点中，使用者年龄层次上有较明显差别，年龄较轻的① 被调查者认为"分"与另一标记在使用频率及语义上无差别，而年龄较长的被调查者则认为"分"是较新的说法，另一标记为更地道的当地说法。

4号方言点为义乌市中心城区，政治、经济、文化上均处于优势地位，其语言形式不可避免地会对周边地区产生影响，6号、10号的发音人经过确认，均在稠城镇工作多年，每天通勤、早出晚归，不可避免地会受到城区方言的影响，从而将"分"这个被动标记带回自己原来的方言点。

假设"分"在义乌市全境的分布以稠城为中心向外扩散，那么如果我们将其他方言点"分"的使用暂时过滤掉，义乌市内被动标记的分布就呈现了很明显的地域性差别。

过滤掉"分"以后，其余的被动标记使用情况呈现十分有规律的地域性互补分布，"央"主要分布在义乌市东北部区域，有三个毗邻的方言点使用。而"乞"主要分布在义乌市西南部区域，有四个方言点使用，相互连接成一大片区域。"让"与"腾"则零星地夹杂在使用"乞"的区域内，其中8号方言点与10号方言点的"让"发音不同。总的来看，义乌西南向的被动标记情况比较丰富，而东北向的被动标记则较为单一。

三　义乌话中被动标记的使用状况

这5个标记的语法化程度有所不同，其意义的专属性上也有差别。其中只有"乞"是完全语法化了的被动句标记，在义乌话中除了表被动的功能外没有别的用法。"分""央""让"都能表达实在动作义、介引功能与被动功能。"腾"虽没有实词义，但也能作介引标记与被动标记。它们的语法化程度表示如下：乞 > 腾 > 分 / 央 / 让。

3.1　"让"

"让"字在义乌话中作动词时表示两个意义：1."出让"义——出让某物给某人；2."谦让"义——谦让某人。如：

（8）做面本书让恁佢（把那本书（出）让给他）

---

① 年龄较轻的被调查者约在四十岁到五十岁之间。年龄较大的则在六十岁以上。

（9）佢拉一个侬让出来一丈地（他们一个人让出来一丈地）

这两例表示把"书""地"的所有权或者使用权出让给他人，此时如果有受让者，在受让者之前必须要有一个介词"恁"，表示"给到"之意；如果没有受让者，则没有该要求。如果受让物在"让"之后，则可以直接加，不用介词。这说明"出让"的直接关涉对象为物。

而表示"谦让"义的"让"所直接关涉对象为人，因此可以直接在"让"后加人称。如：

（10）让佢记儿 / 让记儿佢。（（你）让让他）

（11）印大些，让妹先择起。（我大，让妹妹先挑选吧）

说明"出让"义的"让"在义乌话中是一个单及物的"给予"类动词，根据词义的不同，会匹配相应的物体名词或者人称名词作为直接宾语。

但义乌话中的"让"却没有"使役"的用法，除了"出让""谦让"以外，就只能表示被动。使役功能的表达是由表达"叫""喊"之义的动词"讴"（音［ɯɯ]）负责的，见下面这些例子：

（12）讴姐姐捉面桶拁过来。（让姐姐把脸盆拿过来）

（13）老师讴侬快点去。（老师叫你快去）

（14）侬讴印咋什便咋什哪？（（难道）你让 / 叫我干什么就干什么吗？）

可见义乌话中的"让"字并非"使役"动词。

从义乌话中"让"的分布来看，主要分布在义乌西南部与金华接壤的吴店①一带，据曹志耘（2016：604），金华、浦江、武义等地也使用"让"作为被动标记，"让"这个标记在婺州地区有一定的分布。

3.2 "分"

"分"除了作被动标记以外，还能表示"给予"或者"瓜分 / 切分"的动作义。如：

（15）分佢得了。（给他吧）

（16）老张分儿一千块钞票。（老张给儿子一千块钱）

（17）那个苹果分佢一半。（那个苹果分他一半）

（18）俩哥弟昨年分家了。（两兄弟去年分家了）

前两例表示"给予"意义，而后两例表达"瓜分""切分""划分"之义，这些实词词义与被动句标记功能目前仍然同时在义乌话的"分"字上共存。除此之外，义乌话中"分"还有介引功能，如：

（19）菜分姐姐留一半起来。（给姐姐留一半（的）菜）

（20）侬分佢衣裳买套来。（你给他买套衣服）

（21）侬分佢衣裳都扯破了。（你给 / ？把他衣服都扯破了）

上述几个例子中"分"都可作"为""给"解释，第三个例子甚至可以作"把"解释，表示对"衣服"所作动作有了某种结果。

除此之外，"分"还能表达类似"使役"的兼语功能，如：

（22）捉格些纸盒分明明带到学堂里去交恁老师（把这些纸盒子让明明带到学校去交

---

① 今属上溪镇。

给老师）

（23）放学以后分小人出去嬉（放学以后让孩子出去玩）

"分"在通语中一直能作"瓜分""划分"解，从字形上也可看出这应该就是"分"的本义。义乌话中"分"仍然保留了该字的本义，而其被动功能从何朝代发展而来的目前尚不能确定。我们从《地图集》中得知，"分"作被动标记除了义乌以外，尚有其他 49 处方言点，跨十个省，八个方言区①，其中 65% 的方言点属于客家方言。使用"分"标记的区域特征非常明显，集中分布在广东北部、福建西部、江西南部的交界地带，而这一片区域是传统的客家聚居地域。我们有理由相信，被动句标记"分"在义乌的分布与客家族群的活动轨迹有十分密切的关系。

3.3 "央"

跟"分"类似，"央"同样可以做"给予"义的动词，如：

（24）老张央儿一千块钞票。（老张给儿子一千块钱）

（25）佢囝央徕张宅。（他女儿给在张宅（他女儿嫁在张宅））

（26）佢囝央出去了。（他女儿给出去了（他女儿嫁出去了））

也可以作类似"使役"义的用法，如：

（27）央佢坐记儿哪。（让他坐一下）

（28）央哥哥气透转来起。（让哥哥先喘口气）

还可以作介引功能，如：

（29）央佢被盖起来。（给她盖好被子）

上述几个例子展示了"央"除了"被动"以外的语法功能。据曹志耘（2016：605）的描述，金华汤溪话中的"约"除了被动功能以外，还有"拿、给、让、容许"等义。可见义乌话的"央"与汤溪话的"约"功能基本相同。

3.4 "腾"

义乌话中的"腾"除了表达被动功能外，还能作类似"替/给/为"的介词用法，如：

（30）侬被腾佢盖盖好（你被子替他盖好（你给他把被子盖好））

（31）挂篮腾婶婶扲几儿去（篮子给婶婶拿去一下）

（32）衣裳腾卬递几儿来（衣服给我递一下）

有时候，还能作类似"把"的用法，如：

（33）腾佢掘起来（把他扶起来）

（34）腾些青菜卖把落（把这些青菜卖卖掉）

上述两个例句表示对"佢""这些青菜"的处置动作，表明"腾"是能做处置用法的。当然这样的用法不算多，因为义乌话中还有另外的专属"把"字句标记，但这不是本文主要要讨论的题目，此处不作展开。

但义乌话中的"腾"没有任何实词意义。该标记来源于哪一个实词，从字形字义上也

---

① 这 8 个方言区及方言点数量分别是：客家话（32 个方言点，占比 65%）；闽语（6 个方言点，占比 12%）、平话（3 个方言点，占比 6%）、土话（3 个，占比 6%）；畲话（2 个，占比 4%）；徽语、吴语、粤语（各 1 个方言点，分别占比 2%）。

看不出什么线索。根据《地图集》①（曹志耘 2008：95）的描写，福建泉州使用"等"（音[təŋ]，不送气）来表达被动。赣语、客家话、湘语中一些方言点也存在用"等"表示被动的情况，如黄孝方言（汪化云 2017）、九江方言（张林林 1989）、汉寿方言（何忠东、李崇兴 2004）等都能用"等"表示被动。金华汤溪也使用"等"做被动标记，金华、东阳、磐安则使用"得"作为被动标记（曹志耘 2016：604），"等""得"与"腾"语音十分接近，不排除同源可能。

3.5 "乞"

"乞"在义乌话中只能表达被动功能，既没有实词意义，也不能作介词，也没有其他语法功能。可见是一个已经完全语法化了的单一语法标记。这个被动标记在曹志耘（2016）的专著《吴语婺州方言研究》中未被提及，但在义乌市内却分布甚为广泛，它来源于何处？本文对它进行了探讨。

在古代汉语中，尤其是在中古时期的俗文体中，"喫""吃"与"乞"一般被看作是异体字，经常混用。古代最早用来表达"进食"义的是"食"，该义在唐五代时期被"吃"代替，兼指"吃"与"喝"。在唐宋资料中"吃"与"喫"经常互为变体，南宋后语料中则没有找到任何"喫"字，似乎至迟在南宋时，"喫"字已经被"吃"字彻底替换。

"吃"字被动句的产生，源于"吃"字的虚化。"吃"字被动句存在时间很短，笔者在隋唐五代语料中，只找到一例"喫"字疑似被动句，无"吃"字被动句；北宋时"吃"字被动句有 2 例，无"喫"字被动句；说明"吃"字被动句在北宋时期还不太常见。而到了清代已经逐渐消亡，清代语料中已经找不见"吃"字被动句的用法，《红楼梦》《儿女英雄传》中被动句表达基本都是"被"字句。学界比较一致认可的说法是："吃"字被动句活跃于元明时期（江蓝生 1989；袁宾 1992；王虎 2011 等）。

义乌话中"乞"是被动句标记之一，义乌话中作被动标记的"乞"是否即"吃"字被动句，尚存可疑之处。原因有三：

1. 义乌话中"乞"与"吃"用法分立，前者"乞"只有单一语法功能。"乞求、乞讨"义由"讨"负责，如"讨饭""讨饶（求饶）"。"吃"则只存在于少数一些词语中充当词素，表达"承受"义，如"吃力"（表示"累"义）、"吃不落"（表示"吃不消""受不了"之义）、"吃牢"（如"格螺丝吃里牢伐？"，表示螺丝是否足够强壮到"承受"某重物之义）。而"进食"义则由"食"负责，音为[zai]，兼表"吃"与"喝"，如"食饭"与"食茶"。如果"乞"字被动句来源于"吃"字句、是"吃"字字形简化的结果的话，那么"乞"也应该继承"吃"的其他用法才对，但义乌话中这些语义用法之间的分工是非常明确的。

2. 两者读音上存在较大差别。充当词素的"吃"音为[tɕʰiʔ]，为入声字，而作被动标记的"乞"音为[tsʰia]，为舒声字。虽然说入声字发展为舒声不无可能，但在同一时代中一个同时拥有入、舒两种韵调的字，似乎更应该被看成两个不同的字。

3. 南方一些方言（主要为闽方言）中至今还在使用"乞"字被动句，如福建东北部沿海、浙江东南部、广东沿海一些地区等。一般认为这些方言中的"乞"来自"给予"义（桥本万太郎 1987，张惠英 1989 等）。如福建廉江方言中，表被动的"乞"发音为[kʰy]，发音与"给"[kʰy]基本相同，仅声调上略有区别。而表"吃""喝"之义则以"食"（音

---

① 本文中对于方言点的语法形式的数据均来自《汉语地图集》，下同。

[siɛʔ]）来表达，如"食饭""食茶"；表"承受"义的"吃"也是"食"（音[siɛʔ]），如"食力""食苦头"。廉江话中表"承受"义与表被动义的分别是"食""乞"两个词。

而义乌话中表"进食"义的那部分用法与闽语一致，表现为"食"（[zai]）；另一部分表"承受"义的用法则与北部吴语相同，语音表现为"吃"（[tɕʰiʔ]）。义乌话中几个相关语义的词汇表现形式如下：

"进食"义：[zai]"食"

"乞求"义：[tʰo]"讨"，[tɕiəu]"求"

"承受"义：[tɕʰiʔ]"吃"

"被动"义：[tsʰia]"乞"

这些用法相互独立，彼此之间没有交叉，呈现为互补分布的状态。结合地理情况来分析，我们认为很有可能是处在中间地带的义乌一部分接受了北部吴语的影响，而另一部分则接受了南部闽语的影响。

基于上述三个理由，我们倾向于认为义乌话中的"乞"字并非来源于"吃"字被动句，而更有可能与闽语中的被动标记"乞"是同一个来源。而这一标记在上古汉语中是表示"给予"的动作意义的。

四 从义乌话被动句标记看汉语被动标记的发展问题

汉语（包括方言）的被动句标记类型来源包括：1. 遭受类动词兼用（如"被、挨、吃"）；2. 使役类动词兼用（如"叫、让"）；3. 给予类动词兼用（如"赐、给"）。南方方言中绝大多数被动标记是从"给予"类动词发展而来的，比如北部吴语的"拨"，粤语的"畀"，闽语的"乞"等。

4.1 义乌话的被动句标记是否都来源于"给予"义动词？

通过第三章对义乌话五个标记在共时平面的语义分析及来源探索，结果整理成下面的表格：

表二 义乌话被动标记意义详表

	被动	处置	普通介引	给予①	使役	遭受	其他意义
让	+	-	-	？+	-	-	"出让""谦让"
分	+	+	+	+	+	-	"划分""瓜分"
乞	+	-	-	-	-	-	-
央	+	？+	+	+	+	-	-
腾	+	+	+	-	-	-	-

上表中灰色底纹表示的"普通介引"功能指能作类似介词"给"的用法，"给予"则指的是类似动词"给"的用法，因此将这两个功能视作为同样来自"给予"动词的用法。

上述表格的语言事实可以得出如下结论：

---

① 此处"给予"指的是动作意义；"使役""遭受"也同样。

"分"毫无疑问来源于"给予"类动词，并且当前还在作为给予动词使用。

"让"并不是使役动词，不能作使役用法，而有类"给予"的意义，因它的"出让"意义存在从原物主过渡某物权至新物主的概念图示，该概念与"给予"的概念图示相同。

"央"既能作"给予"动词，还能作与"给"字相同的介引功能。

"乞"的来源应与闽语"乞"字被动句相同，也应该也是来源于"给予"义的动词，而非通语中理解的"承受"义。

"腾"在当前义乌话中虽没有"给予"的动词用法，但能作与"给"字相同的介引功能。

由此看来，义乌话的被动标记还是来源于"给予"义动词的。这也与"大部分南方方言的被动标记来源于'给予'义动词"（詹伯慧 1981，桥本万太郎 1987，蒋绍愚 1994 等）的共识相符。

4.2 "使役"阶段是否被动句发展的必经阶段？

关于给予义动词转化为被动标记的历史发展假设，学界一般分为两派观点。一派以太田辰夫（1957），桥本万太郎（1987），冯春田（2000），洪波、赵茗（2005）等学者为代表，认为"给予"义动词需要经历"给予──使役类结构──被动式"的过程，即"给予"类动词必须经过"使役"意义的转变，才有可能发展为被动标记。

另一派以袁宾（1992）、蒋绍愚（1994）、江蓝生（2000）等为代表，认为"给予"义动词不一定经过"使役"的阶段，认为"给予"义动词所构成的双宾结构在语义、语法结构上同被动式存在紧密联系，因此能直接发展成为被动式。江蓝生（2000）更明确指出："给予"义动词自古以来就既能表使役，又能表被动，人们只能通过语境及逻辑思维来判定到底是施动还是被动。这是由汉语自身特征决定的，是语义重新分析的结果。

义乌话共时平面上的"分"的用法，也许能为被动标记的发展途径提供一个很好的范本。"分"可自由地在以下五种句式之间转换语义。

① N1 + 分 + N2 + N3："给予"义

（35）老张分（恁）老李两千块钞票。（老张给老李两千块钱）

（36）隔壁老张分（恁）儿一栋屋，分（恁）囡一套公寓。（隔壁老张给儿子一栋房子，给女儿一套公寓）

其中 N1 为施事，N2 为受益型受事，N3 为转让物，该句式意义为 N1 将 N3 转让给 N2。

② N1 + 分 + N2 + VP："为 / 替"义

（37）小弟分伯伯去犁田。（小弟给伯伯去耕田）

（38）侬分姆妈菜带点转来。（你给妈妈带点菜回来）

其中 N1 为施事，N2 为受益型受事，VP 为事件，而事件需与 N2 的"受益"特征相匹配，其中的"分"标记了动作的对象或者事件的目的。该句式意义为：N1 做了 VP，使 N2 受益。

③ N1 + 分 + N2 + VP："使役"义

（39）侬分妹妹嬉记儿添。（你让妹妹再玩一会儿）

（40）侬分佢磊沙发里擂记儿哪。（你让他在沙发上躺一会儿）

其中 N1 为施事，N2 是"分"的受事，同时也是 VP 的施事，N2 作了兼语成分。该句式意义是：N1 指令 N2 做了某事。

④ N1＋分＋N2＋VP："处置"义

（41）侬分吅格书包摆到车里去。（你把我的书包放到车上去）

（42）佢拉钞票未交足，医院里分佢拉掉出来了。（他们钱没交够，医院把他们赶出来了）

N1 是施事，N2 是受事，是 VP 的动作对象，而且 VP 表达了由施事进行的对 N2 的处置义。该句式意义是：N1 针对 N2 做了某种处置。

⑤ N1＋分＋N2＋VP："被动"义

（43）铅笔盒分学堂里同学<u>掼破了</u>。（铅笔盒被学校同学摔坏了）

（44）小弟分一个阿姨<u>带走了</u>。（小弟被一个阿姨带走了）

N1 为受事，N2 为施事，VP 为受损型事件。该格式意义为：N1 遭受了 VP，使 N2 受益，而使说话者或者 N1 的原物主受损。

这五个句式的句法表层结构类似，被动句（句式⑤）与主动句（前 4 个句式）的不同之处在于 N1 的主动性特征：前四个句式中 N1 都是施事，是主动的，只有第五个句式 N1 是受事，是被动的。而句式①与后四个句式的差别在于最后一个句法成分是名词还是动词，前者就是双宾句，其中的"分"表示"给予"的动作意义；而当最后一个句法成分为动词时，根据"分"与 N2 的关系、N2 与 VP 的关系，以及 VP 是否有受事受损意义等条件的变化，"分"分别表示介词功能、使役义、处置义以及被动标记功能。

可见，"分"的语义是在具体语境中，受到语境中各种不同成分的影响才能确定的。作为被动标记的"分"也不例外，只要句子语境中其他成分有所改变，双宾句随时能成为被动句。这说明句法环境的改变，随时能引发句子语义的重新分析。这一现象能支持江蓝生（2000）的观点。给予义动词可以通过句子语义角色的改变直接从"给予"发展为"被动"标记，而不需要通过"使役"这一中间环节。

义乌话的被动标记语义系统让我们更赞成后一派袁宾（1992）、蒋绍愚（1994）、江蓝生（2000）等人的观点。被动句完全有可能由"给予"义动词在具体的句法环境中与不同句法成分的搭配而促成。

五 结 语

汉语被动标记的选择与语言来源的历史层次密切相关（石毓智 2006），与地域也有紧密的联系。义乌话中被动标记来源复杂、时代不同，呈现出纷繁多样的面貌。我们在文中对义乌话五个被动标记的使用情况作了尽可能详尽的考察，厘清了被动标记的共时平面上的面貌。

"让""央""乞""分""腾"这几个被动标记在义乌话中呈现"地域互补＋中心扩散"混合的类型分布，应该是历史上不同时期的人口迁移所形成的方言沉淀与优势方言向周边扩散共同作用的结果，相信随着经济文化交流活动的日益频繁，被动标记混用的现象也会愈发普遍。

参考文献

曹志耘等.中国方言语法地图集［M］.北京：中国地图出版社，2008.

曹志耘.吴语婺州方言研究［M］.北京：商务印书馆，2016.

邓思颖.从南雄珠玑方言看被动句［J］.方言，2004（2）：111—116.

董志翘.中世汉语中的三类句式［J］.中国语文，1986（6）：453—459.

冯春田.近代汉语语法研究［M］.济南：山东教育出版社，2000.

傅国通.蔡勇飞，鲍士杰，方松熹，傅佐之，郑张尚芳.吴语的分区（稿）[J].方言，1986（1）：1—7.

高军青.近代汉语"被"字式概述［J］.赤峰学院学报（哲社版），2010（12）：157—158.

何 亮.方言中"等"字表被动的成因探析［J］.语言科学，2005（1）：40—45.

何忠东，李崇兴.汉语"使役""被动"规律性演变的方言佐证——汉寿方言中的"等"字被动句［J］.
    武汉理工大学学报，2004（2）：262—265.

洪 波，赵 茗.语法化与语法研究（二）［M］.北京：商务印书馆，2005：181—189.

江蓝生.被动关系词"吃"的来源初探［J］.中国语文，1989（5）：370—377.

江蓝生.汉语使役与被动兼用探源［M］//近代汉语探源.北京：商务印书馆，2000：37—53.

蒋绍愚."给"字句、"教"字句表被动的来源［M］//语言学论丛第26辑.北京：商务印书馆，2002：
    67—78.

蒋绍愚.近代汉语研究概况［M］.北京：北京大学出版社，1994.

李 炜.加强处置/被动语势的助词"给"［J］.语言教学与研究，2004（1）：55—61.

梁肇庭.中国历史上的移民与族群性：客家人、棚民及其邻居［M］.冷剑波，周云水，译.北京：社会
    科学文献出版社，2013.

刘海波.关于给予义动词转化为被动标记的过程探索［J］.荆楚理工学院学报，2014（3）：56—59.

刘文正.张小英，逆向类推——兼语动词"让"的形成和发展［J］.湖南大学学报，2014（1）：119—124.

陆庆和."接受"和"施予"——也谈被动句的不同类别［J］.语言教学与研究，2006（1）：73—79.

木村英树.北京话"给"字句扩展为被动句的语义动因［M］//汉语被动表述问题研究新拓展.武汉：
    华中师范大学出版社，2006：242—255.

祁文娟.现代汉语普通话被动句的主观性分析［J］.山西大学学报（哲社版），2013（1）：93—96.

桥本万太郎.汉语被动句的历史——区域发展［J］.中国语文，1987（1）：43—48.

桥本万太郎.语言地理类型学［M］.余志鸿，译.北京：世界图书出版公司，2008.

屈哨兵.被动标记"让"的多角度考察［J］.语言科学，2008（1）：39—48.

杉村博文.论现代汉语表"难事实现"的被动句［J］.世界汉语教学，1998（4）：57—64.

石毓智.语法化的动因与机制［M］.北京：北京大学出版社，2006.

谭其骧.中国历史地图集：清时期［M］.北京：中国地图出版社，1987.

万 琴，马贝加.被动介词"让"的产生［J］.温州大学学报（社科版），2013（3）：81—86.

汪化云.黄孝方言中"等"的语法化［J］.方言，2017（2）：210—215.

王 虎."吃"字被动句研究［J］.五邑大学学报（社科版），2011（1）：84—87.

王 力.汉语被动式的发展［M］//语言学论丛.北京：商务印书馆，1957.

商务印书馆辞书研究中心.新华方言词典［M］.北京：商务印书馆，2011.

邢福义.承赐型"被"字句［M］//汉语被动表述问题研究新拓展.武汉：华中师范大学出版社，2006：
    374—396.

许怀林.客家社会历史研究［M］.广州：暨南大学出版社，2016.

杨月蓉.从"教（叫）"看汉语被动句和使动句的互转［J］.重庆工商大学学报（社科版），2007（5）：

132—135.

袁　宾.近代汉语概论［M］.上海：上海教育出版社，1992.

张惠英.说"给"和"乞"［J］.中国语文，1989（5）：378—382.

张林林.九江方言中的"等"字句［J］.九江师专学报，1989（2）：52—54.

张旺熹.汉语介词衍生的语义机制［J］.汉语学习，2004（1）：1—11.

张延俊.汉语被动式历时研究［M］.成都：中国社会科学出版社，2010：272.

浙江省语言学会.浙江吴语分区［M］.1985

周长楫.厦门话的被动句［J］.厦门大学学报，1993（3）：80—85.

丽水市志编纂委员会.丽水市志［M］.杭州：浙江人民出版社，1994.

义乌市志编纂委员会.义乌市志［M］.上海：上海人民出版社，2011.

（王晓凌　华东师范大学汉语文化学院　wangxiaoling@hanyu.ecnu.edu.cn）

余杭方言中的儿缀小称

徐 越

余杭是杭州的外围，其从东、北、西三面成环形拱卫杭州。与杭州一样余杭也是浙江省最早建县的地方，秦置钱唐（后改"塘"）、余杭两县，同属会稽郡。杭州因余杭得名，隋开皇九年（589 年）于余杭置杭州，为州治，故称杭州。1927 年析杭县（钱塘、仁和）城区设杭州市，其余地区归余杭，余杭从此成为杭州市区的主要延伸区域。

余杭方言属吴语太湖片苕溪小片，是北部吴语中唯一与杭州方言一样保留大量儿缀小称的方言，从而成为研究杭州方言儿缀小称的一个重要参照，同时也为研究汉语方言小称音的发展演变提供了更多可供参考的线索。其儿缀小称有以下四大特点：

1. 内部数量差异较大

境内儿缀小称词（下称"儿缀词"）数量差异悬殊，从上千个到几个。由于余杭的地理范围东西长南北窄，东西长约63千米，南北宽约30千米，是一个呈东西走向的狭长地带。东西跨度很大，故东部和西部儿缀词的数量存在明显差异，西部丰富，数量近千，例如本文调查点仁和街道九龙村。东部较少，仅"虾儿、茄儿、辣茄儿"等少数几个，例如临平。所以，实际情况是从东到西几乎每两个地点间均存在一定的差异，此现象也延伸至接壤的德清境内。这种复杂的地域差异导致更为复杂的人际差异，往往是同一个词有人带儿缀，有人不带儿缀；甚至同一个词同一个人也会出现一会儿带儿缀，一会儿不带儿缀的现象。例如：鹞子、鹞子儿；讲头、讲头儿；亭子、亭儿；桃子、桃儿；箱子、箱儿；辣茄、辣茄儿辣椒；蛐蟮、阳线儿；箍罗、箍儿耳环。此外，同一个词有人这样说有人那样说的现象也时有发现。例如：豌豆儿、豌里豆儿；梦如儿、梦子儿谜语；口水儿、口流水儿；树丫干儿、树丫杈儿；阳信ʔ儿、阳线ʔ儿；跷拐打ʔ儿、跷拐儿跛脚的人。

儿缀词连读变调也存在一些内部差异，以两字组为例，良渚同普通两字组。姚村部分组合同普通两字组，但在阴去、阴入和阳入后均伴有小称变调。其变调规律为：阴去后 [35 35]（语音变调 [53 30]）、阴入后 [5 53]（语音变调 [5 24]）、阳入后 [2 53]（语音变调 [2 24]）。例如：

前字阴去 [35 35]：线儿 ɕiɛn　筷儿 kʰuan　盖儿 kɛn　票儿 pʰiɔn　帕儿 pʰon

前字阴入 [5 53]：索儿 soʔn　鸭儿 aʔn　核儿 oʔn　壳儿 kʰoʔn　角儿 koʔn

前字阳入 [2 53]：夹儿 gəʔn　侄儿 zəʔn　肉儿 ȵioʔn果肉　叶儿 ɦieʔn　袜儿 məʔn

九龙村上千个儿缀词，除与杭州方言相同的诸如"虾儿、筷儿、扣儿、洞儿、鸭儿、狗儿、猫鱼儿"等词外，还有近半数的儿缀词与杭州方言迥然不同，其中包括大量与农事相关的词语，包括地形、作物、器具、小动物等。还有食物、称谓、婚丧嫁娶等与日常生活密切相关的一些儿缀词。例如：

（1）与地形相关的儿缀词

坂儿田坂　田爿儿农田　秧爿儿秧田　墩儿土墩子　茶叶墩儿茶树丛　独墩儿水中单个的小渚
兜儿小水浜　兜浜儿小水浜

（2）与作物相关的儿缀词

秧儿　签儿荸荠等的幼苗　草丝儿单根的草　花秧儿花草　芦梗儿芦苇　乔儿葱野葱

浮节节儿浮萍　矮脚花儿一种猪草　野芝麻儿　大壳芝麻儿　八角儿刺篱

草结头儿稻草结　借＝瓣儿草一种可治腹泻的草　桑果子儿桑葚　黄瓜儿　菜瓜儿　芽儿嫩芽

（3）与器具相关的儿缀词

锹儿铁锹　撬儿　耙耙儿耙子　翻谷耙儿　梭罗儿梭心　笋戳儿掘笋工具　勾脚儿镰刀

顶轴儿套在手指上的一种缝纫工具　蜡＝涂＝儿用蜡自制的照明工具　摇椅车儿纺纱机　风车儿

粉通盘儿和粉的盘子　筲儿一种竹编洗晒用具　大匾儿一种竹编晒具　梳通＝盘儿梳妆盒

踏底儿床前的踏脚板　壁罐儿带水到田间的一种容器　茶罐儿烧水壶　三肩架儿搁蚕匾的一种三脚架

徛梯儿单片的梯子　龙儿类似麻将的一种游戏工具　猫火杆儿一种很细小器具　蛇箩头儿装鱼虾的竹篓

（4）与小动物相关的儿缀词

乌儿幼蚕　阿＝儿茧变丝的一个中间环节　蚕肉儿蚕蛹　蚕水儿病蚕的脓水　茧儿

鸡鸭儿家禽的统称　生蛋鸭儿　刚＝吊＝儿一种雄性小种鸭　黄婆＝儿一种鸭子

黄婆＝鸭儿一种鸭子　木鸭儿鸬鹚　格＝落＝儿一群鸭子中长得最小的那几个　木＝大＝鸭儿北京鸭

贰毛儿鸭子未长全的毛　蛋卵儿未生出的蛋　孵儿鸡孵蛋鸡　鸡爬爬儿鸡爪　骚骨头儿未阉割的雄鸡

虫儿　借娘儿一种昆虫　蜥儿一种在墙上做窝的小昆虫　牛鼓儿一种昆虫　乌米虫儿夏季成群的小飞虫

潮湿虫儿潮湿虫　洋蛀虫儿专蛀谷子的虫子　臭屁虫儿　结蛛儿蜘蛛　蝴蝶儿　蚂蚁儿

白眼乌儿一种小鱼　奥＝虾儿鱼种　鲫壳儿小鲫鱼　土步佬儿土步鱼　翁＝牙子儿黄刺鱼

细鱼儿小鱼　擦＝皮条儿鱼的一种　鳅瓜＝佬儿泥鳅　侧撬儿一种河蚌　蟹儿螃蟹

灰蚨儿蝮蛇　水野猫儿水獭　老鼠儿　蛾儿飞蛾　母猪儿　山羊儿

田鸡乌儿蝌蚪　白鸟儿白鹭　燕子鸟儿燕子　麻鸟儿　摇＝嘶＝他＝儿知了

（5）其他

此外，还有食物、称谓、婚丧嫁娶等与日常生活密切相关的一些儿缀词。例如：

粉儿用熟南瓜和米粉做成的一种食物　炒米儿炒米糕　麦食儿麦饭　荷叶包儿荷叶糯米包饭

麦田鸡儿米粉团子　烘豆儿烘青豆　夹头势儿辅菜

囡儿　囡头儿女孩儿　坐家囡儿招女婿上门的女子　团儿男孩儿　团儿头男孩儿　灰＝团儿乖小孩

媒＝团儿吃得起苦的小男孩　小人儿　缺牙佬儿正换牙的小孩儿　丫头家儿丫头

阿太儿泛指麻烦的人　白人儿白化病患者　阿娘儿三四十岁的已婚妇女　阿爹儿成年男性

鬼阿娘儿巫婆　媒婆佬儿媒婆　媒人爹儿男性媒人　开挡人儿外地人　木头人儿卡通人物

坐帐桌儿会计　混混儿游手好闲的人　六指儿六根手指的人　阿六头儿阿六，小名　恶人儿

绒儿绒布　责＝佬头儿衣服的贬称　扣＝叶＝儿围裙　挽儿簪子　细股条儿丝绵胎上抽出的一股细丝

包角儿订婚　奶罕＝儿哺乳期　团（囡）周儿抓周仪式　腊本袋儿婴儿挂的辟邪物

红头帽儿戴孝的一种　臂章儿戴孝的一种　白衣儿寿衣　牌位儿　佛图儿纸钱

佛节儿用麦秆最上面一节做成的一种纸钱　称意儿彩头　讨蒸达儿讨彩头　过煤儿燃过的煤

过所儿阁楼　花牌儿扑克中的jqk　鲁＝嘲话儿玩笑话　木头戏儿动画片　菩萨儿人物画

打卦儿做事不经心的样子　抢落＝食＝儿跑步　绕小脚儿故意整人

2. 读音保留吴语早期形式

余杭方言中的"儿"，单字调为 $[n^{13}]$（阳平），一般不单说，主要充当词缀，附加在名

词性和动词性语素后面，构成自成音节的［n］缀，具有小称的功能。例如：

票儿 pʰiɔ³⁵n³⁵　丝儿 sɿ⁴⁴n⁴⁴　箍儿耳环 kʰɔ⁴⁴n⁴⁴　辫儿 bie¹³n⁵³　胡子刀儿 ɦu¹³tsɿ¹³tɔ⁴⁴n⁴⁴

浆儿 tsiã³⁵n³⁵　歌儿 ku⁴⁴n⁴⁴　环儿 guɛ¹³n³⁵　高帽子儿 kɔ⁴⁴mɔ⁴⁴tsɿ⁴⁴n⁴⁴　洞洞儿 doŋ²²doŋ²²n⁴⁴

听听儿听诊器 tʰin⁴⁴tʰin⁴⁴n⁴⁴　拖拖儿拖鞋、拖把 tʰu⁴⁴tʰu⁴⁴n⁴⁴　鏒鏒儿鏒刀布 bi¹³bi¹³n⁴⁴

梦⁼子儿谜语 moŋ³⁵tsɿ⁵³n⁴⁴　酒水儿 tsœ⁵³sɛ⁵³n⁴⁴　眼泪水儿 ŋɛ⁵³li⁵³sɿ⁵³n⁴⁴/ŋɛ⁵³li⁵³sɛ⁵³n⁴⁴

豌豆儿豌豆 ɦœ¹³dœ¹³n⁴⁴　梅干儿 me¹³gœ¹³n⁴⁴

僵茄⁼儿 tɕiã⁴⁴ga¹³n⁴⁴瘦小的人　上相儿 zã¹³sia⁵³n⁴⁴漂亮

玉⁼关⁼毛儿 ɦiɔ¹³kua⁴⁴mɔ⁵³n⁴⁴翅膀上的羽毛　响铃儿 ɕiã³⁵lin⁴⁴n⁴⁴铃铛　弄堂儿 noŋ⁵³dã¹³n⁴⁴

摸盲儿 mo¹³bã¹³n⁴⁴捉迷藏的游戏

儿缀没有变成前一个音节的鼻尾，也没有变成前一个音节韵母的鼻化，这一点不同于浙江吴语其他地方儿缀的读音，从某种意义上看比南部吴语某些方言的读音更为存古。例如（例子来自《浙江省语言志》）：

（1）读自成音节的［ŋ］，读［n̠i］［n̠ie］和［əl］

后缀"儿"自成音节，不影响前字韵母，念［ŋ］［n̠i］［n̠ie］和［əl］，主要有衢州、江山、开化、云和、景宁、龙泉、松阳、遂昌等地方言和杭州方言。例如：

温州：羊儿 ɦii ŋ、头儿 dao ŋ、饺儿 tɕie ŋ

衢州：筷儿 kʰuɛ n̠i、刀儿 tɔ n̠i、小伢儿 ɕia ŋa n̠i

遂昌：燕儿 iæŋ n̠ie、塞儿 sɛʔ n̠ie、面饺儿 miæŋ tɕiau n̠ie

杭州：小伢儿 ɕiɔ ɦia əl、姑娘儿 ku n̠iã əl、耍子儿 sa tsɿ əl

（2）变成前字韵母的韵尾

后缀"儿"变成前字韵母的韵尾，韵尾前的元音读长音（用"："表示），主要有东阳、义乌、浦江、平阳等地方言。例如：

东阳：弟儿 di:n、草鸡儿 tsʰau tɕi:n、麻雀 mo tse:n

义乌：刀儿 to:n、小孩儿 sɯɤ ka:n、八哥儿 pɯa kʰuo:n

浦江：马儿 mia:n、草鸡儿 tsʰɯ tɕi:n、麻雀儿 mia tɕiə:n

平阳：凳儿 ta:ŋ、吃谷将儿 tɕʰi ku tɕi³ 麻雀、八哥儿 puo ku ŋ

后缀"儿"变成前字韵母的韵尾，同时使前字声调发生小称变调，主要有临海、温岭、黄岩、天台、三门、仙居、龙游、永康、武义等地方言。例如武义，小称变调为：

摸乌猫儿 moʔ⁴u²⁴maŋ⁵³捉迷藏

辣火儿 luo¹¹huəŋ⁵³辣椒

雄猫儿 ɦioŋ²¹³maŋ⁵³

（3）变成前字韵母的鼻化

后缀"儿"变成前字韵母的鼻化，主要有金华方言。例如：

兔儿［tʰũ］

小孩儿［siɐ kæ̃ɛ］

刀儿［taũ］

3. 构词能力日趋萎缩

余杭方言儿缀的构词能力已明显萎缩，很多儿缀词都是一些较为古老的词语，故很多儿缀词的词根都属于有音无字的音节，只能采用同音替代（用右上角"="表示），找不到同音字时只能用方框"□"来替代。例如：

□ kaʔ^5 儿现在　哈$^=$儿等会儿　□ ts$^\text{h}$ɛ^{53} 瓜$^=$儿经常　棉□ guəʔ^2 儿做丝棉兜的工具

□ n̠ie^{53} 把儿用粉和糠做的块状食物　阳$^=$线$^=$儿蚯蚓　或$^=$撬$^=$儿一种纺纱工具

橡$^=$个$^=$等$^=$儿一种类似板栗的野果　煎布$^=$儿一种粉做的食物　麻$^=$儿女阴　麻$^=$麻$^=$子儿女阴

葛$^=$儿一种用来挑物品的简易农具　劣$^=$儿乱拉的粪便的人　瓜$^=$劣$^=$儿吝啬的人

浓汤劣$^=$儿乱拉的粪便的人　横瓜$^=$儿蛮横的人　僵茄$^=$儿瘦小的人

（烧）阿$^=$米饭儿过家家的游戏

20 世纪 80 年代后出现的词语都不是儿缀词，这一点与毗邻的杭州方言可以说"对对袜儿、大盖帽儿警察　鼠标儿、菜鸟儿、数据线儿"具有本质的区别。已有的儿缀词也不能随着新生事物的出现而任意扩展。例如：

能说：票儿　米票儿　粮票儿　布票儿

不能说：汽车票儿　电影票儿　公园票儿　洗澡票儿　电脑小票儿

能说：花儿　葱花儿　盐花儿　刨花儿　喇叭花儿　矮脚花儿猪草　凤仙花儿

不能说：烟花儿　纸花儿　塑料花儿　绢花儿

能说：杯儿　搪瓷杯儿

不能说：纸杯儿　玻璃杯儿　塑料杯儿　折叠杯儿　旅行杯儿　一次性杯儿

为数不多的几个相对比较新的词语基本属于 20 世纪 80 年代前的。例如：

电灯泡儿　纸老虎儿　假领头儿假领子　毛线衫儿毛衣　杂交鸭儿　纱窗儿

拉毛领圈儿　呼啦圈儿　模特儿

可见，今天余杭方言儿缀小称的构词能力已完全丧失。

4. 小称泛化现象明显

对余杭方言而言，小称意义都是小称音产生初期形成和衍生的，从今天读儿缀小称的词语中我们可以清楚地看到这一点。但是在今天的余杭方言中这些小称意义有时已经变得似有若无，变得不那么明显了。其主要功能仅表示某种或强调或轻松的语气，是一种语义的重化或轻化，一些与小称无关的词语，其中包括相当一部分的书面语词，也均因此而拥有了儿缀。例如：

动词性：　抬夯儿抬杠　游水儿游泳　拜节儿拜年　包角儿订婚　剥皮儿　充数儿　凑数儿
　　　　　打架儿　斗嘴儿　斗气儿　兜圈儿说话绕弯　看相儿　配对儿　算数儿　挑担儿
　　　　　有数儿　念咒儿　提早儿　打卦儿漫不经心　打滑脱儿打滑　发寒热儿
　　　　　偷安耽儿偷闲　轮替盘儿轮流　重格子儿重复

形容词性：顺手儿　顺口儿　像样儿　硬气儿　合脚儿　识相儿　上手儿　上相儿
　　　　　对口儿饭菜合胃　随便儿　无相儿相貌难看　有相儿相貌好看　罪过相儿　邋遢相儿
　　　　　阴森森儿　潮腻腻儿很潮湿的样子　烊得得儿难成块的样子　水汪汪儿　热乎乎
　　　　　儿　韧干干儿有嚼劲的样子　凉窝窝儿凉爽　嘻美美儿食物味美　秋飒飒儿秋意浓浓的
　　　　　样子　默苤$^=$苤$^=$儿默不作声的样子　黑参$^=$参$^=$儿黑黝黝　亮瑟瑟儿亮堂堂　清漏$^=$漏$^=$
　　　　　儿冷清清
　　　　　小聪明儿　好叫$^=$叫$^=$儿$_{好好儿}$

名词性：　苦头儿　想法儿　并排儿　故事儿　笑话儿　生相儿长相　卖相儿外貌　花样儿
　　　　　浑水儿　家当儿　旧货儿　烂污儿腐烂成堆　凉橱儿旧式橱柜　素场儿丧事
　　　　　跟班儿　恶人儿　瞎眼儿瞎子　腔调儿　性格儿　行当儿　浑水儿
　　　　　过煞货儿过期的物品　上手活儿　下手活儿　讲头势儿　名堂势儿　派头势儿
　　　　　得头势儿开场白　夜快边儿　清早儿
副词性：　一径儿一直　□瓜儿 $tsʰɛ^{53}ko^{33}n^{44}$ 经常　好叫=叫=儿好好儿　一股脑儿

　　这是一种比较典型的儿缀小称的泛化现象，表达功能上的泛化使余杭方言儿缀小称指小表爱的小称义不再凸显，这应该是导致其儿缀小称构词能力日趋萎缩的一个重要原因，北部吴语儿缀小称消亡的主要原因或许正是这种小称泛化现象。

参考文献

傅国通，郑张尚芳.浙江省语言志［M］.杭州：浙江人民出版社，2015.

徐　越.浙北杭嘉湖方言语音研究［M］.北京：中国社会科学出版社，2007.

徐　越.杭州方言与宋室南迁［M］.杭州：杭州出版社，2014.

徐　越.浙江吴音研究［M］.杭州：浙江大学出版社，2016.

徐　越，周汪融.浙江方言资源典藏·余杭［M］.杭州：浙江大学出版社，2018.

（徐越　杭州师范大学人文学院　hangzhouxuyue@126.com）

吴语余姚话语气词"喇哉"*

许仕波

○ 引　言

余姚、慈溪两地地处浙东，隶属宁波市，所讲方言均为吴语。其中，慈溪中西部与余姚中北部地区的方言较为一致，同属临绍小片，且均为两地代表性的方言，俗称"余姚话"（为叙述方便，以下也称为"余姚话"）。在两地城乡居民的口语之中，广泛存在一个特有的语气词——"喇哉"。

朱德熙（1982：208）将普通话的语气词分为三组，其中第一组表示时态，包括"了""呢₁"和"来着"，其余两组分别表示疑问、祈使以及说话人的态度或情感，即有的语气词除了表达具体的功能语气①，还能作为体貌②的标记。余姚话中的语气词"喇哉"也具备表体貌的功能。对此，时贤已有所揭，如赵则玲（2012）列举了慈溪方言中九类时体句，其中把"喇哉"列为"已然体③"的标记词；翁顺顺（2012）主要描写了余姚方言动词的七种时态，包括"现在进行时""过去进行时""存续体"等，并将"喇哉"列为"现在完成时"的标记词。换言之，赵则玲、翁顺顺对"喇哉"的性质提出了基本一致的看法，但两位对该词的基本语法功能及其与"喇""哉"的关系等问题均未涉及，目前人们对"喇哉"的具体情形并不了解。有鉴于此，本文拟在前人研究的基础上，对"喇哉"进行更为全面和深入的讨论和研究。

一　"喇哉"的基本用法

"喇哉"用于陈述句句末，表示某一状态（行为本身或行为引发的结果）已经发生。值得注意的是，在上述讲余姚话的地区，对"喇哉"的实际读音也存在一定差异：自西到

----

* 本文写作过程中，得到浙江师范大学人文学院殷晓杰教授的指导，感谢盛益民老师、阮咏梅老师、周炜等师友在第十届吴语会议期间对本文提出的宝贵意见。文责自负。

① 张彦（2003）将语气分为功能语气和意志语气。"功能语气是以'表示说话人使用句子要达到的交际目的'为依据划分出来的语气类别，往往以语气词为形式标志"。

② 关于"体貌"的概念和界定，学界说法众多。胡明扬主编的《汉语方言体貌论文集》（1996）中诸多学者对于"体貌"提出自己的定义和分类方法。此外，李如龙先生在《泉州方言的体》（1996）中把和 aspect 较为相近的称为"体"，把体现动作主体的一定意向和情绪的称为"貌"；李小凡先生在《苏州方言的体貌系统》（1998）中将苏州方言的体貌类型分为动态和事态两大类。他将"动态"定义为"观察动作的发展变化的过程所区分的体貌类型"，称为"××体"；将"事态"定义为"观察事件的发生、存在、变化与否所区分的体貌类型"，称为"××态"。本文认同两位先生对动态、事态以及相应称呼的区分，并采用李小凡先生的相关命名方式：动态类分为完成体、持续体、进行体、经历体、继续体、反复体、短时、尝试体等；事态类分为已然态、未然态、将然态、仍然态、定然态等。

③ 赵则玲（2012）未对慈溪方言时体句作"事态"和"动态"的区分，因而九种时体句均被称为"××体句"。

东大致呈现为［lɔ̃-tse］［lɔ-tse］［nɔ-tse］和［n̩-tse］等形式①。由于并不影响语法功能，我们将其视为同一音位的变体而不作区分。以下为"嘟哉"的具体用法：

（一）表示已然态

A. 用于动词性成分之后，表示行为或行为引发的结果已经发生。例如：

（1）我饭吃好嘟哉。（我吃好饭了。）

（2）倷儿子衣裳弄澍嘟哉。（你儿子衣服弄脏了。）

（3）渠睏熟嘟哉。（他已经睡着了。）

（4）渠睏嘟哉。（他已经睡了。）

（5）渠坐牢监嘟哉。（他已经坐牢了。）

（6）小人会走路嘟哉。［小孩会走路了（已经会走）。］

以上例（1）（2）（3）均为"V+补语"后加"嘟哉"的形式；而例（4）（5）（6）分别为光杆动词和"V+宾语"后加"嘟哉"的形式，仅表示行为已经发生，不涉及行为的结果。同时要求这两种情况下的动词性成分是要持续性的，从而表现为一种持续性动作的发生。

B. 用于名词、形容词性成分之后，也比较多见，以指名词、形容词性成分所表示的情况已经发生，如：

（7）棒冰难冒②［nɛ̃¹³mɔ³³］两块嘟哉。（冰棍现在两块钱了。）

（8）外公今年八十岁嘟哉。（外公今年八十了。）

（9）生活水平高嘟哉。（生活水平高了。）

（10）嗻［eʔ⁵］只书包破嘟哉。（这只书包破了。）

（11）天价瀴凉嘟哉。（天气凉快了。）

（12）今日［tɕi³³mi³⁵］渠着力煞③嘟哉。（今天他累坏了。）

（13）渠弗乐惠嘟哉。（他不开心了。）

（二）表示将然态

同样用于动词、名词、形容词性成分之后，借助助动词或副词，以预示将发生新的变化。例如：

（14）我格裤要汏嘟哉。［我的裤子该洗了（还未洗）。］

（15）外头相貌要落雨嘟哉。［外面看起来要下雨了（还未下）。］

（16）小人会走路快嘟哉。［小孩子快要会走路了（还不会走）。］

（17）嗻顷里［eʔ⁵tɕʰiã⁴⁴li⁵³］北京快嘟哉。（这会儿快到北京了。）

（18）饭好熟嘟哉。（饭差不多熟了。）

综上所述，出现"嘟哉"的句子主要表现为"已然态"，而少数句子凭借句中助动词或副词，在语义上出现"将然态"，如例（14）—（18）。事实上，这种"将然"与"已然"

---

① 总体而言，余姚以及慈溪西部乡镇，"嘟"的声母读音为边音［l］；而在慈溪中部（如匡堰、逍林等地），"嘟"的声母多发成鼻音［n］。

② 对于不能确定本字的方言字词，本文采用同音字下加"_"的方式进行表示，有音无字用"□"表示。

③ "煞［saʔ⁵］"与普通话程度副词"死"相似，吴语区普遍用"煞"。

并不矛盾。如例（6）中"会走路啷哉"是"已然"的，而例（16）"会走路快啷哉"的状态则是"将然"的。

此外，表达已然态的"啷哉"既可以用于预期内的必然事件，也可以用于不可预期的偶然事件。而与之对应的否定表达和疑问表达，则有所差异：

对于必然事件如例（3）"睏熟啷哉"，其否定表达是"没睏熟啷嘞（没睡着）"，在中性是非疑问句①中，用"啷未"进行提问："睏熟啷未?（睡着了吗）"；而对于不可预期的事件，否定表达中不能使用"啷嘞"，在疑问句中若用"啷未"提问也不合情理。具体情况如下表：

句 类		表　　达		例　　句	
		必然	偶然	必然	偶然
陈述	肯定	啷哉		渠睏熟啷哉。	渠中奖啷哉。
	否定	啷嘞	/	渠没睏熟啷嘞。	渠奖没中。
疑问		啷未	/	渠睏熟啷未?	渠有中奖哦?

二　"啷哉"与普通话"了"

吕叔湘（1999：351）将普通话中的"了"区分为动态助词"了$_1$"和事态助词"了$_2$"，朱德熙（1982：209）则将"了$_1$""了$_2$"分别称为动词后缀"了"和语气词"了"。根据其在句中的功能，"了$_1$"可以视为"完成体"的标记，而"了$_2$"多为"已然态"的标记，但在部分语境中，句子呈现为"将然态"。

了$_1$：动态助词，表示动作的完成——完成体

了$_2$：事态助词（语气词），肯定事态出现变化或即将出现变化——已然态（将然态）

对照上文"啷哉"的基本用法，发现余姚话"啷哉"与普通话"了$_2$"的功能较为契合——即都可以"肯定事态出现变化"。但也存在一定的差异，"啷哉"是典型的"已然态"的标记，而普通话"了$_2$"还包括"将然态"，即可不借助助动词或副词来表现"将然"，如"吃饭了、上课了"。余姚话中"将然态"多采用另一个语气词"哉"②。

此外，在余姚话中，与普通话动态助词"了$_1$"相对应的"完成体"标志词主要有动态助词"勒"和"仔"。如"买勒两斤肉（买了两斤肉）、吃仔饭再去（吃了饭再去）"。另外，在"已然态"内部也可以嵌套"完成体"，如"考勒两回大学啷哉（已经考了两次大学了）""眠床里睏仔半个月啷哉（在床上躺了半个月了）"。

三　"啷哉"与"啷"

（一）"啷"的特点和语法功能

在余姚话中，"啷"[lɜ̃] 主要的语法功能是作为动态助词，为持续体标志，一般位于句末。具体又可以分作两种情况：

1. "啷"用于单音节的表持续状态的动词之后，可以翻译成"V着"，表示一种行为状

---

① 中性是非疑问句，区别于引导性是非问句，不预先期待肯定或否定的回答。

② 详见下文。

态的持续。其中动词必须能够表示持续状态的意义。

（19）门口头坐唥。（在门口坐着。）

（20）屋里门开唥。（家里门开着。）

（21）老张路塝里徛［ŋe¹¹³］唥。（老张在路上站着。）

（22）答案黑板高头写唥。（答案在黑板上写着。）

2."唥"用于一般的谓词性成分之后，不能直接翻译成"着"，同样表示某种行为状态或行为结果的持续。

（23）饭烧好唥。（饭烧好了。）

（24）渠生毛病唥。（他生病了）

（25）两［iaŋ⁴⁴］日西瓜便宜唥。（这几天西瓜便宜。）

以上两种"唥"均为动态持续体的标志词。此外，"唥"还有常用于祈使句当中。主要有"V+唥""V+得唥""V+点唥"三种格式，分别表示"命令""提醒"和"建议"。

（26）弗个吵，相唥！（不要吵，看着！）

（27）噎头安唥！（放在这里！）

（28）说话弗许讲，吃唥！（别讲话，吃着！）

（29）上课头里听得唥！（课上听着点！）

（30）噎碗肉里，糖摆点唥！（这碗肉里放点糖！）

（31）热天价，屋里棒冰准备点唥！（大热天，家里准备点棒冰！）

在以上结构中，"唥"的持续体标志功能比较弱，更接近于语气词。

除了作为体貌的标记，"唥"还具有表近指的功能。余姚话中近、远指的区别主要体现在语音上的对立。差异如下：

表1　余姚话不同区域区别"近、远指"的语音对立情况

区　　域	近	远
余姚地区、慈溪周巷	［lɔ̃］	［lɛ̃］
慈溪天元、长河	［lɔ̃］/［lɔ］	［lã］
慈溪逍林、匡堰	［nɔ］	［nã］

从上表可以看出，讲余姚话的三地均通过元音舌位的前后区别近、远指：舌位靠后表近指，舌位靠前表远指。具体语法表现如下（以周巷话为例①）：

（32）a. 我来②唥［lɔ̃］！（我在这！）

　　　　b. 渠来兰［lɛ̃］！（他在那！）

（33）a. 渠堂头坐唥。（他坐在这里。）

　　　　b. 渠□头坐兰。（他坐在那里。）

（34）a. 我饭吃好唥哉。（我吃完饭了。）

---

① 为直观起见，"［lɔ̃］"依旧用"唥"表示，"［lɛ̃］"用同音字"兰"表示。由于"唥"和"兰"的区别主要在强调近、远指的情况下体现，不影响持续体本身，故本文不对后者进行讨论。

② "来［le¹¹³］"本字应为存在动词"在"。

b. 渠饭吃好兰哉。(他吃完饭了［他并不在此处］。)

值得注意的是，舌位对立这一规律又体现在当地的指示代词上：近指用"堂头"[dɔ̃-dɤ]①，远指为"囗头"[gɛ̃-dɤ]。这大概说明"嘟"和"兰"的来源和指示代词有密切相关。

另外，在余姚话中，存在动词"来"[le¹¹³]不能接表处所的宾语，只能说"渠来嘟（他在）"或"渠+NP+嘟（他在某地）"，因此"来"同样不能充当介词介引宾语。如普通话的"他在操场上跑步"，余姚话中只能说成"渠马路高头来跑路"。此处的"来"充当的则是时间副词。从"渠+NP+嘟"的表达可以看出，"嘟"和"来"的关系也较为密切。

综上，或许可以推断出"嘟"（"兰"同理）是"来"和表方位的成分（并非方位名词）合成而来的。

（二）"嘟哉"和"嘟"的关系

与"嘟哉"相比，"嘟"更侧重于某一行为状态的持续，而前者侧重于某一行为状态从无到有或从进行到完成的变化，即事态的变化。

（35）a. 门开嘟。(侧重于"门开着"这一持续的状态。)

　　　 b. 门开嘟哉。(侧重于"门由关变为开"的变化。)

（36）a. 渠生毛病嘟。(侧重于"他生病"这一持续的状态。)

　　　 b. 渠生毛病嘟哉。(侧重于"他由没病变为有病"的变化。)

"嘟"和"兰"表近、远指的规律，同样适用于语气词"嘟哉"当中，使用"嘟哉"的地区相对应地也有表远指的"兰哉"。可见，语气词"嘟哉"与"嘟"有直接关系。

此外，我们在调查中发现，年轻人中凭借助词区分近、远指的明显少于中年人和老年人，即在年轻人的表达当中往往不再利用"嘟"区别近、远指。尤其是在使用"嘟哉"过程中，除非有强调的需要，否则近、远指均可以用"嘟哉"，从而"嘟哉"成为相对固定的语气词。

四 "嘟哉"和"哉"

（一）"哉"的用法

余姚话中"哉"[tse]常单独作为句末语气词，具有成句的功能。根据不同的功能，我们将其分为"哉₁"和"哉₂"。

1. "哉₁"表示新情况即将发生。

（37）阿拉吃晏饭哉。(我们将要吃中饭了。)

（38）日头落山哉。(太阳快下山了。)

（39）天亮哉。(天快亮了。)

（40）快点吃，饭冷哉。(快吃，饭快冷了。)

（41）难么倒灶哉！(这下要完蛋了！)

前文提到普通话"了₂"也具备表现"将然体"的功能。而在余姚话中"将然体"大多离不开语气词"哉₁"。

2. "哉₂"也可以肯定事态出现变化，与"嘟哉"相近。

（42）交代勿过，我搞错哉。(很抱歉，我弄错了。)

---

① "堂头"表示近处的泛指，周巷话里还有一个表示近处定指的噎[eʔ⁵]头。

（43）侬几岁啊？我忘记哉。（你几岁？我忘记了。）

（44）钥匙寻勿着哉。（钥匙找不到了。）

（45）我来仔一礼拜哉。（我来了一礼拜了。）

以上四例中"哉"均可以用"唥哉"替代。可见，"哉₁"与"哉₂"差异较大。但总体而言，"哉₁"出现的频率更高。

（二）"唥哉"和"哉"的区别

"唥哉"和"哉"的区别主要体现在同"哉₁"的区别上，与"哉₂"相对一致。

1. "哉₁"表示"将然态"，而"唥哉"表示"已然态"。后者也可以借助副词"快"达到"将然态"的效果。

（46）我饭吃好哉。 = 我饭吃好快唥哉。
　　　　　　　　　 ≠ 我饭吃好唥哉。

（47）戏文散场哉。 = 戏文散场快唥哉。
　　　　　　　　　 ≠ 戏文散场唥哉。

"哉"前也可以用"快"，如"我饭吃好哉"可以说成"我饭吃好快哉"。此时"哉"既可以看成是"哉₁"，也可以看成是"哉₂"。

2. "唥哉"和"哉₂"较为一致，但仔细辨别，也存在差异。

（48）a. 我忘记哉。（承认当下"忘记"的事实。）
　　　 b. 我忘记唥哉。（彻底承认"忘记"的事实。）

（49）a. 话勿出哉。（承认当下"说不出"的事实。）
　　　 b. 话勿出唥哉。（彻底承认"说不出"的事实。）

"哉₂"多用于自述中，语气比较委婉，往往只是承认当下的现实状态，"唥哉"则更加客观地承认某一行为状态的已经产生的结果，"唥哉"的语气相对比较重。

五　结　语

通过上文的分析，大致反映出了余姚话中"唥哉""唥""哉"在体貌方面的主要功能以及差异，具体列表如下：

表2　"唥哉""唥""哉"的差异

	词　类	体貌	相关功能
唥哉	事态助词（语气词）	已然态	表示某一状态已经发生或完成
唥	动态助词	持续体	表示某一状态的持续
哉	事态助词（语气词）	将然态	表示新情况即将出现

对于语气词"唥哉"，我们认为是由"唥"和"哉"长期连用形成的，其中"唥"是动态助词，而"哉"则是事态助词。

"V唥"（动态持续）+"哉"（事态将然）→"V"+"唥哉"（事态已然）

这一过程中"哉"表"将然"的功能减弱——"哉₁"变为"哉₂"，从而产生了"肯定事态出现变化"的功能。在此基础上，同"唥"形成了固定的语气词"唥哉"。

参考文献

朱德熙.语法讲义［M］.北京：商务印书馆，1982.

吕叔湘.现代汉语八百词［M］.北京：商务印书馆，1999.

李小凡.苏州方言的体貌系统［J］.方言，1998（3）.

李如龙.泉州方言的体［M］∥动词的体.香港：香港中文大学中国文化研究所吴多泰中国语文研究中
　　心，1996.

赵则玲.浙江慈溪方言时体句的表达方式［J］.浙江外国语学院学报，2012（6）.

翁顺顺.浙江余姚方言动词的时态初探［J］.现代语文（语言研究版），2012（10）.

胡明扬.汉语方言体貌论文集［M］.南京：江苏教育出版社，1996.

张　彦.现代汉语语气词研究［D］.太原：山西大学，2003.

冯　力.上海话的助词"勒海"及语法化中的反复兴替现象［M］∥语法化与语法研究（三）.北京：
　　商务印书馆，2007.

巢宗祺.苏州方言中"勒笃"等的构成［J］.方言，1986.

刘丹青.苏州话"来X"复合词［M］∥吴语研究.上海：上海教育出版社，2003.

（许仕波　上海师范大学语言研究所　albert7777@foxmail.com）

金华方言指示词的语用功能分析 *

郑伊红

0 引　言

根据方梅（2002）、陈玉洁（2010）、盛益民（2015），我们把 Himmelmann（1996）提到的情景用、话语直指、示踪用和认同指分别对应直指、篇章回指（Lyons（1977）、回指和认同指，以此来对金华方言指示词的语用功能展开分析。

金华位于浙江省中部偏西，建制久远，古属越国地，秦入会稽郡，古称婺州。境辖设婺城区、金东区 2 个市辖区、兰溪市、义乌市、东阳市、永康市 4 县级市以及武义县、浦江县、磐安县 3 县，总面积 10942 平方千米。笔者的家乡是金华市婺城区乾西乡坛里郑村，距离区政府约 5 千米，距离市政府约 9.6 千米。所以，本文主要描写和解释的是金华市婺城区说金华话区域指示词的使用情况，并以坛里郑村为主要方言点展开说明。

1　金华方言基本指示词的句法功能

在金华方言中，基本指示词有"格［kəʔ⁴］""讷［nəʔ²¹］""末［məʔ²¹］"和"拱［goŋ²¹²］"①。这些基本指示词不能单独充当论元成分，主要是充当量词或数词的限定成分，句法属性上为指示限定词（demonstrative determiners）。

表 1　金华方言指示词词形表

本体意义	词　形
人	格个 / 讷个 / 末个 / 拱个
事物	格 C/ 讷 C/ 末 C/ 拱 C
处所	格耷 / 格里 / 格路 讷耷 / 末耷 / 末路 / 末里 / 拱耷 亨头 / 亨 / ［nan³¹²］
时间	格记 / 央"夹" 末记 / 拱记 格个时间 / 讷个时间 / 末个时间 / 拱个时间 格么时间 / 讷么时间 / 末么时间 / 拱么时间
数量	格些 / 讷些 / 末些 / 拱些

　　* 本文在写作和修改过程中得到导师刘承峰老师和复旦大学盛益民老师的指导，在此特表谢意。文中疏漏，概由笔者负责。

　　① 金华市区、金东区使用"末［məʔ²¹］"，婺城区西部农村区域使用"讷［nəʔ²¹］"，经我们初步研究"末［məʔ²¹］"和"讷［nəʔ²¹］"并非同源，所以我们用不同词形标记，有关"末［məʔ²¹］"和"讷［nəʔ²¹］"的来源分析，我们将另撰文探究。

本体意义	词　形
性状方式	赞"/帐"/赞˘亨 讷生/末生/拱生 讷亨/末亨/拱亨
程度	赞"/帐"/赞˘亨/亨

2　金华方言的语用功能分析

Himmelmann（1996）将指示词的语用功能分为情景用（situation use）、话语直指（discourse deictic）、示踪用（tracking use）和认同指（recognitional use），本节根据方梅（2002），陈玉洁（2010），盛益民（2015），将 Himmelmann（1996）提到的情景用、话语直指、示踪用和认同指分别对应直指、篇章回指［Lyons（1977）］、回指和认同指四个方面，从个体、处所、时间、数量、性状方式和程度等角度对金华方言指示词的语用功能进行了细致地描写与分析，进而总结了金华方言指示词的距离指示和语用功能。

2.1　个体指示词的用法

2.1.1　直指

在金华方言中，指示人和事物的指示词都可以用"指示词 + 个"来表示，所以我们直接用个体指示词来代表这两种情况，"格个""讷个""末个""拱个"以及由"格-""讷-""末-""拱-"所组成的"指量名"结构都可以进行现场直指，例如：

（1）<u>格个</u>人真当笑话。（这个人真搞笑。）

（2）<u>格个</u>苹果分侬，<u>讷 / 末 / 拱个</u>苹果分弟弟。（这个苹果给你，那个苹果给弟弟。）

（3）<u>格本</u>书好望，<u>讷 / 末 / 拱本</u>书弗好望。（这本书好看，那本书不好看。）

（4）<u>格部</u>红箇车是我浪我们屋里箇，<u>讷 / 末 / 拱部</u>黑箇车是渠浪他们屋里箇。（这辆红色的车是我家的，那辆黑色的车是他家的。）

（5）<u>格些</u>荔枝今日吃吃掉，<u>讷 / 末 / 拱些</u>剩明朝再吃。（这些荔枝今天吃掉，那一些明天再吃。）

对于现场直指的情况，无论是指人还是指物，以上例句中的个体都是在可视范围之内，是在一定可视范围之内存在的近指和远指。

在金华方言中，"样、种"等"种类"义量词之前也可以加"格、讷、末、拱"来进行现场指示，例如：

（6）<u>格样</u>菜顶最新鲜了，<u>讷 / 末 / 拱些</u>一点都弗新鲜箇。（这种菜最新鲜，那些一点儿也不新鲜的。）

（7）<u>格种</u>菜籽顶最好了。（这种菜籽最好了。）

（8）<u>格种</u>药效果好猛很箇，侬试试覰。（这种药效果很好的，你试试看。）

2.1.2　回指

"格个""讷个""末个""拱个"以及由"格-""讷-""末-""拱-"所组成的"指量名"结构也可以用来回指。

（9）侬头两日买箇麒麟瓜，记住弗？<u>讷个 / 末个 / 拱个</u>西瓜真当好吃喂！（你前几天买的麒麟瓜，还记得吗？那个西瓜真好吃啊！）

（10）小王、小李跟小张，格三个人俵随便挑一个。（小王、小李和小张，这三个人你随便选一个。）

（11）格个房间是小丽简，格个里面都是渠简东西。（这个房间是小丽的，这个里面都是他的东西。）

（12）苹果要弗要？俵自你自己望望觑桌上简讷／末／拱两个挑些去。（苹果你要吗？你自己看看桌子上的那些挑一些去。）

"格／讷／末／拱＋种类义量词"同样可以用于回指，例如：

（13）A：昨日，张三又偷东西了。

　　　　B：俵望住哇，格种人迟早要坐牢。（这种人我见得多了去了。）

（14）A：等记去网吧头？（等下去网吧？）

　　　　B：我弗去，我弗喜欢末种地方。（我不去，我不喜欢那种地方）

2.1.3　篇章回指

在金华方言中，能够用"格个""讷个""末个""拱个"进行篇章回指。"格个""讷个""末个""拱个"可以出现在叙述中，例如：

（15）今日俵也迟到，渠也迟到，格个真当奇怪啦。（今天你也迟到，他也迟到，这个可真奇怪啊。）

同时也能够出现在对话中，用来回指对方说的话，例如：

（16）A：俵快点分＝把俵自你自己简房屋集集收拾好。（你快点把你的房间收拾好。）

　　　　B：讷／末／拱个还是先甭拾起，我先分＝把碗碟洗洗掉。（那个还是先不用收拾吧，我先把碗洗了。）

（17）A：我想分＝把窗户开起。（我想把窗户打开。）

　　　　B：格个简单猛，我来开。（这个很简单，我来开。）

（18）A：明记妹妹弗归来，俵跟囊你们姆妈讲一下。（明天你妹妹不回家，你和你妈说一下。）

　　　　B：格个（事干事情）还是先甭讲，讲不定渠明朝咦＝又归来了？（这个（事情）还是先别说，说不定明天她又回来了。）

另外，"格个事干事情"也可以对"选择性的命题"① 进行篇章回指，例如：

（19）到底在大城市工作还是归去工作，格个事干事情真当烦人。（到底在大城市工作，还是回家工作，这个事情真烦人。）

（20）格个暑假去韩国玩还是去日本玩，格个事干事情还是俵决定的了。（这个暑假去韩国玩还是去日本玩呢？这个事情还是你决定吧。）

2.1.4　认同指

在金华方言中，"格个""讷个""末个""拱个"以及由"格-""讷-""末-""拱-"所组成的"指量名"结构也可以用来认同指，例如：

（21）A：格个张三明朝来弗来？（这个张三明天来不来？）

　　　　B：渠亨和我讲来简。（他和我说来的。）

（22）村口讷／末／拱个细玩＝小孩上电视了喂。（村口那个小孩上电视了喂。）

例（21）格个后指张三，是听说双方都知道的"张三"，例（22）讷／末／拱个后指细

---

① 盛益民．绍兴柯桥话指示词研究［D］．天津：南开大学，2011：32.

玩",说明这个细玩"也是听说双方共同知道的小孩。

2.2 处所指示词的用法

金华方言处所指示词包括"亨头""格/讷/末/拱耷""格/末里""格/末路""[nan³¹²]"。其中,"[nan³¹²]"是"那岸"的合音,使用频率最低。

2.2.1 直指

表示近指的"亨头""格耷",表示远指的"讷/末/拱耷""末里/路""[nan³¹²]"以及其派生出来的处所指示词都可以用于现场直指。例如:

(23)格耷是江南,讷/拱/末耷是江北。(这里是江南,那里是江北。)

(24)格呃"头好徛,讷/拱/末呃头弗好徛。(这头可以站,那头不能站。)

　　格呃"嗲"好徛,讷/拱/末呃"嗲"弗好徛。

　　亨头好徛,讷/拱/末耷弗好徛。

(25)亨头只桶让/得被哪个拿走了?(这里的那只桶被谁拿走了?)

2.2.2 回指

针对金华方言处所指示词,不管是近指的"亨头""格耷",还是远指的"讷耷""末耷/里/路""拱耷"都可以表示回指,对于具体选用近指还是远指的形式,这往往会和说话人的认知域、心理距离和喜爱憎恶等各方面有关。例如:

(26)同汇评估还不错简,以后/后面有其他项目也园①放亨头评的了。(同汇评估还不错的,以后有其他项目也放这里评估吧。)

(27)打的到李渔路和宾虹路交叉口,大家都徕讷耷/末耷/拱耷等侬了。(打车到李渔路和宾虹路交叉口,大家都在那里等你了。)

(28)侬后面去简公司,以前囊你们叔叔也徕讷耷/末耷/拱耷做生活过简。(你后面去的公司,你们叔叔以前也在那里干活过。)

(29a)保集半岛好猛很简,好些人都想买讷耷/末耷/拱耷简房子。(保集半岛很好的,很多人都想买那里的房子。)

(29b)保集半岛好猛很简,好些人都想买亨头简房子。(保集半岛很好的,很多人都想买这里的房子。)

在例(29a)中说话双方所处位置不在保集半岛,而例(29b)中说话双方正在保集半岛或保集附近。

2.2.3 篇章回指

在金华方言中,处所指示词除了能够回指之外,"亨头"和"格耷"还可以用于篇章回指,也就是用来回指某一个小句,用来表示事情的某一方面。例如:

(30)"春风又绿江南岸",今天简课我浪我们便先讲到亨头。("春风又绿江南岸",今天的课我们就先讲到这里。)

(31)渠浪他们简自家里人多猛简,都弗用喊别人做简,便格耷都好省落千把钞票了,弗讲别耷了。(他们自己人很多的,都不用请其他人来干活,就这里都可以省下上千元了,不用说别的地方了。)

(32)渠昨天半夜还正归来,想想问题也出亨头了哇,侬自望望覷,得被我猜着了。(他昨天

---

① 【园】k'aŋ①藏,收存,存放:个存折得渠~得哪汰"被他放在了哪里弗晓得了|侬东西~哪里呢?|衣裳~挈"来②放,搁:~柂桌上|两几张钞票~~袋口袋里去(曹志耘,1998:181)。

半夜才回家，想想问题也出在这儿了，你自己看看，被我猜到了。）

2.3 时间指示词的用法

接下来我们讨论时间指示词"格记""央ᵘ夹ᵘ""格个时间""格么时间""讷个时间""讷么时间""末个时间""末么时间""拱个时间""拱么时间""讷记""末记""拱记"的语用功能。

2.3.1 直指

在金华方言中，可以表示直指的时间指示词有"格记""央ᵘ夹ᵘ""格个时间""格么时间"，例如：

（33）格记是五更早上九点钟。（现在是早上九点。）

（34）格么时间/格记渠生会还拱奋困觉嘎？（这会儿他怎么还在那儿睡觉啊？）

（35）格两日天公好起了。（这几天天气好起来了。）

（36）格得ᵘ段时间房子忞贵了，我真当买弗起啊。（这段时间房子太贵了，我真的买不起啊。）

2.3.2 回指

在金华方言中，时间指示词回指只能用远指指示词"讷记""末记""拱记""讷么时间""末么时间""拱么时间"来表示，例如：

（37）姨娘是2008年去东北箇，讷记/末记/拱记我还正读初中。（姨娘是2008年去的东北，那个时候我才读初中。）

（38）渠浪他们上个月订婚箇，末么时间/拱么时间/拱记我弗倸屋里。（他们上个月订婚的，那个时候我不在家里。）

（39）渠浪他们下个月订婚了，讷么时间/末么时间/讷记我应该倸屋里。

（40）渠格记好多了，上年格么时间倸医院头呢。（他现在好多了，去年这个时候在医院里呢。）

2.3.3 篇章回指

Himmelmann（1996）认为时间指示词在指向话语事件或者说明性和操作性篇章、讨论或者行为中的某一个时间点时，表现出来的功能是篇章回指。

金华方言时间指示词中，"讷/末/拱记""讷/末/拱个时间""讷/末/拱么时间"可以表示篇章回指，例如：

（41）我还正落车，便了讷/末/拱么时间，渠分ᵘ把我带走了。（我才下车，就在那个时候，他把我带走了。）

（42）我还正想关灯困熟，便了讷记/拱记/末记，姐姐冲了进来，吓掉了。（我刚刚想关灯睡觉，就在那时，姐姐冲了进来，吓死了。）

2.3.4 认同指

（43）A：囊你们家里箇鸡没了？弗是还正放出去半个小时？（你们家的鸡丢掉了？不是才放出去半个小时？）

B：嗯呐，就赞ᵘ一记工夫，便丢掉了。（是啊，就这么一会儿工夫，就丢掉了。）

（44）A：侬讲箇是上次渠到囊你们家里箇时间啊？（你说的是上次他到你们家的时候吗？）

B：对的哇，就是讷记/末记/拱记哇。（对的啊，就是那个时候。）

2.4 数量指示词的用法

在金华方言中，数量指示词可以用于直指、回指和认同指中，我们暂时没有发现用于篇章回指的情况。

2.4.1 直指

金华方言数量指示词存在远近的区别，不管是近指的"格些"还是远指的"讷/末/拱些"都可以用于现场直指，例如：

（45）（指着一堆零食）零食我今天就吃了格些。（今天我就吃了这些零食。）

（46）侬是不是便要格些（东西）？（你是不是就要这些东西？）

（47）A：格些书够弗够？（这些书够不够。）

B：还忒少，侬分讷/末/拱些（伴随手势）也拿过来。（还太少，你把那些也拿过来。）

2.4.2 回指

在金华方言数量指示词中，"数量指示词（＋名词）"可以用于回指，例如：

（48）A：小咪、小姣、莎莎跟我一起去简上海。（小咪、小姣、莎莎和我一起去上海的。）

B：哦，格些人跟侬一起啊。（哦，这些人和你一起啊。）

（49）十把甘蔗、五瓶黄酒、三箱葡萄，格些够弗够。（十把甘蔗、五瓶黄酒、三箱葡萄，这些够不够。）

2.4.3 认同指

在金华方言中，指示词表认同指的情况一般发生在对话中，例如：

（50）A：空肚饥弗吃香蕉，五更早上爬起先吃杯温吞茶，……

B：侬讲简格些我都晓得简。（你讲的这些我都知道的。）

（51）A：渠昨日讲渠今年好赚一百万呢。（他昨天说他今年能赚一百万呢。）

B：渠也跟我讲了，侬随便想想渠讲简拱些都是骗人简哇。（他也和我说了，你随便想想他讲的那些都是骗人的哇。）

2.5 性状方式指示词的用法

在金华方言中，性状方式指示词包括"赞⁼/帐⁼""赞⁼亨""亨""讷/末/拱亨""讷/末/拱生"可以用于直指、回指、篇章回指和认同指。

2.5.1 直指

在金华方言中，性状方式指示词"赞⁼/帐⁼""赞⁼亨"可以用于直指，例如：

（52）元宝还有赞⁼亨一刀未做呢。（元宝还有这样一叠没有做。）

（53）看住，电焊要格亨/生焊焊简。（看着，电焊要这样焊的。）

（54）弗穿赞⁼/帐⁼件睡衣，荡过来荡过去，别人还以为侬神经病了。（不要穿这件睡衣，走过来走过去，别人还以为你神经病了。）

（55）赞⁼亨简东西有待⁼什么用，□丢□丢掉算了。（这样的东西有什么用，丢了算了。）

（56）上年都是赞⁼味道简蛋糕，今年侬还买赞⁼亨简。（去年都是这样口味的蛋糕，今年你还买这样的。）

2.5.2 回指

金华方言性状方式指示词"赞⁼亨""格亨/生"可以用于回指，例如：

（57）上年都已经赞⁼亨/格生了，侬也弗是弗晓得。（去年都已经这样了，你又不是不知道。）

（58）小李赞⁼亨/格亨简人侬，大家都欢喜猛很欢喜猛很。（小李这样的人，大家都很喜欢。）

例（57）回指去年的情况，例（58）是同位语回指，"赞⁼亨/格亨简人"就是指小李。

同时，由赞⁼/帐⁼/赞⁼亨后面可以接"数量名"结构进行回指，例如：

（59）赞⁼/帐⁼一盒多少钱？（这样一盒要多少钱？）

（60）一只火腿，一盒酥饼，赞＝两样东西。（一只火腿，一盒酥饼，这么两样东西。）

2.5.3　篇章回指

在金华方言中，性状指示词"赞＝亨""赞＝/帐＝""格亨/生"可以用于篇章回指，可以进行上指，例如：

（61）先园油，再园盐，赞＝亨还正对。（先放油，再放盐，这样才对。）

（62）明年出国读书，侬格亨/生决定，渠会同意弗？（明年出国读书，你这样决定，他会同意吗？）

（63）弗是第一便是第二，年代＝年都赞＝亨简。（不是第一就是第二，每一年都这样的。）

（64）拆了东墙补西墙，侬格亨/生做有待＝什么用啊。（拆了东墙补西墙，你这样做有什么用啊。）

（65）讲过分渠咦＝又拿回去，侬赞＝亨有待＝什么意思。（说过给他又拿回去，你这样做有什么意思哦。）

（66）一记考弗好便哭，侬赞＝/帐＝有待＝什么用哦。（一下考不好就哭，你这样做有什么用哦。）

金华方言性状指示词可以用来回指别人的话，例如：

（67）A：侬明朝继续坐班哇。（你明天继续坐班吧。）

　　　B：哪有赞＝亨简，那其他人都弗用做了。（哪有这样的，那其他人都不用干活了。）

（68）A：阿上个礼拜去囊你们家里了。（我上个礼拜去你们家了。）

　　　B：啊，晓得格亨/生呐的话讴叫侬分＝帮我带件衣服了哇，格两日赞＝冷喂。（啊，知道这样就让你帮我带件衣服了，这几天多冷啊。）

（69）A：渠生会代＝代＝次①开会都迟到简？（他怎么每次开会都迟到的？）

　　　B：渠便赞＝亨简人，侬还正晓得啊。（他就这样的人，你才知道啊。）

（70）A：囊你们屋顶简水箱变形了喂。（你们屋顶的水箱变形了啊。）

　　　B：老早都讷生/末生了哇，也没办法。（早就那样了，又没办法。）

2.5.4　认同指

在金华方言中，性状方式指示词"讷/末/拱亨""讷/末/拱生"和"赞＝亨"可以用于认同指。例如：

（71）讷/末/拱亨简人侬都哇喜欢简，真当眼睛瞎掉了。（那样的人你都会喜欢的，真的是眼睛瞎了。）

（72）渠都已经赞＝亨了，侬还叽里咕噜简吵死。（他都已经这样了，你还叽里咕噜地吵死了。）

2.6　程度指示词的用法

在金华方言中，程度指示词有"赞＝/帐＝"，可以用于直指、篇章回指和认同指。

2.6.1　直指

我们首先来看"赞＝/帐＝"用于直指的情况，例如：

（73）赞＝/帐＝好简新媳妇妇到哪里寻啊！（这么好的媳妇去哪里找啊！）

（74）渠简房间生会赞＝/帐＝□□简呐？（他的房间怎么这么脏的啊？）

我们发现，在金华方言程度指示词前常常会加"生"或"生会"，以此来加强语气和

---

① 代＝代＝次：每一次，每次。在"代＝代＝＋C"的表达式中，以"代＝代＝个"的使用最为常见，它所表达的意思相当于现代汉语中的"每一个""各个""个个"，因此"代代＋C"的表达式就相当于"每一＋C""每＋C""CC"的表达式，比如代＝代＝张桌（每一张桌子）、代＝代＝本书（每一本书）等。其所表达的是周遍义，是涉及所指事物的每一个。也将讲"代＝代＝＋C"的用法说成"C代＝C"。这一表达也可见于常山方言（王丹丹2018）中。

程度的表达。例如：

（75）渠生赞＝弗要面箇呐。（她怎么那么不要脸的啊。）

2.6.2 篇章回指

金华方言程度指示词"赞＝""格亨/生"有向程度副词虚化的趋势。

（76）落雨天公渠还倸田饭里做生活①，渠就有赞＝厉［lɛ］。（下雨天他还在田里干活，他就有这么厉害。）

（77）一日就吃一餐，渠减肥箇时间便格亨/生做箇。（一天就吃一餐，他减肥的时候就这样做的。）

2.7 小结

通过以上内容的分析，我们对金华方言指示词的语用功能进行了列表整理（见附录一），下面将同一种本体意义不同的距离指示列表如下：

表2　金华方言指示词的距离指示②

	直指	回指	篇章回指	认同指
个体	2	2	2	2
性状方式	1	2	2	2
处所	2	2	1	0
时间	1	1	1	1
数量	2	2	0	2
程度	1	0	1	0

通过观察表2，我们可以知道，在金华方言中，同一本体意义指示词存在语用功能指示差异，从表2中的数据来看，直指是金华方言指示词最常用的语用功能，这一点符合Diessel（1999）里提出的直指是语用功能最基本的功能的观点。在指示词距离指示的划分上，遵循"直指＞回指＞篇章回指＞认同指"的等级序列，也就是说越往右，指示词的距离指示会切分地更少。这一等级序列与盛益民（2011）总结出的绍兴柯桥话指示词的距离指示切分基本一致，所以，我们初步推测，在吴方言中或许"直指＞回指＞篇章回指＞认同指"的等级序列在指示词距离指示的划分上存在语言共性。

3 "量名"结构

石汝杰、刘丹青（1985）、刘丹青（2001b）、盛益民（2011）等很多文章中都阐述了"吴语中量名结构可以表示定指"的理论。

在金华方言中，"量名"结构用作直指，需要有特定的语境，并且有的时候需要加上手势，才能构成直指，另外还不能用于"对举"的结构。例如：

---

① 【生活】sɑŋua 工作：做～｜～做弗好｜侬去做待＝？（曹志耘，1998：179）

② 表1中我们将各本体意义指示词从直指、回指、篇章回指和认同指四种情况出发，将其语用功能的距离指示情况做了汇总，其中，"0"代表该本体意义对应的指示功能不存在；"1"代表该本体意义对应的语用指示功能中只有"近指"或只有"远指"符合；"2"代表该本体意义的近指和远指都存在对应的语用指示功能。

（78）<u>本薄</u>担拿过了。（那本书拿过来。）

（79）<u>碗菜</u>担拿走去。（这碗菜拿走。）

（80）<u>个手镯</u>是侬阿婆箇姨娘分给渠箇。（这个手镯是你外婆的姨娘给她的。）

此外，"量名"结构也常常出现在回指中，例如：

（81）A：我昨日买了一个手机，华为P9。

      B：<u>个手机</u>分我望望觑。

（82）我昨日买了<u>一个手机</u>，<u>个手机</u>是金色箇，侬要望望觑弗？

（83）A：门口头有<u>个细玩</u>⁼小孩拚弆哭喂。（门口有个小孩在那儿哭呢。）

      B：侬快点去望觑<u>个细玩</u>⁼小孩为待⁼西什么哭。（你快点去看看那个小孩为什么哭。）

"量名"结构作为回指的时候，回指的事物在上文的语境中。如果说话人和听话人有特定的共同经历，说话人用指示词"回指"共同经历中的某个部分，那么这种就是指示词的"认同指"。① 下面讨论金华方言认同指的情况，例如：

（84）<u>把雨伞</u>了侬拚弆哇？（雨伞在你那儿吧？）

（85）<u>手机</u>了侬讷弆哇。（手机在你那儿吧）

（86）A：楼上<u>条粉红箇裙</u>是哪个箇？（楼上那条粉红色的裙子是谁的？）

      B：<u>条裙</u>是别人送侬姐姐箇，侬弗担拿了穿。（那条裙子是别人送你姐姐的，你别拿来穿。）

（87）<u>份人家</u>箇人生代⁼代⁼个都赞⁼奇怪箇呢？（这／那户人家的人怎么每一个都那么奇怪的呢？）

（88）A：<u>个西瓜</u>好吃弗？（这个西瓜好吃吗？）

      B：<u>个西瓜</u>好吃猛很箇。分块侬吃吃弗？（这个西瓜很好吃的，要给一块你吃吗？）

表3　金华方言"量名"结构语用功能

	直指	回指	篇章回指	认同指
"量名"结构	+	+	-	+

4　总　结

本文对金华方言（除特殊方言岛之外）的指示词进行了较为细致的描写和分析，我们从6个方面，4个角度对金华方言指示词进行了全面的考察，得出了金华方言指示词的距离指示（如表2）、金华方言"量名"结构语用功能（如表3）和金华方言指示词语用功能的基本情况（见附录一）。在指示词距离指示的划分上，指示词的语用功能遵循"直指＞回指＞篇章回指＞认同指"的等级序列，也就是说越往右，指示词的距离指示会切分地更少。这一等级序列与盛益民（2011）总结出的绍兴柯桥话指示词的距离指示切分基本一致，所以，我们初步推测，在吴方言中或许"直指＞回指＞篇章回指＞认同指"的等级序列在指示词距离指示的划分上存在语言共性。

参考文献

Nikolaus P.Himmelmann. Demonstratives in narrative discourse：A taxonomy of universal uses［M］//

    Studies in Anaphora. Barbara A. Fox（ed.），Amsterdam/Philadelphia：John Benjamins Publishing

---

① 盛益民. 绍兴柯桥话指示词研究［D］. 天津：南开大学，2011.

Company，1996：205—254.

曹志耘.吴语婺州方言研究［M］.北京：商务印书馆，2016.

陈玉洁.汉语指示词的类型学研究［M］.北京：中国社会科学院出版社，2010.

方　梅.指示词"这"和"那"在北京话中的语法化［J］.中国语文，2002（4）：343—356.

李荣主编，曹志耘编纂.金华方言词典［M］.江苏：江苏教育出版社，1996.

刘丹青.吴语的句法类型特点［J］.方言，2001（4）：332—343.

刘丹青，刘海燕.崇明方言的指示词——繁复的系统及其背后的语言共性［J］.方言，2005（2）：97—
　　108.

盛益民.绍兴柯桥话指示词研究［D］.天津：南开大学文学院，2011.

盛益民.绍兴柯桥话指示词的句法、语义功能［J］.方言，2012（4）：344—353.

附录一

金华方言指示词的语用功能

			直指	回指	篇章回指	认同指
个体	这个	格个	+	+	+	+
	那个	讷个	+	+	+	+
		末个	+	+	+	+
		拱个	+	+	+	+
处所	这里 这儿	格聋	+	+	+	−
		亨头	+	+	+	−
	那里 这儿	讷聋	+	+	−	−
		末聋	+	+	−	−
		拱聋	+	+	−	−
		［nan^{312}］	+	+	−	−
时间	现在	格记	+	−	−	−
		央"夹"	+	−	−	−
	那时	讷记	−	+	+	+
		末记	−	+	+	+
		拱记	−	+	+	+
	这个 时候	格个时间	+	−	−	−
		格么时间	+	−	−	−
	那个 时候	讷/末/拱个时间	−	+	+	+
		讷/末/拱么时间	−	+	+	+
数量	这些	格些	+	+	−	+
	那些	讷/末/拱些	+	+	−	+

			直指	回指	篇章回指	认同指
性状方式	这样	赞"/帐"	+	+	+	+
		赞"亨	+	+	+	+
	那样	讷/末/拱亨/生	−	+	+	+
程度	这么	赞"亨 赞"/帐"	+	−	+	−
	那么					

（郑伊红　华东师范大学国际汉语文化学院　2570508927@qq.com）

余姚方言的定语领属

周 炜

一 引 言

1.1 余姚方言

余姚市位于浙江省北部，东与宁波市相邻，西连绍兴上虞，境内有属于甬江小片与临绍小片的方言。余姚方言属于吴语太湖片的临绍小片。

由于历史原因，余姚话在语法上深受绍兴话影响，而 1949 年后被划入宁波地区，经过 60 多年，吴语—宁波话的词汇也被余姚话采用，而余姚话又保留了自己独特的发音和语尾助词，从而形成了独特的余姚方言。

余姚话内部分为姚西北调、阳明中心调、四明山调和上虞话过渡调。本文研究是余姚市兰江街道的余姚话阳明中心调，即最为典型的余姚方言，同时也是笔者的母语方言。

1.2 领属

领属关系是一个边界模糊、不易定义的庞杂的语义类（张敏，1998）。具体语言中不一定有作为语法范畴的领属格（genitive case），但一般都有作为语义概念的领属（possession）。

根据领有者与被领有物在句法上的编码，一般把世界各语言的领属结构概括为三个主要类型①：定语领属（attributive possession）、谓词领属（predicative possession）和外部领属（external possession）（Heine，1997；Dixon，2010；吴早生，2011）。

跨语言研究表明，表达领属的最主要方式是定语领属和谓词领属。Dixon（2010）专门对定语领属结构的语义类型做了六项总结：（一）所有关系，领有者对被领有者拥有所有权；（二）亲属关系；（三）整体—部分关系；（四）被领有物是领有者的某一方面的特征或属性；（五）被领有物是对领有者方所作的陈述；（六）领有者与被领有物形成一定的社会关系。

领属结构一般由领有者（possessor）、被领有者（possessum）和领属标记组成。参照 McGregor（2009：2），本文把领有者记为 PR，被领有者记为 PM，领属标记记为 M。

本文主要讨论余姚方言的定语领属。文章第二部分根据领属标记的不同分别讨论余姚方言定语领属的四种领属结构；第三部分比较不同领属标记所代表的不同含义，并进行对比总结。

二 余姚方言的定语领属结构

本章主要根据领属标记的不同来对余姚方言的领属结构进行分类，定语领属结构记为"PR + M + PM"。

余姚方言表达定语领属的结构主要有四种：

---

① 也有学者将这三种类型译为：修饰性领属（attributive possession）、述谓性领属（predicative possession）和外部领属（external possession）。

（一）无可视的领属标记，领属标记体现为"∅"：PR + PM；

（二）由关联标记"拉"充当领属标记：PR + 拉 + PM；

（三）由通用定语标记"葛"充当领属标记：PR + 葛 + PM；

（四）由量词充当领属标记：PR + 量词 + PM。

2.1　PR + PM

领有者与被领有者并置①时，领属标记 M 为"∅"。此时的定语领属结构记为"PR + PM"。该领属结构下还可分两类情况：

（一）当 PR 为人称代词时，领属标记为"零"，领有者与被领有者直接并置，且无其他形态变化；

（二）当 PR 为非指人名词时，领属标记在符号上体现为"零"，但被领有者发生变调。

2.1.1　PR 为人称代词时

当 PR 为人称代词复数时，领属标记为"∅"。此时的人称代词的复数形式表示单数化意义。

余姚方言的人称代词有单复数的区别，具体见下表 1：

表1　余姚方言的人称代词表

	第一人称	第二人称	第三人称
单数	我［ŋo¹³］	侬［noŋ¹³］	伊［fie¹³］
复数	阿拉［aʔ²³］［laʔ⁵］	倷［naʔ²³］/倷拉［naʔ²³］［laʔ⁵］	伊拉［fie¹³］［laʔ⁵］

同盛益民（2013）的绍兴话一样，余姚方言只允许复数人称代词构成"PR + PM"，而不允许单数人称代词构成"PR + PM"。如：

（1）阿拉爸爸　　　　我爸爸

（2）* 我爸爸

（3）倷阿婆　　　　你外婆

（4）* 侬阿婆

（5）伊拉同学　　　他同学

（6）* 伊同学

并且，此时的 PM 可以为人名、亲属称谓、社会关系、"社会机构 + 里"等，例如：

（7）阿拉晶晶　　　我（的）晶晶

（8）倷妈妈　　　　你妈妈

（9）伊拉同学　　　他同学

（10）倷屋里　　　　你家

要指出的是，当 PM 为处所词时，PR 可以为人称代词的单数形式或复数形式。但此时的人称代词复数形式不再具备单数义。如：

（11）阿拉前头　　　我们前面

（12）我前头　　　　我前面

---

① 并置：juxtaposition，也译为"毗邻"。指把表示领有者和被领有者的 NP 按一定的顺序放在一起，以表示二者的领属关系，不需要加上任何表示领属关系的标记，刘丹青（2013）译之为"直接邻接式"。

（13）伊拉旁边　　　他们旁边
（14）伊旁边　　　　他旁边
（15）伊拉后头　　　他们后面

根据上述分析，我们可以得出下表2：

表2　当PR为人称代词时，领属标记为"零"

PR ＼ PM	人名	亲属称谓	社会关系	"社会机构＋里"	方位处所词	普通名词
人称代词单数	－	－	－	－	＋	－
人称代词复数	＋	＋	＋	＋	＋	－

2.1.2　PR为非指人名词时

PR也可以为非指人名词。但此时，被领有的方位处所词会发生变调，由原先的21-21调变为55-51调。因此，本文认为当PR为非指人名词时，还是属于有标记的领属。该标记体现在变调上。不过在结构上依旧可以归为"PR＋PM"结构。例句如下：

（16）冰箱高头　　　冰箱（的）上面
（17）门床后头　　　床（的）下面
（18）门旁边　　　　门（的）旁边

我们可以总结出下表3：

表3　当PR为非指人名词时，领属标记体现在变调上

PR ＼ PM	人名	亲属称谓	社会关系	"社会机构＋里"	方位处所词	普通名词
非指人名词	－	－	－	－	＋	－

因此，当定语领属结构为PR＋PM时，我们可见总结出下表4：

表4　PR＋PM

PR ＼ PM	人名	亲属称谓	社会关系	"社会机构＋里"	方位处所词	普通名词
人称代词单数	－	－	－	－	＋	－
人称代词复数	＋	＋	＋	＋	＋	－
非指人名词	－	－	－	－	＋	－

2.2　PR＋拉＋PM

在领属结构"PR＋拉＋PM"中，当PR为指人名词时，"拉"可以位于指人名词和亲属称谓、社会关系、"社会机构＋里"之间表达准领属关系，例如：

（19）晶晶拉妈妈　　　晶晶的妈妈

（20）晶晶拉同学　　　晶晶的同学

（21）阿婆拉屋里　　　外婆家

除此之外，当"拉"表示集体意义时，也可以位于指人名词与方位处所词之间，表达泛领属关系，例如：

（22）晶晶拉旁边　　　晶晶的旁边

（23）阿婆拉前头　　　外婆的旁边

但"拉"一般不能用于指人名词与人名、一般事物名词之间。例如：

（24）?光贻拉晶晶　　　光贻的晶晶

（25）* 晶晶拉狗　　　晶晶的狗

（26）* 晶晶拉书包　　　晶晶的书包

本文认为，此处作领属标记的"拉"与人称代词中表示复数意义的"拉"不是同一个"拉"。例如，表示"我们"义的"阿拉"是一个整体，不能被分析为"阿"＋"拉"；而"晶晶拉"则不是一个整体，可以被分析为"晶晶"＋"拉"。前者与后者相比，更具有灵活性。因此，本文认为此处的"拉"是领属标记 M，而人称代词复数形式中的"拉"则不是。

另一方面，此处的"拉"为关联标记作定语领属标记的用法。关联标记的功能是如何转化为领属标记功能的，有待进一步思考。

领属结构"PR + 拉 + PM"可总结如下：

表5　PR + 拉 + PM

PM〜PR	人名	亲属称谓	社会关系	"社会机构 + 里"	方位处所词	普通名词
指人名词	–	+	+	+	+	–

2.3　PR + 葛 + PM

余姚方言中的"葛"为通用定语标记，等同于普通话中的"的"。此时，几乎各类 PR 与 PM 均可适用。"PR + 葛 + PM"结构是余姚方言定语领属结构中使用最广泛的领属结构。例如：

（27）我葛妈妈　　　我的妈妈

（28）晶晶葛书包　　　晶晶的书包

（29）门葛旁边　　　门的旁边

（30）伊葛前头　　　他的前面

（31）学堂葛大门　　　学校的大门

（32）伊葛屋里　　　他的家

（33）晶晶葛同学　　　晶晶的同学

此时 PR 与 PM 的搭配限制主要受语义的制约，一些普通名词是无法领有亲属称谓或社会关系的，例如：

（34）* 书包葛妈妈

（35）* 学校葛同学

另一方面，由于汉语的文化语境很难允许让某个人完全领有另一个人，当 PM 为人名时，更倾向使用复数人称代词或集体指人名词充当 PR，而不太能接受单数人称代词或非集体义指人名词（参盛益民 2013）。例如：

（36）？我葛晶晶

（37）？晶晶葛小红

综上所述，可以总结表格如下：

表6 PR＋葛＋PM

PR＼PM		人名	亲属称谓	社会关系	"社会机构＋里"	方位处所词	普通名词
指人名词	个体	－	＋	＋	＋	＋	－
	集体	＋	＋	＋	＋	＋	＋
人称代词	单数	－	＋	＋	＋	＋	＋
	复数	＋	＋	＋	＋	＋	＋
普通名词		－	－	－	－	＋	＋

2.4 PR＋量词＋PM

在余姚方言中，各类量词，如动量词、通用量词、度量词、个体量词、集体量词、不定量词等，都可以构成"PR＋量词＋PM"的结构。此时的量词作有定解读，且变调为55高平调。例如：

（38）伊场戏演得好。 他这场戏演得好。（动量词）

（39）侬个同学何头唥？ 你的那个同学在哪里？（通用量词）

（40）侬瓶花好看。 你的那瓶花（更）好看。（度量词/容器）

（41）伊斤肉买贵唥哉。 他的那斤肉买贵了。（度量词/计量单位）

（42）侬本书借我记。你的那本书借我一下。（个体量词）

（43）我双鞋汰清爽唥哉。 我的那双鞋子已经洗干净了。（集体量词）

（44）晶晶眼书阿头唥？ 晶晶的那些书在哪里？（不定量词）

综上所述，可以总结表格如下：

表7 PR＋量词＋PM

PR＼PM		人名	亲属称谓	社会关系	"社会机构＋里"	方位处所词	普通名词
指人名词	个体	－	－	＋	－	－	＋
	集体	－	－	＋	－	－	＋
人称代词	单数	－	－	＋	－	－	＋
	复数	－	－	＋	－	－	＋
普通名词		－	－	－	－	－	－

值得注意的是，PR＋量词＋PM结构中，PR可以为表示集体意义的"指人名词＋拉"，但是此处的"拉"不起到领属标记的作用，只承担关联标记的功能。以下面例句为例：

（45）晶晶拉个同学 晶晶他们的那个同学

（46）晶晶个同学 晶晶的那个同学

（47）晶晶拉同学　　　晶晶的同学

从上面三个例句我们可以发现，例句（45）、例句（46）与例句（47）的领有者不同，例句（45）的领有者为"晶晶他们"，例句（46）与例句（47）的领有者均为"晶晶"。并且，例句（45）中的"拉"并没有起到表达领属义的作用，而例句（47）中的"拉"则承担了领属义的表达。因此，我们认为当"拉"与量词同现时，领属标记为量词。

并且我们可以发现，例句（47）的领属标记"拉"与例句（46）的领属标记量词"个"虽然都表达领属义，但是前者更强调关系，后者更强调指称。

三　总　　结

余姚方言的定语领属标记主要有"∅"、"拉"、"葛"、量词；结构形式主要可以分为四种：（一）无可视的领属标记，领属标记体现为"∅"：PR + PM，此时的 PR 主要是人称代词复数形式；（二）由关联标记"拉"充当领属标记：PR + 拉 + PM；（三）由通用定语标记"葛"充当领属标记：PR + 葛 + PM；（四）由量词充当领属标记：PR + 量词 + PM。

这四种领属标记在表达领属义时的强弱排序由强到弱依次为："葛"> 量词 > "拉"="∅"。详细对比可见下表：

表 8　余姚方言定语领属标记对比

领属标记 对比点	∅	"拉"	"葛"	量　　词
（一）从地位来看	派生的，具有指称性	派生的，具有指称性	基本的，具有描写性	派生的，具有指称性
（二）从搭配自由度来看	较为局限	较为局限	自由	较自由
（三）从所构成领属结构的解读来看	有定	有定	类指	有定
（四）从所建立的关联程度来看	强	强	较弱	较强
（五）从指称性的强弱来看	较强	较强	弱	强
（六）从语用角度来看	亲切	亲切	无感情色彩	较亲切

由上表我们发现，余姚方言的定语领属中，领属标记"葛"具有强领属义。领属标记"∅""拉"与量词的领属义是派生而来的。

从对 PM 的选择来看，领属标记"∅"与领属标记"拉"对 PM 的生命度要求较高，一般要求 PM 为指人名词、社会关系或拟人化的处所词；而量词则正好相反，量词对 PM 的生命度要求较低，只要满足被领有者可被量化即可，一般普通名词均可充当"PR + 量词 + PM"中的 PM。同时，满足"PR + 拉 + PM"结构的 PM 正好是不可被量化的。如此一来，领属标记"∅"、"拉"、量词似乎起到了一个互相补充的作用。

笔者猜测，余姚方言的定语领属可被分为有定和类指两类。其中，有定的定语领属由"∅"、"拉"、量词来标记；类指的定语领属由"葛"标记。那么余姚方言中是否还存在无定解读的领属？它的表现形式是什么？犹待进一步研究。

参考文献

陈振宇，叶婧婷 . 从"领属"到"立场"——汉语中以人称代词为所有者的直接组合结构 [J]. 语言科学，2014（2）.

唐正大 . 认同与拥有——陕西关中方言的亲属领属及社会关系领属的格式语义 [J]. 语言科学，2014（4）.

盛益民 . 绍兴方言的定语领属 [J]. 语言研究集刊，2013（1）.

白　鸽 . 冀州方言的领属范畴 [J]. 语言研究集刊，2013（1）.

唐雪凝 . 从山东北部方言看定语标记的类型与演变 [J]. 语言教学与研究，2013（1）.

吴早生 . 领属关系研究的方法与视野 [J]. 中国社会科学院研究生院学报，2010（3）.

刘丹青 . 语法化理论与汉语方言语法研究 [J]. 方言，2009（2）.

陈玉洁 . 人称代词复数形式单数化的类型意义 [J]. 语言教学与研究，2008（5）.

陈玉洁 . 联系项原则与"里"的定语标记作用 [J]. 语言研究，2007（3）.

陈玉洁 . 量名结构与量词的定语标记功能 [J]. 中国语文，2007（6）.

刘丹青 . 汉语关系从句标记类型初探 [J]. 中国语文，2005（1）.

陆丙甫 . "的"的基本功能和派生功能——从描写性到区别性再到指称性 [J]. 世界汉语教学，2003（1）.

吴早生 . 汉语领属结构的信息可及性研究 [M]. 北京：中国社会科学出版社，2011.

张　敏 . 认知语言学和汉语名词短语 [M]. 北京：中国社会科学出版社，1998.

Dixon，W. Basic Linguistic Theory：Grammatical Topics（Volume 2）[M]. New York：Oxford University Press，2010.

Heine，B. Possession [M]. Oxford：Oxford University Press，1997.

（周炜　浙江大学汉语言研究所　blue8jing@zju.edu.cn）

上海市奉贤区庄行镇方言否定副词分析

朱贞淼　曹伟锋

概　述

奉贤区是上海市的一个市辖区，位于上海市南部，南临杭州湾，北枕黄浦江，与闵行区隔江相望，东与浦东新区（实为已并入浦东新区的南汇区）接壤，西与松江区和金山区相邻，庄行镇位于奉贤区最西部。在方言归属上，庄行镇属于吴语太湖片苏沪嘉小片松江大区。松江大区可根据阳平字的调值等特征再划分为上海方言区和松江方言区，奉贤区的绝大部分方言属于松江方言区，而整个奉贤区内部的方言亦可划分为两片，分别称为东乡和西乡。庄行镇属于比较典型的西乡音。

一　庄行镇否定副词简介及记录规范

和上海市区话或普通话相比，庄行镇的否定副词及用法较复杂，如普通话口语中已不单独使用"无"作为否定副词，上海市区话也只能在语素"啥"之前或者是在某些固定俗语里，如"大块头，呒清头"，而在庄行镇方言里"呒"既可以单用，也可以和别的语素灵活搭配。庄行镇中最有特点的否定副词就是"弗、勿"并用以及"要"通过声调区别正反意义。

为了整篇文章统一用字及方便解释，在这里，对庄行镇的否定副词进行列举并进行用字的规范。这些否定副词大都无法单用，因此不标出单字调，但在需要的地方，标出了连读变调。

庄行镇的单音节否定副词如下。

弗：ʋəʔ。大致等于普通话的"不"。

勿：ʋəʔ。不可以，不允许。读音和"弗"一样，但连读变调不同，意义也不同。

要：ʔiɔ。不可以，不允许。读音上不同于表示能愿的"要"音。

无：ʔm。大致等于"没有"。

□：ʔmæ^{52}/ʔmə^{52}。大致相当于普通话的"没有"。此字发音为ʔmæ^{52}，弱化时读ʔmə^{52}。ʔmæ^{52}在当地没有同音字，下文用"□"来表示。

二　庄行镇否定副词具体讨论

（一）弗 ʋəʔ

1. 否定主观意愿，主语为具有行为能力的施事名词，谓语多为形容词、自主动词或动词性短语。如：

（1）人忒多哓，<u>我奴</u> ① 弗去。（人太多了，我不去。）

---

① "我奴"是庄行镇方言的第一人称单数，但是发音是这两个字的合音 noʔ^{12} 或 no^{24}，因此用下划线表示，下同。

2. 否定惯常行为。惯常行为是指习惯性、经常性的常态行为，这种行为在时间上没有明确的起点和终点。如：

（2）<u>我奴</u>上班弗是日逐去个。（我不是每天去上班的。）

3. 否定性质、关系、状态等。这种否定意义的表达与主观上的心理、认知密切有关，因此常常带有估量的意思。这里的"弗"后通常接形容词或者副词。如：

（3）只西瓜 ① 弗甜个。（这个西瓜不甜。）

（4）搿个小囡脱伊爷生来弗像。（那孩子长得不像他父亲。）

4. 否定动作的可能性。通常可以用来否定主观能力的具备或者是否定客观条件的具体。一般采用"动词 + 弗 + 补语"的结构。如：

（5）交响乐<u>我奴</u>听弗惯个。（我听不惯交响乐。）

（6）<u>我奴</u>出门晏啊哎，两点钟前头肯定赶弗到啊哎。（我出门晚了，两点之前肯定赶不到了。）

（7）车子停拉箇搭，偷弗脱个，放心好哎。（车子停在这里，不会偷的，放心好了。）

5. "动词 + 弗 + 来"结构。否定某种能力。通常可以用来否定主观能力的具备或者是否定能力上的擅长。也可以说成"弗会得 + 动词"。如：

（8）法语<u>我奴</u>讲弗来。/法语<u>我奴</u>弗会得讲。（我不会说法语。）

6. "弗 + 动词 + 个"结构。对可能性的否定，否定该事件发生的可能性，也可以说"弗会得 + 动词"，否定程度较前者强烈。等同于普通话的"不会 + 动词"。如：

（9）明朝实伊弗来个。/明朝实伊弗会得来。（明天他不会来。）

（10）实奴钞票摆拉吾奴搭，弗缺脱个。/实奴钞票摆拉<u>吾奴</u>搭，弗会得缺脱个。（你把钱放在我这里，不会少的。）

（11）只狗弗咬个。/只狗弗会得咬个。（这只狗不会咬人的。）

7. "(也 +)弗 + 动词（ + 拉个）"结构。对过去某件事情发生情况的否定。说话人预设这件事循例应该是在过去或者是过去的某个时间点发生的，而实际上却没有发生。语气程度由轻到重分别是："弗 + 动词"、"也 + 弗 + 动词"/"弗 + 动词 + 拉个"（两者并列）、"也 + 弗 + 动词 + 拉个"。如果句子中有该事情不发生的原因，则可以不加"拉个"，否则必须用"拉个"。如：

（12）昨日忙得来点心也弗吃。（昨天忙得午饭都没吃。）

（13）昨夜头浴弗揩拉个。［昨天晚上（由于某些原因）没有洗澡。］

8. "弗好 + 动词"结构。表示客观情况上无法做到，没有能力做到。与上海市区话不同的是，该用法中没有表示劝阻对方的含义，劝阻对方是用"勿"或"要₂"，下文详解。

（14）实伊毛病重得来弗好来啊哎。（他病得不能来了。）

（15）实伊脚别坏脱该，走路也弗好走。（他的脚扭伤了，不能走路了。）

9. "弗 + 助动词"结构。"弗"的后面除了接动词、形容词、副词之外，还能接一些助动词，如"肯、高兴、可能、应该、配"等，有时候后面还要再接动词。

（16）<u>我奴</u>弗高兴去上班，不过还是要去。（我不愿意去上班，但还是要去。）

（17）实伊介能个人弗配脱吾奴讨论。（他这样的人不配和我讨论。）

---

① 在表示特指的时候，通常会把指示词省略，采用"量词 + 名词"的形式。

10. 弗曾 ʋəʔ³zən⁵². 否定副词"弗曾"后面接动词或者形容词。可单用。

① "弗曾 + 动词（或形容词）"结构，对完成情况的否定。表示对动作行为完成情况或者出现某种变化的否定。单独回答时可以使用"弗曾"，但在句子中要后加"唻"。

（18）今朝中饭弗曾吃唻。（今天午饭还没吃。）

（19）——美国去过也□？ ——弗曾唻。① （——美国去了吗？ ——还没）

② "（还）+ 弗曾 + 动词（ + 过）+ 歇 ɕi"结构，对过去经历的否定。表示对此动作行为是否以前曾经发生过进行否定，表示没有这样的经历。

（20）——美国去过歇哦？ ——弗曾。（——美国去过没有？ ——没有。）

（21）搿只办法吾奴还弗曾想（过）歇。（这个办法我没想过。）

11. 弗会得 ʋəʔ³ve⁴⁴ɖəʔ²¹/ʋəʔ³ɦy⁴⁴ɖəʔ²¹. "弗会得"后面可以接动词，也可以接形容词。

（22）搿个地方蛮吓人个，我奴弗会得去个。（这个地方挺怕人的，我不会去的。）

（23）火弗开，菜弗会得热个。（火不开，菜不会热的。）

12. "弗 + 动词 + 得"结构。表示对过去某件事情发生情况的否定。这件事是当时打算做或者应该做而没有做的。

（24）今朝去吃饭洋夹也弗带得。[今天出去吃饭钱包没带（出去吃饭理应带钱包）。]

（25）回家作业弗做得。[回家作业没有做（本该完成的）。]

13. "动词 + 弗 + 得个"结构。表示主观情理上的不许可，相当于普通话的"不能 + 动词"。

（26）搿个人讲弗得，一讲就要哭个。（这人不能说，一说他就要哭。）

（27）今朝阴势天，被头晒弗得个。（今天是阴天，不能晒被子。）

14. "弗见得 + 形容词 / 动词"结构。意思为不一定，未必，不太可能。普通话中的"不见得"后面要跟情态副词再加动词，如"不见得会来"，庄行镇方言中只能直接接动词。

（28）肉是烧到廿分钟，弗见得熟。（肉只烧了二十分钟，不见得熟。）

（29）伊昨夜（合音 za）头归来蛮夜个，夜饭弗见得吃。（他昨天晚上回来得挺晚的，不一定吃了晚饭。）

（二）勿 ʋəʔ、要 ʔiɔ

1. 勿 ʋəʔ、要 ʔiɔ

这两个否定副词比较有特色。第一，庄行镇方言中"弗 ʋəʔ"和"勿 ʋəʔ"同时使用，通过连读变调区别意义，即使有时候变调差异很小，当地人也能区别意义；第二，"要"字也是通过音调的不同来表示否定，表示主观能愿需要的"要"和表示劝诫禁止的"要"在词语中的连读变调有不同。这里暂且先把本义的"要"称为"要₁"，表示"不要"的"要"称为"要₂"。下文讨论的皆为"要₂"，故省略"2"。

"弗"和"勿"在后面接其他动词的时候，能通过连读变调来区别意义。"要"的连读变调和"勿"完全一样，因此疑是"弗要"的合音，在口语中随机使用"勿"和"要"。变化途径如下：勿：ʋəʔ ʔiɔ > ʔəʔ，要₂：ʋəʔiɔ > ʋiɔ > ʔiɔ。"勿 / 要 + 动词"意思是"不要、不准、不可以、不允许"等。在上海市区方言中，"弗好 + 动词"会有歧义，如"弗

---

① 此句中的"□"详见本节第四部分。

好吃"既可表示"难吃"，又可以表示"不可以吃"。而在庄行镇方言中，"弗好吃"表示"味道不好""不允许吃、不能吃、不可以吃"的意思，大多数情况下是说成"勿吃 / 要吃"。

下表为弗、勿、要后接不同声调动词的连读变调情况表。

动词	动词单字调	弗	勿	要2（不要）
敲	阴平	3-52	4-52	44-52
揩	阴平	3-52	4-52	44-52
拉	阴平	3-52	4-52	44-52
撚	阴平	3-52	4-52	44-52
吹	阴平	3-52	4-52	44-52
抬	阳平	3-52	4-52	44-52
逃	阳平	3-52	4-52	44-52
打	阴上	5-21	4-52	44-52
写	阴上	5-21	4-52	44-52
敨	阴上	5-21	4-52	44-52
剪	阴上	5-21	4-52	44-52
扯	阴上	5-21	4-52	44-52
坐	阳上	5-21	4-52	44-52
抱	阳上	5-21	4-52	44-52
笑	阴去	3-44	5-21	55-21
看	阴去	3-44	5-21	55-21
嗅 hoŋ³⁴（香仲切）	阴去	3-44	5-21	55-21
捡	阴去	3-44	5-21	55-21
囥	阴去	3-44	5-21	55-21
用	阳去	3-44	5-21	55-21
吃	阴入	5-21	4-52	44-52
㓣	阴入	5-21	4-52	44-52
丑 ɖɔʔ①	阴入	5-21	4-52	44-52
捉	阴入	5-21	4-52	44-52
戳	阴入	5-21	4-52	44-52
拨	阴入	5-21	4-52	44-52
摸	阳入	5-21	4-52	44-52
读	阳入	5-21	4-52	44-52

① 注："丑"字不读为 ɖɔʔ 是因为要和同音的"豚"（女阴意）避讳。

简表如下。

	平声	上声	去声	入声
弗 +	3-52	5-21	3-44	5-21
勿 +	4-52	4-52	5-21	4-52
要 +	44-52	44-52	55-21	44-52

"勿"和"要"一般都是用在祈使句，或者是在表示劝阻语气的句子里，带有说话者比较强烈的个人情感在里面。另外，一般"勿"和"要"的使用结构为"宾语 + 勿 + 动词"，为 OV 结构，不太能接受"勿 + 动词 + 宾语"这样的 VO 结构。

（30）㑁搭是室内，实奴香烟勿吃 / 要吃。（这里是室内，你烟不要抽。）

（31）外头垃落雨唻，超市勿去唻 / 要去唻。（外面在下雨了，超市不要去了吧。）

（32）作业弗做好电视勿 / 要看。（不写完作业不许看电视。）

（33）实奴勿 / 要来动我个物事。（你不要来动我的东西。）

一般情况下，"勿"和"要"后面接动词时表达的意义差不多。但在祈使句里，"勿"语气较强硬，而在表示劝阻语气的句子里"要"使用较多，"勿"使用较少。

2. 勿 / 要 + 动词 + 得

等于普通话的"用不着 + 动词"或者是"不用 + 动词"，表示对此做法必要性的否定。与前文的"弗 + 动词 + 得"连读变调不同，意义也不同。

（34）我奴出去弗用钞票，洋夹勿带得个。（我出去不用钱，不用带钱包。）

（35）——张纸头要拨伊哦？——勿拨得个。（——这张纸要给他吗？——不用给的。）

（三）无 $ʔm$

"无"与其他词的搭配比较丰富，下面列举一些常用说法。

1. 无啥 $m^{55}sɑ^{21}$：没有什么。

（36）伊啥个侪会个，无啥伊弗来三个。（他什么都会，没有他不行的（事）。）

2. 无 m + 动词 + 处 $tɕʰy$，表示没有能够进行该动作的场所。

（37）㑁搭海鲜也无买处。（这里没地方买海鲜。）

（38）——㑁搭电影有看处哦？——无看处。（——这里有地方看电影吗？——没有（看电影的地方）。）

3. 无得 $m^{55}ɖəʔ^{21}$。表示不允许。反义词为"有得"。

（39）——今朝公园有得去哦？——实奴今朝弗乖，无得去。（——今天可以去公园吗？——今天你不乖，不能去。）

4. 无人 $m^{44}ȵiəŋ^{52}$：没有人。

（40）教师里无人。（教室里没人。）

5. 无奈何 $m^{55}na^{33}ha^{21}$：无可奈何，一点办法也没有。也可以说"无办法"。这里的"何"的韵母应该是保留果摄字较古层次，如多 $dɑ^{52}$、拖 $tʰɑ^{52}$。

（41）㑁个小囝皮去皮来，爷娘也无奈何。（这个小孩子顽皮得不得了，父母一点办法也没有。）

6. 无办法 $m^{55}bɛ^{33}fæʔ^{21}$：没有办法。

（42）老师拨伊缠得来无办法。（老师被他缠得没有办法。）

7. 无清头 $m^{33}t\varepsilon^h in^{44}d\gamma^{21}$：不明事理，言行举止不齿于人。

（43）实奴搿个人实在无清头。（你这个人实在是不明事理。）

（四）蛮 $?mæ^{52}/?mə^{52}$

这是一个记音字。除了 $?mæ^{52}$ 的读音外，还有一个 $?mə^{52}$ 的读音。据简单调查，句中两读皆可，而句末基本采用 $?mæ^{52}$。所以 $?mə^{52}$ 可能是在句子中间弱化的结果。其中的一个用法，有学者认为，是"勿曾"的合音，"勿"的声母旧为 m，与"曾"合音后再丢失鼻为 $?mæ$。也有学者认为，这是"未啊"或者是"没啊"的合音。值得注意的是，此字虽然是阴平声调，但是主元音是入声韵 æ 的舒化结果（读若"袜 $mæ?^{12}$"的舒化），该地方言阴声韵中无 æ 韵。所以本字究竟是什么仍有待讨论。为方便起见，本文中均用"□"来表音。

1. 表示物品存在的否定。可单用。

（44）房间里一个人也□。（房间里一个人也没有。）

（45）超市里盐□啊唻。（超市里没盐了。）

（46）——汰头膏还有哦？——□。（——洗发水还有吗？——没了。）

（47）——餐巾纸还有垃起哦？——□垃起。（——餐巾纸还有吗？——没了。）

2. 表示领有、具有的否定。

（48）我奴□铜钿。（我没钱。）

3. 表示对某种估量、数量、程度的否定。

（49）我奴蛮一米八个。（我没有一米八的。）

4. 用在比较句中表示不如。

（50）我奴人蛮实奴长。（我没你高。）

5. "□+动词"结构，表示不给、不让、不允许前文提到的对象做某事，无此可能性。

（51）——今朝公园有得去哦？——实奴今朝弗乖，□去。（——今天可以去公园吗？——今天你不乖，不能去。）

（52）东东考试弗及格，葛咾夜饭伊拉爷□吃。（东东考试不及格，所以他爸爸不给他吃完饭。）

6. 在某些情况下还能表示"不"。

（53）——实奴娘有拉哦？——□拉。（——你妈在吗？——不在。）

（54）——话起实侬昨日头去老王拉，伊人有该弗啦？——□该。（说起来你昨天去老王家，他人在不在？——不在。）[1]

7. 用在疑问句的最后，结构为"动词+也+□"，表示询问是否完成这个动作或者是否经历过做过这个动作，也就是完成体和经历体的疑问形式。

（55）实奴今朝点心吃也□？（他今天午饭吃过了没？）

三 结 语

奉贤区庄行镇的方言中，否动副词的使用情况比上海市区话丰富得多，与普通话相比

---

① "垃拉、垃该、有拉、有该"是庄行镇方言中"在"的意思，"不在"是"□拉、□该"，意义上的区别可参阅朱贞淼等（2017）。

也很不一样，对意义的表达也精细得多。笔者才疏学浅，对某些语法现象尚未深入，只是将常用用法罗列出来，以待专家学者前辈同仁进一步探讨。

参考文献

丁声树.释否定副词"弗""不"［M］.中研院，1934.

刘丹青.上海方言否定词与否定式的文本统计分析［M］// 语言学论丛.北京：商务印书馆，2002.

钱乃荣.上海话语法［M］.上海：上海人民出版社，1997.

钱乃荣.上海语言发展史［M］.上海：上海人民出版社，2003.

许宝华，汤珍珠.上海市区方言志［M］.上海：上海教育出版社，1988.

朱贞淼，曹伟锋，钱乃荣.上海奉贤区庄行镇方言的时态及其语法化过程［J］.语言研究，2017（1）.

（朱贞淼　上海大学文学院　emil_zzm@163.com

曹伟锋　爱思帝达耐时驱动系统有限公司　411325365@qq.com）

词汇、文字、方言使用等

上海方言研究史 *

陈忠敏

　　本文总结从开埠到今上海方言研究的历史。分四个阶段，1. 上海开埠至 20 世纪初；2.20 世纪初至 20 世纪中叶；3.20 世纪中叶至 20 世纪 70 年代末；4.20 世纪 70 年代末至今。选择各时期最为重要的著作、文章，以及研究热点加以总结和评说。

　　上海方言与上海的历史一样，历史相当悠久，不过，对上海方言系统而科学的研究却是很晚近的事情。上海方言系统而科学研究的起始应该从开埠后传教士的研究算起。在此之前地方方志列有"方言"或者"风俗"卷不过是零星方言词语列举和介绍。比如明正德七年（1512 年）刊本《松江府志》卷四"风俗"说"府城视上海为轻，视嘉兴为重，大率皆吴音也"。清嘉庆十九年（1814 年）刊本《上海县志》卷一"方言"开首有"方言同是吴音而视府城（松江府）稍重"。大概反映了汉语方言府县之间的权威性和影响力。开埠以后传教士所写的上海地区方言研究和上海地区方言本圣经著作不下四五十种，从语言学的角度来审视，研究质量良莠不齐。本文分四阶段总结上海方言研究的历史，所引重要著作或论文随文注出出处，一般论文见《上海方言研究文献目录》。

第一阶段：上海开埠至 20 世纪初的研究

一、艾约瑟的研究

　　开埠早期最著名的研究者是 Edkins（Joseph Edkins, 1823—1905），中文名艾约瑟，他的上海方言研究质量上乘。他在上海方言研究中写过两本书，一本是《上海方言口语语法》（*A Grammar of Colloquial Chinese—as Exhibited in the Shanghai Dialect*，Shanghai：Presbyterian Mission Press. 初版 1853 年，1868 年第二版），另一本是词典《上海方言词汇集》（*A Vocabulary of the Shanghai Dialect*，Shanghai：Presbyterian Mission Press. 1869）。其中最为学界称道的是他的《上海方言口语语法》。全书共有三章，第一章语音，第二章词类，第三章句法，另有两个附录，其中第二个附录谈到了吴语以外地区的语音语法相关现象。艾约瑟的上海话研究有诸多开创性贡献。

　　首先，这是第一本系统而且是较为完整描写上海方言的专著，记音的精细、正确，以及对上海话精辟的分析超过了同时期以及以后传教士的上海话研究。所以这本书的分析和描写为我们提供了开埠初期上海话较为真实的面貌。

　　在语音方面，Edkins 的记音是相当精确的。

　　1. 他指出上海话里所谓的浊声母在首字位置是清辅音，它与清不送气声母的对立是清辅音中的"宽音"（broad）和"窄音"（thin）的区别。所以他用斜体 *p*、*t*、*k* 记写单音节和多音节首字的"宽音"声母，以跟正体书写的清不送气 p、t、k 相区别。他正确指出浊辅音到了多音节词间才是真浊音，记为 b、d、g：

---

　　* 本研究得到国家社科基金重大项目"上海城市方言现状与历史研究及数据库建设"（批准号 19ZDA303）支持，谨表感谢！

Words sometimes heard g d b，are at other times heard *k t p*. The sound g d b occur after a word in combination; while *k t p*，occur when on word precedes.（56 节）。这一点在刘复和赵元任 20 世纪初的著作中得以证明。

2. 他还发现上海话单字音"端短断对答斗耽"这些字的声母是真浊音［d］，但是配高层调。这就是我们后来常说的先喉塞音，又称缩气音或内爆音配高调的情况。赵元任在 1928 年《现代吴语的研究》里也指出松江和浦东周浦以及上海城真正的老派有这类音。

3. 与同时期和以后的传教士方言著作不同，Edkins 这本书不仅用西方人熟悉的元辅音记录上海话的语音，而且还记录了当时上海话八类声调的具体调型。我们比较比上海市区方言发展慢的周边郊县方言以及上海城市方言以后的声调记录，发觉 Edkins 当时的声调描写是正确的。他为后人留下开埠初期上海话珍贵而忠实的声调记录。

4. 他发现上海话的声母清浊跟声调有相互依存关系，也就是后来结构主义所说的互补关系，所以他提出可以用声母为条件划分上海话的调层：The initial consonant is a test for any word being in the upper or lower series. Thus，all the broad mutes and sibilants，the weak aspirate，with the liquids and nasals are in the lower tones. The other consonants with the strong aspirate are in the upper series.（56 节）。在标调发上他首创用""标在音节的两边表示上声和去声，平声不标号，入声则可以凭借韵尾塞音辨别。这种区别 8 类声调的方法一直为其他上海方言著作沿用，以后的划圈标调类法受之启发。

5. 艾约瑟在书里花了大量篇幅讨论上海话的重音和连读变调现象。他指出单字调与连读时是不一样的：We have hitherto regarded tones as they are heard，when the sound is enunciated emphatically and single. But there certain changes which occur in combinations of two or more words in rapid conversation，which can be only explained by examples of such groups arranged in separate columns.（Section 3. On the Shanghai tones）。比如他在讨论到阴去字或阴上为首字的两字组时，指出会发生声调交替现象，其开头的变调正好与阴去单字调和阴上单字调调形相反，即上上等于去上，去去等于上去。

6. 忠实记录了大量的变异读音。比如现今已经消失的 dz/z 文白异读现象。他说：Another peculiarity is that z and dz are interchangeable. Z is more common in conversation; dz in reading（56 节）。他在书中 68 节有段说明，文内 R. 表示文读（reading form），C. 表示白读（colloquial form）：

The d is in some words retained in reading，when dropped in the colloquial form.
原书举例（原书拉丁拼音不用方括号［ ］，国际音标撰写在［ ］内）：

豺狼虎豹（R. dzé）long 'hú pau'　　　　［dze lã hu pɔ］

稻柴 *t*au zá（C.）　　　　　　　　　　　［dɔ za］

柴门 dzé（R.）mun　　　　　　　　　　　［dze mʌŋ］

造完 'zau（R.dzau）wén　　　　　　　　［zɔ（R. dzɔ）) uẽ］

其中口语词"稻柴"中的"柴"声母是擦音，原书作者标有 colloquial form 的缩写"C"，文雅词"柴门"中的"柴"声母是塞擦音，原书作者标有 reading form 的缩写"R"。"造完"中的"造"原书作者标有两种读音，读擦音的是"C"，读塞擦音的是"R"，这些十分明确表明了读擦音的是白读，读塞擦音的是文读。艾约瑟虽然在书里记录了当时上海话的八类声调的调型，但是他还很明确地说明当时正进行着的阳上归阳去和阳上归阳平双向声调合并现象（陈忠敏 2007），他把全浊阳上字放在阳去类里，不过他也指出这些全浊阳上字的声调是不稳定的。下面的几段描写很清楚地说明了当时上海市区话正进行着这个音变：

"那些有时属于此调（阳上）有时又属于下一调（阳去）的在其他的汉语方言里是属于第三调的（阳去）。最好解释是这些词（字）正在向阳去转变，而在其他方言里这些字是属于阳去的，所以在上海话里这些字的声调呈现不稳定。"（第 31 页）

"那些原本属于上面（阳上）的词（字），放在这里（阳去）而不放在阳上类里，因为在其他方言里都是这样的。事实上，在上海话的日常用语中它们更多情况下是属于上面的调（阳上）的。下面这些字是例子：后、上、动、奉、坐、部、祸、是、弟、父、罪、缓、悻、市、道、妇、造、罢、跪、绪、荡、犯、重、下、近、善、丈、在。"（第 34—35 页）。在阳上与阳平相混方面，他指出阳上有两个特点：第一个特点是很多阳上字的调值很不稳定（见前）；第二个特点是阳平和阳上的调值很难分辨，因为两者的结尾都有上升的调型。所以阳上的字他在书里的标调是不太一致的，有时标阳上调，有时却标阳平调。例如 "户堂" 的 "户" 应该标为：'u dong，但是在 77 页 标为：ú dong，其中 "户" 的标调是阳平调。"罪" 在 32 页标为：'zŭe。但是在 35 页标为：dzŭi，前一字的标调是阳上，后一字的标调是阳平。中古浊声母上声字标为阳平调的在书也不是罕见，下面再举几例：

伴 bén（138 页第 3 行）标为阳平。

米 mí（104 页倒 17 行）标为阳平，'mí（2 页）标为阳上。

秒 miau（87 页第 7 行）标为阳平。

懒 lan（91 页第 5 行）标为阳平

"水桶"（water bucket）这个词他认为是 "上声 + 平声" 的组合（20 页倒 17 行）标为 dóng，也就是阳平调。其实这个词的第二音节是个阳上调，本字也非这个 "桐" 字，艾约瑟标写为阳平调，又用这个 "桐" 书写，说明了当时某些阳上字和阳平字已经同音了。

《上海口语语法》共三章，除第一章讨论语音外，第二章词类，第三章句法。所以词法和句法在该书中占了很大比例。Edkins 在研究上海话词法和句法时分析的理论和框架是当时的西方语言和西方语理理论，所以对上海话有而西方无，或者不同的现象难免举筹不定，左右摇摆。比如对上海话的短语、词、语素的界限仅用 word 和 group 等概念来对应，但是其中也不乏有精辟论断，某些论述可以看出他跳出了西方语言的枷锁根据汉语的特点来分析上海话。比如他在讨论上海话里复杂的词性转化时说，形容词跟在带 "个" 的名词后，要作名词解释："心里向个勿好，总要改正"，形容词作为及物动词的宾语，要作名词解释。如 "学好" "讲和"。当一个形容词被另一个所修饰，它会变成名词：浓黑、淡红（341 节）。一个形容词其本身完全可以构成谓语，并且与前面的主格词是没有系词来连接的。如：桃子熟者（375 节）。

二、《汉英上海方言字典》

1900 年 Davis & Silsby《汉英上海方言字典》出版，原书的英文名是 Shanghai Vernacular Dictionary。第一版售罄后，上海土山湾出版社于 1911 年在原有基础上增加了官话的读音（增订版序言有说明），增订后的英文书名是 Chinese-English Pocket Dictionary with Mandarin and Shanghai Pronunciation and References to the Dictionaries of Williams and

Giles，by D. H. Davis and John Alfred Silsby，Shanghai TU-SE-WEI Press，1911。第一版 188 页，增订版 272 页。这是 19 世纪末上海城市方言最为详细的字音记录集。书前有联合会罗马字发音说明表（Shanghai syllables as represented by Union System of Romanization）。此书的特色是每个字尽量列出各种异读，其次是此书重视汉字读音，也即文读音。从它的读音排列就可以看出，汉字后是官话读音的拼音，S.=Shanghai，S. 后是上海话读音，有文白异读的，先文后白，白读注明 c.=colloquial form，文读则不标注，为无标记形式。括号里的数码表示汉字排列数）：

"尝" chāng，S. dzang，c. zaung（1096，4307）

"就" dziù，S. dzièu，c. zièu（1096）

"潜" tsiēn，S. dzien，c.zien（3890，3891）

"聚" dzù，S. dzùi，c. zù（5373）

"錾" dzàn，S.dzan，c.zèn（7000）

"昨" dzō，S.dzauh，c. dzok，dzo，zau，zauh，zo（3013）

上面的例子再一次证明当时上海城市方言 dz/z 是文白异读差异。

高本汉《中国音韵学研究》上海记音曾参考 Davis & Silsby《汉英上海方言字典》一书，高氏在自己的书里不时提及此书。

三、《汉英上海方言词典》

1901 年上海基督教方言学协会（Shanghai Christian Vernacular Society）编写的 *An Englishi-Chinese Vocabulary of the Shanghai Dialect*（《汉英上海方言词典》）由上海的 American Presbyterian Mission Press 出版，据原书的前言说，词典的编撰工作是在 1896 年开始的，原计划一年内完成，后延了 5 年，于 1901 年出版。1913 年以《晚清民初沪语英汉词典》再版。全书以英语词为词条，上海话作解释，并列出相关的词和例句。如：

Assert, to, 确实话是个 chak-zeh wo° z° kuh;

  --obstinately，一口咬定 ih °kheu °ngau-ding°

  --that one's self is in the right，自以为是 z° i we °z

  --one's rights，理论 °li-lung°，讲情理 °kaung dzing-°li

  --one's rights publicly，公言理论 koong yien °li-lung°

此书作为晚清民初沪粤语外汉词典系列由上海译文出版社于 2018 年出版。

第二阶段：20 世纪初至 20 世纪中叶的研究

一、高本汉的上海方言研究

瑞典学者高本汉（Karlgren，Klas Bernhard Johannes，1889—1978）是 20 世纪蜚声世界的西方汉学家，他所撰的《中国音韵学研究》是在他博士论文基础上经十余年时间修改扩充而成的。《中国音韵学研究》一书共 4 卷，第一卷于 1915 年出版，次年出版第二卷，1919 年出版第三卷，1926 年出版第四卷。高本汉的《中国音韵学研究》原为法文版，它由赵元任、罗常培、李方桂翻译成中文，于 1940 年在长沙商务印书馆出版。《中国音韵学研究》是一本音韵学巨著，主要的志趣不在方言描写上，但是此书第四卷"方言字汇"列有二十六个方言点的字音读音表，其中四个是域外汉字读音。第一、二、三卷也有大量的汉语方言，包括上海话语音的分析。第四卷从第 547 到 731 页排列了二十六个方言点 3125

个汉字的读音，每页字表下都有注。上海是高氏记录的一个点，高氏在《中国音韵学研究》第二卷"现代方言的描写语音学"中说"所列三十三个方言里有 * 号的有二十四个，这就是我了解的程度够得上用严式音标来记的。有时候我管它们叫作'审核过的方言'"（p145），上海话就是高氏列有 * 号的方言点，可见高本汉自己亲自调查过上海方言。

高本汉《中国音韵学研究》中的上海话记录有几个特点：

第一，跟以往的传教士的研究不同，高本汉是杰出的语言学家和汉学家，深谙当时西方历史语言学的精髓，也懂得中国传统小学知识，所以他是第一位用语言学家的视野以及西方业已成熟的历史比较法来研究汉语及汉语方言语音演变的人。

第二，高本汉在《中国音韵学研究》一书里记录了 3000 多上海话的字音，根据这些字音我们可以总结出当时上海话的声母、韵母系统。为我们提供了一份 19 世纪末 20 世纪初上海城市方言语音 3000 多字的字音表格，我们根据他记录的这些滋阴可以整理出当时上海话的同音字表和当时上海话的声母、韵母系统。

第三，正表 3000 多个字音都按中古音音韵条件以及他自己的中古音拟音排列，这样上海话读音与中古音对应规则就能一目了然，从中还可以看出中古音到上海话的演变途径。高氏的这种列表和排列方式是以前传教士著作所没有的，实在是他的创举。往后各地方言描写都因袭了这种制表格式，来说明中古音与现代方言语音的不同，以及中古音到现代方言语音的演变。

第四，高本汉在第四卷"方言字汇"以中古音音韵条件为统摄，排列相同字二十六个方言点的读音，其实就是做历史比较，这也是以往传教士著作里没有的，吴语虽只有上海和温州两个点，比较这两个点仍能看出它们相同点以及它们与其他非吴语点的不同。

第五，高氏的记录还是相当正确的，他在第三卷"历史上的研究"上海方言记音用 D.H Davis 和 Silsby *Shanghai vernacular Chinese-English dictionary*，Shanghai 1900，他们的记录里上海话咸山摄阳声韵韵母还记鼻化元音，到了第四卷"方言字汇"里，他说"上海的'半鼻音'跟有些官话里很明显很强的半鼻音比起来差得很远（往往全无鼻音），我觉得在这宽式音标里写作口部元音就行了：例如上海'三 'sɛ，'先 'sie（第 545 页）。所以在第四卷里，上海话咸山摄阳声韵统统是纯口元音韵母。高氏的审音是精当的，此书的译者赵元任等人在同页的附注里写道"按浦东略有半鼻音，上海市已全失去鼻音"。在《中国音韵学研究》第二卷第六章"定性语音学"里他最早指出汉语里有一组舌面前辅音，并就这个音的性质和在上海话里的演变作了十分详细的说明，这是前人没有的。他在这一章讨论上海话的舌面前音时说："上海的塞擦音的摩擦成素，虽然完全可以感觉出来，不过是很弱的，这就是英国人不十分愿意用'ch'来写上海 tɕ 的缘故。所以 Davis 跟 Silsby 虽然把 tɕ 写作 ch，可是把 tɕ 写作 'ky'，并且加了一个注解说'或者 tky 可以把它代表的更准一点儿'。这个摩擦成素的微弱并不限于上海话。……假如 Edkins，在他那时候，把上海的这个音写作 'k'，那大概是由于他的理论化的倾向，再不然，也许在五十年以前 k > tɕ 这个演变还没成功现在这样呐。那么，这很可能的是一个在中间阶段的 c 音。"（p189）高氏所说的中间阶段的 c 音是非常正确的，因为在今上海松江片方言的老派读音里，这一类字的声母正是舌面中的 c。

不过高本汉《中国音韵学研究》不是方言比较专著，更不是上海话研究专注，所以在方言读音的选取上存在以下一些缺憾：

第一，正表里的字音排列是为了他中古音拟音服务的，而不是为了描写方言语音的，所以他的列在正表里的字要照顾到中古音的分类和分布，并不考虑这些字在上海话里是否用，或者是否常用。有很多读音上海话里不说的，或者很少说的，但是为了照顾到古音的音类和分布还是列上去了。如正表中戈韵影母只排了"踒"一个字，这个字上海话根本不说，但为了照顾到《切韵》音类的分布，硬性注上这个汉字读音 u 实在显得不伦不类。

第二，由于汉字不是表音文字，某些字可能有一字多音现象，高氏就用正表和附注把一字多音分列开来，列在正表里的字音一般是合乎规则的读音，用于方言语音比较来为他的中古音拟音服务。放入附注的字音不是规则读音，不参与比较。

第三，高氏在这个字汇集里记录的是各地方言的"字音"，也就是字的读书音（文读），许多字的白读或者在本地词语上的读音反而放在附注上，或者根本就没有记录。比如上海话中古从母字音（文读）读塞擦音，口语里的从邪母不分，都读擦音（白读），艾约瑟早在 1853 年的书里早已经指出此文白读现象。这一来源于杭州半官话方言的文读音（塞擦音）到了 19 世纪末 20 世纪初已近消失，高氏在自己的书里也说"在上海有些人老读 z，可是另外些个人能分 dz 和 z"（第三卷第 376 页），但是高本汉书里的上海话记音中古从母字还是以记塞擦音为主，列于正表中，把读擦音 z 的放在附录里，这样就跟他的中古从邪母拟音一致了。

二、赵元任的上海方言研究

赵元任（1892—1982）是享誉中外的语言学家，1927 年 10 月至 12 月与杨时逢在江浙等地做吴方言调查，撰写的《现代吴语的研究》于 1928 年列入"清华学校研究院丛书"第四种，由清华学校研究院出版。《现代吴语的研究》是第一部应用当时现代语言学理论和方法调查研究吴方言的著作，它的问世标志着现代汉语方言学的兴起。《现代吴语的研究》有如下一些特点和贡献：

第一，全书有江浙两省（包含上海）33 个吴语方言点的语音、一些常用词语和语助词的记录。如果说高本汉《中国音韵学研究》的志趣是中古音的拟音，方言读音罗列只是为他的中古音拟音提供帮助，那么赵元任《现代吴语的研究》的志趣是吴方言的描写和吴方言的比较，把方言研究作为主要志趣而不是作为音韵学研究的附庸。

第二，《现代吴语的研究》以中古音为统摄，根据所调查的 33 个点方言语音的特点，制定声母表、韵母表和声调表。这三个表格是《现代吴语的研究》一书的灵魂。表格不可能填写很多字，用极少的例字来体现 33 个方言点音韵的分合，这是作者独具匠心之处，也充分体现了作者的学识。以中古音为枢纽制作表格排列 33 个点的异同，其实就是作吴方言的历史音韵比较，可以看出古今演变的轨迹和不同方言的异同。

第三，作者在书里对吴语的特点做了相当精彩的讨论。比如在《现代吴语的研究》调查说明中首先提出吴语的定义：现在暂定的工作的假设就是暂以有帮滂并，端透定，见溪群三级分法为吴语的特征，在书的第四章"声韵调总讨论"中用更为鲜明的定义提出"吴语为江苏、浙江当中并、定、群等母带音、或不带音而有带音气流的语言"。这一吴语定义一直用到现在。在吴语浊辅音性质上，赵元任在书中第一部吴音第一章吴语声母有精辟的论述："假如是个破裂音，那音的本身并不带音，换言之当它闭而未破的时候，声带并不颤动，等开的时候接着就是一个带音的 h，就是［弯头 h］，因此听起来觉得像很'浊'似的"。这就是以后所说的"清音浊流"定义和来源。

《现代吴语的研究》所记录的 33 个吴语方言点里属今上海地区的方言就有五个，它们是宝山的霜草墩、宝山的罗店、南汇的周浦、上海城、松江的松江城。上述吴语的一般特点也适用于这五个上海地区的方言。赵元任对上海城和松江城方言的调查最为仔细，分别调查了五位和六位。《现代吴语的研究》对上海地区方言的研究有如下一些贡献。

第一，《现代吴语的研究》对上海城的方言记录特别仔细，声母、韵母表格都列有旧派、混合派、新派，这是其他方言点没有的。此书前面有英文概述（Introduction of English）就上海方言有特别的说明：

In shanqhae（上海），the dialect is undergoing a more rapid change than in any of the other dialects. The sound system obtained here is noticeable different from that given by karlgren in his Dialect Dictionary，and still further removed from that given in the Shanghai Lessons of F.L.Hawks Pott，the chief differences consisting in the obliteration of certain fine distinctions of tone and vocality. On the other hand，these differences given by Karlgren and Pott are still found to exist in Joupuu（周浦）and Songjiang（松江），on opposite side of Shanqhae. Another significant thing to note is that individuals differ more widely in Shanqhae than in any other dialects. Songjiang has true voiced［b］and［d］corresponding to the Joupuu and unaspirated ［p］and［t］of the other dialects. But unaspirated［k］is still［k］.

在《现代吴语的研究》第四章"声韵调总讨论"讨论上海方言里也说"有新旧派，新派分类近似苏州，旧派近似浦东，（两派人以'苏州音'，'浦东音'相互指斥），但许多人掺杂两种"。这些记录告诉我们很多信息，首先告诉我们进入 20 世纪初上海城市方言与之前的大不相同，变化的速度远快于其他方言。跟高本汉、Pott 记的上海相比，差异主要体现在声调和元音上。因为从 Edkins 的八个调类，变为当时的六个调类，少了两个。元音的数量主要是指入声韵开口韵的减少，"哭壳客掐磕刻渴"七字元音原来全不同，到了赵氏所记录的新派"客 = 掐 kʰaʔ⁷""磕 = 刻 = 渴 kʰəʔ⁷""哭 kʰoʔ⁷""壳 kʰɔʔ⁷"。上海城市方言内部，个体之间的差异也大。新派分类近似苏州，说明苏州话对上海话的影响大概是从 20 世纪初开始，旧派近似浦东，说明上海城市话的老底子是接近浦东一带的方言。

第二，关于上海城市方言与周边方言的关系，赵元任在全书的英文概述还有这样一段话，高本汉、Pott 他们所记的上海话特点和那些区别还保留在浦东的周浦以及松江方言里。言下之意，浦东的周浦话和松江话，而不是宝山话，与上海话有密切关系。这一看法在声调系统上也可以看得比较清楚。《现代吴语的研究》第三章用乐谱式记音记录吴语三十三个点的声调，其中上海地区四个方言点（宝山霜草墩、罗店同，为一个）的声调系统，换成五度调值如下：

	阴调类				阳调类				调类数
	阴平	阴上	阴去	阴入	阳平	阳上	阳去	阳入	
宝山	53	35	44	5	31	213		<u>12</u>	7
上海	53	44	35	5	113			<u>12</u>	6
周浦	53	44	35	5	113	213	13	<u>12</u>	8
松江	53	44	35	5	31	22	13	<u>12</u>	8

除周浦外，这一声调格局及调值与 20 世纪 80 年代作者调查的老派一致，今浦老派是七个调，阳平＝阳上调值是 113。根据这份声调比较表我们可以看出上海城市方言的声调系统更接近于松江、周浦，而与宝山的关系远，其中的重要特点就是阴调类里阴上、阴去调型、调值上海、周浦、松江同，宝山与它们的正好相反。

第三，《现代吴语的研究》第四章"声韵调总讨论"指出周浦、松江的帮端母读真浊音：浦东"'b、d'母（饱、东）用真带音的［b，d］音，因为是阴调，所以听起来好像不'浊'"。松江"'b、d'两母（饱、东）跟浦东一样"。在讨论上海话时用括号说"真正的旧派，……'b、d'两母用真浊音"，这一特点又是与浦东的周浦话和松江话相同。"总讨论"指出浦东"入声的主要元音最富，共有八种，'哭壳客掐磕刻渴'七字全不同音"。其实这七个字不同韵是整个松江片方言，也是包括 160 多年前上海市区方言的特点。排比从 Edkins 1853 年的记录、赵元任上海市旧派、新派记音以及今老派松江话、周浦话的这七个字：

	韵母	客	掐	磕	刻	渴	哭	壳
Edinks 1853 年上海县城	七个	ɑʔ	æʔ	eʔ	ʌʔ	œʔ	oʔ	ɔʔ
高本汉 1916 年上海县城	六个	aʔ		eʔ	əʔ	œʔ	oʔ	ɔʔ
赵元任 1928 年上海市旧派	五个	aʔ			əʔ		œʔ	oʔ	ɔʔ
赵元任 1928 年上海市新派	四个	aʔ			əʔ			oʔ	ɔʔ
赵元任 1928 年浦东周浦	七个	ɑʔ	æʔ	eʔ	ʌʔ	œʔ	oʔ	ɔʔ
今松江浦东、松江老派	七个	ɑʔ	æʔ	eʔ	ʌʔ	œʔ	oʔ	ɔʔ

Edkins 1853 年上海县城话记录以及今松江、浦东周浦老派与赵元任 1928 年的浦东周浦完全一致，上海市方言则从 20 世纪初发生了很大的变化，从高本汉记录的六类，变为赵元任旧派的五类，一直到赵元任新派的四类。从中可以看出上海市区方言的变化速度要比周边方言快得多。

第四，《现代吴语的研究》第二部第五章列有 30 处吴语方言点的 75 个词语和 22 处 56 个语助词记录。75 个词语基本上是吴语中的基本词和特色词，其中指代词类占据重要地位。比如上海地区的人称代词（原文用国语罗马字标注，现转为国际音标）是：

	第一人称		第二人称		第三人称	
	我	我们	你	你们	他／她	他／她们
宝山	ŋu⁴	ŋ⁴ ȵi⁴	noŋ²	n² deʔ⁸	ɦi²	ɦi² deʔ⁸
上海	ŋu⁶/aʔ⁷ la⁸	ȵi⁶/ŋu⁶ ȵi⁶	noŋ²	na⁶	ɦi⁶	ɦi⁶ la⁰
周浦	ŋu⁴	ȵi⁴	noŋ²	na⁴	ɦi²	ɦi² la⁰
松江	n⁴ noŋ²	n⁴ na⁰	zeʔ⁸ noŋ²	zeʔ⁸ na⁰	zʅ⁶ dʑi²	zʅ⁶ dʑi² la⁰

四个方言点人称代词松江话最为复杂，以前认为 n⁴、zeʔ⁸、zʅ⁶ 都是没有实义的词头，如果这样把词头拿去，松江话第一人称与第二人称都是 noŋ²，一个方言里不可能不区分第一、第二人称。现在我们知道松江第一人称单数是来源于"我侬"读音是 ŋ⁴ noŋ²，以后发生了

逆同化音变，$\eta^4 \text{non}^2 > n^4 \text{non}^2$。$z\eta^6$ 则是指示词"是"（ze?^{8} 是促声音变），在人称代词前加指示词"是"表示强调。换句话说吴语，包括上海地区方言，人称代词有两套，一套是一般式，另一套是强调式，以后的发展中，这两套的语义差别泯灭，语音关系也会错乱，所以松江话显示错乱的面相。《现代吴语的研究》为我们提供了 20 世纪初期的语言面貌。

《现代吴语的研究》从现在的眼光来看也存在一些缺点，或者叫作遗憾。最大的遗憾是每个点所收的材料太少。33 个方言点只有声母、韵母、声调三个表格，具有注音的例字不可能多。声调调值的记录当时尚没有一套较为科学的表示调值方法，赵元任照音管所定的绝对音高用乐谱的方式记录，语言里的声调音高是相对音高，所以调值的记录不是那么正确。比如松江话，赵氏记录的调类有 8 到 9 类，其中阴入分出两类，他在第四章"声韵调总讨论"说到松江话时说"入声清音'iq'韵字似较其余清音入声字高一个正音"。据此他把松江的阴入分为两类，显然这是过度分析了。但是瑕不掩瑜，《现代吴语的研究》不仅是现代吴方言研究，甚至是整个现代汉语方言研究的奠基之作，它的问世具有划时代的意义。

三、蒲君南及其上海方言研究

蒲君南，Albert Bourgeois, S.J. 又译名为布尔其瓦，罗马天主教耶稣会修士，曾任吕班路震旦博物院院长，研究上海方言的专家，曾出版了法语版的《上海方言课本》《上海方言语法》《法华上海方言词典》三部有影响的上海话著作，均在上海土山湾印刷所出版。

1941 年蒲君南《上海方言语法》（*Grammaire du Dialecte de Changhai, Imprimerie de T'ou-se-we*）是继艾约瑟 1853 年《上海方言口语语法》以来的第二本全面讨论分析上海方言语法的专著。书中的上海方言的标音字母用法与《上海方言课本》相同。全书 190 页，包括 302 节的语法阐述。本书最大的特点是全面详细记述了上海方言的各种语法现象，尤其是列举各种结构的名词、形容词。如列举名词结构时包括后带量词的名词：钢条，书本；带有后缀和类后缀的名词：看羊个，日头，法子，散心场，苦处，写法，客堂，吃饭间，会客室，门房，浜口，脚划船，揽车，玫瑰花，菜馆，水果行，电报局。列举形容词时，列举类前缀形式的词，如：可恶，出色，好白话；ABB、BBA 式状态形容词，如：矮短短，硬浜浜，墨墨黑，血血红。

人称代词的分析颇为细致，首先列举常用的形式，如：我，侬，伊；伲、我伲，俹，伊拉。还列有各种变异。如在说明中说道：第一人称复数代名词常听到的是"阿拉"，上层人不说"阿拉"，这个词来自宁波话。第三人称还听到"其""其拉"。当名词是一个音节、单读时，宁可加一个"自"，说成"自我""自伲"等。关于人称代词的用法，本书写得比较详细：如果下面有明确内容时，人称代词平时可以略去。在礼貌用语上，不用人称代词，第三人称往往不说代词，对人家尊称老爷、东家，对家人称姆妈、爹爹等，对大人物用更尊敬的称呼。如："侬读书用心末，爹爹心里交关欢喜。"这时自称也不用"我"。Self 用"自家"，如"我自家""伊拉自家"。在称谓上，领属时用复数代替单数，如"伲个太太""伲爷"，在通俗话里"个"也可省。含义清楚时，用"伊"可代替第三人称复数。

在"动词的时态"章节里，作者说到"拉""垃拉"，"在动词前表示正在进行的动作，但是要原文来分出现在、过去或将来"。如："伊拉今朝垃拉分红蛋。""要""将要"是"将来"的标志。"过、歇、过歇、歇过"表示"事情做完成"。"拉"可以表示"事已过去，结果持续"。如"跟牢拉""叫伊拉等拉头门上"。"拉"有两个意思：一是表示经过，简单明了，而是表示时已过去，但其后果还存在。"末"与"哉"，"侬攀亲拉末？""我攀拉哉。""'末'在直接问句或间接问句后用，'哉'在答句中用，用作'完成'。""'哉'不单用于此，还可以用到现在式、过去式或将来式上。"如："天开哉""我到之贵国已经十五年哉""老爷就要来哉"。"之""在主句中用在接下去的动词前，表示动作已经完成。"如："我汰之浴觉着适意点。"作者记述了上海话中两种表示"完成"的句式，这些都是作者详细记述的地方。蒲氏在动词的时态章节里常常用印欧语时态来类比当时上海话，有时候会显得圆凿方枘，格格不入，这是此书的弊病。

在讨论复杂从句中用的语助词，书中有些地方也值得注意，如在时间动词的后面、在表示时间、条件时用的"之""末""之末"的用法，"之"表示以前的事。"V 勿 V""阿 V"的用法，委婉预期中的"好否、是否"用法。在疑问句中，表示动作完全做好了的"末"，表示出迟疑或谴责、不耐烦时的"末"（扫地要扫末？）；要等待一个否定回答的"呢"（交之秋末，杀人再要吃冰呢？），表示一个问题是交错进行的相互关系的"呢"（侬要现成呢要定做个？侬生病呢啥？）

第三阶段：20 世纪中叶至 20 世纪 70 年代末的研究

一、《江苏省和上海市方言概况》

20 世纪 50 年代，随着文字改革、推广普通话、汉语规范化这三项语文工作全面展开，汉语方言普查也随之开展。到了 50 年代末江苏省、上海市就基本完成了每个县（市）一点的方言普查任务。1960 年出版的《江苏省和上海市方言概况》（江苏人民出版社出版，江苏省和上海市方言调查指导组编）就是在这一方言普查的成果。

该书主要内容为：第一部分"江苏省和上海市方言的分区"、第二部分"字音对照表"、第三部分"常用词对照表"。其中第一部分分"上""下"，"上"把 34 个方言点分为四区，其中第一区、第三区、第四区都是官话方言区，第二区是吴方言区。"上"里主要分区分析这四区的语音特点，"下"列有语言地图 42 幅。上海地区方言在第二区里有 12个点，它们是：上海市、嘉定、松江、崇明、宝山、青浦、上海（县）、浦东、川沙、南汇、奉贤、金山等。第二部分"字音对照表"排列包括北京话和 20 个方言点的 2601 个单字音，字音对照表前先列有 20 个点的声韵调系统。上海地区的方言列有三个点，它们是上海市、嘉定、松江。上海市、嘉定、松江三地 2601 个单字音记录尤为珍贵，因为这是上海地区第一份方言字音对照表，从中可以总结出三地的语音特点和差异。这本书也有一些遗憾，比如第三部分"常用词对照表"中的词汇不标注读音。

二、许宝华、汤珍珠《上海方音内部差异》

许宝华、汤珍珠 1962 年发表的《上海方音内部差异》（复旦大学学报（哲学社科版）1962 年第 1 期）是第一篇研究上海市区方言语音变异的研究报告。上海市区方言由于移民来源杂而多，方言内部变异差异大，早在 1928 年赵元任《现代吴语的研究》一书里已经指出这个特点，但是以后并没有这方面研究，直到许汤两位的文章问世。"上海方音内部差异"的作者调查了市区 12 个区共 27 位发音人，罗列了声母、韵母、声调主要的八个变项，声母分 f/hu，v/ɦu 分混、分尖团两项；韵母分 ɛ 韵变项、ɛ/ø 分混、uɛ/uø 分混、i/iɪ 分混、yoŋ/yəŋ 分混以及声调 5 类、6 类、7 类、8 类变项。

第四阶段：20 世纪 70 年代末至今的研究

20 世纪 70 年代末 80 年代开始，上海方言研究进入一个新阶段，在这三四十年里就上海方言研究有这样几个突出的成就。

一、连读变调研究

与上海方言有关的热点研究是连读变调研究。这一时期就《方言》杂志上发表连读变调文章就达 30 多篇。汉语方言里以吴语、闽语的连读变调现象最为复杂，其中上海话连读变调又是十分突出和典型的。通常认为汉语的绝大部分字都是一个字代表一个语素，每个汉字都有一个声调，简称单字调。字与字组成字组，在语流中，字组（两个或两个以上）内的各个字的声调往往跟单字调不同，会发生变化，这就是连读变调现象。比较早注意到上海话的连读变调现象是 19 世纪中叶的传教士，1853 年 Edkins 就在他的那本《上海方言口语语法》（*A Grammar of Colloquial Chinese—as Exhibited in the Shanghai Dialect*）指出上海方言某些连读变调现象，如他在讨论阴上与阴去为首字的字组里说"高层第二调、第三调在字组与单字阴上、阴去调型正好相反，当它们位于相同的字前，前面一个音节的声调会变为对方音节的声调（即上上——去上，去去——上去）"。他还指出阳平调在后字位置往往在高调层成为高平调。1928 年赵元任在他的《现代吴语的研究》里附有吴语单字调、不成词两字声调及成词两字声调的调查表格，在书的第四章吴语"声韵调总讨论"里说上海"两派阳平上去单读时都不分（阳＝养＝样），在词句中阳平跟上去不同"。说明赵元任已经注意到上海话单字调在词句中有变化。不过以往的研究都是零碎的，举例性质的，只有到了 20 世纪 70 年代末和 80 年代，连读变调的研究才成系统和深入。这一时期的连读变调讨论取得了以下一些成绩。

1. 摸清了上海城市方言两字组、多字组连读变调规律。上海地区各郊县的两字组、三字组变调规律相距都有研究报告发表。

2. 通过对上海城市方言连读变调的研究，提出很多声调研究的新方法、理论以及各种术语。比如提出上海城市方言的变调模式是首字定调后字延伸模式；语音词（phonological word）概念的提出就是基于上海城市方言连读变调的研究；其他如"声调包络""声调轮廓""广用式""窄用式""专用式""右控式变调""左控式变调"等术语也是主要研究上海地区方言连读变调时提出的概念和术语。

3. 连读变调的研究涉及语音与语义、句法的界面研究。连读是不是变调、发生怎样的变调，还跟特定的语义有关，比如小称变调，也跟句法结构有密切关系，上海地区的很多方言特定的句法结构会有不同的变调模式，所以那一时期在总结连读变调规律时，语义、句法结构跟连读变调的各种关系也是一个重点讨论的内容。这一时期讨论上海地区连读变调的文章主要有张惠英《崇明方言的连读变调（一）（二）》（《方言》1979 年 4 期）、许宝华、汤珍珠、钱乃荣《新派上海方言的连读变调（一）（二）（三）》（《方言》1981 年 2 期、1982 年 2 期、1983 年 3 期）、五台《关于"连读变调"的再认识》（《语言研究》1986 年 1 期）、钱乃荣《吴语声调系统的类型及其变迁》（《语言研究》1988 年 2 期）、陈忠敏《汉语方言连读变调研究综述（上下）》（《语文研究》1993 年 2 期、3 期）、Shererd，M. *A Synchronic Phonology of Modern Colloquial Shanghai*（CAAAL monograph series，No. 5，1980）。

二、单本方言志、词典等著作的问世

进入 20 世纪 80 年代，上海地区各县（当时计有十郊县市区设十二区）开始修编区县方志，各县县志中都列有方言章节，或方言卷。撰写方言章节或方言卷的大多是专业人士撰写。如崇明县由张惠英撰写，嘉定县由范晓撰写，松江县由张源潜撰写，金山县由游汝杰撰写，奉贤县由钱乃荣撰写，南汇县由陈忠敏撰写，川沙由石汝杰撰写。上海市区由许宝华、刘民刚撰写。以后上海市区、松江县、嘉定县、崇明县还单独出版方言志或方言研究专著，计有：

许宝华、汤珍珠主编《上海市区方言志》上海教育出版社，1988 年

汤珍珠、陈忠敏《嘉定方言研究》社会科学文献出版社，1993 年

张源潜《松江方言志》上海辞书出版社，2003 年

张惠英《崇明方言研究》中国社会科学出版社，2009 年

褚半农《莘庄方言》学林出版社，2013 年

许宝华、陶寰《松江方言研究》复旦大学出版社，2015 年

1988 年由许宝华、汤珍珠主编的《上海市区方言志》出版标志着上海城市方言研究取得阶段性的成果。《上海市区方言志》是中华人民共和国成立以来第一本综合研究上海市区方言的专著，对上海市区话的语音、词汇、语法等方面都有较为全面和深入的描写。全书共 582 页，885 千字。共分"导言""语音""同音字表""上海音和北京音的比较""上海音和中古音的比较""分类词表""语法""标音举例"等八章。在第二章"语音"里有声母、韵母、声调系统的描写以及它们的特点讨论和搭配关系表格罗列。跟以往方言记录不同的是"语音"章节还有各式连读变调的规律以及当时所能调查到的上海市区方言的语音差异。除了这些以外，"语音"章节还列有市区老派、新派、浦东、吴淞、闵行音系，前两者说明市区语音有年龄层次差异，后三者是因为当时市区行政区还包括浦东、吴淞、闵行三地，可是它们的语音与市中心方言区是有差异。这是迄今为止最为详尽的上海城市方言语音描写。第六章分类词表列举上海城市方言独特的词和熟语八千余条，分类排列和释义，并有标准和规范的音标注音，这也是之前没有的。第七章"语法"是描写上海城市方言口语语法，语法素材来自自然语料，这是本书"语法"描写的特色，本书"语法"章节是首次对一个吴语方言点——上海城市方言的语法作较为全面细致的描写，从而初步建立起上海市区方言语法的描写框架。"语法"章节分数词、量词、名词、代词、形容词、动词、副词、介词、连词、助词，句法结构分复句、比较句、语序等内容。《上海市区方言》"语法"章节的调查和研究方法一时成为方言语法描写和研究的样本。

钱乃荣《当代吴语研究》（上海教育出版社，1992），是对赵元任 1928 年调查的 33 个地点吴语 60 年后的变化进行跟踪调查。全书共 8 章，共 170 余万字，记载比较了当代这些方言点的老中青三代人的语音、连读变调、字音对照表、用连读变调注音的词汇对照表、语法、方言特征分布地图。与 60 年前赵元任《现代吴语的研究》相同，记录上海地区的方言有上海市区、宝山霜草墩、宝山罗店、南汇周浦、松江松江镇等 5 个点。与赵元任《现代吴语的研究》相比较不仅体现了 60 年的变化，而且《当代吴语研究》增加了以下的内容：1. 第三章"字音对照表"有 33 点 2000 多条字音记录。2. 第四章"六十年来吴语语音的演变"列出了 33 点老派、中派、新派的声韵调对照，并讨论 60 年来的语音变化。3. 第五章有"吴语的连读调"，并描述了吴语连读变调的类型与变迁。第七章、第八

章还对吴语的词汇系统、句法特点进行了讨论。

上海地区列入李荣主编的现代汉语方言大词典有两部：许宝华、陶寰《上海方言词典》（江苏教育出版社，1997）、张惠英《崇明方言词典》（江苏教育出版社，1993）。20世纪80年代以后上海市区方言词典层出不穷，主要有：

《上海方言俚语》钱乃荣著，上海社会科学出版社，1989年
《上海方言词汇》许宝华、汤珍珠主编，上海教育出版社，1991年
《上海闲话》薛理勇著，上海社会科学出版社，2000年
《上海西南方言词典》褚半农著，上海人民出版社，2006年
《上海话大词典》（辞海版）钱乃荣、许宝华、汤珍珠编著，上海辞书出版社，2007年
《莘庄方言》褚半农著，学林出版社，2013年
《崇明方言大词典》张惠英、顾晓东、王洪钟著，上海辞书出版社，2014年

三、关于上海地区方言的属性与分区的讨论

游汝杰主编《上海地区方言调查研究》（共四册，六卷，复旦大学出版社，2014年出版）是第一部较为全面记录上海市区及郊县方言的著作，全书分语音、词汇、语法、音档和方言地理等五部分记录上海市区和十个郊县的方言。随着近年来城镇化进程的加速和普通话的普及和强势影响，上海地区方言出现了许多新变化，本书也对上海地区方言的内部差异作了一些描写。上海地区方言的属性与分区的讨论可分为两个不同视角：第一，上海地区方言在整个吴语或者北部吴语中的地位及归属。第二，上海地区方言内部的分片。关于第一个问题，在1987年《中国语言地图集》里吴语太湖片（俗称北部吴语）跨江苏、上海、浙江三省市，其内部再分苏沪嘉、毗陵、苕溪、杭州、临绍、甬江等六小片，其中上海地区方言属太湖片苏沪嘉小片方言。汪平《北部吴语三小片的重新画分》（《方言》2005年第2期）认为"上海地区有好些共同特点，内部比较一致，而这些特点都是苏州没有的"，"所以建议将上海从苏沪嘉小片分出来，独立为上海小片"。钱乃荣《上海话在北部吴语分区中的地位问题》（《方言》第3期，2006）则认为不必将上海城市方言单列为上海话小片，仍保留在苏沪嘉小片较妥。关于上海地区方言的内部分片其实在赵元任1928年《现代吴语的研究》就似有涉猎。《现代吴语的研究》记录上海地区的五个点是

		调类数	阴调类					阳调类			
			阴平	阴上		阴去	阴入	阳平	阳上	阳去	阳入
				全清	次清						
崇明片		8	53	434		44	<u>55</u>	13	31	213	<u>12</u>
嘉定片		6	53	34			<u>55</u>	31	13		<u>12</u>
松江片	松江小片	8	53	44		35	<u>55</u>	31	22	13	<u>12</u>
	上海小片	7	53	44		35	<u>55</u>	22	13		<u>12</u>
	浦东小片	7	53	44		35	<u>55</u>	213	13		<u>12</u>
练塘片		8	53		44	35	<u>55</u>	31	22	13	<u>12</u>
市区片	老派	6	53	44		35	<u>55</u>	13			<u>12</u>
	中派	5	53	34			<u>55</u>	13			<u>12</u>

宝山的罗店、霜草墩、上海城、浦东周浦和松江城。他在英文概述还有这样一段话：The sound system obtained here is noticeably different from that given by Karlgren in his Dialect Dictionary，and still further removed from that given in the *Shanghai Lessons* of F. L. Hawks Pott，… On the other hand，these differences given by Karlgren and Pott are still found to exist in Joupuu（周浦）and Songjiang（松江），on opposite side of Shanghai.（第17—18页）。言下之意，浦东的周浦话和松江话，而不是宝山话，与上海话有密切关系。许宝华、汤珍珠、陈忠敏《上海地区方言的分片》（《方言》第1期，1993）全面比较了上海地区方言的语音特征，第一次对上海地区的方言作了分片。提出可以根据声调的调类分合特点和调型的特点将上海地区方言分为崇明片、嘉定片、松江片、练塘片及市区片五大片，松江片内部再根据声调的分合特点和调型分为松江小片、上海小片、浦东小片。

　　从声调的分合特点和调型特点来看，市区片与松江片最为接近，市区片的老派的六个调类就是松江片七个调类的进一步合并（舒声阳调类合二为一）。该文还列举了上海地区五个方言片的其他区别性特点，十二幅方言特征分布图。陈忠敏《上海地区方言的分区及其历史人文背景》（《复旦学报》（哲社版）第4期，1992）则论证了上海地区方言的分片与历史行政区划、古河流、湖泊的走向和位置密切相关。市区片（上海城市方言）则跟开埠以后特殊的人文历史背景有关。钱乃荣根据上述的分区，做了大区和小区的层次分类（钱乃荣《上海语言发展史》，上海人民出版社，2003）：

		调类数	阴调类					阳调类			
			阴平	阴上		阴去	阴入	阳平	阳上	阳去	阳入
				次清	全清						
太仓大区	崇明区	8	53	435		44	<u>55</u>	13	31	213	<u>12</u>
	嘉定区	6	53	435			<u>55</u>	31	13		<u>12</u>
松江大区	上海区	8	53	44		35	<u>55</u>	22	213	13	<u>12</u>
	松江区	8	53	44		35	<u>55</u>	31	22	13	<u>12</u>
吴江大区	练塘区	9	53	44	523	35	<u>55</u>	31	22	13	<u>12</u>

但是他的上海区与许、汤、陈一文有区别，包含许、汤、陈的松江片中的上海小片、市中心小片以及浦东小片。钱乃荣的分区特点是历史来源分量占较重，比如上海区中的市区方言可能以前有这样的八个调类，但是现在无人可分这八类。用"太仓""吴江"这两个非上海地区的地名命名方言区也是看重历史上的行政隶属关系对方言的影响。钱乃荣分析认为：在长江三角洲这块土地上，当今可以分别用阳平开头的阳平字加阴平或阳平字二字组（如：南风，同乡，媒人、铜铃）的连读变调，以至扩展到2+3、2+4（如：门口、蹄髈）的连读变调，嘉定音读为22+53，分布范围在整个嘉定方言区（嘉定、宝山中北部）；松江音读为23+53；分布范围在松江方言区（松江、金山、青浦、奉贤大部）；上海音读为23+44。通过阳平字的连读变调可以把上海主要地域（除练塘区和崇明区）划分松江、上海、嘉定3大方言区。

　　阳平单字声调22（如"人""田""陈"的声调），是区别"松江方言区"和"嘉定方言区"阳平调31调的"上海方言区"声调标志。现今阳平22声调因为单字调的合并，有些地区已经合并入阳去调，但在 20 世纪 80 年代调查时还存在于今嘉定行政区的封浜，宝山行政区的淞南、大场、江湾、上海县的纪王、诸翟和今属长宁区的新泾、程家浜等（以上为陈忠敏调查已记录）阳平调还是 22；在浦东离原川沙城厢镇不远施湾、六团等镇阳平调也是 22（以上为石汝杰调查记录）。1979 年汤珍珠和钱乃荣在调查上海市城区在南市区 70 岁老人发现阳平声调有读 22，还有一些字与阳去 13 有时读 22 有时读 13 的或读现象。由于两字组连读变调在吴语中普遍比单字调稳定，保存较古老和滞后的读音，在 1988 年出版的《上海市区方言志》上，发表了当年钱乃荣调查的三代长居上海南市区（原上海县城）的两名 70 多岁老年人，详细记录的"上海市区老派音系"中，有完整的两三四字组的连读变调，记载了 22 单字调的连读变调语音形式。所以钱乃荣认为可以以 22 的连读变调为标准，把今上海市行政区内的东部地区均划为"上海方言区"，其所包括的地域范围就是元代至元二十八年（1291 年）析华亭（松江）东北五乡置上海县的全部地区。它的东部包括龙华、梅陇、纪王、陈行、杜行、鲁汇、泰日北、蔡桥北、四团、平安和除高桥之外的全部浦东（原川沙县、南汇县）地区。

四、上海方言的历史研究

胡明扬《上海话一百年来的若干变化》(《中国语文》第 3 期，1978）是较早一篇讨论上海方言发展历史的文章。作者根据 Edkins 19 世纪中叶所撰的《上海方言语法》(*A Grammar of Colloquial Chinese as Exhibited in the Shanghai Dialect*)、1928 年赵元任《现代吴语的研究》、1941 年蒲君南的《上海方言语法》(*A.Bourbeois Grammaire du dialecte de Changhai*, 1941 Imprimerie de T'ou-se-we)，以及 1960 年《江苏省和上海市方言概况》等材料来讨论上海市区方言的语音、词汇、语法演变。陈忠敏《上海市区方言一百五十年来的演变》(《中国东南方言比较研究丛书第一辑·吴语和闽语的比较研究》，上海教育出版社，1995：18—31）是从专从语音层面来讨论从开埠到 1990 年的上海城市方言语音发展史，该文一方面比较各时期上海方言语音的记录，另一方面关注移民方言和周边权威方言对上海市区方言的影响，从音类的分合详细讨论了由于移民方言和权威方言渗透造成上海市区方言语音的分合和发展。最后提出上海市区方言的语音比周边松江片方言的演变整整快了 130 多年。陈忠敏 2000 年的博士论文 *Studies on the Dialects in the Shanghai Area：Their Phonological Systems and Historical Developments*（"上海地区方言研究：语音系统与历史演变"，2003 年由德国 Lincom Europa 学术出版社出版）是一部全面研究上海城市方言及上海地区方言语音及语音演变史的专著。全书分五章：第一章是上海地区方言概况。第二章是上海地区方言的特征及分区。此章因袭作者以前的研究，用声调的特征把上海地区方言分为五区：崇明区、嘉定区、练塘区、松江区和市区区。罗列了各区方言的其他一些主要特点。第三章是上海城市方言的语音研究。对上海城市方言的声韵调特点、连读变调特点，及其某些语音的声学特征，韵律特征做了详细的描述和研究。第四章则是上海地区方言音变研究。第五章是上海城市方言的音变研究。根据传教士及前贤的记载和研究整理出 1850 年左右的语音系统，1900 年左右的语音系统，1950 年左右的语音系统，以及 1990 年左右的语音系统。排比四个系统，看出上海城市方言 160 年来的音变。全书后有两个附录，附录 1 是五个方言区 3000 多字的字音比较，附录 2 是上海地区方言近 30 幅语言特征地图。钱乃荣《上海语言发展史》(上海人民出版社，2003）则是一本专著，从语音、词汇和句法三方面较为全面地讨论上海城市方言从开埠到 2000 年 160 年的演变。这本书的特色是用大量的篇幅讨论词语和语法的研究。讨论上海话语音发展历史的专著还有刘民钢《上海话语音简史》（学林出版社，2003），该书讨论语音史的时间跨度较为长久，从上海话的"古越语"渊源、上海话的地域、其方言的形成等探讨历史上上海话语音的发展及上海方言的演化。结合汉语古文献研究早期上海话语音是该书的特色。

五、上海城市方言的性质

陈忠敏《上海市区方言一百五十年来的演变》（《中国东南方言比较研究丛书第一辑·吴语和闽语的比较研究》，上海教育出版社，1995：18—31）认为上海城市方言"由于一百多年来独特的政治、经济、文化、移民等因素，造成了市区话跟周围松江片方言的发展不平衡，市区话的演变速度要快得多。这是一种非常典型的方言地层学（Dialect Stratigraphy）现象。即中心城镇方言，由于非语言本质因素的影响（如政治、经济、文化等）语言演变迅速，成为语言发展的超前层；环中心城镇的边缘地区的语言，向中心城镇语言靠拢，但演变的速度较为缓慢，为语言发展的滞后层"。用不同发展层次来说明上海城市方言的地位。游汝杰《上海话在吴语区分上的地位——兼论上海话混合方言性质》（《方言》第1期，2006）一文认为上海城市方言具有混合型特点，与周边地区的方言不同，可以将上海城市方言单列为上海话小片，其性质是混合型城市方言。钱乃荣《上海话在北部吴语分区中的地位问题》（《方言》第3期，2006）认为上海城市方言并非混合方言，上海城市方言是在原松江地区方言的基础上吸收了主要是江浙两省移民方言的基础上发展而来，它的演变轨迹还是清晰可循，只是发展比周边方言快一点。石汝杰《现代上海市区方言的多种来源与方言岛理论》（《中国言语文化学研究》创刊号，日本大东文化大学院中国言语文化学专攻，2012年3月）则认为"现代上海话已经脱离吴语的一般发展轨道，成为一种明显特殊的吴语方言"，"它已经不是和周围方言融为一体的、普通的吴语方言了"。所以石汝杰认为上海市区方言是一种准方言岛。上海城市方言与周边松江片方言有诸多不同，发展也较周边方言快这是事实，但是它的基本音系，特别是最为重要的声调特征还是可以看出从原松江府方言的四声八调类先舒声阳调类合并为一类，然后再是舒声阴上阴去合并，演变脉络清晰可见。

六、上海方言浊声母的性质

来源于中古的全浊声母，在上海话里记为 b、d、g、z、ʑ、dz、dʑ 等。对于这些音的性质最早的研究可能是外国传教士。J. Edkins 在 1853 年的 *A Grammar of Colloquial Chinese, as Exhibited in the Shanghai Dialect*（此书 1868 年出版第二版，本文用第二版的页码）已经开始注意到此类所谓的浊音在词首位置上不是浊音，他用斜体的清音字母 *p t k s ts* 等来表示，只有在多字组的词中位置，他采用浊音符号 b、d、g、z、dz 来表示（Edkins 1853：1—2）。可见 Edkins 已经知道在词首的所谓浊声母不是真浊音，词中的浊音声母才是真正的浊音。但是处在词首那套所谓的浊音又跟一般的全清声母不同，所以他只好用斜体的清音符号把它们区别开来。Edkins 这种观察是非常正确的，说明他的辨音、审音能力强。

在 1925 年左右，语音学家刘复（刘半农）用浪纹仪做过实验，证明吴语里的浊声母不是真正的浊音。赵元任 1928 年《现代吴语的研究》和 1935 年《中国方言当中爆发音的种类》（《史语所集刊》5.3：515—520）文章中提及刘复的实验。如赵元任在他《现代吴语的研究》（1928）里说吴语里的浊音是一种清音带有浊流的辅音："The ancient sonants 并，定，群，床，etc，（or aspirated sonants，according to Karlgren）remain as sonants or apparent sonants. The real nature of these initials, as was first noticed by Dr. Liou Fuh ("Fu Liu"), and later verified experimentally by the present writer, is that they begin with a quite voiceless sound and only finish with a voiced glide, usually quite aspirated, in the form of a voiced *h*. in the case of fricatives and affricatives (顺，骑), the second half may be voiced; in plosives (旁), there is usually no voice at all until the explosion takes place. The only fully voiced sounds therefore are the nasals (忙) and laterals (来), and voiced *h* (毫) and its labial and palatal correspondents (王，沿). However, in intervocalic positions, all the quasi-voiced initials become true voiced sounds."（赵元任 1928：XIII）。赵元任在他的《中国方言当中爆发音的种类》（赵元任 1935）一文中，把吴语的这套浊声母归为第六类，举例时用一个清音音标加上一个代表浊流的 [ɦ] 来表示，如 [pɦ][tɦ][kɦ] 等。于是吴语浊声母"清音浊流"一说乃在汉语语言学界流行。关于这个浊流 [ɦ] 的性质，赵元任在他那篇非常有名的文章《音位标音法的多能性》（赵元任 1934《史语所集刊》4.4：363—397）里有过一段颇为经典解释："浊音 h"却是另外一种情况，不但元音的音质（或者元音的发音）从气流一开始就出现，这气流还一直延续到元音的结束，形成一个同质的气流元音。这既不是先后的问题，也不是主次的问题。如果我们一定要用一个符号表示一个音，要么对不同的元音用一套不同的浊 ɦ 的符号，要么承认额外的一套气流元音。唯一可行的方法是把"浊音 h"看作一个音位，把元音符号写在它的后面，写成 [ɦa][ɦe][ɦo] 等等，尽管我们知道这些双字母代表着完全同质的音。在赵元任的晚期的论文中对这方面的论述更为明显（Chao 1970 The Changchow Dialect, Journal of the American Oriental Society, The Mary Haas Commemorative Vol. 90: 1, 45—56）："……为概念和术语上的简化起见，我们把这些音叫做浊塞音……。实际上，只有在非重读元音之间位置上，它们才是真正的浊音，而当它们处于重读位置时，它们是清音后随着一个浊气流。"换句话说清辅音后的浊流从元音开始一直贯穿整个音节。清音浊流说虽然一直被学者沿用，但是长期以来没有人对这个浊流的性质、声学特征作出描写和解释。任念麒（1987）认为上海话所谓的浊音，浊音起始时间（VOT）是大于零的，只是后接一股浊流，也即赵元任所说的清音浊流。这个浊流发生在后接元音的前半部。人们在感知上把元音的浊送气误认为前面的声母是浊的。（Ren 1987. An acoustic study of Shanghai stops. Unpublished manuscript, University of Connecticut, Storrs）。1988 年任念祺用鼻咽纤维内窥镜以及声门透视证明了吴语（上海话）清音浊流后的元音发声状态是气声（Ren 1988. A fiberoptic and transillumination study of Shanghai stops. Proceedings of the International Conference on Wu dialects, Hong Kong, December 12—14）。以后陈忠敏也用功力谱和喉头声门电子仪（egg）信号证明清音浊流声母后韵母前部有较为明显的气嗓音发声态（breathy voice）（Cao & Meddieson. 1992. An exploration of phonation types in Wu dialects of Chinese. *Journal of Phonetics* 20: 77—92；陈忠敏，吴语清音浊流的声学特征及鉴定标志——以上海话为例，《语言研究》第三期，2010: 20—34；陈忠敏，上海话元音气声发声的 EGG 信号统计分析，《吴语研究—第六届国际吴方言学术研讨会论文集》，游汝杰、丁治民、葛爱萍主编，上海教育出版社，2011）。沈钟伟等人的研究证明上海话持阻阶段的长短是区别清浊塞音重要感知音征（Shen et,. 1987 The role of cloure duration in the stop sound classification. In Joseph & Zwichy（eds.），Papers in Honor of Professor Ilse Lehiste, Ohio State University Working Papers in Linguistics 35, 197—209）。

后来陈忠敏、王轶之的文章通过感知研究更进一步说明，在上海话词组里，首字清浊区别主要的感知音征是声调的高低，高的会感知为清声母，低的会感知为浊声母；词中位置则是持阻时间的长短，长的会感知为清声母，短的会感知为浊声母（Chen Zhongmin & Wang Yizhi 2014 Roles of F0 and closure in the voiced -voiceless distinction for initial stops in Wu dialects—take Shanghainese for an example；王轶之、陈忠敏，吴语全浊塞音声母的感知研究——以上海话为例，《语言研究》2016 年第 36 卷第 2 期（总第 103 期））。

七、上海市区方言语言变异研究

语言变异研究。新兴城市方言，尤其是上海那样在较短时间内成为超大型城市，其移民来源复杂多样，早先移民所习得的上海话必定带有原居住地口音，由此形成的上海城市方言必定充满变异。早在 20 世纪初赵元任《现代吴语的研究》英文概说里就特别指出上海城里的方言个体之间的差异比其他任何方言都要大：Another significant thing to note is that individuals differ more widely in Shanqhae than in any other dialects，所以他在上海城里的方言记录特别标注了旧派、中派、新派等三派。1962 年许宝华、汤珍珠《上海方音的内部差异》是较早一篇描写上海城市方言语音变异的文章。1982 年许宝华、汤珍珠、汤志祥则又增加了连读变调的变异。1988 年出版的由许宝华、汤珍珠主编的《上海市区方言志》则在上述两文的基础上更详细列出了当时所能调查到的语音变异，《上海是区方言志》除了列有较为详尽的语音变异外，还有词汇和语法变异，比如在语法描写时分不同的年龄层次，必要时分别标注"旧时（1949 年以前）""老派（指老年）""新派（包括中青年）""中老年""中青年""青少年"等。20 世纪 90 年代以后语言变异更多研究单项语音变异，指出这些变异与社会因素，比如年龄层、原籍贯地方言背景、性别、受教育程度、所住地区等社会因素的关联。声母变异有 dʑ/ʑ（如"静"dʑ/ziŋ⁶）研究，如陶寰、张钥《上海市区方言变项 {ʑ} 的研究》（2012）；dz/z（如"住"dz/zŋ⁶），如陈忠敏《论上海话的一个回头音变》（《汉语与汉藏语前沿研究》，中国社科文献出版社，2018）。韵母变异有 ɛ/ø（如"罪"zɛ/ø⁶）研究，如史濛辉《上海市区方言（ø）变项的分布——兼论权威语的迁移现象》（《中国语文》，第 4 期，2016: 460—467），ã/ã（如"章"tsã/ã¹）研究，如 Shen Zhongwei（1997）Exploring the Dynamic Aspect of Sound Change，JCL Monograph Series No. 11；ɛ/ei（如"杯"pɛ/ei¹），如 Yao Yao & Chang C.（2016）On the cognitive basis of contact-induced sound change：Vowel merger reversal in Shanghainese *Language*，92（2），433—467。1990 年后的这些语音变异的原因基本上是普通话对上海话的影响所至。

八、上海方言语法研究

上海方言的语法研究主要集中在封闭性词类，如虚词研究，即使是句法的讨论往往也是围绕着特定的体标记或表示时态的虚词而展开的。如钱乃荣《上海话的虚词 laʔ 和 ləʔ》（1988），钱乃荣《上海方言的语气助词》（1996），平悦铃《上海话中"辣～"格式的语法功能》（1997），钱乃荣《吴语中的"个"和"介"》（1998），钱乃荣《吴语里的虚词"仔"》（《方言》，1999），钱乃荣《吴语中的虚词"咾"》（2000），范晓《上海话象声词的复杂形式》（2005），左思明《上海话时态助词"仔"的语法意义》（2003），游汝杰《19世纪中期上海话的后置处所词》（2006），左思民《论上海话疑问句的 [a] 音收尾倾向》（2008），左思民《论吴方言的持续体标记》（2009），钱乃荣《从〈沪语便商〉所见的老上海话时态》（2010），钱乃荣《上海方言的时态及其流变》（2010）。

语法论著方面，有1997年钱乃荣的《上海话语法》，这是第一部完整的上海方言语法著作。全书约30万字。是中华人民共和国成立以来第一部系统分析研究上海方言语法的专著。书中第一章先分析了上海方言的音系，除了介绍上海话中派的声韵调和连读调以及老派、新派的音系外，还介绍了经自己整理的1853年J.Edkin、1941年A. Bourgeois所记的上海话音系，值得重视的还系统分析了上海话在语流中语音词界限的规律。以后各章分别从构词法和构形法分析名词、动词和形容词；重点对封闭类虚词进行了详细的分析，其中有特色的是研究"唯补词"、"前后置介词"、句子的各种"体"及体助词，对"语气助词"和"叹词""拟词"作了详尽的列举和分析，对复句使用的关联词语从助词式向连词式的过渡作了周到的分析。对句子的语序如谓词的管辖、延伸、修饰成分的语序都进行详细阐述，对话题、比较、被动、处置、提顿、疑问、祈使、关系存在等常用句式的特点都分门别类进行分析。还专用一章从历时的角度分七个方面综述上海话语法150年来的变化。最后用上海话的故事作了标音举例，用100年前传教士所记的语料和现代上海话对照进行了语法和语音的对照。

1998年徐烈炯、邵敬敏出版论文集《上海方言语法研究》，收入研究论文10篇，近17万字，论文包括：（1）词法与句法研究，如形容词重叠式、虚语素"头"、人称代词后面的"拉"、续指代词等。（2）比较研究，主要是相近虚词的比较，如表示处所的"辣""辣辣"与"辣海"的比较，与北方方言疑问代词的比较等。（3）疑问与否定研究，如"阿V"及相关句式的比较、包孕疑问句以及否定表达式。（4）"纲要"，对上海方言语法作了一个比较全面有相对简约的总结和介绍。

（陈忠敏　复旦大学中文系　zhongminchen@fudan.edu.cn）

上海方言研究文献目录 *

陈忠敏　　金耀华

本文献目录主要来源据张振兴、李琦、聂建民辑录的《中国分省区汉语方言文献目录》(中国社会科学出版社 2014 年版)一书中的有关目录，2014 年以后的目录则根据公开发表的学术杂志里辑录。西方传教士上海方言的研究目录、圣经上海话土白等著作和文献目录综合了游汝杰、钱乃荣、石汝杰及陈忠敏四位提供的目录整理而成。本文献目录分四类：论文，著作，西方传教士著作，圣经土白翻译。

一　论　文

A. Bourgeois 著、魏淳译 1947. 上海话文法,《新语文》第 26 期; 第 27 期; 第 29—32 期。

陈瑾 1985. 论上海话声调的音位价值,《中南民族学院学报》第 2 期, 页 118—124。

陈夏青 2014. 嘉定华亭音与嘉定县城音比较,《吴语研究(第七届国际吴方言学术研讨会论文集)》游汝杰、王洪钟、陈轶亚主编, 上海: 上海教育出版社, 页 180—189。

陈源源、张龙 2010. 清末上海方言程度副词 "野" 及相关问题,《吴语研究(第五届国际吴方言学术研讨会论文集)》上海市语文学会、香港中国语文学会合编, 上海: 上海教育出版社, 页 203—210。

陈志良 1941. 上海的反切语,《说文月刊》第 1 卷 10—11 期, 页 213—240。

陈忠敏 1988. 南汇方言的三个缩气音,《语言研究》第 1 期, 页 131—134。

陈忠敏 1990. 上海南汇方言全浊上声的变异,《中国语文》第 3 期, 页 187—188。

陈忠敏 1992. 上海地区方的分区及其历史人文背景,《复旦学报(社科版)》第 4 期, 页 101—108。

陈忠敏 1993. 方言渗透的特点及其研究方法——从上海市区方言的某些共时差异谈起,《语言研究》第 1 期, 页 120—127。

陈忠敏 1995. 上海市区话语音一百多年来的演变,《吴语和闽语的比较研究(中国东南方言比较研究丛书第一辑)》, 上海: 上海教育出版社, 页 18—31。

陈忠敏 1996. 论北部吴语一种代词词头 "是",《语言研究》第 31 卷第 2 期。

陈忠敏 2000. 论吴语人称代词,《中国东南方言比较研究丛书》广州: 暨南大学出版社。

陈忠敏 2003. 吴语及其邻近方言鱼韵的读音层次——兼论《切韵》鱼韵的音值,《语言学论丛》27 辑, 页 11—55, 北京: 商务印书馆。

陈忠敏 2007. 上海市区话舒声阳调类合并的原因,《方言》第 4 期, 页 305—310。

陈忠敏 2010. 吴语清音浊流的声学特征及鉴定标志——以上海话为例,《语言研究》第

* 本研究得到国家社科基金重大项目"上海城市方言现状与历史研究及数据库建设"(批准号 19ZDA303)支持, 谨表感谢!

30 卷第 3 期，页 20—34。

陈忠敏 2011. 上海话元音气声发声的 EGG 信号统计分析，《吴语研究（第六届国际吴方言学术研讨会论文集）》游汝杰、丁治民、葛爱萍主编，上海：上海教育出版社，页112—124。

陈忠敏 2013. 上海方言的形成及其特点，《澳门理工学报》人文社会科学版 2013 年第四期，页 188—197。《高等学校文科学术文摘》2014 年 1 期，页 102—103。

陈忠敏 2015. 论 160 年前上海话声母［dz］/［z］变异——兼论北部吴语从邪澄崇船禅等母读音变异现象，《方言》第 6 期，页 340—345。

陈忠敏 2016. 解码上海方言，《文汇报》文汇学人专题，2016 年 10 月 14 日星期五版。

陈忠敏 2016. 吴语人称代词的范式、层次及音变，《汉语史学报》第十六辑，上海：上海教育出版社，页 60—78。

陈忠敏 2018. 再论 160 年前上海话声母［dz］/［z］变异——回应钱乃荣先生，《吴语研究（第九届国际吴方言学术研讨会论文集）》陈忠敏、陆道平主编，上海：上海教育出版社，页 2—13。

陈忠敏 2018. 论上海话的一个回头音变，《汉语与汉藏语前沿研究》，北京：中国社科文献出版社，页 557—567。

褚半农 2006. "弹街路"，到仔啥地方去哉，《海派文化与国际影响力》，上海：上海大学出版社。

褚半农 2008. 明清吴语小说难词例解，《明清小说研究》2008 年第 1 期。

褚半农 2008. 上海西南方言：研究上海闲话及吴语的资料库，《海派文化的兴盛与特色》，上海大学出版社。

褚半农 2009. 强势语言下上海闲话的今来世，《海派文化与精彩世博》，上海：文汇出版社。

褚半农 2010. 亦谈《醒梦骈言》与吴方言——兼论蒲松龄不可能是该书作者，《蒲松龄研究》第 3 期。

褚半农 2011. 《醒梦骈言》的吴语和排印本的径改——兼析蒲松龄不可能是该书作者，《吴语研究》第六辑，上海：上海教育出版社。

褚半农 2013. 怎样书写上海方言字词，11 月 28 日《文学报》。

褚半农 2014. 茄苗、茄莓、茄苺、茄姆音义考，《吴语研究》第七辑，上海：上海教育出版社。

褚半农 2016. 若干沪（吴）语词条目再定和词义再释，《吴语研究》第八辑，上海：上海教育出版社。

褚半农 2017. 若干沪（吴）语词条目再定和词义再释（二），《吴语研究》第九辑，上海：上海教育出版社。

大西博子 2014. 日本上海话教学历史与现况，《吴语研究（第七届国际吴方言学术研讨会论文集）》游汝杰、王洪钟、陈轶亚主编，上海：上海教育出版社，页 408—415。

大西博子 2016. 《土话指南》中的指示词——与《官话指南》的对应关系，《吴语研究（第八届国际吴方言学术研讨会论文集）》陈忠敏主编，上海：上海教育出版社，页150—158。

戴晓雪 2008. 上海地区"堂 / 表亲"称呼变化的社会调查,《语言研究集刊(第 5 辑)》复旦大学中国文学语言研究所编,上海:上海辞书出版社,页 136—146。

邓岩欣 2011. 上海话后缀"三"的语源及语素义研究,《吴语研究(第六届国际吴方言学术研讨会论文集)》游汝杰、丁治民、葛爱萍主编,上海:上海教育出版社,页 270—278。

范晓 1991. 上海话双音节象声词的生动化形式,《中文研究集刊 [日]》第 3 号,页 11—125。

范晓 2005. 上海话象声词的复杂形式,《吴语研究(第三届国际吴方言学术研讨会论文集)》上海市语文学会、香港中国语文学会合编,上海:上海教育出版社,页 298—305。

范晓 2008. 上海话的是否问及其否定答形式,《语言研究集刊(第 5 辑)》复旦大学中国语文文学研究所,上海:上海辞书出版社,页 102—122。

傅彦长 1927. 上海话应该是文学之用语的说明,《文学周报》卷四,页 237—240。

冈田英俊 [日] 1995. 单语声调体系的定式化(2)——上海方言,《金泽大学教养都论集(人文科学版)[日]》第 32 卷第 2 期,页 141—161。

高云峰 1995. 150 年来中古咸山摄舒声字在上海话中的语音变迁,《语言研究》第 2 期,页 52—61。

宫田一郎 [日] 1962. 上海方言语汇例解(一集),《清末文学言语研究会会报 [日]》第 2 卷,页 89—116。

宫田一郎 [日] 1987. 上海方言研究(Ⅰ),《京都外国语大学研究论丛 28 [日]》。

宫田一郎 [日] 1988. 上海方言研究(Ⅱ),《京都外国语大学研究论丛 30 [日]》。

郭丽 2000. 浅论上海方音的变异现状,《上海师范大学学报(社科版)》第 12 期,页 148—152。

何干俊 1993. 上海话与普通话动作类对应词的比较,《江西教育学院学报(社科版)》第 1 期,页 47—53。

何平 1995. 沪语复兴一种文化的可能?,《上海文化》第 3 期,页 31—32。

何善川 2008. 都市变革中的上海方言,《淮阴师范学院学报(哲社版)》第 5 期,页 656—659。

胡明扬 1978. 上海话一百年来的若干变化,《方言》第 3 期,页 199—205。

黄炎培 1934. 川沙方言述,《人文月刊》第 5 卷 4 期,页 1—10。

吉田孝一 [日] 1986. 关于上海话的圆唇元音 [ø],《中国语学 [日]》。

江明镜 2007. 从上海话的变化看普通话对方言的影响,《昌吉学院学报》第 4 期,页 94—96。

姜恩枝 2011. 新派上海话的社会地位研究——以上海人和在上海生活者作为对象为例,《吴语研究(第六届国际吴方言学术研讨会论文集)》游汝杰、丁治民、葛爱萍主编,上海:上海教育出版社,页 358—363。

焦成名 2009. 上海土著学生语言行为报告,《语言文字应用》第 1 期,页 27—37。

金顺德 1995. 试论上海方言的声调音系,《吴语研究》徐云扬编,香港:香港中文大学新亚书院,页 195—218。

金耀华 2016. 从人称代词到虚拟标记——上海话"动词重叠式 + 伊"的语法化,《方言》第 4 期，页 420—424。

李明洁 1996. 泛尊称选用在社会转型背景下的解释——上海泛尊称使用状况的社会调查报告，《语言文字应用》第 4 期，页 79—83。

李垚 2014. 上海方言结果补语和程度补语的结构和语义研究，《吴语研究（第七届国际吴方言学术研讨会论文集）》游汝杰、王洪钟、陈轶亚主编，上海：上海教育出版社，页 333—340。

李垚 2016. 上海方言可能补语和趋向补语的结构和语义研究，《吴语研究（第八届国际吴方言学术研讨会论文集）》陈忠敏主编，上海：上海教育出版社，页 171—180。

李振麟、张瑜英、董蔚君 1957. 上海方言区学生英语发音错误初探，《复旦学报（人文科学版）》第 1 期，页 53—72。

林素娥 2011. 百年前上海话的几个句法特征——基于《官话指南》和《土话指南》的对比考察，《吴语研究（第六届国际吴方言学术研讨会论文集）》游汝杰、丁治民、葛爱萍主编，上海：上海教育出版社，页 239—249。

林素娥 2013. 从近代西人文献看百年前吴语中四种“顺行结构”，《方言》第 1 期，页 36—45。

林素娥 2018. 从近代西儒文献看上海话基本否定词的演变，《吴语研究（第九届国际吴方言学术研讨会论文集）》陈忠敏、陆道平主编，上海：上海教育出版社，页 234—244。

林素娥、徐美红 2012. 从近代西人文献看上海话“阿”字疑问句的消变，《语文研究》第 4 期，页 59—62。

凌锋 2017. 新派上海话全浊擦音中的清声成分分析，《中国语文》第 6 期，页 733—746。

凌锋 2018. 上海话和温州话阴声韵动态特征比较，《吴语研究（第九届国际吴方言学术研讨会论文集）》陈忠敏、陆道平主编，上海：上海教育出版社，页 57—61。

刘大为、金立鑫、黄锦章 1995. 从《孽债》的沪方言谈起……，《修辞学习》第 3 期，页 23—25。

刘丹青 2002. 上海方言否定词与否定式的文本统计分析，《语言学论丛（第二十六辑）》林焘主编，北京：商务印书馆，页 109—133。

刘丹青、刘海燕 1998. 普通话与上海话中的拷贝式话题结构，《语言教学与研究》第 1 期，页 85—104。

刘丹青、刘海燕 2005. 崇明方言的指示词——繁复的系统及其背后的语言共性，《方言》第 2 期，页 97—108。

刘坚 1997. 上海话跟普通话不同的若干语法格式，《［日］桥本万太郎纪念中国语学论集》余霭芹、远藤光晓主编，日本内山书店，页 277—281。

刘民钢 2001. 试论上海方言的形成，《上海师范大学学报（社科版）》第 1 期，页 77—83。

刘民钢 2003. 上海方言全浊声母的再研究，《吴语研究（第二届国际吴方言学术研讨会论文集）》上海市语文学会、香港中国语文学会合编，上海：上海教育出版社，页 194—201。

刘民钢 2005. 上海的洋泾浜英语，《吴语研究（第三届国际吴方言学术研讨会论文集）》上海市语文学会、香港中国语文学会合编，上海：上海教育出版社，页397—405。

娄关炎 2010. 上海方言阿拉本源考，《吴语研究（第五届国际吴方言学术研讨会论文集）》上海市语文学会、香港中国语文学会合编，上海：上海教育出版社，页222—224。

鲁启华 1995.浅说上海话的"四声"，《语文世界》第 12 期，页 14—15。

毛世桢 1997. 上海话连调组的语言学相关物，《华东师范大学学报（哲学社会科学版）》第 5 期，页 8—91。

毛世祯 1984. 上海话鼻韵母鼻音性质的实验研究，《华东师范大学学报（哲社版）》第 2 期，页 58—65。

毛秀月 1998. 上海话、重庆话与普通话音位系统比较研究，《首都师范大学学报（社科版）》中国语言文学增刊，页 173—183。

孟柱亿［韩国］1999. 韩国语和上海话的语音对比，《双语双方言与现代中国》陈恩泉主编，北京：北京语言文化大学出版社，页 206—214。

缪素琴、余军 2018. 从礼貌请求到嘲讽拒绝：上海话"帮帮忙"的语法化，《现代语文》第 5 期，页 105—112。

末延保雄［日］、原田松三郎［日］1971. 上海方言考察，《神户外大论丛［日］》第 22 卷 3 期，页 41—83。

牧公 1957. 上海话的尖团音，《语文知识》第 3 期，页 37—40。

内田庆市 1995.《沪语指南》的若干语助词，《吴语研究》徐云扬编，香港：香港中文大学新亚书院，页 113—128。

倪文尖 1999. 论"海派"话语及其对于上海的理解，《华东师范大学学报（哲学社会科学版）》第 6 期，页 39—44。

彭嬿 2017. 从南疆汉话"-kɛn/-gɛn"与上海话"伊讲"［ikã］和现代维吾尔语 ikɛn 的语义看传信范畴，《双语教育研究》第 4 卷第 2 期，页 21—29。

平悦铃 1997. 上海话中"辣～"格式的语法功能，《语文研究》第 3 期，页 40—46。

平悦铃 1999. 古入声在上海普通话中的演变情况，《语文建设》第 6 期，页 31—32，30。

平悦铃 2001. 上海市区方言声调实验研究，《吴语声调的实验研究》游汝杰、杨剑桥主编，上海：复旦大学出版社，页 17—38。

平悦铃 2003. 上海、温州两地声调曲线函数对比研究，《吴语研究（第二届国际吴方言学术研讨会论文集）》上海市语文学会、香港中国语文学会合编，上海：上海教育出版社，页 58—64。

平悦铃 2005. 上海方言韵尾鼻音的舌腭特征，《语言研究集刊（第 2 辑）》复旦大学中国文学语言研究所编，上海：上海辞书出版社，页 82—98。

平悦铃 2012. 上海城市方言疑问句使用情况的社会语言学调查，《语言研究集刊（第 9 辑）》复旦大学中国文学语言研究所编，上海：上海辞书出版社，页 208—218。

平悦铃 2014. 上海方言的 ɛ 韵字，《语言研究集刊（第 12 辑）》复旦大学中国文学语言研究所编，上海：上海辞书出版社，页 189—195。

平悦铃 2014. 上海城市方言中"辣～"格式使用情况的社会语言学调查，《语言研究集刊（第 13 辑）》复旦大学中国文学语言研究所编，上海：上海辞书出版社，页 166—175。

平悦铃、马良 2017. 一代移民习得上海城市方言 ɛ 韵字初探，《语言研究集刊（第 17

辑）》复旦大学中国文学语言研究所编，上海：上海辞书出版社，页 151—161。

钱乃荣 1985.上海市郊音变的词扩散，《中国语言学报（*Journal of Chinese Linguistics*）》第 2 期，页 189—285。

钱乃荣 1987.奉贤东、西乡的语音同言线，《语言研究集刊（第 2 辑）》复旦大学汉语言文字学科《语言研究集刊》编委会编，上海：复旦大学出版社，页 297—308。

钱乃荣 1987.上海方言音变的微观，《语言研究》第 2 期，页 104—115。

钱乃荣 1987.现代吴语中的是非问和反复问句，《文字与文化》丛书（二）袁晓园主编，上海：光明日报出版社，页 199—211。

钱乃荣 1988.上海话的虚词"1ʌʔ"和"1əʔ"，《吴语论丛》复旦大学中国语言文学研究所吴语研究室编，上海：上海教育出版社，页 205—213。

钱乃荣 1988.上海方言词汇的年龄差异和青少年新词，《上海大学学报（社科版）》第 1 期，页 44—50。

钱乃荣 1989.十里洋场话方言，《档案与历史》第 4 期，页 69—72。

钱乃荣 1990.上海方言音变的语法扩散，《现代语言学——全方位的探索（首届全国现代语言学研讨会论文集）》余志鸿主编，延边：延边大学出版社。

钱乃荣 1990.古吴语的构拟（一），《开篇》[日]卷 7。

钱乃荣 1991.古吴语的构拟（二），《开篇》[日]卷 8。

钱乃荣 1992.古吴语的构拟（三），《开篇》[日]卷 9。

钱乃荣 1994.上海市郊一县的语音考察——奉贤语音的内部差异，《开篇》[日]卷 12。

钱乃荣 1995.汉语方言研究中的新收获——祝贺现代汉语方言音库发行兼评《上海话音档》，《语文研究》第 4 期，页 45—47。

钱乃荣 1996.从上海话流行语中看到的——读《上海话流行语辞典》，《上海大学学报（社科版）》第 1 期，页 21—26。

钱乃荣 1996.上海方言的语气助词，《语言研究 》第 1 期，页 32—45。

钱乃荣 1997.吴语中的"来"和"来"字结构，《上海大学学报（社会科学版）》第 3 期，页 102—109。

钱乃荣 1997.吴语中的 NPS 句和 SOV 句《语言研究》第 2 期，页 81—91。

钱乃荣 1998.上海城市方言中心的形成，《上海大学学报（社会科学版）》第 3 期，页 28—35。

钱乃荣 1999.北部吴语的代词系统，《代词——中国东南方言比较研究丛书（第 4 辑）》李如龙主编，广州：暨南大学出版社。

钱乃荣 1999.吴语中的虚词"仔"，《方言》第 2 期，页 112—120。

钱乃荣 2000.上海方言中的介词，《介词——中国东南方言比较研究丛书（第 5 辑）》李如龙、张双庆主编，广州：暨南大学出版社，页 32—48。

钱乃荣 2000.吴语中的虚词"咾"，《上海大学学报》（社会科学版）第 8 期，页 62—69。

钱乃荣 2001.北部吴语的特征词，《汉语方言特征词研究》，李如龙主编，厦门：厦门大学出版社，页 100—129。

钱乃荣 2002.20 世纪初上海话和北京话中的体助词"着"，《东方语言与文化》潘悟云主编，上海：东方出版中心，页 282—301。

钱乃荣 2003. 老派上海方言的连读变调,《北部吴语研究》钱乃荣编,上海:上海大学出版社,页 159—175。

钱乃荣 2003. 上海的洋泾浜语,《北部吴语研究》钱乃荣编,上海:上海大学出版社,页 318—323。

钱乃荣 2003. 上海方言的反复体,《北部吴语研究》钱乃荣编,上海:上海大学出版社,页 248—262。

钱乃荣 2003. 上海方言的否定词和否定句,《北部吴语研究》钱乃荣编,上海:上海大学出版社,页 285—293。

钱乃荣 2003. 上海方言的结构助词,《北部吴语研究》钱乃荣编,上海:上海大学出版社,页 263—284。

钱乃荣 2003. 上海方言的历史沿革,《北部吴语研究》钱乃荣编,上海:上海大学出版社,页 176—186。

钱乃荣 2004. 上海方言中的虚拟句,《方言》第 2 期,页 97—110。

钱乃荣 2004. 一个语法层次演变的实例——上海方言 160 年中现在完成时态的消失过程《中国语文》第 3 期,页 232—240。

钱乃荣 2005. 上海方言音变的双向扩散,《吴语研究(第三届国际吴方言学术研讨会论文集)》上海市语文学会、香港中国语文学会合编,上海:上海教育出版社,页 185—191。

钱乃荣 2005. 上海方言 150 年来授受类双及物结构形式的变迁,《北部吴语研究》钱乃荣编,上海:上海大学出版社,页 312—317。

钱乃荣 2006. 英国传教士 J. Edkins 在吴语语言学上的重要贡献——《上海方言口语语法》评述,《语言研究集刊(第 3 辑)》复旦大学中国文学语言研究所编,上海:上海辞书出版社,页 13—44。

钱乃荣 2006. 上海话在北部吴语分区中的地位问题,《方言》第 3 期,页 272—277。

钱乃荣 2006. 吴语中时体结合的复合时态,《山高水长——丁邦新先生七秩寿庆论文集(上)》何大安等编,台北:中央研究院(台湾)语言学研究所,页 945—966。

钱乃荣 2008. 新世纪的语言环境和上海话的变化,《现代人文:中国思想·中国学术——上海市社会科学界第六届学术年会文集》,上海市社会科学联合会编,上海:上海人民出版社,页 144—153。

钱乃荣 2009. 上海方言的时态及其流变,《东方语言学 第五辑》,潘悟云、陆丙甫主编,上海:上海教育出版社,页 63—72。

钱乃荣 2009. 又到风云激荡时——上海方言变化的展望和对策,《上海文化观察》,迟志刚主编,上海:文汇出版社,页 145—176。

钱乃荣 2010. 从《沪语便商》所见的老上海话时态,《Journal of Chinese Linguistics(中国语言学报)》第 13(2),页 189—215。

钱乃荣 2011. 从语序类型来看上海方言,《吴语研究(第六届国际吴方言学术研讨会论文集)》游汝杰、丁治民、葛爱萍主编,上海:上海教育出版社,页 180—192。

钱乃荣 2011. SOV 完成体句和 SVO 完成体句在吴语中的接触结果,《中国语文》第 1 期,页 53—56。

钱乃荣 2012. 20 年里上海方言向奉贤南桥扩散的结果，《语言时空变异微观》（语言暨语言学系列四十九）郑锦全编，台北：中央研究院语言学研究所。

钱乃荣 2013. 从 19 世纪英国传教士上海方言菱中的五项音变看词汇扩散，《大江东去（王士元教授八十岁贺寿文集）》石锋、彭刚主编，香港：香港城市大学出版社，页 557—572。

钱乃荣 2014. 上海方言中的后置词，《吴语研究（第七届国际吴方言学术研讨会论文集）》游汝杰、王洪钟、陈轶亚主编，上海：上海教育出版社，页 289—300。

钱乃荣 2014. 上海方言定指指示词"箇个"，《方言》第 1 期，页 14—20。

钱乃荣 2016. 上海方言的"还是"差比句，《吴语研究（第八届国际吴方言学术研讨会论文集）》陈忠敏主编，上海：上海教育出版社，页 206—208。

钱乃荣 2016. 上海方言的名词性语缀，《钱乃荣语言学论文集》，钱乃荣编，上海：上海大学出版社，页 240—249。

钱乃荣 2016. 论北部吴语从邪澄崇船禅母音变中的词汇扩散——答陈忠敏先生，《方言》第 3 期，页 309—315。

钱乃荣 2017. 上海方言四音节惯用语的结构类型及其表义特征（在香港城市大学举办的"中国南方语言四音节惯用语研讨会"上的报告《粤语研究》[澳门] 增刊，页 147—154。

钱乃荣 2018. 上海言话的"言"，《吴语研究（第九届国际吴方言学术研讨会论文集）》陈忠敏、陆道平主编，上海：上海教育出版社，页 344—348。

钱乃荣、罗永强 2007. 吴语和老湘语中的浊音声母，《语言接触与语言比较》，薛才德主编，上海：学林出版社，页 267—287。

钱文俊 1985. 上海方言本字考，《上饶师专学报（社科版）》第 2 期，页 42—47。

强星娜 2011. 上海话过去虚拟标记"蛮好"——兼论汉语方言过去虚拟表达的类型，《中国语文》第 2 期，页 155—163。

强星娜、唐正大 2009. 从时间状语到虚拟标记——以上海话"慢慢叫"的语法化为例，《语言研究》第 2 期，页 53—60。

阮恒辉 1988. 扬州腔上海话的语音特征，《吴语论丛》复旦大学中国语言文学研究所吴语研究室编，上海：上海教育出版社，页 172—174。

阮恒辉 1994. 扬州腔上海话的全浊声母的形成过程，《现代语言学——理论建设的新思考（第三届全国现代语言学研讨会论文集）》余志鸿主编，上海：语文出版社，页 245—253。

邵敬敏 1984. 试析上海方言的虚语素"头"，《上海语文学会年会论文选》，页 160—168。

邵敬敏 2010. 上海方言疑问句近百年的历史演变及其特点，《汉语方言语法新探索（第四届汉语方言语法国际研讨会论文集）》林华东主编，厦门：厦门大学出版社，页 182—191。

邵敬敏、鲍茂振 1997. 从北京话、上海话、香港话看语言渐变的走势，《（香港）语文建设通讯》第 53 期，页 66—75。

沈梦华 2016. 上海话中"交关"的来源，《现代语文（语言研究版）》第 10 期，页

39—43。

沈榕秋 1994. 上海现代方音变化与江浙方言、普通话关系的计量研究,《现代语言学——理论建设的新思考(第三届全国现代语言学研讨会论文集)》余志鸿主编,北京:语文出版社,页 254—264。

沈榕秋、陶芸 . 1992 上海现代方音的变化速度,《复旦学报(社会科学版)》第 4 期,页 109—113。

沈同 1981. 老派上海方言的连读变调(一),《方言》第 2 期,页 131—144。

沈同 1981. 上海话老派新派的差别,《方言》第 4 期,页 275—283。

沈同 1982. 老派上海方言的连读变调(二),《方言》第 2 期,页 100—114。

沈同 1985. 新派上海话声调的底层形式,《语言研究》第 2 期,页 85—101。

沈同 1988. 上海话里的一些异读现象,《吴语论丛》复旦大学语言文学研究所吴语研究室编,上海:上海教育出版社,页 132—139。

沈钟伟 1988. 青浦商榻话语音结构,《吴语论丛》复旦大学语言文学研究所吴语研究室编,上海:上海教育出版社,页 162—171。

沈子平 1961. 读《江苏省和上海市方言概况》(江苏省和上海市方言调查指导组),《中国语文》第 7 期,页 39—45。

施伟忠 1983. 上海方言词语试探,《淮北煤师院学报(社科版)》第 2 期,页 99。

施蛰存 1994. 松江方言考,《中华文史论丛》第 53 期,页 244—257。

石定栩 2010. 上海话的句末"快",《汉语方言语法新探索(第四届汉语方言语法国际研讨会论文集)》林华东主编,厦门:厦门大学出版社,页 65—75。

石汝杰 2011. 上海川沙方音的地域差异,《吴语研究(第六届国际吴方言学术研讨会论文集)》游汝杰、丁治民、葛爱萍主编,上海:上海教育出版社,页 98—106。

石汝杰 2016. 近代上海方言历史研究的新课题,《吴语研究(第八届国际吴方言学术研讨会论文集)》陈忠敏主编,上海:上海教育出版社,页 376—381。

石汝杰、蒋剑平 1987. 上海市区中年人语音共时差异的五百人调查,《语言研究集刊(第 3 辑)》复旦大学汉语言文字学科《语言研究集刊》编委会编,上海:复旦大学出版社,页 271—295。

石汝杰、王一萍 2011.《土话指南》中的入声,《吴语研究(第六届国际吴方言学术研讨会论文集)》游汝杰、丁治民、葛爱萍主编,上海:上海教育出版社,页 336—342。

史濛辉 2016. 上海市区方言(ø)变项的分布——兼论权威语的迁移现象,《中国语文》第 4 期,页 460—467。

史有为 1988. 助词"了"在常州话、上海话中的对应形式,《吴语论丛》复旦大学语言文学研究所吴语研究室编,上海:上海教育出版社,页 108—119。

史有为 2016. 家庭语言岛与上海语言生态——以一个上海常州人家庭为例,《吴语研究(第八届国际吴方言学术研讨会论文集)》陈忠敏主编,上海:上海教育出版社,页 382—389。

舒风 1940. 上海方言字拾零,《中国语文》第 4 期,页 56。

孙锐欣 2011. 上海方言声调音高的感知实验研究,《吴语研究(第六届国际吴方言学术研讨会论文集)》游汝杰、丁治民、葛爱萍主编,上海:上海教育出版社,页 167—175。

孙锐欣 2014. 上海方言陈述句窄焦点的音响特征研究,《吴语研究（第七届国际吴方言学术研讨会论文集）》游汝杰、王洪钟、陈轶亚主编,上海：上海教育出版社,页 115—125。

谭菊英 2016. 上海话声调调头实验研究,《吴语研究（第八届国际吴方言学术研讨会论文集）》陈忠敏主编,上海：上海教育出版社,页 86—91。

汤志祥 1988. 嘉定音系记略,《吴语论丛》复旦大学语言文学研究所吴语研究室编,上海：上海教育出版社,页 154—161。

汤志祥 1995. 上海方音内部差异的历时变化,《吴语研究》徐云扬编,香港：香港中文大学新亚书院,页 363—382。

汤志祥 2003. 现代上海话音系的重新表述以及拼音方案,《吴语研究（第二届国际吴方言学术研讨会论文集）》上海市语文学会、香港中国语文学会合编,上海：上海教育出版社,页 208—217。

汤志祥 2005. 现当代上海话词语内部共时差异的研究,《吴语研究（第三届国际吴方言学术研讨会论文集）》上海市语文学会、香港中国语文学会合编,上海：上海教育出版社,页 245—252。

陶寰、高昕 2018. 上海老派方言同音字汇,《吴语研究（第九届国际吴方言学术研讨会论文集）》陈忠敏、陆道平主编,上海：上海教育出版社,页 98—117。

陶寰、张晔 2011. 上海市区方言变项（z）的研究——兼论权威方言对地区方言的渗透,《中国语言学集刊》第 5 卷第 2 期,页 103—126。

汪平 2006. 再说上海话的分区,《方言》第 3 期,页 278—280。

汪如东 2012. 上海话"辣海"的语源及虚化特征的比较研究,《东南大学学报（哲学社会科学版）》第 14 卷第 4 期,页 83—89,127—128。

王非凡 2019. 汉字和主观词频对接触引发语音变异的影响——以新派上海市区方言匣母细音字为例,《中国语文》第 4 期,页 418—429。

王嘉龄 2006. 上海话广用式变调的优选论分析,《中国语音学报（第一辑）》《中国语音学报》编委会,北京：商务印书馆,页 205—211。

王弦 1940. 上海话当中的"头"字,《中国语文》第 4 期,页 54—55。

王一萍 .2014. 19 世纪上海方言的单音动词,《吴语研究（第七届国际吴方言学术研讨会论文集）》游汝杰、王洪钟、陈轶亚主编,上海：上海教育出版社,页 252—259。

王轶之、陈忠敏 2016. 吴语全浊塞音声母的感知研究——以上海话为例,《语言科学》第 36 卷第 2 期,页 44—50。

卫志强 1991. 川沙方言里男女在语言使用上的某些差别,《语言·社会·文化（首届社会语言学学术研讨会论文集）》,中国社会科学院语言文字应用研究所、社会语言学研究室编,北京：语文出版社,页 228—233。

翁寿元 1984. 读《苏州和上海吴语的内部差异》,《方言》第 4 期,页 260—263。

谢自立 1990. 汉语方言研究的一个新硕果——《上海市区方言志》读后感,《语文建设》第 1 期,页 55—60。

熊文 1992. 上海青年流行语面面观,《语文学习》第 12 期,页 34—35。

徐烈炯 1997. 上海方言"辣、辣辣、辣海"的比较研究,《方言》第 2 期,页 97—

105。

　　徐烈炯、邵敬敏 1997. 上海方言词重叠式研究，《语言研究》第 2 期，页 68—80。

　　徐奕 2010. 晏玛太《中西译语妙法》所反映的 19 世纪上海话语音，《吴语研究（第五届国际吴方言学术研讨会论文集）》上海市语文学会、香港中国语文学会合编，上海：上海教育出版社，页 89—96。

　　徐云扬 1990. 上海话元音清化的研究，《国外语言学》第 3 期，页 19—34。

　　徐云扬 1995.《上海话古浊清声母今读语图仪之研究》，《吴语研究》徐云扬编，香港：香港中文大学新亚书院，页 279—302。

　　许宝华 1957. 上海话的读书音和说话音，《语文知识》第 12 期，页 45—46。

　　许宝华、汤珍珠 1962. 上海方音的内部差异，《复旦大学学报》第 1 期，页 87—94。

　　许宝华、汤珍珠 1980. 上海方言词汇略说，《复旦学报（社科版）》增刊（语言文字专辑），页 101—107。

　　许宝华、汤珍珠、陈忠敏 1993. 上海地区方言的分片，《方言》第 1 期，页 14—30。

　　许宝华、汤珍珠、钱乃荣 1981. 新派上海方言的连读变调（一），《方言》第 2 期，页 145—155。

　　许宝华、汤珍珠、钱乃荣 1982. 新派上海方言的连读变调（二），《方言》第 2 期，页 115—128。

　　许宝华、汤珍珠、钱乃荣 1983. 上海话单音动词举例，《语文论丛》第 2 期，页 209—222。

　　许宝华、汤珍珠、钱乃荣 1983. 新派上海方言的连读变调（三），《方言》第 3 期，页 197—201。

　　许宝华、汤珍珠、钱乃荣 1985. 上海方言的熟语（一），《方言》第 2 期，页 146—158。

　　许宝华、汤珍珠、钱乃荣 1985. 上海方言的熟语（二），《方言》第 3 期，页 232—238。

　　许宝华、汤珍珠、钱乃荣 1985. 上海方言的熟语（三），《方言》第 4 期，页 314—316。

　　许宝华、汤珍珠、汤志祥 1982. 上海方音的共时差异，《中国语文》第 4 期，页 265—272。

　　许宝华、汤珍珠、汤志祥 1988. 上海人祖孙三代语音情况的抽样调查，《吴语论丛》复旦大学语言文学研究所吴语研究室编，上海：上海教育出版社，页 120—131。

　　许宝华、汤珍珠、游汝杰 1987. 上海市与江苏省、浙江省交界地区方音的内部差异，《语言研究集刊（第 1 辑）》复旦大学汉语言文字学科《语言研究集刊》编委会编，上海：复旦大学出版社，页 257—270。

　　许宝华、陶寰 1995.《上海方言词典》引论，《方言》第 4 期，页 257—275。

　　许宝华、游汝杰 1984. 苏州和上海吴语的内部差异，《方言》第 1 期，页 3—12。

　　许宝华、游汝杰 1988. 方志所见上海方言初探，《吴语论丛》复旦大学语言文学研究所吴语研究室编，上海：上海教育出版社，页 184—192。

　　薛才德 2014. 上海话若干语法现象的调查和量化分析，《辽东学院学报（社会科学版）》第 16 卷第 1 期，页 106—112。

　　薛才德 2017. 上海话止遇两摄合口三等字读音及相关问题，《语言研究集刊（第 18 辑）》复旦大学中国语言文学研究所编，上海：上海辞书出版社，页 218—233。

薛才德、姚琳 2013. 上海方言的组合式谓补结构,《上海大学学报（社会科学版）》第 30 卷第 2 期, 页 116—128。

杨蓓 1999. 上海话"辣~"的语法功能、来源及其演变,《方言》第 2 期, 页 121—127。

杨剑桥 2009. 上海方言词汇补,《语言研究集刊（第 6 辑）》复旦大学中国语言文学研究所编, 上海: 上海辞书出版社, 页 50—63。

杨凯荣 2016. 上海话的使役、被动标记,《华东师范大学学报（哲学社会科学版）》第 1 期, 页 96—103。

杨宁 1999. 上海话和北京话的"上"——多义词的跨方言对比研究,《语文研究》第 2 期, 页 14—17。

姚佑椿 1991. 上海普通话语音特征初步调查,《语言·社会·文化（首届社会语言学学术研讨会论文集）》, 中国社会科学院语言文字应用研究所、社会语言学研究室编, 北京: 语文出版社, 页 180—185。

姚远 2016. 金山方言的否定词及体、式对否定词的选择,《语言研究集刊（第 16 辑）》复旦大学中国语言文学研究所编, 上海: 上海辞书出版社, 页 272—287。

叶棣 1989. 上海方言中的古语,《上海师范大学学报（哲社版）》第 4 期, 页 147。

叶军 2009. 上海话——普通话中介音发展阶段性特征分析,《华东师范大学学报（哲学社会科学版）》第 5 期, 页 82—86。

叶军 2012. 上海地方普通话口音特征语项动态分析,《语言文字应用》第 4 期, 页 130—138。

伊东良吉［日］1938. 上海语音概略,《支那语研究［日］》第 1 卷, 页 156—157。

影山巍［日］1930. 上海に於ける言语,《支那语研究［日］》第 18 卷, 页 673—703。

尤敦明 1988. 方言向普通话靠拢一例——谈上海话入声字的读音变化,《上海师范大学学报（哲社版）》第 3 期, 页 114—116。

游汝杰 1984. 老派金山方言中的缩气塞音,《中国语文》第 5 期, 页 357—358。

游汝杰 1998. 西洋传教士著作所见上海话的塞音韵尾,《中国语文》第 2 期, 页 108—112。

游汝杰 2006. 上海话在吴语分区上的地位——兼论上海话的混合方言性质,《方言》第 1 期, 页 72—78。

游汝杰 2010. 三十年来上海言的发展变化,《吴语研究（第五届国际吴方言学术研讨会论文集）》上海市语文学会、香港中国语文学会合编, 上海: 上海教育出版社, 页 236—247。

游汝杰 2010. 上海郊区语音近 30 年来的变化,《方言》第 3 期, 页 194—200。

于根元 1981. 上海话的"勒勒"和普通话的"在、着",《语文研究》第 1 期, 页 128。

于珏、李爱军 2015. 上海话对上海普通话二合元音的影响——一项基于方言语料库的语音学研究,《当代语言学》第 2 期, 页 146—158。

余志鸿 2008. 上海话与上海语言使用情况研究,《吴语研究（第四届国际吴方言学术研讨会论文集）》上海市语文学会、香港中国语文学会合编, 上海: 上海教育出版社, 页 201—209。

俞光中 1988. 上海话副词的年龄层次差异,《吴语论丛》复旦大学中国语言文学研究所吴语研究室编，上海：上海教育出版社，页 193—204。

俞玮奇 2014. 上海城区公共领域语言生活状况调查——兼与长三角地区其他城市比较，《语言文字应用》第 4 期，页 10—18。

俞玮奇 2015. 城市化进程中上海浦东新城区的语言生活状况及其变化研究，《语言教学与研究》第 6 期，页 105—112。

俞玮奇、杨璟琰 2016. 近十五年来上海青少年方言使用与能力的变化态势及影响因素，《语言文字应用》第 4 期，页 26—34。

张洪明 1988. 新派上海市区方言连读音变中的浊音声母清化，《吴语论丛》复旦大学中国语言文学研究所吴语研究室编，上海：上海教育出版社，页 140—153。

张惠英 1979. 崇明方言的连读变调，《方言》第 4 期，页 284—302。

张惠英 1980. 崇明方言三字组的连读变调，《方言》第 1 期，页 15—34。

张美兰 2016. 从《官话指南》方言对译本看沪语粤语方言名词特点，《文献语言学》第三辑，中华书局。

张美兰 2016. 常用词的历时演变在共时层面的不平衡对应分布——以《官话指南》及其沪语粤语改写本为例，《清华大学学报》第 6 期。

张美兰 2018. 反复问句结构的历时演变与南北类型关联制约——以《官话指南》及其沪语粤语改写本为例，《语言科学》第 38 卷第 3 期，页 9—18。

张美兰 2018. 施受关系之表达与南北类型特征制约——以《官话指南》及其沪语粤语改写本为例，《学术交流》第 2 期。

张美兰，战浩 2018. 从甚词的角度看 19 世纪末 20 世纪初沪语的新派旧派分布，《语言科学》第 4 期。

张撝之 1957. 上海话常用词，《语文知识》第 1 期，页 40—43。

张严 1977. 沪闽方言六经楚辞古音同源考，《中央月刊（台湾）》第 9 卷 7 期。

赵则玲 2012. 宁波话与上海话比较及其历史成因，《浙江社会科学》第 12 期，页 121—125。

郑张尚芳 1988. 浙南和上海方言中的紧喉浊塞音声母 ʔb、ʔd 初探，《吴语论丛》复旦大学中国语言文学研究所吴语研究室编，上海：上海教育出版社，页 232—237。

周赛华 2017.《切法辨疑》所反映的清初上海方音，《语言研究》第 32 卷第 2 期，页 56—61。

周同春 1988. 十九世纪的上海语音，《吴语论丛》复旦大学中国语言文学研究所吴语研究室编，上海：上海教育出版社，页 175—183。

周同春 1992. 上海图书馆徐家汇藏书楼所藏近二三百年西儒关于汉语方言和语言学的书目，《潜科学杂志》第 2 期，页 47—48。

周永蔚 1986. 上海"三字词"杂说，《语文知识》第 12 期，页 3。

朱晓农、夏剑钦 1996. 上海音系，《外国语言学》第 2 期，页 29—37。

朱音尔、张吉生 2013. 上海话与绍兴话阳声韵对比的优先分析——看标记性在历时音变中的作用，《语言研究集刊（第 11 辑）》复旦大学中国语言文学研究所编，上海：上海辞书出版社，页 291—303。

朱贞淼 2014. 21 世纪上海市区方言语音的新变化，《吴语研究（第七届国际吴方言学术研讨会论文集）》游汝杰、王洪钟、陈轶亚主编，上海：上海教育出版社，页 401—407。

朱贞淼、曹伟锋、钱乃荣 2017. 上海奉贤区庄行镇方言的时态及其语法化过程，《语言研究》第 1 期，页 49—53。

左企 1957. 上海常用方言言情中里的一些生僻字，《语文知识》第 8 期，页 45—46。

左思民 2003. 上海话时态助词"仔"的语法意义，《吴语研究（第二届国际吴方言学术研讨会论文集）》上海市语文学会、香港中国语文学会合编，上海：上海教育出版社，页 202—207。

左思民 2005. 上海话中后置"辣海"的语法功能和性质，《吴语研究（第三届国际吴方言学术研讨会论文集）》上海市语文学会、香港中国语文学会合编，上海：上海教育出版社，页 289—297。

Anonymous. 1903. Shanghai Romanization. *Chinse Recorder* 34. 401—404.

Casacchia, Giorgio. 1984. The lexicon of the Suzhou dialect in the nineteenth century novel "Sing-song Girls of Shanghai"（Part I）. *Cahiers de linguistique - Asie orientale* 13（1）. 101—119.

Casacchia, Giorgio. 1984. The lexicon of the Suzhou dialect in the nineteenth century novel "Sing-song Girls of shanghai"（Part II）. *Cahiers de linguistique - Asie orientale* 13（2）. 241—263.

Casacchia, Giorgio. 1985. The lexicon of the Suzhou dialect in the nineteenth century novel "Sing-song girls of Shanghai"（Part III）. *Cahiers de linguistique - Asie orientale* 14（1）. 113—145.

Chen, Matthew Y.（陈渊泉）and Zhang, Hongming（张洪明）. 1997. Lexical and post-lexical tone sandhi in Chongming. *Studies in Chinese phonology*, ed. by Wang, Jialing and Smith, Norvals, 13—52. Berlin & New York：Mouton de Gruyter.

Chen, Yiya. 2008. The acoustic realization of vowels of Shanghai Chinese. *Journal of Phonetics* 36. 4. 629—648.

Chen, Yiya, and Carlos, Gussenhoven. 2015. Shanghai Chinese. *Journal of the International Phonetic Association* 45（3）. 321—337.

Chen, Zhongmin. 2011. The Classification of Shanghai-Area Dialects. *Bulletin of Chinese Linguistics* 5（1）. 25—50.

Duanmu, San（端木三）. 1999. Metrical structure and tone：Evidence from Mandarin and Shanghai：*Journal of East Asian Linguistics* 8（1）. 1—38.

Erbaugh, Mary S. and Yang, Bei. 2006. Two General Classifiers in the Shanghai Wu Dialect：A Comparison with Mandarin and Cantonese. *Cahiers de Linguistique Asie Orientale* 35（2）. 169—207.

Gao, Jiayin. 2016. Sociolinguistic motivations in sound change：on-going loss of low tone breathy voice in Shanghai Chinese. *Papers in Historical Phonology* 1. 166—186.

Jin, Shunde. 1997. Towards a systematic account of Shanghai tonal phonology. *Studies in Chinese phonology, ed. by Wang, Jialing and Smith, Norvals,* 125—154. Berlin & New York：Mouton de Gruyter.

King, L., Ramming, H., Schiefer, L. and Tillmann, H. G. 1987. Initial F_0-contours in Shanghai CV-syllables: an interactive function of tone, vowel height, and place and manner of stop articulation. *Proceedings of the 11th International Congress of Phonetic Science*, 154—157. Tallinn: Academy of Sciences of the Estonian SSR.

Lanning, George. 1920. Names and nicknames of the Shanghai settlements. *Journal of the Royal Asiatic Society of Great Britain and Ireland*, North China Branch 51.81—89.

Ling, Bijun and Liang, Jie. 2019. The nature of left- and right-dominant sandhi in Shanghai Chinese-Evidence from the effects of speech rate and focus conditions. *Lingua* 218. 38—53.

Ling, Soh Hoo. 2001. The syntax and semantics of phonological phrasing in Shanghai and Hokkien. *Journal of East Asian Linguistics* 10（1）. 37—80.

Lu, Zhiji. 1986. Tonal Changes: Interplay between Tone and Tone Sandhi: A Case Study of the Shanghai Dialect. *Studies in the Linguistic Sciences（SLSc）* 16（1）. 97—111.

Lu, Zhiji. 1987. Shanghai tones: a nonlinear analysis. *Studies in the Linguistic Sciences, University of Illinois* 17（2）. 93—113.

Lu, Zhiji. 1987. A quantitative method of dialect subgrouping: the case of dialects in Jiangsu and Shanghai: *Language Sciences* 9（2）. 217—229.

Qian, Nairong and Shen, Zhongwei. 1991. The Changes in the Shanghai Dialect. Languages and Dialects of China. *Journal of Chinese Linguistics*《中国语言学报》Monograph Series 3. 377—427.

Ren Nianqi（任念麒）. 1992. A fiberoptic and transillumination study of Shanghai stops. *Wuyu yanjiu*［Studies in the Wu dialects］. *New Asia Academic Bulletin XI, ed. by Zee, Eric（徐云扬）*, 261—268. Hong Kong: Chinese University of Hong Kong.

Rose, Phil. 1993. A linguistic phonetic acoustic analysis of Shanghai tones. *Australian Journal of Linguistics* 13. 185—219.

Rose, Phil. 2016. A Sociophonetic Study on Tonal Variation of the Wuxi and Shanghai Dialects. *Journal of Asian Pacific Communication* 26（1）. 161—173.

Shen, Rongqiu. 1996. Sound Change in the Modern Shanghai Dialect and Its Cause. *Journal of Chinese Linguistics* 24（1）. 55—84.

Sherard, Michael（司马侃）. 1980. A Synchronic Phonology of Modern Colloquial Shanghai Dialect 現代上海語口語の共時音韻論. *Computational Analyses of Asian and African Languages*［*Ajia, Afurikago, no keisū kenkyū* アジア・アフリカ語の計数研究］15. 1—141.

Sherard, Michael（司马侃）. 1982. A Lexical Survery of the Shanghai Dialect 上海方言語彙集. *Computational Analyses of Asian and African Languages*［*Ajia, Afurikago, no keisū kenkyū* アジア・アフリカ語の計数研究］20.

Sherard, Michael（司马侃）. 1982. Phonological diversity and sound change in Shanghai: *Proceedings of the XIIIth Congress of Linguistics* 658-662. Tokyo.

Sherard, Michael（司马侃）. 1979. Syntactic constraints on tone sandhi in Shanghai シャンハイ語声調変化の統辞論的制約. *Computational Analyses of Asian and African languages*

［*Ajia*，*Afurikago*，*no keisū kenkyū* アジア・アフリカ語の計数研究］10.23—37.

Shi，Dingxu Tim. 2007. The semantic and syntactic roles of the interrogative particle *va* in the Shanghai dialect. *Studies of the Chinese language* 5. 431—439.

Walton，A. Ronald. 1971. *Phonological redundancy in Shanghai*：Ithaca：Cornell University East Asia Papers，6.

Yao，Yao and Chang，Charles，B. 2016. On the cognitive basis of contact-induced sound change：vowel merger reversal in Shanghainese. *Language* 92（2）. 433—476.

Zee，Eric（徐云扬）and Maddieson，Ian. 1980. Tones and tone sandhi in Shanghai：phonetic evidence and phonological analysis. *Glossa* 1（14）. 45—88.

Zhang，Jie and Meng，Yuanliang. 2016. Structure-dependent tone sandhi in real and nonce disyllables in Shanghai Wu. *Journal of Phonetics* 54. 169—201.

Zhang，Jie and Yan，Hanbo. 2018. Contextually dependent cue realization and cue weighting for a laryngeal contrast in Shanghai Wu. *Journal of the Acoustical Society of America* 144（3）. 1293—1308.

二　著　作

Michael Sherard 1982.《上海方言语汇集》，アジア・アフリカ语の计数研究所［日］。

《浦东老闲话》编委会编 2004.《浦东老闲话》，上海：上海古籍出版社。

艾约瑟［英］著，钱乃荣、田佳佳译 2011.《上海方言口语语法》，北京：外语教育和研究出版社。

陈朝珍 2009.《崇明俗语》，北京：中国青年出版社。

陈忠敏、陶寰选编 2017.《吴声越韵》，北京：商务印书馆。

褚半农 2005.《〈金瓶梅〉中的上海方言研究》，上海：上海古籍出版社。

大川与朔［日］1925.《活用上海语》，上海：上海至诚堂书店。

稻叶鼎郎［日］1936.《上海语指南》，东京：东京文求堂［日］。

丁卓 1936.《中日会话集》，上海：上海三通数据。

复旦大学中文系汉语专业、上海师范大学中文系汉语教研组 1962.《上海人学习普通话手册》，上海：上海教育出版社。

宫田一郎［日］、许宝华、钱乃荣编 1984.《上海文学作品语汇·语法用法》，大东文化学园［日］。

宫田一郎［日］、许宝华、钱乃荣编 1984.《上海语苏州语学习と研究》，东京：东京光生馆［日］。

龟山正夫 1934.《鷄笑楼语录》，上海：上海内山书店。

胡祖德 1922.《沪谚》，上海：上海棋盘街著易堂书坊。

胡祖德 1923.《沪谚外编》，上海：上海棋盘街著易堂书坊。

湖北生 1910.《ポケット必携实用上海会话》，上海：上海松翠堂店。

沪苏方言纪要（上海）1926.《上海指南（卷九）》。

黄在江 1942.《ポケット上海语》，上海：上海现代出版社 ‖ 上海三通书局。

江苏省上海市方言调查指导组 1959.《川沙人学习普通话手册》，上海：上海教育出版社。

江苏省上海市方言调查指导组 1960.《江苏省和上海市方言概况》，南京：江苏人民出版社。

江苏省上海市方言调查指导组等 1958.《上海人学习普通话手册》，上海：新知识出版社。

江苏省上海市方言调查指导组主编 1962.《江苏和上海人怎样学习普通话》，南京：江苏人民出版社。

蒋韬 1927.《沪语阶梯》，上海：原田上海支店。

金堂文雄 1924.《纺织工场技术用上海语》，上海：上海至诚堂书店。

金堂文雄 1936.《上海名词集》，上海：上海三通书局。

金堂文雄 1938.《上海语名词集》，上海：上海至诚堂书店。

林通世 1914.（1930 第 13 版）《瀛沪双舌》，上海：上海日本堂书店。

林震 1930.《上海指南·卷九：沪方言记要》，上海：商务印书馆。

刘民钢 2004.《上海话语音简史》，上海：学林出版社。

孟兆臣编 2004.《老上海俗语图说大全》，上海：上海社会科学院出版社。

钱广才编 1995.《上海方言韵编（国际音标注音）》，上海：百家出版社。

钱乃荣 1989.《上海方言俚语——阿拉讲闲话乒乓响》，上海：上海社会科学院出版社。

钱乃荣 1992.《当代吴语研究》，上海：上海教育出版社。

钱乃荣 1997.《上海话语法》，上海：上海人民出版社。

钱乃荣 2001.《酷语 2000》，上海：上海教育出版社。

钱乃荣 2001.《上海文化通史·语言编》，上海：上海文艺出版社。

钱乃荣 2002.《跟我学 21 世纪新上海话》，上海：上海教育出版社。

钱乃荣 2002.《沪语盘点——上海话文化》，上海：上海文化出版社。

钱乃荣 2003.《北部吴语研究》，上海：上海大学出版社。

钱乃荣 2003.《上海语言发展史》，上海：上海人民出版社。

钱乃荣 2006.《新世纪上海话新流行语 2500 条》，上海：格致出版社。

钱乃荣 2006.《中英对照上海话 600 句》，上海：汉语大词典出版社。

钱乃荣 2007.《上海方言》，上海：文汇出版社。

钱乃荣 2008.《上海话大词典（拼音输入版）》，上海：上海辞书出版社。

钱乃荣 2009.《上海俗语》，上海：上海文化出版社。

钱乃荣 2010.《跟我说上海话——上海话、普通话、英语对照读本》，上海：上海文化出版社。

钱乃荣 2013.《上海话流行语新编》，上海：上海大学出版社。

钱乃荣 2014.《西方传教士上海方言著作研究》，上海：上海大学出版社。

钱乃荣 2015.《上海方言与文化》，北京：中国国际广播出版社。

钱乃荣 2017.《上海话小词典》，上海：上海大学出版社（2018 年第二版）。

钱乃荣 2018.《上海话大词典（第二版）》，上海：上海辞书出版社。

钱乃荣、许宝华、汤珍珠编著 2007.《上海话大词典》，上海：上海世纪出版社股份有限公司 / 上海辞书出版社。

任念麒 2006.《上海话发声类型和塞辅音的区别特征》，上海：上海辞书出版社。

阮恒辉 1984.《すぐに役立つ上海话会话》，东京：东京东方书店［日］。

阮恒辉 2000.《自学上海话》，上海：上海大学出版社。

阮恒辉 2010.《新版自学上海话（附 MP3 光盘 1 张）》，上海：上海大学出版社。

阮恒辉、吴继平 1994.《上海话流行语词典》，北京：汉语大词典出版社。

阮恒辉、吴继平 2003.《上海话流行语》，上海：上海大学出版社。

阮恒辉、吴继平 2009.《上海市井闲话》，上海：上海辞书出版社。

杉江房造［日］1904.《改正增补上海语独案内》，上海：上海日本堂。

沈吉明 2010.《南上海方言》，上海：上海文化出版社。

石汝杰 1985.《川沙音系》，复旦大学中文系硕士学位论文。

汤珍珠、陈忠敏 1993.《嘉定方言研究》，北京：社会科学文献出版社。

汪仲贤撰、许晓霞绘图 1935.《上海俗语图说》，上海：上海社会出版社。

王廷珏 1919.《实用上海语》，上海：上海小林荣居。

王廷珏 1932.《增补实用上海话》，上海：上海美术工艺制版社出版部。

喜多青磁 1933.《实用上海语》，春阳堂［日］。

徐烈炯、刘丹青 1998.《话题的结构与功能》，上海：上海教育出版社。

徐烈炯、邵敬敏 1998.《上海方言语法研究》，上海：华东师范大学出版社。

徐世利 2009.《标准上海话自学法》，上海：上海人民出版社。

许宝华、汤珍珠主编 1988.《上海市区方言志》，上海：上海教育出版社。

许宝华、汤珍珠主编 1991.《上海方言词汇》，上海：上海教育出版社。

许宝华、陶寰 1997.《上海方言词典》，南京：江苏教育出版社。

许宝华、陶寰 2018.《松江方言研究》，上海：复旦大学出版社。

薛理勇 2000.《上海闲话》，上海：上海社会科学院出版社。

严芙孙 1924.《上海俗语大辞典》，上海：上海北车站云轩出版部。

严菡波 2018.《上海及无锡方言连读变调之变异性研究》，北京：北京大学出版社。

叶世苏编 2003.《上海话熟语》，上海：上海远东出版社。

影山巍［日］1936.《详注现代上海语》，东京：东京文求堂印行［日］/ 上海内山书店经销。

影山巍［日］1936；1944.《现代上海语》，东京：东京文求堂［日］。

影山巍［日］1937；1942 重编.《实用速成上海语》，东京：东京文求堂［日］。

游汝杰 1995.《上海话音档》，上海：上海教育出版社。

游汝杰主编 2014.《上海地区方言调查研究》，上海：复旦大学出版社。

御幡雅文 1878.《沪语便商总译》，上海：上海日本堂书店。

御幡雅文［日］1926.《沪语津梁》，上海：上海东亚同文书局。

御幡雅文［日］1924.（初版 1908）《沪语便商：一名·上海语（增补订正本）》，上海：上海日本堂书店。

张惠英 1994.《崇明方言词典》，南京：江苏教育出版社。

张惠英 2009.《崇明方言研究》，上海：中国社会科学出版社。

张惠英、顾晓东、王洪钟 2014.《崇明方言大词典》，上海：上海辞书出版社。

中岛干起［日］1983.《以上海话为中心的吴语研究》，不二出版社［日］。

朱晓农 2005.《上海声调实验录》，上海：上海教育出版社。

Chen, Zhongmin. 2003. *Studies on the Dialects in the Shanghai Area: Their Phonological Systems and Historical Developments.* Muenchen: Lincom Europa.

Creamer, Thomas, ed. 1991. *A Chinese-English Dictionary of the Wu Dialect (Featuring the Dialect of the City of Shanghai).* Dunwoody Press.

Sherard, Michael（司马侃）. 1972. *Shanghai Phonology.* Ithaca: Cornell University dissertation.

Simmons, Richard VanNess（史皓元）. 2011. *Shanghainese-English/English-Shanghainese Dictionary and Phrasebook.* New York: Lincom Europa.

Walton, A. Ronald. 1976. *Phonological Redundancy in Shanghai:* Ithaca: Cornell University China-Japan Program.

Young, Elizabeth Jen. 1956. *The Segmental Phonemes of the Shanghai Dialect.* Washington D. C. Georgetown University.

Zhu, Xiaonong（朱晓农）. 2006. *A grammar of Shanghai Wu.* Muenchen: Lincom Europa.

Zhu, Xiaonong（朱晓农）. 1999. *Shanghai Tonetics.* Muenchen: Lincom Europa.

三 西方传教士著作

佚名《真福吴国盛致命演义》（共十七出）Zi Ka Wei。

J. W. Crofoot & F. Rawlinson 1915《沪语开路》，上海：上海美华书馆。

Anonymous. 1850. *Lesson in the Shanghai Dialect.*（上海土白）（毛笔手抄本）Benjamin Jenkins.

Anonymous. 1883. *Leçons ou Exercices de Langue Chinoise Dialecte de Song-Kiang.* Zi-Ka-Wei: Imprimerie de La Mission Catholique, a L'orphelinat de T'ou-Sè-Vè.

Anonymous. 1908. *T'ou-wo tse né. Boussole du langage Mandarin Traduite et Romanise en Dialecte de Changhai.* Shanghai: T'ou-sè-wè.

Bourgeois, Alber（蒲君南）. 1939. *Leçons Sur le Dialecte de Chang-hai.* Shanghai: Cour Moyen, Imprimerie de T'ou-sè-wè.

Bourgeois, Alber（蒲君南）. 1941. *Grammaire du Dialecte de Changhai.* Shanghai: Imprimerie de T'ou-sè-wè.

Bourgeois, Alber（蒲君南）. 1950. *Dictionnaire Français-Chinois, Dialecte de Shanghai.* 法华新词典（上海方言）Shanghai: Imprimerie de la Mission Catholique, a L'Orphelinat de T'ou- sè-wè.

Bourgeois, Alber（蒲君南）, Par Rev. F. L. Pott. 1934. *Leçons Sur le Dialecte de Changhai.* Shanghai: Imprimerie de T'ou-sè-wè.

Bourgeois, Albert（蒲君南）. 1941. *Grammaire du Dialecte de Changhai.* Shanghai: Cour Moyen（Imprimerie de T'ou-sè-wè）.

Bourgeois, Albert（蒲君南）. 1950. *Dictionnaire Français-chinois Dialecte de Shanghai.* Shanghai: Imprimerie de T'ou-sè-wè.

Bourgeois, Albert（蒲君南）. 1934; 1939. *Leçons sur le Dialecte de Changhai.* Shanghai

Imprimerie de T'ou-sè-wè.

Cooper, F. C. 1914. *Short Readings in the Shanghai Vernacular.* Shanghai.

Crofoot, J. W. and Rawlinson F. 1915. *Conversational Exercises in the Shanghai Dialect*, *A Supplement to Dr. Pott's Lessons in the Shanghai Dialect.*（沪语开路）Shanghai：Mei Hua Press.

Darwent, C. E. 1902. *Handbook for Travellers and Residents.* Shanghai：M. A. Church, Minister of Union, Kelly and Walsh, Limited.

Davis, D. H. 1910. *Shanghai Dialect Exercises in Romanized and Character with Key to Pronunciation and English Index.*（上海方言练习）Shanghai：The Shanghai Municipal Council, T'usewei Press.（上海徐家汇土山湾印书馆）

Davis, D. H. 1910. *Shanghai dialect exercises in romanized and character with key to pronunciation and English index.* Shanghai：T'usewei Press.

Davis, D. H. and Silsby, John Alfred. 1900. *Shanghai Vernaculary Chinese-English Dictionary.* Shanghai：American Presbyterian Mission Press.

Davis, D. H. and Silsby, John Alfred. 1911. *Chinese-English Pocket Dictionary*, *with Mandarin and Shanghai Pronunciation and References to the Dictionaries of Williams and Giles.* Shanghai：American Presbyterian Mission Press.

de Lapparent, J. 1929. *Petit Dictionnaire Chinois-Francais*, *Mandarin et Dialecte de Chang-hai.* Shanghai：Imprimerie de T'ou-sè-wè.

de Lapparent, J.（孔明道）1911（1915年第二版）. *Petit Dictionnaire Chinois-Francais* (*Dialecte Chang-hai*). 华法字汇（上海土话）Changhai：Imprimerie de la Mission Catholique, A L'orphelinat de T'ou-sè-wè.

de Lapparent, Joseph. 1929. *Petit Dictionnaire Chinois-français*, *Mandarin et Dialecte de Chang-hai.* Shanghai：Imprimerie de la Mission Catholique.

de Lapparent, Joseph and Doherty, William. 1911. *Petit Dictionnaire Chinois-français* (*dialecte de Chang-hai*). Shanghai：T'ou-sè-wè.

de Liguori, S. Alphonse. 1906. *Maximes Èternelles ou Prèparation À La Mort par S. Alphonse de Liguori.*（方言备终录）上海土山湾慈母堂.

Edkins, Joseph（艾约瑟）. 1853. *A Grammar of Colloquial Chinese*, *as Exhibited in the Shanghai Dialect.* Shanghai：Presbyterian Mission Press.

Edkins, Joseph（艾约瑟）. 1868. *A grammar of Colloquial Chinese*, *as Exhibited in the Shanghai dialect.* Shanghai：London Mission Press.

Edkins, Joseph（艾约瑟）. 1869. *A Vocabulary of the Shanghai Dialect.* Shanghai：Imprimerie de la Mission Catholique.

Hashimoto, Mantarō J.（桥本万太郎）. 1971. *A Guide to the Shanghai Dialect.* Shanghai：London Mission Press.

Ho, Charles and Foe, George. 1940. *Shanghai Dialect in 4 Weeks.* Shanghai：Chi Ming Book Co, Ltd.

Ho, Charles and Foe, George. 1940. *Shanghai Dialect in Four Weeks.* Washington D. C.：ERIC Clearinghouse.

Macgowan, John（麦高温）. 1862. *A Collection of Phrases in the Shanghai Dialect.* Shanghai：Presbyterian Mission Press.

Lounsbury, Floyd G. and Yokoyama, Masako. 1969. *Spoken Shanghai.* Shanghai：Chi Ming Book Co.

Lyon, D. 1890. *Lessons for Beginners in the Shanghai Dialect.*（初学士白功课）Systematically Arranged. Shanghai：Mei Hua Press.

MacGowan, John（麦高温）. 1862. *A Collection of Phrases in the Shanghai Dialect*, *Systematically Arranged.* Shanghai：Presbyterian Mission Press.

McIntosh, Gilbert. 1916. *Useful Phrases in the Shanghai Dialect.* Shanghai：American Presbyterian Mission Press, Imprimerie de T'ou-sè-wè.

McIntosh, Gilbert. 1927. *Useful phrases in the Shanghai dialect.* Shanghai：Presbyterian Mission Press.

McIntosh, Gilbert. 1906; 1922. *Useful Phrases in the Shanghai Dialect*, *with Index*, *Vocabulary and Other Helps.* Shanghai：American Presbyterian Mission Press.

Morrison, George Ernest. 1888. *Leçons ou Exercices de Langue Chinoise Dialecte de Song-Kiang.* Zikawei, Shanghai：Imprimerie de la Mission Catholique a L'orphelinat de T'ou Se-Ve.

Parker, R. A. 1923. *Lessons in the Shanghai Dialect*：*in Romanized and Character with Key to Pronunciation.*（沪语汇集）Shanghai：Municipal Council.

Pétillon, P. C. 1905. *Petit Dictionaire Français-Chinois*, *Dialect de Chang-hai.*（法华字典—上海土话）Changhai. Imprimeire de la Mission Catholique, A'Lorphelin at T'ou-sè-wè.

Pott, Francis Lister Hawks（卜舫济）. 1920（First edition：1907）. *Lessons in the Shanghai dialect.* Shanghai：American Presbyterian Mission Press.

Pott, Francis Lister Hawks（卜舫济）. 1939. *Lessons in the Shanghai Dialect.* Shanghai：Mei Hua Press.

Pott, Francis Lister Hawks（卜舫济）. 1913（初版1907年）. *Lessons in the Shang-hai Dialect.* Shanghai：Printed at American Presbyterian Mission Press.

Pott, Francis Lister Hawks（卜舫济）. 1922; 1939. *Leçons sur le Dialecte de Changhai.* Shanghai：Bourgeoi Imprimerie de la Mission Catholique, trans.

Rabouin, Le. P. P. 1891. *Dictionnaire Français-Chinois Dialecte de Chang-hai*, *Song-kiang, etc.* Chang-hai：Imprimerie de La Mission Catholique, a L'orphelinat de T'ou-Sè-Vè.

Rabouin, Le. p.p. 1894—1896. *Dictionnaire Français-chinois Dialecte de Changhai*, *Songkiang*, etc., 2 vols. Shanghai：T'ou-sé-we.

Shanghai Christian Vernacular Society. 1891. *Syllabary of the Shanghai Vernacular.* Shanghai：American Presbyterian Mission Press，.

Shanghai Christian Vernacular Society. 1901. *An English-Chinese Vocabulary of the Shanghai Dialect.* Shanghai：American Presbyterian Mission Press（1913年第二版，1920年第三版）.

Shanghai Christian Vernacular Society, ed. 1891. *Syllabary of the Shanghai Vernacular.* Shanghai：American Presbyterian Mission Press.（1901年第二版；1913年第三版）

Silsby, John Alfred. 1897. *Complete Shanghai Syllabary with an Index to Davis and Silsby's Shanghai Vernacular Dictionary with Mandarin Pronunciation of Each Character.* Shanghai：American Presbyterian Mission Press.（1907 年第二版）

Silsby, John Alfred. 1897. *Shanghai Syllbary, Arranged in Phonetic Order.* Shanghai：American Presbyterian Mission Press.

Silsby, John Alfred. 1911. *Introduction to the Study of the Shanghai Vernacular.* Shanghai：American Presbyterian Mission Press.

Yates, M. T. 1904. *First Lessons in Chinese.*（中西译语妙法）Shanghai：American Presbyterian Mission Press.（初版 1899 年）

四　圣经土白翻译（英文题目）

The Gospel of Saint John in Chinese Language, According to the Dialect of Shanghai, Expressed in the Roman Alphabetic Character. With an Explanatory introduction and Vocabulary. James Summers, Professor of the Chinese Language in King's College, 1853, London.

Dialecte du Song-kang-fou, Recueil de Piece Relatives à La Doctrine Chrétienne et Aux Moeurs chinoises, etc.（上海土白——奉教原由俚言）, Imprimerie et Autographie de La Mission catholique, à l'Orphelinat de Tou-sai-wai, 1876, Chang-hai.

约翰传福音书，上海，1847 年。91 叶。18 cm。江苏省松江府上海县墨海书馆藏版。英经会。案：这是最早的汉语方言圣经单篇汉字译本。私人印刷。译者为伦敦会的 W.H.W.H.Medhurst（麦都思）。

路加记，宁波，1848 年。61 页。22.5 cm。中华圣公会。英经会。

马太福音，私人印刷。1848 年。译者为伦敦会的 W.C.Miline（米怜）。

马太福音，大美国圣经会，宁波，1850 年。86 叶。1856 年再版。80 叶。译者为 W.J.Boone。约翰书，伦敦，1853 年，罗马字。94 页。18.5 cm。英经会 / 大英 / 美经会。

创世纪，大美国圣经会，上海（？），1854 年。94 叶。罗马字。译者为卫理圣公会的 Robert Nelson。

马太福音，大美国圣经会，上海，1856 年。80 叶。23 cm。据 1850 年本改订。木版。英经会。

路加福音，大美国圣经会，上海，1856 年。译者为 C.Keith。英经会。

使徒行传，大美国圣经会，上海，1856 年。60 叶。22.5 cm。木版。译者为 C.Keith。英经会。

路加记，大美国圣经会，上海，1859 年。106 页。22 cm。由美国南方浸理会的 A.B.Cabaniss C.Keith 的译本用 T.P.Crawford 所创的语音符号转写。木版。英经会。

路加福音，大美国圣经会，上海，1860 年。译者为 C.Keith。罗马字本。这是最早的罗马字本上海方言圣经单篇。

路加记，大美国圣经会，上海，1860 年。128 页。

罗马人书—启示录，1860 年。196 页。

使徒行传，上海，1860 年。罗马字。译者为 C.Keith。

约翰福音，大美国圣经会，上海，1861 年。64 叶。22.5 cm。又，罗马字本，100 页。译者为 W.J.Boone（文惠廉），美国圣公会传教士，能用上海话布道。英经会。

马太福音，上海，1861 年。195 页。罗马字。24.5 cm。哈佛燕京 TA 1977.62 CF1861。译者为 W.J.Boone。

出埃及记，大美国圣经会，上海，1861 年。103 页。译者为 Keith。罗马字。

马可福音，上海，大英国圣经会。1862 年。47 页。罗马字。译者为 W.J.Boone。

使徒保罗达罗马人书，22 叶，1864 年，上海。

使徒保罗寄哥林多人前书，22 叶，1864 年，上海。

使徒保罗寄哥林多人后书，14 叶，1864 年，上海。

罗马人书—哥林多后书，上海，1864 年。22 + 22 + 14 页。24 cm。罗马字。又汉字本。译者为 APEM 的 Elliot H. Thomson，Samuel Gayley 和 J.S.Roberts。英经会。

加拉太书—启示录，大美国圣经会，上海，1870 年。分篇标页码。122 页。21.5 cm。罗马字。美经会 / 英经会。译者为美国长老会的 J.M.W.Farnham。

新约，大美国圣经会，上海，1872 年。408 叶。罗马字。由 J.M.W.Farnham 修订。

新约，上海，1872 年。分篇标页码。罗马字。上海编委会。

四福音书，大美国圣经会，上海，1871 年。58 + 34 + 59 + 47 页。16 cm。由 J.W.Boone 修订。分册线装，重印本。马太、约翰，1861 年；马可，1863 年；路加，1856 年。英经会。

马太福音，大美国圣经会，上海，1875（？）年。此为 Miline1848 年译本的修订本。美经会。

马太福音，美国圣经联合会，上海，1876 年。62 页。24.5 cm。浸礼教用。上海浸会堂晏马太翻土白。美经会 / 英经会。

四福音书　使徒行传，大美国圣经会，上海，1880 年。40 + 25 + 43 + 33 + 39 叶。18.5 cm。分册装订，线装。英经会藏马太、马可、路加。

新约，宗教小书出版会，上海，1879—1881 年。分篇标页码。23.5 cm。William Muirhead（慕维廉）译。英经会。分上下册。

四福音书，上海土音注解浅文，上海三牌楼福音会堂，1879 年。62 + 37 + 63 + 51 页。英经会。新约，伦敦圣教书会，上海，1881 年。

新约，大美国圣经会，上海，1881 年。分篇标页码。18 cm。美以美会的汤姆逊等译。线装。英经会。

新约，大美国圣经会，上海，1882 年。分篇标页码。25 cm。汤姆逊等译本的大开本。分上下册线装。英经会。

诗篇，大英国圣经会，上海，1882 年。108 叶。23 cm。伦敦会的 William Muirhead（慕维廉）参考浅文理本译。英经会 / 哈佛燕京 TA 1977.32 CS1882.

创世纪，大美国圣经会，上海，1885 年。77 叶。20 cm。美经会 / 英经会。

出埃及记，大美国圣经会，上海，1885 年。66 叶。19.5 cm。据 1861 年本改订。美经会 / 英经会。

申命记，大美国圣经会，上海，1885 年。60 页。20 cm。美经会 / 英经会。

诗篇，大美国圣经会，上海，1886 年。87 叶。19.5 cm。英经会。

路加福音，大美国圣书会印，上海修文书馆稿，上海，1886 年。43 页。19 cm。哈佛燕京 TA 1977 CS1886。

马太福音，大美国圣经会，上海，1886 年。译者为 L.Haygood。用译者自行设计的罗马字拼音系统。

以赛亚书　但以理书，大美国圣经会，上海，1888 年。译者为大美国圣经会所指定的委员会，该委员会曾译《新约》，于 1880—1881 年出版。英经会。

马太福音，大美国圣经会，上海，1893 年。70 叶。15 cm。英经会。

马可福音，大美国圣经会，上海，1893 年。44 叶。15 cm。和合本。英经会。

路加福音，大美国圣经会，上海，1894 年。74 叶。16 cm。和合本。英经会 / 美经会。

马太福音，大美国圣经会托印，上海美华书馆印，1895 年。98 页。23.3 cm。罗马字。上声和去声用发圈法表示。入声韵尾分 -h 和 -k 两套。同志社 / 美经会。

马太传福音书，大美国圣经会托印，上海美华书馆印，1895 年。124 页。24 cm。罗马字。哈佛燕京 TA 1977.62 CF1895。

新约，大美国圣经会，上海，1897 年。从和合本译出。上海圣经会编，当时此会成员有 W.B.Burk，G.E.Perth 和 E.F.Tatum。

创世记—路得记，大美国圣经会，上海，1901 年。从和合本译出。

旧约，大英国圣经，上海，1901 年。

马可福音，大美国圣经会，上海，1903 年。42 叶。20 cm。英经会 / 美经会。

马可福音，大美国圣经会托印，上海美华书馆印，1904 年。47 页。21 cm。罗马字。同志社 / 美经会。

撒母耳前书——约伯记，大美国圣经会，上海，1904 年。

四福音书，大美国圣经会，上海，1905 年。75 + 47 + 81 + 63 页。21.5 cm。译者为 J.A.Silsby。罗马字。英经会。

四福音书，上海大美国圣经会，在横滨印刷，分四本装订。1906 年。

旧约，大美国圣经会，上海，1908 年。分篇标页码。23.5 cm。英经会。分四册线装。美经会。

新约，上海，大美国圣经会，在横滨印刷，1908 年。双面印，618 页。上海圣经委员会译。英经会。

新旧约圣经，上海大美国圣经会印行。1913 年。1396 + 438 页。22 cm。用句逗。这是最早的吴语新旧约合订本。伯克莱。

新约全书，上海大美国圣经会印发，1923 年，18 cm。614 页。复旦吴语室复印本。

新旧约圣经，上海美华圣经会印发，1928 年。旧约 1396 页，新约 438 页。用句逗。21.5 cm。同志社 / 天理 / 中山图书馆 / 北大。复旦吴语室藏其中《马太传福音书》复印本，51 叶。

新约全书，上海美华圣经会铅印本，1928 年。614 页。北大。

新约圣经，上海美华圣经会印发，1933 年。586 页。15.5 cm。天理。

方言圣经，上海土山湾印书馆，457 页。18.5 cm。出版年代未注明。上图。

（陈忠敏　复旦大学中文系　zhongminchen@fudan.edu.cn

金耀华　常熟理工学院　franco0508@163.com）

清光绪《松江方言教程》难词例解

褚半农

清光绪九年（1883 年）徐家汇土山湾天主教出版社出版的《松江方言教程：汉语教材与练习》(*Lecons ou exercices de langue chinoise-dialecte de Song-Kiang* 石汝杰教授翻译书名，以下称《松江方言教程》、"教程"），是法国传教士为其同伴编写的学习上海方言（当时称松江方言）教科书。这是一本有重要价值的文献，一是出版年代早，距今已 130 多年了；二是可以看到松江方言在上海方言历史上的重要地位；三是内容丰富，有详细的记音资料和大量的方言词汇，其中很多词语至今还在松江府原住民（今上海松江区、闵行区、浦东新区等区）中交流使用。全书共 42 课，第 15 课 "房子、建筑" 和第 25 课 "砖匠、石匠、木匠"，专收与建筑有关的词语和对话例句，其中有两处还记载到了绞圈房子，为当年大量存在过、现几乎全被拆除的特色住宅建筑提供了确凿证据，也是我至今发现的最早记录到绞圈房子的公开出版物。但绞圈房子在很长很长一个时期内，无人知晓，无人研究。1980 年代我第一个将它记载进县志并展开研究，2009 年还发表了学术论文（后又 3 次编入有关论文集）。"教程" 中 "绞圈房子""一绞圈" 等词语，我已在《若干吴语词条目再定和词义再释》中（参见《吴语研究》第八辑，上海教育出版社 2016 年 11 月第 1 版）予以释义，但《松江方言教程》尚未很好地得到研究，各类词语也未进入各类方言词典。本文选择这两课中若干建筑类词语为研究对象，配图照予以例释，冀求帮助理解，也希望能为上海方言的历史研究提供一份新的资料。

一　竖　贴

1. 竖贴。（第 25 课第 127 页）
2. 竖贴个日脚定了拉末。（竖贴的时间定了没有。第 25 课第 132 页）

"竖贴" 是旧时建造房子中的一个步骤，一个阶段，直至 1970 年代或以后，上海（还应包括苏南地区）农村造房还是这样。说 "竖贴"，先要从说 "贴"（也有写成 "帖" 的）开始。

以前农村房屋都是砖木结构，立贴式。其中的 "贴" 是房子主要组成部分，如七路头房子，它由 7 根柱子加穿（专业术语是 "穿枋"）组成的木构架立面，称 "一副贴"，《寻访上海古镇民居》中的建筑术语称 "一榀构架"（第 61 页），[①]《中国建筑史》中相似说法是："'间' 则由相邻两榀房架构成"（第 5 页），[②] 这里的 "构架""房架" 就是 "贴"。上海及苏南的正屋都是七路头（即屋面有 7 根梁），一副贴由 7 根柱子和上部横向的穿组成（图 1），一间房子由两副贴组成屋架，再在上面架 7 根梁（图 2）。如要造三间房，就要有 4 副贴，贴竖起后才能架房梁。也有五路头、九路头房子，它的贴分别有 5 根柱子、9 根柱子加穿组成。用这种方法造成的房子也称 "立贴式" 房子，建筑专业术语称为 "穿斗式"。

---

① 娄承浩，陶祎珺. 寻访上海古镇民居［M］. 上海：同济大学出版社，2017.
② 潘西谷. 中国建筑史［M］. 北京：建筑工业出版社，1982.

过去建造房子，都要先将若干根柱子和穿组装成一副"贴"，再将"贴"竖起来，这就是"竖贴"。"贴"竖起来后，再在两副贴的上面架梁木，称"上梁"。竖贴、上梁是造房过程中的阶段性大事，东家必会庆贺，还有"抛梁馒头抛梁糕""请上梁酒"等的隆重仪式。竖贴、上梁等完毕并固定后，方可在柱子之间砌壁脚，梁木上钉上各档椽子，房子才能继续建造下去。从本文图5中，可看到贴竖起来并砌好了的壁脚。

《明清吴语词典》有"竖屋"词条（第561页），① 释义为"上梁"，同"竖贴"不完全一致。它没有涉及把"贴"竖起来这个最重要的过程，既是这样，"梁"上在哪里？从所引例句看，"竖屋"包括竖贴和上梁两个内容。

"竖贴"的释义是：将柱子和穿组成贴（一榀构架），用两副贴组成两榀构架，将其竖立起来，称竖贴。贴竖起来后再可在上面架房梁，称上梁，柱子之间砌壁脚等。

图1　贴（由柱子和穿组装成）

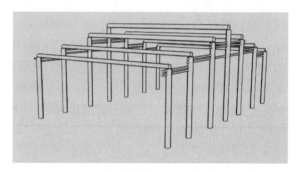

图2　屋架（由两副贴和房梁组成）

二　柱　脚

3. 柱脚砌好拉者。（柱脚砌好了。第25课第131页）

4. 挂线挂来勿准作，所以柱脚有点歪个。（因挂线挂来不准，所以柱脚砌来有点歪。第25课第128页）

"柱脚"，就是柱子（参阅图1、图2中的柱子）。但在吴地因发音关系从不叫柱子（"柱"在吴地发jú音），要么叫柱脚，要么叫柱头，这两种叫法在明清吴语文献中都有记录，在明邝璠《便民图纂》② 卷第九中就有两处"柱脚"：

（1）写"白"字，倒贴于柱脚上四处，则无蚊子。（卷第九第92页）

（2）书"仪方"二字，倒贴于柱脚上，辟蛇虫。（卷第九第92页）

《便民图纂》卷第九记载了大量防病治虫的土办法，上引两条例句出自其中的"五月"条，例句（1）是防蚊子，方法是写一张"白"字，将其倒贴在"柱脚"上，屋里就没有蚊子了。例句（2）是将写有"仪方"二字的纸，也倒贴在"柱脚"上，可防蛇虫，此处的"虫"是指蜈蚣等此类毒虫。是否有效果，或者说事情最后的结果怎样，都不在本文讨论之内，重要的是书中使用了"柱脚"这个名词。

再回过头来看《松江方言教程》中的两个例句，例句3告诉大家"柱脚（已经）砌好

---

① 石汝杰，宫田一郎.明清吴语词典［M］.上海：上海辞书出版社，2005.

② 邝璠.便民图纂［M］.北京：农业出版社，1959.

了"，例句 4 说的是，在砌的时候，因表示垂直与否的"挂线"挂得歪（即勿准作），因而砌得有点歪了。

在明清其他文献中，"柱脚"一词时有出现，如：

（3）丫头不肯说，平身在那**柱脚**边拾起一把劈柴的奔刀来，做势要杀他。（《醒世骈言》第 5 回，中华书局版第 60 页，燕山出版社版第 96 ~ 97 页）

在拙著《明清文学中的吴语词研究》中，① 引用了"柱脚"、"柱头"多个例句：

（4）从匠人都吃利市酒去了，止存施复一人，两边检点**柱脚**，若不平准的，便把来垫稳。看到左边中间柱脚歪斜，把砖去垫。（《醒世恒言》第 18 卷，上海古籍出版社 1998 年版）

（5）众人道："老伯虑得深远，极为持重。"不觉膀子靠去，**柱脚**一松，连棚带柱，一齐倒下。（《豆棚闲话》第 12 则，上海古籍出版社 1983 年版）

（6）龙华塔，高七层，七皮窗咾七皮门。七乘楼梯团团转，七丈**柱头**矗天心。（《沪谚外编·龙华塔》，上海古籍出版社 1989 年版）

对"柱子"的这两种称呼，在上海西南地区松江府原住民中至今还是这样。如要称"柱子"的话，非要用普通话不可，因为方言的发音是"巨子"，旁人听不懂。

三 黄道、黄道砖

5. 黄道几钱一万。前头不过十二三个洋钱，现在非但乎飞涨，还缺货，一时头上无买处。［黄道（砖）多少钱一万（块）。以前不过十二三个洋钱，现在不但价格飞涨，还缺货，需要时没有地方可买。第 129 页］

6. 墙用黄道砖来砌。（墙壁用黄道砖来砌。第 129 页）

"教程"中既有"黄道"，也有"黄道砖"词条，所引例句 5、例句 6 两段对话也涉及这两个词语。"黄道""黄道砖"词义相同，都是指同一种砖头，也是旧时房屋建筑中常用的砖头，有厚薄两种。它有多种规格，以本书图 3、图 4 中黄道砖（属厚的一种）为例，长、宽、高尺寸分别是 17.5 厘米 ×8.0 厘米 ×4.5 厘米。它们比现在使用的八五红砖、九五红砖，规格要小得多。（图 4）

图 3 黄道砖

图 4 黄道砖（上）、八五红砖（下）大小比较

清末民初上海浦东人胡祖德的《沪谚外编·隐语》中收录有词语"黄道"做的地名歇后语：

---

① 褚半农 . 明清文学中的吴语词研究［M］. 上海：上海辞书出版社，2008.

（7）黄道造环弄：砖桥——颉桥。①（《沪谚外编》上卷第 58 页）

例句（7）中的"环弄"，即环弄桥，中拱弯度较高的石拱桥，也写作"环龙桥"。

四　墙、壁脚

在《松江方言教程》中，"墙"和"壁脚"的词语、例句很多，现举几例：

7. 壁脚咾墙，齐用清水砖头砌拉个。[壁脚和墙，都是用清水砖头砌的（即外面没有用石灰粉刷）。第 25 课第 129 页]

8. 墙用黄道砖来砌。（墙壁要用黄道砖来砌。第 25 课第 129 页）

9. 墙咾壁脚，齐要粉刷。（墙壁和壁脚，都要粉刷的。第 25 课第 127 页）

从 7、8、9 三个例句中就可清楚地看出，"墙"和"壁脚"是两种东西，因而也是两个词语，"教程"中分得清清楚楚，事实上它们也是两种物事。虽然它们用的材料（砖头和沙浆）和施工方法（砌）都相同，但它们有不同之处。现在的人对墙是了解的，对壁脚就非常陌生，甚至不知道了。这里就说说二者的不同之处。

图 5　柱子之间砌的壁脚

图 6　没有柱子的墙壁

一、厚度不同，墙的厚度比壁脚要"厚"得多。

壁脚因为是在柱子之间，用单块砖头横放或侧放后向上砌起来的（一般都是横着平放），其厚度就是这块砖横放或侧放后的尺寸。以图 5 中的黄道砖砌成的壁脚为例，如横放，厚度就是砖头的宽度 8.0 厘米，如侧放，它的厚度就是砖头的高度 4.5 厘米。如加上砌好后两面用石灰粉刷，壁脚的厚度最多再各增加 1~2 厘米。与墙壁相比，它要单薄得多，因此壁脚又称"单壁"。

墙，又叫墙壁、墙头，是由两块或两块以上砖头并排、或一横一竖排列后向上砌成的，以图 6 中的黄道砖砌成的墙壁为例，其厚度至少在 15 厘米以上。

二、宽度不同，墙的宽度比壁脚要"宽"得多。

道理非常简单，壁脚是砌在两根柱子之间的。从图 5 可看出，这副贴有 7 根柱子、6 个空档（参见图 1），这些空档里砌上砖头后，即是 6 垛壁脚。壁脚的宽度是由两根柱子的距离决定的，又同本文"一、竖贴"中分析的"贴"有关，还同上海以及苏南地区房屋制式有关。这些地方老房子正屋的两根柱子之间的距离约 1.2 米左右，这个距离也就是每垛壁脚的宽度。

砌墙壁不用柱子，其"宽度"可不受限制，只要需要，5 米、6 米，甚至更多米都可

---

① 胡祖德.沪谚外编［M］.上海：上海古籍出版社，1989.

以，这时墙壁的"宽度"就成其长度了。

因为现在造房只有墙壁而都没有壁脚，好多读者已不知壁脚为何物，常将它们混为一谈。"壁脚"在词典中的释义也都是不完整的，或者说是错误的。在《简明吴方言词典》中是"名词。墙脚"。①《吴方言词典》中的释义是"墙根"，②《明清吴语词典》则是把两者合在一起："墙根，墙脚"。用这种义项去解释《松江方言教程》中的"壁脚"，似乎还看不出其不周之处，但放在其他之处，如遇到长篇小说《海上繁华梦》中写到的"壁脚"时，就无法解释了，其不周之处立现。《海上繁华梦》是民国时风靡上海滩的社会小说，其中有好几处都写到了"壁脚"，如按词典释义，根本无法理解其词义：

（8）前面半间大些，是小妹姐的房间，后半间只有一垛壁脚阔狭，本来老娘姨住的，如今留与小桃暂睡。（海上漱石生《海上繁华梦》二集第 475 页，上海古籍出版社 1991 年 5 月版）

（9）（娘姨）遂把四人领至后面一个小房间内坐下。这房间只有一垛半壁脚阔狭，摆着一张炕榻，一张半桌，两把交椅，一只茶几。（海上漱石生《海上繁华梦》二集第 665 页，上海古籍出版社 1991 年 5 月版）

例句（8）（9）要告诉读者的不是什么"墙脚、墙根"，而是房子很小。这两个人（妓女）都居住在分隔开的小房间里，这种房间原来多大面积是可以计算出来的。房间面宽约 4.2 米，这也是房梁的长度（上海及苏南老房子正屋一般都是这种标准）。房子进深是 7 根柱子 6 条壁脚（参见图 5、图 6、图 7），约 6.6 米，面积约 27.72 平方米。房子隔开后成小间，小说中分别说的是"一垛壁脚""一垛半壁脚"阔狭（垛，量词）。根据上面分析可得知，"一垛壁脚"宽约 1.1 米，"一垛半壁脚"宽约 1.65 米。用这些数字各乘以 4.2 米，得出的也就是这两间小房间面积。如例（8）"小妹姐"的面积为 4.2 米 × 1.1 米 = 4.62 平方米，面积只占整个房间的六分之一。例（9）"小房间"因多了半堵壁脚（0.55 米），4.2 米 × 1.65 米，面积也不过 6.93 平方米，只有整个房间的四分之一，从图 7 可直观看到房间之小。这么小的地方，还要放置床铺、桌子、凳子等，当然就显得非常非常狭小了。这也是小说作者要告诉读者的笔下之意，如用词典提供的"墙根、墙脚"等的义项，因没有涉及"壁脚"的本义，自然无法解释了。

壁脚的释义是：（柱子之间）砖头横放或侧放后单列向上砌的"墙"，又称"单壁"，以区别于"墙头"（《莘庄方言》第 143 页）。③

图 7　一条半壁脚阔狭的房间面积示意图（图中阴影部分）

①　闵家骥，等.简明吴方言词典［M］.上海：上海辞书出版社，1986.
②　吴连生，等.吴方言词典［M］.上海：汉语大辞典出版社，1995.
③　褚半农.莘庄方言［M］.上海：学林出版社，2013.

五　斜　沟　瓦

10. 斜沟瓦（第 25 课第 129 页）

图 8　斜沟

图 9　斜沟瓦（左），普通瓦

　　横向屋面和竖向屋面相交处会出现一条瓦沟（如绞圈房子前后两埭正屋同厢房相交后，有 4 条斜沟），相对于横平竖直的屋面来说，瓦沟呈 45°斜角，故称"斜沟"。它主要用于屋面排水，下雨后，屋面上的雨水通过斜沟流入庭心（天井）里，再从庭心的下水道排出。斜沟下面要铺较大的瓦，这种瓦称斜沟瓦。（图 8、图 9）而普通瓦较小，是用来盖在屋面上的。

六　搁　栅

　　11. 搁栅一根。（搁栅一根。第 25 课第 126 页）

　　12. 做搁栅嫌细否？勿嫌细者，搁栅蛮好做。（［这根木头］做搁栅会不会太细了？不嫌细的，可以做搁栅的。第 25 课第 131 页）

　　搁栅，房间中用来搁置楼板或地板的横木，也叫搁栅木。搁栅密度视木头粗细而定，一般是每一副贴的每根柱子上放一根，也有为增加牢固度而多放的（所以例句 12 中有是不是"嫌细"的说法）。搁栅用在房子的两个地方，一在上，一在下。上，是指楼房上下两层之间放的横木，也就是搁栅，在上的也叫楼搁栅，有了横木（搁栅）上面才能铺木楼板。有的平房也有"搁"，也需先有搁栅，再铺上搁板。如图 10 中是楼搁栅，能看到有 7 根。下，是指平房或楼房底层地面上放的横木，也就是搁栅，因为在下面的，故也叫地搁栅，而后在上面铺地板。这是由于地面潮湿，地板不能直接铺在地面上，需用搁栅隔开一段距离。搁栅，有写作"搁栅"的。

栅栅

图 10　栅　栅

七　楼阁板

13. 因为楼阁板勿平咾,走起来有响声个。(因为楼板不平,走起来会发出响声的。第15 课第 57 页)

楼阁板,即是木头楼板,如图 10 中楼栅栅上铺的木板。注:按照"教程"中写法,此处的"楼阁板"应该为"楼栅板"。

八　地阁板

14. 扫之地搁板后,窗要开之咾撑拉。(扫好了地栅板后,窗开了后要再撑起来。第15 课第 56 页)

15. 垃垃地阁板下头。([东西]在地栅板下面。第 15 课第 57 页)

地阁板,即用木头铺成的地板。注:按照"教程"中写法,此处的"地阁板"应该为"地栅板"。

参考文献

褚半农.明清文学中的吴语词研究 [M].上海:上海辞书出版社,2008.

褚半农.莘庄方言 [M].上海:学林出版社,2013.

顾蓓蓓.苏州地区传统民居的精锐 [M].武汉:华中科技大学出版社,2012.

胡祖德.《沪谚外编》[M].上海:上海古籍出版社,1989.

邝　璠.《便民图纂》[M].北京:农业出版社,1959.

梁思成.中国建筑史 [M].天津:百花文艺出版社,1998.

娄承浩,陶祎珺.寻访上海古镇民居 [M].上海:同济大学出版社,2017.

闵家骥,等.简明吴方言词典 [M].上海:上海辞书出版社,1986.

潘西谷.中国建筑史 [M].北京:建筑工业出版社,1982.

石汝杰,宫田一郎.明清吴语词典 [M].上海:上海辞书出版社,2005.

吴连生,等.吴方言词典 [M].上海:汉语大辞典出版社,1995.

(褚半农　上海闵行区莘庄镇镇志办公室　6656c@sina.com)

宁波方言中的"坏 ×"说法

崔山佳

一 宁波话中的"坏吃"

赵元任（1968/2001：344）指出，作副词用的"好—坏"和"容易—难"这两对反义词之间有一种参差现象：首先，能说"这菜好吃"（good to eat），不说"这菜坏吃"，得说"这菜难吃"；"好吃"还有"容易吃"的意思。"容易吃"只有一个意思，而"难吃"除了"不容易吃"的意思外还有"不好吃"（taste bad）的意思。例如：

好吃 1. good to eat　容易吃 easy to eat

　　 2. easy to eat　难吃 1. taste bad

＊坏吃　　　　　　　　　2. difficult to eat

一对反义词内部和多对反义词之间的不对称都可以用统一的标记理论来解释，这就是本章要论述的内容。（沈家煊，2015：165）

就汉语普通话和绝大多数方言来说，这无疑是正确的。但宁波话中有"这菜坏吃"的说法。两本《宁波方言词典》都收"坏吃"这个词条。朱彰年等（1996：137）收"坏吃"："〈形〉不好吃。"例如：

（1）下饭煮勒**坏吃**咯。

又收"坏吃芋艿头"："〈名〉不好对付的刺儿头。"很明显，"坏吃芋艿头"用于指人。

汤珍珠等（1997：73）也收"坏吃"："难吃；不好吃。"例如：

（2）该东西**坏吃**个。

也收"坏吃芋艿头"："比喻不好对付的人或事。"例如：

（3）该人也是**坏吃芋艿头**，吭没好弄的。

笔者是宁波奉化人，凭语感，似乎"坏吃芋艿头"只能用于不好对付的人，而没有用于不好对付的事。不知汤珍珠等（1997：73）所据何来？

朱彰年等（2016：33）收"坏吃芋艿头"，义为"不好对付的刺儿头"。

朱彰年等（2016：33）收有"好吃果子"，义为"容易对付的人"。例如：

（4）其他也勿是**好吃果子**。

其实，宁波话中还有"坏吃果子"，义为"不容易对付的人"，是"好吃果子"的反义词。"坏吃果子"与"坏吃芋艿头"义同，但两本《宁波方言词典》都未收，朱彰年等（2016：33）也未收。相比而言，前者带有书面语色彩，如"果子"不是宁波口语用法，后者呈口语化特点，奉化的"芋艿头"更是遐迩闻名。

宁波鄞州话中也有"坏吃"等。肖萍等（2014：283）收"坏吃"："不好吃；难吃。"肖萍等（2014：260）还收"坏吃芋艿头"："比喻不好对付的人或事。"同页还收"坏吃果子"："比喻不好对付的人。"同前，"坏吃芋艿头"似乎未见用于不好对付的事的用法。

据上海外国语大学国际文化交流学院的邵洪亮先生说，宁波象山话也有"好吃"的反义词"坏吃"的说法。（其家乡是象山石浦）

据笔者同学沈丽萍女士说，宁波北仑话也有"坏吃"，连舟山也有"坏吃"（下文要说到），那么，北仑有"坏吃"就不奇怪了。与舟山话不同的是，北仑也有"坏吃芋艿"。

又据笔者同学陈沛真女士说，宁波镇海话也有"坏吃"，也有"坏吃果子""坏吃芋艿头"。

又据本校本科毕业学生金武斌同学说，宁波宁海话也有"下饭介坏吃"的说法。这样看来，宁波除了北边的余姚与慈溪不说"坏吃"外，其余的县、区、市都说"坏吃"，有的还有"坏吃芋艿头""坏吃芋艿""坏吃果子"。

舟山话也有"坏吃"，上海师范大学对外汉语学院的蔡瑱博士在第八届现代汉语虚词研究与对外汉语教学国际学术研讨会上交流了《舟山话中副词"多少"的量性特征与量化表述》的论文，其中举有"多少好吃""多少坏吃"的例子，说明舟山话中也有"坏吃"的说法。徐波（2004：153）也举有"好吃果子 容易对付的人。与'坏吃果子'相对应"。舟山话与宁波话有千丝万缕的关系，舟山以前就属宁波。

"坏吃芋艿头""坏吃果子"已经成为熟语，但其结构本身，"坏吃"都是作为形容词来使用，用来修饰"芋艿头""芋艿""果子"。这是隐喻用法，是隐喻人，而不是隐喻事。更为奇特的是，因为常用，因为当地人都是"你懂的"，所以，在奉化口语中还有"坏吃"的说法，也是形容人，其义与"坏吃芋艿头""坏吃果子"一样，这也是隐喻用法。例如：

（5）其是**坏吃**，莫去睬其。

"坏吃"从形容词变为指人名词更是罕见。

以上说明，就"坏吃"来说，奉化话最复杂，即只有奉化话有"坏吃"指人的用法。

江圣彪（2017：331）收"歪吃芋艿"："难以对付的人。""歪"应该是"坏"。

奉化话还有"坏吃芋艿"，义同"坏吃芋艿头"。例如：

（6）该人是**坏吃芋艿**。

"坏吃芋艿头""坏吃芋艿""坏吃果子"是短语，定中短语，是名词性的，但"坏吃"本来是形容词，在奉化话口语中，已经隐喻为"不好对付的人"，是名词。不过，就其使用频率来看，在口语中还是"坏吃芋艿头"更高。"跑遍三江六码头，吃过奉化芋艿头"，这是奉化的一张名片。但奉化的"芋艿头"不是整个都是"好吃"的，上半部"好吃"，"芋艿头"的底部是"不好吃（坏吃）"的。因为常用，后来就发生了隐喻，从具体事物（蔬菜）投射／映射到人。但不是所有的蔬菜名都能进入"坏吃……"这个框架，如没有"坏吃番薯""坏吃萝卜""坏吃南瓜""坏吃冬瓜""坏吃番茄""坏吃青菜"等隐喻说法，即除了"芋艿（头）"，其他具体的蔬菜名不能进入。水果也是如此，如苹果、桃子、橘子、香蕉等，如果烂了，更是不能吃的，比如梨，哪怕只有一点点烂，也是不能吃的。所以也发生了隐喻用法，也从具体事物（水果）投射／映射到人。但"水果"是总体、概括的说法，具体的水果名不能进入"坏吃……"这个框架，如不说"坏吃桃子""坏吃苹果""坏吃梨头""坏吃西瓜"等。也就是说，"坏吃芋艿头""坏吃芋艿"的喻体是个体，而"坏吃水果"的喻体是总体、概括。"坏吃芋艿头""坏吃芋艿""坏吃果子"又充分体现了象似性。

当然，宁波话中也有"难吃"的说法，其义也有二，其一是"不容易吃"，其二是"不好吃"，与上面所说的普通话说法差不多。

美国旅甬传教士睦礼逊编著的《宁波方言字语汇解》（2016：504）收有"孬吃""难吃"，但"孬吃"的"孬"注音为"wǎ"。同页有注释：【孬吃】不好吃。孬：据注音应为

'坏'。"《宁波方言字语汇解》1876 年由上海美华书局出版，由此可见，至少在 1876 年前，宁波话中已有"坏吃"的说法，已经 140 余年了。

二 语料库中的"坏吃"

我们搜索了北京大学 CCL 语料库，未找到"坏吃"的说法。又搜索北京语言大学 BCC 语料库，在"博客"中找到几例，如：

（1）今天喝了两瓶牛奶，吃了味千拉面，晃悠悠晃悠悠，又晃到意咖啡，小坐一会，老银泰后面的意咖啡服务态度差，东西还那么**坏吃**。

（2）在马食堂品尝着高价又**坏吃**的中饭，经历过这，顿时觉得我们的"元忻大饭店"是多么的实惠和美味，劳斯斯同学，你的脖子能伸的再长点么？

（3）刚明明还在集集小镇怎么一下就飘那去了……**坏吃**，那么多。

（4）正在参加作协年会暨诸荣会获奖紫金山文学奖庆功会休假第二天，没有开窗，没有开过门，不知外面的天，没有到阳台，围在床上，除了看博，看电视，织围巾，感觉天气阴冷，晚上好像下雨了，我有个特点，在自己无奈、无助、无趣时，喜欢吃零食，没有什么好吃**坏吃**，哪怕平时从不沾食的物品此时也成了美味。

（5）看看人那么多还是退却了，可这饼老让我回想起当年城隍庙轰动一时的武大郎馅饼，超级**坏吃**，那么红完全是因为市民的邪火气。

上面几例的"坏吃"也是形容词，都是"不好吃"的意思。例（4）更是"好吃"与"坏吃"并列在一起，反义词对比的意义更明显。上面几例，从前后的语言环境中推测，有的好像就是宁波人的口气。特别是例（5）的"邪火气"。朱彰年等（1996：102）收"邪火气"："没有主见，人云亦云。"而"邪火气"一词，李荣（2002）未收，许宝华等（1999）也未收，可能像"坏吃"一样，也是宁波话的特征词。另外几例看不出出自哪个方言，但估计不会跳出吴语的范围，就算不是宁波话，也应该可能是宁波周边的方言点，因为李荣（2002），也只有宁波话收有"坏吃"和"坏吃芋艿头"，另外 3 个方言点杭州、温州、金华都没有，绍兴话似乎也没有，杨葳等（2000）未见"坏吃"。笔者问过绍兴诸暨枫桥的魏业群同学，她也说没有"坏吃"。温岭话似乎也没有，阮咏梅（2013）未见"坏吃"。宁波余姚话也未见"坏吃"的说法，肖萍（2011）未见"坏吃"，我们又问过是余姚人的本校硕士生黄梦娜同学，她也说没有这种说法。又据笔者同学周洪飞先生说，余姚没有"坏吃"，如说"菜"不好吃，是说"勿好吃"，更没有"坏吃果子"，而说"勿是好吃果子"。慈溪也一样。因为从历史来看，余姚是属于绍兴的，方言受绍兴话影响很大，而慈溪与余姚地域相邻，一些乡镇的行政区划也有改变，如余秋雨先生的家乡原属余姚，现在划为慈溪。所以，慈溪不见"坏吃"也可理解。

北京语言大学 BCC 语料库还有 1 例"坏吃果子"出自"科技"，应该是学术论文。例如：

（6）一种只出现喻体而本体并不出现的比喻，而这些喻体事物大都与人们的日常生活密切相关，常见的喻体有动物的，如：稻熟麻雀（喻指说话叽叽喳喳、吵吵嚷嚷的人，多指女性）、钻仓老鼠、好日黄狗（好日即结婚日，这一俗成成语原指办喜事人家兴奋得跑进跑出、忙个不停的狗）；以植物作为喻体的如：牵丝扳藤、余江蒲瓢、死藤饭瓜（喻指阴阳怪气、在紧急状态下言行也过于犹疑迟缓而怪异的人）、好吃果子（容易对付的人，与

"坏吃果子"相对应）；以日常事物为喻体的如：开羹橱门（呕吐的委婉语，羹橱是专放碗碟和菜肴的柜子）、捞锡箔灰（锡箔是祭祀用的冥品，上等锡箔含锡量略大，焚化后可回收提炼）。

上例的另外一些词语，朱彰年等（1997）基本上收，例如：

"稻熟麻雀"（第469页）

"钻仓老鼠"（第307页："〈名〉喻指个子小、动作机智的人。"）

"好日黄狗"（第131页："〈名〉喻指到处乱跑、忙个不停的小孩。"）

"牵丝扳藤"（第249页收"牵丝掰凳"，义项有二：①形容说话、做事不爽快，拖泥带水。②纠缠不清。）

"氽江蒲瓢"（第117页收"氽"，义项一是"漂浮"，举有"氽江浮尸"。）

"死藤饭瓜"（第100页收"死藤南瓜"："〈名〉喻指阴阳怪气、遇事没有明确态度的人。"也说"死藤饭瓜"、"死藤"、"晒瘪葛藤"。）

"开羹橱门"（第27页收"开斉橱门"："呕吐的委婉语。"）

因此，例（6）很可能说的就是宁波话或舟山话。

三　宁波话中的"好×""难×"与"坏×"

（一）

宁波话有"坏过"，是形容词，义为"不舒服"。（汤珍珠等，1997：73）朱彰年等（1996：137）也收"坏过"，义为"难过；不舒服"，如：

（1）该句话听仔心里交关**坏过**。

（2）今末有眼发热，人**坏过**猛。

奉化话也有"坏过"，义同上。

朱彰年等（1996）"坏×"的词条不多。如：

"坏过"："难过；不舒服。"

"坏吃"："不好吃。"

"坏吃芋艿头"："不好对付的刺儿头。"（朱彰年等，1996：137）

汤珍珠等（1997）"坏×"的词条也不多。如：

"坏坯子"："坏蛋。"

"坏过"："不舒服。"

"坏吃"："难吃；不好吃。"

"坏吃芋艿头"："比喻不好对付的人或事。"（汤珍珠等，1997：73）

"坏账"："烂账。"汤珍珠等（1997：140）收"烂账"："要不回来的账。"《现代汉语词典》（第7版，下同）已收："会计上指确定无法收回的账。"看来，"坏账"现在已不是方言用法。但是不是受到宁波话的影响，还需作进一步考察。据北京大学CCL现代汉语语料库来看，1994年才有例子。例如：

（3）呆账、**坏账**也应按此处理。（《1994年报刊精选》）

汤珍珠等（1997）虽然1997年才出版，但编纂此词典应该远远早于1997年。宁波话估计早就有"坏账"。不过，这个"坏"[ɦua]与前面几个"坏×"的"坏"[ua]音不同，声调也不同。

朱彰年等（2016：277）收"坏吃"："不好吃。"如"下饭坏吃个""桃子坏吃个"。朱彰年等（2016：444）收"良心生勒肋胳肢下——歪（坏）心。"

宁波话中还有"坏田"的说法，例如："草子种三年，坏田变好田。"（谚语）（朱彰年等，2016：377）"坏田"虽然《现代汉语词典》未收，但北京语言大学 BCC 语料库有不少例子。

朱彰年等（2016：33）收"坏坯子"："坏蛋。"如"该人从小就是坏坯子"。收"坏吃芋艿头"："不好对付的刺儿头。"也收"好吃果子"："容易对付的人。"如"其也勿是好吃果子"。

"坏坯子"的说法，《现代汉语词典》未收，可能因为它是方言用词。石汝杰、〔日〕宫田一郎（2005：272）收，附在"坏胚子"条里，都是"坏蛋"义。例如：

（4）孩儿看这人一定是个**坏胚子**，明明有三十多岁年纪，还要瞒作二十多岁。（《新党发财记》第 11 回）

（5）陆里晓得个娘舅也是个**坏坯子**，我生意好仔点，骗我五百块洋钱去，人也勿来哉！（《海上花列传》第 52 回）

李荣主编（2002）收"坏坯子"："品质恶劣的人。"方言点为上海、宁波。上海也叫"坏料""坏种"。宁波话也说"坏种"。"坏坯子"与"坏胚子"不是宁波话的特征词，但至少是吴语所常用的，且在清代作品中已有。

北京语言大学 BCC 语料库也有一些例子，如：

（6）二少笑了一笑道："小阿囡，**坏坯子**，明天请问你。"（网蛛生《人海潮》第 14 回）

（7）一根藤上的两个毒瓜一根藤上的两个毒瓜上海机床厂　尚载《三上桃峰》和《海瑞罢官》一样，都是为被打倒的机会主义路线代表人物翻案的，是一根藤上的两个毒瓜，一个模子里铸出来的两个**坏坯子**。（《人民日报》1974 年 3 月 27 日）

（8）法治政府："法"是最好的改革武器近代著名学者林语堂曾分析道，西方人将政府"作**坏坯子**看待"，中国人则相反，将政府视为"贤能政府"。（《人民日报·海外版》2014 年 10 月 21 日）

（9）他向粉丝承诺接下来出版的周报上会有更多故事。"跟你说了他是个**坏坯子**。"（蕾秋·乔伊斯《一个人的朝圣》）

（10）公主的傲慢并不仅止于此，凡是她看不顺眼的侍从、侍女，她都要在枕边向国王告状。"那个叫法蓝兹的侍从，总是用嫌恶的眼神看我，以前我也警告过他，但他却好像一点悔意也没有，真是个**坏胚子**。"（桐生操《令人战栗的格林童话》）

网蛛生原名平襟亚，江苏常熟人。早年在家乡任小学教师，1915 年到上海，中华人民共和国成立后，从事弹词写作。

北京大学 CCL 语料库也有一些例子，如：

（11）但是，雷宾的眼里，却充满了阴险的光，他自满地望着巴威尔，兴奋地用手梳理着胡子，接着说："那些人是另一回事，对他们的态度也是另一回事！"雷宾说。"……当然，什么人中间都有**坏坯子**，所以我也不同意偏向所有的农民……"（翻译作品《母亲》）

（12）"你听听看！你听听看！"奶奶气极的看了一眼雨杭，再掉头看着牧白："这样一身反骨的**坏胚子**，你……你还要说他是你的亲骨肉，打死我我也不信！"（琼瑶《烟锁重楼》）

（13）老夫人点点头，说道："……如今这世界上奸诈的人多，老实的人少，就是磕一个头，有些**坏胚子**也要装神弄鬼，明明没磕头，却在地下弄出咚咚的声音来，欺我老太太瞧不见。……"（金庸《天龙八部》）

（14）这里的女人（Groupie 或称骨肉皮），都有好莱坞女星般圆圆的胸脯，至少在某一方面能吸引混在音乐圈里的**坏胚子**们（有钱、有权、有才、有身体等等）。（卫慧《上海宝贝》）

（15）因为军人们被授予荣誉和权力，成群的蝇营狗苟的**坏胚子**趋炎附势，本不具备的天才品质都赋予了权势，于是他们便被称为天才。（翻译作品《战争与和平》）

（16）"你还真是个正直到愚蠢的人。不过就如修德所说，似乎不是个**坏胚子**，并且实力似乎也不错。有强力的伙伴加入我们当然是大大欢迎，如此一来打赢的几率，以及大伙儿存活的几率一定是变高的。"（翻译作品《罗德岛战记》）

（17）罗严塔尔到现在，已经不认为这名男子除了天生就具有缺德政客的**坏胚子**之外，骨子里还有什么其他的组成因子。（翻译作品《银河英雄传说》09）

（18）"吓一下就行么？说得太容易呀！何秀妹一淘**坏胚子**是吓不倒的！"（茅盾《子夜》）——另有 1 例 "坏胚子"。

《母亲》翻译者沈端先，即夏衍，是浙江杭州人。《战争与和平》翻译者是草婴，原名盛峻峰，1923 年出生于宁波镇海骆驼桥盛家。琼瑶，原名陈喆，1938 年 4 月 20 日出生于四川成都，毕业于台北市立中山女中。金庸，原名查良镛，1924 年 3 月 10 日生于浙江省海宁市，1944 年考入重庆中央政治大学外交系，1946 年秋，金庸进入上海《大公报》任国际电讯翻译。1952 年调入《新晚报》编辑副刊，1959 年，金庸等人于香港创办《明报》。卫慧，1973 年生于浙江余姚，儿时在普陀山、桃花岛等地度过，1995 年毕业于复旦大学中文系，居纽约与上海，专职写作。看来，"坏胚子"或"坏坯子"多出自吴语区作家之手。

吴语中，"胚子"或"坯子"都是贬义的名词，朱彰年等（1996：189）收："料；货；类；对人的轻贱称呼。"如"坏坯子""下作坯子"。所以，"坯子"不可能与"好"搭配，而只能与"坏"搭配。不过，近年来，普通话"胚子"又有新的用法，如"美人胚子"，此"胚子"应该不是贬义。但这是固定用法，似乎未见"胚子"与其他词语搭配的例子。

李荣主编（2002）收"坏病"："癌症的讳称。"方言点为扬州。其实奉化话也有。这与舟山话、奉化话的"坏过"指"病了"是相同的。

许宝华、宫田一郎主编（1999）收"坏过"："〈动〉病了。"方言点是吴语，浙江定海。徐波（2004：92）也有类似说法："得病：坏过、难熬、弗爽快。"认为这种用法是"委婉含蓄"。与宁波话语义有别，"病了"是动词，而宁波话的"不舒服"应该是形容词，如可以说"我人交关坏过"，是说"我身体非常难受"。但徐波（2004：47）也收"坏过"："（身体或心情）不舒服；难受。"如"出勒该貌事体，渠心里肯定交关坏过_{出了这样一来的事情，他心里也肯定挺难过的}。"这就与宁波话相同了。看来，舟山话的"坏过"有两种解释。奉化话"坏过"与舟山话一样也有两种解释，作"病了"解的"坏过"更多的是用于小孩病了，这是避讳用法。

收"坏户"："〈名〉对强暴凶恶、不讲道理的坏人的称呼。"方言点为宁波。应钟《甬言稽诂·释流品》："甬称暴戾忿恶之莠民为'坏户'。"现在似乎不说。

收"坏眼"："〈名〉眼角耷拉的眼睛。"方言点为宁波。应钟《甬言稽诂·释语》："俗称眼角下坠曰'坏眼'。"现在似乎不说。

收"坏嘴"："〈名〉口角下垂的嘴。"方言点为宁波。应钟《甬言稽诂·释语》："俗称口角下坠曰'坏嘴'。"现在似乎不说。

以上"坏户""坏眼""坏嘴"这几个"坏×"为宁波话所独有。

另外，宁波话还有"该人嘴巴交关坏"，"坏"陈述主语"嘴巴"，是说"该人"专门说别人坏话。

以上可见，宁波话（包括舟山话）"坏"的搭配能力是比较强的，一些搭配可谓是特征词。

（二）

象山话"坏"的搭配能力似乎更强。叶忠正（2007：493）收"坏咄"，又收"咄"，义为"问罪，承担；吃，吸，饮"。（叶忠正，2007：447）其实，这个"咄"就是"吃"。

象山话除了有"坏"外，还收有"坏牢""坏看""坏相""坏咄""坏听""坏做""坏用""坏弄""坏走""坏派""坏坯""坏种"。（叶忠正，2007：493）

收有"好"外，还收有"好看""好相""好咄""好听""好弄""好卖""好装""好做""好做人""做好人""好用""好过""好过过""好怠慢"。（叶忠正，2007：493）

又收有"难看""难相""难咄""难听""难弄""难装""难怠慢""难卖""难做""难做人""做难人""难走""难种""难用""难过"。（叶忠正，2007：493）

象山话有"好弄"，反义的有"难弄"，也有"坏弄"。奉化话也有"好弄"，反义是"难弄"，但似乎没有"坏弄"。

象山话未收"好走"（我们估象山话应该有"好走"的说法而未收），但有"难走"，也有"坏走"。奉化话有"好走"，也有"难走"，也有"坏走"。

象山话有"坏派""坏坯""坏种"，但没有正面的"好派""好坯""好种"。"坏"是贬义词（或者说是后缀），所以褒义词不能与其搭配。"坏派"的反义词应该是"正派"。"好种"可能也有而未收。

象山话收"好用""难用""坏用"，奉化话只有"好用""难用"，没有"坏用"。但宁波话、奉化话有"坏过"，但象山话未收。但总体上说来，象山话是宁波话中"坏"的搭配能力最强的。

以上可见，象山等方言的"坏×"与"难×"有层次问题，"坏×"是底层，而"难×"可能是受普通话影响而产生的，是后起的。

四 《宁波方言字语汇解》中的"孬（坏）"

睦礼逊（2016）除前面所说的收"坏吃"外，还有其他说法。

第150页有"随后终有孬事"，"孬"注音为"wǎ"，即"坏"。

第482页有"世口竭""世口孬"，"孬"也注音为"wǎ"，即"坏"。现在奉化话仍有"世口坏"的说法。

还有很多"孬"为"坏"的说法。不过，下面的"孬"写作"孬°"，右上角都有"°"。据"说明"，汉字后的小圆圈表示口语中的发音与汉字发音不同，或者是因讹误而成，或者因为没有表示这个口语词的汉字，就用了同样意思的字来代替。"孬"都注音为"wǎ"，即"坏"。

第 8 页有"孬行止"。

第 33 页有"孬""弗好"，也有"孬名声"，也有"丑名声"。

第 44 页有"书面孬要换过"。

第 46 页有"减年成""年成孬"。

第 77 页有"水土好孬"。

第 88 页有"定这只船孬"。

第 128 页有"孬脾气"。

第 147—148 页有"孬眉眼""孬结局"。

第 166 页有"我怕你孬样学惯"。

第 210 页有"孬样式""孬脾气"。

第 224 页有"难看个""孬看个""生得孬看""丑陋"。第 495 页有"歪看"，"怕人懒𢝺"
"丑陋""人弗出众貌弗出相"。"歪"注音为"wǎ"，其实"歪"就是"坏"。也由此可见，
至少在 1876 年前，宁波话已有"坏看"。

第 232 页有"待我孬""待我薄"。

第 244 页有"推板点""孬点""差点""末等""下等"。

第 265 页有"孬话""孬说话"。

第 318 页有"孬气息"。

第 321 页有"凶兆""孬兆"。

第 392 页有"克治孬性格"。

第 506 页有"手段孬"。

第 534 页有"越发孬""愈加孬""更加孬""比前头孬"，"孬"都注音为"wǎ"。同页
又有"孬极""再无再孬""不堪孬""孬到边""孬到极头"。

第 227 页有"我们房子不好"，"不好"却注音为"wǎ"，其实即"孬"，即"坏"。

以上可见，清末的宁波话"坏"的搭配能力就已经很强了，不但作定语如此，作谓语
也如此。

五 结 语

段濛濛（2006）试图突破主要从语法角度研究汉语不对称现象的局限，从语义入手，
采取句法与词法、共时与历时、汉语与中介语相互对比观照的方法研究汉语反义词中的不
对称现象，通过对反义词群"好——坏"在句法和词法层面的组合情况进行全面细致的考
察，分析其不对称现象存在的原因，弥补以往汉语词汇不对称研究不够深入的不足。

段濛濛（2006）的论证总体上是正确的。但汉语方言比普通话复杂，普通话不能说
的，一些方言能说，而且有的语法现象方言分布范围还比较广。如方言中有"A×A"重
叠形式，形容词、量词、副词形式多样，动词、数词也有，普通话只有"实打实"等少数
几个。还有普通话数量短语重叠只有"一个个""一张张"等，即数词只能是"一"，没有
"两个个""三个个""两张张""三张张"等，但山西、陕西等一些方言有，而且就是"一个
个"等就语义来说也与普通话有别。本文上面所说的宁波话的"坏×"就比普通话搭配能
力强许多。

段濛濛（2006：7—8）说，从使用频率看，"好""坏"在口语中的百分比约为27:1，书面语约为14:1，总体比约为25:1。因此，仅根据频率标准已经可以确定"好"为无标记项，"坏"为有标记项。从分布标准的角度也可得出这样的结论。崔永华（1982）和沈家煊（1999/2015）都证明了"好"类褒义词出现的句法环境比"坏"类贬义词多。

以上所说，就普通话和方言来说是正确的，但这个使用频率在宁波话中有点特殊，即"坏×"的比例比普通话要高。这也许也证明深入挖掘汉语方言对汉语研究的重要性与必要性。另外，有的词语只能与"坏"搭配，而不能与"好"搭配，如指人只有"坏蛋"，而没有"好蛋"的说法。另外如"坏坯""坏坯子""坏胚子"也是如此，没有相反的"好坯""好坯子""好胚子"。

参考文献

崔永华.与褒贬义形容词相关的句法和词义问题［M］//语言学论丛第9辑.北京：商务印书馆，1982.

段濛濛.反义词群"好——坏"的组合情况及其不对称现象［D］.北京：北京语言大学，2006.

江圣彪.奉化民俗［M］.杭州：浙江人民出版社，2017.

李　荣主编.现代汉语方言大词典［M］.南京：江苏教育出版社，2002.

［美］睦礼逊（William T.Morrison）编著.宁波方言字语汇解［M］.朱音尔，姚喜明，杨文波校注，游　汝杰审订.上海：上海大学出版社，2016.

阮咏梅.温岭方言研究［M］.北京：中国社会科学出版社，2013.

沈家煊.不对称和标记论［M］.北京：商务印书馆，1999/2015.

宋世平.反义形容词的不平衡现象［J］.荆州师专学报（社会科学版），1995（3）.

汤珍珠，陈忠敏，吴新贤编纂.宁波方言词典［M］.南京：江苏教育出版社，1997.

肖　萍.余姚方言志［M］.杭州：浙江大学出版社，2011.

肖　萍，郑晓芳.鄞州方言研究［M］.杭州：浙江大学出版社，2014.

徐　波.舟山方言与东海文化［M］.北京：中国社会科学出版社，2004.

许宝华，宫田一郎主编.汉语方言大词典［M］.北京：中华书局，1999.

杨　葳，杨乃浚.绍兴方言［M］.北京：国际文化出版公司，2000.

叶忠正.象山方言志［M］.北京：中华书局，2007.

赵元任.汉语口语语法［M］.吕叔湘，译.北京：商务印书馆，2001.

中国社会科学院语言研究所词典编辑室.现代汉语词典第7版［M］.北京：商务印书馆，2016.

朱彰年，薛恭穆，汪维辉，周志锋编著.宁波方言词典［M］.上海：汉语大词典出版社，1996.

朱彰年，薛恭穆，周志锋，汪维辉原著.阿拉宁波话［M］.周志锋，汪维辉，修订.宁波：宁波出版社，2016.

（崔山佳　浙江财经大学人文与传播学院　fhddcsj@sina.com）

对常州方言中语音变化项的研究

金丽藻

语言的变异与变化是语言常态，共同语普及时代，人们普遍认为方言的变异与变化尤为鲜明与快速，且有逐步向共同语靠拢的趋势。我们知道每一种语言都有属于自己的DNA，一些音素长久以来不变，显示出极强的稳定性，它们成为了方言传承的基因。另有些在变，哪些在变，变成了什么样，为什么会表现出不稳定性，向普通话靠拢的具体表现有哪些，最终是否会影响到音系？学界对语音变化的研究成果丰硕，本文以常州方言语音中的语音变化项为研究对象，考察语流中不稳定的部分，尝试推测其对常州方言未来走向的影响力。

一 主要发音人及调查用资料介绍

（一）发音人介绍

1. 屠士骥，男，1958 年生人，常州市区人，退休工人，"街谈"口音。

2. 杨静逸，女，1945 年生人，常州新北区人，家庭妇女，乡下口音。

3. 钱英姿，女，1965 年生人，常州市区人，"街谈"口音，高校老师，工作语言普通话，受普通话和乡下话影响。

4. 蔡双卫，女，1994 年生人，常州市区人，"街谈"口音，会说普通话。

文中乡下话、新北话指常州市新北区新桥镇话。

（二）调查用主要资料介绍

1. 江苏语言资源资料汇编之常州卷、无锡卷

2. 方言调查字表

3. 方言调查情况简表

4. 常州方言词典

5. 常州吟诵三百例

《常州吟诵三百例》选入了32 位传人的吟诵录音，其中包括赵元任、周有光、屠岸、羊淇、羊汉、钱璱之等老常州人的方言吟诵，由于音频局部损坏，本文用例采自丁彦士、吴玉良之外的 30 位吟诵者发音，凡 270 篇次（有部分相同诗文），统计出约350 字的异读。30 位吟诵人最长与最少者出生时间相距82 年，语音的传承与变异隐显其中，他们的吟诵语音表现出了常州方言读书音的多样性与复杂性，各个读音都包含着一定的语言态度和语音信息。吟诵是一种依字行腔带乐调的读书活动，因此声调（入声除外）不适合作为考察对象，主要考察吟诵中的声母和韵母的变化情况。

（三）常州方言音系介绍

1. 赵元任音系，参见《常州吟诗的乐调十七例》：

声母 29 个，韵母 44 个，声调 7 个。

2. 现代音系，参见《江苏语言资源资料汇编》：

声母 28 个，韵母 49 个，声调 7 个。分记老年音系和青年音系。

3. 两种音系的简略比较与说明。

（1）声母方面的不同：一是赵氏音系记 ɦ，现代音系把 ɦ 并入 x（晓母），语言事实是现代语音匣母发音依然会靠后些，如含。二是现代音系把赵氏音系里的 w、j 零声母合记成一个。三是现代音系多出 ʑ 声母，这是现代常州方言尖音消失后的产物，是百年里最显著的声母变化。

（2）韵母方面的不同：一是从数量看现代韵母多出 5 个 ʅ 介音的舌尖韵母，它们与 u 介音韵母构成互补。二是赵氏音系中未记单鼻韵，现代音系记二个 m、ŋ 单鼻韵。三是最突出的变异有二处：第一赵氏山摄（如山、远）、咸摄（如天）为鼻化韵母，现代韵母鼻化消失；第二赵氏记有复合韵 uɔ（如花），现代音系单音化，归入 o。

（3）声调方面的不同：老年音系声调和赵氏相近一致。青年调与老年调比较，"阴去由老年调的［523］变为只降不升的［52］，如冻；阳去由老派的低升［24］变为先略升后降的［231］，但有时仍读［24］，成为自由变体"。［24］与［231］的区别和说话人的语气语调有关。

由此可见，常州方言声、韵、调百年来稳中稍变，声母多出一个 ʑ，走向尖团合一的方向；韵母主要少了鼻化韵，新派人的声调稍有变化。但在不同的语境中，如在方言吟诵中，在日常口语语流中，在城乡语言相互影响中等我们又可以观察到各种鲜明的变化与不同，这是本文讨论的重点。

二　声母中的变化项

在读书音、在常州方言古声母中的微母、奉母、见母、溪母、疑母、匣母、日母等字容易产生文白异读，它们是声母中的重要变量。

（一）吟诵中声母的不稳定性

文读的产生是方音发生变化的重要原因之一，常州方言与其他吴语一样存在大量的文白异读，如"闻"（məŋ/vəŋ），还有一类读书音，只出现在念书时，尚未形成固定的文读，这种读音在传统吟诵中表现最为突出。

传统吟诵要求语音为文读，笔者对《常州吟诵三百例》中的读音进行了逐一听辨，发现：

1. 日母字在吟诵中读音最为复杂与不稳定。日母字在常州方言中的文读声母为 z，如"人"zəŋ，但在诵读中还出现了 ləŋ 和 zʑəŋ。吟诵中"绕"出现 zɑɯ、lɑɯ 和 zʑɑɯ 三种读书音，"任"出现 zəŋ 和 zʑəŋ 两种读书音，"如"出现 zu 和 lu 两种。

2. 宕摄字在吟诵中也表现出不稳定性，微母白读为 mɑŋ，异读为 vɑŋ，如"亡、忘、望"，特殊的是"网"字只有白读无文读，吟诵中读"网 vɑŋ"仅一例；宕摄云母异读为 uɑŋ，如"往"。而今互联网时代，人们已经把它异读成 uɑŋ，如"新浪网"；明母"茫"字日常口语中只有白读 mɑŋ，吟诵中有读作 vɑŋ 的，这些都体现出宕摄微母、明母、云母字在常州方言中文读中的不稳定性。

3. 吟诵中其余不稳定声母多集中于并母、定母、从母、崇母、船母、群母、影母、云母、以母等字，如禅母"婵"（zə）读为 tsʰæn；从母"全"（ziɵ）读为 tɕʰyæn，"暂"（dzæn）异读为 tsæn，"在"（zæɪ）异读为 tsæɪ。

4. 踏（dɑʔ/tʰɑʔ）、并（biŋ/piŋ）、他（dɑ/tʰɑ）、霆（diŋ/tʰiŋ）、自（zʅ/tsʅ）、"溅"（dzæn/ziɪ、tɕiɪ）、雄（ioŋ/ɕioŋ）等清母字，在方言中为浊声或零声母，部分吟者吟诵时

改用了清音。

（二）日常口语中舌尖中音的变化

在调查中发现口语中的舌尖中音存在不稳定性，很特别的一种现象，但在文读中不会出现这种情况。

1. d 与 l：d 与 l 混用，或 d 塞音弱化读成 l，如：碱头——碱楼，上头——上楼，丫头——丫楼，下头——下楼，勒荡——勒浪，背背驮——背背喽（儿童语），指头——指楼（大指头，细指头），钮头——纽楼，你跟头——你跟楼，主要存在于青年人口中，老派口语中也存在，如阎大王——阎罗王，老达来——老辣来，郭荡桥——郭廊桥等。

2. n 与 l：n 与 l 混用，如：捺答——邋遢——捺塌（脏的意思），莳泥——烂泥——莳莳泥——烂烂泥，懊愣——懊恼，弄字相——龙字相（玩儿），冷开点——囊开点，勒得——讷得（难说话），奈会——浪会（怎么会），"明朝散发弄扁舟"中的"弄"。是否可以表明常州方言中曾经存在边鼻音不分的情况，只是现在只存在于一些底层口语中？

3. d 和 t：d 和 t 混用，此类情况主要出现在一些词语的后缀中，如：矮笃笃（t-）——矮独独（d-），实笃笃（t-）——实独独（d-），厚得得（t-）——厚特特（d-）。

4. 弱化为零声母

这种弱化只存在于现代部分青年人口中，如：额骨头上——额骨头样，河边上——河边样，把 ȵiaŋ 说成 iaŋ。

此类声母中的变化项有的早已存在，有的则新出现，但他们的出现有一定语境，有的属于遗存，且一般出现在口语中的词尾或词缀部分。

（三）老派与新派声母中的变化

以年轻人为代表的新派发音明显受普通话影响，"锄"老派 zɣɯ/ 新派 dzʐ，"鼠"老派 tsʰɹ̩/ 新派 sʐ，"父"老派 vu24 / 新派 fu52（声调也随之变化），"艺"老派 ȵi24 / 新派 i231，"治"老派 dʐ24/ 新派 tsʐ52，"业"老派 ȵiəʔ/ 新派 ȵiaʔ——iaʔ，"现"老派 ɹ24/ 新派 ɹ231、ɕʐ52，"雀"老派 tɕiaʔ、tɕʰia/ 新派 tɕʰia，"防"老派 baŋ/ 新派 vaŋ，"握"老派 oʔ5/ 新派 u55，"剩"老派 dzəŋ/ 新派 zəŋ，"静"老派 ziŋ/ 新派 dziŋ。

（四）乡下话向城里话靠拢中的声母变化

常州市中心外围人都有这种趋向性，比如湖塘、戚墅堰、奔牛等，而常州市新北区人表现尤为鲜明，常州有句老话"宁往南一尺，不往北一丈"，与"人往高处走水往低处流"同义，年轻人进城学习、生活与工作，学得一口标准的城里话是新北人的语言梦想。新北区方言精组、知组、照组、章组、日母等字声母不说舌尖音，而说舌面音 tɕ、tɕʰ、ɕ、dʑ、ʑ，与遇摄相拼时构成鲜明的新北区方言特色，如"租、组、猪；醋、粗、吹；书、数、水、苏；住、除、箸；如、竖、树；如、儒、乳"等，改变这些读音意味着向城里话靠近一步，但往往又会矫枉过正，把该说成舌面音的群母、晓母字也说成舌尖音，而且城里人也受到了一些干扰与影响，因为由于现代社会人员流动密集，城里人、乡下人在各方面的融合度都相当高，有些读音开始混淆，如"序、徐、渠"等。

以上列举了声母在一定语境中可能出现的种种变化，体现出部分声母的不稳定性。

三 韵母中的变化项

纵向看，现代韵母与赵氏韵母比，少了 uo 韵，且改变了 6 个鼻化韵。

（一）吟诵中的韵母变化。

常州方言中的韵母各摄都有或呈系统或个别异读的现象。在吟诵中具体表现为：

1. 果摄、曾摄是常州方言里相对最稳定的韵摄，是"恒量"。在吟诵中，曾摄仅出现"朋"等个别字，果摄仅出现"那 neɪ/nɑ""个 kəʔ/kɣɯ""我 ŋɣɯ/uo"三个异读字。总体果摄、曾摄的异读极少。

2. 蟹摄、流摄、咸摄、遇摄、山摄等出现大量临时文读，比如"周"tseɪ 异读成 tsɣɯ，但成为真正的文读时机尚未成熟，因为常州方言果摄与知组、庄组、章组不相拼，若它们一旦进入常州方言文读系统，意味着会改变常州方言的音节结构。这是一组潜在的变化项。

遇摄文读比较特别，例字如下表：

例字	书	珠	主	渚	住	去	恶
白读	sʮ	tsʮ	tsʮ	tsʮ	dzʮ	tɕʰi	oʔ
异读	su	tsu	tsu	tsu	dzu	tɕʰy	u

吟者对见母字"去"的异读都一样，其余字则有两种不同的态度与选择，一种是完全采用白读，如赵元任先生，纯正的方言音；一种是选择读书音，如屠岸先生，韵母向共同语靠近，呈现醇厚的书卷声。

咸摄字是典型的"类文读"，因为口语中不会出现此类读音。

例字	柑	感	南	贪	潭	咸	淹	舰	暂
白读	kɵ	kɵ	nɵ	tʰɵ	dɵ	ɦæn	æn	kʰæn	dzæn
异读	kæn	kæn	næn	tʰæn	dæn	iɪ	iɪ	tɕiɪ	tsæn

咸摄白读 ɵ 韵异读为 æn 韵，但咸摄匣母"咸、闲、娴"等字白读韵为 æn 异读韵为 iɪ；影母"淹"白读韵为 æn，异读韵为 iɪ。匣母"槛、舰"字在常州方言中白读为 kʰæn，声母送气，属特例，但声母由舌根音异读为舌面音，却符合常州方言文白异读规则，如"家"的文白读。从母"暂"白读为 dzæn²⁴，异读 tsæn⁵¹，完全异读成了普通话语音，声母由浊音变为清音，声调由原来的阳去变为阴去。

山摄吟诵音如下：

例字	盘	伴	满	婵	坛	干	峦
白读	bɵ	bɵ	mɵ	zɵ	dɵ	kɵ	lɵ
异读	bæn	bæn	mæn	tsʰæn	dæn	kæn	læn

例字	短	转	观	纶	欢	桓	全	娟	园	轩
白读	tɵ	tsɵ	kuɵ	kuɵ	xuɵ	uɵ	ziɵ	tɕiɵ	iɵ	ɕiɵ
异读	tuæn	tsuæn	kuæn	kuæn	xuæn	uæn	tɕʰyæn	tɕyæn	yæn	ɕiɪ

山摄字异读与流摄字相似，声母不变韵母异读，较为特别的是阳平"婵²¹³、全²¹³"声

母、韵母都异读了，但同调的"盘²¹³"并没有；来母"峦"合口韵异读为开口韵；"轩"字，吟者异读为 ɕiɪ，而不是 ɕyæn，可见读书音的不稳定性。

3. 山摄合口三、四等一组字吟诵读音与现代口语读音形成倒异读现象。比如"月"，旧时说 yəʔ，现在普遍说 ioʔ，吟诵里说 yəʔ，现代人以为是向普通话靠拢的异读，其实是常州人的老读音。表中字均属此类：

例字	绝	缺	月	曰	越	雪	血
白读	zioʔ	tɕʰioʔ	ioʔ	ioʔ	ioʔ	ɕioʔ	ɕioʔ
异读音	zyəʔ	tɕʰyəʔ	yəʔ	yəʔ	yəʔ	ɕyəʔ	ɕyəʔ

口语中该类入声也不稳定，如"各"老年 koʔ/ 青年 kəʔ。

4. 假摄、止摄、效摄、梗摄、江摄是文白异读相对比较集中与丰富的韵摄，它们是常州方言韵母中显性的变化项。

如假摄，具体情况见下表：

例字	把	灞	沙	牙	虾	夏	花	哗	瓦	者
白读	po	po	so	ŋo	xo	ɦio	xo	ɦio	ŋo	tsa
异读	pɑ	pɑ	sɑ	iɑ	ɕiɑ	iɑ	xuɑ	uɑ	uɑ	tsæ

这类字主要为一组假摄字。假摄帮母"巴、芭"和见母"家、嫁"等字都有文白异读，但同为假摄帮母的"把"至今无文读，pɑ 为类文读，从语音演变角度看异读条件已具备，但字词的发展未同步，如今"巴、芭"在"巴士、芭蕾"等音译外来词的促进下文读得到巩固，"把"还没出现足够文读的新词语境。

文白异读在语音异读条件具备的情况下，还要考察用词需求，如同为梗摄的"生"和"冷"，"生"在常州方言中有文白异读，但"冷"就没有形成文读，吟诵中有吟者读 ləŋ，属临时文读。由此可见方言文白异读是语音与词汇合力作用的结果。

通摄的异读主要集中于非组字，吟诵中出现"风 fəŋ、逢 vəŋ、俸 foŋ"三字。

（二）u、ɥ 圆唇介音韵母

u、ɥ 圆唇介音的增减是一个变量考察点。

嘴：城里老年 tsɥai⁴⁵/ 城里青年 tsai⁴⁵/ 新北人 tsai⁵⁵；村：城里老年 tsʰəŋ⁵⁵/ 城里青年 tsʰuəŋ⁵⁵/ 新北人 tsʰəŋ³³⁴；寸：城里老年 tsʰəŋ⁵²³/ 城里青年 tsʰuəŋ⁵²/ 新北人 tsʰəŋ⁵²；蹲：城里老年 təŋ⁵⁵/ 城里青年 tuəŋ⁵⁵/ 新北人 təŋ³³⁴；孙：城里老年 səŋ⁵⁵/ 城里青年 suəŋ⁵⁵、səŋ⁵⁵/ 新北人 səŋ³³⁴；装：城里老年 tsɥaŋ⁵⁵/ 城里青年 tsaŋ⁵⁵/ 新北人 tsaŋ³³⁴；壮：城里老年 tsaŋ⁵²³/ 城里青年 tsɥaŋ⁵²/ 新北人 tsaŋ⁵²；疮：城里老年 tsʰaŋ⁵⁵/ 城里青年 tsʰaŋ⁵⁵/ 新北人 tsʰaŋ³³⁴；床：城里老年 zɥaŋ¹¹³/ 城里青年 zɥaŋ¹¹³/ 新北人 zaŋ¹¹³；霜：城里老年 sɥaŋ⁵⁵/ 城里青年 sɥaŋ⁵⁵/ 新北人 saŋ³³⁴；桩：城里老年 tsɥaŋ⁵⁵/ 城里青年 tsaŋ⁵⁵/ 新北人 tsaŋ³³⁴；撞：城里老年 dzaŋ²⁴/ 城里青年 dzɥaŋ²³¹/ 新北人 dzaŋ²⁴；窗：城里老年 tsʰɥaŋ⁵⁵/ 城里青年 tsʰaŋ⁵⁵/ 新北人 tsʰaŋ³³⁴；双：城里老年 sɥaŋ⁵⁵/ 城里青年 saŋ⁵⁵/ 新北人 saŋ³³⁴。

从城里人到乡下人，从老年到青年都不稳定，并没有向普通话靠拢的显著趋势。

（三）入声的变化

现代常州方言的入声音质已不如以前鲜明，但大多数仍旧保留有入声的特性，少数的则直接变为非入声韵母，如"握"，老年 oʔ⁵/ 青年 uʔ⁵⁵，现在的年轻人都说非入声的 uʔ⁵⁵。

部分 uəʔ 单元音化为 oʔ，如或：老派 uəʔ/ 新派 ɦioʔ；国：老派 kuəʔ/ 新派 koʔ；入：老派 zuəʔ/ 新派 zoʔ。另一些 uəʔ 韵没有变，如活：老派 uəʔ/ 新派 uəʔ；阔：老派 kʰuəʔ/ 新派 kʰuəʔ。

零星与部分的变化，以后是否会出现系列全部的变化，说不准。

（四）高元音 i、y 的变化

在赵元任《现代吴语的研究》里，高元音尚未记摩擦特征，后来逐见记录，瞿霭堂、劲松著有《常州话前高元音的舌尖化》，发音人为笔者，专文对此加以研究论述。现在常州青年摩擦色彩更为严重，舌尖化更显著。究其心理原因，主要是省力。这是一个与普通话发音逆向发展的语音。

（五）城乡话韵母的不同

首先体现在 a 元音发音的差异上。城里话 a 元音单发或在一些复合韵母中，发音舌位要偏前偏高，开口度略偏小，发声特色为扁型音；而乡下话 a 音发得偏后，开口度大，如"买、写、三、咸、关、还"等。本地人从这个音就能听辨出城里口音与乡下口音。

其次是有无 u、y 介音。吴语中的 u 介音分布有特色，例如在普通话里"春"和"村"都有 u 介音，但在吴语中，处于对立状态，"春"有"村"无，常州话也是如此。当声母是舌尖音时，常州城里话 u 介音有两种情况：一些有，如"准、春、岁、罪、床、窗、追、最"等；一些没有，如"村、存、孙、损"等，而乡下话一律无。城里话有韵母 yŋ，乡下话没有，一律说 iŋ，如"云、运、晕、匀、菌、群、勋、训、熏、旬、寻"等，进城生活工作的乡下人会有意增加介音，虽说是学说城里话，但学习依据却是普通话。常州城里话的介音也变，如老派的"说、出"入声韵由 uəʔ 变为现在的 oʔ，"雪、绝、橘"入声韵由 yəʔ 变为 ioʔ。上文已论及，此类韵是不稳定的变化项。

四　声调中的变化项

声调的变异与变化，首先体现在单字调调值上，其次体现在连读变调上。

调类 发音人　例	阴平 翻	阳平 门	阴上 懂	阴去 冻	阳去 硬	阴入 谷	阳入 六
赵元任	33	13	55	513	24	5	23
屠士骥	55	213	45	52	24	5	23
杨静逸	334	213	55	52	24	5	23
蔡双卫	55	113	45	52	24	5	23

阴上在常州方言里很特别，城里人的"街谈"一定说上扬的 45，赵元任说的是"绅谈"，他的阴上调值记 55，与新北话调值一样。

常州方言单字声调相对稳定，不稳定性主要体现在连读变调上，以二字连读变调为例，最不稳定和统一的是以阴去为首字的连读变调。汪平老师调查的老派城里话，阴去为首字的连读变调调值为523，笔者调查的屠士骥的阴去变调，部分与老派一致，部分不一致，他有两个变调调形，一个是523，一个是455，且自身体系也不稳定，如同为51组合的菜单、汽车连读变调为523，斗争就变成455；同为52组合的菜园、化肥连读变调为523，报酬就变成455；同为53组合的跳板、到底连读变调为523，政府就变成455；同为54组合的报社、最近连读变调为523，干部就变成455；同为55组合的破布、四寸连读变调为523，教训、变化就变成了455；56组合中大都连读变调为455。57、58与入声组合时变调比较一致，均为523。

五　分析与推测

常州方言声母中保持相对稳定的是系列清声母字，如帮母、滂母、端母、透母、精母、清母、心目、知母、彻母、庄母、穿母、审母、章母、昌母、书母、晓母等，界限清晰，它们是常州方言中的稳定项。常州方言中无翘舌音 tʂ、tʂʰ、ʂ，吟诵中除了个别日母字其他也未出现异读为翘舌音的现象，新派话也没有因普通话的翘舌音而变，无锡话里老派的翘舌音到新派没有了。韵母百年来最大的变化是六个鼻化韵的消失，其他韵母大都依然在方音的范围内出现局部的不稳定性变化。只是由此可见，也并不一定就会朝普通话演变，语言还有它自身的发展规律。

通过分析，可以发现，从历时角度看方言的变异与变化并没有想象中的"面目全非"之势，但部分的渐变确实在悄悄改变方言的模样与色彩，比如常州方言没有了尖音，没有了鼻化韵，入声的弱化等，听起来就不是以前的味道了。具体表现为：

1. 声母中日母字的变化，口语中异读声母多为 z，如今部分字词 z、l 交织出现，比如"乳"，"母 zu""乳 lu 鸽"。同时日母字也体现出最鲜明的语音层次，基本按 ȵ → z → l → ʐ 层次发展，其有四种共时状态：第一只有文读音，如"热 ȵiəʔ"，第二有文白异读，如"认、人、任、儿"等，第三文白同音，声母文读为 z，如"惹、如、儒、润"等，第四文读为 ɚ 音，如"而、尔"等。

2. 浊声的不稳定表现突出。常州方言中从母、澄母、崇母、船母和禅母等字，声母发音历来不够稳定，现代发音更不稳定，"截"老派 ziəʔ/ 新派 dziəʔ、"静"赵氏 ziŋ/ 老派 ziŋ/ 新派 dziŋ、"集"老派 ziəʔ/ 新派 ziəʔ、dziəʔ，"治"老派 dzɿ/ 新派 tsɿ，"锄"老派 zʮɯ/ 新派 dzʮ、"镯"老派 dzoʔ/ 新派 zoʔ、"愁"老派 zei/ 新派 dzei、"剩"老派 dzəŋ/ 新派 zəŋ、"尝"老派 zaŋ/ 新派 dzaŋ、"垂"老派 zʮai/ 新派 dzʮai。

对于以普通话为日常交际语的新生代，很多声母的方音有时无法脱口而出，蒙出来的发音并未依从什么规则。

3. 常州方言里的浊声阳调字一旦异读成清声母，就会完全改变方言本色，总体来说是此类变化是在向普通话靠拢。这些读音是否能成为真文读而被稳定下来，有待时间的检验，至少目前还未出现。

4. 止摄微母字文读声母一般为 v，如虎头蛇尾的"尾"，未来的"未"，在微信时代，"微"的读音发生了变化，"微小"时说 vi，"微信"时说 uai，该类音的变化线路是：m—v—u，如味道的"味"，mi—vi—uai，会听到现在很多年轻人脱口而出 uaidɑo，但笔者还没听到 ueidɑo。这意味着依然保持着方言的特征。

5. 在常州吟诵中存在许多具有官话或普通话色彩的语音，它们不是成熟稳定的文读，是临时读书音。这些读书音分成两类：一类是与该字音韵地位相同的字在常州方言里已有文读，但该字尚无，即语音条件已具备，但词语语境不成熟，比如，假摄帮母"巴、芭"和见母"家、嫁"等字都有文白异读，但同为假摄帮母的"把"尚无文读，是不是"把"还没出现足够文读的新词语境。另一类是语音条件尚未具备，仅限于吟诵读书等活动中，但它们却呈现出某种体系性。比如，流摄字在吟诵中表现出高度一致性，除"刘、留、柳、楼、愁"等字押韵需要有临时异读为 iɣɯ 韵外，总体规律是流摄韵母 eɪ 异读为 ɣɯ，接近"常州普通话"。

共时看，情况更为复杂些，现代城市，人员流动密集，城乡融合，异地渗透，共同语影响，使语言融合迅速，首先是不稳定的新文读会不时出现，丰富了方言的语音层次，如常州方言里的日母字；其次语言中存在很多变化项，如常州方言中的舌尖中音现象，常州方言中也有 n、l 不分的情况，年轻人中词缀声母 d 变成 l 的问题，韵母中介音的有无与混乱，声调的新老派之别等，这些都是潜在的语言变化因子。

受普通话影响之说，具体情况具体分析，通过上述分析，可以看出普通话对常州方言语音的干扰并不明显，翘舌音不会出现，前后鼻音依然不分，声调仍是 7 个。但是微渗透、微变化始终在进行中，比如新文读的出现，旧文读的消失，普通话清声母对方言里浊声母的影响（外地人学说常州话，首先被浊音难住），还有阴去起头的连读变调等，这些都会点点滴滴地影响方言的变化趋势。

但纵然有一天方言没了，绝不是因为方言都渐变为了共同语，而是它带着自身的色彩退出了历史舞台。

参考文献

赵元任. 现代吴语的研究［M］. 北京：科学出版社，1956.

黑维强. 陕北绥德河底方言的文白异读［J］. 方言，2010（4）：315.

王福堂. 汉语方言语音中的层次［C］// 历史层次与方言研究. 上海：上海教育出版社，2007：4.

秦德祥. 常州吟诵三百例［M］. 南京：凤凰出版社，2015.

秦德祥，钟 敏，柳 飞，金丽藻. 赵元任 程曦吟诵遗音录［M］. 北京：商务印书馆，2009：4.

《江苏语言资源资料汇编》编委会. 江苏语言资源资料汇编（第四册常州卷）［M］. 南京：凤凰出版社，2015：1.

丁声树. 古今字音对照手册［M］. 北京：中华书局，1981.

郭 骏. 方言变异与变化：溧水街上话的调查研究［M］. 北京：北京大学出版社，2009.

曹晓燕. 无锡方言文白异读的演变［J］. 语言研究，2013（1）：77.

钟 敏. 常州话的文白异读探析［J］. 常州工学院学报（社科版），2005（4）：12.

赵元任. 语言问题［M］. 北京：商务印书馆，2002：115.

王洪君. 汉语方言语音中的层次［C］// 历史层次与方言研究. 上海：上海教育出版社，2007：40.

（金丽藻　常州工学院人文学院　1024988852@qq.com）

苏州方言文化课程开展情况调查 *

陆钦昕

一 引 言

苏州话是苏州当地的方言，也是北部吴语的代表方言，具有悠久的历史，是保留古音较多的语言。近年来，随着大批外来移民涌入苏州，以及普通话的推广，苏州话的使用情况并不乐观，其传承也面临着挑战。苏州话作为苏州文化的一部分，也可以帮助外来移民更好地融入苏州社会。

面对着这样的现实，苏州社会各界也都作出了不懈的努力，如广播台电视台推出的方言栏目（如电视广播节目《施斌聊斋》《阿万茶楼》等）、举办"三话"（普通话、英语、苏州话）比赛、中小学开设吴文化课程等。笔者试从教师、学生、家长三方面展开调查，了解目前苏州市的方言文化课程开展情况。

二 背 景

（一）国内外方言保护措施

方言作为文化的一部分，近年来受到了国内外各界的广泛重视。联合国教科文组织鼓励各国在教育中使用以母语为基础的双语或多语教学方法（多语教育是指在教育过程中使用至少3种语言：母语、地区或国家通用语言、世界通用语言）。一些发达国家也出台了一系列政策和法律来保护方言，如：澳大利亚联邦教育部颁布的《语言问题国家政策》，表达了对土著语言教学的支持；美国推出的《美国土著语言生存与繁衍保护拨款法案》，开启了美国专项保护方言的先河；法国政府拨款鼓励保留地区的语言和文化等。

近年来方言保护在国内也成为了热门话题，各大方言区也都为保护自己的方言而作出了许多努力。2017年中共中央办公厅国务院办公厅印发《关于实施中华优秀传统文化传承发展工程的意见》中明确提出要保护传承方言文化，2018年苏州也出台了相关的保护政策，对方言保护起到了推动作用。

（二）苏州的方言保护现状

早在2003年，苏州大学的汪平老师就进行了普通话和苏州话在苏州的消长研究①，表达了对保护方言的期望；苏州市区很多中小学也都开展了许多与吴文化有关的校本课程，电视台也对吴文化作出了大力宣传；2009年以后，苏州话学习的书籍（沈行望《实用苏州话》，潘君明《苏州话寻根》，汪平、车玉茜合著《学说苏州话》等）陆续推出，苏州话学习有了参考书籍；2015年，苏州卫生职业技术学院的孙晓燕等三位老师就对苏州话课程的

---

* 本文是江苏省级重点大学生创新创业训练计划项目"'互联网＋'背景下的方言教学探索——以苏州方言为例"（201810320012Z）成果之一。

① 汪平.普通话和苏州话在苏州的消长研究［J］.语言教学与研究，2003（1）：29—36.

移动信息化教学进行了探索①,并提出了很多信息化背景下的教学设想,为未来的苏州话教学提供了很多有用的建议。

三 目 的

首先,了解苏州话教学的现状,如方言课程和吴文化课程的开展情况。基于这一点,了解师生双方需求,促进双方良性互动。

其次,探寻互联网 + 背景下的教学新模式,设计信息化教学工具(如与方言学习有关的 APP、小程序等)

但最终目的还是保护方言,传承地方文化。

四 调查方法

经过反复考量,我们最终确定了调查的对象,并把他们分为教师、学生、家长三个人群展开调查。对于家长和学生,我们采用了网络问卷的形式,在相对有影响力的微信公众号平台"苏白学堂"发放问卷,问卷主要询问了学习者的家庭语言环境、苏州话掌握程度、苏州话学习经历和学习意愿等。

鉴于从事苏州话教学的辅导老师并不多,同时为了避免问卷调查的倾向性问题和思维的限制,我们采取了访谈的形式来进行教师群体的调查。但由于种种原因,最后我们仅与四位苏州话辅导师取得了联系并成功地进行了访谈。

五 调查结果

本次调查共收回学生版问卷(有效问卷)213 份,家长版问卷(有效问卷)90 份。此次调查结果均基于此次问卷数据分析。

(一)学生

本次接受调查的学生涵盖各个年龄段,其中 19—24 岁的青年居多,他们多远离家乡在外求学,这种境遇更能激发他们对家乡的思念和对家乡话的强烈的情感,因此也对家乡的文化十分重视。调查对象的年龄段分为学龄前、小学低年级、小学高年级、初中、高中、大学及以后等阶段,试从社会语言环境、个人认知等角度入手,分析各年龄段人群的苏州话掌握程度。(见表 1)

表 1 不同年龄段学生的苏州话掌握情况(在同龄人中所占百分比)

	根本全部听不懂,不会说	只能听懂一部分,不会说	大部分都听得懂,不会说	听得懂,会说简单的字词	听得懂,能顺畅交流表达	听得懂,"洋泾浜"发音
1—6 岁	0.00	0.00	0.00	0.00	100	0.00
7—11 岁	0.00	50	0.00	50	0.00	0.00
10—12 岁	0.00	100	0.00	0.00	0.00	0.00
13—15 岁	0.00	33.33	33.33	0.00	0.00	33.33
16—18 岁	18.18	22.73	13.64	9.09	22.73	13.64

---

① 孙晓燕,沈洁红,宋悦宁.苏州话课程的移动信息化教学研究[J].文教资料,2015(23):151—152.

	根本全部听不懂，不会说	只能听懂一部分，不会说	大部分都听得懂，不会说	听得懂，会说简单的字词	听得懂，能顺畅交流表达	听得懂，"洋泾浜"发音
19—24 岁	17.61	24.65	4.93	10.56	19.72	22.54
25—35 岁	9.52	19.05	19.05	23.81	9.52	19.05
36—45 岁	0.00	23.08	15.38	0.00	46.15	15.38
46—60 岁	0.00	0.00	0.00	16.67	83.33	0.00
61 岁及以上	0.00	0.00	0.00	0.00	50	50

表2　家庭语言环境对学生的影响

	根本全部听不懂，不会说	只能听懂一部分，不会说	大部分都听得懂，不会说	听得懂，会说简单的字词	听得懂，能顺畅交流表达	听得懂，"洋泾浜"发音
有，双亲都是苏州人，自己现也生活在苏州	0.00	0.00	0.00	8.20	59.02	32.79
有，双亲都是苏州人，自己现不生活在苏州	0.00	0.00	0.00	0.00	42.86	57.14
有，家中一方是苏州人，自己现也生活在苏州	4.55	4.55	0.00	27.27	18.18	45.45
有，家中一方是苏州人，自己现不生活在苏州	16.67	33.33	16.67	0.00	33.33	0.00
有，其他	0.00	50.00	0.00	25.00	25.00	0.00
无，但自己现在生活在苏州	12.50	50.00	25.00	12.50	0.00	0.00
无，但自己和家人现在在苏州生活	0.00	30.00	30.00	25.00	0.00	15.00
无，自己现阶段也不在苏州生活	30.88	41.18	10.29	8.82	1.47	7.35
无，自己很快就要来苏州发展	42.86	28.57	14.29	0.00	0.00	14.29
无，其他	40.00	50.00	0.00	0.00	10.00	0.00

1. 家庭语言环境

我们把一个人自幼习得的语言称之为"母语"，如果一个孩子的父母或祖父母都是苏州人，根据表2推测，那么他的母语极有可能是苏州话。这种良好的语言环境可以让他熟练地掌握苏州话，并且不需要花费任何功夫。在他进入校园以前，苏州话便是他的第一语言，这个阶段的孩子的苏州话熟练程度可以说是最好的，一旦进入校园以后，他便开始接触普通话了，不可否认的是这个阶段的孩子有着超强的语言天赋，因此他同样毫不费劲地学会了普通话。但是由于社会语言环境的影响，孩子更多的时候会开口说普通话，因此随着年龄的增长，苏州话很快就被遗忘了，但他仍能听得懂苏州话，用苏州话进行一些简单的交流，只是苏州话的熟悉程度大不如前了。最坏的结果就是他完全遗忘了苏州话，不会用苏州话作任何的表达，但是能听懂一些苏州话，也有的孩子由于家庭语言环境良好仍能熟练地掌握苏州话，并能用苏州话作流利的表达。而多数情况便介于两者之间。

我们还可以关注到一个现象就是如果孩子的双亲有一方不是苏州人或不会讲苏州话，便出现了两种不同的情况：一种是不会说苏州话一方的家人为了融入家庭，渐渐地学会了苏州话，家庭交流也更多地使用苏州话，因此孩子也能不同程度地掌握苏州话；还有一种便是为了交流方便，家庭交流更倾向于用一种大家都熟悉的语言（如普通话）来进行交流，孩子掌握苏州话的熟练程度并不乐观。

由此可见语言环境对一个人的重要性，因此要想学好苏州话，必须有一个良好的语言环境。

2. 方言文化课程的开展状况

在接受调查的学生中，表示自己所在学校或社区开展过吴文化或吴方言课程的人数仅占总人数的 **16.75%**，且大多集中在姑苏区，吴中区、相城区、园区、虎丘区、吴江区（苏州大市范围）都有零星分布，下辖县级市几乎没有，总体来说，分布并不广泛。其中有 2/3 的学生参加过这类课程，授课形式多为学校校本课程，其次为社区兴趣课程，线上网络课程站内少数，没有受访者参加过机构提供的课程。

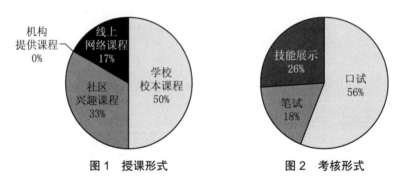

图 1　授课形式　　　　　图 2　考核形式

参加过相关课程的学生都进行了考核，考核形式更偏重应用性，因此多为口试和技能展示，笔试占少数。此类课程以兴趣为主，由于不符合应试的需要，并不受重视和欢迎，考核形式也较常规，没有系统的考核体系和明确的考核指标，随机性很强。

3. 学习意愿

多数学生表达了自己肯定的学习意愿，表示不愿意的学生多认为自己掌握苏州话，不需要再进行系统的学习，也有学生出于应试的功利性，认为没有必要学习一门不列入考试范围的课程。

学生的学习动机主要可以概括为以下三类：

（1）传承苏州文化，重拾母语；

（2）了解苏州文化，融入城市；

（3）被吴文化吸引，出于兴趣。

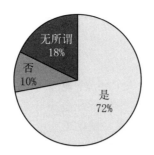

图 3 学生问卷：是否愿意参加这类课程

4. 学习需要

多数学生希望借助现代信息化手段，打破时空的局限，参与在线直播课程或微课或通过 APP 或小程序自学和练习来完成苏州话的学习。也有很大一部分学生希望通过当地文化游学去接触苏州的风土人情，更好地了解苏州文化，融入苏州。传统的学习方法如学校的校本课程和社区的兴趣课程、练习册、教材识记等，也依然受到学生的欢迎。

由于这类课程多以公益性质为主，有很大一部分学生并不愿意支付高额的学费来学习苏州话，因此苏州方言文化课程通往商业化的道路并不容易。

（二）家长

多数家长表达了自己对开展方言文化课程的肯定态度，甚至有很大一部分家长十分希望自己的孩子学好苏州话。关于接受调查家长的性别，笔者发现一个很有趣的现象：在接受调查的家长中，女性占比超过 70%，这可能与母亲关心孩子的成长有关，也可以说明相比于男性，女性更重视母语的传承。这些家长的孩子多集中在 1—6 岁，处于接触母语的黄金时期，因此也备受重视。

1. 家长的期望

接受调查的家长有着相同的期望——自己的孩子能够说一口流利的苏州话，融入他们生长的家乡。但这种期望背后，可以分为两种不同的人群：一类家长是苏州本地人，希望自己的孩子能够保留乡音，传承苏州的传统文化；另一类家长则是外来人口，他们产生这种期望的原因则是想让自己和孩子了解这座城市的文化，更好地融入这座城市。

2. 语言环境

极少数家长与孩子交流仅使用普通话或苏州话，更多的家长会与孩子用苏州话与普通话交替交流。这种现象并不是家长或孩子单方面造成的，主要原因有如下几种：

（1）孩子在日常生活中已习惯使用普通话，不能熟练地掌握苏州话，家人与其交流时为了方便，也会使用普通话。

（2）家长在平时的工作中也习惯使用普通话，苏州话的熟练程度也并不理想，与孩子交流时也更倾向于用自己熟悉的语言。

（3）老一辈的苏州人习惯用苏州话交流，子辈孙辈为了方便与他们交流，不得不使用苏州话，如果小辈的苏州话并不熟练，两代人的交流也会进而转为一种普通话和苏州话交替使用的现象（仅个别词汇使用普通话表达）。

3. 方言文化课程开展状况（从家长的视角来看）

此前已在学生板块概述过现状，但对于家长，我们的问卷中还增加了一些关于授课效果的问题。方言文化课程的开设状况与学生所述基本一致，这里就只叙述家长视角特有的情况。

1）家庭教育

家庭教育作为教育必不可少的一个环节，起着十分重要的作用。绝大多数家长表示对孩子进行过本土文化方面的教育，这种教育形式并不像课堂教育那么隆重，而多是以寓教于乐的形式，很多家长在与孩子的日常交流中便完成了这种教育。

苏州地方台也很重视方言和本土文化的传播，因此推出了许多方言栏目，介绍苏州的文化，这些节目中经常会请到一些名家讲解，或是讲一些轶闻趣事，这些节目一般都很受欢迎，孩子通过收看或收听这些节目获得本土文化知识，也在无形中提升了自己的苏州话水平。

苏州作为一座历史文化名城，有着丰厚的文化资源，学习之余带着孩子们四处游历，也可以有不一样的收获。因此不少家长也会选择带着孩子通过名胜游览来了解苏州的文化，体味苏州的风情。

2）学校教育

在接受过相关课程的孩子中，多数家长表示自己的孩子在接受过这类课程以后苏州话水平有了提升，近五成家长表示自己孩子的苏州话水平有了明显的提升，基本符合他们的预期。由此可见，学校教育还是颇具成效的，只是目前开设这类课程的学校并不多，当前要务是要将方言文化课程以公益的形式在学校或社区中普及，扩大受众范围。

（三）苏州话辅导师

受访者有喻雪芳老师、陈璇老师、张磊老师和胡舒宁老师，她们分别可以作为公共文化中心、高校和语委、民办非企业组织、文创教育公司的代表来反映一些问题，现汇总如下：

（1）方言用字没有统一标准，学界用字注音不统一，每个人的选用都不同；

（2）有些方言本字字形比较复杂，未收在常见字库，难以显示，不敢擅自换用合理的俗字，部分本字存疑；

（3）词汇流失比较严重；

（4）现有教学材料适用对象不明，缺少分级材料；

（5）苏州话辅导师的培训和实际课程的开设没有很好的对接；

（6）缺少视听说材料；

（7）缺乏语言能力评判的标准，几乎没有人编写练习题以及考核试卷。

六　小结和讨论

苏州话作为苏州城市文化的一部分，近年来受到了广泛的关注。越来越多的人表达了对方言传承问题的重视，这正是方言保护者所期望的。但是苏州话的传承并不能依靠少数人去实现，而需要每一个苏州人的共同努力。要传承苏州话，首先要营造良好的语言环境。尽管现在苏州话课程并不完善，但已迈出了重要的一步，苏州话辅导师们正在进行着不懈的努力不断地改善着现状。

根据师生双方的需求，面对不同年龄段的学生，方言文化课程应在"互联网+"的背景下尝试新的探索，让方言教学变得高效便捷，让更多人受益。

参考文献

李 怀.非主流语言教学视角下的沪语教学及其传承探析［J］.语言政策与语言教育，2016（2）：23—
　　37，120—121.

秦 悦.联合国教科文组织：多语教学是包容性教育的重要因素［J］.世界教育信息，2014，27
　　（16）：72.

孙晓燕，沈洁红，宋悦宁.苏州话课程的移动信息化教学研究［J］.文教资料，2015（23）：151—152.

汪 平.普通话和苏州话在苏州的消长研究［J］.语言教学与研究，2003（1）：29—36.

邢雯芝，黄小梅.苏州话有效传承对策之三——把现代信息技术引入苏州话教学之中［J］.产业与科技
　　论坛，2015，14（5）：139—141.

俞玮奇.普通话的推广与苏州方言的保持——苏州市中小学生语言生活状况调查［J］.语言文字应用，
　　2010（3）：60—69.

张欢欢.美国方言保护对苏州方言保护的启示［J］.牡丹江大学学报，2014，23（12）：104—107.

（陆钦昕　江苏师范大学敬文书院　lambo1999@hotmail.com）

研读经典文献，推进吴语研究

——纪念赵元任《现代吴语的研究》出版90周年

石汝杰

一　评　价

赵元任《现代吴语的研究》于1928年出版，已经满90周年。本书是科学地研究汉语，尤其是调查汉语方言的开山著作，无疑是一部经典。毋庸赘言，对这一著作，当然是有定评的。许宝华老师有中肯的评价，他认为，这部书是"现代汉语方言学的开山奠基之作"，并归纳其创新处有：

（1）有区别于传统语言学（语文学）的先进的语言学理论。

（2）设计、运用了一套结合汉语特点的描写、记录方言口语系统的方法。

（3）首次确定吴语的科学定义，开创对吴语的全面性的研究。

许老师还说：在现代汉语方言研究史上，赵元任是对吴语做整体性、全面性研究的第一人；也是汉语各大方言区域性研究的导夫先路者。（许宝华2011：256—257）

本文所述的内容和讨论，在某种程度上，也是我对这部巨著所做出的具体评价。

二　版本和全书的结构

1956年，科学出版社的"出版者说明"说，此书"是清华研究院丛书第四种，1928年在北京出版，1935年曾影印再版"。根据这一说法，当时已经有1928年、1935年的两种版本了，后者是影印前者的，但是根据第一版的勘误表做了修改。（"原版附有勘误表两叶，再版本多已改正。"）又说："现在根据原版本影印，以供研究方言之参考。不过原版本错误再版本已改正的各叶参用再版本。"还补了部分页码，做了以下改动：即把作者调查时用的调查表删去第6种（读文吟诗乐调），重新编排顺序。这一种，前面有序等16页，后面正文共255页。1956年的这一版应该算第三种版本了，是现在最常见的版本。

2011年商务印书馆出版了部分重排本，列入《中华现代学术名著丛书》，正文260页。这是第四种版本。有多处变动：（1）原书的地图和以下各部分：原著35—37页声母对照表、22—26页声母表、35—37韵母对照表、40—61页韵母表、77—78声调表，是按照原著影印的；其他文字、表格都用繁体字重排了。（2）增加了赵元任的《我的语言自传》和赵元任学术年表。（3）附录许宝华老师撰写的《一部为现代汉语方言学奠基的经典著作——重读赵元任〈现代吴语的研究〉》"（255—260页）。（4）删除了调查表格。（5）书的规格从原来的16开（B5）变成了大32开（A4）。这是第四种版本，但是有很多差错和问题。

第五种是香港原样影印的1956年版，但是没有出版时间和地点，也没有印制者的记录，质量不好，多处字迹模糊。实际上还是第三种。

从内容看，这部著作分为三大部分：（a）调查过程和方法（v—xvi，1—12页）；（b）调查结果报告（第一部吴音、第二部吴语，13—135页）；（c）现代吴语调查表格（137—206页，这一部分的目录在138页）。开头的（a）（c）两个部分，作者用简明、科学的方法归纳总结了他对 33 个地点进行调查后的成果。可以说，这两个部分的做法是赵元任首创的，也是汉语方言调查的基础教材，是传承至今的基本的调查法，绝对没有过时。此外，英文的导言（v—xv），也值得认真细读。

三　认清体例

因为作者在记录和整理方言资料时，还没有先例可循，并且受到印刷条件的限制，他使用的记录方式与现在的习惯做法有所不同。我们在利用这部著作时，先要理清其体例，避免误解。这里举一些例子来说明。

（一）"|" 的用法

这里 3 个词（我、我们、咱们），分别用竖线（表格线）分开，但是"我们"和"咱们"之间的线在多个地点没有断开，说明这些地方"我们"和"咱们"用同一个形式表示，即没有排除式和包括式的区别。在各地的说法里，还有一种短竖线"|"，相当于一个汉字的位置，这代表与前面某个成分相同的一个汉字或者一个音节，相当于现代习惯用的浪线"～"。例如江阴的"咱们"为：

hää-gn'ii 喊_音你，ng'oou ｜｜我｜｜

其中有四根竖线，前两根代替拉丁字母表示的两个音节（hää-gn'ii）；后两根代替汉字写法的两个字（喊你）。ä、i、o 都双写，是国语罗马字的拼写方式，表示这些都是上声。所以，这一行应该解读为：

hää-gn'ii 喊_音你，ng'oou hää-gn'ii 我喊_音你

再看 98 页的例子：

·313·

國	11. lea俪仵	12. jeh-, jeyge 這個	13. jehhoel 這火兒
宜		geqgeq 葛葛皆音	
溧	兩葛音人白	geqgeq 葛葛皆音	
壇西		geqgeq 葛葛皆音	葛音日白光
丹	兩葛音人白	geqgeq 葛葛皆音	葛音歇候(-hey)
靖	兩葛音人白	tzybgow 志音個	志音歇
陰	兩葛音人白,兩家白頭	jihgeq 記葛皆音	記音歇
常熟	兩葛音人白	tzyhgeq 志葛皆音	志音歇
常州	兩葛音人白	tzybgeq 志葛皆音	志音歇
錫	兩家白頭	ihgeq 意葛皆音	意音歇,‖亭音(辰字)光
蘇	兩家白頭	gégeq 該葛皆音,égeq 哀葛皆音(續下)	姑音歇(續下)
熟	兩家白頭	ligow 離音個	離音歇辰光,‖恩音‖
崑	兩家白頭	gǎhgeq 鑑白辯皆音	鑑白音歇

这里的情况更复杂，第 13 项"这火儿"（现代一般写作"这会儿"），常熟说"离_音歇辰光"和"‖‖恩_音‖"，这里的"恩"显然是"辰（光）"的变读，即应读为"离_音歇恩光"。同理，无锡则有"意歇"和"意歇亭光"两种说法。

（二）bis 的用法

在吴音单字表目录（160 页）里有 6 对韵母，用到了这个 bis。其中，舒声韵母有 on 和 u 各两组。on 的两对，似乎跟古音的开合有关，但是不尽然，这里不讨论；u 的两对则显示了中古遇摄和果摄的不同。入声韵母的 4 组如下：

oq：有"秃 / 托、陆 / 落、足 / 作"等对立。（200 页）

aq：有"伯 / 八、阿 / 鸭"等对立。（201 页）

eq：有"德 / 掇、忒 / 脱、革 / 割"等对立。（202 页）

ieq：有"逼 / 瘪、滴 / 跌、极 / 杰、即 / 节"等对立。（204 页）

bis，拉丁文，表示重复（twice）。如果现在的人来做，oq、oq bis，很可能标为：oq¹（秃陆足）、oq²（托落作）。从古音和北方话来看，各组前后两字都可能不同音，但是北部吴语很多地方同音，所以赵元任把他们算作一类，但是又加以区分。实际上，还有一部分吴语能区分，如苏州话有 aq 类对立，著名的例子是"麦"和"袜"不同音。赵元任曾多次举这个例子，可是在 201 页的表里，它们却被放在同一格里了。似乎有点矛盾。区分最细的是上海的浦东方言，这 4 组入声字发音都不同（参见 71 页，那里也提到，浦东分得最细）。如川沙话的入声韵母有：

Aʔ 百尺石客	iAʔ 药削雀掠	uAʔ 口_{裂开}	
æʔ 八辣杀瞎	iæʔ 甲侠捏协	uæʔ 刮	
œʔ 掇捋卒渴		uœʔ 说蜶	yœʔ 决缺血越
ɔʔ 活术合		uəʔ 骨阔窟	
ʌʔ 墨德色黑	iʌʔ 击极译益		
	iiʔ 毕铁雪极		
oʔ 北木国服	ioʔ 曲局肉浴		
ɔʔ 缚托落各	iɔʔ 捺	uɔʔ 郭扩	

其中，第 1、2 行相当于 aq 组，第 4、5 行相当于 eq 组，第 7、8 行相当于 oq 组，第 5、6 行第 2 列相当于 ieq 组。第 3 行，跟分别第 4、5 行和第 7、8 行有一定的关系。情况比赵元任列的更复杂。由此能理解赵元任为什么要用 bis 来区分这些有关系又有不同的韵母了。

（三）"续下"

从原著来看，只是因为同一行里内容太多，挤不下，所以只好把一部分内容移到同页同栏的最下面，这样的地方就标为"续下"，如此处理的一共有 10 个表（词汇部分总共只有 19 个表，19 页，95—113 页）。这样的做法，在当年活字排版的条件下，是不得已的。但是，我们在阅读时要注意，不能遗漏。商务印书馆 2011 年的重排本，把原来一页的表拆成两页，却依样画葫芦，无视那里出现的很多空白，仍然把那个"续下"一一照抄照搬。其实，既然做了这样的加工，就完全能把那些"续"搬到本来的位置上去了。

四 善于利用和分析

这部书是 90 年前的方言记录，当然也能成为我们用以考察方言史的宝贵资料。我们以苏州话为例，看当时苏州方言的面貌，并观察作者的记录方式。

（一）苏州的人称代词

下表是根据赵元任的记录重新整理编排的。

	单　　　数	复　　　数
第一人称	ngow［ŋəu］饿音 now［nəu］怒音, 少 ngh［ŋ］五白音, 更少	gnih［n̠i］伲去, 音
第二人称	néh［ne］傉 nh［n̠］唔止格, 少	nhdoq［n̠ toʔ］唔笃 néhdoq［ne toʔ］傉笃甚少
第三人称	l'i［li］俚阴平 l'i·né［li ne］俚傉轻	l'idoq［li toʔ］俚笃

（注：表中的国际音标是我加的，但是没有反映赵元任标的声调。）

从表中可以观察到：

（1）单数第一和第二人称都有鼻辅音单独成音节的形式，但是发音有不同，一个写成"五"［ŋ］，一个写作"唔"［n̠］。我们在历史文献里看到的，大多数把两个都写成"唔"，不加区别。本书指出，20 世纪初的苏州话里，"我"有三种形式，"你"有两种形式；并指出，那时"五""唔"的使用已经很少。但是能由此得知，当时，第一、第二人称单数，确实都还各有自成音节的鼻辅音形式。

（2）赵元任用国语罗马字的方式记录读音，末尾加上 h 的，表示去声。这是他一向主张的，因为苏州那时阳上、阳去已经混了。

（3）赵元任的记录里，用汉字"你"表示单数第二人称的方言点有宜兴、靖江、江阴、常州等多处，苏州却不同，是 néh（傉）和 nh（唔），赵说 nh（唔）用于止格（当即宾语位置），并且少用。

（4）第二和第三人称中的"傉"字，书中都标成 néh［ne］，即韵母是个前半高元音，这与今天苏州市区的［nε］不同，更接近郊区的［nəi］。

（5）第二人称复数，全部使用拉丁字母的苏州土白《马可福音书》（1891）用［ŋ toʔ］，赵元任记作［n toʔ］，从语源来看，赵的记录是正确的，发音上，受到后面［t］的影响，读［n］也是合理的。但是，写作［ŋ toʔ］也不难理解，因为在这一位置上，鼻辅音没有音位的区别。实际读音，也是两可的。

（6）第三人称单数有个"俚倽"，赵元任在后面加上一个"轻"，这暗示，他已经意识到苏州话在多音节词语里声调所起的变化，即所谓的"连读变调"。现代苏州话说成［li⁵⁵nE¹］、［n⁵⁵nE¹］，后一音节就像轻声。在词汇部分，他在记录读音时，特意加上"高低、低高、轻音"等说明，也是证据。（参见石汝杰 1988）

（二）韵母 é

从上表看，值得注意的现象还有，néh（倽）的韵母记成 é［e］，是此书中苏州话韵母部分没有的元音，再仔细检查，在词汇部分还有几处：（词语的编号是原书的。）

（12）这个：gégeq（该葛皆音）、égeq（哀葛皆音）、geqgeq（葛葛高低，皆音，泛指）；

（17）那个 guégeq（归葛皆音）；

（27）很 m'é（蛮阴平音）；

（58）妈 m'·méh（姆阴平妹轻音）。

如果赵元任的记录没有错误的话，那么有可能是他调查时找了不同的发音人做的记录，以致产生了这样的矛盾。这也说明，当时苏州话里还存在［e］，与［ɛ］的不同。但是，在同时代的苏州方言的记录里，没有找到相关的记录。（参见丁邦新 2003、蔡佞 2010）这也给我们提出了一个值得进一步深究的问题。

（三）咸山摄字鼻音韵尾消失的时代

现代苏州方言，咸山摄字都没有鼻音韵尾了。但是，陆基、方宾观《苏州注音符号》（1931）里，有ㄢ（an）韵母，其下列了"班攀爿蛮翻凡单摊谈栏"等字，在ㄨㄢ（uan）下有"关筷环顽"等字（"筷"本不属这一类，是例外），而"边偏便棉颠天田连"等字却列在ㄧㄝ（ie）下，没有鼻音韵尾。丁邦新（2003）把ㄢ类拟为［ɛ］，而把ㄧㄝ拟为［iɛ］。

再看更早时期的文献。只用拉丁字母的苏州土白《马可传福音书》（1891）里，最初两页有以下词语：

面前（mien-dzien）、喊咾说（han lao sheh）、约但（Iah-dan）、天上（t'ien-lông）、收监（sheu-kan）、海滩上（hæ-t'an-lông）、看见（k'ön-kyien）。

英文《苏州方言同音字表》（1892）也有 an 韵母，这一韵母下有：办谈蛋馋残翻反喊嵌蓝烂蛮慢难颜班攀山丹坍斩搀繁；还有 wan（环甩关筷还湾幻。按，这里也有"筷"）；和陆基等不同的是，另有一个 yien 韵母（钳件轩险肩见牵欠）。同类的还有 ön（安寒）、yön（萱捐圈原员冤）、wön（欢官宽完碗）。这几个韵母的鼻音韵尾，此书都用斜体 n 表示，这说明，那时苏州的鼻音韵尾已经弱化（或者说是鼻化）了。

这些都证明，当时应该还有带鼻音的咸山摄字。可以推测，在 20 世纪初，苏州话的鼻音韵尾正在失落，而且消失速度很快；一部分人已经不说，但是还有部分人保留这样的发音。

因此，我的结论是：赵元任（1928）记录的所谓"新派"（大多是中学生）的发音里，咸山摄字已经没有鼻音韵尾了；而在他没有记录的"老派"（保守派）的语音中还保留着鼻音韵尾，所以在这些历史时期相近、相同的著作里会出现如此不同的记录。

（四）"性别语言"等问题

从根本上来说，在汉语的实际使用中，所谓性别的差异是极其微小的。如果说有，最著名的例子就是北京话的"女国音"。现存最早关于北京女性口语里的"尖音"现象的报道是 1920 年代黎锦熙在考察北京女子中学学生读音之后发表的；1930 年代赵元任、罗常培、李方桂等在《中国音韵学研究》汉译本译者注中也曾经提到这种语音现象（高本汉，中译本 1948 年再版：248）。（胡明扬 1988）

在本书中，与这一话题有关的段落就是：

"苏州'au'韵字（好、俏）女人多数用 ä，男人用近似 ä 略偏后的音。"（81 页）

也就是说，效摄字的元音，说苏州话的男女有性别的差异。这一说法，影响很大，成为汉语有性别差异的典型例子。后来，叶祥苓也作出了几乎完全相同的结论：

"æ、iæ：女性是地道的 æ，男性要靠央，接近 ɐ。"（叶祥苓 1988：107）

实际上，在口语中并不存在这种性别上的不同，这是一种误解（或者说是误认）。原因在于：在苏州确实能见到类似的现象。具体地说，是以下两种情况：

一是打官腔的时候出现的现象。一些苏州出身的官员，在比较公开的场合，如在会议上，常把元音 [æ] 发得接近 [ɐ]。这种人其实平时能说很纯粹的苏州方言，但普通话学得不好，擅长的是苏州"官话"（就是带强烈苏州口音的"普通话"，或干脆就只是苏州话的读书音）。这里要考虑的一个重要因素是：一般人（包括苏州人和外地人）都认为苏州话太"软"，首当其冲的特征就是元音 [æ]，认为这样的发音尤其"不适合"于男人。而"官腔"的一个重要特点是要显得比较"硬"一些。所以苏州官腔就努力"改正"，结果发成了一个 [ɐ]。这个音既不是 [æ]，又不像外地常见的对应音素 [ɔ]（如"好"：苏州 [hæ⁵²]、上海 [hɔ³⁴]），软硬"适度"。这种有别于平民百姓的语言特征，体现了地位的不同、身份的"高低"，在某些阶层中颇受欢迎，所以常常能听到。

另一种情况是外地人学说的苏州话，主要见于外地出身的评弹演员说的方言。评弹艺术要求演员们学说标准的苏州话，可是学得不到家的人也不少。其中最常见的、也最容易犯的错误也就是把 [æ] 发成了 [ɐ]。而且犯这样的错误的也往往是男性演员，包括一些著名的演员（有的还是所谓"名家"）。

这里顺便提一个有关的词汇现象，就是复数第一人称代词"我伲"（我们）的广泛使用，这在北部吴语地区是很常见的。但是据我们的调查，没有一个地点方言在口语中实际使用"我伲"这个词。这也可以当作一个具有"吴语官话"（姑且如此称说）特征的特殊的词。长期以来，以吴语为母语的当官的人们（包括当今的书记、乡长、经理等等，当然也是以男性为主的）不会说普通话的还很多，但是大多会一套"官腔"。比方采用一些官话的发音（实际上是方言的读书音）；不用方言词，改为用吴语音说的"这个 [tsəʔ⁵kəʔ⁵]"、"那个 [nɑ⁵⁵ kəʔ⁵¹]"和官话的助词（如"的 [tiəʔ⁵]""了 [liɤ⁵²]"）等，还有一个就是用"我伲"来代替普通的方言词"伲"。

可以预计，今后随着普通话的进一步普及，随着官员文化水平的普遍提高，这样的苏州官话将逐渐消失。以后也许只能在学艺失败的评弹演员那里听到了。

以上现象都是社会语言学研究的极佳对象，值得详细记录分析。但是如果只是不加分析地搜罗在一起，就可能掩盖方言的实际面貌。

五 继承和整理

钱乃荣的《当代吴语研究》(1992)是对本书的大规模的补充和复核,在吴语方言研究史上,有着里程碑式的重要意义。此外,最近几十年来,南北各地吴语的研究,有很多成果,让我们对吴语的了解更深入、更广泛,当然也远远超过了赵元任当年的成就。

但是,经典还应该认真研读。所以还需要好的、便于阅读和使用的版本,所以,今天,我们还有必要(也有条件)来整理这一部著作,如校勘、注释、整理,并以新的资料来说明书中的一些语言现象。

商务印书馆出版的部分重排本(《中华现代学术名著丛书》,2011),则是个失败的例子。以下举例来考察。

赵元任在编印本书的时代,没有办法直接用铅字排印国际音标,所以他只能用描写加说明的方法表示,如:b、d、g 下加圈、[弯头 h]、[p 加弯头 h]、[下圈 d 加 z 加弯头 h](以上 61 页)、[t 加横钩 c](62 页)等。这些对于现代的学子来说,反而是比较难理解的,如果能严格地解读,把这些东西改为现代通用的国际音标,则是很有价值的工作。可是出版社没有这么做。

这里再看其他的差错和问题。(以下页码为 2011 年版的)

原著本来有一些错误,商务的排印本不作校改。如:

(1)英文导论 16 页"金裱",当是"金錶",因为不成词;17 页"Jingjing 靖江"当是 Jinqjiang,一是少了字母 a;二是按国语罗马字的规则,去声的"靖"当用 q 结尾。

(2)第 168 页"则儿_{白音音}"应为"则儿_{白皆音}"。

另外,重排本还增加了一些错误,如:

(1)"台州"误作"臺州",32 页一处(29. 毛进良),195 页两处。按,这是因为他们误以为两者(台、臺)只是繁简的不同。

(2)32 页"黄岩"的"岩",繁体字"巖"排成了"嚴"。

(3)176 页"枯(空字?)心","字"应改为小号字。按,原文是"枯(空_字?)心_{皆音}头",即"枯、空、心、头"等四字是大字,其余的是小字。

(4)184 页"老嬷(音煙)"原文为"老嬷(音烟)"。

如果能做得认真一些,再花点功夫,那是功德无量的。

总之,我们要熟读经典,努力学习和利用其优点长处。但是不能盲目迷信,一定要与自己的调查结果、与更新的研究报告相互联系、相互比较,从中获得启发,以求后出转精,这样才能有助于语言研究和学术的进一步发展。

参考文献

说明:文中已经标明出处的文献,此处不重复列出。

蔡 俊 .19 世纪末的苏州话[M]// 吴语研究(第五辑). 上海:上海教育出版社,2010.

丁邦新 . 一百年前的苏州话[M]. 上海:上海教育出版社,2003.

高本汉 . 中国音韵学研究[M]. 赵元任,罗常培,李方桂,译 . 商务印书馆,1948(再版)/1995(缩印本).

胡明扬 . 北京话"女国音"调查［J］. 语文建设，1988（1）.

石汝杰 . 说轻声［J］. 语言研究，1988（1）.

石汝杰 . 关于方言志编写的几点想法——兼评叶祥苓著《苏州方言志》［M］// 日本《中文研究集刊》第
  2 号 . 日本：白帝社，1990.

叶祥苓 . 苏州方言志［M］. 南京：江苏教育出版社，1988.

赵元任 . 现代吴语的研究［M］. 清华学校研究院，1928；科学出版社新 1 版，1956

A Committee of the Soochow Literary Association. *A Syllabary of the Soochow Dialect*（苏州方言同音字表）
  ［M］. Shanghai：American Presbyterian Mission Press，1892.（正文 26 页）

MO-K'U DJÖN FOH-IN SH（马可福音书，苏州土白）. 大美国圣经会托印，上海美华书馆印，1891.
  （正文 72 页）

（石汝杰　日本熊本学园大学　shiruj_pro@hotmail.com）

上海的方言文化焦虑与相关对策研究 *

孙锐欣

　　文化是社会成员的生活方式，包括有形文化和无形文化。语言和方言属于无形文化，上海方言在分类上属于吴方言太湖片，可通话区域遍及长三角的广大地区，是北部吴方言的代表之一。在国人的眼中，吴方言富有独特的魅力，不但因为吴方言具有"吴侬软语"的美感，更因为吴方言是江南文化的媒介。江南文化作为中华文化的一部分，别具一格。刘士林（2009）认为具有成熟形态的江南文化是在明清两代成型的，是不同于黄河文化的一种地域文化。胡晓明（2018）提出，江南文化的精神特质可以概括为刚健、深厚、温馨、灵秀。就上海而言，自从 1843 年开埠之后，在江南文化的基础上又逐渐形成了中外兼修的"海派文化"。无论是江南文化，还是海派文化，在形成和发展的过程中都离不开江南地区的方言。上海的吴方言不但是江南文化和海派文化的媒介，更是上海人的精神家园。

　　进入 21 世纪之后，社会上逐渐出现了一种焦虑情绪，认为方言即将消失，也出现了"保卫上海话"的观点，跟方言有关的事情林林总总，形成一种社会现象。但是，方言问题不是单纯的文化问题，由于关涉到国家语言政策，因此方言也是政治问题，人们从不同的角度出发看待社会上的方言现象，因而观点迥异。正确认识方言的现状、解决方言文化焦虑问题，是值得深入研究的课题。

1　上海方言的现状

1.1　上海方言的现状的核心问题是"焦虑"

　　关于上海方言的现状，最近几年有一种比较悲观的观点，那就是上海的儿童都不会说上海方言了，再过几年上海方言就消失了。人们有这种焦虑是可以理解的，因为随处可见的情形就是幼儿园小朋友以及小学生相互之间很少用方言交流。这种焦虑的心情有时候也让人的情感变得非常脆弱。

1.2　在中国现代化的进程中方言的角色缺失是方言式微的主要原因

　　跟前述方言即将消失的焦虑相伴的还有一种值得商榷的观点，即认为造成方言使用率下降的原因是推广普通话造成的，在一些小众网站上，这种观点比较强势，潜移默化地影响着年轻人对方言和普通话关系的认识。事实上，方言式微的源头并不是从 1955 年确立推行普通话政策（20 世纪 50 年代我国提出的推广普通话的方针是：大力提倡，重点推行，逐步普及）才开始的。方言作为一种文化的标志，是跟传统社会紧密相连的，然而在通向现代化的历程中，方言的角色缺失才是造成方言地位下降的主要原因。

　　在中国的现代化已然成为事实的今天，回顾中国现代化的历程，可以发现，方言在中国现代化的历程中的作为有限。造成这种局面的原因是从 1840 年第一次鸦片战争开始，中国人的民族意识觉醒，有识之士都感觉到中国人需要以一种统一而独立的形象面对

---

　　* 本文是 2019 年上海市政协会议民进市委书面发言的部分内容。

世界。于是，在那个时代，从国家层面制定和颁布统一的通用语言的时机已经成熟，统一的国语是社会各界人士期盼的对象，国语运动令人瞩目，尤其是民国初期，渐次实现了审定国语标准音、确立国语的正宗地位（北洋政府时期）、确定在国民学校用国语代替国文（五四运动之后）。这一时期，积极推进统一国语的恰恰是很多南方籍学者，如胡适、陈独秀、鲁迅等。本尼迪克特·安德森（2003：52）提到欧洲的印刷语言以三种不同的方式奠定了民族主义的基础，首先并且最重要的是他们在拉丁文之下，口语方言之上创造了统一的交流与传播的领域。现在看来，中国的情况跟欧洲不谋而合，在民族灾难深重、民族觉醒之际，能够召唤民众的只有共同语。

　　从近代的经济活动来看，鸦片战争打开了中国闭关自守的国门，落后的传统经济活动逐渐被新的经济形式取代，具代表性的经济活动是 19 世纪 60 年代兴起的洋务运动。1861年，曾国藩创办的安庆内军械所，任用中国工人，仿制西式枪炮，后来这里又建造出中国第一艘轮船"黄鹄"号。洋务运动在全国各地都有发展，最著名的是上海的江南制造局。夏东元（1995）在研究江南制造局的文章中特别提到江南制造局的人才培养情况，指出"制器之人"的培养是重要一环。制造局的领导者李鸿章、丁日昌等意识到必须学习西方先进科学知识，选聪颖少年除在实际操作中跟洋人学习，又聘用伟烈亚力等数名传教士和精通数理的华蘅芳、徐寿等中国科学家，担任翻译书籍和学馆的教学工作，取得了显著的成绩。虽然文献资料没有提及江南制造局中使用语言的情况，但是仅就此处提到的四位处于较高职位的中国籍人士，可以大略想见当时在制造局内部使用语言的情况。李鸿章是安徽人，丁日昌是广东人，华蘅芳和徐寿都是无锡人，制造局内高层人士相互之间的交际用语肯定不是上海方言。而制造局内的工人情况，在文献中也有记载，1869 年，《教会新报》报道当时制造局的工人数字是："外国人十三位，共有中国做工者一千三百名。"英国领事 1872 年度的商务报告中也说："江南制造局雇佣着不少的外国技师，约有一千三百名中国工人。"1876 年，根据当年成书的葛元煦《沪游杂记》的记载，制造局有"工匠二千余人"。至于工人的来源情况，徐锋华（2014）做了研究，提到早期的制造局工人中没多少上海本地人，因为当时有谣传："进局的人要被丢到大烟囱里去"，"要被机器轧死"，制造局只得去孤儿院挑了一批太平天国战争中的难童做学徒，一线工人则主要来自福建、广东、浙江等地，差不多二十年后，上海本地人才慢慢地愿意进制造局做工。因此，从工人和学徒的来源来看，当时的交际语言肯定也不是上海方言。

　　民国初期，尽管国内存在军阀混战的状况，但是中国的资本主义经济得到了发展，从1912 年开始的十几年中，历年所设创办资本额在一万元以上的工矿企业共有 1984 家，创办资本总额约四亿六千万元，成为经济发展的"黄金时代"。经济的发展必然带来中产阶层的崛起，尤其是在上海、天津这样的沿海地区经济发达的城市里，中产阶层的存在和发展对社会的发展有巨大的影响，如果说现代制造业的兴起是物质的现代化，那么民国时期由中产阶层引领的衣食住行娱乐休闲方式的转变以及心理精神层面的新追求带来了文化的新变革。新的文化形态如电影和流行歌曲进入人们的生活。而这些富有现代气息的文化形式中依然找不到方言的影子，我们看看民国时期上海七大著名女歌星的情况，这七人分别是常州人周璇、崇明人龚秋霞、北平人白光、奉天出生的李香兰、上海人姚莉、北平人白虹、上海人吴莺音。这七人中来自吴方言区的有四人，我们以上海人姚莉为对象观察一下流行歌曲的情况。姚莉 13 岁时就受到周璇和严华赏识而进入百代唱片公司，从此开始了演唱生涯。百代公司（Pathé Frères）是一家由法国人乐浜生（E. Labansat）创办的唱片公司，是民国时期中国规模最大的唱片公司，发行了很多经典唱片，除了流行歌曲唱片，还包括戏曲唱片，如梅兰芳唱《玉堂春》、马连良唱《借东风》《天雷报》、王佩臣唱大鼓《独占花魁》等。林文钦（2017）对百代公司出品的《夜上海》和《夜来香》两张唱片做了这样的评价："为过去中国农耕文明中从未出现过的新音调、新节奏、大气派。与日渐成为国际大都会的大上海的气质相吻合。"不出预料，姚莉的代表曲目《玫瑰玫瑰我爱你》《春风吻上我的脸》均以国语演唱。这说明，"新音调、新节奏、大气派"是方言所无法表达的新境界。

民国时期的文化政策方面，萧知纬（2011）的研究指出："南京时期的电影审查除了严禁有辱华镜头的外国影片和压制政治上有异己倾向的国产影片外，还禁止在电影中使用方言，不允许电影中表现跟迷信和色情有关的内容。从表面上看，方言、迷信和色情这三个方面似乎互不相干，但在南京政权看来，它们之间是有内在联系的：用地方方言拍出来的电影，特别是粤语片，助长地方势力与中央分庭抗礼，对国家的政治统一构成威胁；以武侠神怪和宗教内容为题材的电影与现代科学精神背道而驰，无益于中国现代化建设；而银幕上色情、肉感的形象不但有违中国传统道德，而且在国难当头、危机四伏的形势下，既不合时宜，也不利于救亡图存。"从这些分析来看，民国时期文化管理把方言跟侠怪和色情等量齐观，方言无法以电影这种现代的形式走进人们的生活。

通过前述对近代以来经济、文化领域涉及方言的问题分析，我们认为在中国通向现代化的历程中，方言的角色缺失是造成方言地位下降的最初动因和主要原因。方言始终停留在传统文化的状态，无论是方言自身还是方言所表达的内容都没有实现现代化，而当代社会，尤其是在上海这样的大城市里，方言如何承接丰富多彩的现代化生活，的确是需要认真对待的课题。

1.3 20世纪50年代开始的推普活动对方言使用的影响

宾交娟（2011）在其硕士论文中细致梳理了建国后上海市推广普通话情况，在论文中提到"在正式推普指示下达前，上海市一些学校已经有用标准语教学的现象，但不成风气。推普提上日程后，中共虽然做足功夫，下达各类指示，对各行各业都进行了规定，又制定了1956年上半年的推普计划，尤其是以学校为重点，在中小学和各级师范学校大力推广普通话的指示下达后，希望学校能率先行动。上海市的进度比较落后，做了一些工作，不过只是局限在学校里的小打小闹，社会各方面都未正式进行"。又"5月份，上海市广播电台开始转播普通话语音教学讲座，号召师生收听学习"。然而到了1956年11月，"中央视察了浙江、江西、上海三地普通话的推广情况，就上海而言，推普工作比其他地方落后很多，方言调查工作也尚未开始，上海市的工作委员会虽然成立了，但是还没有召开一次会议"。伴随着全国性的大跃进风潮，上海市在推普方面也提出"五年内学会普通话"到"半年学会，一年学好"等激进的要求。大跃进的结果是到了1960年，"学校方面说普通话的气氛在慢慢地形成。在社会方面，有一些区的工作做得比较好，一些试点地方逐渐养成了说普通话的习惯"。"文革"之后，1982年9月25日上海市文字改革委员会在《一九八二年至一九八五年上海市推广普通话工作纲要》中提到"自一九七九年我市成立文字改革委员会以来，在市、区县党政部门的领导下，本市推广普通话工作有了一定的恢复和发展。目前市区小学普及率已达64.7%，市区中学的普及率已达38.3%……但是工作中还存在一定的问题，学校推广工作发展不平衡，社会推广工作尚未恢复到一九六六年前的水平"。

宾交娟的硕士论文以丰富的文献资料呈现了政府层面的推普工作进展情况，但是不可否认的是，在这篇论文中，对民间层面状况的梳理是不足的，看不到来自民众的声音。实际上，在很多上海人的记忆中都存在一个情况，那就是为了推广普通话，学校的领导和老师有意无意地贬低方言，存在着"说方言就是不文明"的观点。极致事件是 2009 年 2 月 4 日的"上海话事件"，新民晚报社区版刊登文章"新英雄闯荡上海滩，不限户籍个个精英"，文章本意是称赞上海城市的开放，但是文中出现了"说上海话是没有文化的表现"的不和谐音。对于这一事件，上海文化学者钱乃荣先生说他特意找来报纸认真看了看，当看到"说上海话是没有文化的表现，有点像美国土著红种人"时，"我的心就咯噔一下，说上海话是没有文化的表现就已不妥，再补一句'有点像美国土著红种人'则错上加错，如果在美国，仅凭后一句话就会让你卷入官司"。对于学校里的情况，钱乃荣提到，30 岁以上的人，大多知道这样一个口号"学习普通话，争做文明人"。这几年，这个口号就很少见到了。为什么？主要是提法不妥，因为做文明人与会普通话是没有因果关系的。还有一个明显的例子，就是这几年方言在各地报纸电视等媒体上频频出现，受到了各地读者和观众的热烈欢迎，到目前，没有迹象显示现有的方言节目妨碍了普通话的推广或影响了社会上普通话的交流。

根据以上材料，我们可以发现，从政府层面来说，推普工作按部就班，但是从社会层面来说，存在较为激进的做法，正是基层学校的某种宣传方式造成了人们的某种抵触心理，这是必须正视的问题。

1.4 对上海方言的"焦虑"本质上是对方言文化传承的焦虑

从宾交娟的论文中，我们可以了解到，上海市的推普工作其实一直是处于较为落后的状态，从保存的历史资料中我们可以得出结论，即推广普通话政策不是方言式微的原因。那么今天，经济发展了，社会进步了，人们的意识更现代了，在这样的大的时代背景下，人们对上海方言的传承产生焦虑的原因值得研究。

首先，20 世纪 80 年代以来的移民潮冲击了建国后逐渐形成的"上海人"概念，当任何中国公民都可以到上海来发展自己的事业的时候，当在上海稳定发展的外来移民自信满满地称自己为"新上海人"的时候，谁才是真正的上海人成为或多或少要探寻答案的问题。

熊月之（2016）在分析上海的移民情况的时候用"四变"来概括宋元以来在上海地界生活的人们观念上的四次变化，第一次是宋元之际人们从崇尚武力到文雅好读书；第二次是 1843 年开埠之后到 1915 年，人口从 20 万激增到 200 万，人们来自五湖四海，上海成为海纳百川之地，各地的人也带来了各地的文化。各种文化抱成小团，这使得上海的文化变得很多元。"上海人的第三次重大变化在 1949 年以后，紧跟着上海本身的变化：原来上海以商业为主，工业其次，但 1949 年后的上海发展成工业城市；……原来上海的人口是流动的，有 400 万到 500 万的流动人口，但 1949 年后，尤其是 1958 年后，上海人口由动变静，有人想流进上海，可谓千难万难难于上青天。上海人的含义变成了'有上海户口的人'……"而对于第四次移民潮，则认为"改革开放以后，怎么解决住房问题、交通问题、污染问题，都是每个人亲身经历的。上海户口怎么样一步一步地开放？到去年上海人口是

2480万，其中有1000万是新上海人……上海是一个移民城市。改革开放之后，我们正在恢复上海的移民老传统。"而对于这个"老传统"，熊月之给出的答案是从唐朝建立华亭县到元朝建立上海县，从1843年上海开埠到现在，上海的城市发展一以贯之的东西那就是"开放"。

熊月之先生的分析非常好地描述了上海人的观念的发展轨迹，那就是从开埠时期的海纳百川的开放性和包容性转变为"户口人"时期的封闭性，再到改革开放后人的发展机会再也不受户口拖累而重新开启的开放性。然而改革开放初期，上海并没有像深圳那样的成为淘金的圣地，流入的人口并不是特别高端。但是以1992年"南方谈话"为转折点，在新一轮改革开放热潮中，北京、上海、广州等大城市先后提出建设国际化和现代化大都市的战略目标。上海依然勇立潮头，伴随着诸如金融中心建设、期货交易中心建设、总部经济建设、洋山深水港建设、自贸区建设、C919大飞机等项目的确立和建成，越来越多的高端人才来到上海。雷开春（2012）研究了上海新移民的情况，指出"到2010年10月上海外来常住人口（半年及以上）总量已达897.95万，占上海市常住人口的39.00%"。

当外来人口的经济实力和发展机遇逐渐赶超"户口人"的时候，一小部分"户口人"的竞争力下降必然导致危机意识。部分人的个体的境遇危机的对外宣泄形式是多种多样的，当户口已经无法彰显自身特质的时候，可能会在其他方面做一些夸大处理，比如在语言的使用方面，以方言凸现身份。这种夸大处理语言问题来表达个体焦虑的方式有时候会走上极端，比如上海世博会前夕2009年12月23日发生的让外地人"圆润地离开"事件，以及2013年4月发生的快餐厅里顾客强迫要求外地来的服务员用方言服务事件。当然，这些极端事件非常少的，而且最近几年，正如熊月之先生所言："'开放'造成上海这个移民城市的特点。有开放和移民，就会造成上海文化很积极的一面。今天的上海在全国之所以有这样的地位，这和上海的人口结构、四次变化，和上海的传统有很大的关联。上海只要保持开放和移民的传统，上海的活力会越来越发挥出来。"

我们需要承认的是，本地人尤其是"户口人"跟外地来的新上海人能够找到共同的发展方向，跟新上海人的经济地位的提高不无关系。雷开春（2011）研究了城市新移民社会资本转换问题，对600位城市新移民的问卷调查数据，通过比较分析总体社会资本与本地社会资本对城市新移民社会融合的影响，揭示城市新移民的本地社会资本更有利于其社会融合。在经济力量的驱使下，文化诉求方面也发生了潜移默化的变化，无论是几代生活在上海的人还是新上海人，大家其实心中都有一种期盼，这种期盼就是希望看到并经常感受到富有上海特色的、既能融汇古今又能关照未来的、新的上海文化。这种新型上海文化的语言载体当然是现时的上海方言，而在这种新型文化没有形成之前，民众的心理同样会表现出文化焦虑，需要注意的是，带有这种焦虑的人不仅仅是几代生活在上海的人，也包括新移民。

2 对上海方言文化现状的调查

为了深入了解市民对于方言文化的想法，我们设计了网络调查。根据社会调查理论，这样的调查方式优缺点并存，优点是可以在短时间内获得大量的反馈信息。缺点是网络调查只能获取上网的人的意见，并且在提交了网络问卷的人中，很多都是对调查内容非常关心的人，而那些对所调查问题存在抵触或者反感的人的意见就不容易得到了。因此网络调查是一种"有偏调查"。但是，根据我们了解到的情况，调查问卷在同学、亲友、同事之间传播，接受调查的人无论原先持有什么观点都通过网络表达了自己的意见，从调查结果来看，很多事关态度的选择题都有人选择消极选项，说明我们的调查在一定程度上客观地反映了人们的各种意见和建议。

2.1 调查结果概述

调查使用的网站是 http：//www.diaochapai.com/，这个网站支持在手机上用微信浏览和参与调查，我们的调查的具体网址是 https：//www.diaochapai.com/survey2788309 。调查数据截止于 2018 年 5 月 17 日，调查内容一共有 26 道调查题目，答题平均耗时 6 分钟，共有 958 人次参与，其中女性 506 人、男性 452 人。参与调查者的年龄段如表 1。

表 1

年龄段	参与调查的人数	百分比
14 岁以下	3	0.31%
15 岁到 19 岁	40	4.18%
20 岁到 27 岁	172	17.95%
28 岁到 37 岁	293	30.58%
38 岁到 50 岁	319	33.30%
51 岁到 70 岁	122	12.73%
71 岁以上	9	0.94%

从表 1 的数据我们可以发现，年龄段 20 岁到 27 岁的年轻人的参与度不高，仅占参与调查总人数的 17.95%，这反映出年轻人对这类社会文化问题较为不感兴趣。与他们形成对比的是 28 岁到 37 岁以及 38 岁到 50 岁这两个年龄段的人表现出较高的热情，说明他们很愿意参与社会文化问题的讨论。值得一提的是，51 岁到 70 岁这个年龄段的人也有较高的参与率。

2.2 一些有代表性的调查结果

关于语言使用情况的调查结果见表 2。从语域（即语言使用的场合）来看，家庭生活中使用方言的比例最高，但是走出家门后多是使用普通话。

表 2

5. 现在，您在家庭生活中的语言使用情况是		
选 项	数据量	百分比
以居住地方言为主	691	72.13%
以普通话为主	246	25.68%
以其他地区的方言或语言为主	21	2.19%
回答	958	100.00%
6. 现在，您在工作或学习单位的语言使用情况是		
选 项	数据量	百分比
以居住地方言为主	252	26.30%
以普通话为主	701	73.17%

以其他地区的方言或语言为主	5	0.52%
回答	958	100.00%

7. 现在，您到居住的小区附近外出就餐、购物时的语言使用情况是		
选 项	数据量	百分比
以居住地方言为主	225	23.49%
以普通话为主	729	76.10%
以其他地区的方言或语言为主	4	0.42%
回答	958	100.00%

关于依托方言的文艺形式的调查结果见表3。根据调查数据，29%的中年和10%的青年选戏曲。对于影视作品，选择的人数最多，但是不同年龄区段没有明显差异。访谈过程中，我们了解到影视形式的作品题材比较自由，情节也不会太脱离现实。从这个题目的调查结果可以看出，戏曲滑稽戏这种最老套的方言文艺形式虽然依然受欢迎，但是人们也同时期待影视作品，在访谈中也听到很多人都表达了希望看到方言影视作品。但是如果考虑到经济因素，恐怕在缺乏政策推动的情况下，这方面的需求很难满足。

表 3

16. 对于以方言呈现的文化样态，您更期待		
选 项	数据量	百分比
戏曲、滑稽戏形式	590	61.59%
流行歌曲形式	359	37.47%
电影、电视剧形式	607	63.36%
汉字文本形式的小说、诗歌	300	31.32%
拼音文本形式的小说、诗歌	150	15.66%
其他：	42	4.38%
无任何期待	63	6.58%
回答	958	100.00%

关于依托方言的文艺形式的内容的调查结果见表4。大家喜欢的是反映生活百态的内容，而对名著、典籍、科普内容缺乏兴趣。也就是说人们在潜意识里还是给方言做了个定位，即"大家用方言也就是聊聊家常吧"。可喜的是，在一些活跃于网络的方言文化小团体不断地推出各类题材内容的方言音频或者视频作品，也算是一种文化探索。

表 4

20. 对于以方言呈现的文化作品的主题，您的期望是		
选 项	数据量	百分比
古文典籍和古典诗词	242	25.26%
市区或郊区的地域文化内容	514	53.65%
面向儿童的主题（童谣、童话等）	557	58.14%

反映普通民众生活百态的内容	771	80.48%
新闻时事	414	43.22%
中外文学名著	129	13.47%
通俗科普	317	33.09%
其他：	14	1.46%
回答	958	100.00%

关于公交车用方言报站的情况的调查结果见表5。参与调查的人中有70.67%认为用市区方言报站就可以了，只有10.02%的人认为郊区应该用郊区方言报站，还有19.31%的人认为没有必要用方言报站。虽然只有34.66%的人认为方言报站的发音正确用词标准，但是在紧邻的后续题目中只有7.1%的人认为公交报站的发音不准，这说明人们没有关注语言本身的形态，因为86.12%的人认为公交车上的方言报站有助于营造方言生活环境。这说明大家认为只要方言的声音存在就足够了，毕竟人群中懂语言学的人寥寥无几，非专业人士无法判断语言的发音和用词准确与否。

表5

13. 您对公交车上使用市区方言报站的看法是		
选 项	数据量	百分比
普通话报站就够用了	185	19.31%
用市区方言报站是好事	677	70.67%
郊区的公交应该用郊区方言报站	96	10.02%
回答	958	100.00%

14. 对于公交车上方言报站所使用的方言，您认为		
选 项	数据量	百分比
听到方言报站感觉很亲切	709	74.01%
听到方言报站感觉很有趣	404	42.17%
方言语音正确、用词准确	332	34.66%

14. 对于公交车上方言报站所使用的方言，您认为		
选 项	数据量	百分比
方言报站土气可笑	29	3.03%
方言报站发音不准	68	7.10%
方言报站声音模糊听不清楚	76	7.93%
回答	958	100.00%

15. 对于公交车上方言报站的价值，您认为		
选 项	数据量	百分比
有助于营造方言生活环境	825	86.12%
公交主题狭窄，无法关照广阔的现实生活	112	11.69%

看不到更多的社会价值	87	9.08%
其他：	43	4.49%
回答	958	100.00%

3　上海方言文化问题的深入思考

3.1　城市文化的核心是人

城市文化研究有两种来源不同的视角：城市文化视角和社会学视角。在城市文化视角下，城市中的人与物是共生的关系，人建设了城市、人欣赏着城市、城市也影响着人，人与物成为城市美的来源。正如 H. Hanff 在 *Apple of My Eye* 中说的 "是谁建造了纽约？我们说不清楚是谁建造了纽约，我们也说不清楚是谁勾画出纽约的天际线。那是成千上万不知名的人的杰作。"（转引自 D. Stevenson，2015：13）在社会学视角下，城市中的人与物是互相影响的关系，具体而言就是人的生存发展与城市的关系。两种视角，前者让人发现城市的美，后者促使人们改善城市的丑。在中国，城市文化目前依然处在 "现代化" 阶段，各个级别的城市都在快速地现代化，由于政府有效的组织和管理以及运行已久的户籍制度，中国的城市尚未出现 "后现代" 的苗头，城市建设以人为核心，相应的，城市文化的核心也是人，是为了人的更好的生活和更全面的发展而进行的建设。

我们认为，城市方言文化的发展依然应该以人为核心，为了人的更好的生活和更全面的发展服务。方言不应该沦落为供一部分人怀旧、供另一部分人猎奇的旧文化，而应该被建设成为在城市中生活的全部市民共同建设的精神家园。2018 年初的一篇网络文章在微信里广为传播，这篇文章作者署名为 "团支书" 和 "T1000 城市数据团"，文章的标题是 "上海是谁的上海"，城市数据团与中国电信上海公司合作，利用脱敏数据，对上海居民家庭的籍贯分布特征和人群特征进行了一个小研究。根据这组数据，2017 年上海居民的籍贯来源地最多的十个地方及其比例为：本地籍贯的 "老上海人" 占比约 60%；外地籍贯的新上海人（以下简称为 "新上海人"）的主要来源地依次为安徽、江苏、河南、江西、山东、浙江、湖北、福建和四川。文章说到 "是的，上海有 40% 左右的市民来自全国各地，甚至全世界各地。由此可以判断，上海早已不仅仅是原住民的上海，而是全国人民乃至全世界人民的上海了"。另一方面，2018 年经常出现某地 "抢人大战" 的新闻，其背后的经济动因我们在此不再赘述，值得注意的是各大城市吸收的外地人都是年轻人，上海虽然没有加入 "抢人大战"，但是肯定希望到来的外地人都是年轻人。"上海是谁的上海" 这篇文章同时也分析了不同来源地的人对城市发展的贡献和经济能力，得到的结论是 "老上海人的老龄化程度非常严重，近年上海城市的快速发展很大程度上依赖于新上海人的支撑；老上海人的消费动力、消费水平比年轻的新上海人低"。

廉思（2014）在研究了城市新移民的文化后指出 "他们在思想文化上的建树却要比看上去更加丰富，这种丰富主要体现为对现代城市生活方式的接受、对现代文明国家制度的领会以及对现代公民生活习惯的养成，并且既有参与公共事务的意愿，也有实际参与的行动。知识水平和公民意识这两方面的较高水平，决定了城市新移民文化具有一种开放性，这一特征也是新移民文化特征中最具活力的方面，必将对新移民的城市生活产生重要影响"。

因此，无论是建设和发展怎样的城市文化，都无法回避上海新型的常住人口的来源和年龄构成，新时代的面向未来的上海文化必然是由在这座城市发展的人建设的，也为所有在这座城市生活的人服务。

3.2　语言不仅是音义结合的符号系统

语言是人类最重要的交际工具，是音义结合的符号系统。如果仅仅把语言符号系统看作是语言的全部内容，那么很多针对语言的做法（包括政策、法规等）都是十分便于言说、书写和操作的。比如中华人民共和国成立以来，相继颁布了《关于推广普通话的指示》和《汉字简化方案》，在全国范围内推行普通话和规范汉字。2000年10月，全国人大常委会通过了《国家通用语言文字法》，并决定于2001年1月1日起正式实施。曹德和（2011）梳理了普通话的内涵和外延，从其论述中，我们可以发现，无论是对普通话内涵的讨论还是对外延的讨论，都不涉及语言文化，原因就是法律只能规定有形的内容，否则法律就难以施行。但是，语言文字的形式的部分长期跟人们的生活关联，必将影响文化的样态，影响人们的思维方式，给语言文字的使用者带来亲切温暖的心理感受。

海德格尔（1964）在《关于人道主义的书信》中提出了著名的"语言是存在之家"的观点。又在《现象学》中说，此在对于现在的存在方式是沉沦态，而语言是沉沦态的主要揭示物。语言表达了人和世界的一切关系，人总是以语言的方式去拥有世界，每一种语言都是一种特殊的世界观。语言是理解的媒介，是描述"存在"的"工具"和"依赖"，从这点来看"语言是存在之家"。海德格尔的观点很有启发性，人们对方言传承的焦虑，也反映了人们对故园的眷恋，虽然新的语言符号可以带来新的家园，但是那是不确定的，当人们面对不确定的形势的时候，产生焦虑是必然的心理反应。所以，语言不是单纯的符号，语言符号只是表象形式，更深层次的文化、情感、社会问题需要引起足够的重视。

葛兆光（2011：41）在讨论中国人的"中国意识"的时候，指出国人的"中国意识"在宋代凸显。宋之前，中央之国实至名归，及至宋代，汉人必须面对更强大的北面的辽和金的时候，中国人的"中国意识"被开启了。与此同时，南宋兴盛的对"中原雅音"的研究成为人们思念故国、想念故都的手段（平田昌司，2016：292）。这也许是中国人最初的依托语言的家园情愫。现在的情况与彼时不同，人们更重视文化的地域性和家园的具象性，表现出一种后现代的文化观念。

3.3　方言回归生活

关于上海方言的未来，学者和民众都提出了自己的主张。以钱乃荣先生为代表的学者，一直致力于上海方言的保护，提出了把上海方言申报为非物质文化遗产的主张。最近几年，钱先生主要关注儿童的方言发展问题，编写了教材《小学生学习上海话》（钱乃荣，上海大学出版社，2012）。2016年，钱先生提出"上海方言的传承，关键要让新生代们讲上海话"（沈嘉豪，2016）。2018年，钱先生又分析了外来人口增加是否是造成上海话式微的原因，同时再次提出"现在在非常环境下，教一教上海话是必要的，小学里可以开设上海话课。但是单用教学而同伴之间不一起说，教而不说，是学不会上海话的"。

我们在做网络民意调查的时候，发现很多人也都提到应该在学校教授上海话。但是我们认为，在目前学校教育主要围绕升学服务的今天，方言进校园存在四个方面的问题，第一是跟升学教育相冲突；第二是学生面对学业自然生发的抵触情绪，反而不利于方言的代际传承；第三是师资缺口；第四是学生中普遍存在不以上海方言为第一语言的群体。

我们认为既然方言并没有在肇始于 19 世纪的中国现代化进程中扮演重要角色，那么在现实状况下，阻止方言式微的途径就是让方言回归生活。我们依然以钱乃荣先生经常提到的上海方言的语言文化来考察方言的价值所在。钱先生在最近的文章中又绘声绘色地描述了富有特色的方言词语：

> 比如说"饭碗头"指职业，有职业才能有吃的。还有"吃饭家生"，就是指工作的用具。"吃进"就是把货品收进，过去"吃进"就是指吃饭的。"吃萝卜干饭"，是指做学徒、学生意。"吃老米饭"，就是无工作，生活靠积蓄。"卷铺盖"就是指被辞退。"劈硬柴"就是 AA 制。"垫台脚"就是找靠山。"撬边"就是从旁怂恿人家购物买东西。

钱先生把这一段文字放在"上海话中体现了哪些商业特质"段落下面。但是从这些词语中我们可以明显发现，它们不是属于跨国贸易、大宗商品交易、金融物流等现代经贸术语范畴的，而是属于普通人的日常的生活经济。那么一旦需要表述专业性较强的经济话题时，很多时候人们会转用普通话，我们的网络调查发现在单位里普通话的使用率达到 73%，这一数据能够反映专业语域内方言的使用情况。实际上，方言回归生活还面临着很多问题，情况很不乐观。我们在做访谈的时候调查到一个例子，就是受访者提及听到有人把"交通大学"的"交"是用白读音读出来的。所以，在方言回归生活方面，普通市民和专家都应该有所作为。市民方面，把日常交际中的语码转换限制在一定范围内，尽量用方言进行交际；专家方面，不但要做方言本体的研究、保存方言的研究，更要在制定普及型方言拼音方案、方言的专业词语、用方言表述新事物的词语的规范化方面有所作为。

3.4 方言文化建设

方言文化建设的基本途径是生产方言文化产品、建设方言文化景观等。方言写作是非常重要的方言文化产出。近年来涌现出的一部小说打破了吴方言区方言写作的静寂局面，这部小说就是金宇澄著写的《繁花》。作者不但在这部小说里讲了好故事，还尝试着让鲜活的上海方言进入小说，又能让非吴方言区的读者读懂，在很大程度上解决了前人写方言小说让人读不懂的弊端。有了好故事就很容易促进相关联的事物产生经济价值。这方面比较成功的是日本小说和影视作品，好故事、好人物、好场景为相关的经济做背书，带动了服装、化妆、餐饮、旅游业的发展。

3.5 方言的传承需要参考儿童语言发展研究和脑科学研究的成果

实际上，我们需要更加理性地看待方言问题，上海方言的现状以及未来的发展趋势到底如何是需要深入研究的，相关问题是需要以更学术化的视角去分析，而不是依靠大众的印象。在中国的大部分地区，人们都是双语或者双方言的使用者，双语或者双方言的其中一种是汉语普通话，另一种则是少数民族语言或者汉语方言。双语或者双方言是一种复杂的语言和心理现象，又跟社会和文化有密切的联系，因此对双语或者双方言儿童的语言发展的研究应该更多地援引双语或者双方言儿童语言发展的研究成果进行分析。已有的研究成果表明双语儿童会根据交际需求有意识地轮换使用两种语言（王文宇，2010），De Houwer（1990）分析了一名荷兰语—英语双语儿童的口语语料，发现她在使用任何一种语言时，都会有意识地运用此种语言的形态句法规则，这说明双语的语法系统是独立存贮的（转引自王文宇，2010）。在语言处理机制方面，大部分语言学与心理语言学研究显示双语儿童在语言学习初期就能区分两种语言系统，并能在语言理解和语言使用过程中抑制非目标语言，这种双语控制机制得到了认知神经科学领域相关研究的证实（王文宇，2010）。

根据基于脑科学的大量研究成果，我们知道，儿童掌握的双语或者双方言不是互相替代的关系，而是和平共存的关系。因此反观前述关于上海方言的社会性焦虑，恐怕需要学者们发声来抚平大众的焦虑。

4 结　论

方言文化的焦虑是社会经济文化快速发展过程中出现的现象，反映出人们一方面希望经济大发展，另一方面又不希望文化大变化的复杂心理。方言是一种传统文化，在现代化的历程中因为角色缺位导致统辖语域的能力变弱。解决方言文化焦虑问题的途径就是市民和专家共同努力，让方言回归生活。

参考文献

安德森 . 想象的共同体——民族主义的起源与散布 [M].上海：上海人民出版社，2003.

宾交娟 . 建国后上海市推广普通话情况的考察（1950—1980 年代)[D].上海：华东师范大学，2011.

曹德和 . 如何界定普通话的内涵和外延 [J].安徽大学学报，2011（1）：21—27.

陈圣浩 . 景观意义的建构与传达：语言符号理论在景观设计中的应用 [M].北京：中国林业出版社，2017.

方小兵 . 多语环境下的母语建构与母语社区规划研究 [M].北京：中国社会科学出版社，2017.

葛兆光 . 宅兹中国 [M].北京：中华书局，2011.

胡晓明 . 江南文化是一座连通古典和现代中国的桥，有一股非把事情做成不可的刚健之气 [N].上观新闻，2018-12-12.

雷开春 . 城市新移民社会资本的理性转换 [J].社会，2011（1）：74—93.

雷开春 . 上海城市新移民与本地人群体关系的交往策略研究 [J].社会，2012（32）105—124.

廉　思 . 城市新移民文化研究 [J].当代青年研究，2014（3）：5—11.

林文钦 . 回声绕梁的海派老歌 [N].上观新闻，2017-01-03.

刘士林 . 江南与江南文化的界定及当代形态 [J].江苏社会科学，2009（5）：228—233.

罗　昕，高　阳 . 熊月之谈"上海人四变"：开放和移民形成上海文化的积极面 [N].澎湃新闻，2016-07-25.

平田昌司 . 文化制度和汉语史 [M].北京：北京大学出版社，2016.

钱乃荣 . 文明人与会普通话没有因果关系 [N].中国新闻网，2009-02-23.

钱乃荣 . 外来人口增加造成上海话式微？那说明你根本不了解上海话是如何兴起的 [N].上观新闻，2018-06-17.

沈嘉豪 . 钱乃荣：上海方言的传承，关键要让新生代们讲上海话 [N].上观新闻，2016-09-26.

王文宇. 双语儿童的语言能力发展：实证研究回顾［J］. 外语研究, 2010（3）: 52—60.

夏东元. 江南制造局在中国近代史中的地位［J］. 河北学刊, 1995（5）: 75—78.

萧知纬. 南京时期的电影审查与文化重建：方言、迷信与色情［M］// 见民国时期的上海电影与城市文化. 北京：北京大学出版社, 2011: 196—213.

徐锋华. 李鸿章与近代上海城市经济的崛起. ［N］. 东方早报, 2014-05-27.

史蒂文森. 城市与城市文化［M］. 北京：北京大学出版社, 2015.

（孙锐欣　华东师范大学中文系　soonrx@hotmail.com）

香港地区老派上海话词汇特点剖析（一）

汤志祥

0 导　言

　　近代成批上海人移居香港的时间大约始于 20 世纪 30 年代 ①，虽然他们到香港主要是为了躲避战乱，但同时带来了代表着近现代资本主义工商业的大批资金、技术和产品，带动了香港"二战""光复"后的经济恢复和发展。与此同时，上海人也带来了上海独有的语言、文化和生活方式，让上海人在香港逐渐享有富有、高档，讲究排场，喜欢"摜派头"的海派做派等美誉。

　　正因为来自上海的移民多有一定的经济、文化和社会地位，所以他们一般均生活在香港的社会高层或者中层，具有散居，独自经营和独立生活的特点，但也因同乡之间容易联络和相互帮助的关系，早期移居香港的上海人一度主要居住在香港一两个小区域，譬如，港岛的北角和九龙的深水埗。因此也让这些地区出现过号称"小上海"的俗称。而香港地区的"上海总会"和"苏浙沪同乡会"就成了来自上海、浙江和江苏的商界、政界、社交界等社会名流的主要活动社会团体和交际场所。

　　众所周知，回归前曾做过英国殖民地 156 年之久的香港（乃至回归后 20 多年）广东话一直是一支独大的"强势方言"，因此移居香港的上海人在外一般都逐渐转说广东话，而只在自己家庭内部或者同乡之间依然说上海话。因此他们的上海话较少受到广东话的直接影响，一般保留他们各自时代的语言特点。

　　考虑到过往几十年来移民香港的上海人的后代（尤其是第三代、第四代）纷纷改口说粤语，而新移民香港的上海人并不很多，加之新来的上海人其上海话已经不纯粹，且多改口说普通话，所以随着老一代上海人逐渐年事已高并不断离世，目前还说流利上海话的老一代移民已经着实不多了。为了了解、记载并研究在香港的上海话的情况，我自 2015 年 7 月至 2017 年 12 月，选择了一位已经移民香港 40 多年，年龄超过 70 岁的老人进行了她的上海话包括语音、词汇以及语法情况的全面调查，以图了解香港上海人的上海话现状。鉴于这种情况，对香港上海人的上海话现状的研究就具有"断代"与"抢救"的性质。

　　发音人简况：

　　姓名：李娥珍，性别：女，出生日期：1943 年，现年 74 岁，祖籍：广东台山，出生地点：上海市黄浦区。移居香港时间：1978 年（迄今正 40 年）。文化程度：大学。职业：香港某大学教员。语言能力：上海话、普通话、广东话。

　　本研究对象和观察重点：

　　主要对象：现年 70 岁以上的上海老年移民

　　观察重点：他们现在说的上海话里的"老派"上海话词语

---

　　① 黄绍伦. 移民企业家：上海工业家在香港［M］. 上海：上海古籍出版社，2003.

（1）还保留了多少上海"老词语"，又流失了哪些；

（2）还保留了多少上海话的词汇语法格式，又流失了哪些；

（3）还保留了多少上海话的谚语和歇后语；

（4）还保留了多少上海话的儿歌和童谣；

（5）有多少上海话"新词语"出现在他们的口语中。

本研究所依托的上海话书面语料参考书籍：

（1）钱乃荣、许宝华、汤珍珠：《上海话大辞典》；

（2）钱乃荣：《上海方言》；

（3）汤志祥：《广州话、普通话、上海话6000常用词对照手册》；

（4）钱乃荣：《上海话新流行语2500条》；

（5）汪仲贤：《上海俗语图说》；

（6）孟兆臣：《老上海俗语图说大全》；

（7）钱乃荣：《上海俗语》；

（8）刘叶雄：《穿越霓虹穿越梧桐，触摸上海话》；

（9）浦东老闲话编委会：《浦东老闲话》。

1　调查香港老派上海话的词汇的语料选择

1.1　调查所选语料的文献书籍、流行时段及通行地段

主要选自《上海话大辞典》《上海俗语图说》《广州话、普通话、上海话6000常用词对照手册》里通行于20世纪40年代至60年代的上海市区主体城区：黄浦区（涵盖原来的南市区）、静安区、徐汇区、卢湾区和虹口区所通行的上海话常用词语。

1.2　调查所选语料的范围、词类、义类及结构

选择范围：能够反映20世纪40至60年代相对比较稳定与通行的上海话生活词语；

选择词类：最能反映上海社会生活的三大类"开放性"词语：（1）名词（2）动词（3）形容词；

选择义类：（1）社会称谓（2）商业交通（3）动作变化（4）生活器具（5）性质状态（6）地理方位（7）日常饮食（8）动物植物（9）天文气象（10）身体医疗；

选择结构：日常生活中最为活跃的双音节和三音节词语以及构词能力最强大动宾、偏正主谓式词语。

1.3　调查所选语料的分类项目及词语数量

（1）老派上海话词汇调查：153个词语

（2）老派上海话中新老词语交替调查：70个词语

（3）中派上海话词汇调查：55个词语

（4）老派上海话外来语词调查：36个词语

（5）老派上海话俗语调查：180个词语

（6）老派上海话谚语调查：19条词语

（7）老派上海话歇后语调查：24条词语

（8）老派上海话歌谣调查：13 首歌谣

（9）老派上海话重叠构词格式调查：100 个词语

2 香港老派上海话的用词特点

2.1 老派上海话用词调查

2.1.1 完好地保有的用词

所谓"完好地保有的用词"指的是：对能从词形、词义、词用三方面完全地理解、完好地使用并清晰地解释的用词①。

譬如：（括号内为普通话对应词或词义解释，下同）

（1）天文、气象类：扫帚星（彗星）、霍险（闪电）、阵头雨（阵雨）

（2）地理、方位类：蓬尘（灰尘）、幺二角落（冷僻路段）、弹硌路（鹅卵石路）

（3）节令、时间类：后首来（后来）、夜快头（傍晚）、晏歇点（一会儿）

（4）商业、交通类：定洋（定金）、头寸（钱款）、混堂（浴室）、堂子（妓院）

（5）动物、植物类：豁水（青鱼尾）、癞团（癞蛤蟆）、文旦（柚子）、小塘菜（小青菜）

（6）餐饮、饮食类：饭糍（锅巴）、绞连棒（麻花）、门腔（猪舌头）、暴腌（快速盐腌）

---

① 本研究不选择下列通行于 20 世纪 20 年代至 40 年代太老的上海话词语和俗语或者太过偏向于农村（郊县）使用的词语，如：（按照书中所举例子排列）

1.《上海话大辞典》中的"淩泽儿、赖柴天、高墩、浜兜、汉港、地头脚跟、拦腰隔壁、报头浪、百花生日、年脚边、陈年里、日出卯时、齐夜快、光张、栲栲"等；

2.《上海俗语图说》中的"白蚂蚁、陆稿荐、点大蜡烛、走脚路、烂香蕉、斩鲜肉、长三、解板、白板对煞、燕子窠、两头大、赶猪猡、吃血、拉黄牛、捉蟋蟀"等；

3.《老上海俗语图说大全》中的"三点水、大物事、小房子、太平山门、开条斧、扎硬、牙签、发甲、叫开、失风、弗头俏、末老、交落、吃斗、吃屑、合药"等；

4.《浦东老闲话》中的"一口钟、十月朝、七石缸、乃朝后、三弗时、下一肩、大样、万三句、女人妈妈、口轻盪盪、小长、小姆娘、扎作、元宝茶、毛毛叫"等。

本研究少选择《上海话大辞典》中下列四类用词：（按照书中所举例子排列）

1. 容易望文见义的用词

日食、云彩、寸金地、石板路、斜对过、送灶、老虎钳、断档、地摊、塞车、摆渡船、荠菜、糯米团、酒酿、时鲜、走油肉、罗宋帽、两用衫、爆炸头、写字楼、棚户区、瓦楞、躺椅、鱼盆、家当、保鲜袋等；

2. 比较老旧的用词

月牙牙、风报头、户荡、城垛子、上首、洋油、来路货、押账、绸缎庄、烟纸店、酱园、栈房、寄卖行、东洋车、出脚、邪狗、油煤烩、赚头、洋布、门面屋、庭心、翻轩、面汤台、骨牌凳、汤盅、洋线团、自鸣钟、方棚等；

3. 太一般的用词

号头、夜到、家生、铅皮、打烊、找头、开销、糕团店、救命车、猢狲、田老虫、四脚蛇、莴苣笋、夜开花、盖浇饭、汤团、烘山芋、羽纱、汗背心、假领头、宕头、门房、弄堂、石库门、晒台、阳沟、夜壶箱、被横头、搪瓷杯、饭格子、物事、雪花膏、马甲袋等；

4. 太新的用词

咖吧、电老虎、助动车、拼车、布林、长棍、铁板烧、跳跳糖、富纤、广告衫、蛋糕裙、花苑、凸台、搁栅、玄关、空调被、电饭煲、太空杯、日本筷、汰头膏、护手霜、美发棒、蛇皮袋、暖宝宝等。

（7）器具、用品类：笁帚（锅台上的笤帚）、草窠（稻草编制的暖窝）、篮箕（篮子）

（8）身体、医疗类：头脑（发旋儿）、槽头肉（颈肉）、冻瘃（冻疮）、赎药（抓药）

（9）亲属、称谓类：公阿爹（丈夫的父亲）、婆阿妈（婆婆）、舍姆娘（产妇）、看护（护士）

（10）娱乐、文教类：白相杆（玩具）、捉帖子（抓子儿）、立壁角（罚站）、关夜学（留校）

（11）社会、交际类：轧道（交友）、落撬（作对、作梗）、弄松（作弄）、横东道（打赌）

（12）动作、变化类：装戆（装糊涂）、掞空（白干、说空话）、撞腔（寻衅）、讲张（闲聊）

（13）性质、状态类：登腔（像样）、响势（难受）、尴僵（尴尬）、搭僵（马虎）

2.1.2 未能完好地保有的用词

所谓"未能完好地保有的用词"所指的是：已经不讲、不熟悉甚至不太明白的词。譬如：

（1）一些主要通行于农村或者郊区的词语，譬如：黄昏星（金星）、搬场星（流星）、饭瓜（南瓜）、河塘（小河）、水桥（河边的石阶）、云头（云层）、起阵头（乌云骤起）、六谷粉（六种谷物的混合粉）、扯蓬船（蓬船）、偷瓜精（刺猬）、豁虎跳（翻跟头）

（2）一些流行地区不广或者较为古旧的词语，譬如：牵匀（均匀）、坍臺（难为情）、眼眵（眼屎）、贴准（刚好）、墙头（那儿）、咬口（烟嘴）、日逐（每天）、日间日（每隔一天）、壳张（认为）、捏骱（喻抓住要害）、着肉（贴身）、包饭作（替人定做饭菜的小商铺）、定头货（喻难缠的人）、寸金糖（一寸长的棒糖）、洋老虫（小白鼠）、洋风炉（火油炉子）

根据统计，在笔者所选用作调查的153个用词中，还能自然、流利使用的"能完整、完好地保有的"老上海话词的数量是127个，占比83.01%。而"不能完整、完好地保有的用词"数量有26个，占比16.99%。这说明超过八成的老派上海话用词均尚完好地在使用中。

2.1.3 若从词性的角度对那153个用词加以观察，所得到的结果是：

名词共98个，数量上占绝大多数，其中二音节有38个，三音节56。动词数量次之，共30个，其中二音节有17个，三音节13个。形容词相对最少，共20个，其中二音节有14个，三音节5个。

从音节来看，三音节最多共76个，占比约49%多，二音节有72个，占比47%多。四音节5个，占比3%强。具体统计如下：

词 性	数量	二音节	三音节	四音节
名 词	98个	38个	56个	4个
动 词	30个	17个	13个	0个
形容词	20个	14个	5个	1个
副 词	5个	3个	2个	0个
总 数	153个	72个	76个	5个
比 例	100%	47.40%	49.35%	3.27%

各类词语按照词性以及音节分小类举例如下：

（括号内为普通话对应词或词义解释，下同）

（1）名词：二音节：场化（地方）、字萄（葡萄）、泔脚（淘米水）、捻凿（改锥）

厾饼（煎饼）、娘姨（女佣）、邮差（邮递员）、翎子（暗示）

堂倌（饭店服务员）、相好（情人）、看护（护士）、招势（面子）

三音节：大模子（大个子）、的笃板（呱嗒板儿）、赖孵鸡（抱窝鸡）

大转弯（向左转弯）、白相人（无业游民）、老户头（老客户）

蜡烛包（襁褓）、小白脸（面首）、灶披间（厨房）、子孙桶（马桶）

四音节：红头阿三（印度巡警）、老虎塌车（双轮平板车）、当中横里（中间）

（2）动词：二音节：吃酸（难堪）、讲张（聊天）、着港（到手）、发嗲（撒娇）

滑脚（溜走）、惠钞（付款）、厥倒（昏厥）、轧道（交友）

三音节：摆魁劲（显傲慢）、打昏涂（打呼噜）、大勤共（做大动作）

讨扳账（讨还钱款）、做舍姆（坐月子）、横东道（打赌）

（3）形容词：二音节：吃价（厉害）、搭僵（糟糕）、落撬（作对、作梗）、茄门（冷漠）

沙度（疲倦）、宽舒（舒服）、尴僵（尴尬）、出趒（大方）

三音节：嗲勿煞（臭美）、好户头（老好人）、呒清头（没分寸）

勿连牵（不连贯）、顶呱呱（最好）。

2.2 老派上海话中老、新两派并存的用词使用调查

2.2.1 老派上海话中的老、新两派并存的上海话用词

（1）本次调查选用了老、新两派上海话中并存的 70 个用词做调查，以观察老、新两派用词并列时所保有的老派上海话用词的情况。

所选用调查的用词从词性及其音节角度观察，其分布情况如下：

词 性	数量	二音节	三音节	四音节
名 词	55个	24个	29个	0个
动 词	11个	3个	8个	0个
形容词	0个	0个	0个	0个
副 词	6个	4个	1个	1个
总 数	70个	32个	38个	1个

其中名词占多数，共 55 个，占比 78.57%（如上例）；动词次之，11 个，占比 15.71%，副词 6 个，占比 8.57%。形容词为零个。

（2）如果从老新两派都使用本次调查所使用的用词的总数量、分类以及结果如下：

	数量	二音节	三音节	四音节
老新词都使用	59个	24个	34个	1个
占比	84.29%	34.29%	48.57%	1.43%
新派词不使用	11个	8个	3个	0个
占比	15.71%	11.43%	4.29%	0

调查显示，现在使用着的老、新两派并列用词有 59 个，占比 84.29%。其中二音节 24 个（占 34.29%），三音节 34 个（占 48.57%），四音节 1 个（占 1.43%）。

（3）同时都使用的老、新两派用词举例：

① 名词类：（破折号前是老派上海话用词，破折号后为新派上海话用词，下同）

二音节：脚桶 — 脚盆、眼火 — 眼光、雄鸡 — 公鸡、脚色 — 角色
　　　　饭抄 — 饭勺、热头 — 太阳、别杷 — 枇杷、冲手 — 小偷
　　　　火表 — 电表、老爹 — 爷爷、几化 — 多少、洋钉 — 钉子

三音节：吃饭间 — 饭厅、客堂间 — 客厅、旺热头 — 大太阳
　　　　月份牌 — 月历、肋棚骨 — 肋骨、夜胡知 — 知了
　　　　癞蛤巴 — 癞蛤蟆、阴司天 — 阴天、手节头 — 手指
　　　　夜快头 — 夜快、寒暑表 — 温度计、饭师傅 — 厨师
　　　　幼稚园 — 幼儿园、上街沿 — 人行道、蓝印纸 — 复写纸

四音节：剃头师傅 — 理发师

② 动词类：（破折号前是老派上海话用词，破折号后为新派上海话用词）

二音节：火着 — 着火、收作 — 收拾、打棚 — 开玩笑

三音节：发寒热 — 发烧、骂山门 — 骂人、寻相骂 — 吵相骂
　　　　吹牛三 — 吹牛、斩冲头 — 宰客、捉扳头 — 寻错头
　　　　寻駒势 — 挑衅、打金针 — 针灸

（4）已经不使用的老派用词举例：（括号内为普通话对应词）

二音节：样式（样子）、蓬尘（灰尘）、曲蟮（蚯蚓）、娘姨（女佣）
　　　　壮肉（肥肉）、老爹（爷爷）、阿奶（奶奶）、日逐（每天）

三音节：筷子笼（筷子筒）、写字间（书房）、麻将鸟（麻雀）

2.2.2　老派上海话中的新派上海话用词

香港老派上海话中也出现了一些新派上海话用词。以下为常见的新派上海话 55 个用词的使用情况。

（1）也使用且明白其词义的新派用词 35 个，按照其词性及音节分类，其数量和占比为：

	数量	二音节	三音节
会使用词语	35 个	14 个	21 个
占比	63.63%	25.45%	38.18%

不使用且不明白其词义的新派用词 20 个，按照其词性及音节分类，其数量和占比为：

	数量	二音节	三音节
不使用词语	20 个	8 个	12 个
占比	36.36%	14.55%	21.82%

（2）若按照词性分，使用且明白其词义的新派用词 35 个中，词数量以及其音节的分类数量及占比为：

	数量	二音节	三音节
名　词	10 个	3 个	7 个
动　词	21 个	8 个	13 个
形容词	4 个	3 个	1 个
总　数	35 个	14 个	21 个
占　比	100%	40%	60%

（3）老派上海话中的新派上海话用词举例：（括号内为解释性词义）

① 名词：二音节：巴子（乡巴佬）、差头（出租车）、立升（喻家产）

　　　　三音节：地中海（喻秃顶）、阿德哥（喻点子王）、老坦克（喻老男人）
　　　　　　　　毛毛雨（喻小意思）、马大嫂（喻家庭主妇）、戆巴子（傻子）

② 动词：二音节：扒分（赚外快）、关脱（闭嘴）、烧香（喻行贿）、蹶倒（傻眼）
　　　　　　　　敲定（确定恋爱关系）、撬边（做托儿）、拗断（中断交往）

　　　　三音节：开软档（饶人）、有腔调（有格调）、汰脑子（要人改变想法）
　　　　　　　　砌墙头（喻搓麻将）、掼浪头（说大话）、掏浆糊（胡混）
　　　　　　　　筑长城（喻打麻将）、劈柴爿（AA制）、有立升（有资本）
　　　　　　　　有档次（有水准）、拜菩萨（喻贿赂）、拦音［laʔ¹²］差头（叫的士）

③ 形容词：二音节：大兴（冒牌）、顶脱（好极了）、煞根（过瘾）

　　　　　三音节：乓乓响（响当当）

（4）不使用、不理解的新派上海话20个用词中，词数量以及其音节的分类数量和比例为：

	数量	二音节	三音节
名　词	8 个	2 个	6 个
动　词	11 个	6 个	5 个
形容词	1 个	1 个	0 个
总　数	20 个	9 个	11 个
占　比	100%	45%	55%

不使用的新派上海话20个用词举例如下：（括号内为解释性词义）

① 名词：二音节：大奔（奔驰车）、屁精（娘娘腔）；

　　　　三音节：大头贴（只拍脸的自拍照）、小老公（婚外男情人）、
　　　　　　　　小狼狗（男妓）、浆糊兄（混混）、癞头分（小钱）、阿土根（土包子）

② 动词：二音节：进分（赚钱）、坏分（破费）、来电（产生感情）
　　　　　　　　拉分（搞钱）、刮三（被发现）、倒搓（女追男）

　　　　三音节：开大兴（说大话）、打开司（亲嘴）、外插花（有外遇）
　　　　　　　　拗造型（摆姿势）、搞脑子（瞎胡闹）

③ 形容词：二音节：分挺（钱多）。

3 香港老派上海话的用语特点

3.1 香港老派上海话的俗语使用情况

3.1.1 能完好地保有的俗语

从这次用于调查的老派上海话175条俗语中有171条用语大体上能完好的从词形、词义、词用三方面理解、使用并解释。以下是从结构、音节两方面表述这些俗语的情况：

结构	数量	二音节	三音节	四音节	五音节	六音节	七音节	八音节	九音节	十音节
并列	20	0	0	14	2	3	0	0	0	1
补充	3	0	2	0	1	0	0	0	0	0
动宾	65	1	52	8	2	0	0	0	0	0
连动	9	0	0	0	3	3	2	0	1	0
偏正	46	0	27	13	5	1	0	0	0	0
主谓	26	0	3	5	5	1	7	4	1	0
同位	1	0	1	0	0	0	0	0	0	0
紧缩	1	0	0	0	0	0	1	0	0	0
总数	171	1	85	43	18	7	10	4	2	1
占比	100%	0.58%	49.71%	25.15%	10.53%	40.9%	0.58%	23.39%	1.17%	0.58%

应该说，175条俗语中有171个条尚能使用，其总体的保有量占比97.71%，相当高。
完好保有的俗语用语

目前能完好地保有的老派上海话中的俗语保有的171条中，如果再按照词组的内部组成结构去观察，还可以看到如下描述；

（1）并列结构：（按照汉语拼音排列，后同）

　　四音节：掰手掰脚、候分掐数、老吃老做、牵丝扳藤、清水光汤、三对六面
　　　　　　三青四绿、弹眼落睛、脱头落襻、唔大唔小、五颜六肿、嬉皮塌脸
　　　　　　一刮两响、阴丝促掐

　　五音节：烂糊三鲜汤、嘴硬骨头酥

　　多音节：哭出乌拉笑嘻嘻、一只爹一只娘、长一码大一码、
　　　　　　大吵三六九 小吵日日有

（2）动宾结构：

　　二音节：吃药

　　三音节：扳错头、扳敁丝、包打听、保身价、拆烂污、拆棚脚、撑市面、吃牌头
　　　　　　吃生活、吃轧头、戳壁脚、打回票、打秋风、担肩胛、弹老三、放白鸽
　　　　　　放野火、隑牌头、搞脚筋、掼浪头、掼派头、掼纱帽、混腔势、豁翎子

讲斤头、接翎子、眮扁头、捞横档、撸顺毛、劈硬柴、敲木鱼、翘辫子
收骨头、讨扳账、调枪花、听壁脚、通路子、卸肩胛、扎台形、轧扁头
轧扁头、轧苗头、轧朋友、轧一脚、照牌头、装湖羊、装榫头、做冲头
做人家

四音节：炒冷饭头、吃麻栗子、嚼舌头根、捞锡箔灰、卖野人头、热大头昏
着连裆裤

五音节：吃空心汤团、吃萝卜干饭、乌搞百叶结

（3）偏正结构：

三音节：柏油桶、拆白党、搭浆货、大块头、恶死做、弗入调、弗作兴、喇叭腔
来路货、赖学精、老法师、老甲鱼、牛皮糖、碰哭精、软脚蟹、三脚猫、
偎灶猫、现开销、现世报、小乐胃、噱头势、鸭屎臭、野路子、一脚去
一帖药、一只鼎

四音节：黄牛肩胛、空心汤团、连裆模子、毛脚女婿、蓬头痴子、千年难扳
三角礓砖、脱底棺材、小八辣子、小家败气、幺二角落、一时头浪
一塌刮子、一天世界

五音节：空心大佬馆、死人额骨头、像煞有介事

（4）主谓结构：

三音节：饭泡粥、脚碰脚、人来疯

四音节：狗皮倒灶、架子搭足、乱话三千、神智无知、竹笋烤肉

五音节：耳朵打八折、横理十八条、浑身勿搭界、歪理十八条

多音节：三钿不值两钿、皇帝勿急急太监、看人挑担勿吃力、马屁拍到马脚浪、
年纪活勒狗身浪、手心手背侪是肉、万宝全书缺只角、瞎猫碰着死老虫
额骨头碰着天花板、癞痢头儿子自家好、眼睛生到额骨头浪、
眼眼叫（调）碰着眼眼叫（调）、隔夜饭也要呕出来

（5）连动结构：

五音节：脚翘望天保、碰鼻头转弯

多音节：买块豆腐撞死、扳手节过日脚、到啥山斫啥柴、锣鼓响脚底痒
刀切豆腐两面光、拉倒篮里侪是菜、拍脱牙齿往肚皮里咽

（6）补充结构：拎得清、拎勿清、悬空八只脚
（7）紧缩结构：勿识相吃辣火酱
（8）同位结构：王伯伯

3.1.2 未能完好地保有的俗语用语

以下是仅有的未能完好的保有的俗语共4个，它们是：

（1）主谓结构：百步呒轻担
（2）动宾结构：扛木梢
（3）偏正结构：老虎肉、七弗牢牵

3.2 香港老派上海话的外来语使用情况

从这次用于调查的老派上海话35条外来语中是如果从类型、音节两方面表述这些外

来语的情况 ①：

结构	数量	二音节	三音节	四音节
纯音译	23	10	12	1
音译加意译	11	0	9	2
音意兼译	1	0	1	0
总数	35	10	22	3
占比	100%	28.57%	62.86%	8.57%

以上可见，我们挑选用于进行调查老派上海话外来语的语词中以三音节居多，占六成以上，二音节较少，占了近三成。四音节最少，仅仅 3 个，占比不足一成。

3.2.1　尚完好的外来用语

所谓"尚完好的用语"指的是大体上从语形、语义、语用三方面都能理解、使用并解释的词语。共 28 条，占比 80.00%。具体列举如下：（括号中是普通话对应词和英语原词）

（1）纯音译语：

二音节：土司（吐司 toast）、白脱（黄油 butter）、回丝（废纱 waste）
　　　　色拉（色拉 salad）、抬头（头衔 title）、罗宋（俄国人 Russian）
　　　　派司（传递、通行证 pass）、派对（聚会 party）

三音节：麦克风（话筒 microphone）、开司米（羊毛织品 cashmere）
　　　　水门汀（水泥 cement）、司的克（手杖 walking stick）
　　　　拿摩温（工头 number one）、梵哑林（小提琴 violin）、
　　　　斯达特（启辉器 starter）

四音节：毕的生司（一无所有 empty cents）

（2）音译加意译语：

三音节：老虎窗（天窗 roof）、求是糖（果汁糖 juice）、茄克衫（夹克 jacket）
　　　　法兰绒（法兰绒 flannel）、派克笔（派克钢笔 parker）

---

① 本研究少选择《上海话大辞典》下列外来语词：（按照书中所举例子排列）

1. 比较专门或新进的外来语：

蜡克（清漆 lacquer）、康密兴（佣金 commission）、卡布其诺（cappuccino）、马克杯（mug）、法兰盘（flange）、来苏尔（lysol）、道勃尔（double）。

2. 早期借用的外来语：

马达（motor）、沙发（sofa）、布丁（pudding）、起司（cheese）、沙司（sauce）、雪茄（cigar）、苏打水（soda）、咖啡（coffee）、可可（coco）、柠檬（lemon）、凡立丁（valitin）、派力司（palace）、开司米（cashmere）、尼龙（nylon）、蕾丝（lace）、卡宾枪（carbine）、阿司匹林（aspirin）、凡士林（vaseline）、倍司（bass）、沙蟹（show hand）。

热水汀（暖气片 steam）、雪纺绸（雪纺绸 chiffon）

四音节：司必灵锁（弹簧锁 spring）、派克大衣（大衣 parka）

（3）音意兼译语：三音节：拉司卡（末班车、最后 last car）

3.2.2 已经不使用的外来用语

共有 7 条。具体列举如下：（括号中是普通话对应词和英语原词）

二音节：搞儿（守门员 goal）、嘎斯（煤气 gas）

三音节：卜落头（插头 plug）、披耶那（钢琴 piano）、康白度（买办 compradore）、隁士林（汽油 gasoline）、德律风（电话 telephone）

4 香港老派上海话的用词用语调查小结

在香港，由于早年移民来的上海人大都有自己的事业、物业或专业，他们的生活圈、工作圈、交友圈等一般都处于香港上流社会中，并具有一定的社会、经济和文化地位。因此，香港的上海人（包括部分来自江苏、浙江的吴语区的人）普遍存有"阿拉是上海人"的地域优越感。他们喜欢同乡会之间彼此的聚会、宴请等，还经常"耍海派派头"或者自觉不自觉地炫耀自己的身份。所以虽然他们一些人已经移民了近半个世纪而且部分还是散居或者独居（居住在高级地段的洋房或者别墅里），但是跟本地只会说粤语、闽语、客家话的中下层社会少有接触，因而调查结果显示出：他们的上海话都还是保持得相对较好的，都还是说得很流利，并字正腔圆。

4.1 老派上海话的词语系统基本保持了原来的面貌

如果仅从词汇层面观察香港老派上海话，其结果清楚显示，香港的上海话老派词汇保持完好的多，流失的较少。

（1）从比例看，在笔者所选用作调查的 153 个用词中，完好保有的老上海话词的数量是 127 个，占比 83.01%。流失率仅有一成七。

（2）本次调查选用了老、新两派上海话中并存的 70 个用词，老派词汇保有 59 个，占比 84.29%，流失率约有一成六。

（3）老派上海话 175 条俗语中有 171 条用语能完好地保有并使用，占比 97.71%，比例相当高。

（4）用于调查的老派上海话 35 条外来语中，保有共 28 条，占比 80%。

4.2 老派上海话的词语系统中新派上海话词汇已经有不少

从新派上海话流行语的流行角度观察，香港上海话老派词汇系统中所使用的数量和比例已经越来越高，原因是他们之中的有些人虽然经常会回上海或走亲访友，或者观光旅游，虽然接触的多是年龄相仿的老上海人，与年轻的一代接触不多。但是上海的亲戚朋友们的上海话里已经有了一些新的词汇，从而让他们也逐渐有了一些改变。

（1）本次调查选用了老、新两派上海话中并存的 70 个用词，不使用的新派词只有 11 个，占比 15.71%。即是大约一成半。

（2）而常见的新派上海话 55 个用词，会用词语有 35 个，占比 63.63%，约有六成之多。

4.3 老派上海话的词语系统保持的词性特点

如果从词性的特点去观察，不难发现，流失的老派词汇以名词居多，动词次之，而形容词等较少。这反映了对事物的"指称"随着时代的演进，较多的事物和称呼有了变化。而取而代之的新上海话词语又以与书面语或者普通话相近的为多，这说明时代的语言变迁也是很明显的。

新派上海话用词中新的动词（包括俗语）还不少（23 个，如：扒分、有 face、关脱、拗断、烧香、蹶倒、敲定、撬边、开软档、有立升、有档次、有腔调、进分、坏分、来电、拉分、刮三、开大兴、打开司、外插花、拗造型、倒搓、搞脑子），这说明现代上海社会出现的一些新的社会现象和相应说法，成为了新的俗语。但是老上海话只会用前面 12 个，大约占了一半。

由于这项调查的发音人不多，词汇面不算广，词汇量也不算多，再加之有关情况及其统计和分析均不够深入，因而只能说明香港老派上海话的大致的情况。更多的更深入的情况还有待挖掘和继续调查。

参考文献

钱乃荣，许宝华，汤珍珠.上海话大辞典［M］.上海：上海辞书出版社，2007.

钱乃荣.上海方言［M］.上海：文汇出版社，2007.

汤志祥.广州话、普通话、上海话6000常用词对照手册［M］.香港：中华书局，2006.

钱乃荣.上海话流行语2500条［M］.上海：汉语大辞典出版社，2006.

汪仲贤撰文，许晓霞绘图.上海俗语图说（民国史料笔记丛刊）［M］.上海：上海书店出版社，1996.

孟兆臣.老上海俗语图说大全［M］.上海：上海社会科学院出版社，2004.

钱乃荣.上海俗语［M］.上海：上海文化出版社，2009.

刘叶雄.穿越霓虹穿越梧桐，触摸上海话［M］.上海：上海人民出版社，2003.

浦东老闲话编委会.浦东老闲话［M］.上海：上海古籍出版社，2004.

黄绍伦.移民企业家：上海工业家在香港［M］.上海：上海古籍出版社，2003.

陈冠中.90分钟香港社会文化史，1949-［J］.万象，2006.

詹伯慧.汉语方言及方言调查［M］.武汉：湖北教育出版社，2001.

（*汤志祥　深圳大学 / 香港中文大学　tangzx01@163.com*）

藏词式歇后语研究 *

——以吴方言"缩脚语"为例

吴雅寅

一 引 言

广义的歇后语可分为两类：藏词式歇后语和说明式歇后语，这两类都来源于古代的隐语，用谐音、双关、隐喻等方式起到一定的修辞作用。后者即我们熟知的"竹篮打水——一场空"形式的歇后语，本文主要讨论的"缩脚语"则属于前者——藏词式歇后语。

藏词式歇后语通常利用人们熟知的成语或固定短语，藏去一部分（通常是尾部），用剩下的部分来代称，但真正要表达的却是这个被隐去的字的意义，因而又叫"藏尾""缩脚语""割裂式代称""言旨话"等。吴方言中的这种语言形式被称作"缩脚语"，例如已凝固为惯用语的詈语"猪头三"，来源于"猪头三牲"这一民俗祭祀词汇，藏去尾字"牲"，用"猪头三"来代指"牲"。

藏词式歇后语是中国最早的歇后语形式，可追溯至魏晋时代，如曹植《求通亲表》中的"今之否隔，友于同忧"，其中"友于"取自《书经·君陈》中的"惟孝友于兄弟"，以"友于"代"兄弟"。藏词式歇后语在宋元明清乃至民国时期的文献中很常见，大多取材于四书五经或日常用语，充当了作者与读者沟通知识文化背景的工具。而大众熟悉的说明式歇后语其实是后起的，唐代才开始产生。由此可见，至少在近代汉语时期藏词式歇后语仍具有生命活力，随后逐渐消亡，形成了说明式歇后语一家独大的局面。

目前，地方语言资源保护工程方兴未艾，地方口传文化也是口头非物质文化遗产保护的重要部分。方言歇后语具有很强的地域性，能鲜明反映当地的语音特点、文化民俗，多多少少在各地方志、方言志、方言词典等文献资料中有相关记载。但被记录在册的往往都只是"说明式歇后语"，提到"藏词式歇后语"的材料却很少。我们认为有必要加紧对吴方言"缩脚语"的收集整理工作，将其纳入方言调查的词汇或俗语版块中。

另外，吴方言面临着严峻的危机，以上海、苏州为代表的长三角移民城市是重灾区，在这些地区逐渐形成了"方言教学热"的社会现象。语言是由语音形式和语义内容约定俗成的语言符号系统，而"缩脚语"尤其注重字词的多重意义以及语音的相似关系，并反映一地民俗文化。我们认为"缩脚语"或可作为方言教学的工具，用以考察学习者对一种方言的语音、词汇、语义的掌握情况。"方言教学"是新兴领域，教学方法和内容大多比较呆板，用这种寓教于乐的方式，既增强了语言学习的交互性，又能锻炼学习者对语言的综合运用能力，还能学习到蕴含在方言中的民俗文化知识。

* 本研究得到国家级大学生创新创业训练计划项目"'互联网＋'背景下的方言教学探索——以苏州方言为例"（201810320012Z）的资助。

二 文 献 研 究

2.1 地域分布

前人多用"缩脚语""缩脚韵"来指吴语地区的这类藏词式歇后语的形式，而不用其他地方所用的"言旨话"①等别称。目前检索得到的收录吴方言"缩脚语"的资料大多是吴语地区各地的地方文献，覆盖的地区包括：上海、上海奉贤、江苏苏州、江苏昆山、江苏海虞、江苏无锡、江苏宜兴、江苏武进、浙江杭州、浙江海宁、浙江湖州、浙江德清、浙江温州等地。

从现有的地方文献材料来看，"缩脚语"这种语言形式广泛地分布在吴语区，几乎覆盖了使用北部吴语的地区，而在南部吴语中，浙江温州话的资料也有相关记载。并且，当地文献未记录过"缩脚语"的地区并不一定是没有这种语言形式的，或许只是因为口传文化很少以书面形式被记录下来，因而这些地区过往语言生活的真实面貌也就难以得知，无从考证了。

通过对过往文献的考察，我们认为吴方言"缩脚语"并非偶发于一地的语言现象，而是曾经在吴语地区普遍存在过的一种语言形式。

2.2 文献类型

2.2.1 宋元明清白话文本及后代语词例释研究

宋代规模最大的志怪小说是饶州鄱阳（今江西鄱阳县）的洪迈所著的《夷坚志》，武建宇和石薇薇的《〈夷坚志〉语词例释》一文中，收录的"依样话"这一词条即用了"缩脚语"的形式代称了"葫芦"。

元代施惠（浙江钱塘，今杭州）创作的传奇《拜月亭记》，以语言的天然本色为人称道，与《荆钗记》《白兔记》《杀狗记》合称四大南戏之一。二二出中："依了官儿，不依娘子，娘子也狗头狗起来。""狗头狗"藏"脑"字，与"恼"谐音，用谐音双关的方法来表义。

明代兰陵笑笑生所著长篇白话世情小说《金瓶梅词话》用到了许多缩脚语。例如二三回中潘金莲挖苦宋惠莲说："只嫂子是正名正顶轿子娶将来的，是他的正头老婆，秋胡戏。""秋胡戏妻"是元代的杂剧。"秋胡戏"藏"妻"字，呼应了前文"正头老婆"，起了强调作用。再如五三回："莫不是我昨夜去了，大娘有些二十四么？"这里"二十四"藏去"气"，"二十四气"中"气"本来指气候，是名词，这里活用为形容词，指人生气。

明末清初西周生（作者有争议）所著的长篇小说《醒世姻缘传》中用到很多方言词汇，其中就有大量的缩脚语。第二回："一帖发丧药下去，这汗还止的住哩？不由的十生九了。"这里的"十生九"即为缩脚语，代称不可直言的"死"字，起到了委婉避讳功能。

清代民初（江苏常熟人）曾朴，笔名东亚病夫，代表作是长篇谴责小说《孽海花》。二十二回："给你办事，一个大都不要，这才是朋友。""一个大"藏"钱"字，隐晦表达钱都不要。

清末民初时，浙江杭县（今杭州）人徐珂编纂了《清稗类钞》，其中《诙谐类·自称

---

① 张定贵.文化遗产视角下藏词式歇后语的抢救与发掘——以屯堡人的"言旨话"为个案说起［J］.教育文化论坛，2014（2）：118.

日不以言》载："张文襄公之洞发解后，大宴宾客，自撰一联，悬之中庭。其联云：'上巳之前，犹是夫人自称日；中秋而后，居然君子不以言。'盖缩脚语也。妙在不出《四书》，其构思之巧，真有令人不可及者。"上联出自《论语·季氏》，省去"小童"一词；下联出《论语·卫灵公》，隐去"举人"二字，原为动宾短语，此作名词用。这种语言技巧，应来源于中古的割裂式省略。

结合上述文本，我们发现，吴地文人好用缩脚语。他们将缩脚语当作一种"语言艺术"或"文字游戏"，在他们的作品中起到幽默或委婉避讳的作用。

2.2.2　地方志的方言卷

《萧山县志》（1987）第二十三编"社会"第七章"方言"第二节"词汇"一节中指出该县方言的构词规律第一点就是"缩脚词语"，即"表达时把所要讲的一个字在词语中缩住，为暗号"，举的例子有"鸡毛掸"。并对这一形式加以说明，"此种语言仅存于民间的戏谑之中"。

《德清县志》（1992）第二十四卷"方言"卷第四章"俗语"的第二节"歇后语、缩脚语"中，对缩脚语下的定义是"在四言词语中省去末字，而省去的字真是所表达的词义"，缩脚语过去用于说话时有忌讳，现多用在戏谑场合。"的角四方"是吴语词汇，形容物体很方，只用"的角四"强调了"方"。括号中注明"有时指姓方的"，语义发生了从形容词"方"到姓氏"方"到代称姓"方"的人这样一系列的转移。

《海宁市志》（1995）第三十三编"方言"第二章"词语"第二节"谚语、歇后语、缩脚语"一节中这样介绍"缩脚语"："建国前，民间有一种缩脚语，即四个字组成的一句俗话，只说前三个字，而要表达的意思则是没有说出的末尾的一个字或其谐音字。建国以后，这种语言已逐渐少用。""鸡毛掸"一例，藏"帚"字，表达"走"字的意义，"帚""走"在海宁方言中同音，发［tsʁɯ］。

《洪庙续志》（2008）第二十七章"地方语言"，第三节"缩脚语"与第四节"歇后语"独立。这一节介绍"缩脚语为洪庙地区居民语言细说中的一种，语言诙谐，常用语为四个字。说话时留一个字给对方去猜"，随后分类列举了"姓氏缩脚语"和"生活缩脚语"，其中"生活缩脚语"列举了许多与数字有关的缩脚语。"拖泥带"一例，藏去"水"字，表达却是"四"，"水""四"在上海方言中同音，发［sʅ］。

2.2.3　地方民俗文化散文

成铁军在《苏州往事》一文中"缩脚语"为小标题，讲述了生活中的用例，比如问表姐到底是喜欢"蜡插焦"，还是中意"一本万"，即指姓"黄"和姓"李"的两位青年。他补充"虽然对方有时候听了会愣一愣，但一般马上就能会意"。

吴恩培在《人与"佛"的对话》一文中提到"吴语称那些壁立上墙的鸡鸣狗盗之徒为'壁立尸'者"。"壁立尸"这一缩脚语，藏去"直"，委婉代指"贼"，"直""贼"在苏州方言中同音，发［zəʔ］。

张一农在《武进日报》发表的文章《风趣幽默的常州缩脚语方言》，集中列举了许多缩脚语，如关于称谓的城隍老（爷）、黎山老（母）等，还特别指出：春节时期为了避讳"死"字的缩脚语"毛二三（四）［sʅ］"。

鸳鸯蝴蝶派作家陈栩的文章《杭谚隽谈》中提到：到了饭店，用"风调雨"代称"肾"，因为杭州话中"肾""顺"同音［zən］。

2.2.4　地方曲艺研究

《昆山幽兰满庭芳·昆曲发源地人物传》收录的《天子问什》一文中，提到"三反语，起源于参军戏，后来在昆曲角色的宾白中偶尔会出现"，并注释如下："三反语，或称作切口。又称缩脚语，常隐去关键字，诱人猜想。"

《评弹艺术·第1集》收录的《懂、通、松、重、动——我的演唱经验》一文中，提到谈到"松"这一点时，介绍了"要在适当的地方安插一些笑料，或努力去找出书情里的喜剧因素来。有时候也可以运用苏州话里的常言俗语、谚语、歇后语、缩脚语等来'挑松'冗长的表白或沉闷的书情"。

2.2.5　方言研究专著

虞新华在《武进掌故》（2000）一书的"油酱业'切口'"一节中提到了关于"水"的多个缩脚语，如"金生丽（水）""青山绿（水）"等。这是缩脚语在商贸语境的特殊用途，又叫"行话""切口"。

张丽娜的硕士论文《无锡方言词汇研究》（2011）中，用第四章第二节"合音词、缩脚韵和反切语"对无锡方言的缩脚语做了系统的列举归类，分了"姓名""状态""称谓""行业暗语"四类，并分析了缩脚语的三类特点：运用谐音、修辞功能、形式灵活。

褚半农在《莘庄方言》（2013）的"词汇"一节中把缩脚语拎出来单独介绍："缩脚语的方法是，将当地4个字的成语或常用语，说话时故意只说前面3个字，留下最后一个字，让对方去猜（有的不用猜，大家一听就知道在说什么）。这被猜的最后一个字，有的原是这个成语、常用语中的字，也有是借用的同音字或近音字，来射某个字。这是方言的一种修辞手法，也叫缩脚韵，它可使语境诙谐、委婉等，如某人脚有点痛，但他不说'脚'字，只说'迪两日蛇虫百有眼不适'。大家都知道'蛇虫百'后面是'脚'字，话的意思是这几天脚有点不舒服。"

2.2.6　方言词典

石汝杰和宫田一郎编写的《明清吴语词典》（2005）中，在许多明清吴语词的词条解释中注明了缩脚语。例如"横阔竖大"这一词条中的例释："因为宝玉这双敲钉转、蛇虫百，虽不十分横阔竖，却也不是七大八，难免要衬这块高底，所以尔嬛有意说笑他呢。"（九尾狐57回）（按：本例所用的是"缩脚语"，后省"脚""大""小"）。

郑张尚芳在《写〈温州方言〉和〈温州话大词典〉缘起》一文中，提到温州话的歇后语很丰富，而古来真正的歇后语本是指缩脚语，如土话里"青山绿"指"水"、"云淡风"藏"清"，表示与之谐音的"轻"义。比较特别的用例是"八仙庆"，表示的是义子，省略的是"寿"字，在温州话中"寿""授"同音，而温州话中"授儿"是义子的意思，这一例拐了好几个弯，外地人很难明白。

2.2.7　词汇学、修辞学专著

孙常叙在《汉语词汇》（1956）的"用掩饰法造成的秘密语"一节，提到苏州的缩脚语把"落雨"说成"吉力格满城风"，即"吉力格（落）""满城风（雨）"。

陈望道在《关于"缩脚语"的讨论》（1935）文中曾专门针对"缩脚语"与黄华节展开讨论，认为"缩脚语与一般所谓歇后语是不同的"，并指出这种所谓"缩脚语"本就是早前通行的"歇后语"。

符淮青编写的《汉语词汇学史》（2012）中，从黄华节的视角，描述了其与陈望道关于

"缩脚语"与"歇后语"的讨论，并评论"这个讨论显示了这些词语的名称古今所指不一，名称和内容不尽一致的矛盾。建国后，这个问题也仍是学者注意的焦点之一"。

武占坤、王勤编著的《现代汉语词汇概要》（2009）中第六章"熟语"提到了"藏词"，说它是"词汇体系中的特殊成分"，藏词分藏头和藏尾，藏尾又叫"缩脚语"，并指出从"友于兄弟"一例来看，汉语的"缩脚语"最迟在一千八百多年前就产生了。

高晋峰主编的《实用修辞》（2014）提到"后藏词比前藏词要应用得多：原因是提起上文，便于记起下文，即使不讲出来，人们也会明白"。并指出"藏词可以节省文字，使语言简洁精练，不拖泥带水，能把意思表达得既含蓄委婉，而又简练形象、幽默风趣"。

2.2.8 方言教学

《苏州闲话》（2015）是徐新为苏州市平江实验小学课外活动苏州话兴趣班编写的校本教材。其中"第十课苏州闲话常用字、词、短语及其读音（八）"提到了"幺二三，隐喻屎（此为缩脚语，完整短语为"幺二三四"，"四"字隐，"四"与"屎"谐音）"。

2.3 总结缩脚语的特点

2.3.1 形式

多为三字格，即大多为四字短语省去最后一个字形成的，这符合吴方言三字格词汇发达的特点。也有少数是将音步为双音节的短语从中断开，如前文提到的"友于兄弟"一例。再如"阳春白雪"，"阳春"即代指"白雪"，"阳春面"指"没有浇头的光面"即来源于此。这类双音节形式较之三字格形式历史更久远。

2.3.2 取材

"缩脚语"早期取材于四书五经等材料，是文人好用的"文字游戏"，流传在知识阶层。使用缩略语关键的一点是要确保对方明白，正是因为这一点取材于经典的缩脚语失去群众基础，难以保留。比如"金生丽"藏"水"字，"金生丽水"出自《千字文》，《千字文》是古代读书人烂熟于心的经典，但普罗大众能记诵《千字文》的很少，到了现代，随着时代更迭，读物选择更多，能领会其表义所在的更是少之又少。

目前常用的"缩脚语"一般是人们熟识的固定短语的省说，约定俗成，具有口语性、俚俗性，是当地讳语、詈语、行话、黑话这类特殊用语的重要组成部分。这类语言大众使用频繁，稳固为惯用语，如"猪头三"这一吴语地区流行度极高的詈语。

2.3.3 机制

缩脚语巧妙运用语义、谐音双关和隐喻等手法，将尾字的本义（或引申义）或与尾字谐音的字的本义（或引申义）转嫁到前一部分，歇而后发，欲盖弥彰。谐音，只要求两字声韵一致，声调不一定相同，有的在语流中受连读变调影响，发音接近即可。例如，无锡方言缩脚语"直拨笼"一例中，藏阴平的"通"，代指的却是阴去"痛"。

缩脚语是人为地对某一用语进行艺术加工，强行割裂了一个完整的表达，因此又称"割裂式代称"。固定短语被省说后，就不再是一个完整的表达。缩脚语的关键就在于"会意"。虽然使用者刻意隐藏规避，但由于会话双方的认知里都有这个词的完整面貌，不难联想得到说话人想要表达的意义，从而起到避讳、委婉的功能。

2.3.4 功能

缩脚语具有能产性，使用者可据语用、修辞的需要来自由发挥。人们有时会在特定的场合即兴创作"缩脚语"，只要接受方的知识背景有这个"缩脚语"源自的固定短语即可。

吴方言形容一样东西特别新说"赤刮啦新",为了强调"新",可以用"赤刮啦"来代称"新",例如"倷勤勿识货!赤刮啦个物什朆么要旧个"。

缩脚语隐去的尾字有名词、形容词、数词、动词等,即皆为实词,有实际意义内涵。缩脚语的语义指向有限,但由于汉语常有一字多义、词性别义的现象,藏去同一字的缩脚语指向的意义却也灵活,这并不矛盾,起到什么语用功能全凭说话人对缩脚语的选择。比如,一个人假使姓孙,用多子多(孙)指称则为带有指他有福气的褒义,用断子绝(孙)指称则为带有恶毒诅咒的贬义。

2.3.5 局限

这种语言形式重视语音和语义的映射关系,因此一定是在某种具体语言系统内互通的,具有一定的排他性。只有会话双方的语言关于这一"缩脚语"涉及的语音、语义、文化背景互通,才能意义互明。由于这种语义转移的方向是也是极为有限的,这种形式具有一定的凝固性,是一时一地约定俗成的。

因此,缩脚语是一种口传文化,修辞、语用功能受到地域、时代、社会环境、语用环境以及会话双方知识文化水平等诸多因素限制,只能在小范围人群通行。有些缩脚语的运用不自然,反而显得生硬别扭,有时起不到积极作用,反而有碍于交际,实际上是一种"消极修辞"。

三 研 究 意 义

3.1 语言资源保护

吴方言"缩脚语"是中国最早的歇后语——藏词式歇后语的历史遗存。目前留存的缩脚语大部分是以口头语为材料的,也是由某一地区的一代代人口口相传的一种口传文化。虽然吴语地区的众多地方都有文献记载,当地曾流行过这样的一种语言形式,但已经少见于当地人的口头使用了。

"缩脚语"的流失,一定程度上也反映了方言使用率的降低,以及方言文化的流失。我们知道,语言的演变具有不平衡性和渐变性,词汇的稳定性一般是弱于语音和语法的,而"缩脚语"也非相对稳固常用的一般词汇,甚至很少被纳入地方方言词汇田野调查中。方言词汇是地方文化的灵魂,但随着时代的变迁,若不做一些收集整理工作,并加以阐释,怕是后人无法领会这些语言和文化,方言也就失去了其特有的丰富文化内涵。

3.2 非物质文化遗产

缩脚语多见于宋元明清白话小说、戏剧、话本中,留存到现在,反映于从事昆曲、评弹等传统曲艺的演员演出中,仍具有语言艺术的价值,是地方曲艺类非物质文化遗产的内容载体和演出技巧。

语言是文化的载体,各地方言歇后语以当地人民特有的认知机制为基础而形成的,有鲜明的地方性,忠实反映一地风土人情和地方文化。歇后语是中国汉民族独特的语言文化现象,而藏词式歇后语则是独特现象当中的独特现象,它是现在广泛流行的说明式歇后语的源头,有着珍贵的文化遗产学价值。

查看各省非物质文化遗产名录后,我们看到了一些省份已将歇后语列为该省名录,一些省份的谚语也列入中国非物质文化遗产名录。按照联合国教科文组织通过的《保护非物质文化遗产公约》的规定,藏词式歇后语属于"口头传统和表现形式"一类,是中国独特的语言民俗现象。

3.3　方言教学

吴方言作为一种具有悠久历史的语言，面临着严峻的传承危机。加之吴方言的代表方言——苏州方言和上海方言所处的城市苏州和上海都是典型的移民城市，外来人口激增，有融入工作城市并定居的意愿，因而产生了方言教学的需求。

"缩脚语"的运用和理解取决于使用者对一地方言的语音和词汇的熟悉程度，或可利用其强调字音字义以及词汇文化这一特性，来作为方言教学的材料和工具，从而帮助对方言发音规律的归纳掌握、方言词汇特殊语义以及渗透其中的地方文化的教学。笔者设想了三种可能的办法，提供一些具体的实现方法以供参考。

3.3.1　"缩脚语接龙"

即先说一个缩脚语 A，然后以 A 被藏去的字或它的同音字为下一个缩脚语的接龙，不必拘泥于现有文献中的那些缩脚语，可以自行创作，运用材料不生僻、通俗合理即可。通过这样链条式展开的练字，锻炼学习者对当地词汇和方言语音的融会贯通，从而较全面地考验学习者的综合语言运用能力。

3.3.2　"缺字填空"

即类似英语练习中的首字母填空，给出一段语篇，挖去若干字，空格后括号中显示缩脚语，需要填写的是那个被藏去的字或与之谐音的字。这种类型的练习比上一种要简单，因为是书面练习，给了学习者相对充分的思考时间，对限时反应的要求低，但也要求学生对词汇熟悉。

3.3.3　"语篇解码"

即给出一篇完全由缩脚语组成的语段，每三个字都是缩脚语，原文由藏去的字组成。请学生试着字字落实、一一对应地转换出原文，是一种语码转换。

这里引用一例书信文本以说明其形式：

"劳苦功　一马当　自立更：

　馨竹难　迫不得　水落石　良莠不，模棱两　通力合　见多识　奔走相　捷足先　恩将仇。

　积少成　新陈代！不耻下　洁身自。

大煞风　一往情

举一反　披星戴　横七竖　重见天。"

这一文本中，每三个字即为一个缩脚语，代指被藏去的字。转码后可见原文是：

"高先生：

　书已出齐，可作广告登报。

　多谢！问好。

景深
三月八日"

还可基于这样的文本，进一步考察一些阅读理解问题。通过这些对"缩脚语"素材的人为设计，一定程度上能够反映学习者是否真正掌握这种语言、运用这种语言。

笔者认为，上述方法对于方言教学苦于没有练习材料和评判标准的痛点，有一定的指导启发意义。但方言教学的练习题必然不可能是全围绕着"缩脚语"的，这样的针对某一语言现象引申展开的联想设计，还有很大的空间等待学者挖掘。

四 结 语

吴方言缩脚语作为"藏词式歇后语"，无疑是中国歇后语的最早的源头形式的一种，不只在语言学科（语言学史、词汇学、修辞学、方言学、文化语言学等）有一定意义，而且值得受到其他学科（社会学、民俗学、人类学、文化遗产学等）的重视。

由于语言学工作者没有做好系统的记录整理工作，已错失这种语言形式盛行通用的年代，没有在当时建成一个相对完善的"藏词式歇后语"资料库，而到了如今这项工作的成本和难度激增，正所谓"巧妇难为无米之炊"，研究的意义也就变得很有限了。

"藏词式歇后语"在一些文献中还有出现，但是很少见于口头了，不是"活态语料"，至多是"进行中的变化"，如果再不加紧整理研究，那么它将成为历史。即使是只供语言学史、社会学史、民俗学史参看研究，这方面也缺少可调动的研究素材。

因此，笔者认为，对于"藏词式歇后语"这一濒危语言现象，应该及时进行抢救式挖掘，并建立起"藏词式歇后语"语料库供各界学者参看，从而使得某一个言语社区的语言文化具备连续性的资料，让后人有机会通过它触及先辈们的生活智慧、民俗文化。

参考文献

褚半农.上海闵行莘庄文化丛书 莘庄方言［M］.上海：学林出版社，2013.

大西博子.谈谈吴语罾辞［J］.修辞学习，1999（6）:12—13.

复旦大学语言研究室.陈望道修辞论集［M］.合肥：安徽教育出版社，1985.

符准青.汉语词汇学史［M］.北京：外语教学与研究出版社，2012.

高晋峰.实用修辞［M］.太原：山西教育出版社，2014.

石汝杰，（日）宫田一郎.明清吴语词典［M］.上海：上海辞书出版社，2005.

武占坤，王勤.现代汉语词汇概要［M］.呼和浩特：内蒙古人民出版社，1983.

徐新编.苏州闲话［M］.苏州：苏州大学出版社，2015.

张定贵.文化遗产视角下藏词式歇后语的抢救与发掘——以屯堡人的"言旨话"为个案说起［J］.教育
　　文化论坛，2014（2）:118.

张丽娜.无锡方言词汇研究［D］.南京：南京师范大学，2011.

（吴雅寅　江苏师范大学文学院　ghouiayin0910@163.com）

上海方言与方言生态 *

薛才德

这里的"上海方言"是指上海市区方言，即改革开放前居住在上海黄浦、南市、卢湾、徐汇、长宁、静安、普陀、闸北、虹口、杨浦等十个区内的人所讲的上海话。

上海是移民城市，1843年开埠。开埠前人口只有52万，至今已达2400多万。上海方言的演变也许是汉语方言中最快的。以语音为例：

19世纪中叶（1853）英国传教士艾约瑟记录的上海方言：

    声母27个 韵母62个 声调8个

20世纪末叶（1988）上海学者记录的上海方言分老中新三派：

    老派音系 声母27个 韵母54个 声调6个

    中派音系 声母28个 韵母43个 声调5个

    新派音系 声母27个 韵母32个，声调5个

最近我们调查20世纪90年代出生的上海年轻人，归纳了一个音系，称之为新新派音系：

    声母27个 韵母31个 声调5个

上海开埠以来方言的演化大致可以分为三个时期：

第一时期1843—1949年；第二时期1949—1978年；第三时期1978年至今。

一

第一时期（1843—1949），上海方言在上海地区占据绝对优势。据统计，1843年开埠前，人口只有52万，到1950年，上海市总人口已发展到了490多万，人口数量增加了近10倍。其中上海本地户籍人口占15%，江苏籍贯人口占48%，浙江籍贯人口占26%，其他籍贯人口占11%。可见在上海的居民中，外地移民占了大多数，他们大部分是来自江浙吴语区。由于上海经济文化遥遥领先于全国各地，作为上海城市地标的上海话就有很高的威望。你要融入上海，成为上海人，你就必须说上海话。外地人一到上海就努力学习上海话，尽力改掉自己说话的方言口音。外地移民在融入上海的过程中，他们说的方言也必然或多或少地影响上海方言的演变。下文以江苏吴语的代表苏州话和以浙北吴语的代表宁波话同上海话从语音方面做些比较。

表1 韵母比较

	罪	花	灵	今
艾约瑟	ɥe	uo	ŋ	ɪʌn
上海老派	e	o	iŋ	in
苏州话	ɛ	o	in	in
宁波话	ɐiə	uo	iŋ	iŋ

---

* 此文是上海市社科基金一般项目2017BYY010的阶段性成果。

表1，艾约瑟《上海方言口语语法》记录的上海音系"罪、花、灵、今"四字的韵母各不相同，但上海老派音系"灵、今"两字的韵母已合为一个，与苏州话、宁波话相同。艾约瑟记录的上海音系"罪、花"两字的韵母都是复合元音，但上海老派音系这两字的韵母变成了单元音，与苏州话相同。

表 2　韵母比较

	船	田	碗	蛋	念	关	乱	原	算
艾约瑟	ẽ	ɪẽ	uẽ	æ̃	ɪæ̃	uæ̃	ø̃	ɪø̃	ʮ̃
上海老派	e	ie	ue	ε	iε	uε	ø	yø	ø
苏州话	ø	iɪ	uø	E	iɪ	uE	ø	iø	ø
宁波话	ʏ	i	ũ	ε	e	uε	ø	y	ʏ

表2，艾约瑟记录的上海音系"船、田、碗、蛋、念、关、乱、原、算"九字的韵母都是鼻化的，上海老派音系这九字的韵母全变成了口元音，与苏州话相同，宁波话除了"碗"也都是口元音韵母。艾约瑟记录的上海音系"蛋、念、关"三字的韵母的主要元音都是开口度较大的"æ"，上海老派音系这三字韵母的主要元音变成"ε"，在向苏州话、宁波话的读音靠拢。"算"的韵母，艾约瑟记录的上海音系为"ʮ"，上海老派音系变成了"ø"，与苏州话相同。

表 3　韵母比较

	八	甲	挖	客	脚	划	磕	刻	吃
艾约瑟	æʔ	ɪæʔ	uæʔ	ɑk	ɪɑk	uɑk	eʔ	ʌk	ɪʌk
上海老派	aʔ	iaʔ	uaʔ	ɑʔ	iɑʔ	uɑʔ	əʔ	əʔ	iəʔ
苏州话	aʔ	iaʔ	uaʔ	ɒʔ	iɒʔ	uaʔ	əʔ	əʔ	iəʔ
宁波话	æʔ	iæʔ	uæʔ	æʔ	iæʔ	uæʔ	æʔ	æʔ	yo

表3，例字都是入声韵母。艾约瑟记录的上海音系"客、脚、划、刻、吃"五字韵尾收"-k"，上海老派音系所有例字韵尾都变成收"-ʔ"，与苏州话、宁波话相同。"磕、刻、吃"三字，艾约瑟记录的上海音系韵母各不相同，上海老派音系合为两个韵母，"磕、刻"合为一个韵母，同苏州话、宁波话；这三字韵母的主要元音，艾约瑟的上海音系有"e"和"ʌ"两个，上海老派音系合为一个"ə"，同苏州话。"八、甲、挖"三字韵母的主要元音，艾约瑟的上海音系为"æ"，上海老派音系变成"a"，与苏州话相同。

在这一时期，以苏州话为代表的江苏吴语和以宁波话为代表的浙北吴语都给了上海话巨大的影响。宁波移民在上海人口众多，经济地位也较高，但宁波话对上海话的影响不如苏州话。在相当长的历史时期内，苏州话一直是吴语的权威方言，受到上海人的推崇。在上海人的观念中普遍认为苏州话好听。在民间有所谓"宁可听苏州人吵架，也不愿听宁波人说笑话"的说法。上海的外地移民还有相当一部分来自苏北地区。苏北移民说的是江淮官话，他们到了上海努力学习上海话，但江淮官话与吴语差别较大，他们说的往往是带有浓重苏北腔的上海话。苏北移民大多数在上海从事被人瞧不起的服务性行业工作，处在社会的最底层，经济状况恶劣，受人歧视，他们说的苏北话也被认为难听，受到不公正待遇，江淮官话对上海话的影响如果有的话，也是极其微小的。

二

第二时期（1949—1978），上海在全国的经济地位没有改变。上海方言在上海地区仍然占据优势，人口从 540 多万发展到 1100 多万，大量移民在融入上海市民的过程中，以苏州话为代表的江苏吴语和以宁波话为代表的浙北吴语继续给上海话很大的影响。20 世纪 50 年代后期，严格户籍管理制度的推行，人口流动受到很大限制，上海方言处于相对平稳的时期，上海话逐渐去除了各种口音（如宁波腔、苏州腔、苏北腔等），变得比较一致。上海话仍然有很高的地位，不过，普通话开始在全市普及。借助政治和教育的巨大影响力，普通话开始影响上海方言。下文再将以江苏吴语的代表苏州话和以浙北吴语的代表宁波话，以及普通话同上海话从语音方面做些比较。

表 4　声母比较

	布	帮	北	端	懂	德
上海老派	ɓ-	ɓ-	ɓ-	ɗ-	ɗ-	ɗ-
上海中派	p-	p-	p-	t-	t-	t-
苏州话	p-	p-	p-	t-	t-	t-
宁波话	p-	p-	p-	t-	t-	t-
普通话	p-	p-	p-	t-	t-	t-

表 4，"布、帮、北、端、懂、德"六字的声母，上海老派音系都是内爆音，上海中派音系变成了普通的不送气塞音，与苏州话、宁波话、普通话相同。

表 5　声母比较

	精	经	清	倾	星	兴	齐	旗
上海老派	ts-	tɕ-	tsʰ-	tɕʰ-	s-	ɕ-	z-	dz-
上海中派	tɕ-	tɕ-	tɕʰ-	tɕʰ-	ɕ-	ɕ-	z-	dz-
上海新派	tɕ-	tɕ-	tɕʰ-	tɕʰ-	ɕ-	ɕ-	dz-	dz-
苏州话	ts-	tɕ-	tsʰ-	tɕʰ-	s-	ɕ-	z-	dz-
宁波话	tɕ-	tɕ-	tɕʰ-	tɕʰ-	ɕ-	ɕ-	dz-	dz-
普通话	tɕ-	tɕ-	tɕʰ-	tɕʰ-	ɕ-	ɕ-	tɕʰ-	tɕʰ-

表 5，"精、经、清、倾、星、兴、齐、旗"八字，上海老派音系是分尖团音的，尖音读舌尖音，团音读舌面音；上海中派和新派音系已不分尖团音，都读成舌面音，与苏州话不同，与宁波话和普通话相同。从表面看上海中派和新派音系是受了宁波话和普通话的双重影响，其实不然，宁波话山摄开口三等知章组的部分细音字与精组字同音，声母都读舌面音，如"钱＝缠 dʑi²³³、剪＝展 tɕi⁴⁴⁵、箭＝战 tɕi⁴⁴、线＝扇 ɕi⁴⁴"等。如果上海中派和新派音系是受宁波话影响，这些字声母也应该读舌面音，但事实上，上海中派和新派音系"缠、展、战"韵母不读细音，声母读舌尖音。上海中派和新派音系尖团音不分的状况

与普通话相同，显然主要是受普通话的影响。上海新派音系"齐"，不读"z-"，读"dʑ-"，好像是受了宁波话的影响，其实也不是，这个字声母在普通话里是读清送气塞擦音，上海青年人将普通话转换为上海话的时候就读成了浊塞擦音"dʑ-"，而不是原来的浊塞音"z-"了，类似现象也发生在"全、泉、痊、酋、墙、秦、情、晴"等字上面。

表6　韵母比较

	罪	船	桂	碗	硬	良	横	汤	旺	荒
上海老派	e	e	ue	ue	ã	iã	uã	ã	iã	uã
上海中派	E	ø	uE	uø	ã	iã	uã	ã	iã	uã
上海新派	E	ø	uE	ø	Ã	iÃ	uÃ	Ã	iÃ	uÃ
苏州话	E	ø	uE	uø	ã	iã	uã	ã	iã	uã
宁波话	ɐi	Y	uɐɪ	ũ	ã	iã	uã	ɔ̃	—	uɔ̃
普通话	uei	uan	uei	uan	iŋ	iaŋ	əŋ	aŋ	uaŋ	uaŋ

表6，"罪、船、桂、碗"四字韵母，上海老派音系是两个，上海中派音系变成了四个，与苏州话完全相同，上海新派音系"碗"韵母读单元音，是自己独立发展出来的。"硬、良、横、汤、旺、荒"六字韵母中的主要元音，上海老派和中派音系是分前后"a"的，上海新派音系前后"a"合并不分了，这是受普通话的影响。在普通话鼻韵母主要元音"a"是不分前后的。上海的苏北移民说的江淮官话鼻韵母主要元音也是不分前后"a"的，他们学说上海话自然就把上海话鼻化韵母中的前后"a"合为一个，对上海新派音系鼻化韵母中前后"a"的合并起了推波助澜的作用。

表7　韵母比较

	八	甲	挖	客	脚	划	落	㳍
上海老派	aʔ	iaʔ	uaʔ	ɑʔ	iɑʔ	uɑʔ	ɔʔ	uɔʔ
上海中派	ʌʔ	iʌʔ	uʌʔ	ʌʔ	iʌʔ	uʌʔ	oʔ	oʔ
上海新派	ɐʔ	iɪʔ	uɐʔ	ɐʔ	iɪʔ	uɐʔ	oʔ	oʔ
苏州话	aʔ	iaʔ	uaʔ	ɒʔ	iɒʔ	uaʔ	oʔ	oʔ
宁波话	æʔ	iæʔ	uæʔ	æʔ	iæʔ	uæʔ	oʔ	—

表7，"八、甲、挖、客、脚、划"六字韵母的主要元音，上海老派音系是分前后"a"的，上海中派音系已不分前后"a"，音类上同宁波话，音值上近苏州话；上海新派音系"甲、脚"韵母的主要元音进一步高化为"ɪ"。"落、㳍"两字，上海老派音系为两个韵母，上海中派和新派音系都合为一个，与苏州话相同。

三

第三时期（1978 年至今），上海市区的扩大，使原来的郊县都变成了市区。随着郊县房地产的开发，市区居民大量动迁郊县，郊县人员大量进市区工作，加强了市区与郊县的交往，互动与融合。郊县方言迅速地向市区方言靠拢，这种靠拢与郊县城市化进程的快慢成正比。郊县城市化进程快，方言演变就快，郊县城市化进程慢，方言演变就慢。

以上海宝山区为例，张庙街道与庙行镇以共和新路为界，只隔了一条马路，方言就有较大的差别。

庙行方言新派和老派音系声调都是 7 个，声母都有内爆音 ɓ 和 ɗ，如：帮比布 ɓ-，端刀斗 ɗ-。韵母：ã、iã、uã 和 ɑ̃、iɑ̃、uɑ̃ 是对立的；浜 ã ≠ 帮 ɑ̃，强 iã ≠ 旺 iɑ̃，横 uã ≠ 光 uɑ̃。张庙方言老派音系声调 6 个，新派音系声调 5 个，声母都没有内爆音 ɓ 和 ɗ，如：帮比布 p-，端刀斗 t-。韵母老派音系：ã、iã 和 ɑ̃、iɑ̃ 是对立的，uã 和 uɑ̃ 已合为一个韵母，如，浜 ã ≠ 帮 ɑ̃，强 iã ≠ 旺 iɑ̃，横 uã= 光 uɑ̃；新派音系原来鼻化韵母中主要元音 a 和 ɑ 已合并为一个 ʌ，如，浜 ʌ̃= 帮 ʌ̃，强 iʌ̃= 旺 iʌ̃，横 uʌ̃= 光 uʌ̃。

张庙方言与庙行方言相比，张庙方言受市区方言的影响比庙行方言大得多。张庙方言的老派和新派音系更接近市区方言的中派和新派音系，而庙行方言比较接近市区老派音系。根本原因是张庙的城市化进程比庙行要早得多，20 世纪五六十年代上海建有与工人新村配套的三条著名的街，张庙一条街就是其中之一。

上海郊县的中青年一般都会说市区方言，年轻人往往喜欢用上海市区方言进行交际。年轻人认为自己是上海人，认同上海市区方言。这扩大了上海市区方言的使用人口。

这一时期，各地与上海经济文化等方面的差距迅速缩小，外地在有些方面已超过上海。上海人口从 1100 多万发展到 2400 多万。普通话在政府的大力推动下，获得了绝对优势的地位。在城市化的进程中，户籍管理开始放松，人口流动频繁，大量的移民涌入上海，他们彼此用普通话交际。电影电视广播新闻媒体都使用普通话。中小学强力推广普通话，幼儿园都要说普通话，一些学校甚至要求学生一进学校大门，就必须说普通话。家长们为了自己的孩子不输在起跑线上，积极配合学校，在家里也跟孩子说普通话，造成年轻一代上海人许多说普通话比说上海话流利，甚至一些土生土长的上海青少年只会说普通话而不会说上海方言。

我们曾对上海市的 1348 个大中学校学生的语言状况作过一次问卷调查。其中上海出生上海长大的有 1036 人，上海出生外地长大的有 6 人，外地出生上海长大的有 96 人，外地出生外地长大的有 190 人，还有 20 人相关信息缺失。

表 8　语言习得

	人　数	百分比
上海话	480 人	35.6%
普通话	324 人	24%
上海话和普通话	309 人	22.9%
其他各种方言	235 人	17.5%
总　数	1348 人	100%

表 8，被调查者认为小时候在家里首先学会说的主要是上海话和普通话。有 480 人（占总数的 35.6%）是上海话，有 324 人（占总数的 24%）是普通话，有 309 人（占总数的 23%）是上海话加普通话。有部分被调查者从小首先学会说上海话加普通话是可以解释的。上海的大中学生大多是独生子女，如果家里请保姆的话，大多是来自北方官话区的，到托儿所幼儿园老师说的都是普通话，只有回到家里父母才跟他说上海话。而家中每天收

看的电视节目，说的又都是普通话。因此，只要稍加引导，小孩学会说普通话是很容易的。不过，有24%的被调查者从小首先学会说的是普通话，而不是上海话，这个比例是较高的。将现有的调查数据作进一步的分析可以发现，大学生中只有27人（占大学生总数的10.9%），而中学生中有297人（占中学生总数的27%）从小首先学会说普通话，中学生的比例比大学生高得多，说明年纪越轻受普通话影响越大。另外，有235人（在总数的17.5%）从小首先学会的是其他各地方言，这些人大多是外地来上海读书的学生。

表9　自认为说得最流利的话

	人数	百分比
上海话	349人	25.9
普通话	894人	66.3
其他各种方言	50人	3.7
缺失的数据	55人	4.1
总　数	1348人	100.0

表9，日常交谈中自认为说得最流利的话，有349人（占总数的25.9%）自认为是上海话，有894人（占总数的66.3%）自认为是普通话，有50人（占总数的3.7%）自认为是其他方言。上海人原本应该是上海话说得最流利，现在自认为普通话说得最流利的人数大大超过上海话，说明上海话在普通话的挤压下，正在节节败退，丧失原有的地盘。

即使会说上海话，上海年轻人说的上海话也与他们的前辈在语音、词汇和语法方面有很多不同语音部分前文已说得比较多了，这里就不多说了。

词汇方面，我们以20世纪80年代中年人使用的8092个上海方言词语为材料，调查了53个上海大学生。调查内容主要有三项：（1）哪些词语你在使用；（2）哪些词语你听不懂；（3）哪些词语你听得懂但从不使用。调查结果所有词语的平均使用率为66.99%，平均听不懂率为23.56%，平均听得懂但从不使用率为8.42%，平均信息的缺失率为0.99%。这些听不懂或听得懂但从不使用的词语，也就是已经淘汰或即将要淘汰的词语。这些词语大致分两种情况，一种是一些词语所代表的事物和现象已不存在，或者已很少被提及。如"墒沟、稻叉、轧稻、掼稻、捉落花、弹花衣"等都是以前农业上使用的词语。另一种是一些词语已被普通话的词语取代，这一类词语数量巨大。如"霍险"用"闪电"取代，"凌宕、瓦凌"用"冰凌"取代，"发冷讯、发冷头"用"来寒流"取代，"着地雷、顶头雷、霹雷"这些不同的雷，都用一个"雷"取代。"鬼头风、打头风"直接用普通话说成"旋风"，进行了语码转换。

语法方面，我们曾发问卷调查了128个上海青年，他们都是20世纪80年代后期出生的。就一些具体的语法格式，看看上海青年是如何使用的。下文两类例句，A类句是上海话原有的格式，B类句是受普通话影响的格式。例如：

（A）火车来快勒。　　（B）火车快来勒。

（A）饭好快勒。　　（B）饭快好勒。

这类格式主要涉及副词"快"出现的位置。上海青年A类句和B类句都说的占57.0%，"快"的位置可前可后，两类格式处于竞争的状态。只说A类句的占10.2%，坚持上海话原有格式把副词"快"放在动词的后面。只说 B 类句的占 32.0%，"快"只能放在动词的前面，和普通话的语序一样，是竞争中获得胜利的新格式。又如：

> （A）吃侬勿消。　　　（B）吃勿消侬。
>
> （A）看伊勿起。　　　（B）看勿起伊。

这类格式主要涉及补语在动词后出现的位置。A 类句和 B 类句都说的占 39.8%，新旧两类格式处在竞争中。只说 A 类句的占 0.8%，坚持上海话原有格式的数量微乎其微。只说 B 类句的占 59.4%，受普通话影响的格式在竞争中成了胜利者，并占据半数以上。再如：

> （A）伊送一本书我。　　（B）伊送我一本书。
>
> （A）我借十块钞票伊。　（B）我借伊十块钞票。

这类格式主要涉及人称代词作宾语在双宾句中的位置。A 类句和 B 类句都说的占 19.5%，新旧格式处在竞争中。只说 A 类句的占 0.0%，即没有人只说上海话原有的格式。只说 B 类句的占 80.5%，受普通话影响的格式在竞争中不但成了胜利者，并且了占据大多数。

综上所述，上海方言受到普通话的巨大影响，不但自身在迅速向普通话靠拢，而且生存空间也日益受到挤压，如何保护与传承上海方言，已是需要我们认真对待的一大问题。

最后，有一个现象值得关注，在第三时期，许多外地移民来到上海并取得上海户籍，在上海生活了很多年，却不会说上海方言，他们的孩子出生在上海，成长在上海，也不会说上海方言。甚至一些土生土长的上海青少年只会说普通话，同样不会说上海方言。于是，上海人就分成了两类，一类是会说上海方言的上海人，一类是不会说上海方言的上海人。这种现象如果持续下去，会对上海方言产生什么影响，这将成为上海方言研究的一大课题。

参考文献

Joseph Edkins. A Grammar of Colloquial Chinese，as Exhibited in the Shanghai Dialect［M］. Shanghai，1953.

钱乃荣.上海语言发展史［M］.上海：上海人民出版社，2003.

上海市统计局.上海统计年鉴［M］.北京：中国统计出版社，2004—2018.

上海市统计局.上海流动人口［M］.北京：中国统计出版社，1989.

上海市文献委员会编.上海人口志略［M］.上海：上海市文献委员会，1948.

汤珍珠，陈忠敏等.宁波方言词典［M］.南京：江苏教育出版社，1997.

许宝华，汤珍珠.上海市区方言志［M］.上海：上海教育出版社。1988.

许宝华，陶　寰.上海方言词典［M］.南京：江苏教育出版社，1997.

薛才德.上海市大中学校学生语言生活状况调查［M］//文衡.上海：上海大学出版社，2009.

薛才德.上海市民语言生活状况调查［J］.语言文字应用，2009.

薛才德.上海话与苏州话、宁波话的音系比较——兼论方言接触对上海话的影响［M］//中国方言学报.北京：商务印书馆，2010.

游汝杰.方言接触和上海话的形成［M］//语言接触论集.上海：上海教育出版社，2004.

（薛才德　上海大学国际教育学院　xuecd@126.com）

吴方言词语考辨

张惠英

一　和牌、胡牌（北京话读 **hú** 借自吴语）

在棋牌游戏中，崇明话"和"hʰu²⁴用得很多。如：

1）下棋时不分胜负叫"和"：个盘棋大概要～个（这盘棋大概不分胜负）。

2）玩崇明的长条纸牌过程中，因为出现某种情况不便进行下去时，大家同意把这副牌推倒重来叫"和"：索性个副牌～脱夷，重新来（索性把这副牌推倒，重新抓牌）。

3）玩麻将或长条纸牌游戏时，某一家的牌合乎规定的要求，取得胜利，也叫"和"。

过去崇明玩旧式长条牌，和了叫"成"。现在玩麻将，当然都说"和"了。

"和"之表示赢，好像不是一下就明了的，所以，很多人常有别种写法，如写作"胡、糊、湖"等。老舍《四世同堂》十六："她自己胡了牌，随着牌张的倒下，她报出胡数来，紧跟着就洗牌。"今电视屏幕上的字幕也常见"胡牌"的写法。罗竹风《汉语大词典》"胡"字下专列一个义项表示这个赢牌及赢牌计数的意思，引的是老舍的用例。白宛如《广州方言词典》72页将赢牌写作"糊"，483页谓赢牌也说"食胡"。笔者《崇明方言词典》120页有"游湖"一词，是指玩旧式长条纸牌。这么多种写法，都是因为不明"和"为赢牌之故。

我们以为，"和"在"和棋""和牌"的用法中，是不分胜负、不记胜负的意思。崇明话"个副牌和脱夷（和了这副牌）"是算作和牌，推倒重来，重新洗牌。因为和牌的结果是重新洗牌，是一种了结，所以，"和"之引申为赢，大概不是从不计胜负而来，而是从完局了结而来。有趣的是，崇明话"和牌"既可以指不分胜负，也可以表示重新洗牌，犹如烹调时杂烩的菜，崇明话过去叫"和菜"。

崇明话的"游和"，连读调音同"游湖"（"和、湖"作前字声母不同，作后字时"和"失落浊擦音声母而读同"湖"）。这个说法，从现有的资料看，见于南通、如皋、启东、海门（鲍明炜，王均2002：410）。启东四甲话叫"碰和"（同上）。湖南长沙话、江西萍乡话都有"跑和子"的说法，指长条纸牌（魏钢强1998：218，鲍厚星、崔振华、沈若云、伍云姬1998：139）。"游和、碰和、跑和子"中的"游、碰、跑"可以给我们一点联想，可以理解为都表游玩。武汉话"游将"是下棋时连续将军。（朱建颂《武汉方言词典》234页）"搭和（七和）"是牌九（骨牌）的一种玩法。（同上129页）按，"搭"有卡、刁难的意思。

最后要说一下，这个玩麻将或长条纸牌游戏时的"和"，到底来源于何方。《现代汉语词典》虽然取"和"而舍"胡"，标音为hú，但是，"和"音读同"胡"不符合北京话语音的古今演变规律。北京话"和"读hé、hè、huó、huò才是合规律的。所以，《现代汉语词典》表示赢牌的"和"hú，是借来的外地音。今河南柘城话"和［huo²⁴］牌"读同"禾牌"，而不是"胡牌"（据韩敬体先生的发音）。"和、禾、胡"读同音的，是苏沪一带的吴语。犹如从"麻将、麻雀"同指鸟的读音，可以知道"搓麻将"也来自吴语地区。（夏征农、陈至立主编 2015 年 12 月上海辞书出版社出版的《大辞海》语词卷中，看不到"麻将""麻雀""打麻将""搓麻将"之类词语。很奇怪。）

搞清由来，可以帮助我们看到更多更深，看到汉语普通话如何吸收方言来丰富自己，看到事物和名称的发展变化。又如今港台频用的"脏兮兮"之类形容词，就源自吴语。崇明话的"……死死"（……ɕi⁴²⁴⁻³³ ɕi⁴²⁴⁻³⁰）用在某些名词或形容词后，形容某种不太好的样子：

戆大死死（傻子那样）。

贼甲死死（像贼那样）。

戆死死（傻傻的）。

乌脱死死（傻头傻脑）。

寒热死死（骂人发疟疾的样子）。

红死死（有点儿发红）。

今港台地区以及南方吴语地区常见的"脏兮兮"之类"兮兮"，大概都是词尾"死死"的俗写。

二 污 ʔu⁵⁵（在泥淖或泥土中下陷）

崇明话在泥淖或泥土中下陷叫 ʔu⁵⁵，音"污"。例如：海滩头走路~杀人也有个（海边走路脚陷下去死了人也是有的）。｜柱头弗垫要~下去个（柱子不垫柱石会陷下去）。《崇明方言词典》未及深究，只写了"污"表示标音而已。

笔者现在以为，这个"污"不止同音标记，而且就是这个词的本字。"污"古有低洼和水坑的意思，而且可用作动词表示掘成水池的意思。而崇明话"污"的陷下去义，就是"污"的自动词用法，或者可看作一种引申用法。这就是常见的名词动词同源。

"污"作为名词，表示水坑意的，如：《庄子·齐物论》："大木百围之窍穴，似鼻，似口，似耳，似枅，似圈，似臼，似洼者，似污者。"宣颖解："污，窊也。"《国语·周语下》："绝民用以实王府，犹塞川原而为潢污也，其竭也无日矣。"韦昭注："大曰潢，小曰污。"《广韵》平声模韵哀都切作"洿、污"，注谓"说文曰浊水不流者"。这就是水洼、水坑的意思。又《广韵》平声戈韵乌禾切："㘻，地挝窟也。"（引者按，"挝"当作"㘻"。）《集韵》作"㘻，地阬也。"这个"㘻"和"污"的意思相合，但"㘻"属戈韵，而"污"属模韵，崇明话古歌戈韵和古模韵的今读相同，都是 u 韵，所以从崇明话的读音和意思看，取"㘻"取"污、洿"都可以。《现代汉语词典》记载了"洿"（注明是书面语），注释一是"低洼的地方"，二是"掘成水池"。也是名词动词同源。我们就取常用的"污"而舍较生僻的"洿、㘻"。

"污、汙"古书也可用作动词，如《礼记·礼运》"汙尊而抔饮"，郑玄注："汙尊，凿地为尊也；抔饮，手掬之也。"这是《现代汉语词典》"掘成水池"义项的来源。需要指出的是，《汉语大字典》《汉语大词典》，都据《集韵》平声麻韵"乌瓜切"："汙，凿池也。礼有汙尊。"而定此音为 wā。其实，《集韵》"乌瓜切"这音切的是"洼"，而误以为是"汙"。《现代汉语词典》主编丁声树先生，取《集韵》"凿池也"的释义，即"洿"的动词用法，但不取"乌瓜切"这音。这就是丁声树的功力。

所以崇明话陷下去的"污"，既可以是"污"的自动词用法，也可以看作是"污"的名词或动词用法的进一步引申。

名词动词同源的例子比比皆是。

三　斋 tsɑ⁵⁵（看；看望）

崇明话的"看"，老年人多说 tsɑ⁵⁵，探望也叫 tsɑ⁵⁵，这个 tsɑ⁵⁵ 和"斋"同音，笔者以为，这个表示看视、探望的 tsɑ⁵⁵ 就是"斋"。是从"斋"表示给祖宗、鬼神上供这个意思引申而为探望意。

崇明话"斋"有"斋田头上坟祭奠、斋灶给灶神上供"等说法。文献就记载有这种对祖宗、神道、僧尼或穷苦人供奉的"斋"，例如：

《旧唐书·德宗纪下》："（贞元十三年）右神策中尉霍僊鸣病，赐马十四，令于赭寺斋僧。"按，这是指施舍饭食之类供奉。

《清平山堂话本·花灯轿莲女成佛记》："张待诏娘子盛一碗饭，一碗羹，斋这无眼婆婆。"按，这也是指施舍饭食之类供奉。

《水浒全传》第六回："老和尚道：'你是活佛去处来的僧，我们合当斋你，争奈我寺中僧众走散，并无一粒斋粮。'"

《二刻拍案惊奇》卷一："譬如我斋了这寺中僧人一年，把此经还了他罢！"

《古今小说·陈从善梅岭失浑家》："陈巡检分付厨下使唤的：'明日是四月初三日，设斋多备斋供。不问云游全真道人，都要斋他。'"

《玉佛缘》第五回："现在财政困难，办学堂无经费……倒是造佛寺有经费，斋和尚有经费。"

又如"斋七"是指人死后每隔七日延僧做佛事："释氏要览·杂记"："人亡，每至七日，必营斋锥荐，谓之累七，又云斋七。"

而且，"斋供"连用：北齐颜之推《颜氏家训·终制》："若报罔极之德，霜露之悲，有时斋供，及七月半盂兰盆，望于汝也。"

所以，这种对死者或活人的斋供，引申而为探望和看视，可以认为是一种自然的延伸。

四　爪 tsɑ⁴²⁴（手脚努力勾住）

崇明话用脚趾勾地面叫 tsɑ⁴²⁴，顾晓东的《一杯盈盈的酒》《太阳香》《崇明方言笔记·抓抓出出》中多处用"爪"来写。请看：

1）小时候，我们不管光着脚丫或者穿了雨鞋走，总请十个脚趾紧紧爪住地面，因此滑是滑就是滑不倒。（《一杯盈盈的酒》123 页）

按，这是用脚趾头抓紧的意思。

2）一转眼，水都爪着沟脚爬上来了。（《太阳香》124 页）

按，这是引申为水的攀援上涨。

3）[梅子]这果有些生硬，比酸味还要上来的快的是苦，还带点涩，全爪住舌头不肯走了。（《太阳香》225 页）

按，这是引申为味觉的滞留。

4）"爪边爪沿"、"爪勒坑边上"，是评说学生中谁的考试成绩接近及格。（《崇明方言笔记·抓抓出出》）

按，这是引申为考试成绩接近及格。

我现在要对"爪"的音义解释一下。"爪"作为名词如"脚爪、猪脚爪、爪牙、爪袖"中，崇明话读同"早" tso^{424}。"爪"作为动词如"爪边爪沿""爪勒坑边上"时，崇明话读同"抓"的阴上调 tsa^{424}（没有同音字可写，造一个新反切就是"则矮切"）。初看起来，好像声音有点问题。其实，我们一比较北京话，就知道没有问题。《现代汉语词典》"爪"也有两读，一读 zhuǎ（爪尖儿、爪儿、爪子），一读 zhǎo（爪牙），都是名词。崇明话"爪边爪沿""爪勒坑边上"的"爪（"抓"的阴上调）" tsa^{424}，和北京话 zhuǎ 音对应；崇明话"脚爪、猪脚爪、爪牙、节头爪"的"爪（音早）" tso^{424}，和北京话 zhǎo 对应。所以动词"爪"音同阴上调的"抓"，完全符合语音对应规律。"爪"在古书中用作动词的例子很少见，而崇明话"爪"活用为动词后，其引申的意思、用法那么多，反映了方言现象的复杂多变和丰富多彩。"爪"用作动词，又是名词动词同源之例。

崇明话"爪"还可表示劝阻别人的说话。例如："夷话勒弗着落，我～子夷几声（他说得不合适，我说了他几句）。"这个表示劝阻意的"爪"，犹如崇明话说"小囡爪牢子娘弗脱手（小孩抓住母亲不放手）"，这个"爪"和表示牵制、阻挠相关，因而"爪"可引申为表示劝阻。

《海门方言志》81 页记了 tsa^{424} 这个音，注为"粘着落不下"。和"爪"的抓住意思相合。

五　筛 sa^{55}（摇晃），筛陀 $sa^{55}du^{24-55}$（劳累）

崇明话"筛"除了用于"筛子，筛选，筛酒_{料酒}"意义外，还可以表示人或物体因负重或重心不稳而摇晃：

夷弗会推拗车，脚步～来（他不会推一边重一边轻的独轮车，脚步晃得很）。

个部小车子车陀～来，何话头（这辆独轮车车轮晃得很，什么问题）？

小车子重唃，过桥时桥脚裁～唃（独轮车负载重了，过桥时桥脚都晃了）。

这种摇晃意思，显然由筛子筛选时不停摇晃的意思引申而来。

崇明话以及附近吴语方言，称疲劳、累、吃力 $sa^{55} du^{24-55}$，例如：

今朝跑子一日路，人～唃（今天走了一天路，身体觉得累了）。

这个词，由于本字未明，因而写法有多种。《上海话大词典》256 页作"衰瘩"，《上海方言词典》68 页写同音字"筛驮"。笔者以为，这个表示疲劳、累的 $sa^{55} du^{24-55}$，大概就是"筛陀"。崇明话"车轮、轮盘"叫"陀"，很可能从独轮车因负重过度或重心不稳而轮子晃悠，用来比喻人疲劳、吃力。

六　枷 ga^{24}（身体某部位和别的物体蹭）

崇明话身体的某个部位跟别的物体摩擦、蹭，叫作 ga^{24}，音同"茄"。如：

皮～碎特（皮肤磨破了）

背肌浪叮人来，门浪～一～（背上很痒，在门上蹭一下）。

笔者以为这可能就是"枷锁"的"枷"，是"枷"的动词用法。今普通话"枷"jiā 读的是

《广韵》平声麻韵"古牙切"的音。枷，韵书记载是一个多音词，《广韵》还有平声戈韵居伽切、求迦切两读，都注为"刑具"。崇明话的"枷"也有两读，作为名词读 tɕia⁵⁵（书面音），作为动词读 ga²⁴，来自"求迦切"的读法。《资治通鉴·唐则天后长寿元年》（6486页，中华书局标点本）："推劾之吏皆相矜以虐，泥耳笼头，枷研楔毂，摺胁签爪，悬发薰耳，号曰'狱持'。"胡三省注："枷研，以重枷研其颈；楔毂，以铁圈毂其首而加楔。"我们从中得到启发，崇明话"枷研"的磨、蹭义，犹如"楔"是加楔子，名词用作动词，所以崇明话"枷"也是名词用作动词。

李劼人《大波》第一部第八章："蒲伯英用手肘把坐在身旁的罗梓青一拐，低低说道。"这个用手肘一拐的动作，和崇明话的"枷"音义相近。

七　拐 ga³¹³（骨节处）

崇明话骨节衔接处叫 ga³¹³（音"茄"阳去调），如"节头～（指关节）、脚（孤）～（小腿和脚连接的骨节处）、脱～（脱臼）、骱脉 ga³¹³ maʔ²⁻⁵（指事物的脉络纹理，比喻道理）"。《上海方言词典》、《现代汉语词典》以及当代文艺作品都写作"骱"。明沈德符《万历野获编·兵部·边材》："肩髀不能举，则骱已脱矣。"骱，《广韵》入声黠韵古黠切"骱髃，小骨。"又读入声曷韵胡葛切"骨坚"；《集韵》有四读：入声黠韵讫黠切、入声鎋韵下瞎切、入声曷韵何葛切、去声怪韵下介切。这几个反切，和今崇明、上海的口语音都不合。丁声树先生提示我，《广韵》上声蟹韵求蟹切的"拐"注谓"手脚之物枝也"。先生又说那是阳上调，崇明话则是阳去调。我说崇明话有些古浊上字已经并入阳去调了，如"道、社、语、户"等。先生于是说也许韵书记载有误或缺载。（我后来在《崇明方言词典》中就用求蟹切的"拐"来表示骨节连接处。）罗竹风主编《汉语大词典》和夏征农主编《辞海》都在"骱"字下注吴方言"骱"音 gá。（这是受上海话阳平阳上阳去合并为一的影响而致，未及深究。）

崇明话的 ga³¹³ 还有硬挤入的用法，如"～牙齿（塞牙）、～进来（挤进来）"等。这可能是表示骨节连接处、骨间缝隙的"拐"的动词用法。

八　借 tɕia⁴²⁴（阴上调，歪着屁股坐）、欠 tɕʰie³³（坐不正，衣衫不匀整）

崇明话歪着屁股坐叫 tɕia⁴²⁴，音"姐"。例如：

坐坐正，弗要～起子（坐正了，别歪着屁股）。

吃力来，让我～一～（有点累，让我挤着坐一下）。

不经意扭了腰也说 tɕia⁴²⁴：

腰～痛特（腰扭了）。

管剑阁《海门方言俗语志略》4页写作"驾"：

请你驾过点

他驾散了腰

笔者以为，这个 tɕia⁴²⁴ 大概就是"借" tɕia³³ 的变读。

同样，人体站立不正或坐不正也说"tɕia⁴²⁴ liəʔ²⁻⁵"：

弗要～起子坐（不要歪斜着坐）。

我人轧来只好～特（人挤我只好歪着身子）。

笔者以为，这大概是"借力"。

这种屁股歪着坐的动作也说"欠"。例如："凉帽地浪一扣，屁股就～勒凉帽边沿浪坐（草帽扣在地上，屁股斜着坐在草帽边沿上）。（顾晓东《太阳香》72页）"

崇明话还有"欠走之"的说法，指汉字笔画的走之旁"辶"。就是说这不是正的"之"，而是歪斜的不正的"之"。崇明话"欠"也指衣裾不直不正因而走路时牵动不匀整："你跑路时下裾欠勒欠（你走路时下摆牵动不匀整）。"这些表示姿势或形态不正的"欠"，显然和歪着屁股坐的样子相似。

"借、欠"在资源短缺这点上是一组同义词，因而在词义发展演变时也取相类的趋向，只是在语音上，"借"用作歪着屁股坐时读了阴上调"姐"而非原来的阴去调。

参考文献

白宛如.广州方言词典［M］.南京：江苏教育出版社，1998.

鲍厚星，崔振华，沈若云，伍云姬.长沙方言词典［M］.南京：江苏教育出版社，1998.

鲍明炜，王　均.南通地区方言研究［M］.南京：江苏教育出版社，2002.

顾晓东.一杯盈盈的酒［M］.上海：文汇出版社，2003.

顾晓东.太阳香［M］.上海：上海文艺出版社，2007.

顾晓东.崇明方言笔记［N］.崇明报，2007.

罗竹风主编.汉语大词典［M］.上海：汉语大词典出版社，1990.

钱乃荣，许宝华，汤珍珠.上海话大词典［M］.上海：上海辞书出版社，2007.

王洪钟.海门方言研究［M］.北京：中华书局，2011.

魏钢强.萍乡方言词典［M］.南京：江苏教育出版社，1998.

夏征农.辞海［M］.上海：上海辞书出版社，1999.

夏征农，陈至立主编.大辞海［M］.上海：上海辞书出版社，2015.

徐中舒主编.汉语大字典［M］.成都：四川辞书出版社，1989.

许宝华，陶　寰.上海方言词典［M］.南京：江苏教育出版社，1997.

袁　劲.海门方言志［M］.合肥：黄山书社，1997.

张惠英.崇明方言词典（增订版）［M］.南京：江苏教育出版社，1998.

张惠英.崇明方言研究［M］.北京：中国社会科学出版社，2009.

张惠英，顾晓东，王洪钟.崇明方言大词典［M］.上海：上海辞书出版社，2014.

中国社会科学院语言所词典编辑室.现代汉语词典［M］.北京：商务印书馆，2006.

朱建颂.武汉方言词典［M］.南京：江苏教育出版社，1995.

（张惠英　海南师范大学　zhychz@163.com）

常州话方言字释例 *

钟 敏

壹 概 说

1.1 常州地处江苏东部，东临太湖，西依茅山，北携长江，南拥天目山麓，位于长江三角洲中心。常州方言归属于吴方言太湖片的毗陵小片。但是，作为行政区域的"常州"和作为方言区域的"常州"，是两个不同的概念。行政区域的"常州"包含"天宁、钟楼、新北、戚墅堰、武进、金坛"六大区，以及下辖的"溧阳"一个县级市。而作为方言区域的"常州"，一般只涵盖"天宁、钟楼、新北、戚墅堰、武进"五大区域。参照史皓元（Richard VanNess Simmons）、石汝杰、顾黔的《江淮官话与吴语边界的方言地理学研究》一书中的观点，常州的金坛区有一部分归属江淮官话（第78页，图①官话与吴语的基本分界线），而金坛区的另外一部分以及常州下辖的溧阳市，其方言虽然也划归在吴语的旗下，但其无论在语音系统还是在语汇系统上，都与常州话有着较大的差异。因此，本文收集的方言字基本是以常州五大区域为代表的。

1.2 本文按二十六个字母的音序排列。文中字母右下方有小"1"标注的，一般表示其声母为清音，N₁表示舌尖中音；有小"2"标注的，一般表示其声母为浊音，N₂表示舌面音。文中方言字的注音采用国际音标，以便于学者们研究讨论。

1.3 本文方言字的主要来源：①《吴下方言考校议》，文中在字后用▲标注。②《常州方言词句考释》文中在字后用◆标注。③《常州方言词典》《常州农谚汇释》，文中在字后用●号标注。除以上公开发表的书本之外，其他民间渠道收集到的用⊙标示。《广韵》《集韵》上也出现的，则在词条后方标注。本文所列方言字的原则：有本字的用本字，有声无字的借用同音字，若无同音字可借用的则造字。造字的方法一般采用会意或形声。詈语字不收。

1.4 本文方言字读音的采访人：①俞月华，女，1931年12月出生，初中文化，纺织工人，一直居住在常州老城区。②周晓琪，男，1952年6月出生，大学文化，公司职员，除1969至1976年下放南通外，其余时间生活在常州老城区。③周嘉乐，男，1983年8月出生，大学文化，自主创业，除在南京读四年大学外，其余时间均生活在常州。本文对流行在常州方言区的方言字做初步的记录和分析，并举例。同时，也对其中有新派常州人（80后）已经不用的或不常用的加以标注，从中也略可见在语言接触背景下的方言变化。

贰 常州话方言字

A

【挜】●［ɑ⁵⁵］强行硬塞给别人。［例］小佬勥吃哇，还要硬~拨她。

【晏】●［æ⁵²³］《广韵》晚了。［例］今朝~佬哇，明朝再说吧。

---

* 感谢常州开放大学金玉明老师、王开宇老师帮忙造字。

【拗₁】▲[ɑɯ⁴⁵]折断，掰开，使弯曲。[例]作业做勿出，铅笔倒~断老哓。

【拗₂】◆[ɑɯ⁵²³]①扭转。[例]你拿头~过来看看。

②不顺，不顺从。[例]小佬勿听话，样样要~好则来。

B₁

【巴】◆[po⁵⁵]盼望，指望。[例]田勒格菜全黄老哓，~则老天爷快点落点雨。

【擎】▲[po⁵⁵]发僵，不灵活。[例]天气冷到则，手伸出来都是~佬。

【波】●[pɤ⁵⁵]走。[例]辰光勿早哓，快点~吧。

【掰】◆[pæ⁵⁵]分开，折断。[例]小佬弄白相，拿树枝也~断佬哓。

【爿】●[pæ⁵⁵]①片状物。[例]屋前堆则一堆木~。

②一家工厂或商店。[例]新村旁边又开则~超市哓。

【缏】◆[piɪ⁵⁵]手工缝。（新派常州人已不用）[例]衣袖管脱线唡，赶快~好则。

【褙】●[pæɪ⁵²³]《集韵》把布一层层粘糊在一起，用于做鞋子。（新派常州人已不用）[例]舅婆天天~硬骨做鞋子嘚。

【胞】◆[pɑɯ⁵²³]《集韵》突出，多指眼睛。[例]隔壁老王眼睛~出则，一副凶相。

【澎】●[piɑɯ⁵⁵]《广韵》喷射。[例]楼下自来水管破佬哓，水直~出来哓。

【儦】⊙[piɑɯ⁵⁵]《集韵》快速行走。[例]趁小佬困觉，街上~一哒。

【弸】●[pɑŋ⁵²³]充满。（新派常州人已不用）[例]眼睛~满则血丝。

【畚】▲[pəŋ⁵⁵]用粪箕装。[例]~一粪箕烂泥过来。

【八】▲[pɑʔ⁵]给。[例]老师~我几本书。

【缏】●[pɔʔ⁵]编。[例]田田拿到娃娃就帮她~辫子。

【泌】▲[piəʔ⁵]把容器中的物质拦住，慢慢地把水到出来。[例]拿水~干净。

B₂

【坒】●[bi²⁴]层。[例]搬落则一~砖，还有一~嘚。

【鎞】●[bi²⁴]《广韵》①旧时指在布条上磨。[例]剃头刀要~~再好用的。

②磨牙。[例]霖霖天天困觉~牙齿，只拍肚勒有虫哓。

【刉】▲[bi²⁴]略磨一下。[例]刀勒缸边~快点。

【拊】⊙[bu²¹³]《集韵》抚摸。[例]困觉格辰光~~肚皮，对肠胃好佬。

【踄】⊙[bu²⁴]《集韵》蹲。[例]一直~勒头勿肯出来。

【瀿】◆[bɤ²¹³]《集韵》溢出。[例]水龙头坏落格唡，水一直~到房间勒。

【缏】◆[bi²⁴]《广韵》一种缝纫方法。[例]先大针脚~一~。

【襏】▲[bɑɯ²⁴]①起初。[例]~开始去幼儿园，小朋友终归勿适应咯。

②短暂。[例]~腌头格雪里蕻炒炒，好吃的哇。

【垺】●[bəŋ²⁴]《广韵》挖，刨。[例]地底下~出来一个瓮头。

【掤】◆[bon²⁴]敲。（新派常州人大多不用）[例]拿门~则嘭嘭响。

【垃】●[bɑʔ²³]小堆的东西。[例]中午就下一~面吃吃吧。

【捊】◆[bəʔ²³]①搬动（重物）。一袋米一百斤的，我~勿动。

②调转。他~过头来望则我。

C

【繺】▲ [tsʰ ɿ⁵⁵] 黏胶。[例] 今朝格~饭团好吃嘚。

【眵】▲ [tsʰ ɿ⁴⁵] 《集韵》眼屎。[例] 早起头眼~还勒眼睛勒嘚。

【扠】▲ [tsʰo⁵⁵] 用筷子搛。[例] 他一筷子~过去~落半碗菜嘚。

【蹉】▲ [tsʰo⁵⁵] 脚踹。[例] 日勒疯，夜勒困觉~被头。

【扦】◆ [tsʰiɿ⁵⁵] 削。[例] ~一只苹果吃吃。

【跹】◆ [tsʰiɿ⁵⁵] 翻。(有的新派常州人不说了)[例] 今朝体育课项目是~跟头。

【筻】◆ [tsʰia⁵²³] 《广韵》歪斜。[例] 画箇挂好，~到左边去格哇。

【繰】◆ [tsʰiɑɯ⁵⁵] 缝衣物的边。(新派常州人已不说)[例] 衣袖格边要~一~穿。

【磢】▲ [tsʰaŋ⁵²³] 《广韵》摩擦。[例] 老猫勒墙角落头~痒嘚。

【摤】⊙ [tsʰaŋ⁵²³] 《集韵》擦洗。[例] 洗浴~落一层皮嘚。

【戗】◆ [tsʰiaŋ⁵²³] 话语冲人。[例] 他格一句话，拿别人~到则吭没话说。

【搷】⊙ [tsʰiŋ⁵²³] 《集韵》按。[例] 拿西瓜~勒井水勒冰冰吃。

【皲】⊙ [tsʰuəŋ⁵⁵] 《集韵》手或脸因受冻而开裂。[例] 西北风一吹，面孔也~哇。

【眴】◆ [tsʰoŋ⁵²³] 打盹。[例] 中午勒办公室~一歇也好佬。

【憁】⊙ [tsʰoŋ⁵²³] 出洋相。[例] 当则学生子格面写错字，~到则。

【扱】▲ [tsʰaʔ⁵] 《广韵》偷。[例] 皮夹子也拨贼骨头~落格哇。

【破】◆ [tsʰaʔ⁵] 《广韵》裂缝。[例] 墙面裂则一条~。

【敲】▲ [tsʰiaʔ⁵] 《集韵》翘起，不顺。[例] 手指头格皮~出来格哇。

【荤】⊙ [tsʰɔʔ⁵] 《集韵》丛。[例] 头上长则一~白头发哇。

【掣】● [tsʰəʔ⁵] 勒。[例] 裤腰格牛皮筋太紧咧，~到则。

【拣】⊙ [tsʰəʔ⁵] 《集韵》搀扶。[例] 大年纪佬跛路要人~好则哇。

【脃】● [tsʰəʔ⁵] 《集韵》时间久了，变得容易破碎。[例] 这块花布头~佬咧。

D₁

【渧】▲ [ti⁵²³] 《广韵》水从衣物等上滴下来。[例] 衣裳格水还勒头~嘚。

【嗲】● [tia45] ①什么。[例] ~东西啊，好吃嘚。
　　　　　　　　②形容娇媚的样子和撒娇的声音。[例] 甜甜~透佬。

【挡】◆ [taŋ⁵²³] 扶，抓。[例] 车子开则快，大家~住则把手。

【膯】● [təŋ⁵⁵] 鸡鸭或鸟类的胃。[例] 鸡穷吃米，拿格~吃则蛮大。

【骟】◆ [təŋ⁵⁵] 阉割雄性家禽、家畜的生殖器。[例] 上半天已经~则五只猪哇。

【扽】◆ [təŋ⁵²³] 《集韵》猛一拉。[例] 一用劲，绳子~断落格哇。

【橙】▲ [təŋ⁵²³] 用手掂量。[例] 一只苹果~~有斤把重嘚。

【龛】◆ [taʔ⁵] 《广韵》松弛，耷拉。[例] 年纪大则，眼皮就~下来哇。

【搭】● [taʔ⁵] ①和。[例] 连汤~水全吃落。
　　　　　②跟。[例] 冷夏~玲珑是最好格朋友。

【嗒】⊙ [taʔ⁵] 辨味。[例] ~~肉格味道好佬哇。

【掇】● [təʔ⁵] 抬。[例] 你家两格人拿写字台~过来。

【捯】▲［təʔ⁵］打。［例］砖头勿好～着人噢。

【擿】▲［tiəʔ⁵］①掐。［例］小佬格手上也拨人～到则紫佬。

②摘。［例］要做文明人，公园勒格花覅乱～。

【的】●［tiəʔ⁵］非常，很。［例］表走则～准。

【澱】●［tiŋ⁵²³］《集韵》使沉淀。［例］河勒格水要拿明矾～一～才好吃嘚。

【笃】◆［təʔ⁵］①摔掉。（新派常州人已不用）［例］烂桃子～落则吧。

②不灵活。［例］林逸说话勿清爽，有点～舌头嘚。

【熇】●［təʔ⁵］炖。［例］夜勒～点粥吃吃吧。

【滵】●［təʔ⁵］《广韵》滴。［例］云头勒飘下来几～雨。

【涿】●［təʔ⁵］《集韵》淋。［例］今朝覅带伞，～到则像格落汤鸡哇。

【丢】●［təʔ⁵］①投，打。［例］吃则夜饭去～篮球哦?

②用指头或棍棒轻轻敲击。［例］要勒你个头上～两记嘚。

③轻击，使之整齐。（新派常州人已不常用）［例］拿筷子～～～齐。

【褖】◆［təʔ⁵］缝补。［例］现在裤子上～一块补丁，倒是时尚。

D₂

【杜】●［du²⁴］①本地产的（有的新派常州人已不用）。［例］～蚕豆好吃。

②私自，无根据。［例］～造谣言。

【厢（埭）】●［dɑ²⁴］排。（有的新派常州人不用）［例］家勒有好几～房子嘚。

【汏】▲［dɑ²⁴］《集韵》洗。［例］家勒买～烧全是我一个人。

【哒】⊙［dɑ²⁴］次，趟。［例］今朝总归要到学堂勒去一～嘚。

【挱】◆［dɤ²¹³］揉搓。［例］稿子拨我～落佬哇。

【铟】⊙［dɤ²¹³］钱，铜钱。［例］月底身上吤没～咧。

【逗】●［der²⁴］急匆匆，无头绪。［例］一天到夜勿晓则～格嗲?

【扜】●［dɤɯ²⁴］《集韵》（新派常州人已不用）①叠。［例］顿顿要洗一～碗嘚。

②摞起来。［例］拿被头～出来放，好省落勿少地方嘚。

【佗】▲［dɤɯ²¹³］用背驼。［例］爷爷拿格孙子一天到夜～好则。

【塘】▲［dɑŋ²¹³］用泥土等涂抹在炉灶等上。（现已不用）［例］今朝要拿炉心～好则。

【趤】●［dɑŋ²⁴］溜达，闲逛。［例］吃则饭去～马路哦。

【宕】◆［dɑŋ²⁴］搁置，拖欠。［例］有两笔账还～勒头嘚。

【钝】◆［dəŋ²⁴］①讥讽，挖苦。［例］本事嘛吤没，只有嘴～别人。

②不顺，倒霉。［例］最近～嘚，吤没一桩事体做则好。

【毒】⊙［dɔʔ²³］①恨（有的新派常州人不用）。［例］顶～口是心非格人哇。

②狠毒，毒辣。［例］你格点子实在太～哇。

③眼力好。［例］我格眼睛～透佬，好坏一眼就看穿。

【澤】▲［dɔʔ²³］下垂的坚冰。［例］天冷到则，屋檐头格停～勿得了。

【觌】◆［diəʔ²³］《集韵》见。［例］今朝还覅跟潇潇～面勒。

E

【揞】● [$ɤ^{55}$] 遮掩。[例] ~住你格嘴，覅响。

【欧（讴）◆】▲ [$eɪ^{55}$] 呼，叫（仅在武进区使用）[例] 快点~他家来吃夜饭吧。

【傴】▲ [$eɪ^{523}$] 弯下身体。[例] 一直~则头捡菜，吃力嘚。

【屙】● [$ɤɯ^{55}$] ①拉（屎）。[例] 一早出来就要~屎。

②拉肚子。[例] 一个上半天~则几次噠。

【煸】● [$əʔ^{5}$] 把燃烧的火用薄灰等东西盖住。[例] 覅拿火~隐落，还要烧饭嘚。

F

【畈】● [$fæ^{523}$]（名）田地，多用于地名。也写作“坂”。[例] ~上（常州一地名）。

【䜌】▲ [$fæ^{523}$] 满。[例] 满满~~一碗饭全吃落格噠。

【疲】● [$fæ^{523}$]《集韵》恶心。[例] 一闻着羊肉格味道就心~。

【𫠡】● [$fæɪ^{523}$]“勿”和“会”的合音字，不会。[例] ~做就认真学习。

【𡚸】● [$fɑɯ^{55}$]“勿”和“好”的合音字，不好。[例] 打人总归~格。

【覅】◆ [$fiɑɯ^{523}$]“勿”和“要”的合音字，不要。[例] 勿对格话~说。

【𠄎】◆ [$fəŋ^{523}$]“勿”和“曾”的合音字，不曾。[例] 到现在噠，作业还~做。

【勿】◆ [$fəʔ^{5}$] 不。[例] ~到黄河心~死。

G₁

【𨱎】◆ [$kɑ^{523}$] 用锯子把木料等物锯开。[例] 今朝~则一堆木头。

【裥】● [$kæ^{45}$] 衣裳上的褶子。[例] 裙上多打几个~好看。

【揃】⊙ [$kæ^{45}$]《集韵》分。[例] 迎新~则半碗饭拨弟弟吃。

【赅】◆ [$kæɪ^{55}$]《广韵》拥有。[例] 他家~钞票嘚，天天山珍海味。

【桄】● [$kuɑŋ^{523}$]《集韵》器具上的横档。[例] 宝宝格床~上挂满则铃铛。

【洸】◆ [$kuɑŋ^{523}$] 液体在容器里晃荡。[例] 一瓶水勿响，半瓶水~荡。

【啯】⊙ [$kɔʔ^{5}$]《广韵》漱。[例] 吃则饭要~~嘴，保护牙齿。

【格】● [$kəʔ^{5}$] 的，地。[例] 婉嫔~衣裳多透佬。

【佮】▲ [$kəʔ^{5}$]《集韵》合，共同。[例] 他家两个人~开则一爿店。

【唶】◆ [$kuəʔ^{5}$] 用于回答问题时表示肯定的语气。[例] 我到农家乐去~。

【刮】⊙ [$kuaʔ^{5}$] 不经意看。[例] 潇潇吃手指头，正好拨老师~着。

G₂

【尢】▲ [$gɑ^{213}$] 挤入，嵌入。[例] 小佬顶欢喜往人堆勒~噠。

【澥】▲ [$gɑ^{24}$] 淡，稀薄。（新派常州人不常用）[例] 粥烧则~嘚。

【骱】● [$gɑ^{24}$] 骨节和骨节衔接的地方。[例] 拿小佬格手拎则脱~佬噠。

【掼】● [$guæ^{24}$]《集韵》用力摔，扔。[例] 凯凯一勿高兴就~东西。

【欬】⊙ [$gæɪ^{213}$]《集韵》嗳气，打饱嗝。[例] 吃到则~噠。

【隑】● [$gæɪ^{24}$] ①倚靠。[例] 小佬没力气，~勒娘格身上。

②斜靠。[例] 拿锄头~勒门背后。

【伉（抈）⊙】▲［gɑŋ²¹³］推挤。［例］~他一个大跟头。

【戆】⊙［gɑŋ²⁴］犟。［例］思琪~透佬，软硬勿吃。

【齦】▲［gəŋ²¹³］用力啃。［例］牙齿齤嗤，苹果也~勿动嗤。

【艮】◆［gəŋ²⁴］固执。［例］小纯格脾气~透佬。

【颔】◆［gəŋ²⁴］低着头。［例］田田一放学就~则头做作业。

【轧】●［gɑʔ²³］①拥挤。［例］动物园勒~到则要死。
　　　　　　　　②交往。［例］他家两个人~朋友嗤。

【䇂】●［gəʔ²³］搂抱，用手臂夹住。［例］两个人一见面就~勒一堆。

H₁

【摁】⊙［xu⁵⁵］也有人读成［fu⁵⁵］。《集韵》用手掌打。［例］勿听话~他两记嘚。

【撖】⊙［xɑ⁵⁵］打。［例］琴琴拨中中~则一顿。

【熯】●［xʯ⁵²³］《集韵》用少油或不用油干烤。［例］冷饼要~一~吃嗤。

【佝】⊙［xɯ⁵⁵］（背）驼。［例］舅婆带小佬带到则背也~佬嗤。

【齁】▲［xer⁵⁵］《广韵》气喘。［例］跑则几步就~到则。

【膎】▲［xer⁵⁵］食物过甜或过咸，使喉咙勿舒服。［例］今朝格菜烧到则~刹嗤。

【鲎】●［xer⁵²³］虹。（新派常州人不常用）［例］"东~晴，西~雨。"

【顝】◆［xær⁵⁵］虚肿。［例］面孔也~佬嗤，赶快到医院勒去查查小便。

【鬖】◆［xɑɯ⁵⁵］形容食用油或含油食物变坏的味道。［例］油~佬嗤，勿好吃嗤。

【夯】●［xɑŋ⁵⁵］用力打。［例］贼骨头拨群众~到则爬勿出。

【赩】◆［xuɑʔ⁵］急来急去。［例］趁小佬困觉，街上~一哒。

【攉】●［xuɑʔ⁵］反手打。［例］顺手~他两记耳光嘚。

【劐】⊙［xuɑʔ⁵］《集韵》割裂。（新派常州人不常说）［例］拿竹子对半~开来。

【鬠】●［xuɑʔ⁵］摇尾。［例］狗狗吃则高兴出来，摇头~尾巴。

【𥇀】⊙［xuəʔ⁵］《广韵》从睡到醒的一段时间。［例］一~睏到天亮。

【濊】●［xuəʔ⁵］泼，用力向外到。［例］拿洗脚水~出去。

H₂

【㪣】◆［ɦɑɯ²⁴］《集韵》用容器量。［例］夜饭~两罐头米烧饭。

【桁】⊙［ɦɑŋ²¹³］支撑，忍受。［例］困难再大，我也~得住咾。

【絎】◆［ɦɑŋ²¹³］《广韵》一种缝纫方法。［例］~两床被头。

【洵（㨮）】▲［ɦəŋ²⁴］㨮，使鼻涕出。［例］鼻涕拖到则蛮长，好~~嗤。

【扻】⊙［ɦəŋ²⁴］《集韵》撕。［例］小佬顶欢喜~纸头白相。

I

【勚】◆［i²¹³］《集韵》磨损。［例］裤脚管也穿到则~落佬咧。

【埏】●［iɪ²¹³］渗漏。（新派常州人不常说）［例］天花板上有水~下来嗤。

【㢑】▲［iɪ⁴⁵］《集韵》躲藏。［例］爽爽一看见人就~出来。

【厴】◆［iɪ⁴⁵］《集韵》鱼鳞，螺类壳口的圆形盖。［例］吃田螺先要拿~挑落。

【䐈】●［iⁱ⁴⁵］伤口表面上凝结而成的块状薄膜。［例］疮口上结则~咧。

【䁙】●［iⁱ⁵²³］《集韵》比量。［例］爽爽拉则爸爸~嗒人长。

【瞹】▲［iⁱ⁵²³］顽皮。［例］男小佬总归~点嘚。

【闟】●［iau⁴⁵］《广韵》折叠。［例］部队勒格被头全~到则的角四方格。

【幽】◆［iɤɯ⁵⁵］《广韵》声音小。（新派常州人不常说）［例］说话格声音~点。

【烊】◆［iaŋ²¹³］《集韵》融化，熔化。［例］温度一升高，雪就~佬哇。

【炀】◆［iaŋ⁴⁵］旺。［例］炉子勒格火~烧菜爽快。

【隐】▲［iŋ⁴⁵］灭。［例］炉子勒格火~落格咧。

【泅】●［iŋ⁵²³］《集韵》渗透。［例］一落暴雨，楼板上就~水。

【瀴】●［iŋ⁵²³］《广韵》凉，冷。［例］立则秋，天气~下来哇。

【拥】●［iɔʔ⁵］《集韵》折。［例］照片拨你~坏佬哇。

【郁】●［iɔʔ⁵］浸泡。［例］鱼片要先放点酒~一歇嘚。

【抑】◆［iəʔ⁵］《广韵》按着吸。［例］拿点纸头拿潮衣裳~~干。

J₁

【揃】●［tɕiⁱ⁵⁵］《集韵》夹。［例］安安~菜个样子蛮文雅格。

【湔】●［tɕiⁱ⁵⁵］《广韵》《集韵》蘸水洗刷。［例］拿衣裳有迹浊格地方~一~。

【嫚】●［tɕiau⁵²³］只要的合音。［例］~有烨烨，就有笑声。

【噍】◆［tɕiɯ⁴⁵］擦拭。（新派常州人不常用）［例］天冷勿洗浴，~一把算哇。

【挖】◆［tɕiəʔ⁵］摄。（新派常州人不常用）［例］~眉毛。

J₂

【掮】●［dʑiⁱ²¹³］抬，举。［例］拿台子~出来。

【健】⊙［dʑiⁱ²⁴］《集韵》健壮。［例］八十岁格人哇，一桶水拎则就走，~嘚。

【颊】●［dʑia²¹³］①能干。［例］敏珍格手~透佬，嗒个衣裳都会做。
　　　　　　　　　②身体好。［例］九十岁格人还翻跟头，~嘚。

【撟】▲［dʑiau²¹³］因受潮而外翘。［例］箱子浸勒水勒，盖板~出来哇。

【坽】⊙［dʑiŋ²¹³］《广韵》台阶。［例］码头~太高哇，难爬嘚。

【穷】●［dʑioŋ²¹³］①贫穷。［例］吭没算计一世~。
　　　　　　　　　②非常。［例］鸭汤~好吃。
　　　　　　　　　③拼命地。［例］碰着好吃佬~吃哇。

【趉】▲［dʑiəʔ²⁴］因生气不辞而别。［例］一勿称心就~则走落。

K

【揩】◆［kʰa⁵⁵］擦拭。［例］拿台子~干净再吃饭。

【挎】●［kʰo⁴⁵］①掐。［例］一把~住则他格喉咙。
　　　　　　　　②硬往嘴里塞。［例］吃勿下哇，还要往他嘴勒~嘚。

【搣】▲［kʰæ⁵²³］嵌，物入齿缝。［例］牛筋~勒牙齿缝勒哇。

【拷】●［kʰɯ⁵⁵］①打。［例］拨别人~则一记。

②零卖液体类的东西。[例]原来酱油勒，酒勒全是~格噁。

【爤】●[kʰɑɯ⁴⁵]一种烹调生法。[例]~鳝鱼是常州的名菜。

【眍】●[kʰɤɯ⁵⁵]（眼睛）凹下去。[例]他生病生到则眼睛也~下去哇。

【园】●[kʰɑŋ⁵²³]《集韵》藏。[例]东西~到则自家也寻勿着哇。

【磕】◆[kʰəʔ⁵]①压，罩。[例]要看格书~勒底下拿勿出来。

②盖。（新派常州人不常用）[例]介绍信勿~图章呒没用。

③叩头。[例]郁郁一进庙门就~头。

【搕】⊙[kʰɔʔ⁵]《集韵》磕碰，敲击。[例]中午~两个鸡蛋炒炒吃。

L

【剈】⊙[li²⁴]《集韵》①用刀来回割。[例]刀太钝，牛肉~来~去~勿开。

②拖延（生命）。[例]松格病总归治勿好哇，也是勒床上~~格哇。

【赖】◆[lɑ²¹³]不由自主地遗漏。[例]冬冬五岁哇还~尿嘚。

【罱】◆[læ²¹³]《广韵》用罱网在水中捞取河泥。[例]冬天农闲就要~河泥哇。

【燖】●[læ²¹³]把肉放在清水中稍微煮一下。[例]肉要~一~煨再香嘚。

【哩】●[liɪ⁵⁵]了，语气词。[例]天暗下来佬~。

【絟】⊙[liɪ²¹³]《广韵》缝制。[例]~则好几件衣裳哇。

【撩】▲[liɑɯ²¹³]①捞。[例]拿河勒格水草~上来。

②够取。[例]书放则太高~勿着。

【尥】▲[liɑɯ²⁴]伸脚勾人。[例]一脚拿他~个大跟头。

【朒】●[lɤɯ²¹³]呈螺旋形的手纹。[例]~多辛苦箩多闲。

【搂】◆[lɤɯ⁴⁵]整理，把东西聚集起来。[例]明朝要出差哇，赶快~箱子。

【擞】▲[lɤɯ⁴⁵]分开。（新派常州人不常用）[例]好豆坏豆~~清。

【塎】⊙[ləŋ²¹³]《集韵》垄土。[例]门口种则一~青菜。

【礲】▲[loŋ²¹³]脱出稻壳的工具。[例]有格地方还用传统格~脱稻壳嘚。

【刺】▲[lɑʔ²³]截住，拦住。[例]~住前头格人。

【擸】◆[lɑʔ²³]《集韵》厘清。[例]月底哇，要拿帐~~清哇。

【掠】◆[liɑʔ²³]用手指或其他工具取糊状物。[例]~点浆糊拿信封封出来。

【落】[lɔʔ²³]①下。[例]今朝又~雨哇。

②掉，表示动作的结果。[例]衣裳多到则穿勿~哇。

【碌】◆[lɔʔ²³]爬。[例]小宝一天到夜~上~下格忙格勿歇。

【漉】⊙[lɔʔ²³]《集韵》用水泡。[例]新衣裳买家来总归要~一~水再好穿嘚。

【躐】●[lɔʔ²³]爬起来。[例]碰瓷格人听见警察来哇，一~爬介爬逃落。

【眳】▲[lɔʔ²³]瞪，审视。[例]看见钞票，眼睛就~出则。

【勒】●[ləʔ²³]①在。[例]我~操场上等你啊。

②还是。[例]嫁~勿嫁，你想清爽则。

【嘞】⊙[ləʔ²³]唠叨，啰唆。[例]一点点格事体，~来~去说勿清。

【擸】●[ləʔ²³]捋。[例]~一把树叶子饫长颈鹿。

【捩】▲[liəʔ²³]拧。[例]辰晨~则狗格耳朵勿放。

【㶜】◆［liəʔ²³］斜缠在一起，不整齐。［例］你格衣裳穿到则～佬哇。

M

【呒】◆［m²¹³］没有。［例］一点点格小佬，～大～细格佬～规矩。

【㳽】●［mi⁵⁵］小口喝。［例］小酒～～，小曲唱唱，开心嘚。

【弥】⊙［mi⁴⁵］早呢。［例］乐乐才三岁，念大学还～勒。

【趏】◆［mɑ²¹³］形容脚步沉重缓慢。［例］她胖到则，走路也～啊～格哇。

【摗】●［mo⁴⁵］用盐短时间腌制。［例］烧鱼格前头要先拿鱼～一～。

【嗼】⊙［mɤ⁵⁵］次，回。［例］我已经来则两～哇。

【墁】⊙［mɤ²¹³］《广韵》围，蒙，遮。［例］纸盒子格洞曼拿纸头～一～。

【膜（㵹）◆】▲［mɤ⁴⁵］沫。［例］啤酒格～～头多嘚。

【嵋】⊙［mæɪ²¹³］斥责，讽刺。［例］做领导格，勿好一天到夜～人。

【煝】⊙［mæɪ²⁴］《集韵》只出烟不冒火。［例］蚊子多到则，要～点蚊香哇。

【毛】●［mɑɯ²¹³］①发怒。［例］一句话就拿碧碧惹则～佬哇。

②接近。［例］～三十岁格人哇，动勿动就发火。

【眇】●［miɑɯ⁵⁵］瞟。［例］曼～一眼，就晓则你写格嗲。

【䌌】◆［mɑŋ⁴⁵］稠密。［例］针眼太～也勿好看。

【䒐】▲［mɑŋ⁴⁵］植物稠密。［例］菜秧太～哇，要间间苗哇。

【燜】▲［məŋ⁵⁵］煮肉至烂。［例］蹄髈只顾～烂点。

【岷】⊙［miŋ⁴⁵］①闭。［例］叫他讲几句，他就是～则嘴勿响。

②嘲笑。［例］勿满意说好哇，也覅～人噁。

【木】●［mɔʔ²³］①笨。［例］教则几回哇还𠲎会，～到则。

②麻木。［例］冻到则脚啊～佬哇。

N₁

【㶞】▲［nɑŋ²⁴］《广韵》弹性差而下陷。［例］沙发～下去哇。

【捺】●［nɑʔ²³］按，压。［例］指头上血出来哇，赶快拿棉球～住则。

【纳】◆［nəʔ²³］消耗，损坏。［例］男小佬穿鞋子～嘚，一歇歇就坏佬哇。

N₂

【涅】⊙［ȵi²¹³］《广韵》涂抹。［例］墙头要拿石灰～～哇。

【拈】⊙［ȵiɪ²¹³］《广韵》用手指取物。［例］吃饭勿用筷，欢喜拿手～格。

【嬝】⊙［ȵiɑɯ⁵⁵］打扮妖娆，臭美。［例］女小佬全欢喜～嘚。

【挼】◆［ȵiɤɯ²¹³］来回摩搓。［例］肚皮痛到则一直～也呒没用。

【韧】●［ȵiŋ²⁴］回软，不脆。［例］奶片放则辰光长哇，～佬哇。

【箬】●［ȵiɑʔ²³］《集韵》芦叶或竹叶。［例］棕～洗好佬哇，好包粽子哇。

【搦】◆［ȵiɔʔ²³］《集韵》揉搓。［例］今朝～点面包馄饨吃。

O

【垩】▲［o^{523}］施肥。［例］田勒格玉米要～点肥哇。

【擜】●［oŋ^{523}］用拳头打。［例］小佬的腰覅～嗯。

【瓮】◆［oŋ^{523}］①一种口小腹大的陶器。［例］拿个～头来腌咸菜。

②脾气坏。［例］裕达格脾气～透佬。

【齆】●［oŋ^{523}］堵塞而不通畅。［例］吹则点风，鼻头也～佬哇。

P

【㓟】◆［p^{h}i^{55}］《集韵》用刀横切，斜劈。［例］今朝中午～点鱼片吃吃。

【潽】●［p^{h}u^{55}］①液体外溢。［例］粥一开就要～哇。

②把鸡蛋去壳后在水里煮。［例］天天早起头吃～鸡蛋。

【拚】⊙［p^{h}ɤ^{55}］拼，舍弃。［例］～死吃河豚。

【鋬】●［p^{h}æ^{523}］提手。［例］洋锅子格～也坏佬哇。

【襻】◆［p^{h}æ^{523}］《集韵》中式服装上扣住纽扣的套儿。［例］钮头～坏落格哇。

【掊】▲［p^{h}æɪ^{45}］拨动。［例］拿里头格沙子～落则。

【滂】●［p^{h}ɑŋ^{55}］浮。［例］啤酒勒格沫沫头全～勒上头。

【髈】●［p^{h}ɑŋ^{55}］腿。［例］欣欣格脚～粗透佬。

【弸】◆［p^{h}ɑŋ^{55}］《集韵》把线绷开。［例］今朝帮我～绒线哦?

【奅】▲［p^{h}ɑɯ^{523}］用话来套出别人的话。（新派常州人不用）［例］他格话一～就出。

【撇】●［p^{h}iəʔ^{5}］①汉字的笔画之一。［例］一～一捺都要写好。

②用勺子等物去掉液体表面的东西。［例］拿肉汤上头格沫沫～落则。

【䫌】●［p^{h}iəʔ^{5}］肉质松散。［例］猪颈根格～落肉覅吃。

Q

【刊】⊙［tɕ^{h}iɪ^{55}］削。［例］吃则饭～一只苹果吃吃。

【掔】▲［tɕ^{h}iɪ^{523}］发脾气。［例］皑皑一勿高兴就发～。

【恘】●［tɕ^{h}iʏɯ^{45}］《广韵》坏。［例］飒飒脾气～透佬，动勿动就发脾气。

S$_{1}$

【细】◆［si^{523}］小。［例］麻糕做到则越来越～哇。

【廈】◆［sɑ^{55}］《集韵》倒，斟。［例］酒要～满则吃。

【跣】●［siɤ^{523}］洗刷。（新派常州人不用）［例］旧时，天天早上头要～马桶。

【晛】▲［siɪ^{523}］短暂出现。（新派常州人不用）［例］太阳～一～，三天勿照面。

【谇】●［suæɪ^{55}］责骂。［例］有话好好说，～人做嗲?

【碎】●［suæɪ^{523}］破。［例］手指头拨小刀划～佬哇。

【猸】▲［siɑɯ^{55}］打滚。（新派常州人不常用）［例］刚刚一勿高兴就～地皮。

【搡】◆［sɑŋ^{523}］《集韵》用力推。［例］圈圈一把拿多多～则蛮远。

【摏】◆［soŋ^{55}］《广韵》击。［例］拨小图～则一拳。

【搈】●［soŋ^{55}］向上推。（新派常州人已不用）［例］你拿我～上去。

【搔】◆[sɑʔ^{5}]《集韵》塞入。[例]拿衣裳～勒裤子勒。
【煞】◆[sɑʔ^{5}]①消除。[例]夜饭烧只蹄髈～～馋。
②非常。[例]吓到则面孔～白。
【敼】◆[sɑʔ^{5}]《集韵》塞物填平。[例]台脚底下～一片木片再平嘚。
【啬】●[səʔ^{5}]小气。[例]于于～透佬，一钱看则铜板大。
【𠞲】▲[soʔ^{5}]细切。(新派常州人已不用)[例]拿马兰头～～末末，拌则吃。

S$_{2}$

【莳】◆[zɿ^{213}]插。[例]～秧格辰光，男女老少全到田勒去格哇。
【剚】▲[zɿ^{24}]剖。(新派常州人不常说)[例]卖鱼佬～鱼格动作快到则勿得了。
【竖】●[zʮ^{24}]跃起。[例]多多～出来就是一脚踢过去。
【寿】●[zeɪ^{24}]傻，滑稽。[例]吉吉说点话～透佬。
【挦】●[ziɪ^{213}]拔。(新派常州人已不用)小鸡格毛难～嘚。
【侪】●[zæɪ^{213}]《集韵》全，都。[例]文工团格丫头家～是美女。
【𤵸】●[zɑɯ^{213}]胃里燥。[例]胃勒～则难过嘚。
【扰】●[zɑɯ^{24}]乱吃。(新派常州人已不常用)[例]今朝去林林家～一顿。
【劁】◆[ziɑɯ^{213}]《广韵》割。[例]放则学还要～草嘚。
【潲】▲[ziɑɯ^{24}]捣乱。[例]事体勿好好叫做，瞎～。
【揪】●[ziɤɯ^{213}]拧，闹着玩。(新派常州人已不用)[例]发发今朝～疯咾哇。
【详】●[ziɑŋ^{213}]揣摩，推测。(新派常州人不常用)[例]话说一半，你家去～吧。
【㞞】⊙[zoŋ^{213}]怯懦无能。[例]男子汉哪为介～啊?
【轧】●[zɑʔ$^{\underline{23}}$]夹，压。[例]覅用心，手拨门～则一记。
【𧺆】◆[zɑʔ$^{\underline{23}}$]《集韵》很快地来去。[例]趁小佬困觉，街上～一哒。
【闸】●[zɑʔ$^{\underline{23}}$]突出。[例]山边上有块石头～勒头嘚。
【煠】◆[zɑʔ$^{\underline{23}}$]《广韵》①氽。[例]菠菜要拿水～～再炒则吃。
②炸。[例]～点长生果搭酒吃。
【喥】◆[zɑʔ$^{\underline{23}}$]《集韵》信口开河。[例]勿动脑筋格话一～就出。
【嗍】●[zɔʔ$^{\underline{23}}$]咬。[例]昨头拨蛇～则一记。
【瞩】●[zɔʔ$^{\underline{23}}$]盯。[例]眼睛～好则肉，想吃嘚。
【𧮂】●[zɔʔ$^{\underline{23}}$]骂，讽刺。[例]覅总是去～别人家。
【绝】●[zyəʔ$^{\underline{23}}$]非常。(新派常州人已不用)[例]新上市格春笋～嫩。

T

【撢】◆[t^{h}ɤ^{523}]《集韵》探取。(新派常州人已不用)[例]拿耳环～下来。
【铦】▲[t^{h}iɪ^{45}]以笔蘸墨。(新派常州人已不用)[例]拿毛笔～一～墨再写。
【敨】◆[t^{h}eɪ^{45}]《集韵》抖开。[例]～～袋袋，全是灰。
【煺】◆[t^{h}æɪ^{523}]《广韵》用开水烫后去毛。[例]鸡格毛也～勿干净。
【讨】◆[t^{h}ɑɯ^{45}]娶。[例]曙光今朝～老姆，笑到则嘴也合勿拢。
【斛】◆[t^{h}iɑɯ^{45}]《集韵》给人机会。[例]喊你开会是～你嘅。

【毻】▲［tʰɤɯ^{523}］《广韵》掉，脱。（新派常州人不常用）［例］头发～落勿少。
【耥】●［tʰɑŋ^{55}］耘土除草。［例］扣扣～稻最快哇。
【瀥】◆［tʰɑŋ^{55}］遮挡，抵挡。［例］撑把伞，也好～落点紫外线嘚。
【氽】●［tʰəŋ^{55}］①漂浮。［例］河勒～则勿少矿泉水瓶。
②油炸。［例］长生果油勒～～，搭搭老酒。
【賁】▲［tʰəŋ^{55}］熏，秽气难闻。［例］恶人屙屎～三间。
【涒】⊙［tʰəŋ^{55}］《集韵》吃或闻到油腻而喉咙难受。［例］网油卷太～哇。
【趆】▲［tʰiŋ^{45}］腿伸直。［例］脚要～直则立。
【捅】◆［tʰoŋ^{45}］《集韵》挪动。［例］台子要～一～才好放嘚。
【搨】●［tʰɑʔ^{5}］①抹。［例］今朝面色勿好，要～点粉嘚。
②随意写，画。［例］喊他写字嘛就～几笔。
【拓】▲［tʰɔʔ^{5}］长度，两手左右张开为一拓。［例］剪一～绳来捆东西。

U

【涴】◆［u^{24}］《广韵》陷。［例］拔脚～脚。
【萎】◆［uæɪ^{55}］《广韵》蔫。［例］韭菲发则两天热，～到则。
【搵】⊙［uæɪ^{24}］《集韵》塞。［例］天冷哇，困觉要拿被头～～紧。
【膃】▲［uəʔ^{5}］崴，扭。［例］一勿用心，脚～则一记。
【殟】◆［uəʔ^{5}］《集韵》郁积，心闷。［例］一口气～勒心上。
【嚄】⊙［uəʔ^{5}］表示肯定或推测的语气。［例］总是你说个～。

V

【璺】▲［vəŋ^{24}］器物的小裂缝。［例］煨罐裂则一条～哇。
【茷】▲［vɑʔ$^{\underline{23}}$］茬。［例］韭菜长则快嘚，一～吃落则又长一～。
【哦】●［vɑʔ$^{\underline{23}}$］吗。［例］今朝去公园白相～？

X

【稀】●［ɕi^{55}］很，非常。［例］拿菜烧到则～甜格佬。
【阋】◆［ɕi^{55}］《集韵》露出。［例］拿门～开则一条缝往里头望。
【虚】●［ɕy^{55}］浮肿。［例］夜勒齣困好，早起头眼睛也～佬。
【濡】▲［ɕy^{55}］撒尿。（新派常州人不常说）［例］去厕所～则尿来上车。
【嘨】◆［ɕio^{523}］《广韵》唆使。［例］叮叮总是～别人家做坏事体。
【揗】▲［ɕiɤ^{55}］用力打。［例］米诺经常拨他家老子～耳光。
【楦】⊙［ɕiɤ^{523}］《集韵》撑。［例］新鞋子要用～头～～穿才惬意嘚。
【掀】●［ɕiɪ^{55}］推。［例］土豆拨小朋友～则格大跟头。
【㩧◆（枵）▲】［ɕiɑɯ^{55}］掀，翻。［例］请大家拿书～开来。
【嚣】◆［ɕiɑɯ^{55}］薄。［例］被头太～哇，冷嘚。
【嗋】●［ɕiɤɯ^{523}］吸。［例］螺蛳肉要～出来吃。
【兴】●［ɕiŋ^{523}］高兴。（新派常州人不常说）［例］贝贝看见娘家来，～到则。

Y

【饫】◆［y⁵²³］《广韵》喂。［例］天泰顶欢喜～小兔子草吃。

【哕】◆［yəʔ⁵］呕吐。（新派常州人不常说）［例］安安吃过则奶总归要～咯。

【瀹】⊙［yəʔ⁵］浸泡。《集韵》［例］猪腰子一定要先放勒酒勒～～去骚味嘚。

【扰】◆［yəʔ²³］《集韵》摇动。（新派常州人已不用）［例］信号兵立勒船上～旗帜。

Z₁

【喳】◆［tsɑ⁴⁵］声音大，吵。［例］说话声音～到则。

【吒】⊙［tsɑ⁴⁵］出，拉，喷。［例］茶吃则多，一直要～尿。

【铢】▲［tsʅ⁵⁵］秃，钝。（新派常州人已不用）［例］～锄头配蠡粪箕。

【痊】▲［tsʅ⁵²³］《广韵》夏季不适。［例］她一到夏天光就要～夏。

【斩】◆［tsæ⁵⁵］①剁。［例］今朝～肉圆子吃。
②买。［例］街上去～两斤肉来。

【孂】◆［tsæ⁴⁵］《广韵》好。［例］任然写格字～透佬。

【瀺】▲［tsæ⁴⁵］水溅人。［例］浪头打上来，～到则一身格水。

【湔】●［tsiɪ⁵⁵］局部略洗。［例］羽绒服格领口要～哇。

【跐】◆［tsuæɪ⁴⁵］自以为了不得。［例］他有点钞票就～到则勿得了。

【毁】◆［tsən⁵⁵］《广韵》敲击使紧。（新派常州人已不用）［例］榫头要～～紧。

【捶】⊙［tsoŋ⁵²³］《集韵》重重地放。［例］也甮拿小佬～勒地上就走噉。

【颇】◆［tsəʔ⁵］《集韵》倾，侧。［例］拿头～过来困觉。

【婔】▲［tsɔʔ⁵］顿动使整齐。［例］拿筷子～～齐再拿上来。

Z₂

【趣】▲［dzŋ²⁴］令人讨厌。［例］光华～透佬，随便嗲事体都有她。

【崭】⊙［dzæ²⁴］《广韵》高且陡。（新派常州人不常用）［例］楼梯太～哇。

【捼】◆［dzeɪ²¹³］抽取。［例］冬天到则要～瓜藤哇。

【酊】▲［dzeɪ²¹³］把热物放冷水中使凉。［例］西瓜放勒井水勒～一息吃，爽口嘚。

【撞】◆［dzuaŋ²⁴］①堆砌。（新派常州人已不用）［例］拿台上格碗～～好。
②叠，堆。［例］拿一～书垫勒头底下做枕头。

【擉】◆［dzɔʔ²³］《集韵》捅，刺。［例］拨坏人～则一刀。

NG

【捱】⊙［ŋɑ²⁴］《集韵》拖延。［例］赶快走吧，还要～勒头做嗲？

【懝】▲［ŋæɪ²¹³］呆，不灵活。［例］活鱼放则辰光长则，～佬哇。

【伢】▲［ŋo²¹³］小孩。（仅在武进个别地区使用）［例］喊小～家来吃饭哇。

【䃰】▲［ŋæɪ²¹³］磨墨。（新派常州人已不用）［例］放则学～点墨写写毛笔字。

【齾】▲［ŋɑʔ²³］《广韵》残缺。［例］嘴勒只剩则一个～牙齿哇。

参考文献

胡文英，徐　复.吴下方言考校议［M］.南京：凤凰出版社，2012.

周　源，倪　慎.常州方言词句考释［M］.南京：南京大学出版社，2012.

周　源，屠国瑞.常州方言词典［M］.南京：江苏教育出版社，2011.

莫彭龄，陆惠根.常州农谚汇释［M］.南京：江苏凤凰科学技术出版社，2018.

丁　度.宋刻集韵［M］.北京：中华书局，2005.

蔡梦麒.广韵校释［M］.长沙：岳麓书社，2007.

（钟敏　常州开放大学　zhongmin225@foxmail.com）

后　记

第十届国际吴方言学术研讨会于金秋时节（2018年11月3—4日）在浙江杭州师范大学召开。本届会议收到有关吴方言研究论文80余篇，来自海内外的吴语专家学者以及关心吴方言的热心人士参加了两天的会议。与会专家学者就吴方言的语音、词汇、句法，吴方言与其他方言的关系，吴语词典的编纂，吴方言的历史、文化，以及吴方言研究的历史等议题进行了广泛深入的讨论。本次会议由杭州师范大学人文学院主办，复旦大学中文系协办。

本辑《吴语研究》是本次吴方言国际学术研讨会的论文集。承蒙上海教育出版社一如既往的出版支持，我们表示衷心感谢！复旦大学中文系盛益民副教授为编辑本论文集出力不少，我们也再次表示感谢！最后，会议组织者和论文编委会向为会务工作付出心血的复旦大学中文系、杭州师范大学人文学院的老师和同学表示感谢！

主编　陈忠敏　徐越

2020年6月